이 책을 94세 생신을 맞으시는 어머니께 바칩니다.

김명원 시인 대담집
시인을 훔치다

국립중앙도서관 출판예정도서목록(CIP)

시인을 훔치다 : 김명원 시인 대담집 / 지은이: 김명원. --
대전 : 지혜 : 애지, 2014
   p. ;   cm

대전문화재단, 한국문학예술위원회에서 사업비 일부를 지원
받았음
ISBN 979-11-5728-017-9 03800 : ₩18000

한국 현대시[韓國現代詩]
대담[對談]
시 평론[詩評論]

811.709-KDC5
895.715-DDC21   CIP2014035518

김명원 시인 대담집

시인을 훔치다

• 저자 서문

　묵은 시간이 배태하는 '지난 시절'이라고 이름 붙일, 오래된 무성영화를 뒤로 돌려봅니다. 영사기가 환하게 비추어내는 기억의 수정체 뒤에서 자욱한 먼지들이 엉키는군요. 흑백의 명암만이 아득한 그곳에는 아직도 성글게 눈이 내리고 있습니다. 앙상하게 야윈 하늘이 어깨를 한껏 낮춰 내려와 있고, 텅 빈 나무들이 도시의 기둥을 떠받치고 있는 '과거'라는 겨울, 그 필름 속에 펼쳐져 있는 어둑신한 길을 따라 걸어 들어가 봅니다. 연속적인 무음의 무늬들이 선뜻한 풍경으로 찍히는데요. 거기에는 파란 몸을 가진 제가 서 있습니다.
　'시'에 의지하여 마음의 무게를 조금씩 늘려온 저로서는 '시인'이라는 단어만 떠올려도 그 시절, 무릎이 시려오곤 했습니다. 저녁 한 끼의 양식을 절약해 학교 앞 서점에서 시집 한 권을 사고는 부푼 가방을 안고 의기양양했던 대학시절에도, 제법 윤기 나는 월급봉투를 받은 월말이면 제일 먼저 신간 시집을 찾아 '문경서점'으로 향하던 약사시절에도, 학생들에게 시를 가르치는 대학 선생이 된 후에도, 시인들은 저의 젊고 슬프고 낡고 기쁜 날들을 간곡하게 구성해낸 스승이었습니다.
　시를 읽으면 모든 사물의 이면이 빛나고, 그들의 그림자가 애틋해지고, 시를 다시 읽으면, 제 상처의 뿌리가 온순히 잠이 들고, 외롭더라도 살아가야할 희망의 주소가 얻어지곤 했기 때문입니다. 시집을 연거푸 펼치면 잎새에 스치는 바람결과 제가 올곧게 지향해 가야할 두세 포기의 별들이 반짝거리며 떨어지곤 했던 연유입니다. 시가 제 삶의 잠언이고 신앙의 촉수였습니다.
　시를 고백하며 시인을 넘나들었습니다. 담벼락의 긴 시간을 스치며 지나 어느 날 저도 무람하게 시인이 되었습니다. 그리고는 들이키기 어려운 설렘으로 저에게 시의 지도가 되어 주셨던 시인들을 한 분씩 찾아뵙기 시작하였습니다. 마침 제가 웹진 『시인광장』에서 활동하기 시작할 무렵, 시인탐방 꼭지를 맡게 되어, 비상한 운명이랄까, 결곡한 인연이랄까, 아름다움으로 계절을 누비며 어쭙잖은 대담 작업이 즐겁게 계속 이뤄졌습니다.

2009년 봄부터 저녁노을을 배경으로 만나 뵙고, 시를 쓰는 아픔과 숙명을 나누며, 묻고 답했던 시인들의 면면한 삶과 문학적 행보들을 이제 책으로 묶습니다. 이는 이십대 풋풋한 시절의 저처럼 시인을 가슴에 섬기는 분들에게 미리 보여드리는 시인안내서이자, 후일 시의 광장에 운동복 차림으로 놀러 오시라는, 맑은 초대장입니다. 비록 제 기록서는 간소합니다, 하시만 여기에 담긴 시인의 말씀들은 과분합니다. 귀한 시간을 흔쾌히 내어주신 고은, 유안진, 오세영, 이가림, 나태주, 윤상운, 김백겸, 정희성, 이은봉, 도종환, 장석주, 양애경, 공광규, 나희덕, 송재학, 이성렬, 신현림, 김요일, 김경주, 박진성, 손미 시인, 정말 고맙습니다.

대설大雪이 지났습니다. 우리들이 힘겹게 밀어 올렸던 좌절과 눈물들이 하얀 눈꽃으로 피어날 것입니다. 곧 세상에는 어디에든 예수의 탄생을 보하는 성탄절이 오고, 어둡던 거리는 오색찬란한 비밀들로 불 밝히며 잊었던 이들을 위한 연하장을 가득 담고 우체부의 걸음이 빨라질 것이고, 우리는 한 번쯤 회억해야할 다정한 것들—고향이라든가, 첫 사랑이라든가, 옛 친구라든가—을 그리워하며 전화번호부를 뒤적일 것입니다.

한 해의 끝을 갈무리하며 인사를 드립니다. 여러 해 동안 시인들과 함께였으므로 진정으로 행복했다고요. 시인들과의 만남을 통해 시의 심장에 가닿았으며, 그들과의 교감을 통해 견고한 신뢰로 다져진 문학의 숲을 나란히 걸었으며, 아름다운 감동을 문장으로 새겼음에 감사하다고 말입니다. 2014년이 흘러간 시간의 강하에 이르러 겸허하게 엎드립니다. 애니미즘의 예절처럼, 네, 하고 순응하며 대지의 큰 몸에 뜨거운 제 입술을 포갭니다.

독자 여러분들께서 새해에도 건강하시고 소망하는 모든 일들을 이루시기를 바랍니다. 저는 다시금 오랜 시인들을 설레도록 기다리며, 이 지면의 열꽃 위에서 새로운 시들이 튼실하게 구워질 때마다 우리들의 삶에 대한 존경과 사랑도 그 시들처럼 내내 담금질을 통해 더욱 빛을 발할 것임을 믿는다고, 추신에 씁니다. 그러면 내내 안녕하시기를…… 메리 크리스마스 엔 해피 뉴 이어!!

대전 도룡동 솔거에서, 김명원 섬김

• 차례

1부 • 문틈으로 비친 시인들의 옆얼굴

문학자치국의 절대 군주, 고은 · 13
시들지 않는 야생시인의 길, 유안진 · 47
완강한 부정성과 건강한 윤리성의 문학 파수꾼, 오세영 · 75
정다운 교감의 시학자, 이가림 · 99
구름과 새와 풀꽃들과의 친구, 나태주 · 127
바다를 마시는 한 점 섬의 정체, 윤상운 · 155
우주율을 청진하는 시항해사, 김백겸 · 169

2부 • 줄렁이는 오후 햇살 너머에서 시 한 잔

저문 도시의 강에 시를 씻는 시인, 정희성 · 193
이상적인 시공간을 복원하는 상고주의자上古主義者, 이은봉 · 217
부드러운 직선의 힘, 도종환 · 251
문학을 제련 도금하는 연금술사, 장석주 · 275
매콤 달콤 쌉싸래한 맛시 요리사, 양애경 · 311
정직한 시심을 적는 현실의 대필자, 공광규 · 339
분홍신을 신고 봄을 나르는 행복전도사, 나희덕 · 365

3부 · 오래된, 그리고 영원할 시업詩業의 속살

현묘한 감각과 사유로 시를 캐내는 장인匠人, 송재학 · 391

수만 개의 낱눈과 겹눈으로 세상을 통찰하는 견자, 이성렬 · 423

이미지를 재배하는 전방위 예술인, 신현림 · 451

푸른 달빛 속의 사자 한 마리, 김요일 · 469

휘파람을 부는 유목시인, 김경주 · 491

공병共病을 통한, 시를 향한, 절박한 기투企投, 박진성 · 515

지구 밖 외딴 방들의 투명한 세입자, 손미 · 551

1부

문틈으로 비친
시인들의 옆얼굴

고 은

문학자치국의 절대 군주, 고은

설명이 필요 없는 시인이 있다. 해설이 오히려 사족이 되는 시인이 있다. 고은 시인이 그러하다. 그는 온 생애를 문학에 경주하며 경이로운 문학사를 이룩했다. 그리고 접해 본 적 없는 기이한 기벽뿐 아니라 인생 또한 특이하여 더욱이 그를 명성이 자자한 유명 문인으로 등극하게 하였다. 또한 그는 전제주의 하에서 민주주의를 향한 집필과 현장 시위를 통해 온갖 연행과 구금, 고문과 구속 등을 당하며 행동하는 문인의 표본을 상정하였고, 작품들 중 상당수는 독재 정권으로부터 불온으로 낙인 찍혔다. 해마다 노벨문학상 수상 소식이 전해질 때면 후보자로 거론될 만큼의 문학적 역량을 세계가 인정하기까지 그는 피 흘리는 고뇌의 생을 움켜쥐고 있었던 까닭이다.

고은 시인의 문학과 삶의 역정은 그야말로 한 편의 드라마와 같다. 동족상잔의 후유증을 겪은 후 정신적인 충격으로 자살 시도, 교사로 재직, 출가 및 환속, 등단, 가택구금, 구속, 남북정상회담 특별수행, 노벨상 거론 등 한 사람이 평생 지고 가야할 길을 그는 단숨에 걸어왔다. 선상 자살을 목적으로 말라르메 시집만 들고 나섰던 제주도에 평론가 김현을 제 발로 찾아오게 만들었을 때, 김현은 그를 두고 '가면의 마술사'라고 칭하고 "그 가면은 미지의 부인을 수없이 얻고 버린 자의 비애가 짙은 허무감과 동반되어 나타난다"고 하면서 "그는 나의 이해를 초월"하여 존재한다고 논평하였다. 그후 고은은 상경하여 온갖 기행과 기문을 문단에 전설처럼 남기며, 시뿐 아니라 소설, 평전, 평론 등을 망라하여 어림잡아 단행본 150여권을 출간하는 등 시간을 채근하여 방대한 문학적 업적에 열광하였다. 중앙대학교 이상화 교수와 결혼하면서 더욱 집중한 삶은 예술계, 정치계, 교육계 등 각계각층의 경계를 초월하여 그의 영향력을 과시하게 하였으며, 독재 정권 하에서 그의 발언은 시대의 화두가 되었고, 시의 실천적 행동은 시대의 표징이 되었다. 더불어 그의 시는 한국의 모국어를 넘어서 각국 세계어로 번역되어 세계를 어우르는 보편통합적 시의 모범이 되었다.

그러한 시인을 인터뷰한다는 것은 사실 부담스러웠다. 이는 두 가지의 이유에서 그러했는데, 하나는 워낙 유명세를 치른 시인이다 보니 더 이상 물을 질문과 더 이상 들을 대답이 새롭지 않을 것이라는 염려 때문이었고, 또 하나는 동서양을 넘나드는 시인의 인문학적 해박성에 비해 미천한 나의 지식이 금세 탄로 날 게 두려워서였을 것이다.

초하의 기운이 완연한 6월, 시인과 나는 공주에서 만났다. 나의 천박한 기우를 거두려는 듯 햇살은 빛났으며, 무엇보다 비가 내리고 갠 후에 수목이 말끔했다. 이는 나에게 즐거운 상념을 선사하였다. 고은 시인은 일전에 필자가 수상하였던 '시와시학상 젊은시인상'의 심사 위원이기도 하였으므로 시상식에서 뵙고 난 후 오랜만에 뵙는 터였다. 공주의 김혜식 시인이 운영하는 '새이학 가든'에서 점심으로 해물전골을 먹으면서 시인과의 첫 이야기가 열렸다. 시인은 음식에 대해 덕담부터 말하였는데, 처음에 전골을 보았을 때는 색깔이며 모양이며 참 시시하다 싶었는데 실지로 먹어보니, 어쭈! 라는 것이었다. 그로부터 우리의 대화는 유년의 추억에서 출발하여 철학에 이르기까지, 플라톤의 대화편을 능가하였다. 그 중 시인의 문학과 삶에 관한 절절함만 이곳에 소개한다.

한국전쟁과 폐허, 그 역사의 참화 속에서 시가 현상되다

김명원 오늘은 의미 깊은 장소에서 선생님을 뵙고 있습니다. 바로 사적 13호로 지정된 공주의 무령왕릉武寧王陵 앞인데요. 백제의 수도였던 공주는 유서 깊은 세월을 간직하고 있지요. 실상 역사는 영광과 오욕을 함께 양가적으로 지니고 있을 터인데요. 과거와 현재라는 거점을 바탕으로 하여 역사는 항상 진화해 나아가야 한다고 생각합니다. 특히 올해는 일본 제국주의의 패권 하에서 국권을 잃은 한일합방 100주년, 6·25 동족상잔의 비극 60주년을 맞는 해였고요. 선생님께서는 우리나라의 정세를 통찰하시는 발언을 통해 문인으로서의 순기능적 역할을 해내신 분이시고, 통일에 대해 남다른 관심과 실천적인 욕구를 가시고 있으시지요. 정부로부터 '통일세'라는 발언이 나오는 이때, 통일에 대한 선생님의 고견을 듣고 싶습니다.

고은 나는 통일이 홍수가 범람하듯 당장 오길 바라지 않아. 아주 길고 긴 단계에서 오기를 바래. 어쩌면 통일은 지금도 진행되고 있다고 생각해. 통일은 점이 아니라 진행되고 있는 선이니까. 왜냐하면, 내가 정의하는 통일은 '과정으로서의 통일'이기 때문이지. 내가 말하는 통일은 베를린 장벽이 무너진 '사건으로서의 통일'이 아니거든. 지금 독일은 외견상으로는 통일이 되었지만, 심리적으로나 정서적으로 다시 분단 상태야. 동독 사람들의 마음이 떠나고 있단 말이지. 그건 통일이 아니야. 기존 다른 나라의 통일 모델은 우리나라의 모범 답안이 될 수 없어. 우리의 통일은 우리 안에 해답이 있고, 우리가 만들어가야 하니까. 나는 다음 세대와 그 다음 세대의 너머까지를 보고 있어. 통일은 아주 오랜 시간에 걸쳐서 만들어가는 거야.

계절의 흐름처럼 통일이 이루어져야 하거든. 꽃이 피는 봄이 오고, 무더운 여름이 오고, 가을이 왔다가 차가운 겨울이 오고, 그러다가 꽃 피는 봄이 다시 왔는데, 어느새 통일이 이루어졌더라, 하는 식의 통일 말이야. 여기에 드라마가 있어서는 안 되지. 드라마라는 것은 반드시 비극을 낳게 마련이거든. 이미 우리가 경험해봤잖아. 드라마틱한 6·25 전쟁이 아무리 통일을 의도했다고 해도 우리는 다시 38선 원점으로 돌아왔다는 사실을…… 군대를 이용하거나, 돈을 처들이는 통일 역시, 기존 우파마저도 바라지는 않을 거야. 서로 망하게 해서는 안 되지. 통일의 드라마 때문에 또 누군가가 희생당하면 안 되니깐.

예를 들자면, 아주 중요한 언어의 문제인 겨레말 큰사전 남북공동편찬사업회 일이라든지 남북 작가들이 만나는 일 등이 모두 통일의 과정이야. 이렇게 산도 넘고 강도 넘고 자갈밭도 건너면서 실마리를 풀어가는 것, 이게 중요하지. 어쩌다 보면, 뒤로 후퇴할 수도 있겠지만, 어느 몇 년의 경색이 역사의 길을 정지시킬 수는 없다고 생각해. 전에는 역사가 정체하는 데에 절망도 하고 그랬는데, 사실 역사는 결코 머물러 본 적이 없거든. 다만 그 길이 행복한 길만은 아닐 수도 있어. 험난한 길도 있고, 막히기도 하고, 그러면서도 결코 끝나는 법이 없는 게 역사거든. 그래서 일시적인 경색에 일희일비하지 않고 좀 더 큰 시간 속에서 통일의 진행을 바라보려 해.

김명원 선생님께서는 시의 본적지가 한국전쟁의 폐허라고 말씀하셨지요. 그 폐허로부터의 복원 과정과 통일에의 염원이 선생님 문학의 여정일 테고요.

고은 내 운명에는 한국전쟁이라는 숙주宿主가 턱 자리 잡고 있어. 나에게 시는 전쟁 이전의 꿈과 전쟁 이후의 절실성으로 가능한 것이었지. 북위 38도선이 무너졌고, 한국전쟁이 일어났던 해 6월 27일, 걸핏하면 단정 반대의 좌익 동맹휴학도 그 뒤를 이은 이승만 지지의 우익결의대회도 사라져 버린 학교 운동장은 바람이 불면 먼지 구름만 몰려가거나 하루 내내 뻐꾸기 소리만 쌓여 있는 채, 학교는 무기 휴교조치로 문을 닫았어.

여름 3개월 동안 내 또래의 인민군 병사와 인민위원회 그리고 민청, 여맹 따위의 붉은 완장에 익숙해졌지. 그때 담배를 배웠고. 엽연초를 잘게 썰어 그것을 종이에 말아 피웠어. 전선은 낙동강 중류까지 남하했고, 진주 남강도 떨어져 나갔고, 9월의 인천 상륙과 함께 거듭된 후퇴가 역전되어 압록강 강물을 떠오기까지 했고, 그리고 다시 1·4 후퇴가 있었지. 이 과정에서 내 고향은 우익의 좌익 학살, 좌익의 우익 학살, 다시 우익의 좌익 학살의 보복으로 살벌한 죽음의 지역이었어. 한국전쟁 인명 희생자 300만 중 1만분의 1을 내 고향이 담당했으니까. 몸에서 썩은 학살 시체 냄새가 15일 이상 없어지지 않은 채 살아남았고, 나는 여름 나무 그늘에서 읽었던 신석정 시집 『촛불』을 아주 덮어버렸어. 시는 그 야만의 계절에 대해서 무능했으니깐. "아우슈비츠 이후 서정시가 가능한가"라고 외친 아도르노의 말은 한반도에도 적용되고 남았거든.

전쟁을 통해 수많은 죽음과 존재의 극한들이 살아남은 소년의 심상에 일찌감치 폐허를 만들어주었지. 그 폐허가 곧 내 시의 본적지야. 폐허란 이전의 유산도 전통의 혈친도 끝난 곳이고, 곧 50년대의 제로零 공간이었어. 어떤 50년대냐면 다 망해버린 시대였기 때문이야. 한국시 50년대 후반 또는 60년대 전반의 모더니즘은 그것이 서구 모더니즘의 뒤늦은 모방을 모면할 수 없는 것이 사실이지만 한국전쟁이라는 거대한 상황을 통한 전통 단절과도 깊이 관련되어 있어. 요컨대 전쟁은 시를 묻어버렸고, 역설적으로 다시 시를 불러들였지.

나는 널브러진 시체더미 앞에서 인간의 정체를 다 알아버린 듯한 허무에 사로잡혔고, 고향을 떠난 뒤 내내 떠돌았던 모든 산야와 도시는 폐허에 다름 아니었어. 내 문학은 그런 폐허를 떠도는 자의 비가悲歌이기를 자처했지. 그래서 내 시의 본적지는 폐허이고, 시의 현주소는 폐허의 기억을 가진 미완의 역사현장인 것이야. 거기에서 살아남은 나는 시대의 고아였거든.

그러니 내 문학은 이전의 문학이 개입되지 않는 이런 절대빈곤으로부터 자생되었어. 호메로스도, 도연명도 모르고서 내 시는 태어났으니까. 지금도 내 시적 내면의 오지에는 그 폐허가 덩그러니 남아 있어. 문학이란, 그 중에서도 시란 본질적으로 폐허의 영점, 즉 암실의 백지에서 현상되는 것이니까. 그러니 이데올로기의 저질 노예가 되어서 서로 살생하는 생존의 절박한 상황을 묵도하면서, 순박했던 시골 농촌의 소년으로서는 감당하기 힘든 정신적 외상을 받은 거야. 내 가슴에는 한 가마니의 잿더미가 들어 있었을 텐데, 그게 바로 허무야. 서구 19세기말의 니힐리즘이나 동양의 노장 세계나 불교의 무無사상이 임박했을 리도 없이 나는 생득적으로 허무의식을 체득하게 된 거지.

> 고은은 1933년 8월 1일 전북 군산에서 아버지 고근식, 어머니 최점례의 장남으로 태어났다. 다정다감한 아버지와 무뚝뚝한 어머니라는 상반된 성품의 부모 밑에서 자랐지만, 공부는 물론 일본어 작문과 미술에서도 두각을 나타내던 고은은 가족과 학교에서 두루 큰 사랑을 받으며 컸다. 식민지라는 시대적 우울과 타고난 어둡고도 그칠 줄 모르는 에너지가 결합되어 그는 반 고흐나 나병 시인 한하운과 같은 비극적 삶과 예술에 경도되었지만, 그의 삶을 죽음과 파격의 역동적 미학으로 이끌었던 것은 고은의 눈앞에 무참하리만치 생생하게 폐허를 보여준 한국전쟁이라는 '현실'이었다. 맥아더 장군이 인천상륙작전(1950년 9월)의 성공을 위해 관심 분산의 차원에서 군산 항구를 폭격했고, 그는 가난했지만 활기에 넘쳤던 자신의 고향이 한순간에 폐허로 바뀌는 것을 목격해야 했다. 또한 좌우의 대립이 서로를 죽음으로 내몰던 야만의 시대는 어린 소년을 인간과 그 인간이 만든 모든 가치를 부정하게끔 만들었다.
>
> ―「폐허 위에 화엄의 집 지은 시인 고은」,『문학사상』 2006년 3월호, 93-94쪽.)

김명원 선생님을 허무로 내몰았던 야만의 시대로부터 시작된 문학 태동기 이야기를 해주셨으면 합니다. 미룡국민학교 시절에는 월반을 할 정도로 영민하셨다고 들었는데요.

고은 나는 식민지 시대에 태어나 근대적 시대와 전근대적 시대 사이를 산 셈인데 전통적 서당을 만 9세까지 다녔어. 서당에서는 백수문白首文부터 동몽선습, 소학, 논어, 맹자 등 한자 교육을 깊숙이 수학할 수 있었고. 7살이면 학교에 갈 수 있었지만 할아버지께서 반대를 하셔서 못 갔지. 그래서 다른 아이들보다 늦게 초등학교에 입학하게 되었는데, 내가 3학년 때 해방이 되었어. 그 무렵 나는 삼촌과 숙부 등과 사귀기 시작하였고, 아버지는 중농으로 마을 이장과 지방 유도회儒道會 부회장 경력이 있었는데 보증을 잘못 서서 가난뱅이로 전락했지. 아무튼 나는 동네 머슴방에서 머슴들과 어울리며 아버지 친구 집 머슴인 대길에게 한글을 배우게 되었거든.

일본 제국주의 하에서는 한글을 못 배우게 했고, 한글은 천하고 한문만 깊이 있는 언어라고 해서 한글은 취급하질 않았던 시대였으니까. 명칭도 천문에서 언문, 그 다음에 국문이 될 정도였으니……. 그런데도 나는 한글을 배웠으니 그 당시 학교에서 한글 아는 사람은 손들라고 했는데 나 혼자 손을 들었고. 오로지 그 이유만으로 3학년에서 4학년으로 월반하게 된 거야. 나는 워낙 건강이 약해서 주먹이 센 동급생들이 요구하는 사탕이나 문구류를 주지 못하면 왕따를 당하곤 하다가 월반을 하게 되어 상급생이 되니 그때부턴 학교에 의젓하게 다니게 되었지.

김명원 선생님께서 처음으로 시를 접하신 시기가 중학교 때라고 알고 있습니다. 그 시대는 일제 잔재가 남아 있던 때라 친일파 교장을 추방하려는 동맹휴학의 주동자로 전북 교육위원회에서 작성한 블랙리스트에 올라 군산사범학교에는 낙방을 하고 군산중학교에 수석으로 입학하셨고요.

고은 중학교 시절부터 제대로 공부를 하기 시작했고, 문학과도 제대로 접하게 되었지. 내가 읽은 최초의 시가 이육사의 시 「광야」인데, 근대시로서 시인과 제목의 이름이 똑바로 박힌 것을 중학교 1학년 교과서에서 처음 만났거든. 이육사의 「광야」를 읽으면서 이런 시를 만난 것은 우연이라고 생각했어. 바람이 내 머리칼을 흔든 것처럼, 차가 가며 먼지가 날려 내 코에 들어 온 것처럼 말이야. 정말 우연였지. 너는 모년 모월 모일에 이 시를 만나리라, 라는 필연은 분명 아니었을 텐데 하필이면 이 시를 만난 우연은 어떤 필연적인 상관관계가 있는 것인지도 모르겠다는 생각이 나중에 들었고. 그래, 운명이었다는 느낌이랄까.

이육사의 「광야」를 살펴보면, 문법적으로 오문이야. 표현도 부족하고, 시적인 기법도 엉성하고, 한 마디로 못난 시지. 배우 장동건처럼 잘 생기지 못하고 나처럼 생긴 시라고나 해야할까? 그럼에도 「광야」는 창조적인 영감을 내게 퍼부어 주었어. 첫째로, 시간적인 개념, '까마득한 날'이라잖아. 우주의 작동이 시작되는 태초 말이야. 이런 무한감이 멋지잖아. 둘째로는 공간이야. 존재의 바탕이 되는 '광야'라, 경계가 없는 광활함이 상상되잖아. 셋째로는 인간이야. 그것도 인간의 능력을 초월한 바로 '초인'이지. 유럽의 기독교 사상을 거부하고 동양 사상을 성찰하여 득도한 니체의 사상을 갈망했는지는 모르겠지만……. 그리하여 이 시는 세상의 모든 구조물이 다 들어 있어. '대시간', '대공간', '대인간'이라는 우주적 개념이 들어있어서 아직도 내게는 유효한 시세계의 지표가 되거든.

그후 중학교 3학년 때 하교길에 정음사에서 펴낸 『한하운 시초』를 주워 읽은 다음, 시인이 되겠다고 결심했지. 나는 십리 거리의 학교와 집 사이 황톳길을 혼자 걸어 다녔는데 방과 후 어느 저녁 무렵 꺼므끄므한 어슬녘을 걷고 있었어. 집을 1km쯤 남겨놓은 길 한복판에서 한 물체를 발견했고. 그 물체는 마치 오랜 발광체처럼 팍 저물어버린 어둠 속에서 빛나고 있었는데, 책이었어. 나는 사방을 두리번거릴 겨를도 없이 그 책을 집어 들었지. 새 책이었고, 시집였고, 한하운 시집이었지. 온몸이 전류에 휘감겨졌어. 그 시집 속의 글자 하나하나를 어둠 속에서 뿌리째 뽑아내어 읽어갔고. 돌부리에 넘어졌다가 일어났어. 아마도 누군가가 사 가지고 가다가 그만 길에 잘못 떨어뜨린 것이었겠지만 시집의 임자를 찾아 나설 생각 따위가 전혀 없었고. 시집은 오직 나를 위해서만 거기 있었던 거야.

그날 밤 시집을 읽고 또 읽었어. 읽으면서 엉엉 울었어. 가도 가도 황톳길……, 이 구절은 곧장 내 심장 속의 주술이 되어 주었지. 밤새 뜬눈으로 조영암과 최영해라는 사람의 발문도 몇 번이나 읽었어. 그리고는 두 가지를 결심했고. 나도 한하운처럼 문둥병에 걸려야겠다는 것과 나도 시인이 되어 이 세상의 모든 길을 걸어가며 떨어져나간 썩은 발가락을 노래하고 이 세상의 길을 노래하겠다는 것이야. 한하운 시집 탐독 이후 나는 다른 학생들과 달라졌어. 그들은 아무 것도 모르는 철부지이고, 나는 남몰래 철이 들어버린 '어른'이 되었던 거지.

김명원 수많은 기행奇行을 전설처럼 남기셨던 선생님의 변화무쌍한 청년시절이 듣고 싶습니다.

고은 내 젊은 시절? 전쟁의 와중에 미군 제21항만사령부의 운수과 검수원을 지내기도 했고, 옥구군 대야大野에서 엿장수 생활을 하기도 하고, 친척이 설립한 군산북중학교에서 국어 교사, 미술 교사 등을 전전하며 두 차례나 자살을 감행했지만 실패했지. 실의 속에서 헤매던 때 승려 혜초를 따라 출가한 게 열여덟 살 1951년이고. 그러나 혜초승이 사랑에 빠져 환속해 버려 또 다른 스승을 만난 것이 효봉 대선사이지. 그는 일본 와세다대 법학과 출신으로 식민지 시대에 한국인으로 첫 판사가 되었지만, 평양 재직 중 사형언도를 내리고는 법에 의한 살인에 회의를 품고 법복을 벗어던지고서 금강산에 입산한 고승였어. 스님을 찾아가 제자가 되어 상좌생활을 하며 선수행과 전국 각처를 떠도는 행각승으로 방랑했지. 1957년에 효봉 대선사께서 조계종 종무원장으로 상경하자 나도 함께 상경하여 『불교신문』을 창간하고 시를 좀 쓰다가 회의감에 사로잡혀 1962년, 스물아홉에 환속했고.

김명원 그 이듬해 선생님께서 서른 살이 되었을 때, 바다에 투신자살을 하려고 제주도행 배에 승선하셨지요?

고은 맞아. 바다에 빠져 죽으려고 제주도행 배를 탔다가 너무 취해서 죽는 걸 잊어 버렸어. 가방 속의 큰 돌에 로프를 묶어가지고 내 허리에 묶어서 저 깊이 심해로 들어가, 안 떠오르도록 하려 마음먹었지. 제주해협이 그때처럼 호수가 된 적이 없었어. 파도가 부드러워진 걸 '젠틀 웨이브'라고 하는데, 그보다 더 거울 같았으니까. 때마침 달은 비치고 미칠 것 같더라고. 배 안 매점에서 구입한 술을 아무리 마셔도 취하지 않고, 명징한 이성만 또렷하더군. 내가 죽음의 앞에 있으니까 술조차도 거절하는구나 하는 생각이 들었고. 그러나 나중에 알고 보니 바다 공기가 좋아서 취하지 않았다대. 계속 마셔대다 결국 쓰러져 버렸고, 부우 하는 뱃고동 소리에 깨어나 보니까 이미 항구였어. 그래서 돌을 매고 죽는 건 실패로 돌아갔고.

전태일의 죽음 이후 바라본 환한 현실

김명원   제주도에서는 화북동에 도서관을 설립하여 관장을 맡기도 하시고, 금강고등공민학교를 개교해서 무료 수업을 하기도 하시면서 3년간 생활하셨고요. 이후에는 또 어떤 절실함이 있으셨는지 궁금합니다.

고은   불면증에 시달리며 제주에서 살다가 상경 후는 서울 무교동 술집에서 술만 퍼먹고 삶의 의미보다 죽음의 의미를 찾고 다녔지. 그때는 소주를 마시면 카아! 라는 소리가 절로 나오는 독주로 35도였는데, 밥은 안 먹고 낙지고추장볶음 같은 매운 안주만 먹으며 원시적인 미각의 충격을 즐겼어. 말하자면 자기 학대의 날들이었지. 통행금지가 있었을 때니까 폐점 시간이 되면 주인이 내쫓아도 술집 의자 위에서 잠을 잤고. 이문구가 나랑 그렇게 많이 잤어. 자다가 떨어지면 시멘트 바닥에 뻗어서 자곤 했고. 나중에 칠팔십년 대 들어 민주화 운동으로 조사 받으러 다니고 잡혀가서 차가운 시멘트 바닥에서 자고 할 때, 그런 데서 훈련받은 게 도움이 되었어. 좋은 침대에서만 잤더라면 칠팔십년 대를 겪어내는 데 힘들었을 걸. 그런 데서 인생을 막 굴렸기 때문에 어느 정도 익숙해졌지.

아무튼 그러던 어느 날, 술집 탁자에서 자다가 굴러 떨어져 시멘트 바닥에서 눈을 뜨니까 내 옆에 신문지 쪼가리가 굴러다니더라고. 그 신문에는 노동자 전태일의 분신 사건과 그에 대한 사설이 실려 있었어. 나도 끊임없이 죽음을 추구한 사람이었지만 이 사람은 왜 죽음을 택했나 하고 머릿속에서 그의 죽음이 악몽처럼 떨어지지가 않더라구. 한 노동자가 청계천에서 "일꾼들도 사람이다"는 말을 하면서 기름을 붓고 타 죽었는데, 나는 늘 왜 이 세상에 쓸모없이 태어났나, 나는 빨리 이 세상에서 끝나야 할 존재라는 등 내 죽음만 생각하고 있었으니. 그랬는데 노동자의 죽음을 신문에서 읽으면서 내 죽음하고 견주기 시작했어. 그러면서 슬슬 그 사람의 죽음에 들어가기 시작하고, 그 죽음의 환경이 되어 있는 우리 현실이 확 나한테 다가오기 시작했지. 그러자 불면증이 없어졌고, 다음날 아침 전혀 다른 사람이 되어 있었어. 그 노동자의 죽음에는 현실의 모순이 있었고, 민족이 있었으니깐. 그후에 유신이 오고, 김지하가 감옥에 들어가고, 내 정신의 마그마가 열리면서 화산이 치솟기 시작했지. 바로 70년대 초반의 일이야.

> 1970년, 그의 나이 37세 때였다. 그때까지 총리 이름도 모르고 시장에서 콩나물 값이 얼마인지도 몰랐던 그는 전태일의 죽음으로 인해 마치 도미노 게임의 카드가 와르르 한쪽으로 쓰러지듯이 급격히 사회현실 쪽으로 눈을 돌렸다. 그 이후로 10년 동안, 그는 지나간 세월에 대한 보상이라도 하듯 한국의 민주화를 위해 할 수 있는 모든 개인적·조직적 활동을 한꺼번에 쏟아냈다. 삼선개헌 반대운동의 문인 대표로 참여했고, 간첩 사건 등 온갖 공안 조작사건과 노동운동에 대한 탄압의 저항에 선두를 지켰으며, 1974년엔 자유실천문인협회를 창립하고 가택구금과 체포의 나날을 보냈다. 그런 박정희 유신시절은 김재규의 총탄으로 스러져가는 듯 보였다.
> ― 「폐허 위에 화엄의 집 지은 시인 고은」(같은 잡지, 96쪽.)

김명원 1970년 11월 13일, 독재 정권에 항거한 청계천변의 의류업체 재단사 전태일의 분신자살 사건을 계기로 선생님께서는 허무의 지하에서 현실의 지상으로 올라오시게 되는군요. 선생님의 허무주의가 현실 인식으로 몸을 바꾸는 순간이었네요. 그후의 행적도 듣고 싶습니다.

고은 1980년, 그 짧았던 서울의 봄을 기억하겠지? 박정희의 유신시대가 끝나고 새로운 시대가 오는 것처럼 느껴졌던 혼란기가 있었지. 그때 나는 민주화 운동의 중심부에 있었기 때문에 전국의 민주화운동, 학생운동 등과 관련되어 있었는데, 그 직후 들어선 신군부 정권이 나를 남한산성 밑의 육군교도소 특별사동 감방에 가두었어. 내 죄명은 내란음모죄, 계엄령 위반, 계엄교사라는 셋이었고. 계엄교사라는 갈빗대 하나가 더해진 것은 그 당시 서울대 복학생이던 이해찬에게 내가 영향을 주어 그를 끌어들인 탓이라고 하대.

감방은 철창이 없는 한 평 남짓한 밀실이었고, 백열구 40촉짜리 불빛이 꺼지면 그대로 사진현상의 암실이 되곤 했지. 복도에서 굽어든 곳이어서 삼교대의 헌병 감시로 1일 3식의 급식 이외에는 어떤 소통도 없었어. 대통령 암살자 김재규가 서대문구치소 사형대로 호송되기까지 줄곧 갇혀 있던 방이기도 했고. 중앙정보부장이던 그는 이 감방에서 금강경을 독송하며 사형집행에 앞서 마음을 다잡았고 새벽 4시 커피 한 잔을 마신 몸으로 실려가 이 세상을 마쳤지. 그가 떠난 빈방에 내가 들어앉은 거야.

몇 번의 군법회의 검찰심문이나 재판을 위해 상피고인相被告人 문익환과 한 호송차에 실려가면서도 대화가 금지되었고. 이런 사정이므로 감방의 시간은 훨씬 주관적이었어. 길고 길었지. 그 당시 정치인 김대중과 학자 이문영 등 나를 포함해 그 특별 감방에 갇힌 다섯 사람은 살아나갈 수 없다고 생각했거든. 들어가는 통로에서부터 기관총을 볼 수 있었으니까. 이따금 전기가 꺼지곤 했는데, 소장이 나와서 요즘 전기 사정이 안 좋아서 자주 꺼진다고 했지만, 어둠 속에 처박아두는 일종의 고문이었던 거지. 그런 식으로 그들은 우리의 심신을 완전히 죽여 놨던 거야.

    우리 모두 화살이 되어
    온몸으로 가자.
    허공 뚫고

온몸으로 가자.
가서는 돌아오지 말자.
박혀서 박힌 아픔과 함께 썩어서 돌아오지 말자.

우리 모두 숨 끊고 활시위를 떠나자.
몇 십 년 동안 가진 것,
몇 십 년 동안 누린 것,
몇 십 년 동안 쌓은 것,
행복이라던가
뭣이라던가
그런 것 다 넝마로 버리고
화살이 되어 온몸으로 가자.

허공이 소리친다.
허공 뚫고
온몸으로 가자.

저 캄캄한 대낮 과녁이 달려온다
이윽고 과녁이 피 뿜으며 쓰러질 때
단 한 번
우리 모두 화살로 피를 흘리자.

돌아오지 말자!
돌아오지 말자!

오 화살 정의의 병사여 영령이여!

―「화살」전문

육군교도소 특별사동 감방에서 발아한 『만인보』

김명원 그 섬뜩한 시절을 견디셨던 힘은 어디에 있었을까요?

고은 강박된 군대 분위기로 생존 자체에 대한 위기감이 광주사태의 외부와 맞닿아서 몇 개월 동안 누그러지는 일이 없었어. 그래서 '내가 살 수 있다면'이라든가 '내가 살아서 나갈 수 있다면'이라는 전제는 무척이나 강렬했지. 특별 감방에서 수감된 채 시를 구상하는 일로 하루하루를 견뎌냈고. 절망적인 수인의 몸이지만 내가 살아 나갈 수만 있다면 이런 시를 써야겠다며 시를 구상하는 것이 그 당시의 내 존재 이유였으니까. 나라 잃었던 시절에 나라를 찾기 위해 독립운동을 했던 사람들의 장편 대서사시『백두산』을 구상했던 것, 내가 직접 만난 사람뿐만이 아니라 만나지 않은 역사 속의 사람과 역사 속에 있을 법한 이름 없는 사람 등을 죄다 망라해서 거대한 우리 민족 지도를 서사화해야겠다고『만인보』의 기초를 다진 것도 바로 그때의 결심이었거든.

특히『만인보』는 그 긴 시간 속에서 태어난 뜻밖의 훨훨 나는 나비떼였어. 그 나비들은 내 기억의 용량을 확대시켰고, 기억의 이면인 상상의 고도도 섶에 불 닿듯 겁 없이 높여주기 시작했지. 특별 감방의 그 사고무친의 정치적 유폐를 견디는 동안, 가망 없는 구상을 하게 된『만인보』의 소재들은 이농한 농부가 꿈속에서 봄 파종을 하는 농업의 환각에 다름 아니었던 거야. 그것은 의식이라기보다 무의식이고 의도나 계획이기보다 본능이었고 자생의 발화였지. 스스로 노래하고 춤추는 바가 그 암흑 속에서 내 인내의 시간이었으니까. 요컨대 만인보가 태내에서 갖추고 나온 생명력이 그곳에 있었던 거지. '만인보'라는 이름이 처음부터 명명된 것은 아니야. '사람과 사람들'이라는 범속한 가제였는데, 수많은 사람 하나하나에 시의 운명을 부여하고 싶었던 거였을 테지.

김명원   1986년부터 시작하셔서 25년간의 집필을 마감하여 올해 2010년에 『만인보』 30권을 완간하셨으니 남다른 감회가 있으시겠어요. 최원식 교수는 시 4000편에 등장인물이 5천 600여 명에 이르는 기획을 두고 "일찌기 발자크는 빠리의 호적부와 경쟁하겠다고 했는데 『만인보』는 우리 호적부와 겨루는 것"이라고 말씀하셨지요. 세계 시단에서의 평가 역시 뜨거웠고요. 『뉴욕 리뷰 오브 북스The New York Review of Books』는 "20세기 세계문학의 최대 기획"이라고 표현하였고, 프랑스 시전문지 『포에지』 편집위원인 클로드 무샤르는 "또 하나의 방대한 작품인 빅토르 위고의 '세기의 전설'을 생각나게 한다"고 말했고, 스웨덴에서는 2005년 '올해의 책'으로 선정했고요. 외국 번역본이, 그것도 시집이 '올해의 책'에 선정된 것은 처음였다고 알고 있는데요. 세계가 경탄한 선생님의 역작 『만인보』에 대해 이야기를 더 듣고 싶습니다.

고은   만인이 반드시 백의 백배, 천의 열배일 것은 없어. 만국이 일만 개의 국가가 아닌 것처럼, 『아라비안나이트』 천일 밤의 천이 반드시 열의 백배가 아닌 것처럼, 그것은 오직 수많은 삶의 초상에 대한 함의이기를 바래. 80년대 민중의식이나 당파성의 숨찬 문화 환경에서 내 의도는 거의 의도적인 열외로 당대의 '만인보'가 아니라 그 언젠가의 '만인보'를 꿈꾸었는지 몰라.

『만인보』에 대해 몇 가지를 손꼽아 본다면, 첫째, 『만인보』의 본질은 끝이 없다는 것이야. 사람 하나를 형상화하는 일은 그 사람의 생애 전부를 담지 못할 경우 한 편의 축도나 한 편의 단면 묘사 이상의 지속적인 서술행위를 더해야 하지. 그럴 뿐만 아니라 사람 하나라는 대상에 대한 시각도 한결같은 서술의 문법에 입각할 수 없고. 여기에다 사람 하나로 끝나는 작업이 아닌 무한 연쇄으로서의 작업이 『만인보』의 여건이라면, 30권의 완간은 『만인보』의 끝을 뜻하지는 않겠지. 실제로 30권은 세상과의 약속일뿐더러 그 뒤로 있게 될 『만인보』의 미래는 그리고 싶은 그림들과 노래하고 싶은 노래들이 나의 자동서술을 막지 않을 것이야.

둘째로 『만인보』는 대의를 내걸지 않았어. 이것의 기점인 1980년대도 거대

담론의 명제와 시대정신이라 할 명분도 한 시기와 한 상황 안에 서 있는 한 인간의 행위에 하나의 세부가 반영될 뿐, 거기에다 인간의 당위성을 일부러 내걸지 않는다는 거야. 나는 시 속의 화자나 시 밖의 독자로서 몇 개의 연대기를 경험하고 있어. 식민지시대, 해방과 분단의 시대, 전쟁과 긴 휴전의 시대, 그리고 건국 이래 거듭되는 독재시대와 독재 거부의 시대를 살아오는 동안 한 생애 이상의 삶을 통해서 실로 많은 인간상의 분절을 만나고 있어. 따라서 사람 하나의 형상이란 내가 살아온 시대의 복안複眼에 인상된 시대의 얼룩이기도 해. 그러므로 내 눈은 난시 상태도 무릅써야 하므로 한갓진 외눈박이의 눈일 수 없어. 사람 하나하나를 한 편의 벽화로 채우기보다 그것의 또다른 생태마저 지나칠 수 없는 여러 차원의 삶으로 그려내고자 한 것도 내 부푼 꿈이었지.

셋째로 나는 『만인보』 쓰기가 오랫동안 정착된 캐논이나 고전의 속박으로부터 벗어난 새로운 서사형식의 한 영역이 되기를 바라고 있어. 고은의 '만인보'로 그치지 않고 국내외의 서사세계에서 보편적인 한 문학 장르로서의 '만인보'가 되는 것 말이야. 그것은 인간 군상에 의미를 부여하는 동안 인간을 인종, 민족 안에 갇혀 있지 않게 할 것이야. 앞으로 나는 나라 밖의 동료들에게도 '만인보'라는 장르를 권유함으로써 하나의 특수성을 보편성으로 펼쳐지게 할 것이고. 이와 함께 서사와 서정의 경계, 묘사와 서술, 그리고 시와 시 아닌 것의 그것을 허무는 모험도 뒤따라야 하겠지.

김명원 『만인보』 1권에 보면 「외삼촌」이라는 시가 나오는데요. 선생님께서는 시에서 "나의 절반은 이미 외삼촌이었다"라고 기술하고 계시지요. 그 외삼촌은 "나를 자전거에 태우고" 가서는 "상해"로 "북경"으로 "만주 지지하루"로 "남으로 남으로 바다 건너 야자수 우거진 자바"로 데려가겠노라고 약속하였지만 결국 시의 말미에서는 "세세년년 북국 5천 킬로 무소식"이 되고요. 외삼촌은 선생님에게 어떤 존재이셨나요?

외삼촌은 나를 자전거에 태우고 갔다
어이할 수 없어라
나의 절반은 이미 외삼촌이었다
가다가
내 발이 바퀏살에 걸려서 다쳤다
신풍리 주재소 앞에서 옥도정기 얻어 발랐다
외삼촌은 달리며 말했다
머슴애가 멀리 갈 줄 알아야 한다
나는 상해에 갔다가
북경에 갔다가
만주 지지하루로 갈 것이다
그 다음은
남으로 남으로 바다 건너
야자수 우거진 자바에 갈 것이다
이런 답답한 데서
어떻게 한평생 산단 말이냐
갈 것이다
갈 것이다
나중에는 너도 데려다 함께 살 것이다
외삼촌은 자전거를 더 빨리 내몰았다
나는 쌩쌩 바람에 막혀 숨이 막혔다
나의 절반은 외삼촌이었다
스치는 십리길 전봇대여 산의 무덤들이여
그 뒤 세세년년 북국 5천 킬로 무소식의 외삼촌이여
―「외삼촌」 전문

고은 나에게는 잊을 수 없는 사람이 많은데, 외삼촌은 그 가운데 빠질 수 없는 물망초 대상이야. 아버지가 나 자신의 '자아'라면 외삼촌은 '세계'였으니까. 외삼촌은 만주와 인도네시아, 싱가포르 등을 떠돈 사람이었지. 식민지 시대의 드문 편력이었어. 나는 그런 외삼촌이 어쩌다 우리 집에 오거나 내가 외가에 가서 만날 때마다 세계를 만난 셈! 어린 시절 외삼촌의 책을 통해 반 고흐를 너무 일찍 알게 되었지. 그래서 '오직 고흐이리라. 그렇지 않으면 무無이리라'라는 글씨를 책상 위에 붙여놓은 화가지망 소년이 되었고. 이태리의 다눈찌오를 안 것도 거기서였어. 외삼촌은 낭만적인 사회주의자였던 듯해.

김명원 선생님께 있어 외삼촌은 그야말로 예술적인 세계로 안내해준 교량적 존재셨네요. 이러한 외삼촌의 초상 말고도 『만인보』에 수록된 군상을 살펴보면, '절름발이 떠돌이', '땅꾼 도선이', '죽은 소금례', '봉태 누나' 등 고향 어스름에서 만난 사람들과 전국 각지에서 삶을 땀으로 일구어낸 민중에게 향하는 선생님의 남다른 애정이 서사로 읽히게 되는데요. 제호인 만인을 넘어서고, 통시적 시대마저 넘어 선, 우리 온 겨레의 눈물겨운 호적부가 『만인보』인 셈이군요. 1980년, 『만인보』 구상이 시작되었던 남한산성 육군교도소에서 일 년 동안의 군사재판을 거쳐 일반 형무소인 대구교도소로 가신 후 그 유명한 제6동 12방 시절이 시작되셨고요.

고은 다시 이야기를 거슬러 올라서……, 그렇지. 대법원 상고심과 감형 직후 대구교도소로 갔지. 그곳에선 나 하나를 특별격리하기 해 제6동 12방의 사방을 다 비워두었더라고. 거기서 나는 국어사전 낱말 외우기를 시작했어. 영어와 산스크리어 공부를 하려다가 국어 공부로 돌아섰던 거야. 암기에 필요한 낱말 표시를 위해 12일간 단식을 한 뒤에야 담당교도관의 입석 하에 인주로 단어를 표시하는 것을 허락받을 수 있었고. 그 공부는 흥겨웠지. 지난날 국어소사전을 한 번 읽은 후 그 사전을 불태운 채로 몽땅 삼켰던 유치한 일도 떠올리면서 말이야.

아내는 신령스러운 헌법

김명원 국내외 구출 운동에 힘입어 1982년 8·15 사면 형집행정지로 3년간의 수감 생활을 끝내고 석방되셨지요. 그리고 출감하신 일 년 후인 1983년 5월 5일에 선생님께서는 중앙대 영문과에 재직하시는 이상화 교수님과 결혼을 하셨고요. 아내이신 이 교수님과는 어떻게 만나셨는지, 그리고 두 분의 문학적 교감은 어느 정도였는지 질문 드리고 싶네요.

고은 아내는 그 당시를 기준으로 10년 전, 즉 1974년부터 나와 알고 있었던 사이였고, 그 즈음 영국에서 유학을 마치고 막 돌아왔었는데, 재회를 통해 결혼을 하게 되었지. 수유동에 살던 신학자 안병무 교수의 자택 정원에서 함석헌 선생 주례로 신부, 목사, 문인, 교수 등 지인 100여 명만 초청해서 식을 올렸어. 정보기관에서도 당일에야 알고 달려왔으니……. 아내는 결혼으로 대학 당국에서 면직 여부 대상이 되었지만 대학 담당 안기부 직원의 권고로 무사하게 넘어갔지. 그리고 결혼과 함께 지금 살고 있는 안성에 정착했고.

하지만 옥중에서는 말이야. 미친 듯 시를 쓰고 싶었는데 막상 나와 보니 그 욕망들과 감방에서 익힌 내 낱말들은 마치 홍수에 가재도구들이 죄다 떠내려가듯 일시에 사라져버려 다시 폐허가 된 느낌이었어. 그래서 일종의 정신적 공황 상태를 거친 뒤, 사전의 표시낱말을 다시 외우기 시작했고……. 안성에 정착한 지 2년 만에 비로소 구상해놓았던 『백두산』과 『만인보』를 신들린 듯 세상 밖으로 꺼내놓을 수 있게 되었지. 그런 나를 바라보는 아내를 뒤돌아보며 내 작업은 축제가 되고 있었어. 결혼은 무덤이 아니라 지진이었어. 마그마가 솟아오르는 것을 억제할 수 없는 삶이었으니까. 특히 『만인보』 1, 2, 3권은 정체를 알 수 없는 연속 폭발이었거든.

내 아내에 대해 물었지? 아내는 신령스러워. 아내는 영문학에서 유토피아를 전공하였고, 유토피아 문학론 저서들도 냈고. 그런데 내 유토피아야말로 아내야. 아직껏 내가 세속적이지 않다면 그것도 아내라는 헌법 때문이지. 내 영혼의 동행인이 곧 아내 이상화거든. 자신의 학문을 포기하다시피하며 내 시의 영어 공역자이자 내 국제관련 업무를 도맡아 해주고 있으니까.

내가 결혼할 때 백낙청 교수가 덕담으로 이렇게 말한 적이 있었어. 이 결혼은 두 사람만의 결혼이 아니라 민족문학과 세계문학이 만나는 것이라고. 그런데 공교롭게도 정말 그렇게 되어버렸거든. 1999년에 안식년을 맞은 아내는 하버드대 영문학부 교환교수로, 나는 특별연구교수로 초청돼 미국에 갔고, 거기서 내 문학의 공간이 넓혀지는 것을 느낄 수 있었으니. 나의 문학 여정에 있어 또 하나의 큰 변화를 가져다준 시절이었어. 그때 한국의 민족문학이 세계문학으로서의 보편성을 획득할 수 있다는 확신을 가지게 되었지.

오늘 오후 눈이 오다가 말았다 개들이 내달렸다

조국을 사랑하지 않아도 되는 때가
언제 온단 말인가
내가 갈망하는 건
조국이 아니라
조국을 사랑하지 않는 그 자유임
다시 눈이 오기 시작하였다

술 싫다
책 싫다
―「어느 날 혼자」 전문

김명원 거의 30여 년간 지금까지 경기도 안성군 공도면 마정리 대림동산에 살고 계신데요. 안성에는 특별한 연고가 있으셨나요?

고은 결혼을 할 때까지 나는 안성에 어떤 연고도 없었어. 그런데 나와 함께 민주화투쟁을 했던 고려대 법대 이문영 교수가 출감한 후에 드라이브를 하다가 안성엘 가게 되었나 봐. 그러고선 나에게 전화를 했더라고. 내용인 즉, 오늘 하나님께서 고은 선생 살라고 내려주신 집을 보고 왔습니다, 였어. 그 수사가 좋아서 조금 있으면 아내가 될 이상화와 함께 이문영 교수를 따라서 안성에 가 보게 되었고, 그 자리에서 살기로 결정해 버렸지.

해방 60년, 백두산에서 울다

김명원 선생님께서는 결혼 후 여러 장르를 넘나드시며 더욱 문학에 집중하셨는데요. 막강한 집필 활동 이외에도 통일 문학의 외연을 넓히는 일을 도모하셨지요. 바로 남북작가회의 추진일 텐데, 해방 60년을 맞는 2005년 6월 15일을 기하여 최초의 남북작가회의를 백두산과 묘향산에서 5박 6일 동안 진행하셨고요.

고은 남북작가회의의 추진은 1985년에 자유실천문인협의회 특별 강연에서 남북의 작가들이 만나야 한다고 내가 제안했던 것으로부터 시작되었어. 당시엔 그런 제안만으로도 엄청난 고초를 겪었던 시절여서, 안기부한테 협박을 많이 당했지. 그래도 신념을 포기하지 않았고, 일본의 진보적 지식인들에게 북쪽과 연락해서 남북작가회담을 성사시켜 달라고 극비리에 부탁을 했어. 드디어 1989년 북쪽에서 회담에 응하겠다는 통지가 왔고. 그래서 나를 포함해 신경림과 백낙청 등 남측 대표 5명이 판문점으로 향했는데, 미군의 승인 없이 판문점에 들어갈 수가 있나. 다들 귀가해야 했고 나만 혼자 상징적으로 잡혀서 국가보안법으로 네 번째 옥살이를 했어. 당시 국제 팬클럽 등 세계의 문인들이 열렬하게 구명 운동을 해주어서 석방될 수 있었지만.

그후 민족문학작가회의 활동을 통해 꾸준히 남북 작가들이 만나는 모임을 시도한 지 15년 만인 2005년도에, 드디어 남북작가회의라는 대형축제의 꿈을 이룬 것이야. 감격은 말로 다 할 수 없었지. 백두산에 오르기 전날 밤, 잠이 안

왔어. 내가 1997년 처음으로 방북해 백두산에 오른 전날에도 흥분감에 잠을 못 이뤘던 것처럼. 힘들게 이루어진 일인 만큼 자연의 축복도 받고 싶었는데, 다음날 새벽에 북쪽 대표자랑 백두산을 올랐더니, 달이 아직 지지 않아 서천에 떠 있고, 해는 올라와서 동천에 떠 있는 거야. 일월이 상조하고 있는 광경, 얼마나 축복이야. 그런 장관 속에서 남과 북의 작가들이 서로 껴안으며 정상에서 시를 읽고 선언을 하고 두 시간 동안의 축제를 보내고 내려왔어. 그때 하산하면서 많이 울었네.

김명원 선생님, 살아낸 세월을 돌아보시면, 감회가 깊으시지요?

고은 그럼. 70년대만 해도 워낙 험악한 시대였잖아. 그 당시만 해도 대학에서 특강 섭외를 받아 강의를 하고 오면 학생회 간부가 제적당했다는 소식이 당도하던 때였으니까. 그런데 지금은 어때? 시장과 술을 한 잔 하는 시대가 되었으니…… 참 많은 변화가 있기는 했네.

김명원 술 이야기가 나왔으니 말인데요. 요즘도 술을 여전히 즐겨 드시나요? 한 일간지에 젊은 시인들이 순결하게 술에 취하지 않는 사실을 개탄하신 적이 있으시지요?

고은 내가 술꾼인 것은 사실이지만 젊은 시인들이 술 안 마신다고 꾸짖을 까닭이 없어. 하지만 고대 이래 시와 술의 오랜 동행은 거의 본질적이기까지 하였고, 세계시사와 동양시사에서 시와 술은 전통적인 상호텍스트였잖아. 인류사 속의 특별한 신적 체험은 도취 혹은 마취에 의해서 가능한 정신적인 상승에 의해서였으니……. 도잠, 이백과 소식을 실례로 들어도 시흥과 주흥의 합체를 접할 수 있었고, 아시아 시의 산 중심인 페르시아 시에서도 시와 술은 긴밀해서 오마르 카이얌Omar Khayyām은 술꾼이자 술이 깨면 하늘의 별을 보는 천문학자이기도 했지.

특히 동양에서 내가 제일 좋아하는 시인이 이백인데 이백은 술로 시작해서 술로 끝났잖아. 내가 이백에 미치지 못 하는 바가 뭐냐면 그는 술에 취하면 절창이 나오는데 나는 술에 취하면 졸작이 나온다는 거야. 나는 모든 작품이 술

깼을 때 나오는데 그는 취중에 나오거든. 이게 내가 그를 못 당하는 바고. 요즘은 조금씩 취중에도 시가 나오기 시작하는데 이제부터는 좀 비슷해져 가나, 하고 느껴지기도 해.

영국과 미국에 계관시인 제도가 있잖아. 영국의 경우는 계관시인 테드 휴즈Ted Hughes 다음에 앤드류 모션Andrew Motion이 계관시인으로 추대되었을 때 영국 정부에서 준 특권 중의 하나는 일 년에 몇 백 병씩의 위스키를 무료로 제공한 거야. 그런데 현대사회에서 술 중독의 사회적 문제가 마약과 함께 퇴치 대상이 되면서 술을 윤리와 건강의 적으로 권장한 시대적 분위기나 여러모로 볼 때, 술을 권하는 일은 최선이 아니지.

젊은 시인들에게 술 없이는 시도 없다고 위협하는 것은 시의 새로운 존재 형식에도 맞지 않고. 다만 "시를 대가리로 쓰지 말고 가슴으로 써라. 시를 비즈니스로 쓰지 말고 상처와 회한으로 써라"라는 즉흥적인 발언 때문에 술 안 마시는 시인을 꾸짖는 것으로 되어버렸어. 술 없이도 취할 수 있는 경지가 있다면 얼마나 좋을까. 요즘도 아내한테 폭음 다음날 혼나고 있거든. 그래서 물로 취하는 비법을 탐구하고 있는 중이야. 취한다는 것은 원시적으로는 신과의 소통이니까.

김명원 젊은 시인들의 시는 좀 읽으시나요?

고은 물론 많이 읽지. 요즈음 시의 경향을 보면, 산문성이 있고, 세상의 가치와 상관없는 자기 가치에 함몰하는 경우도 있고, 그래. 나는 일상의 언어 속에 변방의 시 언어가 있는 것이 아니라 시 언어라는 근원 언어에서 일상의 언어가 나오는 것이라고 생각하거든. 일상어는 지극히 작은 지역에 불과하고 우주 어딘가에 우리가 찾아내야할 언어들은 은폐되어 있지. 아직 쓰지 못한 우주의 언어를 넘보고, 꿈꾸고, 이끌어내려 손짓하는 것이 시 언어일 것이야.

그리고 또 하나는 젊은 시인들이 감성의 훈련에 있어 조숙하다는 사실이야. 우리가 근대시를 쓰면서 한쪽에는 서구시의 수용에서 오는 콤플렉스나 트라우마 같은 것이 있었는데 이제는 싹 없어졌잖아. 반가운 일이지. 1960년대 후반에만 해도 문학 이론가들이 우리는 후진국에서 문학을 한다고 자기 출발점을 선언하곤 했는데 말이야. 이제는 우리가 문학이라는 비물질적 시장에서 전혀 고개를 숙일 이유가 없다는 것을 숙지할 필요가 있다고 봐.

복수複數로서의 고은

김명원 선생님께서는 허무에서 유미적 수사로, 다시금 투철한 사회 참여로, 그리고 화엄이라는 선적 관점으로, 다양한 시세계를 변주하셨는데요. 그때마다 처절한 시적 인식을 제시하셨고요.

고은 폐허와 허무 속에서 이십여 년 가까이 살다 보니 민족문학에 다른 눈이 붙어야 하고 다른 육체의 살이 붙어야 한다는 걸 알게 됐어. 사회라고 하는 것은 무한히 큰 공간이긴 하지만 또한 인간에게 한계를 주기도 하는 공간이니까. 나는 그런 갇힌 틀 속에서 기계처럼 살고 싶지 않았거든. 그래서 사회와 다른 꿈이 만나는 화엄의 세계, 커다란 포용의 문학을 지향하게 됐지.

그러나 나는 복수複數로서의 시인이야. 고은은 고은들이지. 누구는 나의 60년대 시를, 누구는 나의 70년대와 90년대의 시를 편드는데, 나는 내 시에 관한한 직무유기상태야. 요컨대 나는 나를 규정할 수 없어. 또 누가 나를 설명하고 단정한다 해도 그것은 내 시의 부분적 체험일 뿐이지. 허무시에서 참여시로, 다시금 화엄적 통섭의 시로 변모되었다는 이런 단계론도 편법이 아닌가 싶네.

> 내려갈 때 보았네
> 올라갈 때 못 본
> 그 꽃
> ―「그 꽃」 전문

비로소 세상이 제 모습입니다
제 모습에 저녁연기 피어오릅니다
그 어디메 말없음이여
일찍 뜬 거지별 하나
날 저물어 세상이 제 모습입니다.
―「저녁」전문

김명원 선생님에 관련된 유명한 일화가 여럿 있는데요.「폐결핵」이라는 시를 쓰셨는데 나중에 건강하던 폐 한쪽이 석화된 사실이나 허구 상의 누이를 실제 문학 현실의 장으로 끌어 온 '누이 콤플렉스'라든지, 원전을 밝히기 어렵게끔 끊임없이 개작하시는 시편들이라든지요.

고은 우리가 세상살이를 해나갈 때 대체로 이분화되어 있지. 우리가 꿈꾸는 허구는 따로 있고, 우리가 살고 있는 현실은 지금 진행되고 있고. 하지만「폐결핵」이라는 시는 허구이자 또 하나의 현실이기도 했어. 나는 폐결핵에 걸린 적이 없었지. 60년대까지만 해도 폐결핵이라면 장가가고 시집갈 자격도 없는 병이었고, 무서운 민법상의 질병이었거든. 그저 나는 새벽에 나는 기침 소리가 좋았고, 폐병으로 기침을 하다가 죽는 것이 그 당시에 내가 생각하는 가장 이상적인 죽음 이미지였어. 나는 가포리 요양소에서 폐병 환자로 떠도는데 누이가 간병을 해주다가 병이 옮겨 대신 죽는 것, 누이의 유해를 다도해 배 위에서 뿌리고 입산하는 것, 뭐 이런 것들로 '누이 콤플렉스'라는 말이 붙었지.

그런데 오십이 넘어서 건강 진단을 해보았더니, 그때 비로소 한쪽 폐가 없다는 말을 들었어. 떠돌고 술만 먹고 하는 사이에 폐결핵이 찾아왔다가 떠나버린 거야. 그런 걸 보면 내가 염원하던 허구가, 바로 그것이 나중에 현실로 된 거더라구. 한 시인의 꿈이 냉엄한 현실로 진행된 것, 이것이 곧 문학을 이해하는 비밀이라고 생각해. 나에겐 없는 누이를 내 시에 끌어들여 허구가 또 하나의 현실이 될 수 있었던 것도 그렇게 이해하면 되고. 외삼촌에게 들었던 낭만의 벌판 만주와 함께 누이는 나를 지탱시켜 주는 허구였거든. 전쟁으로 말미암아 산야 위의 삶과 죽음마저도 신성한 것이 되지 못하고 있었을 때, 이런 산야를 떠도는 내게 있어 허구는 하나의 실존이었으니깐.

시 개작에 관한 것은 나에게 시는 완성품이 아니라 미완성성이라는 점이야. 이것이 무한한 매혹이고. 언어의 절대란 불가능하므로 창조 행위 자체의 미완성은 완성에 대한 허상을 성찰하게 만들지. 이런 의미에서 모든 문학 행위는 미완성성이므로 개고의 대상이라고 생각해.

김명원 선생님의 시는 국내 뿐 아니라 미국이나 스웨덴, 호주 등 세계 각지에서도 공감을 이끌어 내고 있는데요. 번역 문제라는 언어의 한계에도 불구하고 세계를 넘어서는 보편적 진정성과 시에 내장된 내밀한 동양적 사상의 마력 때문일 것입니다. 미국 시인 게리 스나이더Gary Snyder는 외국에 가장 잘 알려져 있는 시인으로 선생님을 꼽으면서 한국 최초의 노벨문학상 수상자가 되리라고 예견하였는데요. 노벨상을 수상하기 위해 작품에 매진하는 것은 아니지만, 상이란 문학 이면의 또 다른 문학 외적인 측면이나 국력의 표징이란 점에서 환기의 역할을 하는 것은 분명해 보입니다. 번역 문제나 문학의 보편성 전달 등 한국 문학의 세계화 문제가 어떻게 전개되어야 한다고 보시는지요. 그리고 선생님께서 2002년부터 후보에 오르고 있는 노벨문학상에 대한 생각 등이 궁금합니다.

고은 한국 문학의 세계화에 있어 번역 문제, 중요한 사안이지. 나는 번역시의 문맹자라서 번역 문제를 논의하기는 뭣하지만 번역의 질을 가늠할 수 있는 직관은 있어. 우리나라의 작품은 1960년대부터 번역되기 시작했지만 1970년대까지는 '떡잎 번역'을 해왔다고 할 수 있을 텐데……. '떡잎 번역'이란 뭔고 하니 그 다음 작업을 위한 시도일 뿐이라는 의미로 붙여진 이름이야. 본격적으로 번역이 제 자리를 잡기 시작한 것은 1990년대이고.

그리고 문학의 보편성을 물었나? 요즘 담론들이 보편성을 강조하고 있는데, 나는 이 보편성이야말로 함정이라고 생각해. 문학 행위는 특화될수록 생명력이 있기 때문에 특수성을 더 개발해야 한다고 봐. 어쩌면 보편성이야말로 특수성에서 시작된 것이 아닐까. 특수성이 사람들에게 많이 알려지면 그것이 보편성이 되니까. 보편성이 헤겔의 역사 법칙마냥 액자가 짜여진 무류성이고 특수성은 그 보편성의 위대함에서 소외되는 것이 아니라니까. 이 둘은 끊임없이 이율배반적인 소통을 해야 하는 공명관계라고 할 수 있어.

또 우리는 서구의 보편성을 자신의 방식으로 읽는 독법에 익숙하지 못했어. 그러나 지금은 우리 문학이 근대문학의 이식론을 극복했잖아. 1960년대만 해도 어떤 서구시들은 신적인 대상였고, 토속적인 시인의 경우에도 늘 바깥콤플렉스를 가지고 있었지만, 이제는 예전처럼 더 이상 엘리엇의 모더니즘에 무조건 경배하지는 않으니까 말이야. 허나 우리는 스스로 만들어 놓은 보편성에 갇혀서 정말 찬탄할만한 새로운 보편성은 쉽지 않아 보이기는 해.

나는 미국에 가서 보다 드넓은 시각을 가질 수 있었고, 우리의 남과 북을 노래하되 그 대상을 세계로 넓혀야 한다는 신념을 가지게 됐어. 나는 보편성이라는 것이 서구문학에만 있고 아시아문학 혹은 한국문학에는 없다는 헛소리들은 인정하지 않아. 한국에서도 얼마든지 세계의 보편타당성을 갖는 문학 언어를 꽃피워낼 수 있거든.

노벨문학상에 대한 생각을 물었는데, 일전에 한 잡지사와의 인터뷰에서 이렇게 답했지. 아시아에서 타고르가 노벨문학상을 수상한 이래 수상자가 없는 것을 어떻게 생각하느냐고 묻기에, 타고르의 시에는 기도가 들어 있지만, 내 시에는 기도가 들어 있지 않다고 말이야.

김명원   이제 인터뷰를 정리해야 할 시간입니다. 선생님께서는 지금까지 150여권 가량의 책을 펴내셨고, 2002년에는 선생님의 집필을 망라하는 38권짜리 전집을 출간하셨는데요. 전집 출판사인 김영사의 초대로 출간기념회 때 들은 선생님의 답사가 아직도 생생합니다. "나는 나의 손주다. 나는 아직도 자라고 있다"라신 말씀이요. 그 방대한 원고의 양을 써 내시는 고된 집필과 해외 활동 등을 수행하시는 데다 스스로에게 '손주'로 명명할 만큼 열정을 유지하시려면 건강이 우선일 텐데, 어떻게 건강을 관리하시는지요?

고은 건강을 위해서 운동이라든가 특별히 하는 것은 전혀 없어. 그냥 타고난 대로 살고 있는데, 집에 있을 때엔 저녁 밥 먹은 후에 아내와 논길을 산책하는 정도지, 뭐. 집필이야 신명 그 자체이고, 해외에 자주 나다녔는데도 나는 먼 길에 시차를 별로 안 느껴. 건강해서라기보다는 아마도 새들의 이동에 가까이 가려는 운명인가 봐. 미국에 살 적에 일 년에 비행기를 오십여 차례나 탔는데 전혀 괜찮았고, 열댓 시간씩 비행기를 타도 별 시차 없이 잘 지내는 것을 보면 축복이지. 내게는 유목민의 피가 많이 남아 있는 가 봐.

김명원 올해 남은 일정과 내년의 계획이 있으면 말씀해 주시기 바랍니다.

고은 가을녘에 서울대출판부에서 시론집 『처음으로 만난 시』가 나올 예정이야. 그리고 시집 둘이 출간될 것이고. 영문 산문집인 『폐허의 시』, 독일 주어캄프 창사 60주년 기념 도서로 『순간의 꽃』, 러시아어판 『만인보』와 프랑스어판 『속삭임』 등이 출판 예정으로 있고. 요즘엔 서재에 머무는 시간을 확보하기 위해 해외 초청 대부분을 사절하고 있어.

내년에는 벅찬 일 년이 예비 될 듯해. 허지만 내년의 일을 예고할 수는 없겠지. 1959년에 내 첫 시집 『불나비』가 그 당시 『현대문학』에서 편집실의 호의로 '근간'이라고 예고가 나가고 신문 광고까지 나갔는데, 시집을 인쇄하던 도중 인쇄소에 화재가 나서, 내 시 60여 편 모두가 사라졌잖아. 몇 편의 습작원고 이외에는 남은 것이 하나도 없었어. 그래서 실은 두 번째 시집이었을 『피안감성』이 1960년에 나의 첫 시집으로 출간되었지. 이처럼 계획이란 어쩌면 부질없는 것이야. 미래는 암흑일수록 더욱 미래이지. 그래서 내 친구들이 주도하는 미래학을 나는 속으로 신용하지 않아. 불가측이나 불확실이야말로 삶의 시꺼먼 모험을 베풀어주니까.

김명원 선생님께서는 1991년 시집 『해금강』을 내시면서, "죽고 나서 몇 년 뒤 누군가가 내 무덤을 파헤쳐본다면 거기에도 내 뼈 대신 내가 그 무덤의 어둠 속에서 쓴 시로 꽉 차 있을 것이다."라고 말씀하셨는데요. 더욱 건강하셔서 선생님의 집필 성과와 선생님을 오래도록 뵙고 싶습니다.

고은 죽어서도 무덤 속에서 시를 쓴다면 정말 좋겠지.

오랫동안 그는 시인이었다
어린이들도
아낙들도
그를 시인이라고 불렀다
과연 누구보다도
그는 시인이었다
돼지와 멧돼지들도
그를 시인이라고 꿀꿀 말하였다

그가 멀리 떠나오는 길에 죽었다
그의 오막살이에는 시 한 편 남겨져 있지 않았다
시를 쓰지 않는 시인이었던가
그래서 한 시인이
그의 시 한 편을 대신 썼다
쓰자마자
그 시조차 바람에 휙 날아 갔다

그러자 몇 천 년 동안의 수많은 동서고금의 시들도 너도나도 덩달아 휘익 휙 날아가 버렸다.
—「그 시인」 전문

임헌영 평론가는 '고은론'에서 고은을 두고, 유미주의적인 고고성에 대한 탐닉과 예술가적인 기행과 괴벽은 프랑수아 비용이나 포, 보들레르, 와일드와 견줄만하거나 오히려 그 이상이며, 술로는 이태백을, 여성 편력은 바이런을 능가하거나 필적할만한데다 네 번에 걸친 진지한 자살시도와 좌절을 비롯한 그 기벽이 빚어낸 숱한 일화는 자신에게 맞는 여인을 찾겠다며 도끼자루를 메고 다녔다는 걸승 원효를 능가하여 가히 세계문학사를 경악케 할만하다고 평가하고 있다.

또한 시 낭독의 기교는 에프투센코나 긴즈버그를 능가하는 연지자의 수준이며 각종 집회에서의 축사나 웅변은 브루투스와 안토니우스가 한 입에 공존하는 차원이고, 담소와 대화술에서는 트웨인이나 버나드 쇼에 못지않은 유머와 풍자의 칼날이 번득여, 고은은 생애 자체가 감동적인 소설이고, 모든 행위와 대화가 시이며, 웅변과 담론이 산문이 되는 희귀한 인간이라고 결론짓는다.

천진무구한 동태에서부터 발광하는 광태와 해탈한 선가의 모습까지 천의 얼굴을 가지고 무한 역량의 에너지를 방출하며 살아온 고은. 그는 이미 자신이 설계하고 건립한 문학자치국의 절대 군주가 되었다. 누구에게도 복종을 명령하지는 않았으나 어찌지 못하는 신탁을 과시하면서 자신에게 굴종하는 고은문학자치국의 국민들을 만들었고, 원하건 원하지 않았건 간에 스스로 명예와 권력을 소유하게 되었기 때문이다.

물론 그의 문학 외적인 외도를 두고 한탄하거나 그의 문학적 업적을 두고 질보다 양으로 승부함을 개탄한 평자들도 있다. 그가 문학보다는 문학 매체로서의 이슈 생산자로 유명할 뿐이라는 염려도 만만치 않다. 그러나 이 모든 것들은 그가 그만큼 논의의 대상이 지속적으로 되어 왔다는 것을 입증하는 것이리라.

그가 어떤 형태로든 사회에 충분히 역할을 한 지분이 있어 자유롭지 못하다면, 후세 그의 사후에 더욱 냉정하고 이성적인 평가가 이루어질는 지도 모르겠다. 하지만 분명한 것은 그가 한 시대를 충분히 목숨껏 살아 낸 최대의 시인이라는 것이다. 신이 그에게 부여한 특별한 능력을 질투하는 수밖에 없는 현세의 이들로서는 그를 인정하는 방법밖에는 달리 묘수가 없으리라. 죽은 후에도 무덤 속에서 시를 쓰고 싶다는 시인을 두고 한낱 삶 속에서의 그를 논한다는 것이 얼마나 무력한 것이랴.

저녁이 깃들자 허기를 느낀다. 선생님과 나는 어느 때보다도 정다운 사이가 되어 공주에서 유명한 식당이라는 '고가네 칼국수집'에 든다. 윤기가 흐르는 돼지 보쌈에 새우젓을 찍어 드시다 말고 선생님께선 천진난만한 표정으로, 바로 이 맛이 어릴 때 먹던 어머니의 젖꼭지 맛이야, 절구에 보리 찧고 뚝뚝 흐른 땀투성이로 얼룩진 채 젖 먹이던 어머니의 달큰 짭짤한 젖꼭지의 맛! 아주 맛있는 맛 말이야, 불쑥 꺼내신 이 싱싱한 고은식 수사로 새우젓갈에 시골 어머니의 흐벅진 냄새가 밴다. 앞으로 나는 새우젓을 먹을 때마다 오늘을 맛있게 추억할 것이다. 나는 시인과의 인터뷰를 마치며 돌아오는 차 안에서 대담의 마지막 문장을 완성한다. 더하지도 덜하지도 않고, 고은은 고은이다(2010년 6월 12일).

고은 　1933년 전북 군산에서 출생. 본명 고은태高銀泰. 1950년 6·25 전쟁으로 군산중학교 4학년에 휴학을 하고 1952년 불가에 출가. 법명은 일초一超. 1957년 《불교신문》의 초대 주필이 되어 논설과 시문 등을 발표. 1958년 조지훈의 천거로 『현대시』에 「폐결핵」이, 서정주의 추천으로 『현대문학』에 「봄밤의 말씀」 등이 발표되면서 등단. 1959년 첫 시집 『불나비』가 인쇄 도중 화재로 전소, 1960년 공식 첫 시집 『피안감성』 출간. 1962년 환속하여 1963년부터 1966년까지 제주시 금강고등공민학교를 개교, 교장 겸 국어 및 미술 교사로 재직하였다.

1969년 동화통신사 부장대우로 있었으나 외신기자 구락부 살롱을 취중 난동으로 파손시켜 사직. 1970년 단시집 『세노야』 출간, 1974년 '자유실천문인협의회' 초대 대표간사로 활동하던 중 제1차 선언문 발표하고 데모 중 체포. 미 대통령 카터 방한 반대 데모 주도로 구속. 1980년 내란음모죄, 계엄법, 계엄교사 죄목으로 20년 구형 선고. 1982년 8·15기념으로 석방. 1993년 사면 복권. 1994년 경기대학교 대학원 석좌교수로 임용. 1996년 고은 시선 『아침이슬』 영어판을 출간하였다.

1999년 허버드대 옌칭 연구교수 및 버클리대 방문교수. 2002년 전38권의 『고은전집』 출간, 문화관광부 문화의 날 은관문화훈장 수상. 2005년 '겨레말 남북 공동 편찬위원회' 상임위원장으로 취임, 노르웨이 본슨 문화훈장 수상. 2006년 이탈리아어판 『순간의 꽃』 출간, 스웨덴 시카다상 수상. 2007년 서울대학교 기초교육원 초빙교수, 2008년 단국대학교 석좌교수로 임용, 2008년 캐나다 그리핀 트러스트 문학상 평생공로상 등을 수상. 등단 50주년 기념 시집 『허공』 출간. 2010년 『만인보』 30권을 완간하였다.

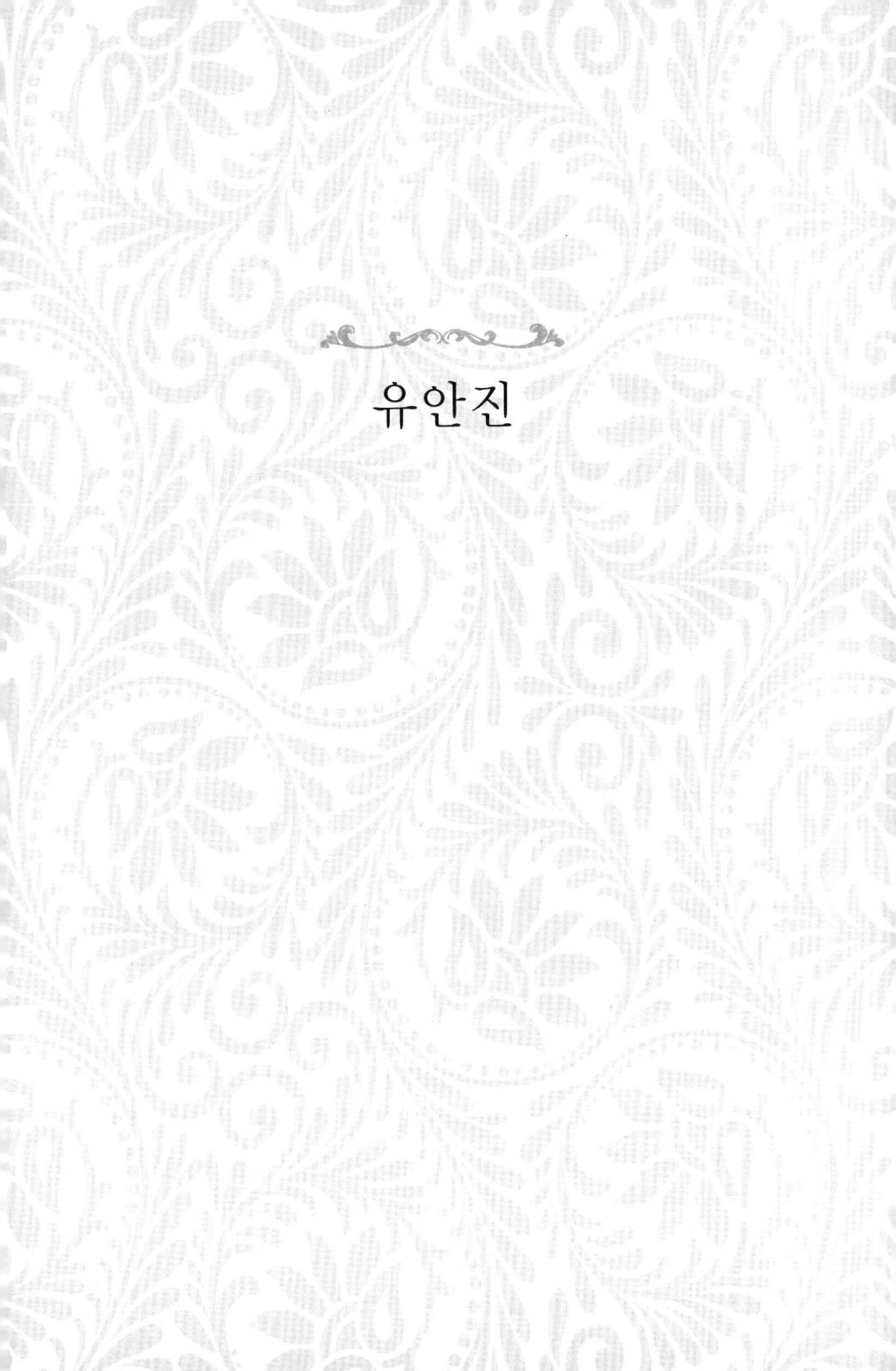

유안진

시들지 않는 야생시인의 길, 유안진

　사방이 푸르다 못해 시리다. 가을이 늘씬하게 펼쳐지는 9월이 된 것이다. 음울하게 비가 연일 내리던 여름의 끝이 과연 있기는 할까 우려했던 기우와는 달리 어느 날 느닷없이 청명한 가을이 왔고, 하늘은 그 어느 때보다 높고, 대기는 우아하게 맑다. 이런 날, 휘파람처럼 고른 결의 들판에 누워 오수에 잠긴다면, 연인의 팔베개에 누워 그 님의 음성에 따라 대금 선율인양 시 한 수를 자장가마냥 들을 수 있다면…… 딱 어울릴 듯한 날들이다. 아니면 유안진 시인이 「지란지교를 꿈꾸며」에서 말했던 것처럼 이른 저녁을 먹고 나서 허물없이 찾아가 차 한 잔을 마시고 싶다고 말할 수 있는 친구와 오래도록 함께 하고 싶은 날들이기도 하다. 시인이 더불어 말했듯 반닫이를 닦다가, 화초에 물을 주다가, 안개 낀 아침 창문을 열다가, 가을 하늘의 흰 구름을 바라보다 까닭 없이 현기증을 느끼다가 문득 그가 보고 싶어지는, 울 수 있는 눈물과 추억이 아련히 떠오르는 날들이 곁에 와 있는 것이다.
　이런 감각적인 가을날에 깊은 상념에 들 수 있는 수필과 소설과 시들을 유안진 시인은 우리에게 선사하였다. 살아가면서 혼자라는 처절함에 떨며 외롭고 쓸쓸해질 때, 사람을 믿어서 후회되고 슬플 때, 시인은 우리에게 글을 통해

존귀한 우정과 사랑과 신의 존재에 대해 다시 한 번 숙고하게 해주었다. 그리하여 가르침을 주었다는 점에서 시인은 우리 모두의 선생님이었으며, 가없는 위로와 위무를 주었다는 점에서는 가족처럼 친밀하였으며, 자신의 아픔을 덜지 않고 진솔하게 꺼내 보여주었다는 점에서는 기꺼운 동료의 지점에 서 계셨다.

서울대 교수로 재직하면서 일정부분 명예를 누렸으나 결코 높이 있고자 하지 않고, 유명세를 탄 문인으로 대중적인 인기를 가졌으나 자신은 늘 오류五流라고 낮춘 시인, 신 앞에서 겸손하여 인간의 위치에서 애절한 생명들과 늘 함께 살아 온 시인, 시라는 비경제적인 가치 때문에 자유로워서 행복하다고 말하는 시인, 그가 바로 유안진 시인이다. 이러한 시인의 고고한 인품처럼 햇빛이 은은한 가을 오후, 대전 시낭송 행사에 초청되셨다는 전갈을 받고 뵈러 나가는 길, 나는 편한 구두를 신는다. 오늘만큼은 세상에게 지던 내가 세상을 만만하게 딛고 싶은 이유이다. 누구보다도 한껏 편하고 싶은 까닭이다. 선생님을 뵙고 인간적인 유유함을 느끼려면 내 몸과 영혼에게도 오늘만큼은 느긋해도 좋다고 선의를 베풀고 싶은 시간, 귓볼을 간질이는 선들바람이 참으로 기분 좋다.

투명한 잠자리날개처럼 가을로 가볍게 날아오신 손님

김명원 선생님, 가을 햇살이 눈부시게 찬연합니다. 올해 여름은 지속되는 장맛비로 농부들을 애태웠는데 다행히도 일조량이 풍부한 가을 날씨가 연일 이어져서 여간 고맙고 반가운 게 아니네요. 선생님께서 태어나신 계절도 가을로 알고 있고요. 가을하면 떠오르게 되는 특별한 감흥이나 추억이 있으신가요?

유안진 실은 제 생일이 가을이 아니고 양력 4월초예요. 당시는 영아 사망율이 높아 출생 신고를 바로 하지 않았다고 합디다. '대역소역 다 치러야 내

자식'이란 속언이 생겼을 정도로 전염병 피해가 심해서, 두 돌쯤 지나서야 출생 신고를 하기도 하고, 그런 출생 신고도 장날 장에 가는 친척에게 부탁하기도 하여 부탁 받은 이가 잊어버리거나 잘못 기억하여서 나이는 물론 생일이 잘못되기도 했지요. 학교 입학 때나 서둘러 출생 신고를 하는 등 나이와 생일날의 정확성은 엉망이었나 봐요. 제 생일이 4월인데 10월로 되어 있는 걸 보니까요.

저는 병약했던 탓에 오래 걷기가 매우 힘들어 초등학교 입학도 늦어졌거든요. 오고가는 이십 리 길을 억지로 가면 올 때는 다른 사람 등에 업혀 와야 했으니 이렇게 오래 살줄 몰랐네요. 가을이 제 생일이 아니라 해도 전 가을을 좋아합니다. 그래서인지 제가 쓴 시들 중에서 가을시가 가장 많아요. 가을이야말로 시인의 계절이고, 시상이 자극받기 가장 좋은 계절이라 생각하지요.

김명원 선생님께서는 정년을 일 년 앞두고 2006년도에 명예퇴직을 자청하셨는데요. 정년을 채우지 않은 이유가 있었을 듯싶습니다. 물론 현재 명예교수로 계시기는 하지만 교직에서 떠나신 후의 일상과 명예퇴직을 신청하신 연유를 여쭤 봐도 될는지요?

유안진 평생직장을 다녀서 소원이 놀고먹는 것이었어요. 늘 4년이나 5년 미리 퇴직하려 계획했는데, 제 지도를 받는 석·박사과정 학생들의 연구를 자극하고 학비를 지원하는 여러 연구과제들에 얽혀서, 제 몸만 빠져 나올 수 없었어요. 더구나 한국여성 및 아동민속분야가 제 전공이라서 국제학술연구에서는 더욱 빠질 수 없어, 그런 연구들이 끝난 시점까지 참아야 해서요. 항상 제 몸이 제 맘대로가 아닌 세상이잖아요. 서울대학교는 5년 앞서 퇴직하는 것을 장려하는 제도가 있어, 아주 소액이나마 지원해주거든요. 그래서 저의 한국전통사회의 여성 및 아동민속의 연구서를 보완하려고 미리 나왔는데, 그리고 6개월만 쉬고 시작해자 했는데, 청탁이 많아지니까 지금까지 착수조차 못한 채 스트레스만 더해져요. 게다가 청탁뿐 아니라 특강 등에 급급해서 작품을 제대로 쓸 시간도 부족해요.

요즘의 일상이라면, 매주 한두 편씩 시를 써가지고 시 합평 모임에 나가 합평을 주고받고 있고요. 격주로는 제가 제안해 만들어진 고전읽기모임—시경, 주역, 논어, 김시습 등 각 나라의 고전을 읽는 모임—이 10여년 지속되고 있어, 거기에 나가서 두세 시간씩 온갖 분야의 특강을 듣고 토론하는 재미를 즐겨요. 그러나 아무것도 하지 않고 집에만 있는 날이 제일 좋아 그렇게 빈 날이 많았으면 해요. 아침에 일어나 외출할 일 없는 날이 제일 행복하거든요. 늘 놀아도 노는 게 제일로 좋아요.

김명원 선생님께서는 수필 「지란지교를 꿈꾸며」로 국민스타문인이 되셨지요. 누구든 어떤 방법으로든 읽지 못한 사람이 없을 정도이니까요. 저는 친구가 선물해준 책받침을 통해서 처음 접하게 된 때가 이십대고요. 저에게도 그 글은 가슴을 뭉클하게 만드는 자아 성찰의 지표이자 수필의 깊은 맛을 알게 해준 전범을 제공하였습니다. 여러 사람들에게 감성적인 매혹과 함께 진정한 우정에 대해 고민하게 한 「지란지교를 꿈꾸며」는 선생님께서 43세가 되셨던 1984년 봄 『문학사상』의 청탁으로 하룻밤 만에 탈고한 글이었는데, 실은 다른 작가의 지면을 급히 대신한 글이었다고 알고 있습니다. 워낙 유명한 글이다 보니 글과 관련하여 에피소드나 독자들과 얽힌 사연이 많으실 텐데요. 재미있는 한두 가지만 소개해 주시겠어요?

유안진 제 수필 「지란지교를 꿈꾸며」는 하와이대학 등 외국의 몇 대학에서 번역 한국어문학 교재로 쓰이고 있고요. 그리고 올봄 저의 시낭송회에 한 신부님이 교우들과 함께 오셔서 「지란지교를 꿈꾸며」를 암송하시길래 놀랐더니, 신학교 재학 중 철학과목 3과목에서 교재로 배워 저절로 암송된다고 하시데요. 또 양구성당의 신부님이 저의 성당 미사 시간에 강론하시는데, 강론 대신에 지란지교의 전문을 읽어주셔서 놀랐어요. 물론 그 신부님은 제가 거기 있는 줄 모르셨지요.

그 외에도 대형 재수학원의 아침 묵상 시간에 제 수필 「지란지교를 꿈꾸며」를 매일 읽어주었다고도 하고, 군대와 타자 학원 등에서 타자 교본으로 사용해 널리 읽혀졌다고도 들었어요. 서예가들의 서예전에서도 병풍 족자 등으로 자주 만나게 되어 무척 쑥스러워져요. 27년 째 아직도 매년 2~3천 부씩 나가는 스테디셀러라 출판사가 좋아하네요. 중·고교 교과서에도 7개 과목에 등재되어 있구요. 시는 겨우 2편만 등재되었는데, 시인으로서는 좀 씁쓸하지요.

김명원 중·고교 교과서는 인생의 격정기를 거치는 학생들에게 검증된 글을 통해 인성 형성을 도모한다는 점에서, '교과서 등재'는 최고의 영예가 아닐까 합니다. 중·고교 교과서에 선생님의 수필과 시가 모두 소개되고 있는데요. 이처럼 선생님께서는 여러 문학 장르에 걸쳐 주옥같은 작품들을 엮어 내셨지요. 그때마다 문단이나 세평의 주목을 받으셨고요. 전문 평론가들과 일반 독자들의 사랑을 선생님처럼 고루 누린 작가도 드물 듯 합니다. 수필가와 소설가, 그리고 시인으로 활발하게 활동하시며 서로의 문학 장르가 서로에게 기여했다고 보시는지요? 그리고 수필, 소설, 시 중에서 선생님에게 가장 큰 전율을 안겨다 준 장르는 무엇이라고 생각하시는 지요?

유안진 여러 장르의 문학을 창작하였지만 제게는 역시 시가 체질이고 생리이고 기질이에요. 시 쓸 때가 가장 행복하고 나머지는 다 우정출현이죠, 뭐. 산문도 경제적으로 곤궁할 때 필요에 의해 써서 덕을 봤으니, 이젠 그 문제는 해결되어 쓰기 싫어져요. 이상하게도 정말로 쓰기 싫고, 감성도 전혀 달라져버린 것 같아요. 민속소설은 우연한 자리에서 고향인 안동의 유별난 풍속과 유년기 체험을 들은 '문학사상사'가 광고부터 내버린 바람에 하는 수 없이 쓰게 되었는데, 또 몇몇 역사소설에서 잘못된 풍속 배경을 읽으면서 이게 아니라고 느낀 적이 많았거든요. 그런 등등의 압력(?)으로 조선조의 반촌마을 풍속을 주로 썼으니까, 이젠 더 쓸 필요가 없지요. 전에는 글로 쓰는 건 무엇이나 하고 싶을 때도 있었지만, 이제는 시 하나라도 제대로 쓰고 싶어서요. 정말 시보다 더 매력 있는 건 없다 싶어요.

김명원 수필가와 소설가, 시인 뿐 아니라 교수이며 학자로, 그리고 아내와 어머니와 며느리로서의 역할 담당도 만만치 않으셨을 텐데요. 이 모든 가없는 직분들 속에서 어떻게 시간을 분배하며 여러 역할에 열정적으로 매진할 수 있으셨을까요?

유안진 그렇지 않아요. 다 엉망으로 살아왔어요. 그래서 가족들, 특히 아이들에게 제일 미안하고요. 작고하신 친정어머님이 저와 함께 살아주셔서 어머님 수고에 많이 신세를 졌지요. 그 시절엔 학생들 데모가 심해서 직장도 아침에 가서 밤늦게 귀가하곤 했거든요. 학교에 있어야 하는 시간이 길어지니까, 대학 교재와 한국전통사회의 여성 및 아동민속 연구서 3권, 연구논문 등을 쓸 수 있었지만, 정말 정신없이 바빴어요. 학생들 농활에 따라가거나 제가 아들 없는 집 장녀라서, 어머니 체면을 위해 집안 행사에 참석해야 했고요. 그런데 실은 그런 기회의 도움이 컸지요. 제가 좋아 정말로 미쳐서 정신없이 자료를 모아 체계화하고 서양 학설로 타당성을 증명하는 게 그렇게 신날 수 없었어요. 그런 열정과 재미가 지금은 다 식어버린 듯해서 보완 작업을 못하고 있네요.

김명원 다시 한 번 이 세상에 태어날 수 있는 기회가 주어진다면, 어떤 생을 꿈꾸세요?

유안진 제가 살아온 대로 또 살아야 한다면 정말이지 다시 태어나고 싶지 않아요. 그러나 다른 조건으로 다시 태어난다면, 여자 아닌 남자로, 한국 아닌 다른 나라에서, 좀 넉넉한 환경에서 태어나 천하를 주유하며 놀며 살고 싶네요.

김명원 그때는 저도 다시 태어나, 다음 생에선 선생님과 친구가 되어 풍류의 맛과 멋을 즐기고 싶은데요. 선생님과 지란지교로 맺어져서 세상을 풍미한다면 얼마나 좋을까요? 잠시 들뜬 공상으로 행복해졌습니다. (웃음)

결곡한 유교적 가계

김명원 선생님께서 문인이 되신 자양은 가계에서 찾을 수 있겠지요. 임하댐으로 수몰되었지만 선생님의 고향인 안동 임동면 박실과 외가인 용계마을은 여성의 절개와 남성의 의기가 깃든 곳으로 예로부터 유명한데요. 그러한 안동 무실 유씨 양반 집안 장녀로 태어나셨으니, 남다른 가정환경에서 성장하시며 가풍의 전승이랄까요, 자연스럽게 전수된 가계의 분위기가 있었을 텐데, 소개해 주셨으면 합니다.

유안진 고조부께서 진사를 하셔서 '진사댁'으로 불리는 집안이었으나 조선조 사화士禍를 피해 정란 때 산골로 숨어든 입향조의 자손들이라, 산골이라는 무척 척박한 환경에서 글하는 걸로 자부심만 키웠나 봐요. 저도 초등학교 입학 전에 할아버지께 『천자문』과 『동몽선습』 등을 배웠고, 어른들의 일상적 대화에 『논어』나 『도덕경』, 『효경』 등의 구절들이 수시로 인용되어 그 덕을 본 셈이고요. 안동지방에만 있었던 여성가족들의 내방가사로 시적 운율과 비유 등을 익히며 자란 듯도 해요. 증조부께선 기미년 독립만세를 부르다가 이십오륙 세의 한창 나이에 일본군 총에 맞아 돌아가셨을 만큼 성품이 대쪽 같으셨고요. 또 강제합방에 대응하느라 더욱 유교지향적이 되었고, 일상적 농담이나 훈계말도 성인 말씀이거나 가문의 체면을 위한 여중군자를 강요받아서 아동다움에는 가혹하고 끔찍했지요. 생각만 해도 무지몽매했다 할 정도로 유교적이어서, 대전에 와서 중학교 때에야 소월시 등 현대시와 접하게 되었구요. 대신 고등학교 때 고전문학은 아주 잘 할 수 있었지만요.

김명원 초등학생이던 무렵에 대도시인 대전으로 전학을 오게 되셨는데, 무슨 곡절이 있었던 것인가요? 저는 1970년대 후반에 대전에서 고등학교를 졸업하였는데, 선생님께서 학교를 다니시던 때는 어떤 모습이셨나요? 그 즈음 문학적인 감수성이 넘치셨을 선생님께서 사춘기에 겪으셨을 법한 성장통 등이 궁금합니다.

유안진　제가 초등학교를 졸업한 후에 가족이 모두 대전으로 이사 왔어요. 그때는 6·25 전쟁 후라 대전은 시내버스도 없고, 학교의 선생님들도 군대 입대를 피해 잠깐씩 가르치다 갑자기 사라지곤 했지요. 그러니 학교도 오후 두세 시면 하학이 되어 늘 놀고 지냈고요. 중학교 때는 공부를 못해서 더욱 그랬고, 고등학교에 진학해서도 대학에 가는 학생들이 거의 없었으니, 늘 점심을 먹으면 하교하곤 했어요. 하지만 고교 시절 뒤늦게 대학에 가야 한다는 상황이 되고 말았어요. 대학으로 도망치지 않으면 층층시하에 매달 수십 위의 제사를 지내는 고루한 집으로 시집을 가기로 되어있었으니까요. 엄마 외에는 내편이 없어, 뒤늦게 죽기 살기로 교과서만 암송해서 학비가 없는 사범대학으로 진학했지요.

　호수돈여고 교정에서 내려다보면 서대전역에서 서울행 열차가 달리는 게 보였어요. 그 열차를 타는 게 꿈이었지요. 그야말로 엑소더스였는데요. 그럼에도 시 쓰기는 피했고요. 왜냐하면 교과서를 암송하여 대학에 합격해야 했으니까요. 같이 시를 쓰던 한 친구가 4·19시를 써서 신문사에 보내 게재되어서 좋아했지만, 난 용기가 없어 보내지 못했을 뿐만 아니라, 시쓰기는 공부에 방해가 된다고 생각해서 극도로 억제했던 때이니까요. 당시 대한민국 최초 여성판사였던 황윤석 판사의 죽음이 신문에 떠들썩했는데, 그때야 여성판사도 있다는 걸 알고 헌법 103조까지 외워대곤 했고요. 2학기가 되자 같이 시를 쓰던 친구는 대학 진학을 위해 서울로 전학을 가고, 내 문제는 나 혼자만의 것으로 나 혼자 울며 해결하거나 미뤄둬야 했으니, 왜 친구도 안 사귀었던지 지금 생각해도 이해가 안 되네요.

시인의 길을 지목하신 스승 박목월

김명원　1965년 서울대 사범대 학창 시절에 시인으로 등단하셨다고 알고 있습니다. 시인이 되리라고 열망하셨던 계기와 등단 무렵의 이야기를 들려주세요.

유안진　대학 1학년 때 5·16이 발발했지요. 다니는 사범대학은 폐교 위기로 몰려 학장과 교수들과 학생들이 저항 시위하다가 수배, 체포, 구금되는 등 난리 통이었고, 학교는 출입 자체가 불가능해서 매일 자취방에서 일기 쓰다가 중학교적에 시인 외엔 아무것도 안 되기로 맹세했던 기억이 살아나 일기장에 써댄 것이 시가 되었는지, 아무튼 시인이 되기로 작정했나 봐요.

　실은 시인이 되겠다고 결심한 것은 정작 대전여중을 다니던 중학생 때거든요. 중학교적에 문예반에서 내 존재를 부각시키려고 소월의 시「산유화」에 "갈 봄 여름 없이 꽃이 피네" 등의 구절에서 "왜 봄 여름 가을이라는 계절 순서를 무시했나? 왜 '갈'이라는 사투리를 썼나?" 등을 질문했는데, 아마도 조리가 없는 질문이었을 거예요. 보자 하니, 공부도 못하는 사투리를 쓰는 학생이라 선생님이 망신을 주어서 교실 전체가 웃음바다가 되게 했어요. 그 망신과 분노로 질문을 못하는 학생이 되었고, 시인이 되어야 복수가 된다고 맹세했지요. 그 망신으로 공포증이 생겨 소월의「산」이란 시에서 '오리나무'가 등장하는데, 내가 아는 '오리나무'는 멋있는 잘 생긴 나무가 아니거든요. 그래도 질문을 못하고 혼자 끙끙대다가, '아이스케끼'를 사달라고 졸라대는 동생을 달래느라 엄마가 불러주는 '나무노래'를 듣고는 '십리절반 오리나무'라는 구절에서 해결이 되었어요. 이렇게 혼자서 문제를 해결하는 버릇이 지금까지 지속되고 있지요. 이름도 잊어버린 그 선생님과 4·19와 5·16 덕분으로 시인이 되었다니, 삶은 아이러니가 아닐 수 없네요.

　아무튼 대학생이 되어 가정교사로 지내는 시간이 주로 밤 시간이라서, 시 습작은 낮 시간에 주로 썼지요. 외롭고 막막하고 무력해서 그냥 마구 써대지 않았나 해요. 월급 받아 헌책방을 돌다가, 지난 호『현대문학』에서 추천제를 알고는 박목월 시인께 편지를 드렸고, 시작노트 가지고 놀러오라는 엽서를 받았어요. 처음 박목월 선생님을 뵈러 한양대로 가는 길목엔 흰 찔레꽃에 야생벌이 잉잉거리는 모습이 참 기분 좋았지요. 당시 선생님은 40대셨는데 참

순후하고 어진 분이셨어요. 마음속으로 선생님이 안 계시면 어쩌나, 만나면 무슨 말을 해야 하나 하며 가슴 졸였구요. 그만큼 제가 수줍어했거든요. 시작 노트는 용기가 나지 않아 끝내 보여드리지 못했고요. 선생님은 객지에서 밥 거르지 말고 잘 먹으라는 말씀을 해주셨어요. 그러시더니 왕십리에서 전차를 타고 화신백화점 뒤 어느 설렁탕집으로 저를 데려가셨는데, 제가 설렁탕이라는 음식을 처음 먹어본 거예요. 소금 그릇이 박목월 선생님 옆에 있었는데 그걸 집어올 수가 없어서 맨 설렁탕을 먹는 나를 보시고는, 저런 숙맥이니 시는 잘 쓸 것 같다고 하셨대요.

처음엔 저도 저항이나 분노의 시를 썼는데, 그런 분노를 갈앉혀서 말강물이 고이게 해서 쓰는 것이 시라고, 그 말강물처럼 써야 시가 된다고 박목월 선생님께선 말씀하셨어요. 그렇게 2~3년간 매년 3~4회 작품을 보여드리다가 1965년 봄에 추천해주셨더군요. 이듬해 2회 추천, 호수돈여중고 교사 적에 3회 추천을 완료 받았고요. 추천 완료 직후 어느 아침에 박목월 선생님이 첫눈을 맞으면서 교문을 들어오셔서 얼마나 놀라고 겁나고 가슴 두근거렸는지, 그땐 선생님이 어렵기만 했으니까요. 그러나 교장선생님 등 학생들은 너무나 좋아하며 즉석 특강을 듣고는 점심을 대접해 드리는 자리에서 교장이 나에게 맥주병을 건네면서 맥주를 박목월 선생님께 따라 드리라고 했지요. 나는 맥주를 처음 따라보는 자리여서, 맥주거품이 선생님의 손에 퍽퍽 넘쳐나게 되었어요. 그때 선생님은, "유군! 맥주는 그렇게 따르는 게 아닐세"라고 하셔서 죽을 맛이었던 게 안 잊혀져요.

　　이 긴긴 겨울을 어디에다 쓰랴
　　아아 나는 아껴 죽고만 싶네

　　절망을 탐하여
　　죽음을 무릅쓰고

눈속을 걸어가는 늙은 짐승
죽을자리 향하여
걸음마다 핏자국을 찍으며 가는

나이 먹은 짐승이고 싶네 나는

음습한 밀림 속을 동행하는
괴기스런 바람소리
차이코프스키의 비창을 탄주하는
겨울 밀림의 겨울 깊은 밤을
밤의 계절 겨울을

죽기 위해 걸어가며
아껴 아껴 쓰고 싶네
─「밤의 계절」전문

김명원 초기에는 저항이나 분노의 시를 쓰셨다는 말씀이 시「밤의 계절」에서 인지됩니다. 선생님처럼 고우신 자태 뒤에도 아픔의 역사는 있었던 것이군요.

유안진 살아있는 자체가 비극이었던 젊은 시절이 있었지요. 질긴 가난은 대학시절도 모자라 유학시절과 귀국 후까지 지긋지긋하게 저를 따라다녔어요. 가정교사를 하며 학비를 벌어 대학에 다니던 시절, 단돈 1백50달러만 들고 미국 땅으로 떠났던 국비유학시절, 그리고 국비유학생이었으므로 한국교육개발원에서 2년을 근무해야 했던 귀국 후 시절 등이 생각나네요. 대학 강의는 단국대, 성신여대, 이화여대 등에서 하다가 1981년에야 서울대 아동가족학과 교수로 부임하게 됐고요. 하지만 경제적 형편은 그닥 나아진 게 없었지요. 겨울이면 연탄재를 깔고 오르내리던 고샅길에는 서울 봉천동 산꼭대기의 17평집이 있었고, 그 집에서 시댁 식구와 친정 식구 8명이 한데 모여 살았거든요. 그때의 가난이 어느 정도였냐 하면 37세의 나이로 막내아들을 낳기 위해 순천향 병원에 입원했는데, 아이를 낳고 보니 병원비가 없어 사정사정해서 월부로 갚기로 해서 막내아들을 월부로 낳았다는 우스갯소리가 나왔어요. 뿐만 아닙니다. 학창 시절부터 앓아온 만성신장염과 갑상선 수술—지금은 목에 흉터 자국 없이 잘도 수술하던데 저는 아직도 목걸이를 하고 외출해야 하지요—과 남편의 항암치료 등 만만치 않은 세월이 있었던 것이에요.

새로운 인식 추구, 시는 한 편 한 편이 독립정부

김명원 첫 시집 상재 이후 선생님께서 출간하셨던 시집들은 '변모의 과정사'라고도 명명이 가능할 듯 보이는데요. 늘 새로움을 추구하신 변화 추이는 의도적이랄 수 있을까요?

유안진 지금 생각해보면 첫 시집에서 몇 권까지는 시가 뭔지도 모르고 썼던 것만 같아요. 또한 변모나 변신은 저절로 생겨난다고 믿었는데, 의도적으로 노력 없이는 변신이 안 되는 걸 몰랐지요. 그래서 대표 시 등을 뽑으라면 처음 몇 권의 시집에서는 서너 편 정도 뽑게 되요.

취직을 위해서는 공부밖에는 길도 능력도 없어, 시 아닌 공부를 하느라고 시에 집중하지 못해서, 그런 불안감 때문에 시집을 자주 묶었다 싶네요. 90년에 들어와서 연구하던 학문을 몇 권의 연구서와 논문으로 어지간히 정리하자 시 걱정이 시작되었어요. 정신을 차린 때라고 할 수 있지요. 그러다가 세기가 바뀌면서 당황스럽더군요. 시 걱정에 더 집착하게 되어, 시집마다 다른 시로 주기적인 변신을 시도하고 싶어졌어요. 같은 시가 모이면 묶는 게 아니라 시집마다 의도적으로 시를 바꿔 써서 차이가 있는 시집이 되어야 한다고 말이지요.

매주 시 합평 모임도 그래서 시작했으니 아마도 8, 9년쯤 되었을까요. 다양한 실험으로 주제와 기법의 특수성, 특징 만들기에 신경이 써지더군요. 보편성과 특수성을 고루 갖추자면 주제와 기법 모두에서 보편성과 특수성을 추구해야 한다고요. 시집 『봄비 한 주머니』의 시 「세한도 가는 길」과 시집 『다보탑을 줍다』, 『거짓말로 참말하기』 등이 그런 노력이라 할 수 있지요. 아직도 '거짓말로 참말하기'의 기법을 심화 발전시켜 '거꾸로 로꾸거로'라는 이름으로 실험하고 있어요. 긴 시와 짧은 시, 시대감각도 고려하는 등 시 때문에 늘 머리 아파요.

    자기 전에 안경을 닦는다
    책 속에 꿈이 있는 줄 알고
    책 읽을 때만 썼던 안경을
    총기가 빠져나간 눈에
    열징이 빠져나간 눈에
    덧눈으로 씌운다

    잠은 어두우니까 더 밝은 눈이 필요하지
    감긴 눈도 뜬눈이 되어
    지나쳐버리는 꿈을 놓치지 않게 되고
    꿈도 크고 밝은 눈을 쉽게 알아볼 것 같아
    자투리 낮잠을 잘 때도 반드시 안경을 쓰는데

    꿈이 자꾸 줄어드니까
    새 꿈이 안 오니까
    꿈을 더 잘 보려고
    꿈한테 더 잘 보이려고

멋진 새 안경을 특별히 맞췄는데
새 안경이 없어졌다
다리는 새 걸로 바꾸지 말걸 그랬어.
―「안경, 잘 때 쓴다」 전문

김명원　선생님께서 말씀하신 '거짓말로 참말하기'의 기법을 심화 발전시켜 '거꾸로 로꾸거로'라는 이름으로의 실험 말인데요. 비트겐슈타인은 세계는 사실들의 총체여서 세계는 전통적 의미에서처럼 사물들의 총체로써가 아니라 사실들의 총체로써 이해해야 하며, 세계 안에는 복합적인 사태가 있다고 설명하지요. 사태들은 명제命題들의 대상이, 그리고 단순한 사태들은 단순한 명제들 또는 요소 명제들의 대상이 되기 때문에 명제들의 분석을 통해 사태들이 일어나는 세계의 실재를 파악하는 것이 가능하게 된다는 것이고요. 모든 참된 요소 명제들에 대한 언명은 세계를 완전하게 묘사한다고도 해석하게 하는데요. 요소 명제들로부터 모든 참된 명제들을 도출해낼 수 있기 때문이겠지요. 선생님께서 2008년에 상재하신 시집 『거짓말로 참말하기』는 한 편의 역전 드라마를 신나게 보는 흥미가 대단하였습니다. 반전의 묘미가 근사하고, 역발상으로 숨어있거나 숨겨져 있던 명제들을 환한 지표면으로 꺼내 놓으셨지요. 어쩌면 이 반어적인 시집을 통해 세계의 실재가 비로소 명징하게 들여다보였다고 할까요. 이런 통렬한 상상과 열정의 힘은 어디에서 온 것일까요?

유안진　비트켄슈타인은 야생철학자예요. 갈지之자 인생을 살아온 체험에서 나온 그의 이론이 야생시인인 내게는 가장 감동적이고 고귀한 가르침이라고 생각해요. 인생이 비록 짧지만, 갈지자로 살고 나서 해야 진정한 철학이고 문학이고 예술이라고 믿거든요. 종합적이고 통합적인 사고과정에서 오랫동안 여러 갈래의 과정을 힘들게 거쳐서야 자기 것으로 태어나는 작품이든 학설이든 그보다 더 숭고하고 절실한 독자적인 작품은 없다고 봐요. 바로 야생의 삶을 살아내면서 터득된 무엇 무엇들이 바로 그런 열정과 강렬하고 확실성이 있는 힘과 지혜가 아닐까 하는데 아무튼 학교 교육보다 제도권 밖의 황야 같은 세상에서 온몸으로 터지고 깨지면서 깨우친 것의 힘이 곧 열정이고 진정한 힘이라 생각하거든요. 이 점이 문학예술에 시사하는 바는 엄청나다고 주장하고 싶네요. 한 개인의 인격형성에서도 마찬가지구요.

비트켄슈타인의 철학은 시적으로 해야 한다는 그의 철학하는 방법과, 몰라서 말할 수 없는 것은 말하지 말라고 했고, 한 가지 사물도 2가지 이상의 이미지로 볼 때 철학이 문학 특히 시와 비슷해지는 철학하는 방법이라 했어요. 토끼의 두 귀는 오리의 주둥이로도 볼 수 있다는 사고의 전방위적 전환과 언어에 대한 그의 생각이 시상의 표현처럼 다층적이곤 하여, 시 쓰기에서는 반드시 비트켄슈타인을 읽어야 한다고 봐요. 야생시인으로서 나의 생리는 야생철학자인 비트켄슈타인의 야생철학과 공감 되는 바 커요.『거짓말로 참말하기』를 낼 때 그의 철학에 심취했으니 그의 영향이 적진 않았을 테지만,『둥근 세모꼴』에서는 좀 더 구체적으로 영향 받았다고도 할 수 있지요.

김명원 아, 그렇군요. 최근에 출간 된 시집『둥근 세모꼴』에 대한 이야기는 잠시 후에 나누도록 하고요. 선생님의 시집 중 다른 시집들과 변별력이 돋보이는 시집이 『알고考』(2009년)입니다. 한국 민속에 얽힌 이야기들로 아동 양육 등 우리네 가족사를 다양한 설화와 민요, 덕담들로 엮어내셨는데요. 얼마나 재미가 있었는지 선생님께서 주력하셨을 시간에 역행하여 한밤에 다 읽어버렸을 정도니까요.『알고考』는 선생님께서 미국 유학 시절부터 관심을 가지고 연구하셨던 민속 관련 정보가 풍부했는데요. 민속학자로서 빚진 부담에서 좀 놓여나셨는지요?

유안진 처음부터 민속시를 쓰려고 한 것이 아니고, 청탁이 몰리면 급조해 주는 데는 내용위주의 민속시가 쉽더군요. 그렇게 모인 것이 상당량이 되었는데, 마침 가까운 분이 주간을 맡았다고 시집 원고를 도와달라기에, '알고' 즉 난생 설화가 많은 우리 전통문화라서 그렇게 이름 지었어요. 많은 분들이 그 시집을 소장 자료라고 생각해선 지 많이 팔렸고요.

　유학 시절 인류학의 2대조인 루스 베네딕트의 『국화와 칼』을 읽고, 우리 민속을 그렇게 연구해야 한다는 사명 비슷한 걸 느꼈어요. 국비 공부라서 그것이 빚 갚는 저의 사명이라구요. 아무도 한국인 됨의 과정을 연구해주지 않았으니, 나라도 해야 한다는 절체절명이라고 말이지요. 일본, 중국, 태국 등은 물론 몇 백 명밖에 안 되는 여러 인디언들 문화도 연구서로 엮어져 교재로 사용되는데, 5천년 문화민족이라면서 한국인이 된 과정과 한국문화의 장단점 등에 대한 연구는 전혀 없었거든요. 너무 부끄럽고 분하기도 해서 내가 해야 할 학문영역으로 결심하고 귀국 즉시 시작했어요.

　한국인은 문화도 없고 데모나 하고, 코리언 타임, 엽전, 깡패 등이 한국문화의 대표가 되던 시대였으니까요. 서양의 학설로 설명하면 너무나 타당하고 훌륭했어요. 우생학적 결혼 관행, 임신전후의 부성태교와 모성태교, 출산풍속, 수유와 이유방법, 대소변가리기 훈련, 훈육 및 생활습관 형성과 아동놀이, 연령단계별 아동교육이 신체적 심리적 발달에, 인성발달, 지적발달, 정서발달, 도덕성발달, 언어습관 발달 등에서 서구학설로 그 타당성과 우수성을 검증하고, 주로 가정생활환경에서도 형제갈등 촌수근원 이웃사촌 등의 협력과 갈등해결 기제 등은 너무도 가치로왔어요. 영아 사망률이 높았던 당시의 출산풍속, 생일, 돌, 백일, 회갑, 결혼, 죽음과 제사 등등, 아동행사와 가족 문중행사는 아동양육과 교육에서 매우 소중하여, 아동가치와 역할과 가족사회에서의 위치, 출생순위, 촌수, 호칭 등의 일상생활교육장면에서 서구의 아동발달이론으로도 놀라운 타당성이 증명되니까요. 자료를 발굴하여 학문으로 체계화하여 정리하고 종합했지요. 이것은 학자로서 내 학문영역을 개척했다는 자부심과 함께 서양의 것을 소개하는 교수 노릇은 하진 않았다는 업적으로 긍지를 가져요.

　　알만 먹으면 지느러미나 날개가 돋치는 듯 엘러지가 도지는데, 메추리 알 한 접시를 더 가져다주면서 많이 먹고 알부자가 된단다.// 알부자! 그렇지, 알짜배기, 알곡, 닭알(달걀), 새알, 콩알, 불알, 눈알, 얼음알... 심지어는 물(水)의 물알까지 알이기를 바라는 밖에 없는 까닭도 많지// 고주몽은 붉은 알에서 나왔고, 붉은 끈에 매달린 여섯 개의 알에서 나온 6가지의 김수로왕, 큰 알 박(?)에서 나온 박혁거세와, 김알지 석탈해도 알에서 나왔다지, 高을라 梁을라 夫을라는 국내 최대의 알터인 제주도의 삼성혈三姓穴에서 나왔다고 지금도 관광지가 되지

이런 설화에서 먹고 난 달걀 껍데기도, 삼(대마초)의 줄기에 길게 꿰어 부엌문 위에 걸어두면, 물동이 이고 드나드는 아낙에게 알의 효험이 유감 된다는, 주술적속신呪術的俗信도 있었고// 곳곳에는 알터 바위가 많아, 바위구멍에 고인 빗물에 달빛이 바칠 때 그 물을 마시면, 달과 물의 음력陰力으로 잉태된다는 기자祈子 속신도 있었고// 새해 용날 용신에 우물을 퍼 마시는 용알 뜨기와, 경칩 전후로 개구리알 먹기와, 봉의 알이나 꿩알 같은 알꿈은 비범한 인물의 아들태몽으로 해석되었으며, 흙으로 거대하게 알봉이라는 인공알을 만들어 마을의 허약한 지세를 비보裨補도 했으니

알이야말로 고향중의 고향이지, 알답다는 아름답다는 뜻, 태초에 알이었지, 자궁 속 난자도 알집 속 알이라, 우린 모두 난자에서 나왔는데도, 새알이든 생선알이든 알만 먹으면 이상해져, 오늘밤 알 슬 있어 줄라나?!
— 「알고考」 전문

극서정시들

김명원   2011년 올 봄에 출간하신 시집『둥근 세모꼴』, 짧아진 시행 사이의 아이러니한 여백을 채워가는 무한 즐거움을 선사하는 시집였습니다. 선생

님께서 참여하시는 '극서정시'에 대해 여쭙고 싶은 것이 있는데요. 사실 시의 형식은 내용과 유기적인 관계를 형성하고 있어서 형식을 무조건 짧게 유념하는 것은 내용을 두들겨 맞춘다는 억압의 의미로도 읽히거든요. 물론 하이쿠가 이루어 놓은 절제의 미학을 배제하는 것은 아니지만 너무 틀 속에 갇히겠다는 의지로도 보여져서 몇몇 시인들은 불편함을 토로하기도 합니다. 이러한 극서정시에 대해 어떤 생각을 가지고 계신지요?

유안진 매주 시를 한두 편 써가지고 합평모임에 나가서 시인들끼리 서로 비평을 주고받으니까 아무래도 시를 계속해서 많이 쓰게 되고, 시작전반 즉 주제의 새로움은 물론 기법의 새로움에도 고민하게 되지요. 그래서 너무 길어서 소통에 문제가 있다고 보는 시에 대한 반발로 속도시대의 시는 어떤 모습이고 어떤 성격이어야 할까, 고민하면서 역발상으로서 한두 행짜리 서너 행짜리 시를 써 모았더니 3·40편은 되었어요. 그래도 좀 더 퇴고와 첨가가 필요하고, 시집의 성격상 꼭 넣고 싶은 긴 시도 있어 함께 묶었는데, '극서정'이라지만 저는 '압축서정'이 옳지 않나 생각되어요.

휴대폰 문자로도 내용이 충분한 시대에 긴 시는 역행은 아닐까 생각하였던 거구요. 더구나 재미와 감동으로 읽혀져 가슴에, 머리에, 입안에 남을 시를 늘 생각했던 거지요. 좋은 시는 입안에 가슴 안에 머릿속에 몇 구절씩 굴러다닌다고 생각되거든요. 그런 시대 변화에 대처한 시집 시리즈였는데요. 제법 잘 팔리고 있다니, 독자들이 긴 시나 길고도 어려운 시 등에 식상했나 봐요. 본래 시는 절차탁마의 오랜 과정에서 태어나느라 극도의 언어절제가 필요한데, 자유시가 너무 자유로와진 현실까지 와 버렸어요. 하이쿠는 바쇼 기행을 다녀와서 몇 편씩 강제로 쓰게 해서 얻어진 것인데, 17자로서, 45자정도의 시조보다 더 짧아서 맛을 들이니까 간명하고 정갈해서 좋아졌어요.

밤중에 일어나 멍하니 앉아 있다

남이 나를 헤아리면 비판이 되지만
내가 나를 헤아리면 성찰이 되지

남이 터뜨려 주면 프라이감이 되지만
나 스스로 터뜨리면 병아리가 되지

환골탈태換骨奪胎는 그런 거겠지.
―「계란을 생각하며」 전문

어제는
나 그대와 같았으나
내일은
그대가 나와 같으리라
―「은발이 흑발에게」 전문

치열한 삶과 함께, 내밀한 시와 더불어

김명원　선생님의 시들 중 대표작인 「세한도 가는 길」이나 「다보탑을 줍다」는 모두 생활의 발견이라는 점에서 시와 시인이 자연스러운 계기로 만나는 지점을 제시하고 있는데요. 선생님께서는 언제 시를 잉태하시고, 언제 시를 분만실로 데려가시는지요? 두 시에 대한 예로 선생님만의 시창작 과정을 좀 들려 주셨으면 합니다.

유안진　시 「세한도 가는 길」의 창작 배경을 말하자면요. 1997년 구제금융 시대 때 착상된 시인데요. 외환위기를 당해서 전 너무 무서웠어요. 겨우 집사고 차사고 살만하다 싶은 때 모든 것이 다 날아가 버리지 않나 무척 겁났거든요. 이런 두려움에서 자신을 성찰하게 되자, 스스로도 귀양 보낸 삶 자체를 검약하게 해야 한다는, 나만이 아니라 국민 모두가, 제 발의 핏자국을 찍어가며 겸손하게 살아야 한다는 생각이 들어서 추사선생의 19년 제주귀양살이가 담긴 절망 끝의 한 가지 희망을 그린 세한도로 유배 가는 기분이 되어 썼는데, 고등학교 교과서에 등재되어 수능에도 출제가 되나 봐요.

「다보탑을 줍다」는 지치고 살맛을 잃어서 고개를 떨구고 다니다가 10원 동전을 주우면서 시와 연결이 된 건데요. 돈대접도 못 받고 버려지는 10원 동전과, 불교의 전승, 미국 화폐의 최소 단위인 패니에 새겨진 링컨의 얼굴 등이 삶에 암시하는 바가 많고 다양하고 깊어서 썼는데, 역시 교과서에서 가르치네요.

> 서리 덮인 기러기 죽지로
> 그믐밤을 떠돌던 방황도
> 오십령五十嶺고개부터는
> 추사체秋史體로 뻗친 길이다
> 천명天命이 일러주는 세한행歲寒行 그 길이다
> 누구와 눈물로도 녹지 않는 얼음장 길을
> 닳고 터진 알발로
> 뜨겁게 녹여 가라신다
> 매웁고도 아린 향기 자오록한 꽃짐 흘려서
> 자욱자욱 붉게붉게 뒤따르게 하라신다
> ―「세한도 가는 길」 전문

> 고개 떨구고 가다가 다보탑多寶塔을 주웠다
> 국보 20호를 줍는 횡재를 했다
> 석존釋尊이 영취산에서 법화경을 설하실 때
> 땅속에서 솟아나 찬탄했다는 다보탑을

두 발 닿은 여기가 영취산 어디인가
어깨 치고 지나간 행인 중에 석존이 계셨는가
고개를 떨구면 세상은 아무데나 불국정토 되는가

정신차려 다시 보면 빠알간 구리동전
꺾어진 목고개로 주저앉고 싶은 때는
쓸모 있는 듯 별 쓸모없는 10원짜리
그렇게 살아왔다는가 그렇게 살아가라는가
— 「다보탑을 줍다」 전문

김명원 이제는 집안 이야기가 궁금합니다. 사부님과는 어떻게 결혼에 이르게 되셨는지요?

유안진 유학중에 만났는데, 친구들이 주말마다 한국음식을 해두고 둘만 초대해서 붙여주려 애 썼어요. 내가 도서관에 숨어버리면 큰소리로 이름 부르면서 찾아다니기도 하고, 너무 그러니 미안해서, 또 외롭기도 하고, 내가 뭐 잘난 것도 없는데 말이지요. 한국에서는 결혼식이 엄청 복잡한데, 간소하게 치르고 함께 귀국하라는 친구들 성화로 격식만 갖췄어요. 하지만 한국으로 돌아오자마자 늘 야근에 새벽 출근이고 정말 신발 사러 갈 시간도 없었고요. 그렇게 3년 공부한 빚을 갚아주고 대학으로 옮기니까 한숨 돌릴 수 있더라구요. 서로가 너무 바빠 싸울 틈도, 싸울 힘도 없이 파김치가 되곤 하였지요. 살아온 시대가 사건들이 연속적으로 터져 항상 대기하라는 지시만 받았고, 데모와 운동의 연속이고, 노동법도 없어 출산, 육아 휴가는 한 달도 눈치 보였으니, 정말이지 엉망으로 세월만 지나가 준 거지요.

김명원 살뜰하게 결혼 생활을 영위하실 수 없었기에 아쉬운 부분도 많으시겠어요. 그 시대는 여유 있는 생활이라기보다는 생존에 급급했던 시절이었을 테니까요. 그럼에도 훌륭하게 성장하신 자제분들 자랑 좀 해주세요.

유안진 남들처럼 자랐지 뭐 훌륭한 건 없고, 스스로 제 길들을 가더군요. 큰애는 좀 명석했는데, 불의의 사고로 아내와 아이들 둘, 가족 셋을 남기고 가버렸어요. 고맙게도 큰애 가족 셋이 잘 살아주지만 늘 마음 아프네요. 그래서 성당에 더 자주 가게 되는 것도 같고요. 둘째는 군대를 마치고 유학중 콜롬비아대학교에 선발되어, 거기서 가르치고 연구하고 병원일 보고, 인종전시장 같은데서 가정을 이루어 빠듯이 살아요. 막내인 딸애는 그림을 전공하는데 자기 기준에 이르지 못해 늘 불만이지요. 이번 가을에 전시회를 준비하는 등 제 딴엔 열심히 노력 중이지만 결혼이 늦어 걱정예요. 부모로서는 평범하게 즐거운 인생을 살아주기를 바라고 있죠.

김명원 좀 전에 거론하셨던 시합평회 '시를 사랑하는 사람' 동인 모임에는 요즘도 매번 나가시는지요? 중진과 신인들의 구분 없이 활발하게 시합평회를 한다고 들었습니다. 선생님께서는 시집을 15권이나 상재한 중진시인이시니 신인 시인들과의 소통이나 관계에서 불편한 점은 없으신가요?

유안진 제가 나가는 시 합평 모임은 수요일에 모인다하여 '수요반'이라 하는데, 내가 제일 나이가 많고 중견 신인과 아직 등단 이전인 석박사 과정 학생 등 15명쯤 되요. 연령과 성별이 다양해서 시를 보는 눈도 다양하고 다채로워서 좋아요. 선생님도 매주 바뀌어서 시를 입체적으로 볼 수 있어 좋고, 다층적이고 다양한 견해를 골고루 토론할 수 있어 좋다고 생각해요. 무한정 계속하고 싶은 모임이고…… 이 모임도 7, 8년 되어 맴버들도 자꾸 등단하게 되고요. 우정도 생기고 해서 보람이라 여겨져요. 색깔과 지향이 서로 달라서 여러 작품성향을 접하고 배우게 되죠.

김명원 여전하신 미모와 건강 비결을 솔직하게 공개해 주세요.

유안진 미모라는 말은 내게는 전혀 안 맞은 언어이고, 건강도 매한가지여서 어려서부터 병약해 골골로 일생을 살아오고 있으니까요. 에어로빅 같은 유산소 운동을 한 20여년 했는데, 관절이 안 좋아져 최근에 다른 운동으로 바꿨어요. 스트레칭요가인가 뭔가 이름도 잘 모르는데요. 그래도 감기를 앓고 자주 아프긴 마찬가지예요. 늙을 때 늙어야지 생각하고 있어요. 늘 아파서 약 먹고 운동하고 또 약 먹고 뭐 그러며 견디지요.

김명원 공표하신 것처럼 여전히 싱그러운 현역이신 선생님께 누가 되는 질문입니다. 선생님께서는 언제나 어디서나 현재진행형이시므로…… 그럼에도 앞으로의 계획이 있으시다면요?

유안진 시인에겐 좋은 시를 못 쓰는 게 불행이고 더 이상 시를 못 쓰는 건 죽은 것인데, 아직은 청탁대기도 급급하니 현역인가 모르지만, 침묵하며 깊게 고민해보는 휴식기가 있었으면 해요. 그렇다고 청탁에도 안 쓸 용기도 자신도 없지만 오히려 청탁이 뜸하면 기분이 더 좋아지면서 엉뚱하고 깊은 사고에 들곤 하지요. 별 계획은 없고요. 맘에 드는 작품 좀 써보고 싶은 꿈만 있고, 이솝우화 같은 작품 좀 쓰고 싶다는 생각뿐이에요. 어느 때는 우화 비슷한 알레고리시를 써 봤으면 하는 생각도 하지만, 계획은 못되고 무계획으로 지내고 싶네요. 학문연구서를 보완하고 증보해야 하는 숙제가 비윗돌을 이고 사는 기분이고요. 김명원 시인! 긴 시간 정말 수고 많았어요. 감사합니다.

김명원 선생님, 제가 고맙습니다. 시간을 아껴 쓰셔야 하는 선생님께 긴 시간을 허락받았으니 송구하고 죄송할 따름이지요. 다시 뵈올 때까지 더욱 건승하시고, 한결같이 고우신 모습으로 건재하시길 바랍니다.

유안진 선생님께선 시집 『둥근 세모꼴』의 서문에서 자신이 '야생시인'이라고 표명하신다. 문학을 전공하지 않아 항상 약자의식인 왼손의식을 갖고 있으며, 그래서 질길 것이고, 그래서 늘 거짓말로 참말하려 하고, 부정함으로써 긍정하려 하고, 패배함으로써 승리하고 싶고, 넘어짐으로써 일어서려 하고, 나약하기 때문에 강인해지고 싶고, 어리석음이 지혜이고 게으름이 중요한 일 하는 거라고 믿고 싶고, 꿈꾸는 것이 행동하는 것이라고 믿고 싶은 자가 되겠다고 다짐하신다.

예술은 민주주의가 아니라 오히려 천상천하 유아독존주의天上天下 唯我獨尊主義이고, 예술은 자기를 만들어가는 과정이므로 예술가는 자신의 토르소를 끊임없이 만들어 가야 한다고 힘주어 강조하시는 시인, 역사는 승리의 기록이라면 예술은 패자의 기록이라는 말처럼 패배를 통해 끊임없이 변모를 모색해야 한다고 피력하시는 시인, 어디서 그토록 뜨거운 열정의 힘이 솟아나는 것인지, 즐겨 낭송하시는 사무엘 울만의 시 「청춘」의 시구가 '시인 유안진'의 이미지로 바로 떠올랐다. 청춘이란 인생의 어느 한 기간을 말하는 것이 아니라 마음의 상태를 말하므로, 머리를 드높여 희망이란 파도를 탈 수 있는 한 팔십 세일지라도 영원한 청춘의 소유자일 것이라는 구절처럼 선생님께서는 언제라도 청춘이실 것임을 믿어 의심치 않는다.

한국시낭송협회 시낭송가분들이 선생님의 대표 선작시를 육화하는 시낭송회장의 분위기는 나지막한 등불을 켠 듯 다사로웠고, 선생님과 나누는 이야기에는 재미와 회한과 한숨과 탄복의 정서들이 육십 년대 흑백영화처럼 느리게 흘러갔다. 창 너머 저녁 햇살이 어둠에 묻히는 보문산 능선 아래에서 머뭇거린다. 완고한 집안의 장녀로 살아오시면서, 평생 교육학과 민속학의 학자로, 대학 교수로, 아내와 어머니로, 그리고 무엇보다도 시인으로의 집중된 삶이 얼마나 가혹했기에 반어와 역설로 노래하셨을까, 아프고 아팠다. 존경스럽고 존경스러웠다.

마지막까지 도시의 정경을 움켜쥐고 있던 햇빛이 이제 산머리에 잠긴다. 비로소 어두워지고, 평화로운 허기가 든다. 조촐한 저녁 식사 후, 밤 11시 기차를 타시려는 선생님을 배웅해 드리려고 하자, 우리 촌스러운 이별은 하지 말자고 손사래 치며 당당히 역 구내로 빠르게 걸어 들어가시는 뒷모습이 싱그러운 소녀이셨다. 선생님처럼만 시간과 동행하며 즐겁게 나이 들 수 있다면, 시들지 않는 열정을 보존할 수 있다면, 무엇이 두려울까, 나는 금세 온몸이 희망으로 더워졌다(2011년 9월 17일).

유안진 1941년 경북 안동 출생. 서울대학교 사범대학 교육학과 및 서울대학교 교육대학원 교육심리학과 졸업. 미국 플로리다주립대학교 대학원에서 교육심리학 박사학위 취득. 서울대 생활과학대학 소비자아동학부 교수를 거쳐 현재 서울대 명예교수. 1965년 『현대문학』초회 추천, 1966년 2회, 1967년 3회 추천 완료. 1970년 첫 시집 『달하』이후 『물로 바람으로』, 『날개옷』, 『월령가 쑥대머리』, 『구름의 딸이요 바람의 연인이어라』, 『다보탑을 줍다』, 『거짓말로 참말하기』, 『알고寿』, 『둥근 세모꼴』 등의 시집 출간. 『세한도 가는 길』, 『빈 가슴은 채울 한마디 말』 등 시선집 출간. 『기란지교를 꿈꾸며』 등 다수의 수필집과 『바람꽃은 시들지 않는다』, 『다시 우는 새』, 『땡삐 4권』 등 민속장편서사소설집 출간. 시 「세한도 가는 길」이 중고등학교 국정·검인정 교과서 9권에 등재. 『한국 전통 아동심리 요법』 외 4권의 연구서 상재. 정지용문학상, 소월문학상특별상, 월탄문학상, 한국펜문학상, 구상문학상, 이형기문학상, 유심문학상 등을 수상하였다.

오세영

완강한 부정성과 건강한 윤리성의 문학 파수꾼, 오세영

　당나라 시인 동방규가 흉흉했을 왕소군의 심정을 위로했던 시 구절, '춘래불사춘春來不似春'이 떠오르는 3월 하순이다. 봄을 기다리는 애절한 심경에 겨울옷을 모두 정리해 넣었는데, 요즘 들어 춘설이 자주 분분하고 늦추위를 부추기는 바람이 매섭다. 절기상으로 춘분이 지났으니 봄은 분명 도래했으나 봄을 절감할 수 없는 날들로 애가 탄다. 음울한 무채색의 도심에 산수유 개나리꽃 노란 색조가 채색되기를 바라는 기다림은 비단 나만의 조급함일까. 딱딱하고 질긴 시간의 끝에서 전화를 받는다. 오세영 선생님께서 특강을 위해 대전에 오신다는 소식이다. 평생 문학을 연구하고, 문학적 진실에 대해 규명하며, 보편적인 사랑을 기제로 하여 생에의 성찰과 본질을 시 안에 천착해 내신 시인을 만난다는 기쁨은 우울했던 일상을 금세 환희의 송가로 변환시킨다. 봄은 이렇게도 배달되어 오는가 보다. 봄을 전달해 주는 환한 소식에 오후가 들뜬다. 설레는 발걸음에 리듬이 실린다.

　오세영 시인! 그는 다각적인 모습으로 우리에게 다가오곤 하였다. 학자로, 비평가로, 교수로, 시인이며 시조 시인으로 그는 우리에게 늘 다양한 문학적 외연을 열어 보였다. 우리의 정형시인 시조의 중요성을 간파하여 실천적 욕구로 창작하였고, 남다른 부정의 정신으로 기존 비평계를 점검하여 김수영 비판과 김춘수의 무의미시 비판 등 신선한 충격과 자극을 경직화된 문단에 선사하였다. 또한 누구도 언급한 적 없는 문학의 윤리성을 거론하여 시인들로 하여금 어떠한 시가 생산되고 유통되어야 하는 지의 문제를 효용론적인 측면에서 고민하게 했다.

그러한 그의 시 정신은 모더니즘에서 출발하였으나 동양주의적 사유가 깃든 서정의 세계로 귀의하게 하여서 그의 시를 분별과 대립이 아닌 불이의 세계로 통합하여 나가게 했고, 문학학술연구서 19권, 수필집 3권을 상재하면서도 시를 정점에 두고 시업에 매진하여 시집을 19권이나 상재하게 하였다. 최선을 다하는 것이 선이라며 자신의 재능을 충분히 발휘하는 것이 재능을 받은 은혜에 대한 보답이라고 말하는 시인, 원로라는 칭호가 오히려 무색할 정도로 서울대학교 퇴직 후 더욱 열정적인 활동을 하고 계신 시인을 만나러 간다. 즐거운 엄숙함이 깃든다. 옷깃을 여민다.

봄, 건승하신 모습으로 재회하다

김명원 작년 연말 저희 웹진『시인광장』선정 '올해의 좋은시상' 수상식에서 뵙고 삼 개월 만에 뵙는데, 더욱 젊어지시고, 좋아 보이십니다. 요즘은 어떻게 지내시는지요?

오세영 지난 해는 중앙대 예술대학원에 강의를 나갔고, 올해는 성신여대 대학원에 강의를 나가고 있고요. 지난 달에는 일본 나고야대학에서 있었던 '소수자문제에 관한 학술심포지엄'에서 한국소수자문학에 대한 강연을 하였습니다. 중국과 미국 등지의 이민 문학에 대한 발제였지요. 그리고 내달 4월에는 안성에 있는 집필실로 입주를 하려고 합니다.

김명원 오늘 대전으로 하경하시는 길은 불편하지 않으셨나요? 선생님의 첫 대학교 임지가 충남대학교라고 알고 있는데요. 대전에는 남다른 감회가 있으실 듯 하네요.

오세영 1971년도에 석사학위 수여 후 단국대와 인하대 등지에서 시간 강사로 강의하던 시절였는데, 충남대에서 현대문학 전공 교수를 공채 모집한다는 소식을 접하고 출원을 했었지요. 전공영어, 교양영어, 제2외국어, 전공 등의 시험을 치렀는데, 처음엔 총무과장 감독 하에, 두 번째는 박희범 총장 감독 하에 총장 부속실에서 장장 네 시간에 걸쳐 시험을 치르는 까다로운 과정을 거쳐 합격하게 되었습니다. 같은 과에 소속되어 있던 최원규 교수, 김병욱 교수, 교양과정부에 재직했던 송재영 교수, 의과대학의 손기섭 박사와 이 지역에 거주했던 박용래, 한성기, 이가림 시인 등과 교류했던 것이 큰 기쁨였지요. 그 당시 내 나이가 34세이니 한참 풋풋하던 시절 아닙니까? 삼십 대를 보낸 참 많은 추억이 이곳 대전에 있지요. 40세에 단국대로 부임하여 상경할 때까지 7년간 나는 교수로, 약사인 아내는 약국을 하며 이곳에서 신혼과 결혼 초반을 보냈는데, 지금도 대전을 생각하면 가슴이 설렙니다.

김명원 선생님께서 향유하시는 추억의 장소에 사는 대전 시민으로서 자긍심이 생기는 걸요. 언제 한 번 시간을 넉넉히 허락하신다면, 선생님께서 추억으로 인지하시는 대전의 여러 공간들을 모시고 다녀야겠습니다. 공식적인 데이트 신청입니다. (웃음) 선생님께서 문학을 시작하시게 된 시기는 언제인가요?

오세영 고등학교를 전주에서 다녔는데, 전주 신흥고등학교 일학년 적, 전교생 백일장에서 「아카시아꽃」이라는 시로 장원을 했어요. 그때부터 시에 본격적인 관심을 갖게 되었지요. 이후 도대회나 남원춘향제, 전국대회 등 대표로 추천받고 나가면 상을 타오는 학생 문사로 지방에서 다소 유명세를 탔답니다. 문예반도, 교지도 없던 학교에서 문예반을 만들고 첫 학교신문도 만들었고요. 문예반에서는 신석정 선생님과 그 사위이신 최승범 선생님의 지도도 받았지요. 학교 후배 시인으로는 요절한 배태인과 현재 활동 중인 남진우, 그리고 전두환 정권 때 조작된 간첩단 사건인 오성회 회원으로 몰려서 억울한

옥고를 치르고 최근 무죄임이 드러난 강상기 시인 등이 있어요. 좀 더 활동 지평을 넓혀, 전주 시내 학교의 문예창작문우들과 '포플라'라는 동인을 만들어서 문학 활동을 하기도 했고요. 문학에의 열정은 독서로 이어져 학교 도서관에서 독서삼매에 빠져서는 도서관 폐관 시간도 모른 채 탐독을 하곤 하였는데, 담당선생님께선 이를 기특하게 여기셨는지 대여가 금지된 책들마저 집에 가지고 가서 읽으라고 빌려주시곤 하였지요.

김명원 선생님 시세계를 불교적 상상력의 이미지로 고찰한 제 비평 졸고를 읽고 전화를 주셔서 뵈었던 인사동에서 들은 이야기인데요. 선생님께서 자라신 환경도 문학을 배태하기에 적합하였다는 사실요. 그 이야기가 더 듣고 싶습니다.

오세영 그래요. 어쩌면 운명적으로 시인이 되었다고 할 수 있겠네요. 참으로 고독할 수밖에 없었던, 아버지의 부재와 인생의 극적인 부침들을 겪었던 가정환경이 나를 시인으로 만들었을지도 모르니까요. 부친은 경성공업전문학교 토목과를 다니시다가 태평양전쟁 발발 직전 중국에서 온 전염병으로 서울에서 타계하셨지요. 그때 모친 나이 23세였어요. 전염병으로 돌아가셨으니 조선총독부 측에서 부친 유해를 화장했기 때문에, 지금도 아버지의 묘소가 없고요. 내가 태어나기도 전에 혼자되신 어머니께선 시가인 영광에서 나를 낳으신 후, 백일 후에 외가인 옆 고을의 장성으로 가 사셨지요. 그러니 법적 고향은 영광이지만 실제로는 장성에서 자란 셈입니다.

어머니께선 귀가 어두우셔서 서로 대화를 나눈다는 것은 불가능했지요. 항상 그런 침묵의 정적이라고 할까요, 고요함이 내 유년 시절을 차지하고 있어요. 문묘에도 배향되어 있는 문정공 김인후 선생의 후손인 울산김씨 가문이 나의 외가인데, 전라도에서는 선비의 법도를 지키는 뿌리 깊은 가문이었지요. 비사교적이고 내성적인 내 성격은 가난 앞에서도 돈을 멀리했는데 아마도 외가의 선비정신을 물려받은 것 같아요. 가난 앞에서 어떤 사람은 절실하게 돈을 좇고 또 어떤 사람은 오히려 돈 많은 사람에게 혐오감을 가져 정신적으로 완성되는 세계를 추구하는 등, 가난을 겪는 사람들의 서로 다른 가치관으로 인생이 달라지잖아요. 물론 처음부터 궁핍했던 것은 아니에요. 유년 시절에는 유복했지요. 송강 정철 후손이셨던 외할머니의 특별한 사랑도 누렸고요. 그리고 유년 시절하면 떠오르는 것은 외갓댁 후원이 참 아름다웠다는 사실예요. 작은 언덕배기가 있었던 후원에는 대숲이 우거져 있었고, 울밑의 작은 샘터에 소꿉장난으로 만든 물레방아도 있었지요. 그 옆에는 꽤 깊은 둠벙이 있었는데, 어느 날 둠벙 가에서 수수깡 울타리에 뻗어 오른 나팔꽃을 따려고 기어 올라가다가 빠져 버렸어요. 이모가 빨래를 하다가 놀라셔서 갈퀴로 건져 내셨는데, 그때 이모 등에 업혀 바라 본 하늘이 시리도록 맑았어요.

김명원 이야기만 들어도 가슴 먹먹해지는 아름다움이 연상되는데요. 이러한 눈부신 유년의 정경들이 선생님 시 시계를 이루는 중요한 동기가 되었겠네요. 외가 댁에서 줄곧 성장하셨나요? 그리고 어머니께서는 그후 어떻게 되셨는지요?

오세영 외가에서 모친과 함께 생활했는데, 육이오 전쟁 후 여러 회오리 같은 사건에 휩말려 빈털터리가 되어서 끼니도 제대로 때우기 어려운 처지가 되었지요. 모친을 모시고 대학을 다니느라 상경했는데, 전기도 수도도 없는 방에서 호롱불을 켜놓고 공부했어요. 몸이 약하신 어머니께서는 심장판막증을 앓으시며 고생하셨고요. 나는 모친 병간호를 하면서 밥을 지어드리며 대학원에 다녔지요. 모친께서는 4년 동안 몹시 고통스러워하며 앓으시다가 돌아가셨어요. 돌아가시고 나니, 참 막막하더라고요. 결혼을 해서 편히 모셨어야 했다는 자책감과 세상이 사라진 듯한 상실감이 엄습했지요. 어머니를 여읜 그해 가을에 석사학위 논문을 쓰고, 다음 해 야간 고등학교 교사가 되었는데, 1971년 5월이었어요. 박정희 정권이 유신헌법에 관한 국민의 찬반을 묻는 국민투표가 있어 마침 쉬는 날이었습니다. 너무도 밝고 아름다운 그날 오후, 갑자기 어머니가 절박하게 그리운 거예요. 참 많이 울었네요. 그날로부터 한 이십 여일 잠을 자지 못했어요. 우울증에 빠진 거죠. 죽어야겠다는 생각에 약학대학에 다니던 제자에게 청산가리를 가져오라고 부탁도 한 적이 있어요. 동료 교사가 아무래도 심상치 않았는지 정신과 병원에 데려갔어요. 그때부터 불면증이 시작되어 지금까지 앓고 있고요. 아마도 내 삶에서 제대로 잠만 잤다면, 지금까지 해 놓은 실적보다 더 많은 것들을 이루었을 거란 생각이 들어요.

김명원 가슴 저린 이야기입니다. 선생님께서 이런 슬픔과 아픔을 견디고 계셨는 줄 몰랐네요. 아마도 애통한 과정을 겪으시면서 더욱 시인으로서의 행보를 다지셨던 것 같습니다.

　　난蘭을 기르며
　　한 겨울 난다.

　　밖에는 여인女人의 원한怨恨 같은
　　서릿발이 치고
　　사는 것이 서럽다고 서럽다고
　　눈보라 에우는데,
　　병病든 지어미의 머리맡을
　　다소곳이 지키는 한 포기의
　　난蘭,
　　난蘭은
　　겨울을 먹고 사는 꽃이다.

　　꽃을 꺾기 위하여
　　사랑하는 사람들은
　　난蘭을 기를 일이다.

여윈 암노루
사향麝香 찾아 떠나간 빈 골을
싸늘한 향기香氣로 피어나는
꽃.

난蘭을 기르며 보낸 한 철은
서러운 듯 서러운 듯
아름다워라.
―「난蘭을 기르며」전문

다양한 변모 과정을 거치는 시적 여정

김명원 이제, 선생님께서 시인으로 활동하신 이야기를 여쭤보아야 할 차례인데요. 선생님께서는 1965년에서 1968년에 이르기까지 박목월 선생님의 추천으로『현대문학』지를 통해 등단 하셨지요. 1965년에「새벽」이, 1966년에는「꽃 외」가 추천되고, 1968년에「잠깨는 추상」이 최종추천 완료되셨고요. 당시 상황을 듣고 싶습니다.

오세영 나는 서울대 국문과 61학번입니다. 그 당시는 국문과에서 시 창작이란 금기와도 같았어요. 교수님들이 학생들의 시 창작에는 냉담했으니까요. 현대문학이 제대로 평가되지 못한 분위기에서 대체로 학우들은 국어학이나 고전문학을 전공하였지요. 나도 교수님의 설득으로 국어학을 전공하기로 마음먹고 있었는데, 2학년 2학기 때 강의를 나오신 이어령 선생님의 비평론을 듣고는 다시금 현대문학 쪽으로 전공을 결정하였지요.

그리고선 시 창작에 매진하게 되었고,『현대문학』을 통해 시를 추천받고 싶다는 생각이 들어서 목월 선생님을 찾아뵙게 되었어요. 목월 선생님 댁은 당시 원효로에 있었는데, 한 달에 한 번 정도 문하에 드나들었지요. 시를 써가지고 가면 선생님께선 고칠 부분을 연필로 지워주시고는 이것이 시라네 하면서 몇 말씀 건네주시곤 하셨는데, 아쉽게도 재학시절 내내 등단에 대한 말씀은 전혀 하지 않으시더라고요. 그러다가 졸업하고서 1965년 전주의 기전여고 국어 교사로 부임했던 해였어요. 3월 이맘때 쯤였네요. 목월 선생님으로부터 엽서 한장이 날아 왔는데, 『현대문학』지에 내 시가 추천되었다는 전갈과 함께 앞으로 정진하라는 격려의 말씀이 적혀 있었지요.

김명원 이후 선생님께서는 첫 시집 『반란하는 빛』을 1970년에 상재하셨는데요. 이 시집에서 드러나듯이, 모더니즘에 심취해 있던 선생님 초기의 시 작품들은 기교적인 실험정신이 두드러지죠. 그러나 첫 시집 출간 이후 시에 철학을 접목시키는 방법론으로 선생님께서는 동양사상, 특히 불교적 상상력을 투영시켜 직관과 통찰로 사물의 존재론적 의미를 파악하는 데 주력하시게 되고요. 이러한 변화는 두 번째 시집 『가장 어두운 날 저녁에』(1983)를 거쳐서 실존적 고뇌를 '무명無明'이라는 사유를 통해 탐구한 세 번째 시집 『무명연시』(1986)에서 엿볼 수 있지요. 이 시기에 선생님 시를 대표하는 작품들로 「그릇」연작을 꼽을 수 있겠는데요. 연작시 「그릇」은 라디오 등 방송매체를 통해서 자주 접하는 작품이기도 합니다. 이후 열세 번째 시집 『시간의 쪽배』(2005)를 펴내신 선생님께선 절제와 균형의 미학을 형상화하여 형이상학적이면서도 사랑과 삶의 체취가 배인 개성적인 시세계를 구축하셨지요. 이러한 시세계의 변화는 어디에서 연원하였을까요?

오세영 김 시인의 말처럼 모더니즘적인 성격이 강한 첫 시집 『반란하는 빛』은 두 번째 시집 『가장 어두운 날 저녁에』에서 문명비판적인 목소리를 갖추게 되지요. 비현실적인 영역에서 좀 더 현실적인 문제에 접근하고자 했던 의도였어요. 그러다가 문명비판적인 것도 시류적이라는 생각이 들어서 세 번째 시집 『무명연시』에서는 보편적인 진실을 이야기하려고 했지요. 이때부터 내 시는 동양 사상에 모태를 두고 인생론적인 통찰을 향해 나아갑니다. 그러다가 『불타는 물』(1988)에 와서 서정성에 대해 고민하게 되었어요. 과연 문학이란 무엇인가, 아름다운 정서와 미학을 토대로 해야 하는 것이 아닌가, 하는 자각이었지요. 이에 대한 반동이 『사랑의 저쪽』(1990)이라는 시집입니다. 나는 이 시집에서 동양적 사상의 무의식을 실존주의적으로 해석해 보려 했습니다. 그러나 사상적 깊이에 만족할 수 없어서 1994년에 『어리석은 헤겔』을 냈고, 무위와 허정의 세계를 1999년 『벼랑의 꿈』에서 드러내고자 했지요. 그러니 나의 시세계는 모더니즘으로부터 참 많은 변모 과정을 거쳤다고 말할 수 있습니다. 서구의 이원론적 사유는 분열과 해체인데, 그런 사유로는 우주를 통찰할 수 없어요. 불가에서 말하는 진여의 세계는 불이不二의 세계지요. 분열과 대립이 없는 세계, 차별과 미망이 사라진 세계, 그런 세계를 나는 시를 통해 구축하고 싶었어요.

> 산에서
> 산과 더불어 산다는 것은
> 산이 된다는 것이다.
> 나무가 나무를 지우면
> 숲이 되고,
> 숲이 숲을 지우면
> 산이 되고,
> 산에서
> 산과 벗하여 산다는 것은
> 나를 지우는 일이다.
> 나를 지운다는 것은 곧
> 너를 지운다는 것,
> 밤새
> 그리움을 살라 먹고 피는
> 초롱꽃처럼

이슬이 이슬을 지우면
안개가 되고,
안개가 안개를 지우면
푸른 하늘이 되듯
산에서
산과 더불어 산다는 것은
나를 지우는 일이다.
—「나를 지우고」전문

김명원   제가 좋아하는 선생님 시「나를 지우고」는 외견상 보기에 단조롭지만, 이 시는 무한 영겁의 시간 궤도 속에서 모든 사물들은 비정형적임을 극명하게 보여주고 있습니다. 이 시는 수없이 자신의 모습을 바꾸면서 또 다시 결국은 제자리에 돌아오는 사물의 모습은 한 모습으로 고정될 수 없는 것이면서도 근원적으로는 하나임을 보여주니까요. 그러므로 이 시 안에서 사람과 사물이 혼연渾然 되고 등가로 합일되는 것이지요.

즉 모든 물상은 겉으로 보기에 달라 보여도 그 근원에 있어서는 동일함을 이 시는 전반부와 후반부의 반복 기법으로 강조하고 있거든요. 그래서 내가 우주가 되기도 하고, 우주가 내가 되기도 하여, 나와 우주는 동일한 세계로 융합되지요. 이것이 있음으로서 저것이 존재하는 상호 작용의 원리를 제시함으로서 사물들 간의 분별의식, 차별의식의 무의미함을 보여주니까요. 결국 '통합'이라는 불교적 세계관의 명시인 셈이네요.

이처럼 시에서 선생님의 세계 이해 내지 인식은 무차별심에 따른 통합적 세계관으로 드러나는데요. 곧, 세계 내의 일체 생명이나 사물들이 통시적으로나 공시적으로나 상호 유기적 관계 속의 존재로, 그리고 평등한 존재로 파악되고 있는 것이지요. 이는 모든 사물들이나 낱생명들을 개별 단독자들의 단절 관계로 또는 이성 중심주의에 따른 수직관계로만 파악하고 인식하지 않는다는 것, 우주라는 시공 속에서 온 생명으로 구현하고 있다는 것, 얼마나 따스한 공존의 미학인지요.

시조를 향한 뜨거운 시간

김명원 선생님께서는 시뿐 아니라 2003년 『유심』 등의 문학지면에 시조 특집을 발표하시면서 시조 창작을 꾸준히 해오고 계신데요. 시조는 우리의 시 형식이면서도 대체적으로 젊은 시인들이 관심을 갖지 않는 분야라서 안타까운 실상입니다. 여기에 대해 시조에 남다른 애정을 가지신 선생님의 고견을 듣고 싶습니다.

오세영 내가 시조를 쓰려고 생각했던 것은 20여 년 전이에요. 1986년, 미국 아이오와 대학 '국제 창작 프로그램'이라는 국제적인 모임에 참가했을 때니까요. 미국의 문화를 해외에 홍보하는 미국무부 산하 USIA 기관에서 재정적인 지원을 해 아이오와 대학에서 국제 창작 프로그램 워크숍과 인터내셔널 프로그램에 참여한 적이 있습니다. 세계의 30여개 국가에서 시인, 작가, 극작가들이 모여 6개월 동안 친목을 도모하고 문학을 교류하며 같이 문학 토론도 하고 즐겁게 보냈는데, 많은 문학 행사들이 있었습니다만 의무적으로 해야 할 것이 있었지요. 아이오와 대학 학생들에게 자기 나라의 문학을 소개하는 강의를 해야 했어요. 정식으로 학점을 주는, 참여 시인들이 돌아가면서 하는 강의였습니다.

나도 발표를 했는데, 첫 번째 강좌 때는 한국의 현대시를 소개했지요. 현대시를 소개하다 보니까 아무래도 모던한 것들, 모더니즘을 중심으로 이상이나 김춘수와 같은 시인들의 시를 소개했는데 학생들이 별 반응이 없는 거예요. 학생들이 듣는 둥 마는 둥 하는 것 같고, 자기들끼리 잡담하는 것도 같고, 분위기가 산만해요. 그래서 기분이 언짢았어요. 그런데 두 번째 강좌를 할 때는 한국의 전통문학을 강의하게 돼서 한국의 전통시에 대해서 설명을 했죠.

그 중에서도 시조라는 것은 오늘날까지 쓰고 있는 한국의 고유한 시 형태라고 했더니 전에는 주위가 산만했던 학생들이 아주 진지하게 소리 하나 안 내고 경청하면서 관심이 많더라고요. 학생들뿐 아니라 같이 듣고 있던 외국 시인들도 질문이 꽤 있었고요. 한국 시가 형식이 어떤가, 한국 문학이라는 것이 역사가 오래 되었는가 등이요. 거기에서 깨달은 것이 있어요. 외국에서 우리 문학에 대한 관심은 가장 한국적인 것, 한국만이 가지고 있는 전통적인 것이라는 것이죠. 그러니까 가장 민족적인 것이 가장 세계적인 것이다라는 것과 같은 맥락이었어요. 왜 내 첫 번째 강의 때 학생들이 관심이 없었던가 하는 것을 알게 됐던 거지요.

첫 번째 강의 주제였던 한국의 현대시라는 것은 이미 서구에서도 다 알고 있기 때문에 전혀 관심이 없었던 것이고, 두 번째 강의 주제인 우리 고전, 우리 전통적 시조가 세계에서는 대단한 주목거리였던 거예요. 그래서 왜 나는 우리 것에 무관심했을까 하는 반성도 하게 됐어요. 한국에서 훌륭하다고 하는 자유시나 현대시 같은 것들이 사실은 서양 사람들이 다 먼저 써놓은 것이죠. 그래서 세계를 염두에 두면서 시조를 한 번 써봐야 되겠다고 생각했어요. 특히 강의를 하면서 내가 만약에 시조를 낭독할 수 있고 창唱을 할 수 있다면 학생들에게 얼마나 자랑스러웠을까 하는 후회도 했고요. 국문학을 하는 사람이 시조나 창을 할 수 없다는 것이 참 부끄러운 일이구나 하는 생각을 했습니다.

귀국하고 나서 내가 공식적으로 시조를 발표하게 된 것은 『열린 시조』라는 시조 잡지에서였고요. 그때는 시조를 쓴다는 전문적인 창작 의식 없이 이지엽 시인이 시조를 써보라고 강권하다시피해서 그저 재미 삼아 썼어요. 그러다가 심심파적으로 쓰는 데서 벗어나 본격적으로 쓰게 된 것은 2002년 6월 중순경 백담사에 가 있을 때가 아닌가 해요. 시조 창작의 계획을 세우고 열심히 썼습니다. 그후 매년 겨울이면 백담사에 가 있었고, 시조를 썼고, 그것을 내 문학의 동안거라고 생각했었죠.

사립문 열어둔 채 주인은 어디 갔나
산기슭 외딴 마을 텅 빈 오두막집
널어 논 흰 빨래들만 봄 햇살을 즐긴다.

추위 물러가자 주인은 마실 가고
한 그루 벚나무만 덩그란히 꽃 폈는데
뒷산의 뻐꾹새 울음 마당 가득 쌓인다.
—「봄날」 전문

울타리를 타고 올라 시들은 저 나팔꽃
온종일 귀를 열고 무슨 소식 기다렸나
영嶺 너머 초록별 하나 돋아나는 인기척
—「저물녘」 전문

김명원 시조의 생명은 엄격한 정형성, 즉 형식을 지킨다는 것인데요. 이러한 인위적인 시적 태도와 방식이 현대로 넘어오면서 자유로움을 체험한 젊은 시인들에게 관심을 유발할 수 있을 지가 염려됩니다. 또한 외국 문학이나 자유시에 세례를 받은 독자들 역시도 시조에서 우러나는 함축적인 미학을 발견하는 것이 가능할까도 모색해 봐야 할 문제이겠고요. 우리의 시조를 살려야 하는 것은 절박하게 동의하는 사실이지만 접근 방법이 문제라는 것이지요. 선생님께서는 어떻게 생각하시는 지요.

오세영 물론 유럽이나 다른 나라에도 정형시가 있지만, 시조를 간단히 정의하자면, 우리 민족시의 전통성이 살아 있는 정형시죠. 그런데 근대에 들어오면서 정형시가 해체되고 자유시를 지향한 것 아닙니까. 보편적으로 우리가 사는 시대는 자유시를 쓰는 것이 일반적입니다. 자유시라는 것은 근대 시민

사회의 가치관을 대변하고 있어요. 우리의 경우도 정형시에서부터 자유시로 이행한 것은 분명한데, 김 시인이 지적한대로, 문제는 시조가 과연 오늘날에 의미를 갖고 있는가 하는 의문이지요.

여기에 대해서 나는 두 가지로 생각합니다. 먼저 서양의 문학사와 우리 문학사는 좀 다르다는 겁니다. 서양의 문학사라는 것은 정형시의 문학으로서 현대시에 이르기까지 순차적인 발전 단계를 가지고 있지만, 우리 문학의 경우에는 도중에 외래적인 영향이 있었기 때문에 자연스러운 발전에 손상이 있었거든요. 그런 의미에서 현대시가 정착되기 위해서는 시조가 갖는 정형시로서의 수련이 현대시 이행을 위한 과정에서 충분히 경험되어야 한다는 것입니다. 또 한 가지는 정형시라는 것은 모든 시의 모태라는 것이지요. 훌륭한 자유시를 쓰려면 정형시의 완전한 습득이 필요합니다. 이는 한 개인의 문제로도 그렇고, 민족문학사를 보아도 그렇다고 생각해요. 이런 의미에서 시인들은 시조를 지속적으로 지키고 숙련해야 합니다.

시조는 우선 짧다는 것이 생명이지요. 원칙적으로는 3장이 시조 한 수를 이루고 있으니, 3장의 시조 한 편으로 이야기할 수 없을 만큼 내용이 복잡하거나 많은 경우는 시조를 두 편이나 세 편, 네 편으로 늘려 써야 합니다. 3장에 표현될 수 있는 글자 수는 45자에서 50자 정도라서, 한정된 분량으로 한 시인의 시적 세계를 만들어야 하기 때문에 시조는 함축적이어야 합니다. 가차 없이 삭제해야지요. 가차 없이 삭제한다는 말 속에는 여러 가지 뜻이 있지만 최소한 표현이 간결해야 한다는 거죠. 그러니까 수식어라든지 형용사 같은 것이 자유시처럼 자유분방하게 구사될 수 없습니다. 가능한 한 수식어, 형용사는 삭제하고 골격이 단순해야 해요. 이런 시조 창작 과정은 불필요한 수사를 버리고 다듬는 과정을 필요로 하기 때문에 젊은 시인들에게도 시창작법을 숙련하는 좋은 기회라고 생각됩니다.

그리고 나이가 들면 취향이나 성향도 바뀌어요. 좀 전에 시조를 쓰게 된 계기를 말했는데, 외국 생활에서의 체험 말고도, 젊었을 때의 모더니즘 시에서 동양적이고 전통적인 쪽으로 옮겨오는 과정에 언어적 감수성이라든가 시 형식 자체에 관심을 갖게 된 것도 있어요. 마치 젊었을 때는 팝송이나 샹송과 같은 서구 음악을 좋아하다가 나이가 들면 고전음악이나 판소리를 좋아하게 되는 것과 유사한 변화가 아닐까 해요. 아마도 시인들이나 독자들 역시 이런 변화를 겪게 될 것이라는 추측이고, 그렇다면 시조는 나름대로의 제 위치를 지킬 수 있다는 결론에 이르게 되네요.

김명원 선생님 말씀을 듣고 보니 저 자신에 대해서 반성을 하게 되는데요. 우리의 정형시를 찬찬히 살펴보지도 않은 채, 우리의 시조를 써보겠다고 작심하지도 않은 채, 너무 멀리 걸어 간 것은 아닌지 스스로 부끄럽습니다. 오늘 선생님 말씀을 계기로 저 역시 시조에 많은 관심을 가지도록 해야겠습니다.

시인으로서, 학자로서 견지해 온 양심적 행보

김명원 선생님께선 문학 비평에도 예리한 칼을 대기 시작하셨지요. 2005년에 출산하셨던 『우상의 눈물』에서 김수영에 대한 비판을 비롯해 여러 가지 기존 비평 문단에 대해 성찰을 촉구하도록 독려하셨는데요. 김춘수의 무의미시 비판도 같은 맥락이겠고요. 이에 관한 이야기도 궁금합니다.

오세영 나는 훌륭한 비평가는 훌륭한 작품을 훌륭하다고 말하는 비평가라고 생각해요. 훌륭한 작품과 그렇지 못한 것을 식별하는 눈이 우선 중요한 것인데, 이러한 문학적 감성과 지식 말고도 더 중요한 것은 비평의 윤리에 관한 것입니다. 하지만 불행하게도 이 두 가지를 모두 갖춘 비평가가 우리 학계나 문단에는 흔치 않아요. 왜냐하면 구조적으로 문단 권력을 쟁취하기 위한 인맥의 틀이란 것이 있어서, 이 틀의 메커니즘에서 벗어나지 못하게끔 되어 있기 때문이지요. 그러니 곤혹스러운 문제는 비평가들이 자신의 목소리를 내지 못한다는 점입니다. 비평가가 자신의 관점에서 자신의 이야기를 하지 못하는 경우가 얼마나 많습니까. 문단의 구조 자체가 문학 권력을 쟁취하기 위한 인맥으로 형성되어 있고, 비평가는 그런 인맥의 틀에 편입하려고 노력해야 하니까요. 일단 편입하면 인맥을 형성한 이들이 집단적 관점에서 벗어나는 발언이나 행위는 절대할 수 없지요. 조선시대 유학 엘리트들의 관행과 같은 것이에요. 붕당을 만들어 상대방을 사문난적으로 몰아붙이곤 하던 많은 문학인이 문단 권력에 아부하고 있기 때문에, 또 많은 비평가가 거기서 소외될까봐, 자기 목소리를 내지 못하게 되는 것이지요.

내가 거론했던 김수영 역시 우리 문단에서는 최고 시인으로 우상화되어 있는 경우입니다. 너무 많은 비평가들이 우상화에 연루되다 보니 문학에 대한 식견이 없는 이들도 맹목적으로 김수영을 우리 시대 최고 시인이라고 꼽고 있어요. 김수영을 높이 평가하는 부류는 대체로 네 가지 부류지요. 첫째는 훌륭하고 안 하고의 문제를 떠나서 김수영을 우상화시켜 소정의 목적을 이루려는 부류, 둘째는 정말로 훌륭하다고 평가하는 경우, 셋째는 훌륭하지 않다는 것을 알면서도 훌륭하다고 이야기하지 않으면 이해관계에서 손해를 보기 때문에 영합하는 부류, 마지막으로 넷째는 문학 습작기에 스승이나 선배들로부터 훌륭하다고 배워왔으므로 자신도 모르게 세뇌가 되어 있는 부류 등이지요. 게다가 둘째 부류의 사람들은 대체로 네 번째 부류의 사람들과 중복된다는 점이 더 심각한 문제입니다. 이러한 부류의 사람들은 냉정하게 김수영 문학의 업적을 점검해 보지도 않은 채 자기 검증이라고는 없는 까닭에 김수영을 최고의 시인으로 신봉하고 있어요. 그런 문제점을 내가 간파하고자 했던 것이지요.

무의미시에 대해서도 할 말이 많습니다. '무의미시'라는 용어가 캠브리지 문학 사전에 나와 있다는 것은 웬만한 문학 전공자라면 다 아는 사실이지요. 그럼에도 불구하고 마치 이 용어가 자신이 독창적으로 개발한 시론이거나 자신만의 전용어인 것처럼 사용하는 것은 독자들을 우롱하는 행위예요. 게다가 20세기 초 유럽의 아방가르드 시인들 사이에 유행처럼 번졌던 구태의연한 이

용어가 마치 21세기 한국의 새로운 실험인 양 취급되는 것은 우스꽝스러워요. 시란 타예술과는 달리 언어를 매재로 하는 문학 장르이기 때문에 결코 무의미를 지향해서는 안 됩니다. 소위 미술이나 음악과 같은 물질 예술이 감각 그 자체로 이루어진 것에 비해, 시는 언어를 매재로 하므로 언어의 속성인 기표와 더불어 의미적 요소인 기의도 중요한 본질인 까닭이지요.

하기에 시에서 의미를 배제한다는 것은 언어의 기표만으로 시를 쓰자는 것인데, 이는 시의 목적을 궁극적으로 미술이나 음악과 같은 자질로 만들자는 주장이거든요. 하지만 문제는 뭡니까? 아무리 시가 그들 세계를 추구한다 하더라도 현실적으로 그들이 이루어 놓은 예술적 성취를 넘을 수 없다는 것입니다. 그 결과 시는 미술이나 음악과 같은 물질 예술에 종속되거나 하위에 놓일 수밖에 없는 상황에 처하겠지요. 그러니 무의미시를 써야 할 이유가 어디 있겠어요. 시의 위대성은 시의 특징이라 할 수 있는 언어의 속성을 가장 가치 있게 구현하는 데서 이루어지는 것이고, 이때 언어의 속성은 기표와 기의의 통합으로 되어 있으므로 기의를 고귀하게 구사할 때 최고의 수준에 도달하는 것이니까요.

김명원 선생님께서는 이처럼 시와 학문 모두에서 괄목할만한 성과를 이루어내셨는데요. 시는 비논리적인 진실을 추구하는 장르이고, 학문은 논리적인 사유를 이끌어내는 영역인데, 이 둘을 어떻게 아우르고 계셨던 것인지요?

오세영 그렇지요. 시 창작은 감성과 직관에 의해서, 학문은 이성과 논리에 의해서 이루어지는데, 본질적으로 이 둘은 상반되는 관계에 있지요. 예컨대 논문 쓰기나 강의와 같은 지적 활동을 하는 생활에서, 갑자기 시를 쓰기 위한 세계로 진입한다는 것은 기계가 아닌 한 쉽게 가능하지 않아요. 그래서 나는 학문과 시 쓰기 사이에 일정한 공백을 둡니다. 시를 쓰기 위해서는 두뇌 활동을 멈추고 아무런 지적 활동을 하지 않으면서 그저 시간을 허망하게 보내는 것이지요. 이틀이고 사흘이고 멍한 상태에서 텔레비전만 본다든지, 무념

무상의 상태로 음악을 듣는다든지, 가끔은 폭음에 시달려 본다든지, 혼자 멀리 여행을 다녀온다든지 하는 것 따위입니다. 그 중의 하나가 나이가 들면서 습관화된 것으로 겨울 한 철을 산사에서 보내는 것이에요. 그동안 내가 자주 머물렀던 산사들로는 두타산 삼화사, 치악산 구룡사, 달마산 미황사, 설악산 백담사, 금강산 화엄사 등이 있어요. 시와 학문, 어떤 것도 완벽주의 성격인 나에게는 소홀할 수 없었기에 대학 재직 시 보직 한 번도 맡지 않고 가까운 문인도 별로 없이, 그저 최선을 다해 두 마리의 토끼를 잡기 위해서 부단히 힘써 온 인생이고요.

시단의 현재를 진단하고, 미래를 예견하다

김명원 선생님께서 진단하시는 우리 시단의 현재와 예견하시는 미래에 대해 듣고 싶습니다.

오세영 우리 시단의 현재나 미래를 진단한다면, 우선 시의 발전을 위해서 잘못된 부분은 성찰하고 미흡한 부분은 보완해야 한다는 것입니다. 요즘의 우리 시는 문학적 완결성이랄까 형상성 같은 것이 부족하지 않나 생각 돼요. 심지어는 아무 것이나 느끼는 것을 쓰면 시가 된다는 태도로 시작하는 분들도 있고요. 이렇게 된 현상에는 나름의 이유들도 있을 것입니다. 7, 80년대를 주도했던 거대 담론이 사라지면서 갑자기 빈 광장에 내던져진 것과 같은 허무감이랄까 허탈감에 사로잡힌 시인의 정신적 방황도 작용했을 것이고, 공교롭게도 이 시기에 유행하기 시작한 포스트모더니즘의 영향도 컸으리라 여겨집니다.

이와 같은 방황과 정신적 고뇌를 일방적으로 매도해서는 안 되겠지만, 문제는 그러한 것들이 파급해 온 부정적인 측면이 횡행했다는 사실이지요. 지적 허무주의나 분열된 자아의식은 결코 그 자체가 목적일 수 없거든요. 그 극복을 통해서 새롭고 가치 있는 인간성으로 나아가는 것이 중요한 일이지요.

그러한 관점에서 저간의 우리 시가 그와 같은 방향성을 갖지는 않았는지 한 번쯤 반성해 볼 필요가 있을 것입니다.

그러므로 중요한 것은, 우리 시가 건강해야 한다는 점입니다. 건강성이란 물론 애매한 표현이기도 합니다만 그것은 기본적으로 도덕성을 전제로 한 표현이지요. 이때의 도덕성이란 도둑질하지 말라는 따위의 실천 윤리를 뜻하는 것은 아니고요. 가치 있는 인간 발전에 도움을 주는 행위라는 뜻입니다. 예컨대 새롭고 실험적이라고 해서 정신병적 행동을 권장하거나 근친상간을 부추겨서는 안 된다는 의미이지요.

그것이 바로 건강성입니다. 그런데 유감스럽게도 근자의 우리 젊은 시단은 삶의 건강성을 해치는 이와 같은 병적 징후가 농후합니다. 데카당스란 그 자체가 목적이 아니거든요. 데카당스를 통해서 보다 인간다운 문명을 건설하자는 것이지요. 19세기의 데카당스도 데카당스의 쾌락을 향유하자는 것이 아니라 바로 문명의 위기를 인식한 데 그 의의가 있었습니다. 제가 건강성을 제기하는 이유는 이처럼 우리 시도 데카당스를 극복하여 새로운 문명의 시대로 나가는 데 노력을 하자는 뜻에 있어요.

지금은 우리 시단이 과도기 상태인데, 내가 예견하기로는 아마도 이런 혼란과 방황의 모색기가 지나면, 다시금 서정시의 시대가 오리라고 생각됩니다.

김명원 잘 알겠습니다. 선생님을 모시고 일박이일 정도로 귀견을 들어도 시간이 모자랄 듯 한데요. 아쉽지만 시인들에게 하고 싶으신 당부의 말씀을 여쭙는 것으로 오늘의 자리를 마감해야겠습니다. 오랜 시간, 좋은 말씀, 정말 감사드립니다. 내내 건승 건필하시기를 기원 드리겠습니다.

오세영 젊은 시인들은 새로운 의식을 반영하는 세대인 까닭에 새로운 것에 주목하는 것은 당연한 일이겠지요. 하지만 젊은 시인들을 보면 우려할 만한 경향이 많은 것도 사실이에요. 그중 하나가 지나치게 센세이셔널리즘을 추구한다는 점입니다. 센세이셔널리즘이란 충격적인 인상을 줌으로써 자신의 존재를 크게 부각시키려는 행위라 할 수 있는데 사회학적으로 보면 근대 자본주의의 등장과 밀접한 관계를 맺고 있고요. 예컨대 오늘날 자본주의 사회에서 공산품의 판매는 홍보와 밀접한 관계를 지니고 있으며, 이와 같은 관점에서 마케팅은 센세이셔널리즘과 이에 편승한 유행의 창조에 크게 의존하고 있는 것과 같은 이치이지요. 가령 동일한 상품이라 하더라도 홍보 전략에 따라 그 매출이 달라지고, 또 같은 상품이라도 그 포장이나 디자인이나 모델의 혁신 여하에 따라 대중의 구매력에 대한 자극이 달라지잖아요. 그런데 여기서 상품의 홍보나 디자인은 센세이셔널리즘을 고려하지 않고 성공을 거두기가 힘들다는 사실이지요. 아도르노가 자본주의 의식의 특징으로 새로움에 대한 컴플렉스를 든 것 처럼요.

그래서 유행과 한탕주의를 만들어 상품의 대량 소비를 유도하는 것입니다. 우리 젊은 세대들도 그와 같은 자본주의 병리 현상 가운데 성장해서 그렇기도 하겠습니다만 너무 센세이셔널리즘에 의존하고 있는 것 같아요. 그것은 아마도 자본주의 시장의 상품처럼 시 독자들의 구매력을 자극하려는 의도이겠지요. 그러나 한 가지 중대한 사실을 놓친 것이 있습니다. 상품은 일시적인 효용성을 충족시키면 그만이지만, 시는 그렇지 않다는 것이에요. 시는 일회용 상품이 아니며 시인은 유행이나 일시적인 시선 끌기로 평가되지 않아요. 신인으로서 일단 시선을 끈 것만으로도 성공을 거두었다고 생각할지는 모릅니다만, 거기에는 많은 심적 부담이 남아 있게 되죠. 삶의 오염에 대한 도덕적 책임과 깨어 있는 비평으로부터 사게 되는 혐오와 문학사적 평가 등이 그것입니다. 항상 이들을 염두에 두고 시를 쓴다면, 공인으로서 시인으로서의 책임에서 자유롭지는 못하겠지요. 그런 사명감이 시인들에게는 요구되는 것입니다.

오랜 시간이었다. 참으로 시간 가는 줄 모르고 오랜 시간을 모든 몸과 영혼을 기울여 오세영 선생님의 말씀 한 마디마다 촉수를 뻗어 받아 들였다. 선생님과 나눈 이야기를 통해 나는 시인으로서의 책무를 점검해 보는 계기를 갖게 된다. 그것은 바로 시의 건강성과 시인의 윤리성에 대한 고민이다. 시를 쓰는 재미와 고행은 시를 읽는 독자에 대한 겸허한 인식 없이는 무의미하다는 사실, 시를 쓰는 생산자로서의 시인은 소비자인 독자를 위해 유통과 소비의 현장까지를 고려해야 한다는 신성한 의무를 되묻게 하였다. 이는 나에게 나를 다시 질문하고, 나를 부정하는 부정성에서 다시금 시인으로서의 정체성을 확립하고자 하는 의지와 맞닿게 하였다.

오늘 나에게 잊고 있었던 시인의 소명을 일깨워준 오세영 선생님께서는 그렇게 살아오셨다. 누구의 눈치도 보지 않고, 누구의 압력도 받지 않고, 학자와 시인으로서 양심을 걸고 반듯하게 올곧은 문학의 길을 걸어오셨다. 별이 빛나는 창공을 보고, 갈 수가 있고 또 가야만 하는 길의 지도를 읽을 수 있던 시대는 얼마나 행복했던가라고 탄식한 루카치의 말처럼, 그는 오로지 창공의 별빛에 그의 단아한 행보를 맞추어 왔던 것이다. 문학의 신성을 별지표로 삼고, 그 문학의 지도를 후배 시인들에게 물려주기 위하여, 불의에 맞서며, 기꺼이 정의로운 우리 시단의 파수꾼이 되었던 것이다.

그러기에 저토록 맑은 영혼으로 선생님의 몸이 환하게 빛 켜지는 것이 아니겠는가. 배웅 드리며 악수를 나누는 손의 감촉이 어린아이처럼 여린 피부로 와 닿듯 보드랍다. 이 매서운 꽃샘추위 속에서도 어디선가 봄꽃들은 삭풍에 맞서 눈부신 개화를 준비하고 있을 것이다. 시련을 통해 더 나은 삶을 구축하고, 절망을 통해 희망의 본질을 깨닫는 것이 인생이고 문학임이 애틋하게 느껴지는 늦추위의 밤이다(2010년 3월 6일).

오세영 1942년 전남 영광 출생. 1965년 서울대학교 국문과 졸업, 1980년 동 대학교 대학원에서 문학박사 학위 취득. 1965년과 1968년에 걸쳐 『현대문학』에 시 추천 완료로 등단. 시집으로 『반란하는 빛』, 『모순의 흙』, 『어리석은 헤겔』, 『봄은 전쟁처럼』, 『문 열어라 하늘아』, 『가장 어두운 날 저녁에』, 『시간의 뗏목』, 『무명 연시』, 『아메리카 시편』, 『불타는 물』, 『사랑의 저쪽』, 『신의 하늘에도 어둠은 있다』, 『꽃들은 별을 우러르며 산다』, 『벼랑의 꿈』, 『눈물에 어리는 하늘 그림자』, 『적멸의 불빛』, 『잠들지 못하는 건 사랑이다』, 『시간의 쪽배』, 『바이러스로 침투하는 봄』, 『너, 없음으로』, 『오세영 시전집 1』, 『오세영 시전집 2』, 『임을 부르는 물소리 그 물소리』 등, 수필집으로 『꽃잎 우표』, 『왈패 이야기』, 『멀리 있는 것은 아름답다』와 시론집 『시의 길 시인의 길』 등, 학술서로 『한국낭만주의 시 연구』, 『20세기 한국시 연구』, 『한국현대시의 해방』, 『상상력과 논리』, 『문학연구방법론』, 『우상의 눈물』, 『한국 현대시 분석적 읽기』, 『문학과 그 이해』 등 출간. 일본어, 영어, 스페인어, 독일어 등 번역시집 다수. 한국시인협회상, 녹원문학상, 소월시문학상, 정지용문학상, 만해상 문학부문 대상, 한국시협상, 공초문학상 등 수상. 충남대학교, 단국대학교, 서울대학교 교수, 한국시학회장, 한국시인협회장 등 역임. 현재 서울대학교 명예교수, 미국 버클리대학교 및 체코 찰스대학교 방문교수이다.

이가림

정다운 교감의 시학자, 이가림

 경칩이 지났으니 산천에 개구리 울음이 자욱하겠다. 그 소리에 풀들이 쑥쑥 올라오겠다. 이가림 시인은 그의 시에서 "어디쯤인가 발짝 소리 울리며/ 더 가까이, 더 가까이/ 다가오는 그대 봄이여"라고 봄을 호명하고 있다. 우리들에게 지난겨울은 얼마나 처연한 결빙의 절정이었던가. 긴 시간 첩첩이 겨울을 지내는 동안 폭설로 길이 막혔고, 혹한으로 동사의 소식이 전해졌으며, 이제는 그렇게 기다리던 봄소식에 묻어 일본 대지진 피해가 겹치고 있다. 그러기에 이가림 시인은 봄을 부른 뒤 "한아름 껴안고 싶은 이 목메인 그리움/ 너무나 커다란 맨가슴이기에/ 이 언 살결로도 기댈 수 없구나/ 이 메마른 눈물 바칠 수 없구나"라고 노래했던 것일까. 봄을 봄답게 맞을 수 없는 암담함이 우리에게 봄의 목가 대신 비가를 부르도록 하고 있으니 말이다.
 그럼에도 척박한 대지의 어느 귀퉁이에서는 민들레가 싹을 틔우고, 상처받은 곳곳에 희망을 예견하는 봄빛이 공평하게 퍼부어지고 있을 것이다. 따스한 것이 그리워 차 한 잔을 들고 창가로 가 선다. 맑고 투명한 유리창 너머로 노란 햇살들이 미끄럼을 타며 신나게 뜀박질하고 있다. 저 천진난만한 자연의 몸놀림을 유리창으로 내다보고 있자니 자욱하던 마음이 설렌다. 연이어

내가 서정의 시대에 즐겨 읽었던 이가림 시인의 시집『유리창에 이마를 대고』가 떠오른다. 나는 서가에서 시집을 찾아내고는 보랏빛 빗줄기가 기하학적으로 그려진 표지의『유리창에 이마를 대고』를 들춰본다. 서적을 구입하면 반드시 책의 말미에 구입 장소와 이유를 적어 놓았던 습관대로 시집의 마지막 장에는 '1983년 3월 16일, 성모서림, 유리창으로 넘어 온 봄, 서툰 햇살에 눈부셔하며'라고 적혀 있다. 얼마나 이 시집이 마음에 들었던지 구독 평으로 그려 넣은 복사꽃 다섯 개도 눈에 들어온다. 순간 마음이 핑그르르해진다. 삼십 년 전 봄에 이 시집을 구입했던 '성모서림'이 어디였을까. 이 시집을 다 읽고는 이가림 시인을 찬란히 기꺼워했을 그 봄은 언제 내게서 져버렸을까.

 프랑스 문학의 작품들을 우리말로 수준 높게 번역하는 작업을 하신 낭만적인 불문학자로, 미술에의 상당한 조예로 미술과 문학을 연계하는 명문을 연재하셨던 문인으로, 사물과의 긴밀한 교응을 통해 시가 내재하는 존재론적인 가능성을 넓게 열어두신 시인으로 살아오신 이가림 선생님을 처음 뵌 것은 십년 전 인천의 한 문학지 행사장에서였다. 가을이었는데, 선생님께서는 깃 세운 카멜색 트렌치코트를 입고 계셨고, 커피를 사주셨고, 파리에서 만났던 예술가들의 면면을 들려주셨고, 그리하여 친밀의 농도가 마냥 깊어갔던 아름다운 밤이었다. 그후 내가 시집을 출간한 '시학사'와의 인연으로『시와시학』주간으로 계신 '시와시학' 행사장에서 자주 뵙는 행운을 누렸다.

 꽃샘추위가 다시 시작된 3월 중순, 선생님께서 최근에 상재하신 시집『바람개비 별』출간 기념 모임이 있다는 초청장을 받고는 이 김에 선생님을 지면에 모시기로 한다. 전화를 드리자 며칠 전에 뉴욕에서 귀국하셔서 아직 시차가 극복되지 않으셨다며 기꺼이 만남에 응해 주신다. 산수유 빛 햇살이 노곤한 오후, 선생님께서 가끔 들르신다는 혜화동 로터리의 '엘빈'이라는 찻집에서 선생님과 마주 앉는다. 선생님께서는 대사가 거의 없는, 연륜 깊은 프랑스 영화처럼 그윽하시고, 나는 그 영화를 집요하게 관람하는 관객처럼 고요히 흥분한다.

이 시대의 진정한 로맨티스트

김명원　선생님, 예나 지금이나 여전히 멋스러우신 모습이세요. 찻집이 환해지는 걸요. 누가 봐도 예술가이신 풍모가 빛나십니다. 뉴욕으로부터 귀국하신지 얼마 되지 않아 여독이 아직 풀리지 않으셨을 텐데, 인터뷰에 응해 주셔서 우선 감사하다는 말씀부터 드려야겠습니다. 뉴욕에는 무슨 일로 머무셨던 것인지요?

이가림　김자원 작가가 회장으로 있는 미동부한국문인협회 초청으로 지난 달 25일 뉴욕의 플러싱 금강산에서 열린 '프랑스 문학의 밤' 행사에 참석, 강연을 했습니다. 저는 그 특강에서 '한국 현대시에 끼친 프랑스 시의 영향'이란 주제로 이야기를 하면서, 요즘 한국시단의 흐름과 갈래, 그리고 그 전망에 대해서도 나름대로의 견해를 밝혀 보았습니다. 그 외에도 보스톤의 '하버드 페컬티 클럽' 초청 모임, 커네티컷의 핫포드에 있는 '마크 트웨인 하우스' 방문, 링컨 센터 오페라 하우스의 '라보엠' 관람 등을 하면서, 한달 여간 그런대로 소득이 있는 여행을 했어요.

그런데 100세에 작고한 프랑스 출신 미국 여성 조각가 루이즈 부르주아의 작품을 보려고 뉴욕 현대미술관 '모마MoMA'에 갔다가 허탕을 치고 돌아온 게 좀 아쉽군요. 부르주아의 수많은 조각 작품 중에 세계적으로 널리 알려진 하나가 거대한 거미를 형상화한 '마망Maman(엄마)'인데요. 거미의 형상이 기괴하면서도 압도적이지만 알을 품은 암컷의 모성이 느껴지는 작품이에요. 거미가 상징하는 다산성과 양육 이후의 앙상한 육체를 통해 어머니의 강인함과 연약함을 함께 보여 주는 감동적인 조각이지요. 1999년 베니스비엔날레 황금사자상을 수상했던 그녀의 대표작 '마망'이 당연히 전시되어 있을 줄 알았는데, 여성 작가로는 1982년에 처음 회고전을 가졌던 세계적인 미술관 '모마'에는 그 작품이 설치되어 있지 않더라고요. '마망'은 서울의 '리움' 미술관을 비롯해서 세계 13개국에 전시되어 있는데, 미국에는 보스톤에 있다고 하더군요.

딸이 맨해튼에 살고 있고, 동생 가족이 헌팅턴에 마련한 집도 있고 해서, 저로서는 이번 미국 여행에 아무런 부담이 없었습니다. 국내에서 2, 3년쯤 지내다보면 역마살 때문인지 궁둥이가 근질근질해집니다. 이번 뉴욕에서의 체류는 나로서는 특별 휴가 같은 것이었어요. 하지만 여행은 역시 피곤한 것인가 봐요.『밤 끝으로의 여행』의 작가 루이 페르디낭 셀린느가 "여행, 그것은 피곤한 것이다. 그러나 상상력을 활동시킨다."라고 했는데, 정말 딱 맞는 말이라는 생각이 듭니다.

김명원 따님이 뉴욕에 사시니, 일단 숙식이 해결되셔서 참 좋으시겠어요. 재미있는 여행담은 나중에 더 듣고 싶고요. 선생님, 우선 궁금한 것부터 여쭤보겠습니다. 선생님의 시집이나 단행본들을 보면, 출생지가 '만주'로 표기 되어 있는 것도 있고, '전북 정읍'으로 표기 되어 있기도 한데요. 출생지에 대해 혼선이 있는 이유가 있는지요?

이가림 조선 정조 4년에 박지원이 지은 책으로『열하일기』를 잘 알고 있지요? 중국 청나라에 가는 사신을 따라 열하熱河까지 갔을 때의 기행문인 이 책의 지리적 배경이 되는 곳에 저의 아버님은 신혼살림을 차리셨어요. 당시 일제 강점기의 엄혹한 시절에 어떻게 해서든지 목숨을 부지하기 위해 머나먼 땅까지 가셨던 것이죠. 1945년 해방이 되자 서울 서대문 아현동에서 일 년쯤 사시다가 다시금 전주 이씨 효령대군 후손들이 대대로 터를 잡고 사는 전북 정읍으로 귀향하셨던 것이고요.

그러니 태어나기는 만주에서 태어났지만 정읍으로 이전하여 저를 호적에 올렸기 때문에 출생지가 정읍으로 되어 있는 거예요. 제 시「어떤 안부」에는 정읍군 옹동면 산성리의 외갓집 이야기가 나오지요. 바로 다 저의 가계에 관련된 시적 배경들이에요. 아마도 제 기질에 만주 태생인 성향이 있었는지 어릴 적 애칭이 '때국놈(대국놈)'이었습니다. 느긋한 성품에 호락호락하지 않는 태도 때문에 그런 애칭으로 불린 것 같아요.

정읍에서 살다가 전주로 이사한 후에 전주중앙초등학교, 전주서중학교, 전주고등학교를 졸업했으니 실제적인 고향은 전주인 셈이고요.

김명원 선생님께서 대학에 진학하실 때만해도 불문학 전공자가 희귀했던 시절이었을 텐데요. 불문학을 전공하시게 된 계기가 있었나요?

이가림 제가 다닌 전주고등학교는 제2외국어로 독일어를 배웠습니다. 그런 중에 독일어에 매료되어 독문과를 갈까, 아니면 내가 좋아하는 그림 공부를 하기 위해 미대를 갈까 하고 망설이던 때였지요. 그런데 전주여자고등학교에 불어 과목이 신설되면서 불어에 대한 호기심이 생겨 친구들 다섯 명과 함께 그 불어선생님께 개인 교습을 받게 되었어요. 영문학은 그 시절에 흔했고, 국문학은 국어를 해독할 수 있으니 독학도 가능할 듯 싶었고요. 그래서 불어를 개인 교습 받았던 친구 다섯 명 모두가 불문과를 진학하게 되었던 것이지요. 담임선생님과 대학 진학을 상담하는 과정에서 '불문과'를 지망하겠다고 하였더니, 담임선생님께서 '불문과'는 '불교문학과'의 준말이 아니냐 하시면서, 저에게 인생을 일찌감치 깨달은 그런 심오한 면이 있었느냐고 장난스럽게 말씀하시던 에피소드가 생각납니다.

김명원 깨달음의 길로 들어선 '심오한' 불문과를 다니셨을 때 (웃음), 어떤 대학생이셨나요?

이가림 대학교 1학년 때는 술 마시는 것이 본업이었지요. 만취해서 친구와 어깨동무를 한 채 샹송을 부르며 호기롭게 명륜동에서 명동까지 활보를 하고, 남산 꼭대기에 올라 행진가와 같던 프랑스국가 '마르세예즈'를 불렀던 때가 엊그제 같습니다. 아마도 고성방가의 수준이었을 텐데 그때 즐겨 불렀던 노래 중 '고엽', '라 메르', '로망스' 같은 샹송이 생각나네요. 그 즈음 겉멋이 들어 이화여대 불문과 학생들과 몇 개월 간 스터디 그룹을 만들어서 공부한답시고 보들레르의 『악의 꽃』을 옆구리에 끼고 다니며 보들레르의 시를 낭송하던 치기어린 불문학도의 시절, 아련하기만 합니다.

김명원 저도 그 시절에 대학을 다녔다면 선생님께서 읊어주시는 『악의 꽃』을 들을 수 있었을까요. 봄바람 소리와도 같은 불어로 선생님께서 낭송해 주셨다면 심각하게 황홀해서 아팠을까요.『악의 꽃』은 제게 깊은 아름다운 상처를 낸 시집이거든요. 그토록 보들레르에 경도되어 있던 선생님께서 시를 쓰시게 된 계기는 언제인가요?

이가림 대학교 2학년이 되자 대학 생활이 실망스러워지더군요. 그 당시의 대학 분위기나 환경이 다 그랬어요. 그래서 휴학을 하고 입대를 결심했지요. 초반부에는 강원도 전방 부대에 배치되었다가 나중에는 카추샤에 배속, 말미엔 의정부에서 군 생활을 마쳤는데요. 병장이 되자 시간적인 여유가 생겨 내무반에 쪼그리고 앉아 시를 쓰기 시작하였지요. 말하자면 시마에 홀린 것인데, 그러던 중 외출 나와서 각 일간신문에 고지된 신춘문예 광고를 보자 열정이 솟더라고요. 그래서 작품을 5편정도 만들어서 투고하게 되었지요. 1966년 크리스마스 즈음이었는데, 《동아일보》에서 당선 통지가 날아들었어요. 그때의 감격이란! 내 운명의 지침을 시인의 길로 바꿔놓은 일대 계기가 마련된 것이지요.

김명원 선생님께서는 1966년 《동아일보》 신춘문예 당선 이전에 1964년 《경향신문》 신춘문예에서도「돌의 언어」로 가작 입선하셨지요. 주요 일간지 신춘문예와 특별한 인연이 있으셨던 셈이네요. 《동아일보》 심사평에 "읽는 이의 마음을 이끌고 무리 없이 술술 써내려가는 솜씨와 기이한 재주를 피우지 않으면서 참신한 언어를 구사하는 점은 우수하였다"고 평한 심사위원이셨던 조지훈, 김현승 선생님과는 안면이 있으셨나요?

이가림 시상식 날 뵈러 갔는데, 조지훈 선생님께서는 몸이 불편하셔서 참석하지 못하셨고, 김현승 선생님께서 저를 보시고는 "자네가 샌프란시스코에 사는 우리말을 기막히게 잘 구사하는 사람인 줄 알았네."라고 하시더라고요. 왜냐하면 제가 투고한 신춘문예의 응모 주소가 '샌프란시스코'로 되어 있었거든요. 카츄샤의 주소는 모두 미국식 암호로 되어 있는데 제 부대 주소가 그랬지요. 선생님께서는 이어 제 시가 차가운 지성적 모더니즘 시풍을 지향하면서 장중한 비가의 감동을 전해주는 가락과 능란한 언어구사 솜씨를 보여주고 있다고 말씀하시더라고요.

또 한 가지 재미있는 일은 그 당시 제 군부대의 부대장이 웨스트 포인트 출신의 흑인 장교였는데, 부하 중에 신춘문예로 등단한 시인이 있다고 하자 미군 장교들이 타는 세단 차를 내어주면서 시상식날 동행까지 했어요. 신춘문예 풍경치고는 이색적인 장면이어서 동아방송과 《동아일보》 문화부 기자들이 저만 주로 인터뷰를 했답니다.

> 그 헐벗은 비행장 옆
> 낡은 예레미야 병원 가까이
> 스물아홉 살의 강한 그대가 죽어 있었지.
> 쟝·바띠스트·클라망스
> 스토브조차 꺼진 다락방 안 추운 빙벽 밑에서
> 검은 목탄으로 데생한 그대 어둔 얼굴을 보고 있으면
> 킬리만자로의 눈 속에 묻혀 있는 표범 이마
> 빛나는 대리석 토르소의 흰 손이 떠오르지.
> 지금 낡은 예레미야 병원 가까이의 지붕에도
> 눈은 내리고
> 겨울이 빈 나무허리를 쓸며 있는 때,
> 캄캄한 안개 속
> 침몰하여 가는 내 선박은
> 이제 고달픈 닻을 내리어 정박하고서
> 축축히 꿈의 이슬에 잠자는 영원인 것을,
> 짙은 밤 부둣가 한 모퉁이로
> 내 아무렇게나 혼자서 떠나보네.
> 갈색 머리 흑인여자의 서러운 이빨같이

서걱이는 먼 겨울 밤바다 살갗은
유리의 달에 부딪쳐 바스러지고
죽음보다 고적한 외투 속의
내 사랑은
두 주일이나 그냥 있는 젖빛 엽서
나목 끝에 마지막 한 장 가랑잎새로 지는 것을
쓸쓸히 웃으며 있네.
지난 쌩 · 마르땡의 여름 밤주막에서
빨갛게 등불을 켜 달고
여린 별빛들이 우리 잔등에 떨어져 와 닿는,
들끓는 소주를 독하게 마시며 울었지.
쟝·바띠스트·클라망스
그대 건강한 의사가 되겠다고 여름내
엄청난 야망은 살아
자기 안의 한 무더기 폭약에 방화도 했지만
참혹하게 파손되어간 내실이었음을,
어느 저녁 식탁에선가, 눈물 글썽이게 하는
그대 슬픈 소식을 건네 들었지.
지금은
옷고름처럼 나부끼는 달빛에 젖어
마른 갯벌 바닥으로 배회하다
무릎까지 빠지는 맨발의, 괴로운 밤게蟹가 되어서 돌아오는
조금씩 미쳐가며 나는 무서운 취안醉眼인 채
황폐한 자갈밭을 건너
흐린 가스등 그늘이 우울한 시장가에서
눈은 내리고

하얀 수의 입은 천사처럼 잠시 죽어봤으면 생각하다가
포효의 거대한 불꽃으로나 멸망하기를 소망하다가,
아아 자꾸만 목이 메이고 싶어지는
내 고단한 목관의 노래는 떨려
오뇌의 회리바람에 은빛 음계들이 머리칼마다
흩날리며 있네.
그 드빗시 찻집 유리 속의 금발이 출렁이는 인형은
젖은 눈이 성에 낀 창밖을 보고
수런대는 목소리들 잔盞 둘레로 넘쳐나
비듬처럼 쌓여 가는데
잊히인 의자 아래 이랑져오는 음악의 꽃빛 눈부시는
바람결 소리여,
이 침전하는 장송의 파도가에 앉아서 단 한 번
고운 색깔이 아롱진 어안魚眼의 나는
뜨거운 두 손으로 피곤한 이마를 묻어 보네.
— 「빙하기 -쟝·바띠스트·클라망스에게」 전문

젊은 날의 방황과 고뇌에서 윤리적 릴리시즘으로

김명원 선생님의 시와 시집에 대해 이야기를 나누어볼까 합니다. 선생님께서는 지금까지 6권의 시집을 상재하셨는데요. 최근에 출간하신 『바람개비별』은 2000년에 출간하신 다섯 번째 시집인 『내 마음의 협궤열차』 이후 10년 만이고요. 40여년의 시작 활동 내역에 비하면 참으로 과작이라는 생각이 듭니다.

이가림 핑계 없는 무덤이 없다고 하지만, 그건 순전히 제 게으름 탓이지요. 김시인이 말한 대로 다섯 번째 시집인 『내 마음의 협궤열차』와 여섯 번째 시집인 『바람개비 별』 사이에는 10년의 터울이 존재하니 참 드문드문 시집을 낸 형국이네요. 그러나 시의 세계는 물량으로 승부를 내는 세계가 아니라는 것이 제 생각입니다. 시나 시집이라는 것은 뭔가 골똘한 상상력이 축적되어서 발효의 과정을 거치면서 완성도가 높은 작품을 생산해 내는 작업이거든요. 그러니 완성도가 높은 시를 쓰려는 시적 전략이 필요하므로 성과물의 양으로 판가름해서는 안 되겠지요. 오히려 24시간을 온통 시에 바치는 시인이 못 되고, 시에 모든 정력을 쏟아 부으면서 온몸으로 투신하는 시인으로 살아오지 못한 것에 대한 자성이 앞섭니다.

　세계시의 역사를 살펴보더라도, 보들레르나 말라르메나 랭보 또는 도연명이 남긴 시는 양적으로 그리 많지 않습니다. 특히 보들레르 같은 경우는 총 129편(제2판)이 수록돼 있는 시집 『악의 꽃』 한 권으로 세계시문학사를 제패했지요. 그러니 제 시집이 적은 이유도 시가 한 편 한 편 구조적으로 완벽해야 하고 미학적으로 빈틈이 없는 것을 담아내야 한다는 저의 기질적인 성향을 바탕에 두고 있어서라고 보면, 그런대로 이유 있는 변명이 될 수 있을지 모르겠네요.

김명원　선생님의 초기 시는 조화로운 삶에 대한 그리움을 그리면서 주로 '낭만적 모더니즘'의 경향을 보였으나, 이후에는 그것을 시대와 사회의 보편적 현실 속에서 파악하고 있다고 평가 받는데요. 역사의 모순과 삶의 불행을 예리하게 드러내며 미학적 구조를 손상시키지 않아서 '윤리적 릴리시즘'으로 규명되고요. 특히 대표작으로 꼽히는 시 「빙하기」, 「어떤 안부」, 「황토에 내리는 비」, 「유리창에 이마를 대고」, 「오랑캐꽃」, 「석류」, 「바지락 줍는 사람들」, 「내 마음의 협궤열차」, 「2만 5천 볼트의 사랑」, 「귀가, 내 가장 먼 여행」, 「바람개비 별」, 「투병통신」 등은 언어의 정묘한 사용과 이미지의 강렬한 대비를 통해 이미지의 생성 과정에 많은 관심을 기울인 결과물들로 보여 집니다. 드리고 싶은 질문은 선생님께서 추구해 오신 시적 주제나 형식의 변환이 궁금하다는 것인데요. 선생님께서 네 번째 시집 『순간의 거울』을 내시면서, "이제는 자잘하고 고달픈 사람의 일뿐만 아니라 우주적 교감의 경이로움에 눈을 떠, 생명의 뜻을 캐낼 줄 아는 쟁기꾼으로서의 시인이 되고 싶다."고 후기에 쓰셨는데, 이 시집 이후부터 새로운 시관이 성립되었던 것인지요?

이가림 사실 시집을 한 권 한 권 낼 때마다, 거창한 오케스트라의 전개처럼 한 악장, 한 악장 역동적이고 단계적인 변환이 있어야 하지요. 끊임없는 자기 갱신을 시도해야 합니다. 시집을 새롭게 내면서 자기 표절이나 매너리즘에 빠지면 시인으로서 죽어버린 것이나 마찬가지일 테니까요. 저 역시 이러한 상승하는 생성과 승화를 늘 염두에 두고 있습니다. 그래서 어떤 테마나 주제에 대해 상당히 집요하게 물고 늘어지면서 깊이 있는 시학을 보여주고자 애를 씁니다.

그리고 『순간의 거울』 후기에, 우주적 교감의 경이로움에 눈을 떠 생명의 뜻을 캐낼 줄 아는 쟁기꾼으로서의 시인이 되고 싶다고 쓴 것은 이제까지 걸어온 저의 시적 도정 전체를 다 부정하고 새 길을 찾아 나서겠다는 뜻으로 말한 것은 아니었고요. 이른바 프랑스 상징주의 시인들, 특히 보들레르가 말한 '상응correspondance의 시학'을 고스란히 그대로 받아들여, 거기에 바탕을 둔 우주관 또는 자연관으로 세상을 말하려는 것도 아니었습니다.

뭐랄까, 절대세계, 피안, 무한, 불가시의 영역에 있을 법한 비전 같은 것을 꿈꾸는 이상주의적 탐구의 태도보다는 보다 구체적인 생명 현상에 대해 깊이 파고드는 입장에 서고 싶다는 그런 생각이었죠. 가령 「순간의 거울·8 -항아리」같은 작품을 하나의 예로 들 수 있겠습니다.

> 누가 밤새 길어다 부었는가
> 뒷뜨락 항아리에 가득 고인
> 저 찰랑이는 옥玉빛 눈물의 은하수
> ― 「순간의 거울 8 -항아리」 전문

순전히 전통적인 '한恨'의 정서를 낭만주의적 기법으로 그럴싸하게 표출한 단순한 서정시의 '아름다움'의 차원에 머무르지 않고, '항아리'라는 사물에 대한 일종의 '현상학적' 접근을 시도함으로써 우주적 상상력에 의한 깊은 인식의 차원에까지 나아가보려는 게, 그때나 지금의 제 시적 발걸음입니다. 또한 제가 생각하는 시학을 보다 직접적으로 표현한 또 하나의 작품을 예로 든다면, 「순간의 거울 7 -상응」을 들 수 있겠네요.

　　내가 문득
　　보조개 이쁜 누이를 바라보듯
　　꽃 한 송이 바라보니
　　새하얀 빛깔로
　　웃는다

　　가늘게 떠는
　　그 웃음 소리에 놀라
　　잠깬 이슬들이
　　내게 말을 걸어
　　이름을 묻는다

　　난 눈길 없는 눈길로
　　바라보는 돌.
　　그대들이 바라보면
　　소리 없는 소리로
　　웃는 돌
　　―「순간의 거울 7 -상응」 전문

말할 것도 없이 이 시는 그 부제목이 암시하듯, 만물조응의 화답의 세계를 그린 것입니다. '내'가 그윽히 꽃을 바라보니까 그 꽃이 내 눈길에 부딪쳐 미소를 짓고, 또 그 꽃의 웃음소리에 놀라 이슬들이 잠을 깬다고 묘사한 것은 이 우주를 찬란하고 황홀한 인드라망으로 보았을 때 가능한 세계일 겁니다. 인드라망이란 낱낱의 그물코마다 무수하게 영롱한 구슬을 달고 있는데, 하나의 구슬에 다른 구슬이 비치고 이것이 다시 다른 구슬에 비치고 또 이것이 먼저의 구슬에 비치는, 이렇듯 무한히 서로 비추어 마침내 한 구슬에 일체가 투영되고 일체가 나타난 구슬이 다시 한 구슬에 비치는 그런 신비로운 그물망을 가리키지요. "천하에 아무 관계없는 것이란 하나도 없다"는 묵자墨子의 말도, 표현은 좀 다르지만, 세상을 거대한 인드라망의 구조로 본다는 점에서 상통한다고 하겠습니다.

김명원 선생님께서 피력하시는 인드라망의 구조에 의한 교감 이론이라는 것도 결국은 현상학적 세계관을 반영하고 있는 것이네요. 이번 시집에 수록되어 있는 「바람개비 별」연작시 역시 이런 면에서 같은 연결선상에 놓이겠고요.

바람구두를 신고
굴렁쇠를 굴리는 사나이
늘 마음의 귀 쏠리는 곳
그 우체국 앞 플라타너스 아래로
달려가노라면,
무심코 성냥 한 개피
불붙이고 있노라면

눈으로 약속한 시간에 마중 나오듯
그렇게 마중 나오는

그대의 신발 끄는 소리……

저 포산包山 남쪽에 사는 관기觀機가
불현듯 도성道成을 보고 싶어하면
그 간절함
바람으로 불어가
산등성이 떡갈나무들이 북쪽으로 휘이고
도성 또한 관기를 보고 싶어하면
그 기다림
바람으로 불어가
산등성이 상수리나무들이 남쪽으로 휘이는 것
옛적에 벌써
우리 서로 보았는가

내가 보내는 세찬 기별에
그대 사는 집의 처마 끝이나
그 여린 창문이 마구 흔들리는
뜨거운 연통관連通管이 분명 뚫려 있어
눈으로 약속한 시간에 달려가는
내 눈먼 굴렁쇠여!
—「바람개비 별 4 -마음의 귀」 전문

이가림 「바람개비 별」 연작시 중 「바람개비 별 4 -마음의 귀」에는 삼국유사의 '포산이성包山二聖' 이야기가 살짝 나옵니다. 보고 싶은 마음이 간절해지면, 바람이 되어 불어간다는 거의 초자연적인 이심전심의 세계를, 오늘날의 애틋한 사랑에 대비시킴으로써 '신화적 대조법'의 효과를 살려보려 시도한 작품이지요. 신라 때에 관기觀機와 도성道成 두 성사聖師가 함께 포산包山에 숨어 살았는데, 관기는 남쪽 고개에 암자를 지었고, 도성은 북쪽 굴에 살았다네요. 서로 10여 리쯤 떨어져 있었으나, 구름을 헤치고 달을 노래하며 정답게 왕래했다 하지요. 도성이 관기를 부르고자 하면 산 속의 수목이 모두 남쪽을 향해서 굽혀 영접하는 것 같으므로 관기는 이것을 보고 도성에게로 갔답니다. 또 관기가 도성을 맞이하고자 하면 역시 이와 반대로 나무가 모두 북쪽으로 구부러지므로 도성도 관기에게로 가게 되었고요.

　이와 같이 서로 진정으로 소통하는 차원에 이르기란 말처럼 쉽지 않습니다. 우리가 한 송이 꽃을 바라 볼 때, 그걸 단순한 대상(오브제)으로만 보게 되면 '대화'가 이루어 지지 않아요. 인간이든 물건이든, 같은 중요성과 가치를 지닌 동등성의 위치에 놓고 볼 때 비로소 대화가 이뤄지게 되겠지요. 인간과 물건이 다 같이 사물이라는 인식에서 출발할 때 참다운 커뮤니케이션이 성립되는 것입니다. 제가 생각하는 만물조응의 세계는 신비주의적인 우주관에 기대어 있기 보다는 보다 구체적이고 감각적인 대상, 즉 사물들에 대한 사랑으로부터 비롯된 '현상학적' 세계관에 바탕을 둔 것이라 할 수 있습니다.

세상과의 정다운 교감, 그리고 현상학적 접근

김명원　선생님께서 앞에서도 말씀하셨듯이 여러 지면에서 밝히신 교감의 시학에 대해 더 자세히 여쭙고 싶은데요. 교감의 시학이라고 하면 보들레르가 말한 교감의 시학이 떠오릅니다. 서로 연관 관계가 있는지요?

이가림　제가 생각하는 교감이라고 하는 것은 인간과 인간, 인간과 사물과의 현상학적 관계를 의미합니다. 우선 어떤 사물에 대해서 사랑을 하지 않으면 교감할 수가 없지요. 나를 둘러싸고 있는 세계와 사물을 사랑하지 않으면, 그리고 깊이 이해하지 않으면 진정으로 교감을 할 수가 없다는 것입니다. 시인은 사물의 거죽만이 아니라 알맹이, 그 깊이를 꿰뚫어 보고 거기에 소중하고 숭고한 의미를 부여할 줄 알아야 하거든요.

그러기에 우리가 보통 '아름답다'고 간주해 왔던 그런 것 말고 추악하다고 도외시 해왔던 것, 천시하고 외면해왔던 것들에게까지도 '그윽하고 정다운 시선'을 던져야 합니다. 더럽고 추악한 '어둠'이라고 치부해왔던 것의 실체를 뚜렷이 직시해야 하는 것입니다. 심지어 시인은 사회적으로 또는 도덕적으로 없애버려야 할 쓰레기로 취급하는 도둑이나 살인범이라 할지라도 따뜻한 눈길로 깊이 바라보아야 합니다. 만약 여기에 더럽고 혐오스런 똥이 있다고 한다면 그것을 자세히 보지 않고는 시를 쓸 수 없습니다. 시인은 그것을 뚜렷하고 깊이 있게 관찰하여, 있는 그대로 정직하게 그려내야 합니다. 허나 사물을 있는 그대로 그려낸다는 것은 말처럼 그렇게 쉬운 일이 아니지요.

김명원 그렇다면 선생님께서는 교감을 잘 해야 하는 성정이야말로 시인으로서의 자격이라는 말씀을 하고 계시는군요. 선생님께서 그런 시인을 예로 들어 주신다면요.

이가림 김시인 말대로 사물과의 정다운 교감을 가질 줄 아는 사람이야말로 시인인 것입니다. 아무리 하찮은 물건일지라도 그것을 잃어버렸을 때, 우리는 아쉬움을 크게 느끼게 되지요. 그것은 그 사물과 나 자신이 나누어 가진 어떤 정다운 관계, 즉 '우정'이 있었기 때문에 그런 감정을 느끼는 것이거든요. 사물과의 교류, 그 우정의 느낌을 예리하고 섬세하게 표현했을 때 좋은 시인이 될 수 있습니다.

예를 들자면, 프랑시스 잠이라는 시인이 있습니다. 우리나라의 백석, 윤동주 같은 시인이 퍽 좋아했던 가톨릭적 상상력에 바탕을 둔 겸허한 단순성의 시인으로 알려져 있는데요. '당나귀의 시인'이라고 불릴 정도로 당나귀에 관한 시를 많이 쓴 것으로 유명하지요. 이 시인의 시 가운데 「식당」이란 시가 있습니다.

우리 집 식당에는 윤이 날 듯 말 듯 한/ 장롱이 하나 있는데, 그건/ 우리

대고모들의 목소리도 들어있고/ 우리 할아버지의 목소리도 들어있고/ 우리 아버지의 목소리도 들어있는 것이다/ 그들의 추억을 언제나 간직하고 있는 장롱/ 그게 아무 말도 안 하고 있다고 생각하면 잘못이다/ 그건 나와 이야기를 나누고 있으니까

거기에 나무로 된 뻐꾹시계도 하나 있는데/ 왜 그런지 소리가 나지 않는다/ 난 그것에 그 까닭을 물으려 하지 않는다/ 아마 부서져 버린 거겠지/ 태엽 속의 그 소리도/ 그냥 우리 돌아가신 어르신네들의 목소리처럼

또 거기엔 밀랍 냄새와 잼 냄새, 고기냄새와 빵 냄새/ 그리고 다 익은 배 냄새가 나는/ 오래된 찬장도 하나 있는데, 그건/ 우리한테서 아무것도 훔치지 말아야 한다는 것을/ 알고 있는 충직한 하인이다

우리 집에 많은 남자들이, 여자들이/ 왔지만, 아무도 이 조그만 것들에 영혼이 있음을 믿는 사람은 없었다/ 그래 나는 빙그레 웃는 것이다/ 방문객이 우리 집에 들어오며, 거기에 살고 있는 것이/ 나 혼자인 듯 이렇게 말할 때에는/ -안녕하신지요, 잠 씨?
―「식당」전문

 사실 우리가 식당이라는 비근한 장소를 대상으로 시를 한 편 쓴다고 할 때, 그리 만만한 일이 아닐 것입니다. 대개 시를 쓸 때, 노끈 꼬듯이 알 수 없는 말로 혹은 말을 비틀어 쓰는 경우가 많으니까요. 그런데 프랑시스 잠은 말을 과장하거나 학대하지도, 비틀지도 않고 쉽게 쓰면서 커다란 감동을 길어 올리는데 성공하고 있거든요. 말은 쉬우면서도 의미의 두께가 층층이 쌓여있는 그런 시가 가장 '좋은 시'라는 것이 제 생각입니다.

김명원 잘 알겠습니다. 프랑시스 잠의 시를 통해 선생님께서 정의하시는

좋은 시에 대한 견해를 들어 보았는데요. 이제는 선생님의 시창작법을 소개해 주신다면요?

이가림 시를 쓸 때는 말은 쉽고 의미가 많이 담겨지도록 해야 합니다. 의미는 별로 담겨진 게 없고 말만 잔뜩 어렵게 쓸 때, 무슨 소리인지 도통 알 수 없는 가짜 시, 그것을 쓴 시인조차 이해할 수 없는 엉터리 시가 되고 말거든요. 그것은 난해시가 아니라 불가해한 시라고 할 수 있겠지요. 난해시는 난해할 수밖에 없는 필연적인 이유가 있는 것입니다. 도대체 전달이 안 되는 불가해한 시는 그저 나쁜 시일뿐입니다.

제가 좀 전에 예를 들었던 프랑시스 잠은 「식당」이라는 시에서, 장롱을 보면서 할아버지, 대고모, 아버지의 목소리가 풍겨 나오고 있다고 쓰고 있습니다. 시인은 아무데서나 볼 수 있는 장롱을 보고서 선조들의 숨결이 느껴진다고 말하고 있습니다. 이렇듯 평범한 사물에 역사와 시간이 묻어 있는 것으로 바라보고 깊이 파악하는 것, 이것이야말로 깊은 내적 통찰력이라 할 수 있지요.

가령 우리가 황톳길을 바라볼 때, 아무런 일도 없었던 길처럼 보이는 황톳길이지만, 그 길 위에서 6·25의 수많은 목숨들이 스러져간 길이라고 생각했을 때, 그 황톳길은 숱한 한의 역사와 함성이 숨어있는 슬프고 쓰라린 현장으로 다가오게 될 것입니다. 역동적 상상력의 눈으로 그 길을 바라보게 되면, 한 많은 역사가 층층이 쌓여 있는 뜻 깊은 비극의 현장으로 다가오게 되는 것이죠.

김명원 말하자면 사물을 바라볼 때, 일상의 대상물로서가 아니라 역사라는 배경 위에 사물을 얹어 두고서 깊은 내적 통찰력을 가지고 관찰해야 한다는 말씀이시지요?

이가림 그렇습니다. 사물을 안이하게 표피적으로 훑어 봐서는 좋은 시를 쓸 수 없습니다. 우리를 둘러싸고 있는 인간과 사물의 세계를 어린아이와 같은 '순수지각'의 시선, 겸허한 정다움의 시선으로 사심 없이 바라볼 때, 실체를 있는 그대로 드러낼 수 있어요. 삶의 진실을, 그 진실의 실체를 아주 정확히 드러내기 위해서는 고정관념이 없는 순수지각의 눈길로 바라보아야 합니다.

그리고 시인은 특히 언어를 아껴서 정확히 사용해야 하지요. 시인이 쓸데없이 말을 마구 남발한다면 시인으로서 자격이 없는 것! 시인은 말을 잘 부릴 줄 아는 뛰어난 장인이어야 하니까요. 시인은 진실의 과녁을 정확히 꿰뚫는 언어의 명사수여야 합니다. 진실의 과녁을 향해 언어의 탄환을 100발 쏴서 겨우 20내지 30발정도 관통시키는 시인은 절대로 좋은 시인이 될 수 없거든요. 진실의 한복판을 백발백중 꿰뚫어야만 좋은 시인이 되는 것이니까요. 언어의 명사수가 되어야만 시인이 될 수 있기 때문에, 또한 언어의 가능성과 한계를 명확히 인식해야 합니다.

자신이 가지고 있는 펜이라는 언어의 총이 300m의 사정거리를 갖고 있는 총이라면, 500m 지점에 있는 대상을 쏴봤자 헛일일 것입니다. 자신이 갖고 있는 언어의 탄환들이 얼마나 준비되어 있는가, 자신이 쓰는 언어가 어떻게 어디까지 진실을 포착할 수 있는가, 즉 시적 언어의 성능에 대한 근원적 물음을 진지하게 던질 필요가 있다는 것이지요.

김명원 40여 년 동안 시를 써오시면서 시창작에 대한 고충이나 느끼신 점, 그리고 시인들에게 반드시 당부하고 싶은 말씀이 있으시다면요.

이가림 40년이라고 하면 참 짧지 않은 세월인데요. 저는 그 세월 동안 시를 써오면서 시가 진실과는 거리가 먼 이미지의 조작이고, 말과 삶 사이의 간격, 즉 빈틈이 있는 것을 뼈저리게 깨닫고 수없이 절망하기도 했어요. 언어의 사기성과 허구성에 절망하여 한때 시를 버리기까지 한 적도 있었으니까요.

그런데 우리 시인들은 이것을 분명히 알아야 합니다. 언어는 불완전하고 한계를 가진 도구라는 사실을 말입니다. 이 불완전하고 한계를 갖고 있는 언어로써 삶을 한 치의 빈틈도 없이 드러낼 수 없다는 것을 처음부터 인정해야 하는 것이지요. 그러니까 시와 삶 사이에는 빈틈, 간극이 어쩔 수 없이 있게 마련이에요. 엄밀한 의미에서 언행일치란 환상일 수밖에 없는 것이지요.

제가 좋아하는 상상력의 형이상학자인 바슐라르는 『촛불의 미학』이라는 책에서, 오늘날 '나의'라는 소유형용사를 붙일 수 있는 대상이 그리 많지 않다고 말했습니다. 예컨대 전등 같은 경우, '나의 전등'이라고 말할 수 없다는 것이에요. 그것은 나와 전등과는 단지 기계적인 동작, 즉 '켰다, 껐다on, off'하는 동작의 주체와 대상 그 이외의 아무런 관계도 아니기 때문이지요. 나와 전등 사이에는 정다움이라는 느낌이 없는 것입니다. 그러나 촛불은 '나의 촛불'이라고 할 수 있어요.

책상 위에 초를 놓고 성냥을 그어 심지에 불을 붙이고 서서히 타오르는 불꽃을 자세히 관찰해 보면, 맨 밑의 까만 심지에서 불꽃이 솟아오르는 것을 볼 수 있지요. 맨 위에는 '초超 불꽃surflamme'이라는 우리가 육안으로는 보지 못하지만 꽃처럼 타오르는 불꽃이 있습니다. 정겨운 관계의 대상인 이런 촛불에는 소유형용사를 붙일 수 있겠지요. 우리가 '촛불' 앞에 소유형용사를 붙일 수 있는 것은 성냥을 그어 초를 붙이는 과정에서 '나'와 정겨운 관계를 맺게 되기 때문이고요. 성냥불을 그어서 조심스레 초에 불을 붙이는 주체가 확실히 '나'인 것입니다.

이처럼 우리를 둘러싸고 있는 하찮은 작은 사물과 정다운 대화를 나눌 때 싱싱하고 아름다운 포에지가 태어납니다. 참다운 내적 울림으로서의 교감을 전해주지 못하는 시는 시가 아니라 유행가사에 지나지 않는 너절한 넋두리라고 할 수 있습니다.

루앙에서처럼 언제나, 포도주 향기로 젖기를

김명원 선생님 시를 읽자면, 바슐라르와의 연관성을 떠올리게 되는데요. 번역 작업을 하시게 되면서 자연스럽게 영향을 받으신 건 아닐까요? 그리고 불문학을 전공하셨기 때문인지 선생님 시와 프랑스 시인들의 시와의 연관 관계도 느껴지고요.

이가림   시인 철학자로 불리는 바슐라르는 70년대 초에 상상력의 형이상학자로 알게 되었습니다. 그는 말했지요. 시의 결함을 과학이 메꿔야 하고, 과학의 결함을 시가 메꿔야 하므로 시와 과학은 상보적인 관계라고 말입니다. 그 말에 매혹을 느껴서 바슐라르의 저서들을 공들여 번역 작업을 했습니다. 당시에 조태일 시인이 만들던 『시인』이라는 잡지에 바슐라르의 『촛불의 미학』을 처음 연재하게 되었고요. 그의 책들은 제게 세상을 보는 눈을 길러 주었고, 문학적 상상력에 대한 새롭고 획기적인 개안開眼을 하도록 해주었습니다. 저는 후배들에게나 학생들에게 바슐라르의 책들을 정독하라고 조언하곤 하였지요. 그의 글들은 상상운동을 활성화하는 데 커다란 도움을 주거든요.

바슐라르뿐만 아니라 대학에서 저는 상징주의와 초현실주의, 그리고 현대시를 강의하면서 보들레르나 랭보, 폴 엘뤼아르, 이브 본느푸아 등에 심취해 연구 논문도 쓴 바 있습니다. 특히 폴 엘뤼아르는 앙드레 브르통과 함께 초현실주의의 창시자지만, 초현실주의 기법을 사용하되 정치적 상상력이 뛰어나고 민중의 정서를 대변하는 명징한 이미지로 대중적인 호소력도 강하게 지니고 있는 시인이지요. 프랑스 시인들을 연구하며 받은 영향이 제 시에 은연중 스며들어 있으리라 생각됩니다.

김명원   선생님께서는 1989년에 프랑스 루앙대학에서 문학박사학위를 취득하셨지요. 프랑스에서 체류하셨던 시절의 이야기가 듣고 싶습니다.

이가림   팍팍하고 고달픈 인생이라는 나그네 길에 그래도 만족감이나 행복감을 느낀 날이 더러 있었다면, 그 시절은 1985년에서 1989년까지 프랑스 노르망디의 루앙에서 보낸 한 철이었지 않나 싶어요. 루앙이라는 도시는 '간통문학'의 본고장(웃음)이라고 할 만한 곳인데요. 플로베르의 소설 『마담 보바리』의 무대가 바로 그 도시이기 때문이죠. 그리고 모파상의 『여자의 일생』의 무대인 노르망디 바닷가 마을 에트르타, 보들레르의 「여행에의 초대」의 산실인 옹플뢰르 항구 등은 저에겐 많은 추억을 안겨준 장소들이고요. 파도가 세고 단애로만 이루어진 노르망디 해변으로 수십 번에 걸쳐 털털거리는 차를 몰고 가서 값싼 포도주를 마시며 한국 문단 소식과는 담을 쌓은 채 혼자만의 자유로움을 마음껏 만끽하곤 했답니다.

하지만 시인에게 견디기 힘든 건 파롤parole였지요. 모국어인 엄마의 말, 그 파롤에 대한 절절한 향수랄까, 존재론적인 갈증이랄까요, 바로 마음의 공동화로 힘겨웠습니다. 거의 우울증을 유발할 정도의 허기와 공허를 저는 그 시절에 느꼈던 것이지요. 솔제니친이 조국으로부터 추방당하는 것을 그토록 두려워했던 이유를 체험적으로 절감했어요. 낯선 땅 루앙에서 이방인으로 살면서 파롤의 고향을 떠나 공허의 늪에 빠져 들어가는 불안감이 있었으니까요. 그래도 남의 눈치를 보지 않아도 되는 기묘한 행복을 맛볼 수는 있었어요.

김명원 한 번의 결호 없이 지난 2010년 겨울 호로 80호를 매김 한 계간시지 『시와시학』 주간으로 일하시면서 힘든 일이 많으셨지요?

이가림 그래요. 문예지 만드는 일이 참 어렵더군요. 잡지사로부터 청탁 받는 입장이었을 때는 문예지를 꾸려가는 사람들의 고충을 그저 막연히 알고 있었는데, 막상 시지를 만드는 현장 속에서 마당쇠 역할을 맡아보니, 정말 힘든 일이구나 하는 걸 피부로 느꼈어요. 때로는 자존심이 상하는 일도 있었고요. 책을 만드는 과정에서 실수에 대한 불안감도 늘 있었지요. 하지만 그와 동시에 내 나름대로 우리 시단이 섹트화되는 것을 타파하고 균형잡힌 편집을 해보겠다는 의욕으로 성심껏 일해 왔다고 자부합니다. 평소의 친소 관계를 떠나서 편집 방향을 설정하고 세계시의 최근 동향을 조명하는 등 이슈가 될 만한 특집을 기획하면서 보람을 느끼기도 하였으니까요.

김명원 긴 시간을 내어 주셔서 고맙습니다. 마지막으로 선생님의 근황을 좀 소개해 주셨으면 합니다.

이가림 제가 인하대에 명예교수로 있는데요. 일주일에 이틀, 강의를 나가고 있습니다. 그리고 3월 말경에 활판 인쇄로 『지금, 언제나, 지금』이라는 시선집이 발간될 예정이고요. 이 시점을 계기로 좀 더 시작에 박차를 가해, 시작업에 24시간 기투企投하는 시인으로서 열렬하게 시의 세계로 빠져들려고 합니다. 또 예전에 『월간미술』에 1년간 연재하면서 문학계와 미술계의 사랑을 받았던 미술 에세이를 책으로 엮은 『미술과 문학의 만남』에 이은 『미술과 문학의 만남 2』를 준비하고 있고요. 요즈음 그 책에 실을 글을 몇 꼭지 썼는데 앞으로 차분하게 완성해 가야겠지요. 번역 작업으로는 이브 본느푸아의 최근 시집인 『눈의 처음과 끝』을 맡아서 마무리 작업을 하고 있습니다. 그리고 건강이 허락하는 한, 제가 좋아하는 포도주를 마셔야겠네요. 세어 보지는 않았지만 지금까지 대략 천 여병 정도를 마신 듯 한데요. 주류협회에서 인증서를 받은 바는 없지만 사실로 믿어 주세요. 앞으로 제 생애를 통해 포도주를 한 이천 여병은 마실 것 같습니다.

김명원   포도주 말씀을 하시니 금세 포도 향기로 젖는 듯합니다. 게다가 기분 좋은 여러 계획들이 있다는 말씀에 저도 활력이 솟는 걸요. 활판 인쇄 시선집 출간 때도 초대해 주실 거지요? 설레도록 기다리고 있겠습니다. 환한 봄 맞으시기를 기원 드리며 인터뷰를 접겠습니다.

　낭만성은 단순한 포즈가 아니다. 근사한 외모에서 풍기는 허세도 아니다. 진정한 낭만성은 세상의 사물 모두를 가슴으로 이해해고 온몸으로 감싸 안는 교감의 시학, 그 역동적 상상력의 깊이에서 나온다. 젊은 날의 방황과 고뇌를 강렬한 어조로 노래하는 것에서 출발하여 역사의 모순과 삶의 불행을 날카롭게 드러내고 미학적 구조를 손상시키지 않는 가운데 윤리적 릴리시즘의 길을 구현한 이가림 시인. 이는 경직된 도덕의식과는 구분되는 것으로, 타인의 삶과 불행에 대해 시인으로서 책임이 있다는 휴머니즘적 참여의식 혹은 연대 감정에 바탕을 두는 시의 길을 가리킨다고 시인은 말한다. 아마도 이러한 시의 길이 시인의 시적 도정이었을 것이고, 앞으로도 그는 같은 길을 걸어갈 것이다. 그것이 바로 이가림 시인이 설파하는 정다운 교감의 시학이 아니겠는

가. 그리하여 우리는 이가림 시인을 낭만적인 교감의 시학자로 부르는 것이 아니겠는가.

　최근에 시인이 상재한 시집『바람개비 별』은 현실주의적인 사사로운 것에 대한 즉각적 응전應戰에서 벗어나 시인 개체와 우주와의 비밀을 탐색하는 작업으로, 시인은 이제 우주와의 교감을 꿈꾸고 있다. 시인은『바람개비 별』출간을 기념하는 자리에서, 버클리대에 있는 십 미터짜리 천체망원경에 의해 포착된 태양보다 25배나 무겁고 10만 배나 밝은 천체가 바람개비처럼 소용돌이치는 사진을 보고 큰 충격을 받아 위대하고 눈부신 사랑의 상징으로서「바람개비 별」연작을 쓰게 됐으며, 시집 제목도 그렇게 정했다고 설명하였다. 그러기에「바람개비 별」연작 시편들은 우주와의 소통을 열망하는 자신의 이야기이기도 하며, 삼국유사 혹은 신화에 나오는 소재들을 활용하여 그리움의 대상을 구체적이고 관능적으로 노래한 현대의 애절한 연가戀歌이기도 하다는 것이다.

　그 봄날 저녁, 축하의 마음을 보태기 위해 운집한 여러 시인들이 시집『바람개비 별』에 수록된 시들을 낭독하는 사이, 나는 동녘 하늘에 돌연 떠오른 '바람개비 별'을 보았던 것 같다. 무한하고 영원한 빛의 천체가 광포하게 나의 시심을 흔들고 지나갔던 것 같다. 그래서 우주로 향하는 시인의 교감에, 그 그리움의 영역에, 나도 한 발자국을 내딛은 것도 같다(2011년 3월 18일).

이가림   1943년 만주 출생. 본명은 이계진李癸陳. 성균관대학교 불어불문학과와 동대학 불어불문학과 대학원 졸업. 프랑스 루앙대학에서 문학박사학위 취득. 1966년 《동아일보》 신춘문예에 시 「氷河期」가 당선. 『신춘시』 동인으로 활동. 파리 제7대학 객원교수, 숭전대학교 조교수, 인하대학교 불어불문학과 교수를 거쳐 현재 인하대학교 프랑스문화과 명예교수. 한국민족예술인총연합 인천지회 초대회장과 민족문학작가회의 인천지회 초대회장, 한국불어불문학회장 등 역임. 시집으로 「氷河期」, 「유리창에 이마를 대고」, 「슬픈 半島」, 「순간의 거울」, 「내 마음의 협궤열차」, 「바람개비 별」, 역서로 「촛불의 美學」, 「물과 꿈」, 「不死鳥의 詩學」, 「꿈꿀 권리」, 「살라망드르가 사는 곳」, 「홍당무」, 「시지프의 신화」, 「내 귀는 소라껍질」 등, 산문집으로 「미술과 문학의 만남」, 「휜 비너스 검은 비너스」 등 출간. 정지용문학상, 편운문학상, 후광문학상, 유심작품상, 펜번역문학상 등을 수상하였다.

나태주

구름과 새와 풀꽃들과의 친구, 나태주

 시인을 하나의 공간 지표로 생각해 볼 때가 있다. 큰 산맥과 같은 웅장한 시인이 있고 낮은 둔덕과 같은 편안한 시인이 있는가 하면, 끝 간 데 없는 모래바람의 사막과 같은 시인이 있고 파란 하늘 찰랑대는 냇물 같은 시인이 있기도 하며, 인조대리석의 호화궁전이 연상되는 시인이 있는가 하면 아까시꽃이 익어가는 동구 밖 과수원길에 빗소리 들리는 움막 같은 시인이 있기도 하다. 말하자면 광활한 공간이냐 소소하고 아기자기한 공간이냐의 구별일 것이다. 그것도 바싹 마른 배경을 두르고 있느냐, 아니면 촉촉한 풍경이 어우러지는 눈물겨운 배면을 둔 공간이냐로 구분될 것이다.
 그렇다면 나태주 시인은 시골, 그것도 봄이면 민들레와 꽃다지들이 자옥이 피어나는 흙길의 정겨운 오두막집이 그의 공간 지표가 된다. 뒷짐을 지고 풀꽃들에게 눈을 맞추고, 그들과 이야기를 나누고, 조금 더 신이 나면 쭈그리고 앉아 그들을 화폭에 연필화로 그려 담으며 그는 평생을 살아왔기 때문이다. 시인은 세 가지를 바랐다고 하는데, 시인이 되기, 착하고 예쁜 부인 얻기, 공주에서 떠나지 않고 살기 등이다. 그리고 이 세 가지 소원을 모두 이루었으니 그는 참으로 행복한 사람임에 틀림없으나, 그의 생을 지향한 공간 지표가 그토록 소박하고 자애로운 마당에서 출발했으니 그의 소원 역시 작은 울타리를 넘어서지 않는 것 뿐이었을 것이다. 시간이 느리게 지나는 시골에서 고요히 살고자 한 검박함으로 인해 그의 시와 생은 모두 작고 낮고 좁디좁은 것들이었으니 말이다.

우리는 나태주 시인이라고 하면 단박에 망설임 없이 '서정시인'이라고 말한다. 그의 시가 '서정'이라는 자장 안에서 예나 지금이나 존재한다는 것은 자명한 사실이기 때문이다. 서정은 시인의 내면이 신성한 가치를 내재하고 있는 궁극적 본향을 우러른다는 점에서 아름다우며, 시적 형상이 시간의 축적 안에서 발효해가는 과정을 숨김없이 리듬으로 드러낸다는 점에서 맑고 눈부시다. 서정성을 논의할 때 빠짐없이 등장하는 것이 훼손되기 이전의 '시원'을 어떻게 발현해 가느냐의 문제인데, 나태주 시인의 경우에는 '순정'이라는 태도가 개입된다. 여기에서의 순정이란 지순함이다. 시력詩歷 사십 년을 한결같이 한 세계를 향한 올곧은 발화, 한 번도 의심하거나 버리지 않고 시인을 지켜 낸 인고의 자세, 그리고 더 작고 더 약하고 더 여린 대상을 찾아 낸 의지의 세월을 일컫는다.

그러기에 나태주 선생님은 누가 뭐라고 해도 시골에서 문학을 살고, 시를 쓰고, 그림을 그리면서 사람과 자연이 어우러져 사는 세상에 순정을 바친 시인이 되셨다. 도회지에서 자연을 도외시하는 젊은 시인들이 인정해 주지 않는 구름과 새와 풀꽃들을 노래하시면서 그들과 친구로서의 우정을 이제껏 지켜 오시며, 그들과의 훈훈하고 정감 어린 우정담友情談을, 그 서정과 사랑을 독자들에게 한없이 퍼부어주고 계신다.

선생님을 뵈러 가는 길은 4월의 햇살이 활짝 피어난 날이었다. 딱 한 문장으로, 선생님처럼 따사로운 햇빛이 복슬대는 오후였다. 공주 진입로에서 만난 금강은 비단 길 적시는 윤슬로 반짝거렸고, 차창 곁으로 지나가는 계룡산 산허리는 선생님께서 불러주시는 대숲 그늘의 노래로 다가왔다. 지난 달에 선생님을 뵈었는데도 유달리 봄빛 탓이었는지, 첫 만남을 준비하는 양 나는 마냥 설레었다.

새로운 기로에서 돌아보는 생의 궤적 – 시련과 실연

김명원   선생님, 대전에서 공주는 지척인데도 자주 찾아뵙지 못해 송구스러운 심정 가득합니다. 요즈음 건강은 좀 어떠신지부터 여쭙고 싶은데요.

나태주   지난 2007년 3월부터 8월까지 6개월 동안 큰 병에 걸려 죽을 만큼 앓다가 그야말로 신의 보살핌으로 기적적으로 살아난 일이 있지요. 그렇기에 김시인이 제 건강 상태부터 물으시는 것 같군요. 실은 그 뒤, 그러니까 2009년도에 두 차례의 대수술을 받았어요. 당초 아팠던 것은 10만 명 중에 한 사람이 살아날 확률로 아팠던 것이었고요. 다시 한 수술은 그때 엉망이 된 뱃속을 정리하는 수술이었습니다. 쓸개를 절제하고 간을 일부분 잘라냈습니다. 이 또한 쉽지 않았고요.

두 차례의 대수술 중 첫 번째 수술이 잘못되어 하루만에 재수술을 받기도 했지요. 얼마나 놀랐는지 모릅니다. 그러나 지금은 비교적 좋은 편이에요. 앓고 난 뒤에는 술을 통 마시지 못하고 고기를 맘 놓고 먹지 못하는 것이 섭섭한 일이긴 하지만요. 어차피 나이든 입장이니 조심하면서 살아야 하지 않을까 싶기도 하네요. 요즘은 날마다 자전거를 타고 문화원에 나가서 문화원 일을 돌보기도 하고 지역의 문화 행사에 참여하기도 합니다. 그 정도면 제 건강이 입증된 셈인가요?

김명원   날마다 자전거를 타고 문화원에 나가서 문화원 업무를 보신다면 제가 선생님의 주치의는 아니어도 이미 건강안심권에 진입하신 것으로 판단할 수 있겠는데요. 시의 스승이 적은 우리 시단에서 선생님께선 오래도록 건강하셔야 합니다. 그래야 저희들이 선생님의 사랑과 지도를 오래받을 수 있으니까요. 선생님의 부모님께서도 건재하시다고 들었는데, 화목한 가족 분들 이야기를 좀 들려주시지요.

나태주 부모님께서 살아계셔서 자식 건강을 걱정해주시니 고마울 따름이지요. 아버지께서는 제가 고된 병을 치뤄 내고 나서 출간했던 『꽃을 던지다』를 두 번이나 읽으시고는 자신이 가지고 있던 종교를 바꾸셨어요. 얼치기 불교 신도셨는데 기독교로 개종하신 거지요. 부모 뿐 아니라 형제들도 모두 생존해 있으니 더불어 고마운 일이고, 자식들 모두 속 안 썩이고 서울대, 충남대 등 국립대를 졸업했으니 이 또한 고마운 일이고요. 주위에 가족이 있고 사람이 있어 행복합니다.

김명원 선생님의 따님은 현장비평을 열정적으로 하고 있는 나민애 문학평론가이지요. 문인 일가를 이루셨으니 흐뭇하시겠어요. 일전에 선생님 글에서 읽었는데요. 선생님께 세 가지의 소망이 있으셨다고요. 첫째는 시인이 되는 것, 두 번째는 착하고 예쁜 여자한테 장가가는 것, 세 번째는 고향을 좋아해서 공주에서 계속 살고 싶은 소망들을 들고 계셨지요. 이 세 가지 소망들을 모두 이루셨네요.

나태주 아, 젊은 시절에, 아니 청소년 시절에 그런 소원을 세운 일이 있었습니다. 오늘에 이르러 좀 더 큰 소원을 세울 것을 하는 생각도 하는데요. 허지만 그런 소원이나마 이루어져서 얼마나 다행인지 모릅니다. 김시인이 일깨워 준 세 가지의 소망 중 첫째, 시인이 되겠다는 소원은 내 자신의 아이덴티티나 자아실현과 관련이 있습니다. 어쨌든 나 자신을 찾고 싶었고, 나 자신을 성장시키고 싶었거든요. 그래서 나는 변모하는 나 자신, 진화하는 나 자신을 꿈꾸었답니다. 이러한 과정을 통해 일정 부분 나는 나 자신을 찾을 수 있었고 행복했다고 여겨지고요.

둘째, 예쁜 여자에게 장가가고 싶었던 소망은 가정에 대한 소망입니다. 예쁜 여자는 아니지만 그런대로 선하고 성실한 아내를 만나 아들 아이, 딸 아이 낳고 잘 살았으니 감사한 일입니다. 그 아이들 이제 모두 결혼해서, 서울에서, 그리고 대전에서 잘 살고 있으니 이 또한 감사한 노릇이구요. 나는 본래 경제 개념이 부실한 사람인데 다행히 집사람이 경제 개념이 분명해서 그 덕에 오늘날 의식주에 크게 걱정하지 않는 사람이 되었습니다. 이 또한 커다란 축복이거니 싶네요.

셋째로 공주에 살고 싶은 소원은 주거와 생활에 대한 소망입니다. 지금보다 나이가 어렸을 때는 공주가 참 아름다운 도시였지요. 지금은 이것도 아니고 저것도 아니고 그래서 많이 어정쩡한 도시가 되었지만요. 고도로서의 공주, 수려한 자연 경관을 지닌 도시 공주, 고전적인 조용한 분위기가 살아있는 도시 공주가 아주 많이 좋았습니다. 그런데 요즘 그런 많은 장점들이 희석되어서 참으로 아쉬운 심경인데요. 어쨌든 살고 싶은 고장에서 살고 있으니, 이 또한 감사한 노릇이고 또 축복받은 일이거니 생각합니다.

김명원 이 세 가지 소망 중에서 첫째로 꼽으셨던 '시인 되기' 말인데요. 시를 써야겠다고 생각하셨다기 보다 시인이 되겠다고 생각하셨던 계기가 있었나요?

나태주 시인이 되겠다고 생각한 계기는, 실은 좀 복잡합니다. 시인들은 근본적으로 심장병 환자라서 조그마한 일에도 가슴이 벌렁벌렁하는데, 어려서부터 저는 충격을 많이 받았던 것 같아요. 저는 집안 사정상 주로 외가에서 성장하였는데, '길' 때문에 충격을 몹시 받았지요. 말하자면 이런 겁니다. 친가와 외가가 있는데, 이 두 군데를 왔다갔다 하다보면 길이 말이지요. 이 길이 저를 미치게 만드는 거예요. 한 일곱, 여덟 살 무렵였는데요. 외가에서 친가 쪽으로 가다 뒤를 돌아다보면 길이 멀어졌다는 사실, 제 몸은 본가 쪽으로 가고 있는데, 내 마음은 자꾸 뒷걸음질 쳐서 외가 쪽으로 가고 있다는 사실, 이게 저를 미치게 하는 거예요. 본가로 가면 갈수록 본가는 점점 낯설어지고 외가가 더 가깝게 느껴지는 거죠. 이런 걸 릴케식으로 말하면 추억이라고 할 수 있겠네요. 길이란 제게 바로 추억이었지요. 마치 이 여자를 안고서 다른 여자를 생각하는 거와 같은 건데, 이게 정말 비극 아닙니까? 아마도 이런 정서가 시인이 되는 단초가 되었을 거 같아요.

그후 저는 성장하여 고등학교를 사범학교로 다녔는데요. 사범학교는 고등학교 3년 과정을 마치면 바로 초등학교 교사가 되는 학교인데, 이 학교를 다니면서 심하게 열등의식에 휩싸이고 우울증 같은 걸 앓았습니다. 그 과정 속에서 한 여학생을 숨어서 좋아하기도 했고요. 모든 학교 공부가 부질없다는 생각을 하기도 했답니다. 그러면서 제 마음을 표현하고 싶었지요. 그 방법으로 시 쓰기를 택한 것이에요. 아마도 그림에 마음을 주었다면 화가가 되었을 겁니다.

그리고 난 뒤에도 10여 년간 시를 마음에 품고 살았는데요. 초등학교 선생 생활 3년, 육군에 입대하여 3년을 포함해서요. 군대 생활 중엔 월남에도 다녀온 일이 있습니다. 교직에 복직해서는 한 여교사를 만나 호되게 실연의 고배를 마셨고요. 그때도 너무나 마음이 아파 그 마음이란 것을 표현해보고 싶었지요. 그 글들을 모아서 《서울신문》 신춘문예에 응모하여 당선된 것이 바로 등단작 「대숲 아래서」입니다. 그러고 보면 나에게 시련 내지는 실연이 시인을 꿈꾸게 했고, 시인이 되게 했다고 볼 수 있겠네요. 일종의 전화위복인 셈이지요.

    1
바람은 구름을 몰고
구름은 생각을 몰고
다시 생각은 대숲을 몰고
대숲 아래 내 마음은 낙엽을 몬다.

    2
밤새도록 댓잎에 별빛 어리듯
그슬린 등피에는 네 얼굴이 어리고
밤 깊어 대숲에는 후둑이다 가는 밤 소나기 소리.
그리고도 간간이 사운대다 가는 밤바람 소리.

3
어제는 보고 싶다 편지 쓰고
어젯밤 꿈엔 너를 만나 쓰러져 울었다.
자고 나니 눈두덩엔 메마른 눈물자죽,
문을 여니 산골엔 실비단 안개.

　　　4
모두가 내 것만은 아닌 가을
해 지는 서녘구름만이 내 차지다.
동구 밖에 떠드는 애들의
소리만이 내 차지다.
또한 동구 밖에서부터 피어오르는
밤안개만이 내 차지다.

하기는 모두가 내 것만은 아닌 것도 아닌
이 가을
저녁밥 일찍이 먹고
우물가에 산보 나온
달님만이 내 차지다.
물에 빠져 머리칼 헹구는
달님만이 내 차지다.
　—「대숲 아래서」 전문

김명원　말씀하신 것처럼 시「대숲 아래서」로 선생님께서는 1971년도 《서울신문》을 통해 등단하셨지요. 많은 독자들이 이 등단작을 즐겨 낭독하는 이유가 선생님의 시련과 실연이 절절하게 들어 있었기 때문이었네요. 당시 신춘문예 심사위원이셨던 박목월과 박남수 선생님은 심사평에서 "현대시의 혼탁한 번역조 시풍詩風의 풍미와 생경한 관념적인 무잡성, 응결력이 약화된 장황한 장시長詩의 유행 속에서 시류詩時에 초연하여 잃어져 가는 서정의 회복을 꾀하고 시의 본도를 지켜 침착하게 자기의 세계를 신념하는 그의 작품이 오늘날 우리 시단의 반성적인 계기가 되리라는 뜻"에서 선작하였음을 밝히고 있으신데요. 그 시절이나 지금이나 전통적 감수성을 그리워하고 있었음이 드러나고요. 여기에서 주목하여 볼 구절은 '시의 본도를 지켜'간다는 것이겠지요. 여기에서 시의 본도라 함은 서정이 함의하는 낭만적 이데올로기를 일컫는다는 것보다는 시가 본능적으로 결합하여 시의 외장을 갖추는 리듬일 테니까요. 박목월, 박남수 선생님과는 등단 이후에도 계속 교분이 있으셨나요?

나태주 그분들은 제 인생의 제2의 어버이 같은 분들이지요. 박목월 선생은 계속해서 저를 지도해 주시기 위해 대전의 박용래 선생을 소개해 주셨고, 첫 시집 서문을 써주셨고, 결혼식 주례를 맡아주셨습니다. 그리고 박남수 선생님은 『현대시학』 주간이던 전봉건 선생을 소개 해주시어 작품발표를 쉽게 하도록 도우셨고요. 나름대로 저는 행운아였다고 보아야겠지요. 그렇게 해서 시골의 보잘것없는 초등학교 교사 출신의 시인이 조금씩 시인으로 성장하게 되었던 것이에요. 눈물겹도록 감사한 분들이지요. 그런데 그분들의 생전에 충분히 잘해드리지 못해 오늘날에 와 송구스런 마음입니다.

김명원 선생님께서 등단하실 때의 문단 분위기랄까요, 지금의 문단 형편과 문학적인 환경을 비교해서 말씀해 주신다면요.

나태주 다들 그래요. 자신이 젊었을 때, 옛날이 좋았다고요. 그건 나도 그렇습니다. 우선은 시인의 희소가치가 있었고, 시에 대한 존경, 신비, 위의 같은 것이 있었거든요. 특히나 신춘문예로 문단에 나간 시인은 많은 사람들의 선망의 대상이었고, 또 기억해주는 바가 되었으니까요. 많은 이들의 축하를 받으며 시단에 나갔다고 보아야 하겠지요. 그러나 발표지면은 요즘처럼 많지는 않았습니다. 그야말로 빈곤한 형편이었지요. 그에 비하면 요즘은 지나치게 풍요합니다. 어찌 보면 풍요 속 빈곤을 느끼는 바도 있겠지만요.

3대 서정시인, 그리고 스타시인

김명원 선생님께서는 시인이 되고자 한 소망을 이루셨을 뿐만 아니라 대중들로부터 사랑을 받으시는 스타시인이 되셨는데요. 방송 출연도 빈번하셨으니 많이들 선생님을 알아보는 편이지요. 스타시인이어서 덕을 보신 일이 있다면요?

나태주 스타시인은요 뭘……. 글 쓰는 사람들은 늘 자기 과시욕 같은 것이 강하고 에고가 강한 사람들이라서 결코 자기가 만족할만한 사람이라고, 유명한 사람이라고, 더더구나 스타라고 생각지 않습니다. 언제나 갈급한 목마름에 살게 되지요. 아니 허덕이게 되지요. 나도 마찬가지여서 시인은 되긴 하였지만 아직도 멀었다고 생각합니다. 이 점이 늙은 나이의 나 같은 사람을 괴롭히는 요인이 되고요. 하지만 도저히 포기할 수가 없어요. 대중들로부터의 사랑은 주로 인터넷에 작품이 오르내리는 것과 책이 팔리는 것으로 판가름 나는데 그것 역시 충분치 못한 형편이랍니다.

그리고 김시인이 방송 출연을 말했는데, 가끔 지역방송에 나가는 정도입니다. 그쪽 방송국 측에서 필요해서 나 같은 나이든 사람을 끌어내겠지 싶지만, 실은 이런 일로 해서 내쪽에서 새로운 경험을 많이 하고 있지요. 세상, 즉 인간이나 자연과 사회에 대한 새로운 안목을 가질 수 있는 점은 방송 경험에서 큰 도움을 얻고 있으니까요. 제가 사는 공주 사람들은 모르거니 해도 우리 동네 사람들은 자주 방송에서 만났다고 저에게 이야기를 해줍니다.

김명원 저희가 8·90년대를 중심으로 하는 현대시사에서 '3대 서정시인'이라고 하면 선생님을 위시하여 송수권 시인과 작고하신 이성선 시인을 꼽고 있는데요. 세 분의 문학적 활동도 충청, 전라, 강원권으로 나뉘어 있어서 제

각기의 특색 있는 향토적 정서를 만끽할 수도 있고, 서로 간에 멋진 우정을 나누셨던 터라 저희 후배들에게 세 분 모두 귀감이 되고 있고요. 선의의 경쟁 관계이셨던 송수권, 이성선 선생님에 대한 숨겨진 이야기들을 좀 들려주셨으면 합니다.

나태주 젊어서는 몰랐는데 나이 들면서 인간관계에 대한 얘기가 조금은 조심스럽고 부담스럽네요. 나는 비교적 까발리는 성격인데도 그렇습니다. 이성선, 송수권과 나태주, 이렇게 세 사람이 한 시절 좋았던 때가 있었지요. 서로가 좋은 시를 발표하면 그 일이 마음에 걸리고 자극이 되어 밤을 새워 상대방의 시를 읽고 읽었던 그런 시절이요. 그래서 나에게 이성선과 송수권의 시는 한 편도 읽지 않은 시가 없을 정도였어요. 그런 점이 시인으로 성장하는 데 또한 도움을 주었지 싶습니다. 하지만 이성선 시인이 타계한 뒤로는 그 삼각관계鼎立關係가 깨졌습니다. 하지만 젊은 시절 우정을 나눈 시인이 있었다는 걸 좋은 추억으로 생각하며 살아갑니다. 벌써 올해 5월로 이성선 시인의 10주기가 돌아오네요. 허망한 인생 가운데 더욱 허망한 세월과 인간사를 실감하고 있지요.

　　　　네 손을 잡고 돌계단을 오르고 있었지.

　　　　돌계단 하나에 석등이 보이고
　　　　돌계단 둘에 석탑이 보이고
　　　　돌계단 셋에 극락전이 보이고
　　　　극락전 뒤에 푸른 산이 다가서고
　　　　하늘에는 흰구름이 돛을 달고 마악
　　　　떠나가려 하고 있었지.

　　　　하늘이 보일 때 이미

돌계단은 끝이 나 있었고
내 손에 이끌려 돌계단을 오르던 너는
이미 내 옆에 없었지.

훌쩍 하늘로 날아가 흰구름이 되어버린 너!

우리는 모두 흰구름이에요, 흰구름.
육신을 벗고 나면 이렇게 가볍게 빛나는
당신이나 저나 흰구름일 뿐이예요.
너는 하늘 속에서 나를 보며 어서 오라 손짓하며 웃고
나는 너를 따라갈 수 없어 땅에서 울고 있었지.
발을 구르며 땅에 서서 울고만 있었지.
―「돌계단」 전문

김명원 일부 평자들은 선생님에 대해서 청록파 이후의 신자연파의 등장이라고 운운하며 우리 시단을 이끌고 갈 주요 서정 시인으로 지목하였는데요. 선생님 시에서 자연은 기존 서정시에서보다 더 인간 친화적인 매체로 나타납니다. 선생님께서 자연으로부터 얻어내어 시의 생산까지를 책임지시면서 자연과 인간, 시를 묶어 느끼신 점을 말씀해 주신다면요?

나태주 청록파 삼가시인들의 시를 사무치게 사랑하고 좋아하고 따른 것은 사실입니다. 그야말로 그분들의 시는 저에게 교과서가 되었고 모범이 되었고 고향이 되었으니까요. 원점의 시라면 맞을 겁니다. 그런데 저의 시는 그분들의 시와는 조금 다릅니다. 그분들의 시보다 인간의 이야기가 더 많이 들어간 시가 제 시거든요. 물론 자연시, 서경시라고 해도 그것은 어디까지나 인간의 안경을 통해서 본 자연이요 서경일 것이지만요.

그러나 저의 자연시는 철저히 인간의 정한, 소망, 미달감에 의해 건져진 자연이요 서경이라 할 것이에요. 물론 제 시는 조그만 시이지만요. 커다란 주제도 담지 못하고 사회적 이슈도 건드리지 못하니까요. 그냥 저의 이야기만을 지지부진하게 동의어 반복으로 계속할 따름입니다. 그런 중에서도 조금씩은 변화하고 발전하고자 노력하는 중이고요.

김명원 선생님께서는 요즘 발간되는 있는 종합문예지나 시지들을 두루 정독하시는 것으로 알고 있습니다. 저처럼 변변치 못한 시인에게조차 시지에 실린 신작시를 잘 읽었다고 격려 전화를 주시곤 하셨지요. 그때마다 얼마나 위로와 격려가 되었는지 모릅니다. 선생님, 요즘 시단의 한 축을 이루고 있는 젊은 세대의 일부 시인들은 포스트모더니즘의 세례를 받으면서 독특한 경향의 시들을 선보이고 있는데요. 이런 현상에 대해서 어떤 생각을 갖고 계시는지요? 선생님께서 정의하시는 서정시와 비교해서 말씀을 해 주셨으면 합니다.

나태주 언제든 시의 흐름에는 전통지형적인 서정 계통과 전위적인 실험시 계통과 사회적 관심에서 우러나오는 현실비판의 시가 있다고 보아집니다. 포스트모더니즘의 시요? 그들의 자리가 있겠지요. 그러나 그들도 독자란 것에 대해서, 소통이란 것에 대해서 생각해볼 때가 되었다고 생각합니다. 시인은 언제나 자기가 할 만큼 책임을 지게 되어 있고 자기가 한 만큼의 칭찬이나 보답 등 독자의 호응을 받는다고 보거든요.

시는 영혼의 울림에서 나와서 시인을 울리고 독자를 울려야 하는데, 놀랍게도 일부 젊은 시인들은 시인인 본인은 울지 않고 시를 쓰고 있어요. 아마도 약아서, 똑똑해서 그렇겠지요. 아니면 울어서 쭈그러지는 게 싫어서 그렇던가요. 그도 아니면 재능이 없어서일까요? 서정시란 인생에 대한 감상문이거든요. 돈, 권력, 학문, 모두 다 좋지만 결국은 인생에 대한 소감이 남을 뿐인데, 그걸 서정시가 담당하고 있어요. 지금처럼 봄이 와서 봄에 대한 살아 있는 느낌말이에요. 타고르가 나무에게 신을 보여 달라고 부탁을 하였더니 꽃이 피기 시작했다는 것 처럼요. 시는 오랜 생을 거친 감상에서부터 오는데, '나였던 나'에서 오는 체험과 '나인 나'의 현실 인식, 그리고 '나 이후의 나'에서 파생되는 상상이나 동경의 세계가 깊이 깔려서 그 든든한 뿌리로부터 오는 것이거든요. 요즘 시인들의 시가 맛이 없는 것은 이 층위가 얇아서 그런 거예요. 무덕스러워도 층위가 두꺼워져야 해요.

사랑은 인생과 예술의 영원한 주제

김명원 이제는 좀 화제를 바꿔서 선생님 시들의 중요한 주제를 이루는 사랑 이야기를 여쭤보고 싶습니다. 사모님과는 어떻게 만나셨는지요? 일종의 재미를 기대하는 연애담을 듣고 싶은 것이지요.

나태주 저 서양의 화가 르노아르는 만약 장미꽃과 여자 없었다면 자기는 화가가 되지 않았을 것이란 말을 했다는 얘기를 들은 적이 있어요. 그건 저도 그렇습니다. 화가는 아니지만 저는 여자와 꽃을 너무나도 좋아하거든요. 아내가 여자이니까 아내도 좋아하고, 딸도 여자니까 딸도 좋아하고, 가족이 아닌 여성들도 아주 많이 좋아합니다.

사랑의 주제는 영원히 인생과 예술의 주제입니다. 살아있나면 날마다 행운이겠고 사랑한다면 날마다 기적이겠다는 말처럼 사랑보다 더 강력하고 아름답고 좋은 주제는 없을 테니까요. 게다가 사랑의 테마는 폭이 넓습니다. 인간, 자연, 사회 등 모든 분야에 사랑의 테마는 적용되지요. 예수님의 사랑, 공자님의 인, 석가님의 자비도 실은 사랑의 테마거든요. 그리고 사랑의 극치는 측은지심, 즉 안쓰러움에 있습니다. 이 안쓰러움을 쓸 때 시든 예술이든 감동의 지경을 넓힐 수 있어요. 젊은 시인들이 이 사실을 알아두셨으면 해요.

우리 집사람과의 연애담요? 없어요. 우리는 중매결혼을 했으니까요. 그저 맹물 같은 사람, 콜라나 사이다, 커피가 아닌 숭늉 같은 사람이 저의 아내입니다. 그래서 오래 동안 함께 살면서 편안하고 좋은 것이 아닌가 싶어요.

사랑하는 마음 내게 있어도
　　사랑한다는 말
　　차마 건네지 못하고 삽니다

　　사랑한다는 그 말
　　끝까지 감당할 수 없기 때문에
　　모진 마음 내게 있어도
　　모진 말 차마 하지 못하고 삽니다

　　나도 모진 말 남들한테 들으면
　　오래오래 잊혀지지 않기 때문
　　외롭고 슬픈 마음 내게 있어도
　　외롭고 슬프다는 말 차마 하지 못하고 삽니다

　　외롭고 슬픈 말 남들한테 들으면
　　나도 덩달아 외롭고 슬퍼지기 때문
　　사랑하는 마음을 아끼며 삽니다

　　모진 마음을 달래며 삽니다
　　될수록 외롭고 슬픈 마음을 숨기며 삽니다.
　　—「사랑하는 마음 내게 있어도」 전문

김명원 　사랑 말씀을 하시니 제 마음이 이곳 탁자 화병에 담겨져 있는 프리지어 꽃 노란 색으로 물드네요. 선생님 시들에는 「사랑하는 마음 내게 있어도」처럼 이런 노란 꽃잎 같은 풋풋한 연애 심경이 들어 있는 작품들이 많은데요. 좀 전에도 말씀하셨듯이, 선생님께서 이력이나 대담에서 용감하게 밝히셨던 동료 여성교사 분께 향하는 그리움도 있는 것인지요? 이런 실감 나는 연시들은 앞으로도 선생님 시에서 면면히 이어질까요?

나태주   굳이 동료 교사라고 할 것도 없어요. 주변에 있는 모든 여성분들이 제 시의 대상이니까요. 그리고 사랑의 대상이니까요. 큰 병을 앓고 나서 병원에서 나와서는 세상의 모든 여성들을 누이라 부르겠다고 다짐할 정도였어요. 이제 저의 여성관은 보다 확대되고 일반화되고 지극히 인간적인 범주에 머무는 그런 여성관이 되었습니다. 이제 여성에 대해서도 많이 편한 입장이 되었거든요.

이 꽃병에 담겨져 있는 프리지어 꽃은 얼마 전에 여류시인으로부터 선물 받은 건데, 너무 예뻐서 한 단 더 사왔어요. 제가 꽃을 엄청 좋아해서요. 프리지어 꽃에는 특별한 사연이 있는데요. 첫 째는 딸아이가 중학생일 때 제가 선물했던 프리지어이고, 또 하나는 삼십 년 전에 교생 실습생이 실습을 마치고 가면서 저에게 전해주었던 프리지어예요. 다른 하나는 제가 병원에 입원해 있을 때 담당의사에게 고마워서 선물했던 프리지어이구요. 꽃과 여성, 지금 이 프리지어처럼 제게는 모두 사랑 시의 주제입니다.

풀꽃과 놀다, 풀꽃을 그리다

김명원   지난 달에는 제가 참여하고 있는 대전 MBC 생방송 '아침이 좋다'의 한 코너인 '책이랑 놀자'에서 선생님의 산문집 『풀꽃과 놀다』를 소개했답니다. 선생님께서 '풀꽃시인'으로 불리워지는 이유를 이 책을 통해 알아냈지요. 저마다의 전설과 아름다움을 간직한 풀꽃들과 만나신 사연들이 절절했습니다. 특히 그 풀꽃들을 쪼그리고 앉아 꼼꼼히 그려내신 연필화를 감상할 수 있는 것이 책의 매력이라고 시청자들에게 강조하였고요. 저는 이처럼 선생님 책자 홍보부장으로 일선에서 뛰고 있다는 사실을 좀 알아 주셨으면 합니다. 그나저나 선생님께서는 이 책자 말고도 직접 그리신 그림을 글에 삽입하거나 문인들에게 보내는 편지에도 넣어 주시는데요. 언제부터 그림을 그리기 시작하셨던 것인지요?

나태주 고마운 일입니다. 언론매체를 통해 나의 책 『풀꽃과 놀다』를 소개해 주었다니 감사한 일입니다. 아닌 게 아니라 세상에서는 나를 '풀꽃시인'이라고들 부르지요. 매우 사랑스럽고 감사한 이름이에요. 내가 풀꽃에 대해서 관심을 갖고 시를 쓴 것은 아주 오래 전부터이고요. 자연지향적인 시를 썼으니 아마도 시를 출발시킬 때부터였을 것입니다.

그러나 풀꽃 그림을 그리기 시작한 것은 1995년부터랍니다. 이제 와 생각해보니 그 일도 이제는 15년이 넘은 일이 되었군요. 그러니까 초등학교 교감으로 근무할 때, 50대 중반였지요. 공주가 아닌 논산, 아주 산골의 조그만 학교로 좌천당한 때가 있었는데, 그때 심정이 솔직히 얼마나 서운했는지 몰라요. 다른 사람들은 장학관이나 교장으로 나가는데, 저는 집 근처도 아닌 다른 동네로, 그것도 교장도 아니고 교감으로 나가게 되어 답답하고 저 자신이 한심스럽고 그렇더라고요. 그런데 막상 그 학교에 부임하고 보니 아이들 소리가 참 좋았어요. 그래서 5월이었는데, 아이들이 노는 운동장으로 와이셔츠 바람에 수건을 두르고는 합판에다가 복사지 한 장과 4B연필 하나를 구해서 나갔답니다. 허튼 짓 좀 해보려고요. 아이들이 노는 운동장 한 쪽에서 풀꽃이나 그려보자는 심정으로요.

거기서 아주 놀라운 광경을 보게 되었지요. 그게 뭐냐면 축구 골대 앞에 민들레가 나 있는데, 아이들이 얼마나 밟고 짓이겼던지 이게 나오다 죽고 나오다 죽고 해서 이파리가 찢어진 채로 조그맣게 나 있더라고요. 그런데 그 사이로 꽃대가 하나 올라왔는데, 작은 이파리에 비해 꽃대는 참 굵게 나왔더군요. 거기에 꽃이 피어 있었고요. 그걸 보는 순간 정말 깜짝 놀랐습니다. 어쩌면 저렇게 잘 이겨내고 살 수 있었을까, 너무 놀라서 거기에 자리를 잡고 그리기 시작했습니다. 민들레는 투정하지 않고, 자기 할 일을 묵묵히 하고 있었던 것이지요. 그 순간 제가 거기에서 심퍼시랄까요, 감정이입이겠지요. 나를 느낀 거예요. 그래, 네가 바로 나로구나, 그렇게 생각하고 그걸 그리기 시작했던 것이죠.

김명원   선생님께 새로운 세계를 안내한 굉장한 민들레였네요.

나태주   그렇지요. 그 민들레를 발견하고 그린 뒤로는 틈만 나면 밖에 나가서 꽃과 풀들을 그리기 시작했어요. 누군가 말했듯이 땅에서 넘어진 자는 절대로 다른 무언가, 즉 나무나 지팡이를 짚지 말고 땅을 짚고서 다시 일어서라, 이런 마음가짐으로 근무를 하려고 마음먹었고요. 그 학교가 동쪽 편에 있었는데, 제가 차가 없어서 학교를 마치면 들판 건너 서쪽 편으로, 그때 당시 4시 반쯤 나가면 5시 반 버스를 타야 했어요. 좀 일찍 나가면 들판 가는 길에 주저앉아서 서쪽으로 지는 해를 쳐다보며, 어느 때는 소주 한 잔 얻어먹으면 취해서 엉엉 울기도 하며, 4년 반을 그렇게 살았지요.

그런데 지금 생각해보니 그렇게 지낸 기간이 아주 좋았어요. 한 번은 강아지풀을 그리려고 교장선생님 눈치를 보아가면서 나가서 그리기 시작했는데, 한 3분지 2정도 그렸을 겁니다. 가을 해가 짧잖아요. 해가 넘어가기 시작하자 안 보이는 거예요. 돋보기를 쓰고 그리는 데도 안 보이는 거예요. 그때 문득 그 강아지풀이 "나도 그려줘요. 나도 마저 그려주세요."라고 말하는 것 같다는 생각이 들었고요. 그 소리가 마치 "아빠 나도 데려가줘요. 여기다 놓지 말고, 이 어둡고 춥고 바람 부는 벌판에 그냥 놓아두지 말고 나 좀 데려가요." 그렇게 말을 하는 것 같아서, 제가 그 자리에서 그림을 그리다가 말고 울었던 적도 있었지요.

이처럼 사는 일도 힘들고 시 쓰는 일도 제대로 안될 때 풀꽃 그림을 그리기 시작했답니다. 실은 복사지에 연필로만 그리는 아주 단순한 그림 그리기였는데요. 그림 그리기를 통해서 저는 아주 많은 위로를 받고 아주 많은 시사를 받았어요. 후반부에 쓴 제 시의 특징으로 단순성과 명료성을 든다면 그것은 모두가 연필 그림 그리기에서 얻은 암시요, 축복이라 할 것입니다. 풀꽃 그림 그리기는 앞으로도 멈추지 않을 생각이에요. 무엇보다도 풀꽃 그림을 그리다보면 정신이 맑아지고 통일이 되고 집중되는 것이 참 좋아요. 허니 그것은 나에게 하나의 명상 과정과 통하는 정신적 수련 행위이기도 하답니다.

>자세히 보아야
>예쁘다
>
>오래 보아야
>사랑스럽다
>
>너도 그렇다
>—「풀꽃」 전문

김명원 선생님께서는 미술에도 조예가 깊으시지요. 미술 작품이나 화론집에서도 시적 영감을 받으시는지요?

나태주 시 쓰는 사람은 모름지기 주변 예술에 흥미와 관심을 가져야 한다고 봅니다. 그건 단순한 교양이나 지식을 위해서가 아니라 자신의 시 쓰기를 위해서이고 감성을 수련시키기 위해서지요. 음악을 통해서는 생명 감각과 리듬 감각을 배우고, 그림을 통해서는 공간 감각 내지는 직관력을 배우게 되거든요. 특히 관점 내지는 시점, 시각에 대한 배움은 대단한 도움이 되요. 시인들은 이것을 알아야 해요. 그리고 또 종교나 철학에도 관심을 가져야 합니다. 여기서는 인을 배우고 영혼의 깊이를 알게 되니까요. 영감을 받고 안 받고는 그 다음의 문제예요. 말하자면 영감은 자연스럽게 따라온다는 얘기입니다.

김명원 선생님께서는 1973년에 첫 시집인 『대숲 아래서』 이후로 2010년에 『시인들 나라』를 상재하셔서 무려 시집만 29권에 이르는데요. 어느 시집에나 선생님의 열정과 애정이 묻어 있겠지만 특별히 더 마음이 가는 시집과 아끼는 시가 있다면요?

나태주 시집을 많이 냈습니다. 중기에 더욱 많이 냈는데 약간의 회한 혹은 후회가 없지 않아요. 작품의 완성도나 시정신의 정제성에서 그렇습니다. 가장 애착이 가는 시집은 아무래도 첫 시집인 『대숲 아래서』고요. 그리고는 『막동리 소묘』, 『슬픔에 손목 잡혀』, 『산촌엽서』, 『눈부신 속살』 등이 기억에 남고, 최근에 낸 시집 『시인들 나라』도 마음이 가네요. 이렇게 말하니 제가 욕심이 많은 사람인가 봅니다. 그리고 아끼는 시라? 역시 여러 편인데요. 「대숲 아래서」, 「돌계단」, 「시」, 「사랑하는 마음 내게 있어도」, 「기쁨」, 「풀꽃」, 「행복」, 「부탁」 등을 들 수 있겠네요.

김명원 선생님께서는 시상에 잡혀 일필휘지로 시를 창작하시는 편인가요? 그리고 퇴고 과정을 어떻게 거치시는지요? 선생님만의 창작 비법이 궁금합니다. 시원하게 공개해 주셨으면 합니다.

나태주 시를 씀에 있어서 끙끙거리며 쓰는 스타일이 아닙니다. 당시唐詩에 비긴다면 이백과 두보의 시작 스타일이 있겠는데 그 가운데 이백의 스타일이라 할 것입니다. 오래 동안 가슴 안에 묵혔다가 일단 써지기 시작하면 대번에 써버리지요. 그런 다음엔 될수록 고치지 않아요. 때로는 외워서 쓰기도 하고요. 그러니까 외워질 때까지 입안에서 굴리고 있다가 때가 되면 확 종이에 뱉듯이 쓰는 방법이지요. 요즘엔 잠을 자다가도 가끔 시 비슷한 문장을 떠올립니다. 여행길, 걸을 때, 버스 안, 대화 중, 등등, 어떤 때든지 시가 떠오르면 종이에 쓰는데요. 그것이 저의 시 쓰는 습관이라면 습관이랍니다.

김명원 선생님 시들 중 노랫말이 된 작품들이 꽤 많은데요. 그 곡들 소개를 좀 부탁드릴게요. 그리고 노래로 불리워지는 가사로 된 시에서는 지면상의 시와는 좀 더 다른 감흥을 느끼시나요? 또 선생님께서는 선생님 시로 된 곡들을 즐겨 부르시기도 하는지요?

나태주 (선생님께서는 본인의 시로 작곡된 노래를 들려줘야겠다면서 컴퓨터 쪽으로 향하셨다. 인터넷을 통해 다운 받아 둔 노래라고 하며 들려주신 노래는 처연하고 비감 어린 곡조로 인하여 참 슬펐다.) 제 시로 작곡된 노래가

50여 곡 되요. 지금 들려 드리는 노래 제목은 「은방울꽃」이고요. 「은방울꽃」은 동시로 쓴 건데, 비장하게 곡이 만들어졌더라고요. 올해에는 이들 가곡의 악보집을 정리해서 내년 쯤 CD로 내려고 해요. 그리고 별 재미는 없지만 제 시 가사로 만들어진 노래를 가끔 불러 보기도 하지요.

오늘도 희망을 노래하며

김명원 평생을 시를 품고 살아오신 선생님께서는 자신 스스로를 평가할 때, 어떤 시인이었다고 생각하세요?

나태주 나 스스로를 워즈워드 수준의 시인이라고 생각해요. 말하자면 농경 사회의 전근대적인 시인 말입니다. 그러나 저는 시를 통해서 지구의 한 모퉁이를 스치고 지나간 제 삶을 드러내고 싶었어요. 한때 '참여'라는 말이 나왔습니다마는, 저는 그렇게 생각하지요. 시인이 시인인 것만으로도 충분히 '참여'라고요. 대사회적인 발언을 하든 안 하든, 시를 쓰고 있는 한 우주에 참여한다는 생각을 했으니까요. 어디엔가 제가 썼습니다만, "마당을 쓸었습니다. 지구의 한 모퉁이가 깨끗해졌습니다."라는 글이요. 마당을 쓰는 것 하나도 작지만 지구를 깨끗하게 만드는 작업의 일환이라는 심정이에요. 이런 걸 제 시와 연계시켜보면 "가슴 속에 시 하나 싹 텄습니다. 지구 한 모퉁이가 환해졌습니다. 그리고 아름다워졌습니다."가 되거든요.

그래서 저는 이렇게 말합니다. 시인들이시여, 절대로 남을 위해서 자신이 구원자라고, 혹은 예언자라고 말하지 말자고요. 맑은 샘물이 솟아 나와서 흘러갈 때, 자기가 맑다고 이야기를 안 하고 흘러가잖아요. 그냥 솟아나올 뿐이지요. 그런데 지나가는 사람들이 쳐다보고 먹어보고, 또한 산새들이 그 물을 찍어 먹어보고, "아, 물이 참 맑구나, 차구나", 이러지 않느냐는 거죠. 시인들이 스스로를 마치 세상의 무엇인 양, 그럴 필요가 없질 않느냐 하는 겁니다. 시인들이 너무 거창해요. 제 생각에는, 시인이란 그저 세상에 꽃 한 송이가 피어 있듯이 그냥 존재할 뿐이거든요. 시도 마찬가지로 존재할 뿐이고요. 그러니 뭐, 아주 소박하게 저도 제 시도 그저 존재해 온 것이랄 수 있겠어요.

김명원 선생님의 시처럼 너무도 진솔하고 소박하게 대답을 해주셨네요. 이런 진실된 아름다움을 저희들이 배우고 깨우쳐야 할 텐데요. 질문 드리기 저어되지만, 선생님의 겸양적 성품은 어디에서 연원하는 것일까요?

나태주 예전에 한양출판사에서 나온 후지와라 신야藤原新也라는 사람이 쓴 『인도 방랑』이라는 책을 좋아했는데요. 책의 서문에 이런 말이 나왔지요. 사진을 찍으려고 인도에 갔는데, 사실 별 생각 없이 대충 갔대요. 그런데 돌아다니다 보니 인도가 좋아져서 10년 정도 사진도 찍고 여기저기 여행도 하면서 있다가 왔다고 해요. 그런데 그 즈음에 만난 한 젊은이가 인도에는 왜 갔느냐고 묻더래요. 순간 할 말이 갑자기 없어지더라네요. 그래서 한참 동안 생각을 하다가 내놓은 답이 '나한테 내가 지기 위해서'였다고 썼더라고요. 그렇다면 신야라는 사람은 인도에 가서 자기가 자기에게 지는 법을 배웠으니 잘 갔다 왔다는 생각이 들었지요.

술 마시고서 참 불편한 사람이 누구냐 하면, 술 마시고 술한테 안 지려고 하는 사람이에요. 술 마신다는 게 무언가요. 술한테 지기 위해서 마시는 게 아니겠습니까. 술한테 점령당하기 위해서 말이에요. 내가 술을 마시는 게 아니라 술한테 잡아먹히려고 마시는 거거든요. 그런데 술을 마시면서도 전혀 술한테 안 잡아먹히려고 발버둥을 치는 사람이 있어요. 그러면 결국 되레 취하게 되지요. 취할 수밖에요. 그래서 후지와라 신야의 '내가 나한테 지기 위해서 인도에 갔다'라는 말을 듣고는 이젠 슬슬 좀 나한테 져봐야겠다는 생각을 했었던 것이지요.

김명원 오늘 찾아뵙고 참 귀중한 말씀을 얻고 갑니다. 억세게 탐욕스러웠던 저 자신에게 지는 방법을 저도 터득해야겠다는 생각이 들었으니까요. 선생님께서 살아오신 날들 중 가장 행복하셨던 때는 언제라고 생각하세요?

나태주 까까머리 초등학생이었을 때, 제 고향 서천지방에서 저는 외할머니랑 둘이서 사는 아이였습니다. 외갓집 마을에서도 제일 높은 곳에 자리 잡은 집, 꼬작집에서였는데요. 그 서향으로 비틀어 앉은 꼬작집에서는 세상의 모든 것들이 아주 잘 보였지요. 유리로 보는 세상처럼 맑고도 깨끗한 세상이었어요. 하늘이 우선 크게 보였고, 마을의 집들이 눈 아래로 보였고, 방문만 열면 봉긋한 산봉우리 하나가 이마를 치며 와락 달겨들기도 했고요. 이름 하여 천방산이었는데, 그 천방산이 서천지방에서 제일로 높은 산이란 것을 알게 된 것은 훨씬 뒷날의 일이었지요.

또 서남방으로는 고개가 하나 보였어요. 넉배재라는 황토빛 비단 피륙을 풀어놓은 듯한 고개는 길고 긴 곡선의 길을 끌고 어디로인 듯 멀리 사라지고 있었는데요. 외할머니는 가끔 그 넉배재를 넘어 질매장이란 델 다녀오시곤 했지요. 질매장은 시오 리라던가, 이십 리라던가…… 아주 먼 곳이라 했는데, 세상에 없는 것 없이 다 있다고 했어요. 군입정거리를 사오시곤 했고요. 오늘은 무엇을 사 오실까? 학교에서 일찍 돌아온 저는 방문을 열어젖히고 넉배재를 바라보며 질매장에서 돌아오는 외할머니를 기다리곤 했죠. 차라리 외할머니가 들고 오는 장보따리 속에 들어있을 군것질감을 기다렸다는 말이 더 옳았을 것이에요. 가난했지만 외할머니와 토방에서 살았던 그때가 가장 행복했고요.

그리고 지금이 또 행복합니다. 늙은 것이 얼마나 편안하고 좋은지요. 젊은 시장에게 '그래'라고 해라체로 말해도 그냥 넘어가주고, 조금 실수가 있어도 노인이 그랬으려니 질끈 눈감아 주기도 하니까요. 게다가 죽었다가 살아나고 나자 딱지가 떼어내 지고 난 후 새 살이 돋듯 주어진 것에 대한 감사가 대단해요. 예전에는 세상이 나빠서 내가 잘 안 풀린다고 생각했는데 그게 아니더라고요. 세상은 여전히 반짝이고 아름다운데 내가 너덜 너덜거리므로 세상을 그렇게 바라 본 거더라구요. 저의 인식 체계에 문제가 있었던 것을 알게 된 것이지요. 요즘은 이렇게 모든 것이 새로워졌어요. 그래서 지금이 얼마나 마음 편하고 좋은지 몰라요.

김명원　선생님께서는 현재 공주문화원장으로 계시지요. 공주의 문화를 창출하고 홍보하는 요직에서 느끼시는 점들이 있다면요.

나태주　2009년 7월부터 공주문화원장 일을 맡았습니다. 임기가 4년인데 이제 절반쯤 지나가고 있네요. 봉급은 없고 약간의 활동비가 있는 비상근직이에요. 그래도 공주의 문화와 예술에 대한 정책을 결정하고 이를 집행하는 여러 가지 일들을 돕고 후원하는 위치에 서서 열심히 일을 하려고 해요. 퇴임 전까지 '시인교장'이란 말을 들었는데, 이제 '시인원장'이란 말을 듣게 된 것은 나름대로 내 인생에서 좋은 경험이요, 기념이라고 여깁니다.

김명원　선생님의 좌우명을 여쭤 보아도 되겠습니까?

나태주　예전에는 '최선을 다하자'였습니다. 중간엔 '오늘도 어제처럼 내일도 오늘처럼'이었다가, 요즘은 '아침을 이 세상 첫날처럼 맞이하고, 저녁을 세상 마지막처럼 정리하며 살자'로 바꾸었어요. 요즘은 그렇게 살아보려고 노력하고 있답니다. 우리의 삶은 모두 버킷 리스트로 채워져 있지요. 오늘이 마지막 날이고 최초의 날인 것처럼 산다면 이 버킷 리스트를 이룰 수 있지 않을까요? 나의 날들이 많다고 생각하면서 백년을 사는 것과 나의 날들이 적다고 생각하며 일년을 사는 것과는 인생의 효율성이라는 측면에서 얼마나 많이 차이가 나겠어요? 죽을 둥 살 둥 살아야 합니다. 싸우듯이 전쟁하듯이 살아야 합니다. 그리고 놓을 때는 팍 놓아야 하죠. 제가 정년퇴임 후 4년 동안에 시집 『지상에서의 며칠』, 『시인들 나라』, 산문집 『공주, 멀리서도 보이는 풍경』, 『풀꽃과 놀다』 등 12권을 출간했더라고요. 그래서 올해는 책을 안 내고 쉬려고 하는데 시는 열심히 쓰려고 해요. 또 언제 출간할지는 모르겠지만, 죽은 지 50년 된 외국 시인들의 시들로 '명시 산책'과 제 시를 중심으로 해설을 붙인 '청소년을 위한 시 감상'집을 준비하고 있고요. 생명이 허락되는 한, 열심히 쓰고 읽고 배우고 말하고 일하고 그러려고요. 이것이 저의 마지막 남은 희망이지요.

날이 개면 시장에 가리라
새로 산 자전거를 타고
힘들여 페달을 비비며

될수록 소로길을 찾아서
개울길을 따라서
흐드러진 코스모스 꽃들
새로 피어나는 과꽃들 보며 가야지

아는 사람을 만나면 자전거에서 내려
악수를 청하며 인사를 할 것이다
기분이 좋아지면 휘파람이라도 불 것이다

어느 집 담장 위엔가
넝쿨콩도 올라와 열렸네
석류도 바깥세상이 궁금한지
고개 내밀고 얼굴 붉혔네

시장에 가서는
아내가 부탁한 반찬거리를 사리라
생선도 사고 채소도 사 가지고 오리라.
─「희망」전문

　공자가 "詩三百 一言以蔽之曰 思無邪"라고 말한 것처럼 사邪와 잡雜이 없는 깨끗한 영혼이 나태주 시의 정신이고 시인이 설파하는 삶의 희망이다. 그리고 그 희망은 바로 '지금', '곁'에 있다는 것을 시인은 우리에게 알려준다. 선생님의 시「희망」에서처럼 '자전거를 타고 '소로길'과 '개울길'을 지나 이웃들과 악수하는 삶, 소박한 이야기가 있고, 생활의 땀 냄새가 배어 있고, 아내의 심부름으로 시장가는 일상의 소중함을 희망으로 노래하는 나태주 시인, 선생님께는 작은 사랑과 생명에의 레토릭이 있다. 어렵지 않게 읽혀지고 전달해져 오는 시적 형상, 노래 운율처럼 불리게 하는 시적 생기, 낯익고 지극한 삶일수록 소중하다고 속삭이는 작고 낮은 기적들이 감사로 약동하는 것이다.

　결국 나태주 시인의 지극한 서정성이란 시로써 빛날 때 가벼워지고, 삶으로써 드러날 때 두터워진다. 그리고 무수한 세월이 지나 지금이 되어도 변함없이 '나태주' - 공주를 끝끝내 지키는 향토시인 나태주, 학생들에게 시를 심어준 시인교장 나태주, 풀꽃을 섬세하게 그리는 연필화가 나태주, 구름과 새와 강물을 노래하는 서정시인 나태주, 사진을 찍어 반드시 보내주는 사소한 약속마저 지키는 의리인간 나태주, 후배 시인들에게 시의 길을 원력으로 제시하는 시단의 큰 스승 나태주 등 수많은 사랑의 모습으로서 언제나 우리에게 방순하게 존재하시는 것이다.

　대담을 하기 위해 만나 뵈었을 때도 선생님께서는 여느 때와도 마찬가지의 모습으로, 납작모자를 쓰시고 공주문화원 앞에서 기다리셨다가 어제 만났던 친구처럼 다정하게 맞아 주셨다. 그리고 긴 시간을 시간가는 줄 모르도록 너무도 재미있게 이야기를 나누어 주셨다. 모든 문학 행사장에서 뵐 때마다 항상 수첩을 꺼내 메모하며 누구의 말에도 경청하시는 겸손한 모습, 격려 뿐 아니라 적절한 충고를 잊지 않으시는 스승으로서의 면모, 이웃 주민들을 푼근하게 대하시는 정다운 미소, 그런 선생님을 나는 언제라도 마음에 품고 연애할 것이다.

　봄이 무르익고 있다. 오늘은 저 봄 속을 걸어보아야겠다. 아마도 선생님의 친구인 구름과 햇빛과 새와 풀꽃들이 나를 알아보고, 나를 졸졸졸 호숩게 따라올 것이다. 그들이 나에게도 친구해 주겠다고, 어쩌면 정다웁게 말 걸어올는지도 모를 일이다. (2011년 4월 19일).

나태주   1945년 충남 서천 출생. 공주사범학교 졸업. 1971년 《서울신문》 신춘문예에 시「대숲 아래서」당선. 시집『누님의 가을』,『막동리 소묘』,『사랑이여 조그만 사랑이여』,『풀잎 속 작은 길』,『슬픔에 손목 잡혀』,『산촌 엽서』,『쪼끔은 보랏빛으로 물들 때』등과 선시집『빈손의 노래』,『손바닥에 쓴 서정시』,『추억의 묶음』등, 동화집『외톨이』와 산문집으로『외할머니랑 소쩍새랑』,『시골사람 시골선생님』등 출간. 흙의문학상, 충청남도문화상, 현대불교문학상, 박용래문학상, 시와시학상, 편운문학상 등을 수상. 공주 왕흥초등학교 교장, 공주 장기초등학교 교장 등 평생 교직에 봉직 후 현재 공주문화원장으로 재직 중이다.

윤상운

바다를 마시는 한 점 섬의 정체, 윤상운

비 내리는 7월 4일 정오, 부산역

부산역에 발을 내딛는 순간, 물컹, 가슴부터 바다에 저당 잡힌다. 보슬비가 내리고 있고, 역사 창까지 푸른 바다의 포물선이 따라와 있고, 비릿한 바다 냄새가 온몸을 적시고, 그리하여 나는 어쩌지 못하고 출렁이는 마음을 그대로 부두에 쏟아낸다. 개찰구 앞까지 마중 나와 주신 윤상운 선생님은 백발을 드리운 인자한 미소의 학자인양 온후한 모습이시다. 불쑥 우산부터 내밀며 뚝뚝하게 걸어가시는 뒷모습이 왠지 미덥다. 『시와시학』 신작시집 해설을 맡아 썼던 인연은 오늘의 만남을 이루어지게 했고, 나는 처음 만나 뵙는 선생님의 발자국을 조심스레 따라가며 소중한 연고를 새삼 느껴본다. 시詩라는 피사체를 통해 들여다보았던 시인의 내면은 실제로 어떤 풍경을 짓고 있는지, 시인의 꿈은 어떤 이정표에서 방점을 찍고 있는지, 궁금해 하는 사이 우리를 태운 택시는 태종대로 향한다.

태종대, 유리창이 담는 바다가 보이는 식당

　창유리는 맑고 커서 바다가 그대로 드러난다. 오륙도가 해무에 가린 채 아득하게 흔들리고, 윤상운 선생님과 나, 싱그럽게 철판 위에서 구어 지는 생선 냄새를 맡으며 술잔을 기울인다. 각자 걸어온 지난했던 날들을 풀며 풀지 못하며 우리는 나란히 말없이 앉아 술잔을 기울인다.
　이렇게 남루한 마음을 굴리다가 어디쯤에 다다라 허전해질까. 저무는 바다 그림자가 놓이는 태종대에 축축한 심상을 매어 놓고 술잔을 기울인다. 그래, 우리, 가슴을 켜보리라. 내가 지금 시인을 향해 물 흐르는 소리 흘려보내나니 물새가 다녔던 흔적마다 노을의 지문이 그의 은발처럼 나려 쌓이고, 먼 시간을 돌아와 이제 작은 섬 자락에 구겨진 세월을 개켜 넣으며 얼마나 슬플까, 시인은……. 푸른 시간이 말갛게 떠오르는 파도의 울음에 가슴을 대어 본다. 어깨 들썩이며 하늘이 내려와 어둠으로 앉는 해안, 어차피 우리는 침묵으로 나누는 교감에 엉켜서 바다로 바다로 빠져들 터이니 비 오는 오후가 우는 따뜻한 술잔은 얼마나 눈부신 것이냐.

자갈치 시장, 싱싱한 삶의 현장에서

　비가 그쳤다. 낮아진 하늘 아래로 저녁이 빠르게 깊어지고 있다. 습도 높은 자갈치 시장 골목을 들어서자 훅 끼치는 염분의 저린 냄새, 바로 이것이 삶이 싱싱하게 포획되는 절정이 아니겠는가. 어둠을 세워두고 윤상운 시인과 나, 이야기를 나눈다. 술잔이 서로에게 넘나들며 익어갈수록 가슴 속 저변에 들어찼던 이야기들이 숨통을 연다. 그곳에 내 마음을 띄운다. 아득했던 그의 젊은 날이 반사되어 돌아오고, 그의 과거로 내통하는 길들의 자물쇠가 문득 열린다. 나, 그곳으로 스르륵 빠져든다. 서늘하고 고요하다.

1973년 《조선일보》 신춘문예 당선작 「연가戀歌」

　윤상운 시인은 1973년 《조선일보》 신춘문예에 「연가戀歌」라는 시가 당선되면서 시인으로서의 길을 걷는다. 그의 「연가戀歌」를 펼쳐본다. "1 그대와 내가 마주보고／ 그대가 나의 누구인가를 묻고 있을 때／ 그대는 내게서 멀어지고 있었네／ 겨울의 눈 덮인 들에 서건／ 별이 숨은 어두운 江에 서건／ 스스로 가득하며 따뜻했던 우리／ 우리가 거주할 정원의 나무／ 목련과 라일락 곁에서／ 정오가 던지는 은빛 그물 안에서／ 서로의 모습을 定立하려 했을 때／ 우리는 흔들리기 시작했네／ 빛과 모습 時間을 뛰어넘는／ 사랑을, 장식하며／ 서로의 모습을 확인하기 시작할 때／ 우리의 입맞춤 속에 녹아있는／ 모든 것은 무너지고 있었네// 2 잠길에도／ 잠의 끝에 이르기 전에／ 우리가 걷는 길은 끊어져 있었어／ 바람이 뜨락을 채우는 자정／ 뜨락을 지키는 소롯한 나무／ 혼자서 키가 크는 나무 위에／ 그대가 기르는 새는／ 날아오지 않았어／ 잠길에도／ 그대 사는 숲의 하늘을 알 길 없고／ 그림자만 긴 나무／ 낮과 밤이 엇바뀌는 끄트머리쯤／ 외가닥 바람으로 떠돌아도／ 그리움의 아슬한 끝은／ 잡히지 않았어／ 풀잎에 맺히는 한 방울 이슬／ 이슬에 비치는 그대 사는 숲의 쟁쟁한 새소리／ 다가서면, 무수한 빛의 粒子로／ 허공으로 허공으로 날아올랐어／ 바람이 홀로 깨어있는 뜨락／ 어둠에 싸여／ 나무는 그림자가 길었어／ 그대와 나의 가슴을 뚫고／ 어둠의 알맹이가 鍾처럼 울린다／ 바람이 흐르며 싸이는 곳곳에／ 그대의 목소리가 흩어지고／ 앞뒤에서 門이 닫힌다／ 그대가 밟고 간／ 어두운 들의 한쪽 끝／ 광주리의 햇살을 내려놓으며／ 건네주던 환한 아침을／ 가슴에 품어온 거울에 금이 간다／ 그대의 얼굴이 흩어져 날고／ 내가 밟는 어둠／ 무겁고 예리한 어둠이 살을 부신다／ 그대와 나의 분별의 窓에 피는／ 살의 파편／ 저울눈 위, 눈금을 부수는 그대／ 야윈 눈빛을 남겨놓고／ 자신의 모습을 하나 하나 무너뜨린다／ 어둠 속에／ 그대의 모습이 홀로 남아／ 어둠을 이고 일어나고 있다." 전형성을 지향하는 이 시는 소재 대상을 자기 내적인 세계로 파고들어 순수한 서정을 인간성의 지고한 바탕에서 구하고 있다고 심사위원 박두진과 조병화 선생님은 심사평에서 적고 있다. '그대'라는 대상에게 향하는 유려한 감성의 흐름이 장렬하고도 도도하게 이어져 심상을 적시게 하는「연가戀歌」는 지금 읽어도 황홀한 아픔을 준다.

「연가戀歌」이후

2004년에 윤상운 시인의 신작시들을 다시 만났을 때 그의 시는 여전했다. 그의 시는 변함없이 애절하고 다순했다. 다른 시인의 시들이 자신의 외모를 치장하려고 힘쓰고, 고가高價의 언어를 구매하기 위해 화려한 이미지 가게를 쇼핑하고, 시대의 조류에 몸과 영혼을 남김없이 제물로 바치고 있을 때, 그의 시는 여전히 소박하고 따뜻하고, 반짝이고 글썽이는 우리의 그 시절을 보듬고 있었다. 사랑이라든지, 영원이라든지, 그리하여 절대 키가 줄지 않는 그리움이라든지, 나날이 샘솟는 아련한 기다림이라든지, 그런 심정으로 가슴 저미게 아파하던 물기 많은 시절로 우리를 기꺼이 데려다주었기 때문이다.

지금은 현대라는 미명 하에, 지금은 산업화라는 제호 아래 어쩌면 낡아갈 수도 있고 잊혀 졌을지도 모르는 고향의 동구 밖 그늘과 아카시아 피고 뻐꾹새 울던 산야의 모퉁이와 이름을 잊은 동네 조무래기 아이들까지도 그는 환하게 살려낸다. 그러기에 그의 시에서 빈번히 등장하는 '그대'라든지 '당신'이라는 지칭어는 기실 우리 모두의 가슴에 비늘처럼 박혀있는 보편적인 그리움의 대상이 될 것이다. 이는 인간의 심층을 지배하고 있는 사랑의 총체적 개념으로서의 심정 내적 순환 기능을 환기하는 것으로, 그의 시에게 면밀한 친밀감을 부려 놓는 역할을 하고 있다. "그대여/ 나 한 평생 그대를 생각했음으로/ 세상 파도에 부대낄 때마다/ 주전 바다 몽돌들처럼 내 마음은 흐느낌으로/ 가득했었네// 그대여/ 우리에게 남겨진 시간 비록 짧으나/ 나 그대를 사랑하기엔 영원한 시간이네"(「수평선 너머 그대 이름이」).

이 시에서 보여 지듯이 화자는 오로지 '그대'를 향일한다. 화자에게는 '그대'가 존재 근거이며 평생 도달해야 할 존재 목적이 된다. 그러므로 "나 한 평생 그대를 생각했음으로" 현세의 시간의 속박은 그다지 문제가 되지 않는다고 고백한다. 오히려 화자는 주어진 유한한 삶의 한계에 적극적으로 대응하고 있다. "우리에게 남겨진 시간 비록 짧으나/ 나 그대를 사랑하기엔 영원한 시간"이라고 노래하고 있기 때문이다. 그러기에 그에게는 "마음에 새긴 당신의/ 그 말 사리로 맺혀"(「첫 사랑」) 간직한 채로 "당신이 걸어간 길이라 생각하며/ 그 길을 따라 내가 갑니다"(「길 위에서」)가 가능해지는 것이다.

 오로지 나를 남김없이 낮추고 완전히 비워내어 그리움의 근간을 이루는 '당신'으로 채우고 '당신'을 따라가는 길, 그 길이 시인에게는 구도이고 사랑이고 삶 그 자체가 된다. 이때의 '당신'은 개인적 경험에 기초한 대상을 포함하여, 국가, 민주주의, 인류애 등의 이념까지 총체적 의미를 포괄하고 있다는 점에서 시어가 지니는 자장력이 충일하게 된다. 그의 시들은 이처럼 '그대' 혹은 '당신'을 향한 면면한 그리움이며, 그리고 그의 후광에는 못 견딜 듯 내재한 존재론적 고독이 짙게 드리우고 있다.

무수한 세월의 공백을 넘어

 1973년도 등단 후 30여 년이 흐른 2005년에 첫 시집을 상재하는 시인은 도대체 어떤 세월의 질곡에 몸 담그고 있으셨을까. 시인이라는 명함을 얻고 나면 으레 그러하듯 자신의 시집을 갖고자 열망하는 것이 상례화되어 있을 법한데, 30년이라는 시로부터 고립무원의 상황은 무엇을 함의하고 있을까? 시인은 그 지난한 시간을 '시에 대한 절망기'라고 단호하게 집약해서 말씀하신다. 그 어구 속에 얼마큼의 혹독한 고통과 비애와 쓸쓸함이 담겨 있는지는 그만이 알 것이다. 그 절망기는 아마도 시인의 '삶에 대한 절망기'라고 대체해도 무방하리라. 인생을 옥죄이던 긴장의 고삐에서 풀려나면 튼튼할 줄 알았던 고삐의 끈인 시마저 무심히 풀어지는 법. 그는 등단 후 이렇다 할 시적 성과 없이 시에게서 떨어져 나와 경제적인 지반을 다지시고자 학원 강사가 된다. 학원가의 구조 조정 후에는 한때 만화책 가게 주인으로 생업을 지켜야 했던 적도 있었고, 암울했던 나락의 끝에서 죽었으면 좋겠다는 생각이 든 적도 있었다고 하신다.

무엇이 시인을 죽음에의 유혹으로 유인했을까. 이 역시 그만이 통어 불가능한 운명적 배후가 있었음을 암시할 뿐 직접적으로 물어볼 수도 설명할 수도 없는 지극한 비극적 기억이리라, 짐작만 할 뿐 그 고통의 깊이를 우리는 모를 것이다. 그러나 그는 지금은 아니라고 말씀하신다. 못난 놈이라고 자탄하며 시마저 만나기가 두려워서 피했던 그 시절로부터 아주 멀리로 도망해 왔다고 부언하신다. 이제는 절망의 휘장을 열고 나와서 생과의 당당한 대면을 하게 되셨고, 문학의 정수를 가르치는 고등학교 국어교사가 되셨으며, 시와는 떨어질 수 없는 동반자가 되셨으니 말이다. 시를 안 쓰면 불안해지고 시를 쓸 때라야 마음이 놓인다는 그는 시와 다시금 연애하는 재미에 빠져있으시다. 그에게는 이제 시가 삶과 접점을 불붙이는 가장 소중한 상호 소통의 소중한 매개체가 되었기 때문이다.

시의 길 위에서

시인은 자신을 이에서 신물이 나도록 학생들에게 시를 가르치는 선생님이라고 소개한다. 나는 슬쩍, 그럼요, 선생님, 선생님에게 있어서 이토록 밀접하게 존재하는 시란 무엇일까요? 구태의연한 질문을 던져본다. 그는 짐짓 진지해지며, 시요? 사람이 살아가는 길 중 하나가 아닐까요? 한없이 바닥까지 낮아져서 더 이상 낮아질 때가 없을 때까지 하강하고 난 후, 그제야 세상을 애정 어린 눈길로 바라보게 되는 것, 그런 마음을 옮겨 적게 되는 것, 그런 흔적과 자국이 싱싱하게 그어지는 길 위의 도정 같은 거, 그런 거 아닐까요? 선생님, 어떤 시인의 시를 좋아하세요? 박용래, 그리고 이용악 시인의 시를 자주 떠올리지요. 두보나 셸리의 시도 물론 좋아하고요.

주로 감명 깊게 읽으신 책들은요? 나의 질문은 계속해서 이어진다. 시를 쓰고 가르치는 사람이니까 시집이나 문학 서적이 나오리라고 기대하겠지만 나는 아니에요. 나는 곤충이나 식물도감, 그리고 들꽃이 있는 화보집이나 사진첩 등을 더 선호하지요. 언어 이전의, 혹은 언어를 넘어서서 존재하는 영원한 시원성을 부여해주는 도감류를 들여다보고 있으면 숙연해지고 감명을 받게 되거든요. 나는 말캉거리는 회를 먹으며 이제 선생님께서 말문을 열어서 얼마나 안심인가, 생각한다. 다시 말씀을 잠그시기 전에 질문에 속도를 낸다.

> 전어 한 쌈에
> 달빛 한 쌈
> 작년에 떠났던 가을
> 파도에 실려 돌아오네
> 가족들 모두 병이 없으니
> 떠난 것들 생각에 밤이 깊어도 좋으리
> 창 밖에
> 먼 곳 풀벌레 가까이 다가오누나
> ―「전어와 달빛」 전문

삶의 외곽

　시작詩作 말고 또 즐겨 하시는 것은요? 여행을 좋아하지요. 특별히 인상에 남는 곳은요? 운문사예요. 운문사의 감나무 아래에 서 있으면 아름다움이 무엇인지 가늠이 될 정도지요. 5월의 찬연한 햇살 아래서 감나무 이파리들이 참기름을 바르듯 윤기를 내며 빛나는 것을 쳐다보고 있으면 가슴이 턱 막힐 정도니까요. 해인사도 마찬가지고요. 사찰의 적요함과 가야산이 품는 숭엄함에 감동이 얹히곤 한답니다. 산에는 자주 가시나요? 아니에요, 큰 산은 일부러 걸음을 해야 하니까 어쩌다가 가는 것이고, 제가 사는 곳이 못골시장인데 바로 뒤에 황령산이 있지요. 그냥 야산이에요. 그 산에 자주 올라가요. 틈 날 때마다 산책하듯 둘러보며 계절의 변모와 나무들의 곡선, 바람의 행보 등을 느끼는 것이 취미생활이라면 적당하게 표현한 것일까요?

첫 시집을 기다리며

선생님, 첫 시집, 도대체 얼마만인가요? 30년이 넘는 임신기간이라니요? 출산을 앞두고 어떤 느낌이 드시는지요? 불안하고도 눈물이 났지요. 아기로 태어나기 전에 태아가 자궁 산도에서 빠져나갈 준비를 하는 마지막 순간처럼 떨리고 설레고 눈물겹고 그래요. 그렇다면 긴 세월의 집적을 뒤로하고 상재하는 이 첫 시집을 누구에게 바치고 싶으세요? 나는 유달리 생에 부침이 심한 자라서 열등의식과 자긍自矜 사이를 왔다 갔다 했거든요. 불안정하던 사선을 접고 이제 내 삶과 시업을 정리하는 참이니 이 시간의 견실한 매듭의 끈은 어머니에게, 그리고 집사람에게 전해 주어야 할 듯싶군요.

그리고 오랜 지기의 시우詩友들도 떠오릅니다. 동인 「잉여촌」의 오하룡, 유자효, 정대현 등에게도 시를 지켜온 문우들로서 고마움을 가지고 있고요. 첫 시집에 수록된 시들은 최근의 작품들인가요? 그렇지요. 워낙 오래 시를 쉬었고, 그러다 보니 최근 2, 3년 사이에 쓴 것들이 대부분이지요. 주로 집 뒤 황령산을 오르내리면서 주어 담은 시들이에요. 산에 다니면서 자연을 바라보고 자연의 작은 일부가 되는 감동이 서는 순간에 시와 눈물이 같이 터질 때가 있어요. 못 견딜 듯 터지면 집에 돌아와 정신없이 써 두지요. 그리고 나서 두고두고 시간을 벌며 바라보면서 고치는 작업을 거쳐요. 미세한 세공의 손길이 필요하듯 오래 수선하곤 하고요. 그러면서 한 점씩 시를 건져냈던 것이에요.

남은 이야기들

본인의 시세계를 정의해 보신다면요? 운명인지 모르겠는데 제 시는 거의 다가 연애시예요. 태어날 때부터 외로움이 숙명처럼 잔존하고 있었던 것은 아닌지 저는 항시 사랑이 그립고 외롭고 그렇거든요. 평생 부유하는 영혼을 가난하게 지닌 채 사랑을 찾아 헤매는 시를 쓰리라는 생각이 들어요.

우리의 현대시가 지향해야 할 방향에 대해 말씀 좀 해 주세요. 나는 시란 본래 다양하게 추구되어야 한다고 생각해요. 이런 시도 있고 저런 시도 있는 것이지요. 이런 시는 저런 시 덕분에 가치가 드러나는 것이고, 저런 시도 역시 마찬가지겠지요. 그러나 난해한 시, 누가 읽으라고 썼는지 분간이 안 되는 시, 자족하기만 하는 시, 독자를 시로부터 떼어놓는 시, 이런 경우는 지양되어야겠구요.

선생님, 종교는요? 천주교 신자예요. 고통의 나락에서 헤어나지 못할 때 절대자의 입김을 기억하곤 했지요. 우리를 끊임없이 사랑하는 분이 곁에 있고, 그분은 자신과 이웃 모두 서로 껴안아 살기를 원한다고요. 그렇게 여겨지면 마음이 편해져요. 앞으로도 살면서 어떤 절망과 마주칠는지는 모르겠지만, 그리고 그럴 적마다 주님이 알아서 해주시겠지만, 더 바라는 것은 내 마음이 제대로 알아서 가 주기를 바라는 것이지요. 요즈음은 그런 생각이 들어요. 살아있는 것, 그 자체만도 고마운 것 아니냐는…….

선생님, 부산, 어떠세요, 마음에 드시는 곳인가요? 그럼요, 벌써 이곳에 정착한지 15년 즈음이 되어 가네요. 산과 바다 모두를 아우르는 아름다움을 느끼기에 아주 적합한 곳이지요. 가끔 마음이 침침하고 누군가에게 뒷덜미가 잡혀 있다는 생각이 들 때면 자갈치 시장에 와서 한 잔 하지요. 그러면 금세 마음 밭이 바다의 심연처럼 깊고 웅숭깊어 져요.

  날이 흐려 다섯이면 어떻고
  날이 맑아 여섯이면 어떤가
  다섯과 여섯을 넘어 바위로 선
  영원

덧없는 파도에 몸을 맡기고 섰다가
어느 새 섬은 잠들고
별을 헤느라 조용하던 파도들
섬을 향해 다시 밀려가면
우리가 왜 외롭고
우리가 왜 그리운지
그대 문득 아는가
―「오륙도」 전문

짙은 구름 속 밤, 다시 부산역

 시인과 이제 남은 것은 이별뿐이다. 머리 바로 위까지 먹구름이 내려와 있고, 습도가 지독히 높은 해풍이 불어왔다. 파고波高를 넘는 세월 동안 저 짓 푸른 바다를 견디며 떠밀리지 않고 완강하고도 유연하게 한 송이 꽃으로 피어난 섬처럼 윤상운 시인은 자신이 처소할 성스런 자리를 지켜내셨다. 그 섬에 앉아 나는 시인이 들려준 비감조의 노래와 부활의 송가를 들으며 그의 미소에 내 교감의 주파수를 맞추었다. 하루 동안 시인과 나는 마음을 흠뻑 나눈 사이가 되었다.
 이제는 집으로 돌아가 바다에 비치던 시인의 눈빛을 켜고 그를 회억해 내며 글을 쓰는 일만 남았다. 부디 그의 파도 소리를 고스란히 재생해 내기를, 부디 그의 축축한 섬 자리의 음지마저도 세세한 잎맥처럼 잘 살펴내기를, 바랄 뿐이다. 마지막 상행선 기차가 들어왔고, 그는 나에게 손을 번쩍 들어 인사를 한다. 들어 올린 시인의 손가락 사이로 바닷물이 주룩 흘러내린다. 파란 물이 든다. 그곳에 그의 섬 그림자가 흔들거린다(2005년 7월 4일).

윤상운 1947년 대전 출생. 1973년 《조선일보》 신춘문예에 시 「연가戀歌」당선. '잉여촌' 동인. 시집 『달빛 한 쌈에 전어 한 쌈』, 『배롱꽃 붉은 그 길』, 『행복한 나뭇잎』 등 출간. 최계락문학상을 수상하였다.

김백겸

우주율을 청진하는 시항해사, 김백겸

김백겸 시인과의 인연은 내게 각별하다. 약사라는 직업인으로 살던 내가 여러 곡절의 기간 후 등단하였을 때 가장 만나고 싶었던 시인 중 한 분이 김백겸 시인이었고, 나는 서울에서 대전으로 귀향한 참이었고, 내가 이사한 아파트로부터 시인의 집은 정말 우연히도 불과 이십여 걸음 떨어진 지척이었다. 장을 보러 가는 길에도 시인의 집 앞을 지나야 했고, 밥을 짓는 주방으로 내다 보면 울창한 벚꽃나무 그늘로 젖는 시인의 거실 창이 내다 보였다. 나는 그 공간을 향해 무구한 무언의 소통을 홀로 이루어냈다.

그리고 우리는 그후 문단 행사장에서 만났고, 더 그후, 여러 잡지의 편집을 함께 기획하고, 같은 대학에서 시학 강의를 하는 등 많은 추억을 공유하였다. 김백겸 시인은 웹진 『시인광장』의 주간으로, 또 나는 같은 잡지의 편집위원으로, 한 솥밥을 먹는 지면에 선생님의 인터뷰를 청한다는 것은 조금 면구스럽기도 하지만, 시대를 거론할 만한 특이한 시를 생산해 내고 계신 존재감만으로도 김백겸 선생님은 진작 만나 뵀어야 하는 우리 문단의 중추적 시인이셨음에야.

선생님을 만나 뵙기로 한 날은 겨울이 성큼 곁에 와 있었다. 콧방울이 얼얼

하도록 바싹 다가 와 있는 추위에 두꺼운 외투 차림으로 신호등 앞에 서서 한 해가 가고 있음을 절감하였다. 누구보다도 자주 뵈었던 분께 무슨 질문을 드려야 할까, 다소 막막한 바람이 차가웠다. 약속 장소에는 사진을 즐겨 찍어 사진전을 열었던 이강산 시인도 합석하여 선생님과의 대화는 한층 두터워졌고, 사진을 찍히는 순간은 마냥 흥겨웠다.

대전에 살고 있으나 우주에 집필실을 둔 독특한 시인

김백겸 시인은 1983년 《서울신문》 신춘문예로 등단 후 2008년 상재한 다섯 번째 시집 『비밀정원』에 이르기까지 '독특'한 시세계를 구축해 온 시인으로 분류된다. '독특'하다는 것은 자신만의 분명한 시적 어조와 발화 태도, 그리고 특이한 주제를 상용하고 있다는 말로서, 그는 우주가 발성하는 미세한 파동을 채집하여 창조주의 섭리를 발견하며, 그로 인한 생의 본질과 의미를 사유하고 성찰한다는 것을 일컫는다. 이는 좀 더 현실과 가까이에서 인간 본연의 생활 냄새가 밴 시를 쓰려는 시인들과는 확연하게 변별되는 요소인 것이다.

그가 이처럼 탈현실적인 대상에 주력해서 관심을 기울이고 있는 것은 자본주의에 의해 생성된 세속문화에 대한 전복이다. 그것은 현실 세계의 곁에서, 그리고 지배적인 문화의 중심축의 또 다른 측면에서, 다소 난해해 보이는 현존과 상상적인 타자로 그의 시를 존재하게 한다. 그리하여 그는 대중적으로 읽히는 시보다는 초월을 쓸 수밖에 없는 절박한 그를 터뜨리며, 부조리한 세계를 마음껏 조롱하듯 저편 너머의 꿈을 채색한다. 누구도 시도하지 못했던 '우주'를 철학적 인식의 매개체로 삼아서 경험된 질서를 구조적으로 해체시키고 새로운 표현 미학의 아름다움을 선사한다. 바로 지독하게 지적인 환상성과 멀미가 날 정도의 현란한 몽환이미지들을 말이다.

대전에서 태어나, 대전에서 학업을 마치고, 대전 원자력연구원에서 지금까지 직장인으로 생활하면서, 대전을 초탈한 범공간적인 세상을 끌어안고 있는 시인. 멈추지 않는 공부로 박학다식한 지식을 갖추고, 심오한 지혜와 너그러운 포용으로 드넓기만 한 시인. 어쩌다가 눈이 마주치는 순간에 환하게 펼쳐지는 공해 제로 절대 순수의 미소로 여심을 사로잡는 그 야릇한 매력의 김백겸 선생님을, 오늘은 소개하려고 한다.

김명원 저를 기준으로 가장 가까이 계시는 분을 모시고 이야기를 나누려고 하니 조금은 어색하기도 하고 조금은 조심스럽기도 합니다. 선생님, 이제 2010년도 이울고 있는데요. 올 한 해를 정리하시면서 특별한 감회가 있다면요.

김백겸 우리 시단은 십년 단위로 변화의 시기를 맞는 것 같습니다. 2000년도는 시 잡지들의 창간 붐과 시인들의 양적팽창이 이루어진 시기였지요. 작품 생산도 전통 서정부터 아방가르드까지 더 깊은 시적 시야의 확충도 일어난 시기였기도 하고요. 이런 추세는 문화 환경의 변화 속도와 관련이 있는 것 같습니다. "소년이로학난성少年易老學難成인데 계전오엽이수성階前梧葉己秋聲"이라는 주자朱子의 「권문학勸文學」이 생각납니다. 시 공부는 진전이 느린데 머리의 흰 머리는 늘어가네요. 감회가 없을 수 없지요.

김명원 지난 9월에 『시적 환상과 표현의 불꽃에 갇힌 시와 시인들』이라는 첫 비평집을 상재하셨지요. 언제부터 평론 집필을 시작하셨는지, 그 계기가 궁금하고요. 또한 선생님께서 이 책자를 통해 전하고자 하셨던 주제 담론이나 시론은 무엇인지요.

김백겸 저는 평론을 정식으로 공부하지 않았어요. 그런데 잡지사에서 계간비평과 시집 서평의 청탁이 오면서 시를 깊이 들여다보게 되고 나름의 생각들을 써보게 되었습니다. 또 청탁에 의해 작고 시인 몇 분의 시인론을 쓰면서 그분들의 시세계도 집중적으로 들여다보게 되었지요. 본격적으로 2008년도부터 비평문을 쓰기 시작했고요. 졸문이나마 글이 모이다 보니 비평집으로 묶자는 제안이 있어 책으로 발간했습니다. 저는 시인들이 사물을 보는 내면의 환상에 관심이 많습니다. 환상의 깊이가 작품의 깊이를 결정한다고 생각하기 때문이지요. 이번 비평집은 주로 시인들의 환상구조를 들여다보는 쪽에 초점을 모은 글들입니다.

> 시란 무의식의 세계가 의식(언어)의 세계로 떠오른 것이다. 시는 꿈처럼 환상적이고 비현실적인 언어로 구성된 세계이다. 언어는 개인의 경험 이전에 선재先在한 문화이며 종족과 집단의 의식과 무의식을 반영하고 있다. 개인은 태어나 꿈속에서 살다가 집단의 상징질서(언어)를 받아들여 문화의 지혜와 보호 속에 산다. 언어가 사물과 세계의 상징이지만(인류의 시야가 관계하고 해석한 상징이겠지만) 언어는 자연(실재계)과 분리되어 있다. 언어는 자연(실재)이 아니다. 시인은 언어의 진실에서 절망한다. 자연(실재)이란 언어로 드러나는 존재가 아니기 때문이다. 언어는 꿈이며 환상이며 동시에 상징이다. 동물은 언어(꿈과 환상)가 없기에 우울증이나 자살이 없다고 한다. 인간만이 자연(실재)을 언어로 왜곡해서 보기에 언어는 축복이기도 하고 저주이기도 하다.
>
> ─『시적 환상과 표현의 불꽃에 갇힌 시와 시인들』 부분

김명원   시인에게 있어서 비평 집필의 의미나 가치는 어떤 것일까요.

김백겸   광주대학교에서 강의를 하는 이은봉 교수가 그러더라고요. 시론집이 있는 시인과 그렇지 않은 시인은 격이 다르다고요. 이 말은 대학 강단에 있는 사람들의 입장이겠지만 듣고 보니 시론집이 있어서 나쁠 것은 없겠다 싶었지요. 비평문을 써 보니까 평문은 반 강제적으로 저를 공부시켜요. 그래서 저는 치매 방지 차원에서 청탁이 오면 가급적 거절하지 않고 쓰는 편입니다.

김명원   그러시군요. 늘 공부에 매진하시는 선생님께서 치매 방지라는 말씀을 하시니 정신이 번쩍 듭니다.

등단, 시집 출간, 그리고 10년간의 절필

김명원 이제부터는 시 이야기를 해보아야겠는데요. 선생님 시의 태동은 언제, 어떻게 시작되었는지 궁금합니다.

김백겸 고등학교 때 문학 서클에 나갔지만 문학으로 입신하겠다는 생각은 없었습니다. 그저 일반학생들과는 분위기가 좀 다른 선배들을 보는 재미였지요. 저는 서울대학교에 진학해서 입신양명을 하고자 했습니다. 그런데 낙방했고요. 원하던 학과가 갑자기 경쟁이 세지면서 전년도보다 커트라인이 올라갔던 탓이에요. 서울에서 학원을 다니며 재수를 해야 했는데 아버님의 병환으로 경제가 어려워져서 그냥 지방 학교인 충남대학교로 갔어요. 커트라인이 제일 높은 경영학과에 갔는데 지금처럼 의대가 커트라인이 제일 높았더라면 아마도 의대에 진학했을 겁니다.

일단 대학교에 입학하고 보니, 경영학은 기술이지 학문이 아니더군요. 별 재미가 없더라고요. 그래서 학보사에 들어가 신문을 만들고 기사를 쓰고 하는 간접 문필 활동을 했습니다. 편집국장을 하다가 유신 반대 데모에 휩쓸려 무기정학도 당하고 24학점이나 흘리는 등 불행한 시절을 겪었지만 우리 때는 그런 일들이 통과의례였답니다. 그러다가 어느 날, 내가 장차 정상적으로 사회생활을 할 수 있을지 진로에 위기의식이 있었고요. 마음을 붙잡기 위해서 문학 공부를 시작했지요. 양애경, 우진용, 김정호 등과 '화요문학'이라는 동아리를 구성하고 매주 시 공부를 했어요. 이때 충남대학교에 재직 중이던 오세영 교수의 글과 비평을 보면서 현대시에 눈을 뜨게 되었죠.

대학교 졸업 후에는 한국원자력연구원에 입사했는데 직업에 또 회의가 왔습니다. 회계과에 배치되어 결산 담당자가 되었으나 지불전표와 증빙서류에 파묻혀 직업의 의미와 진로에 회의가 들었거든요. 현실은 해결했지만 정신생활이 공허했다고 할까요. 그래서 퇴근 후에 인문학 독서를 본격적으로 시작했어요. 동·서양의 철학과 미학, 심리학 등과 당시 풍미하던 에릭 프롬과 마르쿠제 등도 보았으나 사상적으로는 엘리아데나 레비스토로스 등에 경도되었고요. 나름대로 시도 열심히 습작했지요.

김명원 선생님의 등단 경위도 궁금하고요. 문청 시절에 결성된 '화요문학' 동인분들과는 지금도 계속 교류하시는지요? 그리고 문단 활동기에 주력하셨던 '시힘' 동인 결성에 대해서도 말씀을 해주셨으면 합니다.

김백겸 '화요문학'에서는 양애경 시인이 82년도에 제일 처음 신춘문예로 등단했습니다. 후배가 먼저 등단을 하니까 저도 자극을 받았어요. 그래서 다음 연도에 작품 준비를 10개월간 했습니다. 이때 내공이 좀 쌓였는지 《한국일보》에는 최종심에 올라가고, 《서울신문》으로 시 「기상예보氣象豫報」가 당선 되었지요. '화요문학' 동인은 나중에 임우기, 권덕하, 심상우, 남성수, 지원종, 김상배, 송은숙 등이 참가하면서 더욱 활기를 띄었고요. 아직도 건재해서 동인지를 매년 내고 있습니다.

문단에 나와서는 고운기, 고형렬, 안도현, 김경미, 강태형, 양애경, 오태환 등과 1984년에 '시힘'을 결성해서 활동을 시작했고요. 조금 있다가 정일근, 최영철, 황학주, 박철 등이 가세했어요. 여기까지가 '시힘' 1기인데 지금은 저를 포함해서 고운기, 김경미, 안도현, 양애경, 정일근, 최영철, 박철만 남아있네요. 나희덕, 이윤학, 문태준, 박형준, 김선우, 이대흠 등 이후는 2기 멤버들이지요. 김성규, 김윤이, 휘민 등의 3기까지 들어와 일 년에 한두 번씩 아직도 모임을 가집니다.

김명원 선생님께서는 치열했던 집필 시기를 거쳐 두 권의 시집 상재 후, 어느 날 돌연 절필하신 것으로 알고 있습니다. 절필 기간이 10년이나 되는데, 절필 이유와 그 기간 동안의 행적 등이 궁금합니다.

김백겸 시인은 등단해서 젊은 시절에 어울린 문사들이 가슴에 평생 남지요. 80년대는 잡지도 별로 없었는데 '창비'와 '문지'도 폐간되는 시절이 있었고, 그래서 신춘 출신들은 동인지로 돌파했습니다. 먼저 『시와경제』, 『시와반시』, 『오월시』, 『분단시』 같은 동인들이 반향을 일으켰어요. 그러다가 위와 같은 동인지들이 해체되고, '시힘'과 '시운동'이 이 시기와 비슷하게 결성돼서 80년대를 주도했지요. 80년대의 전위에 섰다는 자부심들이 있었죠.

  그런데 저는 도시 서정을 기반으로 한 가벼운 모더니즘시들을 썼는데 80년대는 리얼리즘이 대세였어요. 첫 시집인 『비를 주제로 한 서정별곡』을 1987년 『문학사상사』에서 간행했는데 민중문학이 대세였던 때라 시대와 코드가 안 맞았는지 제 작품들이 별 주목을 못 받았고요. 시로는 인생에서 성공할 수 없겠다는 회의가 들어 절필하고서 인생 진로에 대한 수정이 필요하다고 생각되어 현실쪽으로 방향을 돌렸지요. 직장과는 별개로 아내하고 컴퓨터학원 사업을 했습니다. 그래서 1992년에 두 번째 시집 『가슴에 앉힌 山 하나』를 이은봉 교수의 권유로 '새미'에서 묶고 문학 일선에서 물러 나 침잠하게 되었어요. 이후 10년 동안 '시힘' 동인들이 보내오는 시집 외에는 일체의 문학 서적과는 거리를 두었습니다.

김명원 그러면서 명리학命理學에 관심을 가지게 되신 건가요?

김백겸 절필했던 그 당시 저는 불교에 심취하면서 언어도단言語道斷과 직지인심直指人心의 문제를 고민했어요. 저는 형이상학에 관심이 많았고, 그래서 시로는 그 세계에 이를 수 없다고 판단했습니다. 이 기간에 국선도와 명상을 시작하면서 제 인생관이 많이 바뀌었습니다. 수행자들의 비의 찾기에 골몰하였던 것이지요. 그러다가 학원 사업이 파산되고, 상기병上氣病에 걸려 국선도 수행도 접어야 하는 등 현실과 정신 양쪽으로 위기가 왔어요. 이때 개인의 의지와는 상관없는 세계 운동을 인식하고 명리학을 공부하기 시작했지요. 명리학에 빠져 상수주역常數周易과 음양오행陰陽五行 사주추명학四柱追命學 자미두수紫薇頭數 등을 들여다 보았어요. 현장 동양학東洋學으로 세계에 대한 인식을 다시 새롭게 한 셈이지요.

    하늘 흐리고 안개 낀 숲엔 우울이 내려와 있음
    구름에 갇힌 빛살들

허공에 날개 자국을 긋고 가는 멧새
모두 表情을 남기고 있지 아니함
길 잃은 고아처럼 서서 플라타너스는 적막을 날리고
풀씨로 흩어진 슬픔은 北北東에서 北北西로 방향을 바꿈
폐부로 흘러드는 저기압의 음모
百마일 밖 한랭전선은 풀잎들의 잠 뿌리뽑을
폭풍을 몰고 오는 中임

지금은 모든 사랑이 위험함
외투를 걸친 우리의 꿈
防毒面을 쓴 채 큰길로만 다님
골목마다 匕首를 품고 매복한 어둠
시간들의 휘파람이 대꼬챙이로 눈 찔러 오는 저녁
지금은 모든 생각이 위험함
門 닫고 굳게 빗장을 지른 거리의 불빛
창 틈을 엿보는 소문과 함께
얼굴 까맣게 죽는 지금은
모든 그리움이 위험함

찬비가 내림
우산을 들고 사람들은 사람을 비껴감
낯선 총을 멘 겨울의 척후병이 요소요소 서있고
바이칼 호수를 지나 시베리아 森林을 막 빠져나온
러시아의 절망도 보임
공중엔 바람의 채찍 가득해
두려움에 야윈 裸木들의 어깨 더욱 가늘고

겨울잠에 젖어 봄날을 꿈꾸는 개나리 새눈만이
소롯이 숨결에 싸여
한 개비 성냥으로 남겨논 최후의 불꽃임
—「기상예보氣象豫報」 전문

문단 복귀 후 가열 찬 활동 재개

김명원 절필 기간 십년이 지난 후 다시금 문단에 복귀하시게 된 데에는 특별한 계기가 있었나요? 10년 후의 시단은 선생님께서 떠나셨을 때와 비교해 볼 때 어떤 변화가 있었는지요.

김백겸 1990년대가 저한테는 40대였는데 개인적으로 어려운 시기였습니다. IMF가 모든 상황을 바꾸었습니다. 은행 융자를 빌려 시작한 사업이 IMF로 거덜 났지요. 내가 무엇을 잘못했나 싶어 역학과 명리학을 들여다보았더니, 과거 스케줄이 드라마틱하게 다 맞더라고요. 그래서 역학 공부를 한 3년간 고시 공부하듯 했던 것이거든요.

결론은 제 명리가 극 신약身弱에 재관財官이 무거워서 성신 공부를 해야 오행의 중화를 이루어 천명天命을 다할 수 있는 사주였습니다. 물질을 추구하면 제명에 못 살 확률이 있었어요. 나이 오십에 출가할 수도 없고, 그래서 시를 다시 붙잡았습니다. 시도 일종의 정신 공부이니까요. 보르헤스와 블레이크를 접하고는 시로도 형이상학의 추구가 가능하겠다는 생각을 했습니다. 돈을 추구할 때는 돈이 다 도망가더니 포기하니까 이상하게 생활이 그후 안정이 되더군요.

2000년대에 들어서서는 고등학교 동기인 김갑중(한마음 정신병원장)과 일요일마다 산행을 하면서 정신분석과 뇌과학, 신다윈주의의 이론 등을 접하기 시작하였어요. 그후 '시힘' 동인인 박철, 정일근의 권유로 옛날에 쓴 잔여시들을 모아 세 번째 시집 『북소리』를 '새로운 눈'에서 간행하였지요. 마지막 시집으로 생각했으나 이 시들을 정리하면서 시에 대한 감각이 살아나 시 쓰기를 재개하게 되었고요.

그렇게 십 년을 지낸 후 다시금 문단에 복귀하니, 옛날에는 별로 쳐다보지도 않던 시단이 또 그런대로 호의적으로 제 시를 보아주기 시작했어요. 남들이 쳐다보기 시작하니까 시도 잘 써졌고요. 2003년부터 작품을 발표하기 시작했는데, 2004년 대전에서 『문학마당』이 창간되면서 관여하게 되었습니다. 다시 쓴 시들을 『문학마당』에 처음 발표했는데, 2005년 봄호에 『애지』 특집 등 6군데에서 청탁이 와서 본격적으로 발표 활동을 시작하였지요. 시단에 다시 돌아와 보니, 시의 지형은 완전히 달라져 있었어요. 새로운 언어와 감각들을 따라가느라 한 5년간 고생했습니다.

시적 환상과 욕망의 향기

김명원 선생님의 대표적인 시라고 할 수 있는 「도지사 관사」는 문학적 환상과 욕망을 잘 드러내고 있는 작품인데요. 실제로 유년 시절, 대전시 중구 대흥동 도지사관사 후문쪽에 사셨던 것으로 들었습니다. 요즘도 가끔 가보시나요? 선생님 시에서 '도지사 관사'처럼 시적 공간의 상징성이 두드러지는 작품들이 있는데요. 시적 공간에 배치하시는 이미지 전략은 어떤 것인가요?

김백겸 둘째 누님이 아직도 그 동네에 살고 있어서 일 년에 한두 번 가볼 기회가 있습니다. 지금도 꿈에서는 종종 그 집으로 돌아가는 꿈을 꿉니다. 유토피아 환상이 제 심층구조에 있는데 어린 시절에 살던 집이 상징입니다. 심리적 '자궁'이지요. 우리 집 옆집이었던 '도지사 관사'는 진입 장벽의 금단의 집이었어요. 성공에 대한 제 '환상'과 '원망'이 서려 있는 집입니다. 지금의 기준으로도 정원의 규모와 집 크기가 상당한 집이었고요. 어린 시절에는 궁전 같았지요.

제 시에서 저는 이 상징의 집을 정신의 미로가 있는 일종의 '크레타 궁전'처럼 종종 사용합니다. 제 환상과 호기심과 욕망을 끌어당기는 괴물 '미노타우로스'가 있는 지하궁전이지요. 제가 나중에 심리학과 신화 공부를 하고나서야 이 집이 '테세우스의 방패'로 극복해야 하는 심리적 '장애'임을 알았습니다. 아직 공부가 진행 중이고요. 제 시에는 이 심리적 괴물의 목소리가 사라지지 않고 있습니다.

김명원 일제시대에 지어진 도지사관사의 넓은 정원을 문틈으로 들여다보며 문학적 상상력을 키우셨을 학창 시절, 선생님은 어떤 학생이었을까요?

김백겸 대흥초등학교 재학 시절, 내성적이라 친구들과 잘 어울리지 못했습니다. 창밖의 풍경이나 만화책과 동화책을 읽는데 심취했지요. 집에는 별반 책이 없어서 반 동료인 이병천(태동한의원 원장)과 최정길(대우중공업 명퇴)의 집에서 책을 빌려와서 보곤 했고요. 나중에 학급 문고와 동네 소설 대본집에서 책에 대한 갈증을 해소했답니다. 이때 명작인지도 모르고 어린 나이에 이광수와 심훈, 펄벅, 하디, 헤밍웨이, 톨스토이, 도스토예프스키까지 읽었거든요. 그 대본집 벽 하나를 다 채운 책 읽기를 마쳤으니 정신적으로 다소 조숙했다고 볼 수 있었겠지요.

대전중학교에 진학해서는 김덕진(변호사) 등과 어울려 영화를 보는 게 취미였어요. 방학 때는 대전 시내 극장을 모조리 섭렵해서 한 달에 40편씩이나 보고 다녔을 정도니까요. 지금도 '꿈과꿈'이라는 영화 감상 모임의 일원으로 영화 텍스트 해석을 퍽 좋아하고 있고요. 또 하나 그 즈음 도서관에서 선생님들이 보는 성인판 아라비안나이트를 보고 매우 충격을 받은 기억이 나네요. 그리고 무협지류에도 흥미를 가졌지요.

입신출세의 엘리트 배출이 학교 방침이었던 대전고등학교에 입학하면서 그러한 학교 방침에 적응은 했으나 지루해서 선배에 이끌려 '돌샘문학회'에 가입했어요. 당시 실업전문대학 학장이었던 축보 김성수 선생님의 지도로 시에 입문하였던 것이지요. 그곳에서 김영찬(사업가) 시인과 손종호(충남대 교수) 시인을 만났지만, 백일장이나 공모에서 장원을 도맡던 선배들과는 달리

나는 두각을 나타내지 못했고요. 그 당시는 헤세나 지드, 루이제 린저 등 선배 누나들이 권하는 책들을 열심히 보았어요. 멋으로 『팡세』나 『참회록』 같은 오역 투성이의 책들을 무슨 뜻인지도 모르고 그저 읽었을 때였지요.

지금이 옛날 같고 여기가 거기 같은
회전목마를 탄 기억들이 짙은 냄새처럼 흘러들었다
냄새와 기미를 따라 갔더니 담쟁이 넝쿨로 덮인 돌 벽이 있었으나
돌벽을 넘어갈 수 있는 문이나 사다리는 어디에도 보이지 않았다

현실이 꿈같고
낙원이 현실 같은 그 풍경을 어린 날의 내 눈이 본적이 있었다
우리 집과 일제 시대에 지은 도지사 관사는 선량한 이웃
까마득하게 높으며 가시철망이 있는 그 담벽에는 작은 후문이 나 있었고
가슴 두근거리며 문틈의 비밀낙원을 보는 나는 추방된 아담의 후예였다
이상한 나무와 꽃들 그리고 푸른 잔디가 있는 정원
마법거울처럼 햇빛을 산란시키는 유리창이 많았던 삼층집
그 집의 정문을 찾기 위해 나는 시간이 냇물로 흐르는 골목길을 벗어났다
큰 대로에 나왔으나 강처럼 흐르는 시간은 바다로만 가고자 바빴을 뿐
그 집의 정문으로는 다시 나를 데려가지 않았다

타향의 어른이 된 나에게 그 집의 냄새가 다시 나를 불렀다

옛날이 지금 같고 거기가 여기 같은
시간과 공간이 마음 속의 잃어버렸던 정원을 보여주었다
돌벽을 넘어가면 옛날의 화려한 집을 볼 수 있으리라 생각되었으나
돌벽은 시간을 가로지르는 강이었고 꿈의 다른 가면이었다

돌벽이 문을 열면 나는 그곳으로 가야하리라
돌벽 틈으로 황금과 권력의 냄새가 섞인 죽음향기가 계속 흘러왔다
— 「도지사 관사」 전문

시에 내재한 지적 사유와 심원한 철학의 문제

김명원 선생님 시에 면면히 흐르는 지적 사유와 심원한 철학으로 인해 해독하기가 어렵다는 독자들이 꽤 많은데요. 시의 지표가 대중의 이해를 기준으로 설정되어야 하는 규범은 없겠지만, 일부 시인들조차 선생님 시가 난해하다는 반응을 표출하거든요. 이 점에 대해서 어떻게 생각하시는지요?

김백겸 지적 사유란 현실을 폭 넓게 바라보는 전망이자 비전이지요. 망원경과 현미경이 보여주는 시선인데 일상의 시선과 다르기 때문에 낯설게 보이기도 합니다. 제가 생각하기에 시가 정서적 기능이나 계몽으로 대중의 사랑을 받는 국민 예술의 시대는 이미 지나갔습니다. 영화나 대중음악 같은 다른 장르가 더 효과적으로 수행하기 때문에 그렇습니다. 시에 남은 것은 일반 대중 예술로 보여줄 수 없는 인식의 충격이나 고급 심미안밖에 없어요. 그나마 새로운 인식의 충격도 과학에 뒤지지요.

새로운 고급 심미안의 개발 —제 정신수양과도 관련이 있습니다— 이 제 시의 목표입니다. 작가는 자신이 아는 것만을 쓸 수밖에 없는데 작품이 독자와 만나는 것은 문화 이데올로기로서의 환경과 조화를 이루어야 해요. 그 조화를 생전에 경험하는 행복한 작가도 있고, 사후에 이루어지는 불행한 작가도 있지요. 성공과 실패는 작가의 의지를 벗어난 문제입니다.

김명원 그렇다면 선생님께서 지향하시는 시의 본질은 무엇인가요?

김백겸 저한테 시는 자신의 변론입니다. '죽음'을 구형하는 인생의 검사에게, 대타자인 판사와 당대의 동료 시민인 배심원들에게, 저의 삶의 이유에 대한 항변이지요. '삶'이란 제 생각에 자연의 선물이자 자연의 '표현'입니다.

그런데 문화 상징과 이데올로기는 삶을 자신의 역사 안에 가두고 지배해요. 역사라는 이름의 집단 가치에 귀속시키고자 합니다. 시란 이런 도그마에 저항하려는 삶의 표현이자 확장 세계에 대한 인간의 연애편지입니다. 그 사랑의 성립 여부와는 상관없이 '자기Self/자연'에 대한 동경과 열망을 드러내는 짝사랑이지요.

김명원 그렇군요, 선생님! 선생님께서 설명하시는 이 비유들이 이미 그대로 한 편의 시가 됩니다. 선생님께서는 향후 수 년 동안 발표하실 만큼의 작품들이 완성되어 있다고 알고 있는데요. 그렇다면 의도하신 대로 기능적으로 시를 쓰시는 편인가요? 아니면 영감의 순간을 기다리셨다가 시에 의지하시는 편인가요?

김백겸 기념시나 축시가 아닌 담에야 시가 어떻게 의도해서 써지겠어요. 시인들은 형식이야 다양하겠지만 감정의 고양에 의해 시를 시작하잖아요. 저는 사물에 대한 비상한 인식의 눈이 달아오를 때까지 기다리지요. 마음속에서 이미지와 상황과 스토리가 구성되는 그림이 그려지면 그 다음에 글로 옮깁니다. 작은 그림들을 그려놓았다가 나중에 큰 그림의 영감이 떠오르면 재구성해서 사용하기도 하고요. 제 작품 재고는 작은 그림을 그려놓은 스케치가 많다는 뜻이고요. 발표할 때는 다른 생각과 상황에 맞추어 다시 씁니다. 물론 그렇게 발표를 기다리는 작품이 항상 20편에서 30편은 되도록 유지를 합니다.

> 정원의 입구가 드러났다
> 입구 안에는 황금사과가 새벽의 어둠 속에서 빛났다
> 곧 사라질 신비를 향해 심장이 두근거렸고
> 발걸음을 멈춘 내 자아를
> 늙은 역사가 호기심으로 쳐다보았다
> 늙은 역사가 내 뒤를 따르면 비밀은 새 이름을 지울 것이 분명했다

정원의 입구를 그냥 지나쳤다

정원으로 가는 길을 찾기 위해
나는 얼마나 많은 이정표를 들여다보았던가
정원에 대한 소문과 단서를 찾아 도서관과 밀렵꾼들의 시장을 돌아다닌
구두의 낡음은 무엇으로 보상할 것인가
왕궁과 부자들의 울타리에서부터 은자들의 고졸古拙한 뜰에 이르기까지
정원의 설계도를 들여다 본 눈의 피로는
또 얼마인가

그 정원의 입구가 내 앞에 순간적으로 드러났다
나는 그 앞을 그냥 지나쳤다
황금사과에의 유혹이 여신을 향한 욕망처럼 갈증을 불러일으켰다
입구는 안개처럼 왔다가 안개처럼 스러지는 새 이름이었는데
늙은 역사가 담배를 피우며 죽음의 냄새를 풍겼으므로
나는 눈을 내리 깔은 채 정원의 입구를 지나쳤다

그 정원의 아름다움
비늘구름이 노을을 받아 거대한 붕새의 날개로 불타오르는 변신이나
들판의 잡초였던 풀이 구절초의 꽃을 피워 올리는 둔갑의 순간에서
잠깐 동안 모습을 드러냈었던 비밀정원의 입구를 놓쳐버렸다
지식과 경험의 울타리에서 문지기로 사는 늙은 역사의 간섭 때문에
내 심장이 황금사과처럼 빛이 나는 피안을 질투한
죽음의 훼방 때문에
―「비밀 정원」전문

밤이 나에게 침묵의 소리를 듣게 했다
그 소리들은 바위로 굳어 산 계곡에 있거나 별이 되어 날아갔다
그 소리들은 가문비나무숲이었으며 흐르는 강물이었다
밤이 나에게 침묵의 소리를 들려주면서
세상이 태초의 말씀으로부터 빅뱅처럼 깨어났음을 상기시켰다
소리로부터 나온 시간이 태양과 달을 움직였고
구름 같은 힘이 어두운 하늘에 가득했으나
빛의 사랑을 얻지 못한 힘들은 심해 바다 아래에서 잠을 잤다
밤이 내 귀를 길게 잡아당겨 침묵의 소리를 듣게 했다
깊은 꿈에 갇힌 소리들은 오래된 사원의 기둥으로 서 있거나
봉인한 용의 몸 같은 산맥으로 누워있었다
과거에 그들은 백성의 기도나 용암으로 살아있었다
시간이 늙으면서 소리는 무덤 같은 휴식으로 돌아갔다
시체로 누운 침묵을 파리가 날아와 구더기왕국을 만들었고
세균들이 번식하면서 썩는 냄새가 밤의 배꼽에서 진동했다
심원한 생각에 잠겨 밤과의 산책을 벌판으로 나갔는데
침묵이 빛이 물든 소리로 깨어나는 새벽이 왔다
귀속으로 무지개처럼 살아난 하늘과 땅의 소리들이 흘러들었고
밀회가 끝난 여신처럼 밤은 지혜로운 미소를 짖고 물러났다
내 배고픈 정신이 비로소 깨달았다
현실現實이란 고치를 뚫고 나온 커다란 나비침묵임을
내 몸은 대낮에 핀 백일홍이었으나 곧 밤과 재회할 운명임을
— 「나비 침묵」 부분

김명원 선생님의 독서 체험은 참으로 두터운 것으로 알고 있습니다. 독서 이외에도 음악이나 영화 등 문학 매체로서의 다양한 장르에 관심이 많고

조예가 깊으신데요. 가장 영향을 받으신 작가나 작품을 소개해 주신다면요.

김백겸 저는 난독을 했어요. 인문학과에 가서 체계적인 사유 공부를 하지 않아서 그렇습니다. 다른 사람이 관심이 없는 편벽된 분야도 좀 들여다보고 했지요. 그러다 보니 산문도 제 주관적 인상이 지나친 글을 쓰게 되더군요. 하지만 글이란 어차피 작가의 해석이지요. 좀 전에 말할 바대로 작가로서는 보르헤스가 제 취향에 맞아요. 시는 영국의 블레이크 같은 형이상학파 시인들을 좋아하고요. 물론 둘 다 대중적인 작가들은 아니지요.

김명원 종합문예계간지『문학마당』과 계간시지『시와시』,『시선』, 무크지『시와인식』, 그리고 최근에 창간 준비 중이신『시와표현』 등 여러 잡지에 관여하고 있으신데요. 특히 주간으로 활동하시는『시인광장』은 '웹진'이라는 측면에서 주목을 받고 있습니다. 인터넷으로 시를 생산하고 유통하는 과정에서 느끼시는 보람이나 곤혹스러운 점이 있다면, 어떤 것들일까요?

김백겸 저를 바라보는 시선에 순수시인과 문학 매체에 관계하는 정치시인으로 보는 두 가지가 다 가능할 터인데요. 제 명리命理가 재관財官의 별神들이 무거워서 이런 저런 매체에 지배인과 파트너 노릇을 하고 있습니다. 아직은 두 가지를 감당하는 여력이 가능하지만 어느 땐가 제 정신력과 체력이 달리면 저는 언제든지 순수시인으로 남고자 합니다. 매체는 바다의 배 같은 것이어서 사막에 이르면 소용이 없는 물건입니다.『시인광장』은 선별한 시들을 독자에게 인터넷으로 알리는 매체인데, 시인들을 독자들에게 친숙하게 알리고 좋은 시들을 발굴해서 전달했다는 점에서는 다소의 역할이 있다고 생각합니다. 좋은 시인과 시들이 이 지면을 통해 보존되고 기억되는『시인광장』이 되었으면 합니다.

2010 세모, 그리고 2011 새해를 맞으면서

김명원 선생님과 말씀을 나누는 지금은 세모이니, 지금도 자신만의 시세계를 구축하기 위해 애쓰는 시인들에게 주고 싶은 덕담 한 말씀을 부탁드립니다.

김백겸 시인들은 제가 생각하기에 명성과 명예욕에 약한 사람들입니다. 시가 물질을 보상하지 않기에 더 그렇습니다. 자신의 시세계가 알려지지 않는 데에 대한 외로움과 두려움이 시인의 마음을 무너뜨리는 독입니다. 에밀리 디킨슨처럼 자신의 시세계에 대한 당대의 타인의 시선들을 어느 정도는 무시해야 해요. 그래야 사물에 대한 집중력이 생기고 자신만의 시선이 세계를 내파하는 순간의 임계치에 다다를 수 있습니다. 시인마다 바라보는 독자적인 시선은 그 시인만의 고유한 해석이지요. "신념이 없는 진실은 아름답지 않다."고 니체가 말했던가요? 자신의 내면을 믿어야 해요.

김명원 2011년 신묘년 새해를 맞으시면서, 새해 소망은 무엇인지요?

김백겸 내면이 좀 더 자유로워졌으면 좋겠습니다. 사유와 시작詩作도 다른 관점으로 바라볼 수 있는 전환점이 되었으면 하고요. 그런데 신묘辛卯년은 천간天干에 금金의 기운이 지지地支에 목木의 기운이 들어오는 해이네요. 정丁 일주日柱인 저한테는 현실의 불화와 시작 공부와의 기운이 상충하는 해라서 갈등이 많을 것 같습니다.

김명원 선생님, 추운 날씨에 따스한 시간을 지펴 주셔서 고맙습니다. 새해에도 건승하신 모습으로 다시 뵙겠습니다.

상상계와 상징계 사이의 관계를 변형시킴으로써 나타나는 김백겸 시인의 시의 환상성은 부재하는 '큰 타자', 즉 말해질 수도 없고 보여질 수도 없었던 것을 드러내는데, 여기에 일조하는 것은 시간이다. 그의 시에서 시간의 개념은 유동적이며, 순환한다. 신화의 시대로부터 지금에 이르기까지, 무의식에서부터 초자아에 이르기까지 시간은 광활하고 깊어 공간의 지표로도 환치된다. 유년에 살던 도지사관사 이웃집에서 광대한 천체까지 그는 자신의 궁전에 시간을 빚어 시를 초대한다. 어떤 시인에게도 부려지지 않은 신선한 시어를 배치하고, 그들이 유기적으로 내는 리듬을 수용하며, 유사성과 동질성을 지닌 이미지들을 병치시켜 내는 분광으로 창을 낸다.

 음습하면서도 화려한 그의 시 궁전은 다채롭고 권위적이다. 그가 시간을 되짚어 불러 모은 신들이 긴 망토를 끌고 시 계단을 오르고, 신비스런 상상력의 그림자들이 회랑을 건너가며, 끝내 숨겨둔 상징들이 기호의 지붕을 뚫고서 별빛을 타고 오를 것이다. 이런 풍광은 어디에서도 볼 수 없었던 김백겸 시인만의 성채를 이룬다. 우리는 그곳에서 명쾌하게 해독되지 않는 힘겨움을 호소하면서도 다시금 우주로 떠나는 환상 여행을 꿈꿀 것이다. 비밀스러운 그의 마법에 찬탄하며, 그가 심어놓은 새로운 인식의 씨앗을 보물처럼 찾아내면서, 즐거워 할 것이다. 김백겸 시인의 시만의 특이한 매력이 그곳에 존재하기 때문이다.

 그러기에 우리는 그를 통해 아득한 여행을 떠난다. 현실을 파기하고 저 우주율을 연주하는 그의 노래가 어찌 애통하도록 신산하지 않으랴. 가끔은 끔찍하게 아름다운 시를 쓴 시인을 만나지 않아야겠다고 생각할 때가 있다. 시의 존재만으로도 감당하기 벅찬 상태에서 현실을 대변하는 시인이 구체화됨으로써 오히려 그 무지한 환상성이 무산될까 초조해서이다. 하지만 김백겸 시인은 시와 다르지 않다. 그가 시이고, 시가 그의 세계이다. 시인을 만나도 그의 시가 더욱 살아나는 경우가 어디 흔하겠는가.

 김백겸 시인이 언젠가 '욕망'을 말하는 자리에서 인간에게는 두 가지 욕망이 있는데, 죽은 뒤 자식을 통해 영속하고 싶어 하는 생물학적 욕망과 예술 작품을 남겨 후세에 영원히 전달하고자 하는 문화적 욕망이 있다면서 시인은 역작을 통해 이름을 남기고 싶어 하듯 자신도 그렇다고 말한 것처럼, 먼 후일까지 독자들이 그의 시편들을 기억하기를 바란다. 아니 틀림없이 그렇게 되리라고 여겨진다. 선생님을 만난 밤이 성탄을 기다리는 설렘처럼 번진다. 이제 곧 성탄절을 밝히는 세계의 등불이 곳곳에 환할 것이다. 선생님의 시도 세계인의 가슴에 불 밝히는 날이 오기를! 소망하는 마음이다(2010년 12월 20일).

김백겸　1953년 대전 출생. 충남대학교 경영학과 및 동 대학교 경영대학원 졸업. 1983년 《서울신문》 신춘문예에 시 「기상예보氣象豫報」가 당선. 시집으로 『비를 주제로 한 서정별곡』, 『가슴에 앉힌 山 하나』, 『북소리』, 『비밀 방』, 『비밀정원』 등, 시론집으로 『시적 환상과 표현의 불꽃에 갇힌 시와 시인들』 등 출간. 『문학마당』, 『시와시』, 『시선』 편집자문위원, 『시와인식』 주간, 한국작가회의 대전·충남지부 지회장, 한국민예총 대전·충남지부 지회장 등 역임. 현재 『시와표현』, 웹진 『시인광장』 주간으로 활동 중. 한성기문학상, 대전시인협회상, 충남시인협회상 등을 수상하였다.

2부

출렁이는 오후 햇살
너머에서 시 한 잔

정희성

저문 도시의 강에 시를 씻는 시인, 정희성

　도시에 저녁이 스민다. 어둠의 깃털이 날리는 시간이다. 자신이 기른 개인지 자신을 해칠 늑대인지 구분이 가지 않는다고 해서 이름 붙여진 '개와 늑대의 시간'이다. 어슴푸레 밝혀지는 네온등이 강물을 자욱하게 번지게 한다. 오랜만에 강가로 가 선다. 그리고 물이랑을 오래도록 들여다본다. 물그림자가 처연하다는 것을, 초하 늦저녁에 바스락거리며 물의 소리들이 빛난다는 것을 알겠다. 누군가 이곳 강가까지 끌고 온 어스름의 발자국이며 눈물 뿌리가 울음으로 맺혀 있다는 것을 알겠다.
　그러다가 문득 깨닫는다. 예전에도 이런 경험이 있었다는, 저녁이 젖는 강가에서 시간이 흘러 온 흔적을 들여다보고 있었다는 느낌이 든다. 이런 기시감은 어디서부터 연원하였을까, 나는 생각한다. 그리고는 고개를 주억거린다. 슬픔처럼 쭈그리고 앉아 산업화가 본격적으로 진행되기 시작하였던 도심 노동자들의 삶을, 그리고 그들의 깊은 회한과 정서를 노래하였던 정희성 시인의 대표시 「저문 강에 삽을 씻고」 때문이라는 것을 알아차린다. 그 시절, 이 시를 모르는 사람은 없었을 것이다. 지금, 이 시가 배태한 시대를 돌아보지 않는 사람도 없을 것이다.

시인은 온몸으로 시대의 정황을 읊었던 연유이다. 흐르는 것이 물뿐이랴고. 우리가 저와 같아서 강변에 나가 삽을 씻으며 거기 슬픔도 퍼다 버린다고. 일이 끝나 저물어 스스로 깊어가는 강을 보며 쭈그려 앉아 담배나 피우고 나는 돌아갈 뿐이다고. 삽자루에 맡긴 한 생애가 이렇게 저물고, 저물어서 샛강 바닥 썩은 물에 달이 뜬다,고. 우리가 저와 같아서 흐르는 물에 삽을 씻고 먹을 것 없는 사람들의 마을로 다시 어두워 돌아가야 한다고 말이다. 이보다 그 시절을 관통하였던 그들의 삶을 위무하는 노래가 어디 더 있었으랴. 낮아서 정중하고 어두워서 가냘픈 단조 가락은 우리들의 70년대를 가만히 조명해 주고 있다. 가난하고 지난했기에 오히려 찬란했던 노동의 시절, 붉게 달아오르는 도심의 달 아래서 자신의 삶과 시를 저문 강에 씻으며 살아왔던 정희성 시인이 있었기에 가능한 일이었다. 지식인으로서 답지해야 할 문학을 노동자의 삶으로 육화시켜 지켜낸 정희성 시인이었다.

싱그러움이 한창이던 6월 저녁, 정희성 선생님을 마중하기 위해 한국작가회의 대전지부 회원들은 유성 도룡동에 위치한 한식당에 모여 기다리고 있었다. 정희성 시인은 신경림 시인에 이어 백북스 특강 강사로 초청받으셨던 차였고, 뵙고 싶다는 전화를 드리자 흔쾌히 인터뷰에 응해 주셨다. 환한 미소와 함께 진한 밤색 셔츠에 베이지 톤 바지, 그리고 이에 잘 어울리는 납작모자를 쓰신 선생님께서는 '신사'라는 단어를 단박에 떠올리게 하였다. 갈치 조림 정식을 먹으면서 우리의 담소는 이어졌다.

서울 정착 후, 문학이 도래하다

김명원 선생님, 오랜만에 뵙습니다. 이제 평생 교사로서 봉직했던 교직을 떠나셨는데 소회가 있으실 듯 한데요.

정희성 1972년에 서울 숭문고등학교 국어교사로 부임했으니까 정년퇴임 때까지 근 35년을 한 학교에서만 근무했습니다. 사립학교라 옮겨 다니지 않고 일할 수 있었던 거지요. 그동안 제자 1만여 명에 시집 5권을 상재하고, 결혼하여 아이 둘을 길렀으니 그만하면 행복하고 보람된 시간이었다고 말할 수 있겠네요. 졸업 30주년 '모교 방문의 날' 행사에 찾아온 어느 제자가 "선생님이 계셔 행복합니다!"라고 축복하기에 "자네들 덕에 내 삶이 즐거웠지!"라고 답했답니다.

김명원   퇴임 하신 이후의 일상이 궁금한데요.

정희성   학교를 그만두고 나서 제가 집에만 있으면 아내가 얼마나 불편하겠어요. 아내를 편하게 해주기 위해 거의 매일 학교에 출근했던 것처럼 비슷한 시간에 외출합니다. 제가 사는 집 앞에 있는 초등학교의 부속시설 헬스클럽 러닝머신에서 40여분 뛰고요, 또 20여분 근력 운동도 하지요. 그리고는 점심 식사를 하고 오후엔 친구들을 만나고요. 저녁에는 술 한 잔 하고 집에 돌아옵니다.

가끔 근무하던 학교에도 가보고 싶기는 하지요. 퇴임하면서 제 책을 모두 학교에 기증하고 나왔는데, 제가 기증한 책을 읽는 학생들이 얼마나 되는지 가보고 싶지만, 후배 선생님들을 번거롭게 할 것 같아 삼가고 있어요. 작가회의 사무실도 마찬가지예요. 제가 가면 거기서 근무하는 사람들이 얼마나 불편하겠어요.

김명원   선생님의 결곡하신 성품을 알고도 남겠습니다. 이러한 품격으로 민족문학작가회의 이사장직을 수임하셨던 걸로 알고 있는데요. 민족문학작가회의 이사장으로 계시면서 기억에 남는 일이 있다면 소개해 주셨으면 해요.

정희성   제가 민족문학작가회의 이사장으로 재임 시 남북작가회담을 추진해 온 결과로 금강산에서 남북한과 해외문학인들을 포괄하는 '6·15 민족문학인협회'가 결성되었던 것이지요. 분단 60년 만에 처음으로 남북 단일 문학인 조직이 탄생한 것이 의미가 깊었고요. 이 협회에서 협의를 통해 '6·15 통일문학상'을 제정하고, 기관지인 『통일문학』 발행 등이 논의되었지요.

김명원 참 의미 있는 시도였고 실행였다고 여겨집니다. 이런 문학적 과업을 이루기까지의 고된 과정이 있었으리라 짐작되는데요. 우선 선생님의 문청시절 이야기가 듣고 싶네요.

정희성 처음으로 시에 관심을 가지기 시작한 것은 고등학교에 다닐 때에요. 특별활동으로 서예반에 들어가 활동을 했지만 문예반이 주최하는 청맥문학발표회 시낭송을 보면서 부러워서 시를 쓰게 되었지요. 저는 경남 창원에서 태어났지만 백일 후에 선대가 살아온 원적지인 충남 회덕(지금은 대전)으로 거처를 옮긴 후, 기술직 공무원이셨던 부친을 따라 이리, 여수 등지를 떠돌다가, 용산중학교에 입학하면서부터 서울에 정착하게 되었거든요.

고등학교 졸업 후 대학시절에는 교내 신문사에서 주최했던 '대학문학상'이라는 제도가 있어 거기에 출품하였던 시「啄木鳥」가 당선되었지요. 그 일을 계기로 본격적으로 시를 쓰게 되었고요. 1968년, 처음으로《동아일보》신춘문예에 시「변신」을 투고하게 되었는데, 아쉽게도 마종하 시인에게 밀려서 최종심에만 오른 채 낙선을 하게 되었어요. 이후 ROTC 장교로 강원도 원통에서 군 복무를 하다가 제대할 무렵인 1970년에 투고한 적이 있었던「변신」을 다시 손질해서《동아일보》에 투고해 당선되었던 것이지요. 그때까지 써 놓은 시가 그다지 많지 않았지만 대학문학상과 신춘문예에 당선되는 것을 보고, 나에게도 시적 재능이 있는지 모르겠다는 생각을 하게 되었답니다.

> 古典의 어느 숲을 지나온 江물 위에
> 지금은 무섭도록 해진 얼굴이 일렁이는데
> 이것이 글쎄 누구의 얼굴인지
> 이 江邊에서 많은 사람들이 몸을 던지면서
> 생각해 보았는지 몰라.
> 죽은 사람과 죽지 않은 사람
> 淡淡한 얼굴을 하고 흘러서는

그렇게 쉽사리 돌아오지는 않을 것 (중략)

얼마나 많은 사람들이 우리 속에서 죽었을까
神話와 現實의 어중간에서 우리는 失神한다.

빛이 外面한 땅속 깊이 욕망의 불을 넣어
그 무던한 밤과 어둠을 지킨
우리가 미련한 짐승의 자식인 탓일까
마늘과 쑥 대신 풀뿌리 나무껍질을 씹으며
너무도 오랫동안 强靭한 餘力으로
우리는 우리 속에서 우리들과 싸워왔다.
우리?
눈물이 나도록 슬픈 象徵이여 (중략)

그대 오른 손이 다시금 手琴을 쥐더라도
女人이여, 흐르는 강물처럼 그렇게
마디를 풀고 흐를 수 없는 우리,
웃기는 웃어도
웃으라면 내가 그렇게 웃기는 하여도
시시로 파고드는 시름의 주둥이를
종이 접듯 안으로 사릴 줄 아는 슬기로
슬픔을 접어 하늘에다 날릴 날이
다시 노래한 날이 있을까 몰라.
―「변신」부분

김명원　대학 졸업 후 대학원에 진학하셨지만 학위를 포기하고 일선 교사로 봉직하신 일은 잘 알려진 일화인데요.

정희성 그래요. 저는 제대 후 모교인 서울대 대학원에 복학해서 지도교수 정병욱 교수 연구실에서 있으면서 고전문학을 공부하게 되었지요. 하지만, 1년 후에 숭문고등학교 교사로 부임하면서 대학원 공부가 흐지부지 되었고, 곧 이어서 결혼도 하였고요. 그러나 공부를 계속할 수 없게 된 결정적인 원인은 신문기자인 동창생들의 잇단 해직과 투옥, 그리고 부양가족에 대한 책임감 때문이었어요. 모교 스승이셨던 고 정한모 교수님께서는 제가 졸업을 하지 못하게 되는 것이 안타까워서 강의 중에 받아두었던 리포트를 보충해서 제출하라고까지 권고하셨는데, 저 자신 스스로를 속이는 것 같아 포기했답니다.

시인은 산소 결핍 징후를 남보다 먼저 감지하는 자

김명원 이제는 선생님의 시세계에 대해 이야기를 나누어 볼까요? 1974년에 상재하셨던 첫 시집 『답청踏靑』을 두고 박남희 평론가는 "고전주의적 상상력은 그의 대학원 전공이 고전문학이었다는 사실 이외에, 그가 한학자인 신호열 선생으로부터 杜甫를 배운 사실과 선배 시인 신경림 등과 함께 몸담았던 '민요연구회'의 경험과 무관하지 않다"고 하면서 "시가 대부분 짧고 압축미가 느껴지는 것이나 일정한 율조를 띠고 있는 것, 그리고 십구체 향가와 같은 10행 전후의 시들이 많은 것 등은 그의 이러한 고전적 취향을 잘 말해준다"고 기술하고 있습니다. 실제로 선생님 시 중 10구체 향가를 연상시키는 시로 「踏靑」, 「매헌의 옛집에 들러」, 「제망령가」 등을 들 수 있겠고요. 고전적인 전아의 미를 갖추었다는 세간의 평을 받고 있는 시집 『답청踏靑』에 대한 이야기를 좀 들려주시지요.

정희성 제 시의 독자 가운데 관심을 가지고 있던 상당수는 첫 시집 『답청踏靑』에서 받은 인상에 기대를 걸고 있었고, 그후의 변화를 회의적인 눈으로 바라보는 경향이 있었던 것 같아요. 그러나 저는 그러한 독자들의 느낌과는 다른 입장에서 오히려 『답청踏靑』의 세계를 부정하고 싶었고요. 칠 십 년대 이후 절박했던 정치 현실은 나를 고전적인 안주에 더 이상 머물게 하지 않았거든요. 저는 『답청踏靑』이후의 현실 인식이 깃든 시집 『저문 강에 삽을 씻고』 후기에서 썼듯이, 역사의 발전을 믿고 이 땅의 여러 가지 어려운 현실 속에서도 무언가를 이룩해 보겠다고 발버둥치는 양심적인 사람들의 문학과 행동을 뒤늦게나마 자각된 눈으로 바라볼 수 있게 된 것을 기쁘게 생각했어요.

김명원 이러한 시세계의 변화는 시대 상황과 조응되었던 선생님의 현실 인식 때문이었겠지요?

정희성 글쎄요. 시인이란 모름지기 자기 시대의 사람들을 숨 막히게 하는 산소 결핍 징후를 남보다 먼저 감지하고, 아무도 말 할 수 없는 것을 말해야 하며, 모든 사람이 침묵할 때에도 침묵해서는 안 되는 사람이라고 여겼거든요. 70년대 우리나라 산업화의 시작과 유신시대, 그리고 80년대 암흑의 시기를 거치면서 나도 이러한 시대적 요구에서 자유로울 수 없었던 거겠지요. 시인으로서의 시대적 요구에 부응하다 보니 저의 시는 사회성이 강한 시가 될 수밖에 없었고, 제 시어는 거칠고 공격적으로 변해가게 되었고요.

하지만 이런 가운데서도, 언어가 시인을 떠나 독자에게 이르는 동안 생각지도 않게 왜곡되고 폭력적으로 작용할 수도 있다는 사실을 알게 되었습니다. 구체적으로 말하자면, 역사를 가르치는 한 여선생님이 학생들에게 제 시 「아버님 말씀」을 읽어준 것이 문제가 되어 교단에서 쫓겨난 사건과 제 시에 고무되어 시위를 하다가 다치는 사람들을 보면서 당초에 의도했던 것과는 달리 엉뚱한 결과를 초래하는 것을 보면서 두려움을 느끼기 시작했지요.

김명원 그래서인지 선생님의 두 번째 시집 『저문 강에 삽을 씻고』와 세 번째 시집 『한 그리움이 다른 그리움에게』 사이에는 참 깊은 변화의 세월이 고여 있는데요.

정희성 그렇지요. 두 번째 시집 『저문 강에 삽을 씻고』는 60년대 시인들의 내면화 경향에 대한 반작용으로, 사회적 무관심에 대한 반발의 의미를 갖는 것이었어요. 그러나 지금의 시점에서 보면, 현실을 객관적으로 드러내기는 했으되 제 자신의 내면의 성찰은 부족했던 게 아닌가 싶어요. 그러다가 『한 그리움이 다른 그리움에게』에 와서는 그와 같은 반성, 다시 말해 지식인적 시작詩作의 한계를 절감하는 데서 출발했다고 할 수 있겠네요. 노동자가 생각하는 현실과 지식인인 제가 보는 현실은 다를 수밖에 없었고, 이 점을 인정해야 했던 거지요.

저의 대표작으로 알려져 있는 「저문 강에 삽을 씻고」는 하루의 노동을 마치고 삽을 씻어 집으로 돌아가는 노동자의 모습이 떠오르는데, 이 시는 실제로 제 자신의 경험을 쓴 것이 아니라 노동판의 십장 노릇을 하신 아버님의 노동을 생각하면서 쓴 시니까요. 더욱이 80년대 들어서서는 노동자 출신의 좋은 시인들이 많이 배출되기도 했습니다. 결국 저는 두 번째 시집이 의미를 갖는 때는 지나갔다고 생각했고, 제 자신으로 돌아가서 자신에게 충실한 시를 써야겠다고 생각하게 되었어요. 이런 점이 두 번째 시집 『저문 강에 삽을 씻고』와 세 번째 시집 『한 그리움이 다른 그리움에게』의 시세계의 다른 점이에요.

김명원 선생님께서 얼마나 치열한 자기 성찰을 하고 계신 분인가 하는 점이 드러나는 말씀인데요. 노동자 시인이 아닌 채로 노동 현실의 시를 쓴다는 한계를 통감하시고 본연의 자리로 돌아가 시를 창작하시게 되는 또 한 번의 변환기를 맞으신 셈이군요. 세 번째 시집 『한 그리움이 다른 그리움에게』에서는 선생님 시에서 생경했던 그리움이나 사랑 등의 맑은 정서를 만날 수 있지요.

   어느 날 당신과 내가
   날과 씨로 만나서
   하나의 꿈을 엮을 수만 있다면
   우리들의 꿈이 만나

한 폭의 비단이 된다면
나는 기다리리, 추운 길목에서
오랜 침묵과 외로움 끝에
한 슬픔이 다른 슬픔에게 손을 주고
한 그리움이 다른 그리움의
그윽한 눈을 들여다볼 때
어느 겨울인들
우리들의 사랑을 춥게 하리
외롭고 긴 기다림 끝에
어느 날 당신과 내가 만나
하나의 꿈을 엮을 수만 있다면
― 「한 그리움이 다른 그리움에게」 전문

정희성 가파른 시대에 맞대거리를 하며 시를 써 오다가 이제는 군사 정권에서도 벗어났고 민주화도 되었으니 눈을 곱게 뜨고 세상을 바라보려고 쓴 시지요. 바라는 게 있다면 죽기 전에 제대로 된 연애시를 한 편이라도 남기고 싶고요.

김명원 반드시 소망을 이루시리라 여겨집니다. 선생님께서는 '만해문학상'과 '현대불교문학상'을 수상하셨는데요. 불교와 인연이 있으신가요?

정희성 저는 세례명이 토마스 아퀴나스로 가톨릭 신자입니다. 하지만 우리의 전통문화로서의 불교적 상상력을 차용해서 쓴 시들이 꽤 있어요. 아마도 제 자신의 내면에는 어딘가 불심이 많이 있는 것 같기도 하네요.

김명원 선생님께서는 「늙은 릭샤꾼」, 「그가 안경 너머로 나를 쏘아보고 있다」등 인도 여행과 「고구려에 다녀와서」, 「서경별곡」, 「낯선 나라에서의 하룻밤」등 북한 체험을 하고 오셔서 자기 성찰을 담지한 시들을 다섯 번째 시집 『돌아다보면 문득』에 수록하셨지요.

정희성 그래요. 1997년도와 2001년도 두 차례에 걸쳐서 인도 여행을 다녀왔어요. 첫 번째 인도여행은 아들의 친구 부친인 대기고 이사장과의 인연으로 여행경비를 부담해 주시는 바람에 간 것이고요. 두 번째 여행은 상금을 비축했다가 혼자 배낭여행을 다녀온 것이에요. 제가 시 「인도의 기억」에 썼듯이 인도는 언젠가 와본 적이 있는 것처럼 낯익은 곳이고 마침내 돌아가야 할 곳처럼 눈에 밟히는 곳이더라고요. 아마도 인도는 산업화되기 이전의 우리 과거의 모습이 고스란히 남아있기 때문이었을 거예요.

구역질을 했네
주검 타는 냄새
어슴푸레 밝아오는 갠지스 강
비좁은 사원 골목을 총총히 빠져 나오며
죽음에게 붙잡힐까 뒤도 돌아보지 않았네

오직 죽기 위해 갠지스에 온 노인들이
내 발목을 잡고 빈손을 내밀었네
눈앞 아득한, 허기진 손들의 숲
그들로부터 도망쳐 나오며
차마 하늘을 볼 수 없었네

한때
민중의 좋은 벗이 되리라 다짐했던 나
―「갠지스 강」 전문

딱히 어디로 가자고 한 것도 아니었다. 늙은 릭샤꾼은 힘에 겨운 듯 아무 나 강변에 나를 내려놓고 담배에 불을 붙였다. 강 건너 편으로 죽은 자를 위한 화려한 집 타지마할이 한눈에 들어오고 강 이쪽은 눈길을 주기가 민망할 빈민들의 거처였다. 이 묘한 지점에 나를 세워두고 어쩌자는 것일까. 나는 늙은 릭샤꾼의 눈을 들여다보았다. 그는 나를 향해 서 있었지만 나를 보고 있지는 않았다. 그의 눈길은 나를 지나 내 뒤의 무엇을 향해 있었는데 퀭한 눈으로 그가 건너다보는 세상이 어떤 것인지 알 수가 없었다. 어깨 너머로 노을이 지고 있을 뿐이었다.

― 「늙은 릭샤꾼」 전문

정희성 정작 보름동안의 인도 여행에서 제가 보고 느끼고 온 것은 간디도 늙은 릭샤꾼도 그들이 꿈꾸었을 아름다운 세상도 아니었습니다. 저는 인도를 통해 아직도 전쟁의 위협과 빈곤에 시달리는 한반도의 현실을 보았고, 그 가운데 초라하게 서 있는 저 자신의 모습을 보았던 것이지요. 제가 앞으로 관심을 가질 주제가 '반전'과 '평화'예요. 2001년도에 남북평화통일 대축전 참관차 도종환, 김준태 시인 등과 함께 6·15 선언 실천을 위해 평양을 다녀온 적이 있어요. 저는 북한의 여러 곳을 방문하면서 분단현실을 피부로 느낄 수 있었고 북한의 계관 시인 오영재를 만나서 친필로 사인한 시집을 건네주고 돌아왔지요. 그때의 북한 체험이 「낯선 나라에서의 하룻밤」 등의 시로 나타나게 되었고요.

김명원 선생님께서는 어떤 형식으로든 당대의 현실 인식을 시에 반영하고 계셨음을 드러내신 말씀인데요. 시력 40년 동안에 집적하셨던 '시'란 무엇인가요?

정희성 저는 40년 동안이나 시를 써 왔으면서도 아직 시에 허기져 있어요. 시란 이런 것이라고 자신 있게 말할 준비가 안 돼 있어요. 내가 '이것이 최상의 시다'라고 할 만한 좋은 작품을 한 편이라도 썼다면 저는 더 이상 시를 쓰지 않을 거예요. 이게 시인가 해서 붙잡고 보면 그건 시의 속살이 아니라 시의 겉옷에 불과했거든요. 그러니 저에게 여전히 시는 진정한 시의 앞모습과 대면하기 어려운 갈증의 연속이고, 손 뻗어 만지면 이미 저만치 멀어지고 마는 이루어질 수 없는 영원한 짝사랑이지요.

> 말이 곧 절이라는 뜻일까
> 말씀으로 절을 짓는다는 뜻일까
> 지금까지 시를 써오면서 시가 무엇인지
> 시로써 무엇을 이룰 지
> 깊이 생각해 볼 틈도 없이
> 헤매어 여기까지 왔다
> 경기도 양주군 회암사엔
> 절 없이 절터만 남아있고
> 강원도 어성전 명주사에는
> 절은 있어도 시는 보이지 않았다
> 한여름 뜨락에 발돋음한 상사화
> 꽃대궁만 있고 잎은 보이지 않았다
> 한 줄기에 나서도
> 잎이 꽃을 만나지 못하고
> 꽃이 잎을 만나지 못한다는 상사화
> 아마도 시는 닿을 수 없는 그리움인 게라고
> 보고 싶어도 볼 수 없는 마음인 게라고
> 끝없이 저잣거리 걷고 있을 우바이
> 그 고운 사람을 생각했다
> ―「詩를 찾아서」 전문

엘리엇은 "시에 관한 정의의 역사는 오류의 역사이다"라고 말했지요. 어쩌면 시에 대한 정의는 시인의 수만큼이나 많을지도 모르겠고, 아니 어쩌면 시인들이 쓴 시의 숫자만큼이나 많을 수도 있겠어요. 그런 면에서 저는 김종삼 시인의 「누군가 나에게 물었다」라는 시를 좋아해요. "누군가 나에게 물었다 시가 뭐냐고/ 나는 시인이 못됨으로 잘 모른다고 대답하였다/ 무교동과 종로와 명동과 남산과/ 서울역 앞을 걸었다/ 저녁녘 남대문 시장 안에서/ 빈대떡을 먹을 때 생각나고 있었다/ 그런 사람들이/ 엄청난 고생이 되어도/ 순하고 명랑하고 맘 좋고 인정이/ 있으므로 슬기롭게 사는 사람들이/ 그런 사람들이/ 이 세상에서 알파이고/ 고귀한 인류이고/ 영원한 광명이고/ 다름 아닌 시인이라고"라는 시지요.

어린이의 심정으로 바라보는 세상

김명원 선생님께서 여생을 통해 추구하고자 하시는 시의 지향점을 알려주시지요.

정희성 시대적인 요구에 부응하기 위해 사회성이 강한 시를 쓸 수밖에 없었던 시절이 있었다고 먼저 언급하였지요. 그러다 보니 세상을 매서운 눈초리로 쏘아보는 버릇이 생겼고, 언어는 거칠어지고, 언어가 거칠어지다 보니 사람 또한 거칠어지고 공격적이 되더라고요. 내가 했던 말들이 어느 날 갑자기 나를 향해 달려들지도 모른다는 생각에 두려운 적도 있었지만 저 자신이 했던 말에 대해서 회피할 생각은 없어요. 그동안의 시적 작업에 대해 준엄한 비판의 소리도 마다하지 않을 거고요.

얼마 전 제주 올레5코스를 걷다가 법정의 「존재의 집」이라는 잠언이 돌에 새겨진 것을 보고 왔는데요. 이렇게 새겨 있더라고요. 말은 생각을 담는 그릇이라고요. 생각이 맑고 고요하면 말도 맑게 고요하게 나오고, 생각이 야비하거나 거칠면 말도 또한 야비하고 거칠게 마련이라고요. 그러므로 그가 하는 말로써 그의 인품을 엿볼 수 있으니 '말을 존재의 집'이라고 한다고 말이지요. 얼마나 말이 중요하다는 것을 강조하는 잠언입니까. 말이 곧 존재의 집이라니요.

오래 전, 강원도 평창군 미탄면 청옥산 기슭에 사는 제자의 집을 방문했다가 쓴 시가 「민지의 꽃」이에요. 제 시에 나오는 민지처럼 어린이들은 자연과 하나가 되어 있지요. 시인도 역시 민지와도 같이 어린이의 심정이어야 경계가 없어요. 어린이가 쓴 글은 다 시 같다고 말한 이도 있잖아요? 저는 어린이의 말과도 같은 시를 생각하고 있습니다.

> 강원도 평창군 미탄면 청옥산 기슭
> 덜렁 집 한 채 짓고 살러 들어간 제자를 찾아갔다
> 거기서 만들고 거기서 키웠다는
> 다섯살 배기 딸 민지
> 민지가 아침 일찍 눈 비비고 일어나
> 저보다 큰 물뿌리개를 나한테 들리고
> 질경이 나싱개 토끼풀 억새……
> 이런 풀들에게 물을 주며
> 잘 잤니, 인사를 하는 것이었다
> 그게 뭔데 거기다 물을 주니?
> 꽃이야, 하고 민지가 대답했다
> 그건 잡초야, 라고 말하려던 내 입이 다물어졌다
> 내 말은 때가 묻어
> 천지와 귀신을 감동시키지 못하는데
> 꽃이야, 하는 그 애의 말 한마디가
> 풀잎의 풋풋한 잠을 흔들어 깨우는 것이었다
> ─「민지의 꽃」 전문

김명원 선생님께서 말씀하신 어린이의 언어에 대해 저 역시 숙고하게 되는데요. 생텍쥐페리의 『어린 왕자』에서 어린이인 작중 화자가 어른들에게, 보아 뱀이 맹수를 삼키고 있는 그림을 보여 주었던 장면이 연상됩니다. 어른들에게는 설명이 필요하지만 어린이는 직관으로 모든 사물과 소통을 하니 어린 아이다운 사고와 언어가 얼마나 시와 닮아 있는 것인지요. 그러니 선생님의 시 「민지의 꽃」에서처럼 잡초를 '꽃'이라고 말할 수 있는 어린 아이의 눈으로 보고 느끼고 쓸 줄 아는 자가 바로 시인이라는 생각이 드네요.

정희성   어른들은 나이가 들어가면서 점점 더 낡은 세계에 친숙해지는 사람들입니다. 어른들이 보는 구태의연한 세상도 때 묻지 않은 어린애의 눈으로 보면 그만큼 깨끗하게 보일 거예요. 때 묻은 세상을 때 묻지 않은 눈으로 바라보는 것, 바로 시의 몫이겠지요. 공자가 말한 '시삼백일언이폐지 사무사詩三百一言以蔽之 思無邪'에서 곧 '사무사思無邪'란 어린애 같은 마음이 아닐까요? 저는 어린아이와 같은 마음으로 되돌아가서 세상을 고운 눈으로 바라보고 싶어요. 마음에서 일어나는 온갖 욕망을 끊어버리고, 좋은 시를 써야겠다는 욕심마저 끊어버리고, 마음을 비운 상태가 되어야 시가 다가오니까요.

저는 70년대 등단과 더불어 시작된 사회의 격변기 속에서 줄곧 일그러지고 구석진 곳에 눈을 맞추고 시를 써오느라 오랫동안 미움과 대결의 언어, 분노의 감정, 증오의 대상을 알아보는데 길들여져 왔어요. 제가 현실주의자가 되어 우리를 억압하는 자들에게 맞설 수밖에 없었던 것은 그들이 우리의 낭만적인 환상을 가로막고 있었기 때문이지 현실주의 자체가 문학적 이상이라서 그런 것은 아니었거든요. 저의 시는 한 시대의 불의와 맞서서 싸우다 죽은 용감한 사람들의 영혼에 바쳐진 것이었어요. 이제는 새로운 길을 찾고 싶네요. 저는 저의 말로부터 해방되고 싶고 가능하면 저 자신으로부터도 해방되었으면 싶어요. 이제 새로운 길로 나서기는 했는데, 나와 내 말이 어디에 가 닿을지 아직도 잘 모르겠어요.

유법이무법 有法而無法

김명원 시인들에게 주고 싶으신 충고나 격려의 말씀을 부탁드립니다.

정희성 2001년도에 우리가 초청한 팔레스타인의 시인 마흐무드 다르위시는 "시가 세상을 바꾸어 놓을 것이라고 생각했는데 세상이 나를 바꾸어버렸다."는 말을 했습니다. 얼마나 뼈아픈 고백입니까? 그러나 시가 누군가의 마음에 아름다운 변화를 일으킬 수 있다는 희망이 없다면 우리는 더 이상 시 쓰기를 그만 두어야할 것이라고 저는 생각합니다.

그리고 시인들이 낡은 사물들 속에서 새로운 이미지를 발견해내는 일은 아마도 과학자들이 낡은 사물들 속에서 새로운 원소나 원리를 발견해내는 일에 비견할 만하겠지요. 예를 들어 조선조 500년 동안 국화의 의미는 늘 '지조와 절개'였어요. 진부하지요. 하지만 서정주에 이르러 국화는 그 의미를 갱신하게 됩니다. 어찌 보면 하잘 것 없는 하나의 생명체라도 그것이 탄생하기까지에는 봄부터 소쩍새가 울고 천둥이 먹구름 속에서 울고 간밤에 무서리가 내리고……. 말하자면 전우주적인 조화가 있었다는 말인데, 이야말로 서정주 시인이 생명파시인이라고 불릴 만한 단서가 되는 것이에요. 그의 시 「국화 옆에서」를 문학적 자산으로 가지고 있는 우리나라 국민은 미국 국민이 느낄 수 없는 남다른 풍부한 정서를 '국화'에서 느끼게 될 테니까요.

이처럼 시인은 평생에 아무도 흉내내지 못할 한 마디 말을 하고 싶어 하는 사람이에요. 그러니 그 말이 사람들에게 신선한 충격을 주게 되고요. 두보가 "어불경인 수사불휴 語不驚人 雖死不休", 즉 "나의 말이 사람들을 놀라게 하지 못한다면 나는 죽더라도 쉬지 않겠다"는 말도 이런 경지에서 나온 것이겠지요.

우리는 어차피 낡은 세상 낡은 사물 가운데서 살아갈 수밖에 없는데 시인들은 그 속에서 새로운 의미를 찾아야 할 운명을 타고났어요. 시인들은 무엇보다 상투적이고 관용화한 틀을 못 견디는 사람들이니, 흔히 말하는 '낯설게 하기'를 통해 끊임없이 독창적이고도 참신한 이미지를 창조해내려고 안간힘을 다할 테고요. 그러나 이 '낯설게 하기'가 지나치면 소통을 가로막을 수 있어요. 기초가 튼튼해야 비약이 있을 수 있으니까요. '법고창신法古創新'의 지혜가 필요한 까닭이 여기에 있지요. 일찍이 완당阮堂이 설파한 '유법이무법有法而無法'이란 말이 있어요. 이는 "화법이 없다는 것은 틀린 말이요, 그렇다고 화법에 얽매이는 것도 못 쓰는 일이다. 오직 먼저 법도를 엄격하게 지킨 뒤에 그것을 뛰어넘어야만 신품을 그릴 수 있는 것이니 유법에 극진함으로써 연후에 무법으로 돌아가는 것"이란 뜻으로 이 말을 가슴에 새겨야 합니다.

김명원 그렇다면 선생님께서 유념해 보시는 시인이나 시를 소개해 주셨으면 합니다.

정희성 저는 시를 읽을 때 좀 편식을 하는 편입니다. 제가 알고 있는 시인들의 작품 위주로 읽으니까요. 그러다가 우연히 엄원태 시인의 시집을 읽게 되었는데 아주 놀랐지요. 좋은 시는 말이 필요한 것이 아니구나 해서요. 말 이전의 느낌이 오도록 만드는 것, 이게 시인의 몫이구나 싶더라고요. 엄원태 시인은 대구에 살고 있는데 투석을 요하는 환자라고 들었어요. 한 번도 만난 적은 없는데 제 시의 편식 습관을 고쳐 주었지요.

그후에 유념해서 여러 시인들의 시들을 읽는 편인데요. 허나 재능 있는 시인들은 많지만 '좋은 시인'들은 적더라고요. 좋은 시인이란 인간적으로 따를 만한 시인을 일컫고요. 재능 있고 인격을 갖춘 시인이라면 금상첨화일 텐데, 그런 시인이야말로 시간과 공간의 제약을 뛰어넘어서, 사후에도, 그리고 외국에서도 읽힐 수 있는 시를 쓰겠지요. 바로 위대한 시인인 것이지요. 저는 "그 사람 재주는 있지만 사람은 못 쓰겠더라."는 소리는 안 듣고 싶습니다.

김명원 선생님, 여담인데요. 정말 궁금하기도 했고요. 수능 시험 언어 영역에 자주 출제되는 선생님 시를 두고 문제를 푸실 때 정답을 맞추시나요. 최승호 시인은 자신의 시에 대한 수능 문제에 오답을 냈다고 실토했는데요.

정희성 저도 잘 몰라요. 그래서 학생들이 문제지를 가지고 와서 물으면 우선 정답이 뭐냐고 물어요. 그런 다음에 아마도 출제한 사람이 이런 관점에서 답을 요구하고 있겠다고 설명해 주곤 했지요.

김명원 선생님 시 중에 재미있는 시가 있는데요. 「시인본색」이라는 시요. 그 시를 읽으면 선생님 댁 가족 상황이나 분위기가 궁금해집니다. 지금 사시는 곳은 어디인지요? 그리고 혹시 자제분들 중 문학을 하는 분은 있는지요?

정희성 1972년에 결혼을 하고서 제가 살던 영등포를 떠나 지금 살고 있는 방학동으로 옮겼어요. 아내가 친정 근처에서 살고 싶다고 하는 바람에요. 방학동으로 이사할 때 미아리 고개를 넘으며 참 슬펐지요. 그땐 왜 그렇게 그 길이 멀게 느껴졌던지……. 「시인 본색」이라는 시는 저를 우습게 아는 집사람이 한 말을 그대로 옮겨 쓴 것이에요. 엄숙한 시만 쓰면 재미없어서 농담을 해보고 싶어 쓴 시지요. 그 시를 발표하고 나자 시는 자신이 썼는데 왜 원고료는 시인이 받느냐고 아내가 놀리더군요. 우리 집사람이 말을 아주 재미있게 잘해요. 그 말들을 다 받아 적으면 재미있는 시들이 많이 나올 듯 하고요.

그리고 제 집의 큰 아이가 73년생 딸이고 둘째 아이가 75년생 아들인데요. 큰 딸이 뭔가 끼적거리기는 하는데 꺼내 보이진 않고 있네요. 결혼을 안 하고 있는 아들은 불편을 좀 느껴 보라고 독립을 시켰는데 애들 엄마가 파출부처럼 가서 보살펴줘서 문제예요.

> 누가 듣기 좋은 말을 한답시고 저런 학 같은 시인하고 살면 사는 게 다 시가 아니겠냐고 이 말 듣고 속이 불편해진 마누라가 그 자리에서 내색은 못하고 집에 돌아와 혼자 구시렁거리는데 학 좋아하네 지가 살아봤냐고 학은 무슨 학 닭이다 닭 닭 중에도 오골계烏骨鷄!
>
> ─「시인 본색」 전문

김명원 선생님, 마지막으로 저희 시단에 하고 싶으신 당부가 있다면요.

정희성 우리나라는 10년 단위로 역사의 위태로운 일들이 일어났지요. 현재 2010년을 기준으로 해서, 일본 제국주의의 침략으로 나라 잃었던 한일합방 100주년, 6·25 동족상잔의 비극 60주년, 피로써 민주주의를 외친 4·19혁명 50주년, 광주항쟁 30주년 등이요. 이젠 더 이상 슬픈 기념일을 만들지는 말았으면 좋겠어요.

저는 70년대부터 시를 써왔는데, 그 70년대가 어떤 시대였나요? 그리고 지금 2010년, 우리는 어느 지점에 서있나요? 자본주의적 성장이 곧 진보이고 발전일까요? 40년 동안에 우리가 이룩한 것도 많지만 잃어버린 것도 많지요. 기계문명으로부터의 인간의 소외, 환경 파괴, 기후 변화 등 사람이 사람답게 사는 것이 점점 더 어려워지고 있으니까요. 더구나 보수 정권이 들어서서 그동안 피 흘려 얻은 민주적 가치마저 부정되고 있지 않은가요? 우리 시단부터 이런 반성을 해야 합니다.

김명원 선생님과 여러 말씀을 나누다 보니 벌써 밤이 깊었습니다. 다음에 다시 뵙고 오늘 나누지 못한 이야기꽃을 피워야할 듯 싶은데요. 가슴에 새겨야 할 말씀들, 고맙습니다.

사십 년을 시업에 게으르지 않았으면서도 겨우 다섯 권의 시집을 상재한 시인. 첫 시집을 출간했을 때 적어도 오년에 한 권씩은 내리라고 마음먹었던 것이 십년 만에 겨우 한 권씩을 추가했다는 시인. 유명세를 타면 반드시 출간하게 되어 있는 산문집이나 교육서, 혹은 동시집을 한 권도 가지고 있지 않은 너무도 결곡한 시인. 그가 바로 정희성 시인이다.

시대의 격풍과 마주하면서도 변함없이 차분한 성품을 시로 형상화해낸 정희성 시인은 지나온 시절에 대한 자신의 시세계와 시정신을 이야기하였다. 그의 맑은 어투는 찬찬하고 더구나 유창하지 않아서 신뢰를 자아냈다. 조심히 건너는 말씀의 행간마다 진실과 진정의 행보가 찍혔던 연유였다. 왜 시인들이 그를 두고 선비 같다느니 지사 같다느니, 라고 일컫는 지가 이해되는 시간이었다. 그가 시창작을 설명하며, 묵언의 경지에 이르러서야 마음이 들어가 쉴 만한 작은 공간을 빚어낼 수 있을 따름이라고 표현한 엄격성도 이제야 알겠다.

  서울행 마지막 열차표를 준비해 드리고는 발차 시간이 어지간히 남아, 역 앞 호프집에서 선생님과 생맥주를 마시며 초하의 밤을 익힌다. 유월이 되자 한결 진해진 연둣빛 가로수 그늘들이 함부로 창가로 휘어지고, 골목에서는 하루를 마감하는 사람들의 귀가하는 발걸음이 빨라진다. 이제 잠시 후면 선생님을 배웅해야 하리라. 어둠이 젖는 도심의 강으로 돌아가시게끔 배웅해 드려야 하리라. 순결한 어깨를 적시며 웅크려 앉아 정성스럽게 시를 씻으시는 모습을 다시금 그리워해야 할 것이다(2010년 6월 8일).

정희성　1945년 경남 창원 출생. 서울대학교 국문학과 졸업. 1970년 《동아일보》 신춘문예에 시 「변신」이 당선. 1972년부터 2007년까지 서울 숭문고교 국어교사로 재직. 시집 『踏青』, 『저문 강에 삽을 씻고』, 『한 그리움이 다른 그리움에게』, 『시를 찾아서』, 『돌아다보면 문득』 등 상재. 김수영문학상, 시와시학상, 만해문학상 등을 수상했고, 제16대 민족문학작가회의 이사장으로 활동하였다.

이은봉

이상적인 시공간을 복원하는 상고주의자上古主義者, 이은봉

　방학이라 하경한 아이들이 외출한 여름 정오, 혼자 마루에 앉아 참외를 깎아 먹는다. '참외'의 '외'는 오로지 '하나'라는 뜻, 곁에 아무도 없다는 뜻, '외롭다'의 첫음절로서 얼마나 혼자임을 강조하고 싶으면 '참외'는 영어로도 'me-lone'이다. 게다가 접두어로 '참'이 붙어 참다운 외로움을 뜻하게 되었으니, 참외는 왜 이다지 외로움을 표상하는 단어로 불리워졌을까. 이유는 마디 하나에 참외꽃이 하나씩만 피기 때문이다. 대부분의 다른 식물들은 쌍꽃으로 피어 열매도 쌍으로 맺는데 비해, 박과 식물인 참외는 외꽃으로 피어 자신이 혼자 둥글게 맺어야 할 시간과 공간을 처절히 확보한다. 홀로 꽃 피고 홀로 꽃 지고 홀로 열매 맺는 가운데 더욱 자라고 넓어지고 둥그러져 여름이 내는 과일로서의 멋진 면모와 진한 당도를 자연에 펼쳐 보이는 것, 그리고 내 입 안에서 찬미받는 것.
　작열할 듯한 뜨거운 햇빛들을 어쩌지 못하다가 신선한 미감을 선사하는 참외 한 조각으로 시원해지는 시간, 나는 그 행복한 미감 끝에서 이은봉 시인을 떠올린다. 내가 마주하고 있는 참외가 이은봉 시인의 풍모와 닮았기 때문이리라. 중심이 아닌 변방에서, 그것도 혼자 사유하고 고투하며 지켜낸 진실의 외곽에서 그는 늘 뜨겁게 자신을 지켜냈으며 날카롭게 시대를 응시하고 포용했다. 철저하게 외로워 본 자만이 도달할 수 있는 참다운 경지에서 가장 잘 익은 시간을 우리에게 시詩로 달콤하게 증명해 보인 연유에서이다. 그렇다. 그는 혼자를 익혀 온 봄을 아는 시인이며, 자신을 기꺼이 헌신하는 여름을 증거하는 시인이다.

시인을 모시고 시세계와 주변 일상의 이야기들을 소소하게 듣고 기록하는 이 지면에서 나와 가장 오래된 인연이 있다면 바로 이은봉 시인일 터. 시인은 내 패기 있고 젊던 이십 대를 보아준 유일한 문인이기도 하다. 문학에 대한 편편한 그리움을 어찌지 못해 대전성모병원 약제과에서 야간근무를 하며 낮에는 국어국문학과 대학원에 다녔던 내 이십대 후반의 어느 가을날, 이은봉 시인은 멋지게 등장한다. 국어국문학회 세미나에서 처음 만난 시인은 지금처럼 그때도 언제나 웃는다. 웃는 모습은 심히 아름다워 가히 격조 높은 수묵화폭이다. 시인은 그때처럼 지금도 언제나 상대를 격려해준다. 격려는 따뜻하고 구체적이어서 듣는 즉시 효과를 발현한다. 축 처져 있던 어깨가 올라가고 힘이 불끈 솟는다. 시인은 그때처럼 지금도 타고난 이야기꾼이다. 비운에 죽어간 시인들로부터 현문단의 대소사, 시인들의 근황을 쫄깃한 언어의 질감을 살려 이야기해준다. 시인이 나타나면 그때처럼 지금도 지방방송들은 스스로 소거되고 그에게만 주파수를 맞추게 된다.

서툴었으나 눈부셨던 문청시절을 공유한 시인, 그 시절의 내가 얼마나 예뻤던 지를 기회가 될 때마다 들려주는 덕담의 시인, 변화가 발전 목록이 된 안타까운 현실에도 변하지 않는 가치와 진한 의리를 지닌 시인, 만나는 사람마다 본인의 진가를 발휘하여 그들 삶의 주인공이 되도록 도모해주는 시인, 시대와 사람을 재산으로 등록한 시인, 대학생들에게 인기 절정인 선생님 시인, 그런 시인을 어찌 추종하지 않을 수 있으랴. 나는 그간의 어떤 인터뷰보다 달뜬 채 전화를 드려 대담 허락을 받았고, 여유로운 발걸음으로 시인에게 가고 있다. 염소 떼 모양의 하얀 구름들이 정답게 동행해주는 8월 하순이다.

고향 '막은골'의 여름 영상

김명원   무더운 날들이 연일 계속되고 있습니다. 더위로 인해 집중력이 떨어져서인지 앉아서 책을 보는 것만도 부담스러운 성하의 오후인데요. 선생님께서는 방학 중이지요? 이 기간을 어떻게 보내고 있으신지요?

이은봉   단순하게 지내요. 책 읽고, 글 쓰고, 사람 만나고…… 뭐 대강 그렇지요. 아, 산책할 때도 있기는 하네요. 그런데 올해 여름은 너무 더워 산책할 마음이 잘 안 나고요. 방학이기는 하지만 더러 광주에 다녀오기도 해요. 실은 그때그때 주어진 일들을 하기 위해 늘 바쁘게 지내고 있어요.

김명원   여름방학이라고 해도 대학 선생님인데다 시지 주간 일도 맡고 있으니 여러 업무들로 분주하시네요. 선생님의 고향인 공주군 장기면 당암리 '막은골'은 이제 행정중심복합도시인 세종시가 들어 와 옛 모습이 사라졌지만요. 고향에서 여름이면 어떤 놀이들을 즐기셨는지요? 여름에 얽힌 재미있는 고향 이야기가 듣고 싶습니다.

이은봉   고향마을인 막은골(망골杜谷)의 남쪽에는 드넓은 장남평야가 펼쳐져 있었지요. 북쪽에는 말 그대로 뒷산이 삼태미처럼 마을을 감싸 안고 있었고요. 서쪽에도 높지 않은 산이 펼쳐져 있었어요. 서쪽에서 발원한 구릉이 동쪽으로 계속 이어져 마을의 앞을 절반 정도 가리고 있었는데요. 동쪽으로 계속 이어져 온 이 구릉의 끝을 뻬삭부리라고 불렀는데, 그 뜻이 무엇인지는 잘 모르겠어요. 그곳에서 백색 흙, 백토가 났는데, 그래서 뻬삭부리라고 부르지 않았겠느냐고 어머니는 말씀하시더군요. 이 산과 구릉이 겨울에는 차가운 북풍과 서풍을 막아주었지요.

뻬삭부리 앞쪽으로 펼쳐져 있는 장남평야가 끝나는 지점에 금강이 흐르고 있었고요. 막은골에서 금강까지는 한 3km쯤 되었을 거예요. 남쪽의 금강을 바라보고 동쪽으로는 금강으로 흘러드는 모듬내(제천濟川)가 흘렀지요. 여름에는 수량이 꽤 많았어요. 어렸을 때는 여기서 물장구를 치며 놀았죠. 물놀이는 동네에서 멀지 않은 들녘의 둠벙에서도 많이 했는데요. 멀지 않은 들녘에 '찬물내기'라는 둠벙이, '도깨비탕'이라는 둠벙이 있었거든요. 물놀이에 지치면 '짐너머' 참외밭에서 참외서리를 하기도 했고요. 조금 컸을 때의 일이기는 하지만, 여름 장마가 지는 밤에 모듬내 둑방을 타고 북쪽으로 기어가 이웃 마을 과수원에서 복숭아 서리를 한 적도 있지요.

이제 내 고향인 공주군 장기면 당암리 막은골은 없어요. 얼핏 들으니 새로운 행정 동명이 만들어지는 모양이더군요. 동네가 어떻게 변하게 되는지는 알 수 없고요. 우리 집 집터 옆에는 저류지인지 뭔지 하는 오폐수를 가두는 둠벙 같은 것이 생기는 모양이대요.

김명원 개발의 논리에 침몰된 고향이라니요. 오랜만에 둠벙에서의 물놀이와 참외서리, 복숭아서리라는 말씀을 들으니 왜 이다지 시린 유년의 추억들이 살아나는지요. 선생님 생가가 그대로 보존되어야 백년 후쯤 각광 받는 문학 탐방지로 활용될 텐데 아쉽네요. 저류지로 바뀐 아픈 현실이 안타까울 따름입니다. 다시 고향 이야기를 이어볼까요. 초등학교 교사이셨던 아버지를 따라 전학을 하게 된 것이 고향을 떠난 최초의 사건이었나요? 그 즈음의 어린 선생님과 만나고 싶은데요.

이은봉 그렇지요. 초등학교 2학년 때이니까, 여덟 살 때인 듯 싶네요. 아버지가 아산군 인주면 금성리 붓당골의 금성초등학교로 발령이 났어요. 큰고모와 할아버지 등이 작당해 바람기 많은 아버지를 감시할 겸 나를 아버지의 발령지로 따라 보냈지요. 아버지와 단 둘이 붓당골에서 살 때 처음으로 외로움이라는 것을 알았어요. 바람기 많은 아버지는 그곳의 하숙방에 나를 버려둔 채 밖으로 나가 자정이 지나도 돌아오지 않기 일쑤였고요. 채 서른이 안 되었던 젊은 아버지는 내가 삼촌이라고 불러주기를 원했어요. 아버지가 돌아오지 않으면 따로 할 일이 없으니 국어책이나 사회책 등을 읽고 또 읽고 했죠. 그러다 보니 책을 거의 다 외울 정도였어요. 독서 속도도 아주 빨라졌고요. 그 금성초등학교 2학년 중에서는 내가 국어책을 가장 빨리 읽었지요. 그렇게 속독을 배웠어요.

 그때 그곳에도 친구들이 좀 있었는데, 이제는 이름도 기억나지 않네요. 지금 바로 언뜻 이윤재라는 이름 하나가 떠오르기는 하는데, 맞는지 어쩐지는 모르겠어요. 성이 지가인 쌍둥이 형제도 함께 학교에 다녔는데, 이름은 생각이 안 나요.

 그곳에서 일 년 좀 넘게 살다가 다시 고향으로 돌아와 당암초등학교를 다녔는데, 그 일 년 사이에 바깥 물을 좀 먹었다고 많이 개화가 되었지요. 세상에 대한 두려움이 많이 없어졌다는 얘기에요.

 안터, 부귀동, 불탄터, 음담말, 띠울, 엄고개, 속골, 선돌, 양청, 당골, 용고동, 참샘골, 생기동, 머레, 소잠, 갈메, 시거리……,

 이런 마을 이름 다 삼켜버렸네

 옷시암거리, 수렁배미, 송종목께, 짐너머, 지내, 공수마루, 찬물내기, 도깨비탕, 모듬내, 빼리, 호미다리, 통묏산, 다꽝마루……,

 이런 땅 이름 다 잡아먹었네

 이들과 함께 키워온 꿈도 추억도 죄 씹어먹었네 아름다운 괴물도시 세종시가 아가리 딱딱 벌리고서는.
  ―「이름들 ― 막은골 이야기」 전문

문학에 경도되기 시작한 학창시절

김명원 초등학교 시절부터 시창작에 관심을 두신 것으로 알고 있는데요.

어떤 계기가 있었던 것일까요?

이은봉 특별한 계기가 있었던 것은 아니에요. 그때 이미 내가 책읽기를 아주 좋아했어요. 읽기를 좋아하다 보니 쓰기를 좋아했을까요. 초등학교 4학년 때 그냥 불현듯 「돗자리」라는 제목의 시를 썼어요. 선생이 있었던 것도 아니고, 집안에서 따로 누가 부추긴 것도 아니에요. 동시집 같은 것을 갖고 있지도 않았고요. 어머니가 시집올 때 해온 돗자리가 골방에 늘 기대 서 있기는 했지만요. 혼자 있는 시간이 많다 보니 좀 외로웠을까요. 아, 뭘 좀 끼적이는 것을 좋아했어요. 만화 비슷한 것도 그렸고요. 물론 시 비슷한 것도 자주 썼고요.

김명원 선생님께서는 고향에서 당암초등학교를 졸업한 후 공주중학교와 대전보문고등학교를 다니셨지요. 중고등학교 시절, 문학에 대한 창작 욕구는 어떻게 현발現發되었는지요? 대학에서 국문학과를 선택하시게 된 계기와 연관이 있어 보이거든요.

이은봉 중학교에 다니고 고등학교에 다닐 때는 그냥 범생이었어요. 지금도 그런 면이 좀 있지만 말이에요. 실은 범생이로 사는 것이 가장 힘들지요. 평생을 평범하게 사는 것이 평생을 가장 비범하게 사는 것 아닌가요.

공주중학교 때는 이성구라는 친구가 백일장 선수로 활동했는데요. 그 친구가 상을 타와 운동장 조회 때 시상식을 하고, 시낭송을 하면 마냥 부러워하며 쳐다만 보고 있었지요. 늘 콤플렉스를 느끼게 했던 그 친구……, 지금은 무엇을 하며 사는지 모르겠어요.

고등학교 때도 문학을 한다고 하던 선후배와 친구들이 좀 있었는데, 나는 그들을 좀 우습게 봤어요. 읽은 책도 별로 없이 글을 쓴다고, 문예반을 한다고, 백일장에 나간다고 나대고는 했으니까요. 그때 나는 신구문화사판 전후 세계문학전집, 한국문학전집, 을유문화사판 세계문학전집 등을 줄기차게 읽고 있었거든요. 그러니 시건방을 좀 떨었던 것이지요.

고등학교 동기생 중에는 서완환이라는 친구가 문학 지망생으로 유명했는데, 그와 교실 복도의 창가에 기대어 까뮈의 「이방인」 등 실존주의 문학에 대해 뭐라고 얘기를 주고받던 기억이 나네요. 그때까지도 실존주의 문학이 유행을 하던 시절이었거든요.

고등학교 때는 대전에 '머들령', '돌샘', '판도라' 등 범고등학생 문학회가 있었어요. '돌샘'에는 한두 번 정도 나갔고요. '판도라'에는 꽤 여러 번 나갔던 기억이 나네요. '판도라'는 은행동 네거리의 대전문화원에서 모였던 듯해요. 고등학교 때는 주로 흥사단 아카데미 활동을 했어요. 흥사단 아카데미 활동을 하면서 민족과 세계에 대해 처음 눈을 떴지요. 세계관이나 가치관 등도 흥사단 아카데미 활동을 통해 갖게 되었어요. 흥사단의 4대정신인 무실, 역행, 충의, 용감은 지금도 내 삶의 실천 강령이 되어 있고요.

국문학을 전공해야겠다는 생각은 고등학교 2학년 때쯤에 아주 확고했어요. 그때는 워낙 읽고 쓰는 것을 좋아했거든요. 아무런 의심도 없이 국어국문과에 올인했지요. 대학입시에 두 번씩이나 떨어졌지만요.

선생님 말씀을 습지濕紙처럼 빨아들이다

김명원 선생님의 대학 시절로 이야기를 옮겨 보겠습니다. 아마도 문학에 집중하셨을 시기였을 텐데, 어떤 분들과 어떤 활동을 하셨는지요?

이은봉 두 번의 입시에서 실패를 한 후 지금의 한남대학교, 당시에는 숭전대학교 대전 캠퍼스 국어국문과에 다녔어요. 대학 1학년 때는 '여명'이라는 학내 문학 서클이 있어 거기서 활동을 했지요. 시내의 가톨릭 문화회관 등에서 선배들을 따라 '문학의 밤' 등을 개최했던 것이 생각나네요. 그런데 군대를 마치고 학교에 돌아오니 이 '여명문학회'가 없어진 거예요. 그래서 1977년 봄인가요, 문학하는 친구들을 불러 모아 '창과벽'이라는 동인 모임을 만들었어요. 그런 뒤 『창과벽』이라는 이름으로 동인지도 4권을 냈는데, 이 『창과벽』이 사람들이 다 잘 알고 있는 『삶의문학』의 전신이지요.

지방대학이지만 이 대학에서 나는 정말 좋은 교수님들을 참 많이 만났어요. 고전문학을 강의하던 박요순, 소재영, 최래옥 교수님은 물론 현대문학을 강의하던 김현승, 윤홍로, 이봉채, 조재훈, 김대행 교수님 등도 다 이 대학에서 만났거든요. 영문학을 강의하던 윤삼하, 김종철, 강선구 교수님, 불문학을 강의하던 이가림 교수님, 교육학을 강의하던 연문희 교수님도 대학에서 만난 은사님들이지요. 이분 은사님들한테 배운 것에 대해서는 따로 장문의 지면을 만들어야 대강이라도 얘기할 수 있을 정도예요.

김명원 선생님께서는 사석에서 시의 스승이신 김현승 선생님께서 생존해 계셨으면 문단활동을 하는데 좀 더 든든했을 거라는 심경을 털어 놓기도 하셨지요. 대학시절의 김현승 선생님에 대한 추억담을 좀 들려주시지요.

이은봉 숭전대학교 국문과에 그냥 끝까지 다니기로 한 데는 김현승 선생이 거기에 계시다는 것도 큰 역할을 했어요. 다형茶兄 김현승 시인을 가까이에서 뵌 것은 내가 대학 2학 때, 그러니까 1974년 봄의 일이지요. 다형 선생님이 강의하던 '시론', '문예사조', '시창작 실기' 등의 과목을 도강했던 기억이 새롭네요. '시론'은 3학년 과목, '문예사조'와 '시창작 실기'는 4학년 과목이었지 않나 싶은데요. 2학년 때 도강을 했다가 들켜 심하게 혼났는데, 심지어는 타이어 슬리퍼로 얻어맞기까지 했어요. 나가라고 소리를 쳐 강의실 밖 복도로 나왔는데, 복도까지 쫓아 나와 타이어 슬리퍼를 내게 집어던지더군요. 건방지게 2학년이 3학년 강의를 들으러 왔다는 것이지요. 3학년 학생들은 가까운 동춘당으로 학술답사에 갔던 참이에요. 3학년 학생들이 늦게 돌아오는 바람에 강의실에서 몸을 가릴 수 없게 된 것인데, 그날 선생님의 역정은 대단했어요. 내년에 똑같은 과목을 정식으로 들으면 시시해지고 재미없어진다는 것이 다형 김현승 선생님의 말씀이었어요. 해마다 똑같은 강의를 하시는 것이 쑥스러웠는지도 모르겠어요.

하지만 그때 김현승 선생님의 강의를 듣지 못했으면 영영 듣지 못했을 거예요. 1975년 4월 숭실대학교 채플에서 설교 기도를 하다가 쓰러져서는 끝내

일어나지 못했거든요. 으음, 그런데 선생님이 돌아가던 1975년 4월초 선생님의 이름으로 주던, 학보사에서 주최하는 제2회 다형문학상 수상자가 나였어요. 1974년 초봄의 제1회 수상자는 박만춘 선배였고요. 등록금이 7만 5천 원 정도이던 때였는데, 상금이 5만 원이었죠. 당시 5만원은 꽤 큰돈이었는데요. 그때의 상금으로 여자 친구에게 블라우스, 머플러, 속옷, 스타킹 등을 사주었던 기억이 나네요. 책도 좀 샀는데, 그때 산 책으로는 김현 선생의 첫 평론집 『상상력과 인간』, 『시회와 윤리』 등이었지요.

당시 다형문학상 수상작인 「귀 기울이고 들어 봐」는 김지하의 시로부터 영향을 받아 쓴 시였어요. 지금 생각하면 좀 부끄러운 시이지요. 그래서 이 시는 시집에 넣지 않았어요. 그때 다형문학상의 실질적인 심사는 이성부 시인이 맡아서 했어요. 지금은 돌아가셨지만 이성부 시인은 그때의 나를 잘 기억하고 계셨지요. 이런 일이 있은 후 김현승 선생님과 급속히 가까워졌는데, 이소룡이 주인공으로 출현하는 영화를 좋아해 모시고 갔던 기억이 나네요. 원고를 들고 수색의 선생님 댁으로 찾아뵈었다가 전기곤로 위에 주전자를 올려놓고 끓여주는 커피를 마셨던 기억도 나고요.

김현승 선생님이 돌아가시기 전 해인 1974년 가을, 내가 대학 2학년 때 가을의 일들도 생각이 나네요. 그러니까 김현승 선생님이 회갑을 맞은 해 가을의 일이지요. 국문과에서는 박요순 교수님이 중심이 되어 김현승 선생님의 회갑잔치를 해드렸어요. 대전의 가톨릭문화회관 소강당에서 학과의 학생들과 교수들이 모여 케이크를 자르는 등 회갑을 기념하는 작은 이벤트를 했지요. 회갑기념행사를 마치고 여흥시간이었데, 갑자기 박요순 교수님께서 시를 쓰는 이은봉이 회갑을 맞은 김현승 선생님을 기념하는 축가를 부르라는 것이에요. 좀 빼다가 좌중 앞에 나섰죠. 가곡이나 성가 등을 불러야 한다는 생각이 들었지만, 그런 노래 중에는 자신 있게 부를만한 것이 없었어요. 그래서 내 18번이었던 배호의 노래 「마지막 잎새」를 구슬프고 처량하게 불러 젖혔지요. 그날은 유난히 노래가 아주 썩 잘 불러지더군요. 앙코르가 들어와 배호의 노래 「누가 울어」를 한 곡 더 불렀던 듯싶네요. 김현승 선생님은 대중가요를 불러 그런지, 쑥스러워 그런지 별 반응이 없었어요. 그런 일이 있은 뒤 채 일 년도 안 되어 돌아가실 줄은 상상도 못했고요.

　　너무도 일찍 세상을 떠난 선생님, 스승이 없는 제자가 얼마나 외로운가를 실감하게 해준 선생님, 선생님의 사랑이 얼마나 소중한가를 깨닫게 해준 선생님, 선생님이 안 계셔 오랫동안 나는 방황해야 했다. '절대고독'을 노래한 선생님, '고독의 끝'을 노래한 선생님……. 그런 선생님과는 달리 나는 늘 너무 고독해, 너무 외로워 쩔쩔매야 했다. 그럴 때마다 나는 김현승 선생님의 시 「플라타너스」를 떠올리고는 했다. 떠올리며 중얼중얼 외우고는 했다. 외우며 생각에 빠지고는 했다. (…중략…) 내게도 '플라타너스'가 있으면 얼마나 좋을까. 플라타너스 같은 친구가 있으면 얼마나 좋을까. "꿈을 아느냐"고 "물으면" 어느덧 머리가 "파아란 하늘에 젖어 있"는 플라타너스! 우리 "함께 神이 아"닌 플라타너스! 나도 이제 플라타너스의 "뿌리 깊이" 내 "영혼을 불어 넣고 가"면 얼마나 좋을까.
　　젊었을 때는, 총각 때는 이런 생각에 빠져 일부러 플라타너스 길을 찾아 걷기도 했다. 물론 지금도 갑자기 외로워지면 습관처럼 시 「플라타너스」를 중얼거리고는 한다. 중얼거리며 생각하고는 한다. 내게도 플라타너스가 있으면 얼마나 좋을까, "호올로 되어 외로울" 때 "나와 같이" "그 길을" 걸을 수 있는 플라타너스 같은 사랑이!
　　　　　　　　　　　　　　―「까칠한 스승과 플라타너스」 부분

김명원　　김현승 선생님과는 짧은 인연이었지만 선생님께서 산문 「까칠한 스승과 플라타너스」에 쓰셨듯 평생을 그리워하는 사제지간이 되셨군요. 김현승 선생님 이외에 선생님 시세계 정립에 영향을 준 문학적 스승으로는 또 누가 계실까요?

이은봉 김현승 선생님이 안 계셔, 기댈 곳이 없어 한동안 방황을 했지요. 그래서 그 무렵에는 충남대 국문과에 계시던 오세영 교수님을 찾아뵙기도 했어요. 송욱 선생님의 『문학평전』과 『시학평전』을 소개해주시어 열심히 읽었던 기억이 나네요. 하지만 대학에 들어가 맨 처음 만난 시인은 나태주 선생님이었어요. 여명문학회에서 나태주 선생님을 초대해 왔지요. 《서울신문》 신춘문예에 당선된 나태주 선생님이 첫 시집 『대숲 아래서』를 냈을 때였어요. 나태주 선생님의 영향을 받아 대학 1학년, 2학년 때는 순수 자연시를 써보기도 했지요. 나태주 선생님에게 몇 차례 편지를 보내기도 했고요.

그러나 정작 문학적 스승들은 만난 것은 막 김현승 교수님의 사랑을 받을 무렵이지요. 그 무렵에 이가림 교수님도, 조재훈 교수님도, 윤삼하 선생님도 처음 뵙게 되었거든요. 정작 이들 선생님께 좀 더 많은 것을 배운 것은 방위병으로 군역을 마치고 복학한 1976년 가을 이후부터이기는 하지만요. 이가림 선생님을 따라 김종철 선생님과 함께 대전 신도극장 근처의 젓갈 백반집으로 저녁을 먹으러 갔던 기억이 나요. 이가림 선생님 댁에 가서 사모님이 해준 칼국수를 먹던 기억도 나고요. 두 분 선생님의 사랑을 많이 받았어요. 식사를 하거나 차를 마시는 자리에서 듣고 배우는 것도 큰 공부였으니까요.

지금도 마찬가지지만 당시 내게 가장 많은 영향을 준 선생님은 문학평론을 하던 김종철 선생님이었어요. 지금은 '녹색평론'을 만드는 생태철학자로 알려져 있지만요. '창과벽' 동인들 모두와 가까웠는데, 사석에서 문학과 인생, 역사와 사회 등에 대한 많은 얘기를 들려주셨어요. 저는 시에 대한, 문학에 대한 열정이 강해 김종철 선생님의 말씀을 습지濕紙처럼 빨아들였지요. 이가림 선생님도 사석에서 불문학과 관련해 참 많은 말씀을 해주셨고요. 불문학에 대한 기본적인 소양도 사석에서 이가림 선생님께 개인지도를 통해 배운 셈이지요. 그리고 보면 내가 스승 복이 참 많은 사람이에요.

김현승 선생님이 1975년 4월에 돌아가신 후 1977년쯤부터인가 시 강의를 공주대학교의 조재훈 선생님이 맡았어요. 선생님은 강의를 마친 뒤 곧장 공주로 가지 않고 따로 나를 불러 시내의 찻집에서 이런저런 얘기를 하며 시간을 보내고는 했는데, 찻집에서 그렇게 배운 것도 굉장했지요. 이들 선생님들로부터 사랑을 받았던 것은 나만이 아니었어요. 1980년대에 들어 '삶의문학' 동인이라는 이름으로 모였던 친구들이 다 이들 선생님으로부터 관심을 받았죠. 물론 우리가 '삶의문학' 동인으로 활동하던 때는 1983년 이후의 일이지만요.

좋은 세상을 만들어야 한다는 소명의식

김명원 선생님께서는 1984년 1월, 창작과비평사에서 발간한 『마침내 시인이여』라는 17인 신작시집에 시 「좋은 세상」 외 6편을 발표하면서 본격적인 문학 활동을 시작하셨는데요. 『마침내 시인이여』의 성격도 궁금하고요. 그 당시의 문학 환경과 시대 상황도 좀 설명해 주셨으면 합니다.

이은봉 『마침내 시인이여』는 일종의 시전문 무크지에요. 전두환의 신군부에 의해 『창작과비평』이 강제로 폐간되자 창작과비평사에서는 일종의 신작시집 형식으로 1년에 1권씩 사화집을 냈지요. 물론 신작소설집도 냈고, 신작평론집도 냈지요. 이들 무크지는 전두환 신군부에 저항하는 문화적 게릴라의 속성이 있었어요. 그렇게라도 꼼지락거려야 숨을 쉴 수 있었던 시대였으니까요.

아, 참, 1980년대 초의 시대 상황을 말해달라고 했지요? 말 그대로 암흑기였어요. 1980년 광주민주화운동을 무력으로 강제 진압한 전두환 군사정권은 말 그대로 철권정치를 했잖아요. 숨을 쉴 수조차 없을 만큼 억압적이었던 것이 당시의 시대 상황이었거든요. 신군부의 경찰들은 길거리에서 불심검문을 통해 무시로 시민들을 감옥으로 끌고 가고는 했어요. 늘 불안했지요. 공포와 두려움의 떠나지를 않던 시절이었어요. 이런 시절에 신군부에 저항하는 것은 계란으로 바위를 치는 것과 다름없었지만, 그래도 이에 굴하지 않았던 것이 시인들이었고 작가들이었고요. 고은, 채광석, 김정환, 김사인 등 참 용감한 작가와 시인들이 많았지요.

김명원 『마침내 시인이여』에 시를 발표하시기 이전, 1983년 『삶의문학』 제5집에 평론 「시와 상실의식 혹은 근대화」를 발표하며 비평의 길로도 진입하셨는데요. 이처럼 활발하게 문학 활동을 시작한 그 즈음이 실상은 개인적으로 고초를 겪으시던 때였지요. 석사학위를 마치고 노동자들의 삶을 체험하겠다고 산업체 부설학교의 국어교사로 자원해 갔다가 해직이 되어 한남대학교에서 시간강의를 하시던 무렵이기도 하니까요. 어쩌면 그 시절의 경험이 선생님 시의 향방을 결정한 것은 아닐까요?

이은봉 당시에는 내가 꽤 진보적이었던 것 같아요. 석사학위 논문을 쓰고 난 뒤였는데, 노동자들 곁으로 가야 한다는 생각이 계속 들었어요. 그것이 내게 주어진 역사적 책무라고 생각했지요. 하지만 체력이 달려 내가 노동자로 위장취업을 하기는 어려웠어요. 그때는 바짝 말라 겉으로 보기에도 아주 약해 보였어요. 그런 이유로 위장취업을 포기하고 동방산업의 부설학교인 혜천여고(야간)에 국어교사로 부임했지요. 동방산업은 제법 큰 제품공장이었어요. 부설학교를 둘 정도였으니까요. 동방산업에서는 주로 와이셔츠, 점퍼, 파카 등을 만들었는데요. 동방산업에서, 아니 혜천여고에서 노동현장을 경험하고 내가 크게 각성한 것은 사실이에요. 하지만 『삶의문학』 친구들과 더불어 나는 그보다 훨씬 전에 의식화되어 있었어요. 군부독재를 타도하고 민주정부를 세워야 한다는 강한 신념 같은 것이 있었거든요. 우리 세대 지식인들에게는 모두 좋은 세상을 만들어야 한다는 강한 소명의식 같은 것이 있었어요. 우리가 우리 손으로 제대로 된 역사를, 민주주의를, 나아가 조국통일을 바르게 이룩해야 한다는 강한 책임감 같은 것이 있었으니까요. 이런 생각들을 갖고 있었으니 그것이 세계관을 형성해 시에 반영되기도 했겠지요. 시인 이전에 지식인이었다고나 할까, 아무튼 그때는 그랬어요.

김명원 결혼을 그 무렵에 하셨다고 알고 있습니다. 두 분의 결곡한 결혼

인연은 어떻게 이루어지셨나요? 제 딸이 가장 궁금해 하는 연애담! 기대합니다.

이은봉 연애요? 연애담요? 아내와의 연애를 말하는 거죠? 아내의 이름부터 말할까요. 송윤옥이에요. 혈액형은 B형이죠. 제 혈액형은 O형이고요. 원래 B형 여자들이 적극적이고 실천적이잖아요. 추진력이 있지요. 리더십이 있다는 말이에요. 무슨 뜻으로 말하는지 알지요?

김명원 그럼요, 선생님. 저도 혈액형이 B형인 걸요. B형 여성, 한 인물하지요. (웃음)

이은봉 아무튼 아내는 두부 두루치기를 좋아했어요. 리어카에서 파는 비닐구두도 잘 신고 다녔는데요.『논어』에 "士志於道 而恥惡衣惡食者 未足與議也"라는 말이 있지요. "선비가 도에 뜻을 세우고서도 거친 옷과 거친 음식을 부끄러워하면 더불어 말을 나눌만 하지 못하니라"라는 뜻이죠. 그런데 아내는 내게 암소를 끌고 가서 썩은 사과를 바꿔와도 좋다고 하더군요.

아내를 처음 만난 것은 보인회에서 주최한 고전강습소였어요. 보인회는 충청도의 유림 조직이지요. 대전시 대흥동 대성한의원의 지하 강의실에서 여러 선생님들이『소학』,『고문진보』,『논어』,『맹자』,『중용』,『대학』등을 강의했어요. 그분들 가운데 나와 가장 코드가 잘 맞는 분은 석정石庭 송각헌宋恪憲 선생님이었어요. 송각헌 선생님은 충남대학교 불문과에서 정년퇴직을 한 송재영 교수님의 춘부장이시지요. 송각헌 선생님은 정말 대단하신 분이에요. 송각헌 선생님한테 정말 많은 것을 배웠어요. 다시는 송각헌 선생님 같은 천재 은사님을 만나지 못할 거예요. 진짜 천재였어요.『송자대전』을 영어와 불어와 독일어로 번역한 분이니까요.

그건 그렇고,『소학』을 다 읽을 때까지도 송윤옥, 이 사람을 나는 의식하지 못했어요.『소학』을 다 읽고 나서『고문진보』를 읽을 때야 자연스럽게 알게 되었지요. 강의를 마치면 송각헌 선생님이 나와 송윤옥 씨를 자주 따로 불러 저녁을 사 주셨는데요. 저녁을 먹고 차를 한 잔 마시고 선생님이 먼저 댁으로 들어가시면 나와 송윤옥 씨 둘만 남게 되는 일이 잦게 되었지요. 그렇게 되자 자연스럽게 가까워졌지요. 『고문진보』를 읽을 때인데 한시 한 편씩을 지어오는 것이 숙제였어요. 그때는 내가 제법 한시를 지으니까 송윤옥 씨가 내게 도움을 좀 받고는 했어요. 그러다 보니 내가 대단한 사람인 줄 알았나 봐요. 그런 인연으로 결혼에까지 이르게 되었네요.

김명원 결국 선생님께서는 가장 이상적인 결혼을 한 경우세요. 공통 관심사가 두 분께 형성되어 있으셨던 것이니까요. 고전강습소에서의 만남, 정말 낭만적이에요. 멋지세요. 또 궁금한 것, 박사학위 논문으로 『30년대 후반기의 현실인식 연구』를 상재하셨지요. 백석, 이용악, 오장환의 시를 중심으로 한 연구였는데, 이들 시인을 연구하게 된 특별한 동기가 있었을까요?

이은봉 백석, 이용악, 오장환, 이들은 모두 아주 좋은 시인이잖아요. 한국현대시는 1935년이 기점이 되는 이들의 시에 의해 제대로 된 내용과 형식을 얻게 되지요. 아, 그리고 내가 이 분들의 시로부터 많은 영향을 받았어요. 나만이 아니라 우리 세대의 시인 중 적잖은 사람들이 이들의 시로부터 영향을 받았지요. 1980년대의 민중시 운동에 참여했던 사람들 대부분이 말이에요. 김명원 선생도 '오장환 시연구'로 석사학위를 받았지요? 그때는 월납북문인들이 막 해금이 되는 시기이기도 한데다가 이들 세 사람의 경우는 막 전집이 나와 있기도 했어요. 이런저런 것들이 복합되어 박사논문의 테마가 만들어졌죠.

이들 세 사람 모두에게는 일관된 특징이 있어요. 모더니즘의 영향으로 시작을 출발해 낭만주의적 경향을 겪다가 리얼리즘의 세계로 옮겨가는 특징 말이에요. 이런 점도 박사논문을 쓰는 데 도움이 되었지요.

역사와 상호 삼투하고 교섭하는 문학

김명원 선생님의 시세계에 대한 본격적인 질문입니다. 1986년에 첫 시집

『좋은 세상』을 출간하셨지요. 시집의 후기에다가 "온갖 어려움 속에서도 줄기차게 나날의 평등한 삶과 통일 민족국가를 향해 나가는 우리의 역사를 위해, 이 보잘 것 없는 시집이 널리 읽히고 두루 쓰이길 바란다"고 적으셨고요. 1989년에 내신 두 번째 시집 『봄 여름 가을 겨울』의 후기에는 "삶 속의 사람을 바로 깨닫기 위해, 사람의 자유와 해방과 사랑과 혁명을 바로 실천하기 위해, 아아 나는 얼마나 많이 자연의 질서를 공부했던가"라고 하며 삶의 운동법칙을 형상화해온 시의 역사에 대해 피력하셨지요. 단순하게 정의되는 시집이 아니라 넓은 시적 외연을 감지하게 하는 문장들로 경외감이 느껴지던 시집들이었는데요. 어쩌면 시집의 후기는 시인이 견지하고 있는 시정신의 고백이나 독백으로 여겨지기도 하거든요. 선생님께서 그 당시에 추구하신 시의 예술성이나 정치성은 무엇이었나요?

이은봉 말할 것도 없이 시는 예술의 하위 장르이지요. 마르크스 식으로 말하면 예술은 시와 함께 토대가 아니라 상부구조에요. 예술성, 곧 심미성 그 자체가 상부구조의 하나, 곧 정신(정서)의 하나라는 것이니까요. 달리 말해 의식의 여러 형태 중의 하나라는 것이지요. 의식의 하나, 정신의 하나인 예술성, 곧 심미성은 늘 다른 의식, 다른 정신과 교섭, 삼투하며 존재하기 마련이고요. 그런 이유에서 감수성의 하나인 예술성, 곧 심미성은 고정불변의 실체가 아니에요. 실제로는 움직이며 활동하는 가운데 존재하는 것이 예술성, 곧 심미성이지요. 예술성, 곧 심미성과 교섭하고 삼투하는 것 중에는 김명원 선생이 말하는 정치성이라고 하는 것도 있을 수 있겠지요. 물론 이때의 정치성은 논어에서 공자가 정자정야政者正也라고 할 때의 정正과 무관하지 않아야 하겠고요. 바르게 하는 것으로서의 정正 말이에요. 그런 점에서 정치성은 도덕적이고 윤리적이라고 해야 하겠죠. 이때의 도덕적이고 윤리적인 것을 나는 역사의 바른 발전방향에서 찾고 있어요. 그런 점에서 늘 역사와 상호 삼투하고 교섭하는 문학, 시를 강조했던 것이지요.

김명원 1994년에 출간된 세 번째 시집 『절망은 어깨동무를 하고』와 1996

년에 나온 네 번째 시집 『무엇이 너를 키우니』에는 1980년대와 1990년대의 암울한 시대적 상황들이 표출되고 있는데요. 어쩌면 선생님께서 놓치지 않고 붙들고 있으셨던 현실인식과 밀접하게 관련이 있어 보입니다. 좀 더 구체적으로 이 시집들에 내장된 의도를 설명해 주셨으면 해요. 더불어 선생님께서 정의하시는 리얼리즘 시에 대해서도 궁금하고요.

이은봉 리얼리즘은 리얼리티를 추구하는 예술 경향을 가리키지요. 따라서 리얼리즘은 리얼리티가 무엇이냐가 핵심 관건이 되겠고요. 리얼리티가 무엇이지요? 쉽게 말하면 사실성, 현실성, 실재성, 진실성 등으로 번역할 수 있겠죠. 나는 리얼리티를 그 가운데서도 특히 진실성과 관련시켜 이해를 해요. 리얼한 세계를 진실한 세계로 받아들이는 셈이에요. 그렇다면 이제는 진실이 무엇이냐는 질문이 따라야하겠지요. 진실에 대한 얘기를 하려면 따로 자리가 필요해요. 그러니 여기서는 이런 정도만 얘기하죠.

아, 그리고 제3시집 『절망은 어깨동무를 하고』는 말 그대로 절망이 어깨동무를 하고 밀려오는 나 개인의 심리와 당대사회의 심리를 동시에 말한 거예요. 여전히 비극적으로 세계를 인식하고 있었던 셈이지요. 역사의 점진적인 발전을 기다리기에는 당시의 내가 너무 젊었으니까요. 아마 6월 항쟁의 결과가 뜻대로 역사에 실현되지 않은 데 대한 좌절 같은 것이 반영되어 있지 않은가 싶네요.

제4시집 『무엇이 너를 키우니』에는 내가 나와 세계에 대해 조금씩 믿음을 회복하면서 쓴 시들이 담겨 있지요. 무엇이 너를 키우니, 사랑의 상처가 너를 키운다는 등의 뜻이 담겨 있는 것이 이 시집이니까요. 당연히 내가 내게 이르는 말이에요. 요컨대 너무 아파하지 말라는 것이죠. 아마도 민족에 대한 사랑, 민중에 대한 사랑 같은 것을 염두에 두고 있었을 거예요. 물론 나 개인이 느끼는 사랑의 상처도 한 몫을 했겠고요. 이 시집에 이르러 나의 생태사상이 드러나기 시작한다는 것도 기억할 필요가 있겠네요.

절망은 어깨동무를 하고
온다 입 모아 휘파람 불며
주머니 가득 설움덩이 쑤셔 넣은 채
빌딩 옆 가로등 뒤에서
가로등 뒤 철문 옆에서
절망은 불현듯
그대 가슴으로 온다 떼를 지어
서너 명씩 무리를 지어
허리춤 가득 눈물덩어리 찔러 넣은 채
눈빛 부드러이 절망은
별안간 그대 심장으로
온다 금빛 내일을 깔고 앉아
간혹 슬픈 낯빛으로 울먹이기도 하면서
전철역 지하광장에서
지하광장 신문판매대에서
절망은 콧노래를 부르며
온다 사람들 눈길을 피해
붐비는 발길을 피해
그대 여린 손목에
은빛 수정을 채우기도 하면서
온다 우쭐우쭐 어깻짓하며
투구를 쓰고 일렬횡대로
절망이여 잠시 너희의 날들이여
그렇구나 오늘은 이미
네가 이 세상 절대권력이로구나.
―「절망은 어깨동무를 하고」 전문

김명원 2002년에 상재하신 다섯 번째 시집부터는 시의 색채가 현저히 달라지고 있는데요. 다섯 번째 시집 『내 몸에는 달이 살고 있다』는 자연과 인간과 더 나아가 우주가 일체를 이루는 두텁고도 도타운 관계로서의 생태시 지향을 보여주지요. 사실 시집 제목이 얼마나 매혹적인지요. 흔한 말로 섹시하다고 할까요. (웃음) 그로부터 3년 뒤에 내신 여섯 번째 시집 『길은 당나귀를 타고』(2005)는 개인적인 삶의 정서적 고통이 깊이 드러나 있는 듯하더군요. 선생님 개인사에 이런 아픔과 외로움이 도사리고 있었구나, 하며 마음을 끄덕인 시집이었습니다. 저로서는 선생님의 깊은 그림자를 건져 올릴 수 있었기도 했고요. 거의 삼십 여 년 뵈었던 선생님의 이면과 배면을 읽을 수 있었던 새로운 페이지들이었으니까요. 그런 뒤 3년 후에 출간하신 일곱 번째 시집 『책바위』(2008)에는 후기 자본주의 사회의 심리적 피폐함을 고발하고, 그 황폐한 공간을 견인해내려는 의지가 담겨 있었습니다. 최근 '부정과 생성의 생명의식'이라고 논평된 2010년의 여덟 번째 시집 『첫눈 아침』은 줄기차게 이끌고 오신 선생님 시의 주제의식이 심화되고 있는데요. 매번 새 시집을 엮으면서 놓치지 않고 추구한 것은 무엇이며, 변화하고자 한 것은 무엇인가요?

이은봉 대답하기 참 어려운 질문이군요. 다섯 번째 시집 『내 몸에는 달이 살고 있다』에까지 추구된 세계는 민족, 민중, 생태 등의 단어로 요약이 될 수 있어요. 물론 거기에 인간적 품위와 시적 우위 같은 세계가 덧붙여져 있기는 하지요. 이들 세 문제는 근본적으로 근대의 문제이죠. 자본주의적 근대의 핵심문제라는 얘기예요. 민족의 문제, 민중의 문제, 생태의 문제가 모두 자본주의적 근대에 이르러 본격화되잖아요. 역사의 한 과정에 보편화된 문제라는 것이에요. 하지만 이들 문제는 겉에 드러나 있는 몇몇 문제로 쉽게 요약될 수 없는 많은 문제를 갖고 있어요. 그와 관련해 가장 중요하게 생각해야 할 것은 이 시대를 살아가는 사람들의 마음이지요.

왜곡된 마음을 갖고 있으면 민족, 민중, 생태 문제는 결코 해결되지 않아요. 자본주의적 근대에는 대부분 사람들이 비정상적으로 부추겨진 욕망에 시달리며 살아가잖아요. 그래서 제6시집 『길은 당나귀를 타고』와 제7시집 『책바위』는 인간의 왜곡된 마음, 특히 비뚤어진 인간의 욕망에서 비롯되는 착란된 마음, 이 마음 중에서도 뒤틀린 감정을 주로 다루고 있어요. 우리가 흔히 멜랑콜리아고 하는 죽음의 감정 말이에요. 이에 대해서는 꽤 자세하게 말한 「죽음의 늪을 건너는 법」, 「죽음의 정서 밖으로 내는 쬐그만 창」 등의 글들이 있는데요. 모두 인터넷에서 검색할 수 있는 글이에요. 이 글들을 참조해 주기 바랄게요.

김명원　선생님께서는 거의 3년에 한 번씩 적당한 시기를 두고 시집을 출간하셨는데, 슬럼프라고 할까요, 시 창작의 공백기를 거친 적은 없으셨나요? 만약 있었다면 어떻게 극복하셨는지요?

이은봉　나는 내 마음이나 행동을 억지로 규격화하거나 작위적으로 통제하는 사람이 아니에요. 마음이나 행동에서 특별히 폼을 잡지 않는다는 얘기예요. 자연스럽게 생각하고 자연스럽게 행동하며 살고 있지요. 시를 쓰려고 특별히 공간을 이동하거나 만든 적도 없고요. 있는 그대로의 자연스러운 삶과 생각에서 시가 불거져 나오는 것이 대부분이라고 할까요.

　나는 청탁을 받아 시를 쓴 적이 별로 없어요. 행사시는 어쩔 수 없이 주문에 맞춰 써야 할 경우가 있기는 했지만요. 하지만 잡지사에서 청탁이 오면 대부분 쌓여 있는 재고 중에서 퇴고를 해 보내지요. 물론 시적 기획, 내 나름의 프로그램이 있기는 해요. 몇 개의 시의 광맥을 갖고 있어 필요할 때마다 수시로 시를 캐낸다고나 할까요. 그러니 특별한 슬럼프가 있을 리 만무하잖아요. 내가 늘 공부하는 사람, 늘 이런저런 소식을 얻는 사람이 아닙니까. 새로운 깨달음이 없으면 새로운 시가 써지지 않지요. 늘 자잘한 발견 속에서 살고 있으니까요.

김명원　선생님과 사석에서 많은 시간을 공유했던 저로서는 선생님께서 동양의 고전들로부터 깊은 사유를 얻었다고 알고 있습니다. 좀 전에 말씀하신 대로 1979년 석사과정 시절, 석정 송각헌 선생님을 모시고 동양의 고전들을 읽으셨는데, 『소학』, 『반야심경』 등을 읽으시면서 어떤 깨달음을 얻으셨는지요? 그 공부가 시 창작에는 어떤 형태로 이어졌을까요?

이은봉 동양고전은 불교의 것이든, 도교의 것이든, 유교의 것이든 지혜의 보고이지요. 이들 책을 읽다 보면 삶의 태도가 고전적으로 변할까요? 글쎄요. 이들 책에서 깨달은 것들을 여기서 어찌 다 말할 수 있겠어요. 『소학』은 삶의 도리를 밝히는 아주 좋은 내용이 많이 나오지요. 나로서는 『소학』을 통해 특히 음악과 음에 대해 많은 깨달음을 얻었어요. 남아 있지 않은 『樂經』의 내용을 이 책 『소학』을 통해 알게 된 셈이에요. 『소학』에 『樂經』의 내용이 많이 인용되어 있거든요. 특히 음악과 도량형과의 관계를 배운 것은 큰 소득이지요. 『반야심경』도 제대로 이해하면 엄청난 것들을 깨닫게 되지요. 『노자』나 『장자』는 말할 것도 없고요.

자동차에서 내려 바라다보는 강물은 자꾸만 힘을 잃고 비틀거렸다 바로 그때 고요가 제비처럼 대각선을 그으며 허공 위로 날아갔다 강물을 가로지르며 늘어서는 대각선, 문득 나는 대각선 위로 내 지루한 운명을 빨아 널고 싶었다 금세 거기 지난 시대의 무수한 역사까지 하얗게 펄럭이고 있었다 강가의 미루나무들도 이제는 고요에 익숙해진 듯 두 손으로 얼굴을 감싸 안으며 너털웃음을 웃었다

입가에는 어느덧 담배연기가 뽀얀 낯빛으로 달려와 피붙이처럼 서성대고 있었다 세상의 모든 사람들과 다 함께 살려고 하니? 곁에 서서 주춤거리던 고요가 쯧쯧 혀를 차며 내게 물었다 힘을 잃고 비틀거리면서도 쉬지 않고 흘러가는 것이 강물이잖아 덤덤한 내 대답은 미처 말이 되지 못했다 그림자처럼 고요와 더불어 살고 싶기는 했지만 고요가 세상을 만든다고 말하고 싶지는 않았다

—「금강을 지나며」 부분

더는 뜻 세우지 못하리 더는 어리석어지지 못하리 더는 천박해지지 못하리 더는 사랑에 빠지지 못하리

더는 술 취해 길바닥에 나뒹굴지 못하리 더는 비 맞은 초상집 강아지 노릇 못하리

가을이 오면 호박잎 죄 마르는 거지 늙어빠진 알몸 절로 붉거지는 거지 담장 위 누런 호박덩어리 따위 되는 거지

그렇게 가부좌 틀고 앉아 유유히 세상 내려다보는 거지 가난한 마음 더욱 가난해지는 거지.
—「쉰」 전문

과거의 파라다이스에 마음이 가다

김명원 선생님 시의 시계時計에는 두 가지 성향의 시간들이 섞여 있지요. 하나는 농경적인 세계관이 드리운 공동체의 시간이고, 다른 하나는 자본적 규범이 지배하는 해체된 시간입니다. 전자에 대한 면모는 상실에 대한 그리움으로 드러나고, 후자에 대한 태도는 각성이나 성찰을 촉구하는 형태로 나타납니다. 그래서인지 선생님 시들은 줄곧 목가적인 서정과 비가적인 현실이 충돌하면서 슬프도록 아름답게 생성되곤 하는데요. '막은골 연작시'도 이런 도정에서 빚어진 듯싶고요. 선생님께서 가지고 계신 시적 시간관이 궁금합니다.

이은봉 나는 호모사피엔스의 현존과 관련해 미래의 유토피아보다는 과

거의 파라다이스에 마음이 더 가는 사람입니다. 시간의식도 다소간은 과거 지향적이라고 할 수 있지요. 미래는 유토피아이기보다 디스토피아이기 쉽다고 생각하는 사람이에요. 시간이 문제이기는 하지만 결국 인류는 파국을 맞게 될 거예요. 과도한 기계문명이, 과도한 자연파괴가 끝내는 인류의 파국을 만들겠지요. 이제는 지나친 개발 위주의 정책에 대해 문제를 제기할 필요가 있어요. 보세요. 아이폰과 갤럭시폰이 여기서 경쟁을 멈추겠어요. 이것들이 앞으로 무엇으로 변신할지 모르잖아요. 돈이 되기만 하면 인간은 저를 닮은 로봇을 만들고, 은하철도를 만들고……, 그러다가 마침내 파멸하고 말겠지요. 물론 내 이런 생각을 기독교적 불의 심판으로 이해하면 안 됩니다.

그렇다고 하더라도 인류의 미래를 포기할 수는 없어요. 인류의 미래를 포기하면 살아가는 의미를 잃을 테니까요. 우선은 파멸을 늦추는 작업부터 해야겠지요. 인류가 스스로를 돌아볼 수 있도록 해야 한다는 얘기예요. 좀 더 구체적으로는 대안적 근대를 모색하기 위해 노력할 필요가 있다는 뜻이고요. 과도한 개인중심의 사회에서, 곧 왜곡되고 파괴되고 분열된 도시적 자아중심의 사회에서 과거의 가치를, 마을공동체의 가치를 되살릴 수 있는 사회로 나가야죠. 이는 도시의 개별적 자아들 사이에도 가능한 일이에요. 시내 한복판에 수목원을 두고 있는 대전 같은 도시를 잘 살펴볼 필요가 있어요. 내심으로는 내 고향인 세종시가 그런 도시가 되기를 바라고 있고요.

김명원 미래를 기획하거나 계획할 때 반드시 염두에 두어야할 말씀을 일러 주셨는데요. 잘 새겨두겠습니다. 선생님께서는 시론집 『화두 또는 호기심』에서 '각자'의 의미를 쓰신 적이 있으시지요. 이와 관련하여 김수이 평론가는 격월간 문예지 『유심』에 「각자(各自 刻字 覺者)의 시학」이라는 글로 조명하기도 했고요. 선생님 호이기도 한 '각자'의 다의성에 대해서는 그동안 여러 지면에서 설명하셨는데요. '각자各自'가 강조되는 오늘날의 시대와 관련해서 우리는 어떤 '각자'를 염두에 두어야 할는지요?

이은봉 김명원 선생 말대로, 옛 친구들은 우스갯소리로 나를 두고 각자 선생이라고 부르기도 해요. 세상과 나를 조롱하려고 대학시절 내가 나를 두고 각자라고 자호自號한 적이 있거든요. 아마도 전인순, 이 친구가 각자 자호를 만들자는 분위기를 만들었을 거예요. 그건 그렇고, 지금이나 당시나 제 생각의 요점은 간단해요. 자본주의 시대는 개인주의 시대, 각자各自의 시대이잖아요. 그러니 각자各自가 각자覺者가 되어야 한다는 뜻이에요. 자본주의적 근대를 바르게 극복하고 대안적 근대를 옳게 살기 위해서는 각자各自가 각자覺者가 되려는 마음 자세가 필요하다는 것이지요. 오늘을 살아가는 가장 중요한 마음의 자세가 각자各自가 각자覺者가 되려고 하는데 있다는 뜻이에요. 각자各自가 각자覺者가 되려고 하는 것이야말로 불가에서 말하는 수행의 핵심내용이지요. 이 자본주의적 근대를 제대로 살기 위해는 무엇보다 중요한 것이 각자가 수행하는 자세를 갖는 일이라는 것이죠. 물론 각자라는 말 속에는 시 쓰기에는 쇠나 돌 위에 글자를 새기는 각자刻字의 자세가 필요하다는 뜻도 들어 있어요.

김명원   오랜 기간 동안 『오늘의 좋은 시』라는 책자를 통해, 해마다 '오늘의 좋은 시'를 선별하여 엮는 작업을 해오고 있으시지요. '좋은 시'의 선별 기준은 무엇일까요?

이은봉   글쎄요. 이번 질문도 간단하게 대답하기는 참 어렵겠군요. 우선은 내가 충분히 알 수 있는 시, 내게 감동이나 깨달음을 주는 시를 고르지요. 공감이 되는 시를 고른다는 뜻이에요. 시인에게도 이런 기준으로 쓴 시가 좋은 시로 인식되지 않을까요. 저도 모르는 시, 제게도 감동이나 깨달음을 주지 못하는 시가 좋은 시가 되기는 어렵겠지요.

김명원   선생님께서는 1984년 몇몇 시인, 작가 분들과 함께 자유실천문인협의회를 재구성, 재창립할 때부터 줄곧 한국작가회의에 참여해오셨지요. 명칭도 민족문학작가회의에서 한국작가회의로 개칭이 된 데는 많은 질곡의 세월이 존재할 터인데요. 긴 문단사의 현장에서 실무진으로서 보고 느끼신 소회와 한국작가회의가 나가야 할 미래에 대해 말씀해 주신다면요.

이은봉 정말 이 자리에서 다 대답하려면 너무 많은 이야기를 해야 하기 때문에 말을 아낄게요. 한국작가회의도 결국은 이 나라 역사의 부침과 함께 할 거예요. 한국작가회의가 앞으로 해야 할 일은 너무 많지요. 지금 잘하고 있잖아요. 한국작가회의는 각 조직단위별로 십분 자생력이 있는 문인단체이거든요. 한국의 민주화운동 과정에 한국작가회의의 역할은 너무 컸죠. 사람들은 벌써 그걸 다 잊어버렸더군요. 4·13 호헌조치를 반대하는 한국작가회의 서명운동이 없었으면 이른바 6월 항쟁은 없었다고 나는 생각해요.

김명원 네, 알겠습니다. 언제나 애정으로 살펴주시는 극진한 마음을 한국작가회의의 회원인 저로서도 잘 감지하고 있답니다. 그저 늘 감사드리는 심정이에요. 음, 선생님께서는 광주대학교 문예창작과에서 후학을 지도 양성하고 있으시지요. 학생들에게 창작 지도를 하면서 가장 중요하게 여기시는 덕목은 무엇인가요? 광주대 문창과는 신춘문예 배출 문인이 많은 학과로도 유명한데요. 특별한 비결이 있을까요?

이은봉 특별한 비결요? 그런 것은 없어요. 가장 중요한 것은 학습동기예요. 학생들이 배우고자 하는 열의가 있어야 하지요. 좋은 시를 쓰고자 하는 열정이 있어야 한다는 얘기예요. 시인이 되려고 하는 욕구가 있어야 시인이 되는 것 아닐까요. 그래서 우선은 동기유발에 주력하는 편이에요. 물론 적어도 시에 관해서는 강의 계획서가 단계별로 잘 만들어져 있지요. 시창작과 관련해 가장 중요한 것은 발상과 언어예요. 기발하고 참신한 발상, 그리고 세련되고 정련된 언어가 필요하니까요. 그런데 최근의 젊은 시인들의 시를 보면 세련되고 정련된 언어만 있고 기발하고 참신한 발상은 없는 것 같아요. 그래서 아쉬워요.

김명원 선생님께서는 『삶의문학』, 『시와사회』, 『문학과비평』, 『문학마을』, 『시와사람』, 『시와상상』, 『시와인식』, 『불교문예』, 『시와시』 등의 편집위원, 편집인, 주간 등을 역임하셨지요. 현재 전국에 시지를 포함하여 문예지들이 어림잡아 300여종이나 된다고 들었습니다. 그럼에도 불구하고 일반 독자들이 거의 없이 문인들 위주의 독자가 형성되고 있는 것에 대해 이런저런 문제가 제기되고 있거든요. 제가 학생일 때는 문인이라고는 전혀 없는 저희 집에서도 『현대문학』, 『문학사상』, 『사상계』 등을 구입해서 읽었는데요, 지금은 그렇지 않아요. 몇 십 년 사이에 왜 이런 현상이 일어난 것일까요? 문예지는 많은데 일반인들은 구독하지 않으니까요. 문예지들은 앞으로 어떤 부분을 고려해야 할까요? 잡지를 기획하는데 귀재이신 선생님의 고견을 듣고 싶습니다.

이은봉 김명원 선생이 죽 거론하신 문예지들을 보니 내가 문예지 발간에 정말 많이 참여했었구나, 하는 생각이 드네요. 가장 최근에는 지난 3년 전에 『시와시』를 창간해 주간 겸 편집인으로 일하기도 했지요. 올해 가을호, 그러니까 2012년 가을호를 끝으로 『시와시』의 주간 겸 편집인직을 맹문재 시인에게 넘기기로 했어요. 너무 지쳤거든요. 이제는 좀 쉬고 싶네요. 내 글도 더 쓰고, 내 책도 더 만들려고요.

내가 문예지 발간에 처음 참여하게 된 계기는 앞에서도 말했듯이 전두환 군부독재의 문화정책에 저항하고 도전하기 위해서였어요. 국민들이 문학의 생산과 향수에 참여하면 할수록 민주화가 빨라지리라고 생각했으니까요. 국민들의 인식의 수준이 높아질 테니까요. 그런저런 이유로 지난 1980년대에는 이른바 '창작주체논쟁' 같은 것도 있었지요. 당시 나는 현단계의 입장으로 보면 창작주체의 전문성을 좀 더 옹호할 필요가 있다는 다소 보수적인 입장을 취했지만요.

문예지뿐만 아니라 모든 잡지들이 다 잘 안 팔리지요. 『신동아』, 『월간조선』, 『월간중앙』 등의 대중적인 잡지도 잘 안 팔려요. 『여성동아』, 『여성조선』, 『여원』 등의 여성지도 마찬가지이고요. 아마 『사상계』가 복간된다고 하더라도 잘 안 팔릴 거예요. 『창작과비평』은 정기구독식으로 좀 팔린다고 하는데, 『창작과비평』을 정기구독하는 사람도 제대로 다 읽는 사람은 거의 없다고 하데요. 실제로 그런지 어쩐지는 잘 모르고요. 들리는 소문이 그래요. 읽을거리가 넘쳐나는 시대이잖아요. 젊은이들은 신문도 스마트폰으로 읽잖아요. 읽기보다는 쓰기를 좋아하는 시대, 웅변보다는 속삭임을 좋아하는 시대이지요. 이제는 각자 모든 삶의 주체이니, 이 각자가 문제에요. 그래도 유명한 글은, 좋은 글은 인터넷 카페나 블러그를 통해 시간을 두고 계속 읽혀나가더군요. 이럴 때는 글이 돈이 되지는 않지만요.

퇴임 후엔 고향에 보금자리를

김명원   선생님께서는 지난 5월에 「첫눈 아침」으로 제15회 한국가톨릭문학상을 수상하셨지요. 각 교구 가톨릭문인회와 출판사 및 문단 관계자 등을 대상으로 후보작을 공모, 수차례 운영회의와 심사회의를 거쳐 시와 소설 부문을 선정했다고 알고 있는데요. 한국가톨릭문학상 시부문 심사위원장으로 위촉된 김후란 선생님께서는 심사평을 통해, 선생님의 시가 일상의 모습에 문학적 감성을 불어넣어 인간성 회복과 삶의 훈훈함을 전한 작품이라고 밝히셨고요. 문학상을 이번 말고도 여러 번 받으셨는데, 문학상의 의미를 짚어주시고 상금을 어디에 쓰셨는지도 말씀해 주셨으면 합니다.

이은봉   한국가톨릭문학상을 받은 것을 나로서는 아주 영광스럽게 생각해요. 일종의 행운이 따른 것이지요. 조계종 총무원에서 운영하는 현대불교문학상이 불교신자에게만 상을 주지 않듯이 한국가톨릭문학상도 가톨릭신자에만 상을 주는 것은 아니에요. 앞으로는 한국가톨릭문학상도 가톨릭신자가 아닌 사람들에게 주겠다고 하더군요. 가톨릭정신이 보편적인 인간정신, 곧 보편적인 진실 혹은 진리와 무관하지 않지요. 나는 가톨릭 영세를 받기는 했지만 신앙심이 투철한 가톨릭신자는 아니에요. 지금은 냉담 중이라고 해도 좋고요. 물론 아내는 열심히 성당에 나가는 열렬한 가톨릭신자이지만 말이에요. 아내와 연애를 하고, 결혼을 하는 과정에 가톨릭 영세를 받았지만 그래도 가톨릭정신에 내가 매우 긍정적인 것은 사실이에요.
어떤 한 종교에 깊이 맹신하기에는 지금 내 생각이 너무 복잡해졌는지도 모르겠어요. 철학으로서는, 삶의 지혜로서는 나는 불교에 대해서도 상당히 긍정적인 생각을 갖고 있는데요. 게다가 나는 불교철학과 가톨릭철학, 불교적 세계 이해와 가톨릭적 세계 이해가 결코 모순되지 않는다고 생각해요. 불교적 세계 이해와 가톨릭적 세계 이해가 적대적 모순의 관계를 이루고 있지는 않다는 얘기에요. 불교의 경우 말은 종교지만 유일신을 섬기지는 않잖아요. 여호와 하느님이라는 외적 절대자를 갖고 있는 천주교와, 자기 수행을 통해 각자가 해탈을 하고자 하는, 곧 부처의 경지에 이르고자 하는 불교가 상호 적대적일 까닭이 없지요.

한국가톨릭문학상 말고도 문학상을 여러 번 받지 않았느냐고 질문을 했지만 밖에 내놓고 자랑할 만한 상을 받은 것은 얼마 안 돼요. 유심작품상, 한성기문학상, 한국가톨릭문학상 정도지요. 으음, 그런데 한성기문학상은 상금이 없잖아요. 따라서 상금을 모두 합산하면 정말 얼마 안 돼요.

한국가톨릭문학상의 심사과정은 전혀 알지 못해요. 심사위원님들께 그냥 고맙게 생각하며 좋은 시로 보답해야지, 하고 생각할 따름이에요. 한국가톨릭문학상 상금을 어디에 어떻게 썼느냐고요? 절반은 여러 문인단체에 특별회비를 내는 등 공익을 위해 썼고요, 절반은 사익을 위해 썼어요. 사익을 위해 상금의 절반이나 쓸 수 있었던 것은 행운이지요.

김명원 사실 저도 선생님의 한국가톨릭문학상 상금의 수혜자이지요. 지난 달 선생님께서 대전에 오셔서 『시와인식』 편집진들과 몇몇 시인들에게 저녁식사를 푸짐하게 대접해 주셨으니까요. 상금으로 먹는 밥이 얼마나 맛있고 정겨운 것인지 새삼 느꼈던 기억이 새롭습니다. 다시 한 번 감사의 말씀 드려요. 선생님의 새로운 수상 소식을 적극적으로 기다리겠습니다. 또 상 턱으로 밥을 사주실 거지요? (웃음) 가족 분들은 서울에 계시고 선생님께서는 광주에 계신데, 이런 생활을 하면 어떤 장단점이 있을까요?

이은봉 혼자 있는 시간이 많으니 외로운 시간이 많아요. 고독한 시간이 많지요. 때로는 죽고 싶을 정도로요. 물론 그만큼 생각할 시간도, 공부할 시간도, 시를 쓸 시간도 많은 셈이고요. 앞의 일이 단점이라면 뒤의 일은 장점이지요. 모든 단점은 장점을 거느리게 마련이니까요. 모든 장점은 단점을 거느리게 마련이고요. 아내를 소중하게 여기는 마음, 가족을 소중하게 마음이 생긴 것도 장점이라고 할 수 있겠네요.

김명원 장성한 두 아드님은 시인이신 선생님에 대해 어떤 평가를 하는지요? 문학을 전공하는 아드님은 없나요?

이은봉 문학을 전공하는 아이는 없어요. 큰애나 작은애나 책 읽기를 좋아하기는 하지요. 큰애가 혹시 국문학자가 되지 않을까, 하고 생각한 적은 있었죠. 큰애는 지금 컨설팅 회사에 다니고, 작은애는 지금 전방에서 포병으로 근무 중이에요. 일등병으로 군역을 마치고 있는 중이지요. 아이들은 나를 친구처럼 생각해요. 별로 어려워하지 않아요. 시인인 아버지를 비교적 긍정적으로 평가하는 듯하더군요.

김명원 퇴임을 하면 고향으로 돌아오겠다고 하신 말씀을 기억하는데요. 고향은 비록 세종시에 포함되어 사라졌지만 인근 지역에 보금자리를 마련할 의향을 아직도 가지고 있으신가요?

이은봉 그럼요. 퇴임을 하면 세종시로 갈 생각이에요. 잘 알다시피 저희 고향이 세종시에 수용되었잖아요. 그러니까 고향으로 돌아갈 생각을 하고 있는 거죠. 고향으로 돌아가려면 당연히 보금자리도 마련해야겠지요.

김명원 흉금을 터놓을 수 있는 가까운 문인 분들을 소개해 주셨으면 합니다.

이은봉 글쎄요. 이런 얘기도 대답하기 곤란한데……. 여기서 이름이 거론되지 않는 친구들은 섭섭하게 생각할 것 아니에요. 그래도 꼭 말해야 한다면 고향의 친구로는 김백겸, 강신용 등을 가깝게 생각하고요. 전국적으로는 공광규, 김사인, 최두석, 하종오, 고형렬, 도종환, 이시영, 이명수, 윤석산(한양대) 등을 친하게 생각하고 있어요. 오해가 있을까봐 남자 문인들만 얘기했어요.

김명원 맞습니다. 선생님! 여성 문인 분들을 언급하셨으면, 지금부터 스캔들 조성되었을 거예요. 거론되지 못한 여성 문인 분들은 칼 물고 선생님의 악몽에서 주연급으로 등장할 테고요. 물론 저부터요. (웃음) 앞으로의 계획을 여쭤 봐도 될까요?

이은봉 앞으로의 계획요? 특별한 계획이 없는데……. 으음, 우선 강의에 충실해야겠지요. 학생지도에 최선을 다해야하니까요. 내 본분이 광주대학교 문창과 교수이잖아요. 당연히 부지런히 공부도 해야겠죠. 으음, 그리고 내년 쯤에는 시집과 평론집 등도 낼 생각이에요. 오늘은 이런 정도에서 얘기를 마치지요. 이런저런 계획을 말해놓고 지키지 못 하면 안 되니까요. 김명원 선생! 지루한 얘기 듣느라고 고생했어요.

이은봉 시인을 만나 반갑게 인사를 나누고 대담을 위해 이동한 곳은 공원이었다. 시인의 어머니께서 살고 계시는 대전 둥지아파트 인근 정부청사 녹지인데, 잘 가꾸어진 잔디밭에는 모과를 농염히 매단 얼룩무늬 수피의 모과나무들이 즐비했고, 늦여름이 익어가는 풀냄새가 자욱했다. 대담이 어느 정도 정리되던 차, 동석 중이던 박소영 시인이 사진을 찍어야 한다고 하자 시인은 지금 이 어스름 무렵이 가장 사진이 잘 나온다고 하며 자리에서 일어섰다. 저녁 6시 무렵이었다. 땅거미가 깔리기 직전의 때, 시인은 바로 이때가 밤과 낮이 뒤섞이며, 감정과 이성, 주관과 객관이 착종되는 몽상이 가능한 아찔한 현기증의 시간이라고 말했다. 그리고는 여성들에게 심장발작을 일으킬만한 살인미소로 카메라 렌즈를 바라보았다. 우리는 저녁 어스름으로 다듬어진 고요한 햇빛 아래서 여러 포즈로써 서로의 친밀도를 확인했으며, 반드시 사진 속에 웃음소리까지 인화하겠다고 벼른 박시인 덕분에 자연스럽고도 즐거운 사진 찍기를 마칠 수 있었다.

모든 일정을 끝내고 나무 벤치에 앉아 내가 준비해간 루왁 커피 Kopi Luwak를 마셨던 그 저녁, 누가 우리에게 온 것일까. 부드러운 손길이 어깨에 느껴지고 주변 나무들에서 뿜어지던 환한 기운은! 아마도 좋은 사람들끼리 만나면 그러했으리라. 슬프도록 편하고 다스워지는 충일감으로 우리는 커피 이야기며 아이들 이야기, 학교 이야기 등 이런저런 담소를 앞뒤 구별 없이 나누었고 시간 가는 줄 모르도록 행복해했다.

이은봉 시인은 최근 『문학나무』 2012년 여름호에 발표한 시 「저녁 길」에서 "벌써 저녁볕이 사위에 피어오르고 있다 서쪽 하늘은 아직 밝고 환하지만 머잖아 온 세상에 어스름 깔리리라/ 더 이상 머뭇대다가는 어둠이 오기 전 이 산언덕을 넘지 못할 수도 있다 마음의 바른 터전을 찾는데 이처럼 많은 시간이 걸리다니!/ 멀찍이 밀쳐 두었던 낮 동안의 슬픔이 우르르 달려와 절뚝이는 발목을 다시 잡는다 별이 뜨고 달이 뜨더라도 밤길은 언제나 낯설고 서툴고 무서울 수밖에 없다/ 그럴수록 어둠이 내리기 전, 땅거미가 깔리기 전 서둘러 옛 마을로 돌아가야 한다/ 거기 다수운 마음으로 끌어안아야 할 고향사람들이 있다 그들의 손잡고 함께 일구어야 할 땅이 있다 함께 뿌려야 할 씨앗이 있다"면서 고향과 고향사람들을 끝끝내 찾아가고 있다.

그는 너무도 빠르게 바뀌고 변하는 것이 지금의 이 시대이며, 이 시대에는 오래 남아 있는 것이 없다고 개탄한다. 고향 막은골도 마찬가지여서 개발로 마을도 없어지고, 마을 사람들도 없어지고, 마을 이야기도 없어졌다고 시 「저녁 길」의 '시작 노트'에서 밝히고 있다. 그리고 고향이 없어지면 마음 둘 곳이, 쉴 곳이 없어지게 되므로 대지이고 숲이고 어머니인 고향이 다 사라지기 전에 무언가 해야 한다고 강조하고 있다. 그러기에 우리의 삶의 오후가 다 가기 전에 시인은 그 고향 이야기를 차근차근 복원해낼 것이다. 우리는 어쩌면 그가 되살려내는 고향의 시들에서 오래 지친 시간을 내려놓고 모처럼 마음껏 쉴 수 있을지도 모르겠다. 그는 아무 때나 찾아가더라도 잘 왔다고 등 두드려주며 우리에게 막은골 오빠로, 뻬삭부리 형으로, 모듬내 친구로, 잃어버린 이름들의 아우로, 다시 파라다이스를 찾아낸 시 선생님으로 두터운 의분誼分을 남김없이 나누어 주리라 믿는다(2012년 8월 26일).

이은봉　1953년 충남 공주 출생, 숭전대학교(현 한남대학교) 국문학과 졸업. 숭실대학교 대학원에서 국문학 석사 및 박사학위 수여. 1983년 『삶의문학』 제5집에 평론 「시와 상실의식 혹은 근대화」를 발표, 1984년 창작과비평사의 17인 신작시집 『마침내 시인이여』에 「좋은 세상」 외 6편의 시를 발표하며 작품 활동 시작. 시집 『좋은 세상』, 『봄 여름 가을 겨울』, 『절망은 어깨동무를 하고』, 『무엇이 너를 키우니』, 『내 몸에는 달이 살고 있다』, 『길은 당나귀를 타고』, 『책바위』, 『첫눈 아침』 등, 평론집 『실사구시의 시학』, 『진실의 시학』, 『시와 생태적 상상력』 등, 연구서 및 시론집 『한국현대시의 현실인식』, 『화두 또는 호기심』 등, 편저로 『시와 리얼리즘』, 『이성부 산시 연구』, 공저로 『송강문학연구』, 『홍희표 시인 연구』 등 상재. 한성기문학상, 유심문학상, 한국가톨릭문학상 등 수상. 『삶의문학』, 『시와사회』, 『문학과비평』, 『문학마을』, 『시와사람』, 『시와상상』, 『시와인식』, 『불교문예』, 『시와시』 등의 편집위원, 편집인, 주간 역임. 현재 한국작가회의 부이사장, 정평불 공동대표, 창공클럽 회장, 광주대학교 문예창작과 교수로 재직 중이다.

도종환

부드러운 직선의 힘, 도종환

　도종환 시인은 단순한 유명세를 넘어 대중문학을 상징하는 아이콘이 되었다. 사별한 아내에 대한 극진한 그리움을 담은 그의 순정한 시집이 영화화되면서 1980년대 『접시꽃 당신』으로 지고지순한 연정의 대상이 되었고, 1990년대 『사람의 마을에 꽃이 진다』에 실린 시들이 시낭송대회의 단골메뉴가 되어 암송시편의 대가가 되었으며, 2000년대 국정 교과서에 실린 「어떤 마을」을 읽지 않고는 정규 국어 시간을 보낼 수 없었기 때문이다. 최근에는 한국문화예술위원회에서 주관하는 시배달 작업을 하는 부지런한 그를 인터넷에서 매주 만났을 것이며, 시노래 모임 '나팔꽃'과 각종 티브이 등 영상 매체를 통해 시를 다각적으로 기획하고 유통하는 성실한 그의 모습과 마주쳤을 것이기 때문이다. 시론에 대해 공부한 적이 없어도 도종환 시는 심금을 울리는 시적 요소로 충만해 있고, 시가 양식이 된 적 없는 오지의 농부가 읽어도 눈시울을 적시는 시적 힘을 내장하고 있기에, 그의 시는 소위 인기가 있으며, 다분히 대중적이다. 현시대를 사는 독자라면 시는 몰라도 도종환 시는 알며, 시인은 몰라도 도종환은 안다.

　도종환이 이 시대의 시를 풍미하고 포괄하는 이유는 간단하다. 그의 시는 쉽게 읽힌다. 물론 쉽게 읽히는 시들이 어찌 다 좋겠는가. 소통만을 문제로 삼는다면 산문적 진술과 설명으로 전락한 시들이 넘쳐날 것이며, 쉬운 표현만을 근거로 삼는다면 시의 퇴보를 자청한 형국이 될 것이다. 그러기에 그의 시는 단순한 쉬움이 아니다. 간소한 형식, 검박한 시어, 진솔한 비유, 명징한 메시지에다가 기층민들에 대한 배려를 지니고 있다. 자신이 쓰되 누가 읽을 것인가를 고려한다. 자발적인 겸손이 배어있기에 그의 시가 쉽게 읽힌다는 것이다. 그러나 그의 시는 어렵게 남는다. 쉽게 다가왔지만 두고두고 독자들을 괴롭힌다. 우리는 무엇을 위해 살아가야 하는 존재인지를 끊임없이 묻게 하고, 어떻게 삶을 추구해 가야하는 지의 방법을 되묻는다. 혼자가 아니라 함께 공평한 행복을 누리기 위해 왜 힘들여 자신의 밖으로 나가야 하는지를 깨닫게 한다. 쉬운 가르침으로 어려운 가리킴을 일깨운다.

시인을 처음 만난 것은 2003년 경기도 군포시 시민회관에서였다. 나는 당시 군포문예대학에서 강의를 하고 있었고, 봄 학기를 개강하면서 특강 강사로 시인을 초청한 것이었다. 잿빛 하늘이 엄청 낮아 금시라도 눈을 퍼부을 듯 어두웠던 2월 초, 강의 시간보다 삼십여 분 일찍 나타난 그는 복사꽃 뺨을 지닌 소년과도 같았다. 혈기 좋아 보이는 외모와는 달리 그는 몸이 몹시 안 좋아 휴직 상태이며 보은에서 생활하고 있다고 하였고, 이웃과 나누는 삶과 시에 대해 강의했고, 판화가 이철수와의 교분에 대해 이야기하면서 그때 만들어진 시가 「어떤 마을」임을 알려 주었다. 강의 후 뒷풀이 장소에서 나는 시인에게 보은에서 성장한 오장환에 대해 석사 논문을 썼음을 말하였고, 그는 그 후 논문을 보내달라고 하였다. 저녁을 먹은 후 나선 도심은 이미 경이로운 눈발 속이었고, 지척도 구분 못하는 장엄한 흰빛 속에서 시인을 배웅했던 기억이 난다.

그후 내내 시인을 하얀 그림자로 기억하고 있었다. 정의의 편에 선 하얀빛, 동방예의지국으로 불리워 진 우리 민족의 빛, 한과 설움을 넘어서려는 의지로 빛나는 하얀색은 내가 만난 시인들을 색채로 구분하려는 나의 못된 기호에 기인한 것이었지만, 도종환 시인은 하얀 상징으로 나에게 부조리한 시대에 맞서 민중을 향한 길을 안내해 주는 이정표 역할로 자리매김 되었다. 문단 생활을 하면서 어느 곳에 편입되는 것이 몹시도 불편했던 세월이 지나 제도권의 힘을 응시하게 되었던 작년 여름, 나는 '한국작가회의'에 명함을 들여 놓았다. 그곳에서 사무총장으로 누구보다 열정적으로 일하는 도종환 시인을 다시금 만나게 되었고, 재회의 기쁨을 추억으로 각인하고 독자들과 공유하고자, 나는 그에게 전화를 걸어 인터뷰를 요청한다.

2009년 7월 25일 토요일, 짙은 폭염 속, 옥천 장령산

장마 전선이 가까이에 있다. 철없던 시절, 무지막지한 장마가 와야 여름의 서주가 시작된다고 장마가 시작되면 검은 빗속을 뚫고 환호하던 때가 있었다. 아마도 『현대한국문학전집』에 실렸던 손창섭의 「비오는 날」을 읽고 감흥을 받아 우중충한 음울을 즐겼던 때인가 보다. 수재민의 비운과는 상관없이 독한 장마를 즐기듯 나의 정서가 최고였던 젊은 시절을 돌아보며, 그만한 나이에 민중의 처소에서 상처를 위무하고 있었을 도종환 시인을 중첩시켜 본다.

시인을 만나러 가는 길은 여름이 깊어 수렁을 이루고 있고, 진초록 산들이 하늘과의 경계를 허물며 타오른다. 한 시인의 무릇 깊은 사랑과 애환이 거기 다 와 담기듯 눈부시다. 약속 장소인 옥천, 정지용 시인의 고향이다. 그리고 이번 봄, 도종환은 '정지용문학상'을 받았다. 정지용 시인이 섬세하고 독특한 향토적 시어로 대상을 청신하게 묘사함으로써 한국 현대시의 새로운 국면을 개척하였다면, 시인 도종환은 역사적 실천으로서의 사랑이 어떻게 개화하는지를 지속적으로 보여줌으로써 참된 인간적 미덕이 시의 희망이 될 수 있음을 증거한 시대적 시인이다. 두 사람 모두 독자적인 시세계로 끊임없이 아름다운 반향을 일으킨 시인들인 것이다.

도종환 시인은 7월 25일과 26일 양일간 한국작가회의 하계수련회를 치르느라 피곤한 모습이 역력하였다. 그래도 환한 미소로 맞아주는 기품은 그의 천품일 터이다. 문학 심포지엄과 『내일을 여는 작가』 신인상 수상식이 끝난 뒤 식당에서 저녁 식사를 함께 하면서 그가 그토록 소중히 지켜내었던 역사를 불러낸다. 시대의 역사, 시문학의 역사, 사랑의 역사, 슬픔의 역사, 아픔의 역사, 그리고 도종환 개인의 역사. 견결하게 지켜 낸 역사의 파수꾼 도종환 시인이 바로 곁에 있다.

김명원 한국작가회의의 하계수련회는 잘 치러지고 있지요? '민족문학작가회의'에서 '한국작가회의'로 명칭을 변경한 후, 첫 사무총장으로서 행사의 중심에서 일이 많으시지요?

도종환 그렇죠. '민족'이라는 단어가 함의하고 있는 이데올로기적 수식 대신에, 보다 포괄적인 명칭 '한국작가회의'로 개칭한 후 우리 문학단체가 다시금 도약하는 계기를 갖게 되었는데요. 지금까지 견지해 온 문학정신을 버리는 것이 아니라 더욱 창조적으로 쇄신하자는 거여서 첫 사무총장으로 부담이 되는 것은 사실입니다. 명실상부하게 한국 문학을 대표하는 단체로 거듭나자는 의지를 표명해야 하기에 일들이 많고요. '한국작가회의'는 말 그대로 대한민국을 대표하는 작가들의 모임이지요. 시대의 지성문인들로 침묵과 현실 도피를 직무유기라고 생각했던 한용운 선생과 이육사 선생의 뜻을 계승 발전 시켜 보자는 것이 작가회의의 취지예요. 그분들의 정신을 잘 이어받아 더 큰 일들을 해야 할 텐데요.

김명원 '한국작가회의'의 사업에 대해 궁금해 하시는 분들이 있을 터인데 소개해 주셨으면 합니다.

도종환 역시 작가들은 글로 승부를 걸어야 하기 때문에 글을 열심히 쓰고 좋은 작품집을 내는 일에 전념할 수 있도록 도와주고 지원하는 일이 제일 중요한 사업이고요. 회원들 상호간의 유대와 소통 내지는 화합을 위한 행사를 도모하기도 하지요. 나아가서 북한작가를 포함하여 작가회의 산하에 있는 베트남, 인도, 미얀마, 몽골, 팔레스타인작가들과 문학적으로 연대하고 교류하는 일을 모색하기도 합니다.

김명원 해외 교류 사업은 흥미로운 일인데요. 한국이라는 지역적인 지평을 넘어서 세계와 함께하는 문학의 힘이 느껴집니다. 구체적으로 어떤 실적물이 있는지 듣고 싶어지네요.

도종환 작가회의뿐 아니라 민예총 회원들과 함께 베트남 후옌성 호아빈 초등학교에 8개 교실을 지어 주었어요. 예술인들이 그림을 팔고, 자선 공연을 하고, 저 역시 시집 『해인으로 가는 길』의 인세 전액을 기부해서 만든 초등학교지요. 앞으로도 계속 교류하고 지원할 계획을 갖고 있어요. 우리나라는 분단이라는 특수 상황에서 과거 민족 문제가 절박한 문학적 과제였지만 이제 남북관계가 해빙되는 등 문학적 환경이 달라졌고, 제3세계와의 문학적 교류가 활발해지는 등 우리 문학의 영토가 남과 북을 넘어 아시아나 아프리카로 확장되어야 하는 시점이에요. 한국 작가들의 관심이 아시아, 아프리카로 넓혀지고 있는 점, 참 고무적인 현상이지요. 이미 세계가 다문화, 다민족 사회로 가고 있는데 문학만 제 문화를 고집할 필요는 없으니까요. 여러 나라의 다각적인 현실에 문학을 통해 도와주고, 교류하고, 지원하는 일은 인권에 관한 문제이기도 하지만 우리 문학의 영토를 넓히면서 새로운 문학적 비상을 갖는 일이기도 하지요.

문학의 출발지로부터 되돌아오다

김명원 이젠 선생님과 시 이야기를 나누고 싶은데요. 선생님 문학의 출발지는 어디인가요?

도종환 저의 문학은 가난과 외로움에서 출발했어요. 평화롭던 날들은 중학교를 입학할 즈음해서 끝났지요. 왜냐하면 아버지가 사업에 실패하여 고향을 떠나면서 우리 가족은 해체되었기 때문이에요. 저는 외가에 맡겨졌고 앞 못 보는 할아버지는 고모네 집에 고단한 육신을 의탁해야 했으며, 어머니, 아버지는 강원도로 떠나셨지요. 그래서 어려서부터 혼자 있다는 생각을 많이 했고, 방학 때가 되면 편지봉투에 쓰여 있는 주소를 들고 부모님을 찾아 다녔어요.

 부모님이 계시는 곳을 찾아 고등학교 진학을 했지만 거기서도 정착할 수 없었던 아버지께서 또 경기도로 떠나시면서 저 혼자 객지에 남겨지게 되었고요. 자주 양식이 떨어졌고, 참고서 한 권을 살 수 없는 형편이었고, 낯선 도시의 겨울은 혹독하게 추웠습니다. 그후, 가난했기 때문에 포기했던 대학을 돈 제일 안 들어가는 대학, 돈 제일 안 드는 학과를 선택하여 시험이나 한 번 쳐보라는 친척들의 권유로 사범대학에 입학하고 나서도 겉돌 수밖에 없었어요. 월세 이천 원짜리 단칸방에서 살았고, 사 년 내내 구들장 위에 온기라곤 느낄 수 없는 냉방에서 잠을 자며 대학을 다녔거든요.

 살아 있다는 것은 오히려 절망스러운 일이었어요. 도시락 대신 소주병을 싸들고 일터로 나가는 아버지, 고모네 목욕탕에서 막일을 하는 어머니, 정신지체 장애아인 여동생, 음성 나환자인 삼촌, 둘러보아도 사방팔방 절망 아닌 것이 없었으니까요. 이런 상황 속에서 사치스럽게 무슨 대학을 다닌단 말인가, 회의가 들었지요. 남들과 잘 어울리기 싫어했고, 자폐증이나 대인기피증 비슷한 걸 앓았던 거 같아요. 저는 제 깊은 좌절감 속으로만 침잠했어요. 그리고 거기서 문학을 만났지요. 문학을 이야기하고 철학을 거론하는 자리에서만 눈빛이 반짝거렸어요. 사르트르와 까뮈, 키에르케고르와 고흐와 이중섭과 장용학, 손창섭과 고은, 최인훈과 차이코프스키의 비창을 이야기할 때만 살아 있는 것 같았거든요. 실존주의의 치열한 여름과 퇴폐적 낭만주의의 황폐한 가을, 그리고 지독히도 남루한 겨울이 몇 번을 찾아왔다가 저를 쓰러뜨려 놓고 지나갔어요. 그러던 중, 대학교 4학년 무렵부터 글을 쓰기 시작했지요.

 김명원 선생님께서 말씀하신 퇴폐적 낭만과 개인적 절망을 폐기하고 선생님 시에 만만하지 않은 현실 의식이 삽입되던 계기가 있었다고 들었는데요.

도종환 음울한 페시미즘과 낭만적 문학에서 벗어날 수 있었던 것은 엉뚱한 데서 저를 찾아왔습니다. 1980년 광주에서였어요. 그때 저는 대학원 재학 중 입대하였던 27세의 군인였고, 광주근교의 여천에서 군생활을 하다 진압군으로 차출되었지요. 5월 어느 날, 여수와 순천 사이의 17번 국도에 내려놓더니, 삼중으로 처져있는 바리케이크 뒤에서 광주에서 지방으로 가는 시민군 무장차량을 차단하라고 명령하더라고요. 그런데 대대집결해서 차량을 타고 이동하던 중에 광주가 집이었던 군인 두 명이 속삭이는 소리를 들었어요. 동네 사람들에게 총을 쏠 수 있겠냐는 말이었는데, 그 말이 제 머릿속에서 떠나질 않았어요. 저 사람들은 집이 광주라서 저렇게 고민하는데 그렇다면 나는 어떻게 해야 하나, 정말 총을 쏴야 하는가, 라는 고민을 많이 했어요. 고갯마루 언덕 양쪽에 호를 파고 대치한 채 뜬눈으로 새우던 봄밤이었지요.

저는 M16 소총의 탄창을 몰래 빼서 맨 위의 실탄을 거꾸로 장전해 놓았어요. 방아쇠를 당겨도 총알이 나가지 않게 해 놓으면서 후환이 몹시 두려웠지만 이렇게 해야 한다는 생각이 들었어요. 사람을 향해서 총을 쏠 수는 없었으니까요. 그리고는 군복 윗주머니에 들어 있는 군용수첩에다 시를 썼어요. 그때까지 썼던 100여 편 가까운 시들을 다 버리게 하는 시였고, 그것이 「사격명령」이라는 시지요.

> 사격명령이 떨어지던 날
> 탄창 속의 M16 A1 신형 탄알처럼
> 징발된 민간차량에 가지런히 탑승되어
> 비포장도로를 달려갔다
> 정갈한 저녁 바람은 예년처럼
> 보리수염을 쓸어가고

개인호를 파고 들어앉은 우리 앞에
인도지나의 풍문으로 듣던 안개가
호남평야를 기어오고
바리케이드 뒤에서 몰래 탄창 제1번 실탄을
거꾸로 장전하는 짧은 순간
가장 깊은 밤의 이슬이
어깨를 밀고 들어왔다

정중부의 다듬어진 칼과 보현원의 차디찬
화강암에 이마를 부딪고 쓰러진
그 흔한 죽음의 기록도 없는 한 야사의 문신들을 만났다
17번 국도에서 역사를 우롱하던 바람은
한 찰나도 빼놓지 않고 피 묻은 뻐꾹새 울음을
귓가에 실어오고 부대끼는 밤 구름을
능선 위에 옮겨왔다
안전장치를 풀고 방아쇠를 당겨도
이제 내 개인화기는 발화하지 않을 것이다
참으로 부끄럽지 않은 사람은 누구인가
역사여, 우리를 시험에 들게 하는 역사여
구름 그림자에 눌리운 이 깜깜한 오월의 국도 위에서
참으로 부끄럽지 않은 사람은 누구인지
당신도 헤아리고 있는가
―「사격명령」 전문

「사격명령」이란 시를 쓴 후, 개인적인 절망에서 역사와 사회 인식 쪽으로 방향 전환을 하게 되었어요. 그러나 광주의 체험은 나 한 사람의 알량한 양심

을 지킨 것으로 끝나지 않는 부끄러운 기억이었고, 살아 있는 동안은 언제나 갚아야 할 부채로 남아 있게 되었어요. 그렇게 역사를 끌어안고 눈물 흘리고, 시대의 고통과 함께 괴로워하면서 저의 문학은 현실 쪽으로 나아갔지요. 그로부터 꼭 이십 년이 지난 날, 이창동 감독의 영화 「박하사탕」 중에 나오는 광주시민혁명 장면을 보다가 얼마나 눈물을 흘렸는지 몰라요. 눈물은 극장을 나와 길을 걸어가면서도 멈추지 않았어요.

김명원 첫 시집 『고두미 마을에서』 출간 무렵의 이야기도 궁금합니다.

도종환 제대 후 문단에 나올 무렵, 발표지면이 없었어요. 『창비』와 『문지』는 폐간되고 신문과 방송도 마구잡이로 통폐합될 때였으니까요. 우리가 발표할 지면을 스스로 만들자는 생각이 들면서, 배창환, 김용락, 김창규 시인 등과 함께 『분단시대』라는 동인지를 만들었어요. 『오월시』, 『삶의 문학』, 『시와 경제』, 『자유시』 등의 동인지와 『실천문학』 같은 무크지가 문단의 돌파구를 만들어 나가던 무렵이었지요. 『창비』에서 첫 시집 『고두미 마을에서』를 낸 것도 그 무렵이었고요. 결혼 이년 반 만에 아내와 사별한 것도 비슷한 팔십 년대 중반이었네요. 절망은 내가 저를 떠났다고 저도 나를 떠난 건 아니었어요. 많이 힘들었고 많이 아팠으니까요. 그 어려운 시기에 실의와 좌절의 늪에서 나를 건져내준 것은 시였지요. 어떻게 살아야 하는 거냐고 빈 하늘을 향해 소리칠 때마다 시가 대답을 해 주었으니까요. 제 외로움, 제 그리움, 제 슬픔을 시가 어루만져 주었어요. 그 당시 아내가 입원해 있던 원자력병원 암병동 날바닥에 앉아 희망이 있는 싸움을 할 수 있다면 얼마나 좋을까 하는 생각을 했었어요. 암 환자들은 가장 절망적인 상황 속에서도 끝까지 희망을 포기하지 않고 죽음과 맞서 싸우는데, 살아 있는 동안 반드시 이길 수 있다는 희망을 갖게 하는 싸움을 할 수 있다면 얼마나 좋을까 그런 생각을 하며 「암병동」이란 시를 썼어요. 이 시는 제 삶의 좌우명이 되었고요.

희망이 있는 싸움은 행복하여라.

믿음이 있는 싸움은 행복하여라.

온 세상이 암울한 어둠 뿐일 때도
우리들은 온몸을 던져 싸우거늘
희망이 있는 싸움은 진실로 행복하여라.

참답게 산다는 것은
참답게 싸우는 것
빼앗기지 않고 되찾겠다는 것

생명과 양심과 믿음을 이야기 할 때도 그러하고
정의와 자유와 진실을 이야기 할 때도 그러하니
밀물처럼 달려오는 죽음의 말 발굽소리와
위압의 츱츱한 칼바람에 맞서
끝끝내 물러서지 않는 것도
우리들의 싸움이 지켜야 하는 싸움이기 때문

빼앗기지 않기 위하여
잃어버리지 않기 위하여
싸우는 싸움이기 때문

그러한 이유로 우리가 살아있고
살아 있어야 함으로
우리가 싸우는 때문
참답게 싸우는 것이
참답게 산다는 것이기 때문

희망을 가진 싸움은 얼마나 행복하랴
앞길 전혀 보이지 않는 어둠일 때도
우리들은 암흑과 싸우거늘
빛이 보이는 싸움은 얼마나 행복하랴
새벽을 믿는 싸움은 얼마나 행복하랴
― 「암병동」 전문

김명원   시 「암병동」은 선생님 두 번째 시집 『접시꽃 당신』 제1부에 실린 대표시지요. 선생님을 일약 시인 스타로 만들었던 시집 『접시꽃 당신』 이야기를 좀 해볼까요. 잘 알려져 있다시피 아내를 위암으로 떠나보내고 난 후의 심경을 진솔하게 펼쳐 보이신 순정성에 독자들이 더욱 아파했던 것은 사실이고요. 그 당시가 32세셨지요?

도종환   30대 초니까 죽음에 대해서는 전혀 생각하지 못한 시절였어요. 앞으로 살아갈 날에 대해서만 생각하지, 죽음은 한참 뒤의 일이라고 생각하는 때인데 갑자기 맞닥뜨린 죽음을 어떻게 감당해야 할지 몰랐지요. 제가 시에 쓴 표현을 빌자면 "길을 걸어가다 갑자기 담벼락이 무너지는 바람에 그걸 손으로 떠받치고서 어떻게 해야 할지 모르는 상황"이었어요. 손을 떼면 내가 깔려죽고, 담을 밀면 저쪽으로 담이 다 무너져버리고. 이러지도 저러지도 못하는 상황과 갑자기 만나게 되면서 감당이 전혀 안 되었지요.

그 상황을 추스르게 해준 것이 시예요. 무엇엔갠가 기대고 헤쳐 나올 수 있는 것이 있었다는 것은 다행스럽지만 또 한 편에서는 어떻게 그 절박한 상황에서 시만 쓰고 앉아 있느냐고 비판받기도 했어요. 하지만 저는 아픔에 정직해야 한다는 생각이었거든요. 사회의 아픔이든, 민족의 아픔이든, 개인의 아픔이든, 시인은 그 아픔에 정직해야 하는 게 우선이라고 생각했어요. 그래서 개인의 아픔에도 정직해야 한다면 지금 내가 어떻게 해야 정직한 자세인가를 고민했죠.

시집에도 고스란히 드러나고 있지만 후회나 뉘우침이 대부분의 정조지요. 그러나 앞서 간 사람에 대한 기억의 편린들을 기록해야 한다는 것, 그리고 남겨진 나와 내 가족들의 삶을 책임져야 한다는 것, 죽음을 통해 알게 된 생명에 대한 겸허와 감사 등이 시가 되었고, 그 진실을 독자들이 공감해 준 것이겠지요.

김명원 그런데 『접시꽃 당신』이 시집으로 출간되기 전에 유명세만큼이나 필화 사건을 겪는 고초를 감당하게 되셨는데요.

도종환 동인지 『분단시대』에 발표한 작품들이 조사를 받는 일이 생겼어요. 장학사가 「접시꽃 당신」, 「암 병동」을 비롯한 5편의 시 구절에 빨간 사인펜으로 밑줄을 그어가지고는 이것이 의미하는 속뜻이 무엇이냐면서 조사를 벌이더라고요. 그 일로 좌천당했어요. 벽지에 있는 시골 학교로 쫓겨 가게 되었지요. 당시 저는 경제적으로나 정신적으로나 가정적으로 굉장히 어려웠던 시기였어요. 딸을 낳고 넉 달만에 아내와 사별하게 되었는데, 어린 아이 둘을 두고 벽지로 쫓겨 가는 심정이 어떠했겠어요. 정말 받아들이기 힘들었어요.

그때 저를 버틸 수 있게 하는 건 역시 시라는 생각에 전적으로 매달렸지요. 그런 시들을 김사인 시인이 읽고는 시집으로 내자고 하더라고요. 하지만 저는 "안 된다, 지금 시대가 어떤 시대인데 개인적인 일로 시집을 내느냐"고 거절했어요. 그랬더니 "그럼 언제까지 시만 쓰고 있을 거냐, 빨리 마음을 정해라. 정리하는 의미에서라도 시집을 내고 다음 단계로 넘어가자"고 하더라고요. 그래서 시집을 내게 되었던 것이지요.

삶의 지난한 파고 – 해직, 투옥, 복직, 투병, 칩거

김명원 누구에게나 생의 부침이 있겠지만 선생님께서는 상당하셨지요. 아내와의 사별 후 좌천뿐 아니라 전교조 활동 때문에 해직되고 투옥되셨지요. 그리고 10년 만에 복직하시는 기간 동안 만만치 않은 이야기가 있을 듯 한데요.

도종환　저의 첫 교사직은 1977년 옥천 청산고등학교로부터 출발합니다. 그리고 1989년 청주 중앙중학교 재직 시절, 전교조 충북지부장을 맡았다가 해직되기에 이르고요. 그후 10년간이나 강압적으로 교육 현장을 떠나 있어야 했다는 것은 참 슬픈 일이었습니다. 복직을 위해 단식을 하다가 뇌출혈로 쓰러지기도 했고 투옥되기도 했지요. 투옥된 것은 국가공무원법을 위반했다는 죄목이었는데요. 재판장에서 검사가 저에게 집단행동을 한 사실이 있냐고 물었어요. 질문 내용은 "무슨 무슨 교회에서 교사 20여 명을 모아놓고 인사말을 한 적이 있느냐", "무슨 무슨 단체의 사무실에서 결성식을 하면서 박수를 친 적이 있느냐"는 등이었어요. 그래서 제가 "네, 인사말을 한 적도 있고, 박수를 치면서 집단행동을 한 적도 있습니다"라고 대답하면 방청석에서 박장대소를 하는 장면이 연출되기도 했지요. 그때는 주먹구구식으로 모든 것이 결정되었던 시절였으니 어떤 구실로라도 교도소에 가라면 가야했지요.

　　저것은 벽
　　어쩔 수 없는 벽이라고 우리가 느낄 때
　　그때
　　담쟁이는 말없이 그 벽을 오른다.
　　물 한 방울 없고 씨앗 한 톨 살아남을 수 없는
　　저것은 절망의 벽이라고 말할 때
　　담쟁이는 서두르지 않고 앞으로 나아간다.
　　한 뼘이라도 꼭 여럿이 함께 손을 잡고 올라간다.
　　푸르게 절망을 다 덮을 때까지
　　바로 그 절망을 잡고 놓지 않는다.
　　저것은 넘을 수 없는 벽이라고 고개를 떨구고 있을 때

담쟁이 잎 하나는 담쟁이 잎 수천 개를 이끌고
결국 그 벽을 넘는다.
― 「담쟁이」 전문

「담쟁이」는 그즈음 참 어려운 시기에 쓴 시입니다. 참담했던 그 시절, 우연히 길을 가다가 담쟁이를 보게 되었지요. 산도 숲도 많은 지구 대지에서 하필이면 흙 한줌 물 한 방울 없는 벽에 사는 담쟁이가 살아가는 방식에 관심을 가지게 되었고요. 가느다란 실뿌리를 내서 벽을 붙들고 수천 개의 이파리들이 손에 손을 잡고 한 발짝씩 나아가는 모습, 서늘했어요. 그들의 침착한 태도, 조급해하지 않는 마음, 자신에 대한 믿음이 담쟁이한테서 발견되었고, 이것을 우리들도 가져야 하는 덕목으로 환치시키려 시를 쓰게 된 것이지요. 문학이라는 것은 결국 희망을 형상화해야 하는 거 아닐까요.

김명원 저도 어려운 일과 만날 때마다 희망을 가지려 읽었던 시 중 하나가 「담쟁이」예요. 선생님 시의 산실이 이토록 절절한 아픔의 현장이었던 셈이네요. 그후 복직은 어떻게 이루어지셨나요?

도종환 수많은 이들의 눈물겨운 투쟁으로 전교조가 합법단체로 인정받은 지 10년만인 1998년에 덕산중학교로 복직이 되었어요. 우린 왜 10년을 강산이 변하는 한 묶음의 시간 단위로 규정하잖아요. 딱 십년 만에 학교로 돌아가 보니, 놀랍게도 변하지 않은 것이 있더라고요. 교사가 새로 학교에 발령 받아 가면, 전교생을 운동장에 모아놓고 부임사를 하잖아요. 저를 소개하려고 교장선생님이 단상에 올라가시니까 주무부장 선생님이 학생대표에게 "대대장!"이라고 외치시데요. 그랬더니 학생대표가 "교장선생님께 경례!"라고 하고 학생들은 모두 거수경례로 "충효!"라고 소리를 지르는 거예요. 시골 중학교의 조그만 아이들이 군대식으로 인사하는 걸 보고 충격을 받았어요. 그래서 제가 "얘들아, 손을 내리고 우리 다 같이 안녕하세요? 라고 인사하자"라고 했는데, 아이들이 제 식대로 인사를 못하는 거예요. 그런 인사를 해본 적이 없으니까요. 서너 번을 되풀이해서 권유하는 동안 다른 선생님들이 얼마나 긴장했겠어요. 문제교사가 우리 학교에 왔다 싶어서요.

변한 건 아이들이었어요. 아이들의 감수성과 생각, 태도와 행동 등이 너무 많이 변해서 적응하기 힘들었어요. 제 딴에는 십년 동안 교실 밖에서도 교육운동을 해왔기 때문에 새로운 프로그램을 많이 준비했었거든요. 특히 수업대안을 마련하는 프로그램을 아이들에게 적용하고 싶었는데, 처음 6개월 동안 계속 실패를 반복했어요. 아이들에게 하나도 받아들여지지 않았으니까요. 실패를 거듭하자 절망감이 들면서 학교를 그만 둘까, 하는 생각까지 들더라구요. 그러다가 이제 아이들과의 전쟁은 그만두고 차라리 연애를 하자고 생각을 바꿨지요.

의욕만 앞서면 아무것도 안 된다, 있는 그대로의 아이들과 만나는 일부터 출발하자고 다짐했어요. 그래서 제가 개발한 이론적인 프로그램을 다 버리고 아이들과 친해지는 일부터 시작했지요. 이후 제가 재직하였던 5년 동안 많은 성과가 있었고, 아이들이 다시금 활기를 찾는 모습을 보자 보람과 기쁨이 넘쳤어요. 그리고 월요일 아침 조회 때마다 동료교사와 제자들을 위해 시 한 편씩을 읽어줬고요. 어떨 때는 아이들이 큰 종이에 시를 옮겨 적기도 하고 댓글을 달며 소감을 쓰기도 했지요. 이런 작은 성과들이 모여 학생들에게도 변화가 생겼고, 나중엔 그 학교가 '신나는 학교 상'을 받고, 다른 학교에도 소개될 정도였죠.

김명원 '자율신경실조증'이라는 병으로 다시금 학교를 사직하게 되셨지요.

도종환 전 그런 병명을 처음 들어봤어요. 어느 날 쓰러지게 되어서 병원에 갔더니 '자율신경실조증'이라는 병이라는 거예요. 신경이 감당할 수 있는 용량 이상이 되면 쓰러지게 되는데, 제가 신경이 견딜 수 없을 정도로 무리하게 몸을 혹사시켰다는 것이었지요. 문제는 쓰러지고 난 뒤부터는 면역력이 떨어져서 잔병에 걸리면 잘 낫지 않는다는 거예요. 아무리 약을 먹고 병원을 다녀도 그로 인해 생긴 다른 질환들이 낫질 않아요. 하는 수없이 어렵게 복직한 학교를 그만두고 건강을 되찾기 위해 새로운 삶을 모색하기 시작했지요. 바로 산방에서의 생활이었어요.

김명원 산방이 충북 보은군 내북면 속리산에 있는 '구구산방'이라는 곳이지요?

도종환 네, 거북 구龜자를 써서 집 이름을 '구구산방龜龜山房'이라고 붙였어요. 미술 하는 후배가 새겨준 건데, 거북이처럼 오래 살라는 뜻으로 지어준 이름이지만 저는 거북이처럼 느리게 살자는 의미로 받아들여요. 우리가 토끼처럼 빠르게 사는 것에 익숙해져 있어서 심신에 병이 들거든요. 산 속에서 텔레비전이나 라디오, 신문도 없이, 오로지 새 소리와 바람 소리만을 가슴에 품은 채 살았어요. 그러니 자연히 몸의 속도가 자연의 속도에 맞춰지더라구요. 먹는 것도 채식 위주로 바뀌고, 일과 사람을 끊고 나니 제 생활 자체가 자연의 일부가 되었지요.

또한 집이 황토라서 은근한 치유의 힘도 있는데, 겨울엔 춥고 힘들었어요. 잘 얼고, 펌프가 터져 물이 끊기곤 했으니까요. 그래도 산 속에선 제 형편이 제일 낫지요. 고라니, 다람쥐, 멧돼지, 산토끼 그 애들은 추운 계절에 어떻게 먹고 지낼까 생각하면 걱정이 돼요. 동물들이 겨울 나는 거 생각하면, 물 좀 안 나오고 보일러 안 켜진다고 해서 힘들어해서는 안 될 것 같아요. 동물들은 겨울 나기가 참으로 어려워서, 저는 겨울만 되면 산에 채소를 뿌려놓아 그들이 굶어죽지 않게 하고, 계곡물을 도끼로 깨서 먹을 물을 마련해주곤 하지요.

> 내가 먹을 한 그릇의 밥을 내 손으로 지어먹으며 나는 새로운 삶에 눈 뜨기 시작했습니다. 우선 검소하고 간결한 삶이 찾아왔습니다. 내가 먹을 것을 내 손으로 만들어 먹으면서 낭비하지 않고 소박하게 사는 삶의 기쁨을 만나게 되었습니다. 지금까지 유지되어 오던 자신이 서서히 해체되고 새롭

게 나타나는 또 하나의 나를 만나게 되었습니다. 지극히 자본주의적인 욕망에 멱살을 잡혀 끌려 다니던 자아가 조금씩 지워지고 작업복 바지 하나로도 편안한 새로운 자아가 나타나기 시작했습니다. 무엇보다 내 삶의 주체가 바뀌고 있는 것을 알게 되었습니다.

─「그대 언제 이 숲에 오시렵니까」 부분

김명원 '구구산방'에서 칩거하시면서 쓰신 시들을 묶은 시집이 『해인으로 가는 길』이지요? 이 시집에 남다른 감회가 있으실 거 같아요.

도종환 시집 『해인으로 가는 길』은 두 개의 불교용어를 가지고 풀어나가고 있어요. 하나는 '해인海印'이고, 하나는 '화엄華嚴'이에요. 몸이 아파 산 속에 들어가 있으면서 어떨 때는 정신적으로 답답하기도 했어요. 열심히 살았는데 내가 왜 적막하고 외롭기 짝이 없는 이런 곳에 와있어야 하는가 라며 속상하기도 했는데, 가만 생각해 보니 일부러 이런 시간을 주시는 것이라는 결론에 도달하더라고요. 풍랑이 가라앉아 고요해진 상태를 해인이라고 하지요. 아무도 만나지 못하는 상태가 해인의 상태로 가는 것일 테고요. 그러면 지금까지 내 삶은 무엇인가. 대동 세상 - 조화와 화평의 세상을 만들고자 했는데, 지금은 그러지 못하고 있으니, 그렇다면 나는 지금 화엄의 세상을 버린 것인가, 고민했지요. 그런데 어떤 큰 스님께서 이렇게 말씀하시대요. 해인은 화엄으로 가기 직전의 상황이라고요. 혼자 고요하게 성찰의 시간을 보내야 하는 시간이 결국 우리가 꿈꾸고자 했던 세상으로 가기 위하여 필요하다는 말씀이셨지요. 스코트 니어링은 산 속에서의 생활로 자본주의 사회의 황폐함, 불안함과 조급함에서 벗어날 수 있었잖아요. 니어링은 일관성을 유지하면서 매일같이 읽고 쓰고 가르쳤고, 균형 잡힌 인격을 갖출 수 있었거든요. 이렇듯 지금의 제 모습은 우리가 함께 추구하고자 했던 공동선, 행복한 세상으로 가는 데에 보탬이 되는 시간을 가지기 위한 것이라는 깨달음이 왔고, 이런 깨달음이 시로서 만들어지게 된 것이지요.

화엄을 나섰으나 아직 해인에 이르지 못하였다
해인으로 하는 길에 물소리 좋아
숲 아랫길로 들었더니 나뭇잎 소리 바람 소리다
그래도 신을 벗고 바람이 나뭇잎과 쌓은
중중연기 그 질긴 업을 풀었다 맺었다 하는 소리에
발을 담그고 앉아 있다
지난 몇십 년 화엄의 마당에서 나무들과 함께
숲을 이루며 한 세월 벅차고 즐거웠으나
심신에 병이 들어 쫓기듯 해인을 찾아간다
애초에 해인에서 출발하였으니
돌아가는 길이 낯설지는 않다
해인에서 거두어주시어 풍랑이 가라앉고
경계에 걸리지 않아 무장무애하게 되면
다시 화엄의 숲으로 올 것이다
그땐 화엄과 해인이 지척일 것이다
아니 본래 화엄으로 휘몰아치기 직전이 해인이다
가라앉고 가라앉아 거기 미래의 나까지
바닷물에 다 비친 다음에야 화엄이다
그러나 나는 아직 해인에도 이르지 못하였다
지친 육신을 바랑 옆에 내려놓고
바다의 그림자가 비치는 하늘을 올려다보며 누워 있다
지금은 바닥이 다 드러난 물줄기처럼 삭막해져 있지만
언젠가 해인의 고요한 암자 곁을 흘러
화엄의 바다에 드는 날이 있으리라
그날을 생각하며 천천히 천천히 해인으로 간다

―「해인으로 가는 길」 전문

이런 사유로 쓰여 진 산 속의 시들을 '아름다운 재단'에 기부하게 되었고, 이 시편들이 묶여 시집으로 만들어졌으니 더욱 애착이 가요. 그리고 아시다시피 이 시집의 판매 인세는 모두 베트남 평화학교 건립을 위해 사용되었고요. 아직도 베트남에는 학교가 없어서 아이들이 제대로 공부를 못 하고 있어요. 우리는 베트남에 진 빚이 있잖아요. 그래서 뭘 도와줄까 생각하다가 거들게 되었어요. 개교 이후에는 해마다 학교에 컴퓨터를 사서 보낸다거나 학용품을 지원하고 있고요. 학교 후원을 통해 그 학교에 우리 문화를 심을 수도 있고, 학생들을 불러서 도와줄 수도 있고, 이렇듯 문화교류센터가 될 수 있을 것 같아요. 앞으로 좋은 인연이 계속 이어질 수 있는, 의미 있는 일이라고 생각되어요.

김명원 큰일을 하시려면 건강이 우선되어야 하실 텐데 요즘 건강은 어떠신가요?

도종환 염려해 주신 덕분에 좋아졌답니다.

김명원 선생님께서 문단뿐 아니라 여러 가지 가치 있는 일들에 주력하시는 모습, 아름답습니다. 일전에 말씀하셨던 적이 있지요? 우리나라 추녀의 미학요. 부챗살처럼 퍼지는 추녀의 아름다움과 곡선의 미학은 휘어진 나무가 아니라 곧게 다듬은 나무로 만들어지는 것이라고 하셨지요. 선생님이야말로 선생님 시집 제목처럼 부드러운 직선의 힘이라는 생각이 드네요. 원칙을 지켜가면서도 유연한 삶의 자세, 역사의 질곡 속에서 강인하게 대처하면서도 서정으로 기울된 시를 쓰는 시인이시니 말입니다. 대립되는 두 가지의 세계를 넘어서서 공존이 가능함을 증거하고, 타협이 아니라 통합으로 밀고 나가셨으니까요. 저로서는 경탄할 수밖에요. 행사 중에 어렵게 시간 내 주셔서 고맙습니다. 다음에 다시 뵈올 때까지 더욱 건승하시기를 마음 다하여 기원드릴 게요.

'뇌쇄'라는 단어를 써야 할 때가 있다. 격정적인 에너지를 내장함으로써 다소 부정성을 함의하고 있는 이 단어는 실상 최고의 극찬을 해야 할 때 떠오르는 단어이기도 하다. 비가 내리는 장령산을 배경으로 도종환 시인과 기념사진을 찍으려 나란히 섰을 때 나는 왜 이 단어밖에는 시인을 표현할 길이 없겠구나라고 생각했을까. 평생을 따스하고 정감 어린 시어로 독자들에게 위로와 위무가 되었을 찬찬한 이 분에게는 전혀 어울리지 않을 듯한 뇌쇄적이라는 단어! 시인을 만나고 나서 이틀이 지난 후 시인 탐방 원고를 쓰려 컴퓨터 책상 앞에 앉았을 무렵에야 나는 비로소 그의 미소가 떠올랐다. 그래, 그랬었구나. 미소 때문이었구나. 숱한 시련의 세월 속에서도 오로지 시라는 외길을 향한 그의 올곧은 미소, 자신보다 더 가난하고 절망적인 사람들을 위해 자신의 시간을 바치는 선교사와 같은 미소, 반목이 있는 곳에 화해와 평화를 부르는 미소, 사랑하지 않고는 견디기 힘든 사랑스러운 미소, 무섭도록 깊은 미소, 그 때문이었구나. 나는 가슴을 친다.

도종환 시인이 이끌고 온 세계에 어디 시만 있으랴. 그의 세계에는 민주의 깃발을 휘두르며 투쟁한 함성이 있고, 누구도 가지 않으려는 길을 들어 선 용기가 있고, 이웃의 삶을 아프게 공감하며 희망을 전파한 노래가 있고, 제 나라를 넘어 선 이타의 관점이 있고, 욕망을 떠나 피속避俗으로 감으로써 오히려 세속을 돌아보게 하는 관조가 있을 터, 부드럽지만 강인하게 살아내야 했을 염담恬淡한 세월이 있었을 것이다. 그를 써야 하는 나의 역량이 너무도 부끄러워짐을 느낀다. 함부로 살 수 없는 공인으로서 얼마나 땀 흘리며 살아내었던 젊음였을까. 인터뷰를 마치며 한국작가회의 사무총장으로서의 계획을 묻자 그는 두 번 다시 하고 싶지 않은 역할이라고 대답하였다. 시인으로서의 계획을 묻자 웃으면서 짧게, 쉬고 싶다고 했다. 얼마나 애쓰며 힘겹게 살아왔으면 그런 대답을 했을까. 그것은 그의 혼신을 다한 열정을 반증하는 것이었으리라.

나는 가방 안에서 시인에게 선물하기 위해 준비해 온 손수건을 꺼내 전한다. 그의 땀 배인 날들을 잘 닦아 헤아리고 싶어서 준비한 것이다. 그는 금세 상자 안의 물건이 손수건인지 안다는 듯 아침마다 반드시 챙기는 물건이 손수건이라고 나의 작은 마음에 답례해 준다. 시인과 헤어지는 장령산 휴양림 마당으로 장맛비가 축축이 내리고, 젖는 음영 속으로 여름 저녁이 고인다. 뒤돌아보자 손을 흔드는 도종환 시인이 부드러운 직선의 빗줄기 속으로 투명하게 감겨든다(2009년 7월 25일).

도종환　1954년 충북 청주 출생. 충북대학교 국어교육과 및 충남대학교 대학원 졸업. 1984년 동인지 『분단시대』 1집에 「고두미 마을에서」 등 5편의 시를 발표하면서 작품 활동 시작. 시집 『고두미 마을에서』, 『접시꽃 당신』, 『접시꽃 당신 2 -내가 사랑하는 당신』, 『지금 비록 너희 곁을 떠나지만』, 『지금은 묻어둔 그리움』, 『울타리꽃』, 『당신은 누구십니까』, 『그대 가슴에 뜨는 나뭇잎배』, 『사람의 마을에 꽃이 진다』, 『부드러운 직선』, 『하나의 과일이 익을 때까지』, 『다른 이름으로 부를 수 없는 이름』, 『다시 피는 꽃』, 『슬픔의 뿌리』, 『해인으로 가는 길』, 『흔들리지 않고 피는 꽃이 어디 있으랴』 등, 산문집 『그때 그 도마뱀은 무슨 표정을 지었을까』, 『모과』, 『마지막 한 번을 더 용서하는 마음』, 『사람은 누구나 꽃이다』 등, 동화집 『바다유리』, 『나무야 안녕』 등 출간. 신동엽창작상, 민족예술상, KBS 바른 언어상, 올해의 예술상, 현대충북예술상, 거창평화인권문학상, 정지용문학상 등 수상. 2006년 '세상을 밝게 만든 100인'에 선정. 현재 한국작가회의 사무총장, 한국민족예술인총연합 부회장, 간행물윤리위원회 위원 등을 맡고 있다.

장석주

문학을 제련 도금하는 연금술사, 장석주

내가 경험한 장석주 시인을 이야기하려면 1992년 가을에 일어났던 기이한 장면부터 말해야 한다. 그해 10월 29일, 장석주 시인이 대표로 있던 청하출판사에서 출간된 마광수 교수의 『즐거운 사라』가 외설스럽다는 이유로 검찰에 의해 발행인과 작가가 전격 구속되는 사건이 그야말로 발생했다. 구속 논지는 간행물윤리위원회—1989년 문화공보부에 등록된 임의단체이던 '한국도서잡지주간신문윤리위원회'의 조직을 재편한 사단법인체로 자율단체라고는 하나 위원선임이나 경비 등을 정부가 관장하는 사실상 정부산하기구—에서 문제 삼았던 『즐거운 사라』의 노골적 성행위 묘사 등 음란물 반포혐의로 인해 발행인과 작가가 구속되기에 이르렀던 것이다. 서울구치소에 수감되었던 장석주 시인은 출감 이후 회의와 번민 끝에 출판사를 정리하게 되고, 마광수 교수는 연세대에서 직위해제 된후 외상성우울증을 앓다가 1998년에 이르러서야 사면 복권, 2004년에 복직하게 된다.

문학의 창작 권리를 박탈당한 채, 독자들의 검열 능력을 부정당한 채, 속수무책으로 이해 불가능했던 일련의 사건이 치러지는 동안 나는 한국문단의 무력한 대처능력이 한심했으며, 지나치게 관심사가 많은 정부가 존경스러울 지경이었다. 그 당시의 나는 문인이 아니었고, 한미약품 마케팅부에 근무하는 주임약사였는데, 당시 일간지 신문에 게재되었던 기사를 읽으며 문학에 관심조차 없던 동료직원들이 『즐거운 사라』에는 어찌나 군침을 흘리던 것인지, 소장하고 있던 『즐거운 사라』는 순번표까지 매겨져서 회사를 돌고 돌다가 결국은 내 손에 들어오지 못한 채 미아가 되었다. 후문에 의하면 금서가 된 이후 폭발적인 인기를 얻고 이웃 타사들까지 내 책이 전전해 돌며 독서로 밤을 지새운 적이 없던 독자들에게 하얗게 밤을 지새우는 독서 열광의 신기한 기록들을 선사했다고 한다. 문인의 삶을 황폐화시킨 도저한 권력에 대해 성찰하기는커녕 재미로 치부되는 사건을 치르면서 내게 많은 문제점을 시사한 기억이 바로 장석주 시인과 연관된 첫 장면이다.

그로부터 긴 세월동안 나는 장석주 시인의 근황을 그의 작품에서만 인지할 수 있었다. 그의 소설 『세도나 가는 길』을 읽으면서 그가 부단히 영성 치유를 위해 애쓰고 있음을 알았고, 장자 읽기인 『느림과 비움의 미학』을 보면서는 장자에서 취택한 지혜를 그가 실천함을 알게 되었고, 세기의 문장을 소개하는 『지금 어디선가 누군가 울고 있다』를 접하면서는 동서양을 아우르며 문학 작품들로부터 얻은 깊은 사유를 문학을 꿈꾸는 이들에게 전언하려는 의지가 읽혀졌으니 말이다.

그러다가 시인을 만나게 된 것은 몇 해 전 그의 생일날이었다. 몹시 추운 겨울날이었고, 내가 편집위원으로 있던 계간시지 『애지』의 반경환 주간과 이형권 평론가, 그리고 나는 시인의 생일 모임에 초대를 받아 두터운 코트와 머플러까지 두른 모습을 하고 안성으로 향했다. 그의 집, '수졸재守拙齋'에는 이미 서울에서 온 손현숙 시인과 신미균 시인이 오찬을 마련 중이었고, 인근에 사는 유정이 시인과 김평엽 시인이 반갑게 맞아주었다. 이야기를 하다 보니 빠트린 사실 한 가지를 추가해야겠는데, 생일 선물로 우리가 준비해갈 품목을 물었을 때 시인은 포도주를 주문하였다. 당시 반경환 선생님 말씀으로는 시인의 포도주 식별 솜씨가 가히 수준급이라 하여, 내가 구입해 두고 심히 아껴

왔던 포도주를 손 떨며 포장했던 기억도 새롭다. 이렇게 대담 원고에 기술해 놓음으로써 시인에게 마음을 썼던 선물을 상기시키고 싶은 의도가 있는지도 모를 일!

올해 봄, 나는 장석주 시인을 문화예술모임인 Art&Union의 특강 강사로 모시고 오랜만에 그리웠던 시인 특유의 명징한 강의를 듣는 호사를 누렸다. 그리고 그 답례로 새로 지은 별채 서고인 '호접몽' 입주 기념으로 작은 음악회를 하자는 초청을 다시금 시인에게서 받아 안성으로 가고 있다. 연두에 지쳐 초록으로 풍경을 바꾼 고속도로변은 유월이 소담스레 채색되어 있었고 명랑한 바람이 시원했다. 금광저수지를 지나 긴 곡선으로 누운 한적한 논둑길을 따라가다가 하얀 벽체 건물의 집 앞에서 차는 멈춰 섰다. 청바지에 편한 웃옷을 입은 검은 색 선글라스의 장석주 시인이 영화 속에서 걸어 나오듯 운치 있게 우리를 맞아 주었다.

8년 동안 키워온 독도 고래 외뿔이

김명원 선생님, 죽하부터 드려야겠어요. 전방위작가로 널리 알려지신 선생님께서 유독 남겨둔 영역이었던 '동화'에 첫 발을 들여 놓으셨는데요. 바로 얼마 전에 상재하신 『독도 고래』의 반응이 꽤 좋던걸요. 저는 한 일간지 지면에서 책 소개 글을 읽자마자 구입해서 읽었습니다. 『독도 고래』는 어른을 위한 동화이지요? 이 동화의 창작 의도나 동화를 통해 전언하고자 하신 메시지는 무엇인지 말씀해 주셨으면 합니다.

장석주 『독도 고래』는 독도에 사는 토종고래 상괭이가 찾아가는 꿈의 모험담인데요. 생태문제도 접근하고자 한 우화동화예요. 실은 8년 전에 시인들 백여 명과 함께 독도에 다녀와서 독도 고래 이야기를 구상했어요. 서울에서 포항을 찍고 울릉도를 거쳐 독도까지 이어지는 긴 여정 중 시인들 몇은 지독한 배멀미를 해야 했지요. 어렵사리 독도에 닿았지만 때마침 너울이 너무 강해 섬에 들어서진 못하고 바라만 봐야 했던 적이 있었거든요. 그때 바라본 독도는 제게 태고의 침묵에 감싸인 듯해 보였습니다. 저는 이내 독도의 견고한 태고성과 비타협적인 꼿꼿함 앞에서 전율을 하며 숙연해졌고요. 풍우와 파도에 깎이고 씻기며 저 가파른 목숨을 이어왔거니 하는 생각에 그만 울컥해졌고, 그 찰나 무언가를 쓰고 싶다는 생각이 온몸을 뚫고 지나갔던 것이지요.

하지만 머릿속의 구상이란 날개 달린 새와 같아서 금세 날아갔고, 그후로도 독도에 대한 구상들을 가슴에 품고 수차례 쓰고 지우길 몇 년, 정작 이마에 혹을 가진 토종 고래 상괭이의 이야기가 떠오른 건 최근이에요. 독도의 소유권 문제로 정치적 충돌이 심난한 이때, 독도를 우리 땅이라고 쓴 문학작품이 많아야 한다는 생각이 들었어요. 그래서 독도와 일본의 역사도 자세하게 기술해야 한다는 당위성을 느끼게 되었고, 젊은이들에게 주는 모험담을 구조화하자는 취지에서 이 동화가 쓰여 진 거예요.

동화 『독도 고래』는 상괭이 고래 '외뿔이'가 주인공인데요. 아빠 없이 홀로 엄마와 함께 지내던 어느 날 상어떼에게 엄마마저 잃고 고래학교에서도 퇴교당하고 말지요. 늙은 갈매기를 벗해 공중도약을 연습하며 지내던 그는 '꿈스승'인 흑범고래로부터 꿈에 관한 얘기와 실현하는 방법을 듣고요. 꿈법칙의 첫 번째 단계는 "먼저 네 꿈이 무엇인지를 아는 것"이고, 두 번째 단계는 "꿈을 기다리지 말고 먼저 꿈 앞에 나가라는 것", 세 번째 단계는 "꿈에 집중하라는 것", 네 번째 단계는 "꿈을 사랑하라는 것", 다섯 번째 단계는 "꿈을 위해 향상하라는 것", 마지막 여섯 번째 단계는 "꿈에 도전하고 그 꿈을 함께 실현할 도반道伴을 찾으라는 것"이지요. 그 말을 가슴에 새기며 외뿔이는 먼 바다로 나가요. 늙은 범고래, 하얀 갈매기, 흰긴수염고래 등을 만나면서 세상의 의문을 하나하나 풀어가던 외뿔이는 오래전부터 품어온 꿈, 세상의 끝을 향해 드디어 여행을 떠나게 됩니다.

제가 이 동화를 통해 전하고자 하는 메시지는 꿈에 대한 각성이에요. 죽음을 만나야만 하는 존재의 외로움과 자연의 섭리를 외뿔이의 성장을 통해 들려주면서, 그 전 생애를 관통하며 이루어야 하는 꿈에 대해 이야기를 하고 싶었던 거지요. 저는 외뿔이 고래를 통해 "네 꿈이 무엇인지 알고, 그 꿈이 아니면 죽을 것처럼 그것을 사랑하라"고 말하고 싶었거든요.

김명원 외뿔이의 꿈이 드넓은 세계로의 항해이듯이 유년 시절 선생님의 꿈은 무엇이었나요?

장석주 어렸을 때 저는 정서적 외로움을 책으로 채웠어요. 그래서 제 어렸을 때의 꿈은 세상의 모든 책들을 모두 섭렵하는 것이었지요. 그게 당치도 않은 꿈이라는 건 벌써부터 알아차렸지만요. 그래도 책은 늘 제 마음의 깊은 곳을 두드립니다. 책은 저를 배반해 본 적이 없는 충직한 벗이거든요. 가장 나쁜 욕망과 조우하고 있을 때에도 책은 제게 용기를 주고 기쁨을 주니까요. 지금도 저는 보르헤스나 다치바나 다카시가 그랬던 것처럼 늘 천장까지 닿을 만큼 책을 쌓아놓고 잠자는 시간과 밥 먹는 시간만 빼고 한 권 한 권 읽어나가는 몽상을 합니다. 책들을 읽어나가는 동안은 의식이 깨어있다는 점에서 존재의 영속이라는 불가능한 꿈이 실현되는 순간이니까요.

김명원 추정하기는 곤란하겠지만 지금까지 대략 몇 권 정도나 읽으신 것 같으세요?

장석주 문자를 해독한 뒤로 읽은 책들의 양은 방대해요. 기억할 수조차 없는 많은 책들을 읽어왔고, 지금도 읽는 중이고요. 특별한 일이 없는 한 하루에 한 권 읽기를 목표로 삼고, 저는 하루에 열 시간 정도를 읽고 쓰는 데 바칩니다. 한 해에 읽는 단행본이 대략 300권 안팎일 거예요. 저의 지력知力과 경쟁력은 책읽기에서 길러졌다고 봐야겠지요. 이런 바탕 위에서 저는 전업 작가의 삶을 꿋꿋하게 이어왔고요. 외부 청탁으로 써야 될 원고가 많을 때 책읽기의 시간은 불가피하게 줄어들고, 책 읽는 시간이 줄어드는 것은 저를 못 견디게 만들어요. 책을 읽지 못하는 동안 전 주린 야생동물 같이 초조하고 불안해지거든요. 그러면 기어코 일을 작파해버리고 책 읽을 시간을 취하죠.

김명원 그렇다면 선생님의 동화 주인공 외뿔이처럼 선생님께서도 세상의 모든 책들을 섭렵하고픈 유년의 꿈이 어느 정도 이뤄진 것은 아닐까 하는데요. 게다가 아직도 열정적인 독서로 그 꿈을 이어가고 있으시니 꿈 실현의 싱싱한 현장 속에 계시고요. 온 생애를 통해 꿈을 일궈내시는 분이 계시다는 건 분명 최고로 멋진 일일 듯합니다.

> 꿈이구나 꿈이구나
> 사는 것도 꿈이요 죽는 것도 꿈이구나
> 이제 오나 저제 오나 외뿔 고래
> 꿈을 밟고 오시려나 외뿔 고래
>
> 꿈이구나 꿈이구나
> 사는 것도 꿈이요 죽는 것도 꿈이구나
> 바다에 연꽃 피면 외뿔 고래 오신다네
> 바다에 연꽃 피면 외뿔 고래 오신다네
> ―『독도 고래』부분

유일한 중독, 활자중독

김명원 선생님께서는 장서가로도 유명하시지요. 서고에 있는 책들이 2만 5천권 정도로 추정된다고 들었습니다. 책들을 보관하기에 '수졸재'로도 모자라서 이번에 '호접몽'을 지으셨다고요. 이토록 많은 책자를 구입하여 읽으면서 실로 심오한 독서 저장량을 내장하고 있으실 텐데요. 이들 중 선생님에게 가장 영감을 준 책자를 몇 권 소개해 주신다면요.

장석주 니체의 『짜라투스트라는 이렇게 말했다』는 방황하는 제 정신을 견고하게 만드는데 크게 도움이 됐고요. 콜린 윌슨의 『아웃사이더』는 인생의 예시와도 같은 책이었어요. 제가 나아갈 바를 밝혀줬지요. 공부해야겠다는 일념으로 타오르던 의지의 불꽃에 기름을 부어줬던 책으로는 가스통 바슐라르의 『초의 불꽃』, 『몽상의 시학』, 막스 피카르트의 『침묵의 세계』, 브라우티건의 『미국의 송어 낚시』와 김우창의 『궁핍한 시대의 시인』 등을 꼽고 싶네요. 더불어 필독서로 노자의 『도덕경』과 질 들뢰즈와 펠릭스 가타리의 『천 개의 고원』도 첨가하고 싶고요. 모두 삶과 문명, 우주에 대한 놀라운 영감으로 가득 찬 책들이죠. 수정의 메아리를 가진 책들이 불러내는 계시적 기쁨이란……!

김명원 동화 『독도 고래』에 이르기까지 그간 선생님의 저서가 63권에 이르지요. 아마도 63권의 책자를 쌓아두면 제 키 높이 정도이지 않을까 싶은데요. 『나는 문학이다』는 1,054쪽에 이르니 역기처럼 운동 기구 겸용으로 사용하도록 그 책을 쓰셨을까 싶더라구요. (웃음) 실로 방대한 이 작업들을 추동시킨 힘은 어디에서 연원한 것일까요?

장석주 『나는 문학이다』는 책 두 개를 얹어서 목침으로 사용하라고 쓴 거예요. (큰 웃음) 책 쓰기의 힘은 책 읽기에서 오는 것이겠지요. 책을 사랑하고 그것에 빠지는 것은 일종의 연애입니다. 연애와 마찬가지로 그것을 읽는 즐거움은 도취에서 비롯되고요. 사랑하는 이가 고난들을 견디게 하는 힘과 원기와 신념을 주듯 책도 마찬가지니까요. 책은 절망에서 일어설 수 있게 하며 꿈을 키워줍니다. 책읽기가 없었다면 지금의 나도 없을 거예요. 내 영혼의 키를 키운 것은 책이라고 단연코 말할 수 있어요. 제 인문학의 기초 소양과 사유하는 힘은 책읽기를 통해 얻어진 것들이지요.

아무도 없는 텅 빈 집에서 파초 잎에 떨어지는 빗소리를 들으며 책을 읽을 때 저는 막무가내로 행복해지곤 하죠. 섬돌 밑에서 귀뚜라미 우는 가을밤에 호젓하게 당시唐詩를 읽는 기쁨은 무엇과도 바꾸고 싶지 않아요. 때때로 저는 독서본능을 타고 난 것은 아닐까라고 생각을 합니다. 끼니를 거르면 허기를 느끼듯 주변에 읽을 만한 책이 없을 때 정신은 주린 위처럼 그르렁거리고, 불안은 그 어두운 그림자로 실존을 뒤덮곤 해요. 전 아마도 다른 거에는 중독이 되지 않는데 활자에게만은 중독되어 있는 게 분명합니다.

김명원 중독이라는 단어는 선과 악이 공존하는 파르마콘 같은 힘이 느껴지는데, 활자중독이라고 하시니 매력적입니다. 혹시 책에 관련 된 에피소드를 들려주신다면요.

장석주 영국 작가 조지 기싱의 책에 나오는 얘긴데요. 한 젊은이가 주린 배로 거리를 헤매다가 헌책방 진열대에서 어느 로마시인의 시집을 발견했대요. 그 시집은 바로 젊은이가 찾고 있던 책이었구요. 젊은이는 호주머니의 돈을 다 털어서 그 책을 샀고, 집에 돌아와 빵으로 허기를 달래며 그 책을 탐독했다네요. 그리고 그 책의 마지막 쪽에 연필로 '1792년 10월 4일 완독'이라고 적어놓았답니다. 저는 그 젊은이를 이해할 수 있어요. 서른 해도 더 전에 청계천 일대의 헌책방을 돌며 김승옥의 첫 창작집 『서울, 1964년 겨울』초간본을 찾아 호주머니의 돈을 다 털어 손에 넣고, 대신에 끼니를 걸렀을 때의 경험이 겹쳐지는 까닭이지요. 저 역시 다락방으로 달려와서 그 책을 천천히 아껴가며 읽었습니다. 그때의 행복감이라니요. 하지만 그 책은 제 수중에는 없어요. 오래 전에 누군가가 빌려갔고 아직까지 돌려받지 못한 탓인데, 그 책의 면지 어딘가에 제 필적이 남아 있을 터, '1976년 10월 3일, 청계천 어느 서점에서'라고요.

김명원 저런, 선생님. 곧바로 수배 들어갑니다. 누가 그 귀하디 귀한 책자를 숨겨두고 있는지 말이지요. 하지만 아마도 선생님의 지문과 필적을 간직하려는, 선생님을 연모하는 예쁘디 예쁜 책도둑이 아닐까 싶은데요. 그러니 더욱더 그를 찾아내야 할까요? (웃음) 선생님과 이야기를 나누다 보니 역시 책 이야기가 중심이 되네요. 선생님께서는 어떤 방법으로 책을 읽어야 한다고 생각하시는지요?

장석주 책을 잡으면 통독通讀의 즐거움을 온전히 누려야 해요. 처음부터 끝까지 읽어야 합니다. 물론 쉬운 일은 아니지요. 책읽기에 익숙하지 못한 사람에게 통독이란 하나의 도전이니까요. 옛 성현도 그런 사정을 잘 알고 있었기에, "책을 보기는 어렵지 않지만 능히 읽기는 어렵다."라고 말했겠죠. 천천히 읽는다면 이 문제도 해결될 수 있어요. 더디더라도 그 책의 진수를 천천히 맛보며 읽어나가야 해요. 책장을 건너뛰지 않고 한 뜸 한 뜸 바느질 하듯 꼼꼼하게 한 권을 읽어냈을 때 비로소 그 다음 책도 통독할 수 있는 용기와 자신감을 갖게 될 테니까요. 차례, 머리말, 저자후기, 색인 등도 놓쳐서는 안 돼요. 때때로 그 책의 진수는 본문보다도 이런 곁-텍스트에 숨어 있거든요. 곁-텍스트에는 놓쳐서는 안 될 키워드들과 정보가 있는데, 이걸 미리 알고 본문을 읽으면 한결 수월해지고요.

비본질적인 삶에서 본질적인 삶으로

김명원 독서 외에 즐겨 하시는 취미 생활은요?

장석주 명상, 음악 삼매경에 빠지기, 산길 걷기, 자전거 타기 등이 제가 좋아하는 것들이에요. 어느 것이 더 나를 행복하게 해주는가를 가리기는 힘들지만 음악을 듣는 것과 걷는 것은 날마다 해도 황홀합니다. 봄이 되면 저는 들길과 산길을 한없이 걷는데요. 왜 걷느냐고 사람들이 묻으면, 길이 거기에 있기 때문에 걷는다고 대답하지요. 프랑스 스트라스부르대학의 사회학 교수인 다비드 르 브르통의 책을 읽다가 똑같은 말이 나와서 놀란 적이 있어요.

걷기는 영장류에게 가장 기본적인 행동이고 활동일 텐데, 우리는 걸어서 이곳에서 저곳으로 건너가지요. 사람이 건너가면 사람과 더불어 있는 것들이 함께 이동하고요. 그래서 이동의 경로는 곧 문화 전파의 경로이기도 해요. 이 세상에 뻗은 무수한 길들을 몸으로 항해하는 '걸음'으로써 육체의 탄력과 충만을 하나의 질감으로 돌려받게 되요. 아울러 걷기는 눈으로, 그리고 다리로 장소들을, 그 장소들이 주는 즐거움들을 먹는 행위이기도 합니다. 세계의 자양분을 듬뿍 빨아들이며 우리는 몸도 마음도 더 성장해 가니까요. 우리가 걸어간 길은 삶의 궤적이 되고 그 궤적은 운명이 되구요.

김명원　산야가 고즈넉하게 어우러진 이곳 수졸재에서의 삶에 더없이 잘 어울리는 취미를 가지신 셈이세요. 서울이라는 공간에서 탈출하여 이곳 안성으로 오신 계기는 무엇이었을까요?

장석주　2000년 여름이었어요. 서울생활이 팍팍하고 권태롭다고 느껴져서 더는 견딜 수 없었지요. 제 의식을 압박하는 도시적 삶의 속도에 지쳐 있었고, 비본질적인 것에 너무 많이 소모되고 있다는 느낌에서 벗어나고 싶었거든요. 살고 있지만 진정으로 살고 있지 않다는 느낌은 매우 괴로운 것이었습니다. 정말이지 본질을 놓치고 욕망의 말단을 붙잡고 끝없이 질주하는 삶, 욕망이 더 큰 새로운 욕망을 만들어 거품이 생성되고, 그 거품에 삶이 파묻히는 게 서울생활이었으니까요. 타자들에 대한 환멸과 절망으로 마음은 찢기고 눌린 상처로 가득했고요. 말하자면 제 생활의 동력은 분노였어요. 돌아보면 중대한 삶의 위기를 맞았던 셈이있는데 반전이 필요했던 거구요. 서울생활을 접고 시골에서 조촐하게 살아보고 싶었어요.

　거처를 도시에서 시골로 옮긴다는 것은 쉬운 일이 아니지요. 생계 문제를 걱정해야 했음에도, 그러한 실존적 선택을 해야 할 만큼 저에겐 어떤 절박성이 있었던 것이죠. 그렇게 해서 서른 해가 넘게 살아온 서울살이를 청산하고 이곳 안성시 금광면 금광저수지 옆에 자리를 잡았던 것이고요. 저와 안성과의 인연은 수십 년 전으로 거슬러 올라갑니다. 『학원』이란 잡지에 시를 투고했을 때, 제 작품을 선작한 분이 안성에 거주하시는 고은 시인이었거든요. 1979년 《조선일보》 신춘문예에 시가 당선되었을 때는 심사위원이 안성에 '편운재片雲齊'를 두신 조병화, 박두진 시인이었으며, 당시 신춘문예 소설 당선자는 안성 출신인 소설가 이병천이었으니까요. 분명 안성과는 특별한 인연이 있었던 듯 하지요? 살아보니 서울에서 한 시간 거리인 이곳이 저에겐 제격이에요. 얼마 전에 서울 서교동에다가 집필실을 얻었는데, 집필실과 수졸재를 오가기도 편하고요. 제가 사는 이곳이 얼마나 푸른 무공해 청정 지역인가 하면 잠시 후 어두워지면 보세요. 반딧불이들을 만나게 될 거예요.

김명원 선생님과 이야기를 나누는 지금은 어둠의 깃털이 조금씩 날리기 시작하는 저녁 시간입니다. 저 앞에 넓게 펼쳐진 산야에서 불어오는 바람이 초록색을 띠고 있네요. 천천히 빛을 거두어가는 이 아득함 이후에 반딧불이가 빛을 내는 모습을, 어머나, 기대하면서 기다리겠습니다. 선생님, 안성 이전의 서울로 시간을 되감겨 볼까요? 서울에서의 젊은 시절에는 어떤 쓸쓸함과 즐거움을 누리셨나요?

장석주 15살 때 글을 써서 생계를 해결하겠다고 결심하고 고등학교 2학년 때 더는 제도권 교육에서 취할 게 없어서, 학교에서 얻고자 하는 것과 배우는 것과의 격차가 심해서 자퇴를 하였지요. 말하자면 조직 적응에서 실패한 것이에요. 그런데 인맥사회인 한국에선 패기만으로는 힘들었어요. 혈연, 지연, 학연이라고는 아무것도 갖추지 못한 저는 실력으로 승부하고자 문학잡지에 투고해서 시가 당선되었지만 누구도 제가 시인이라고 알아주지 않더라구요. 다시 이를 악물고 1979년에 《조선일보》와 《동아일보》를 통해 시와 평론을 투고해서 드디어 당선되었지요. 계기가 되어서였던지 저는 24살에 고려원에 영입되었고요. 25세에는 편집장이 되었죠. 좀 감각이 있어서였던지 제가 만든 책들 몇 권이 베스트셀러가 되기도 했어요. 잔뜩 고무되어 종로3가 옥탑방에 전세비 200만원을 빼서 출판사를 차렸습니다. 23세에 결혼을 한 저는 아들을 낳았는데, 아들 이름 '청하'를 따서 '청하출판사'를 설립하기에 이른 것입니다. 저를 잘 따르던 후배를 고용해서 책상 2개만 달랑 갖다 놓은 출판사였어요. 그런데 그 허름한 산실에서 제작한 헤르만 헷세의 『괴로움의 위안을 꿈꾸는 너희들이여』가 베스트셀러 1위로 등극하면서 저의 남루하던 서울 시절에 서광이 비치기 시작합니다. 돈을 벌게 되자 저는 돈암동에 32평짜리 연립주택을 구하고 승용차 포니를 사서 운전기사도 두게 되었으니까요.

김명원 청하출판사에서는 주로 어떤 책들을 출간하셨는지요?

장석주 출판사를 설립한 목적이 니체 책들을 제 손으로 만들고 싶어서였어요. 그래서 니체 전집 10권을 출간했지요. 인문학 서적부터 시집, 소설에 이르기까지 500여종의 책들을 13년간 만들었는데요. 서정윤 시집 『홀로 서기』는 200만부 판매라는 경이로운 기록을 세웠습니다. 잘 안 나갈 줄 알았던 테드 휴즈의 『시작법』조차 30쇄나 나갔고요. 그러니 출판계에서는 저를 일컬어 '미다스의 손'이니, '기획의 천재'라고 부르면서 칭찬을 하기도 질시를 하기도 하였지요. 저는 지금의 시세가로 100억 정도 되는 200평의 청담동 땅을 사서 청하 사옥 5층 건물을 짓게 되었고, 출판사 직원은 30여 명에 이르게 되었어요.

김명원 소위 잘 나가던 청하출판사에 먹구름이 드리운 것은 1992년의 『즐거운 사라』로 인한 구속사건 때문이겠지요?

장석주 김시인도 잘 알고 있을 텐데…… 그해 『즐거운 사라』사건이 터졌던 겁니다. 『나는 야한 여자가 좋다』로 한참 인기 절정이던 마광수 교수를 찾아가 마교수의 소설을 출판하고 싶다고 했더니 자신이 심혈을 기울여 쓴 소설이 있어 출간했지만 출판금지 처분을 받은 상태라고 재출간 여부를 타진하더라고요. 제가 보기에는 별 문제 없어 보여서 출판하게 된 거였지요. 그런데 1990년 7월 26일에 마교수의 소설 『광마일기』가 음란성을 이유로 간행물윤리위원회로부터 경고를 받았었거든요. 이어 1991년 서울문화사에서 출판한 소설 『즐거운 사라』 역시 같은 이유로 1991년 9월 3일 위 위원회로부터 '관계당국에 제재 결정'을 받고, 여성잡지 『여원』에 연재한 소설 『절망보다 더 두려운 희망』 역시 같은 이유로 1991년 11월 19일, 1991년 12월 10일 등 2회에 걸쳐 위 위원회로부터 경고 결정을 받았던 터였어요. 1991년엔 불교방송 FM '밤의 창가' 프로에서 외설스러운 발언을 했다는 이유로 방송출연 금지결정을 받기도 했고요.

그런 상황에서 『즐거운 사라』가 출간 되었으니 검찰에 대한 도전이라고 받아 들였던 모양이에요. 워낙 간행물윤리위원회는 좌파이념서적을 걸러내는 업무를 하던 곳이었는데 동구권이 무너지고 특별한 이슈가 없자 음란물 단속을 시작했던 거였지요. 『즐거운 사라』는 토하고 싶으나 끝내 토할 수 없는 포르노의 의장意匠을 상품미학의 전략으로 채택하였는데, 한국 검찰은 엉뚱하게도 미풍양속을 해치는 음란도서라고 결론짓고 수사에 나섰던 거예요. 검찰의 돌발적인 행동은 포르노에서 계몽의식과 도덕적 당위를 꺼내놓으라고 윽박질렀습니다. 그들은 포르노의 무차별적 확산으로 사회 윤리의 마지노선이 무너질까 두려웠던 것이었겠죠. 검찰의 개입은 그저 약간의 발칙한 수준의 포르노그래피에 불과했던 한 권의 소설을 전통 윤리와 현실과의 괴리, 그 첨예한 경계선으로 부각시켰습니다. 신문에 따르면 검찰은 "이 작품을 변태성 행위, 여성 간의 동성애 행위, 교수와 제자 간의 성행위 등을 지나치게 노골적으로 묘사, 우리 사회에서 용납되는 '성애 행각'의 수준을 넘어 문학이 아니라 음란물"이라고 단정짓고는 사회 전반에 해악을 미칠 소지가 크다고 『즐거운 사라』에 대한 법적 제재의 움직임을 기정사실화했지요.

저는 서울지검특수부에서 수사를 받고 서울구치소로 송치되어 2달간 구금되었습니다. 그 모멸감이라니요. 출옥하고 나서 1993년 1월 4일에 제주도로 내려가 한 달 간 많은 생각과 고민을 거듭하다가 출판사를 정리하기로 결심하게 되었죠. 모두 처분을 하였는데 전국에 배포한 책들이 회수가 되질 않아서 경제적인 손실이란 말할 수도 없는 지경였고요. 그후 출판사를 경영하면서 사두었던 안성의 2,000평 땅에 집을 짓고, 수졸재와 호접몽이라 이름을 붙이고, 열심히 독서하며 글 쓰며 지내고 있어요.

사실 출판사를 운영할 때는 참 결핍이 많았어요. 경영이라는 것은 순수 문학의 영역과는 완전 별개니까요. 마음 놓고 책을 읽고 마음껏 글을 쓸 수 없는 아쉬움이 컸는데 출판사를 접고 나자 해결이 되더군요. 그래서 1993년 이후부터 전업 작가의 길을 즐겁게 가고 있는데, 인세와 원고료로 연간 1억 원을 받게 되었으니, 이젠 자리를 잡은 거겠죠?

    세상에서 내가 본 것은 아픈 사람과 아프지 않은 사람들,
    살아 있는 것들의 끝없는 괴로움과

죽은 것들의 단단한 침묵들,
새벽 하늘에 떠가는 회색의 찢긴 구름 몇 장,
공복과 쓰린 위,
어느 날 찾아오는 죽음뿐이다.

말하라 붕붕거리는 추억이어.
왜 어떤 여자는 웃고,
어떤 여자는 울고 있는가.
왜 햇빛은 그렇게도 쏟아져내리고
흰 길 위에 검은 개는 어슬렁거리고 있는가.
구두 뒷굽은 왜 빨리 닳는가.
아무 말도 않고 끊는 전화는 왜 자주 걸려오는가.
왜 늙은 사람들은 배드민턴을 치고
공원의 비둘기떼들은 한꺼번에 공중으로 날아오르는가.
— 「붕붕거리는 추억의 한때」 전문

모든 질은 양을 기반으로 한다

김명원   인세를 포함하여 원고료 1억 원이라면 전업 작가로 지내시는 것, 경제적인 측면에서도 남부러울 것이 전혀 없으시겠어요. 이렇게 대우 받으시는 작가로서의 창작 비법은 무엇일까요?

장석주   "공간이 실존을 드러낸다"고 말한 안도 다다오安藤忠雄라는, 제가 좋아하는 일본 건축가가 있는데요. 건축가가 되기 전에는 트럭 운전사와 권투선수로 일했고, 건축에 대해서 전문적인 교육을 받은 일이 전혀 없다는 점에서 세간의 주목을 받았지요. 학력이라곤 후리츠 쵸토 공업고등학교를 졸업한 것이 다니까요. 그는 1962년부터 1969년까지 세계 각지를 여행하면서 독학으로 건축을 배웠다고 해요. 열정적인 작업으로 1969년에는 안도 다다오 건축연구소를 설립해 '스미요시의 연립주택'으로 일본건축학회상을 수상했고, 1980년대 이후에는 미술관, 공공건물, 교회, 절 등을 지으면서 세계적으로 명성을 얻었지요.

저 역시 안도 다다오처럼 제도권의 억압적인 교육에서 벗어났기에 창의적인 글쓰기가 가능하지 않았을까 싶어요. 전 고등학교 2학년 때 자퇴 후 시립도서관에서 5년간 독서만 하였지요. 그때 고전을 수천 권 읽었어요. 영어와 불어는 필요에 의해 학원에서 배웠지만, 제 공부는 철저히 저 혼자 이룬 셈이거든요. 정규 대학 과정을 다니지 않고 독학으로 공부한 저는 역설적이게도 대학원 석사 과정까지 강의를 해보았습니다. 안도 다다오도 예일대학교, 콜럼비아대학교, 하버드대학교 객원교수를, 도쿄대학 공학부 건축학과 교수를 지냈으니 우리 둘 다 공통점이 발견되는 셈이지요. 바로 길들여지지 않는 야생성에서 창의성이 발현한다는 점이에요. 전 그 점이 가장 중요하다고 생각해요. 창의적인 사고와 독창적인 사유, 저만의 창작 비법이겠지요.

김명원 선생님께서 주장하시는 창의성이란 어떤 개념인가요? 좀 더 구체적인 예시를 들어 설명해 주셨으면 합니다.

장석주 모든 질은 양을 기반으로 한다고 봐요. 이는 물을 100도로 가열해야 기화하는 것과 같은 이치지요. 임계치를 넘어서려면 그만큼의 동력을 요한다는 얘기예요. 저는 문학에 관한 한 창의성을 획득하려면 우선 인문학 도서를 2,000권 읽어야 한다고 주장하고 싶어요. 2008년에 빌보드지가 핫100차트Hot100Chart 50주년을 기념하여 50년간 성공적인 차트기록을 올린 아티스트들의 기록을 분석해 순위를 발표했을 때 1위에 선정된 비틀즈는 미국내에서만 1억 7천 6백만장, 전 세계적으로 10억장 이상의 음반을 판매하는 등 상업적 성공을 거두었고, 비평가들에게도 인정을 받은 대중음악 역사상 가장 성공적인 밴드로 불리고 있지요. 그런 비틀즈가 어느 날 갑자기 유명해졌을까요? 천만에요. 그들은 독일 함부르크의 인드라클럽, 영국 리버풀의 캐번클럽에서 하루 8시간씩 맹연습을 하며 라이브공연을 하였어요. 그런 결과물로 유명해질 수 있었던 것입니다. 아인슈타인, 다빈치, 에디슨 모두 다 마찬가지예요.

김명원 이런 창의성은 나이가 들면서, 노화하면서는 기대할 수 없는 것인가요? 오로지 두뇌 회전이 원활한 젊은 나이에 창의성 계발이나 향상이 가능한 것일까요?

장석주 모네 이야기를 해 볼까요? 모네는 외광外光을 받은 자연의 표정을 따라가서 미묘한 대기에 의해 변화하는 풍경의 순간적 양상을 묘사하고, 색조의 분할이나 원색의 병치倂置를 이행하는 등, 인상파양식의 한 전형을 개척한 프랑스 화가이지요. 1974년 파리협회전에 출품된 작품 '인상·일출'이란 작품 제명에서 인상파란 이름이 모네를 중심으로 한 화가집단에 붙여졌다고 하는데요. '루앙대성당', '수련睡蓮' 등 동일 주제의 시간 변화에 따른 연작 등이 우리에게 잘 알려져 있고요. 하지만 그는 만년에 눈병을 앓았는데, 이에 굴하지 않고 86세에 죽을 때까지 작품 제작에 몰두하였지요.

미국 건국의 주역인 벤자민 프랭클린은 아마도 인류역사상 가장 다재다능한 인물 중의 한 명일 겁니다. 그는 정치인과 외교관, 저술가 등 다방면에서 커다란 업적을 남겼는데, 85세로 사망하기까지 지칠 줄 모르는 열정을 과시해서 다초점 렌즈와 피뢰침, 안전난로, 거리 측정기 등을 만들어낸 발명가이자 과학자이기도 했고요. 그러기에 저는 이런 주장을 하고 싶어요. 자기 자신에게, 그리고 자신의 나이에 알리바이를 만들지 말라고요.

김명원 나이에 상관없는 지독한 열정의 결과물이 선생님의 역작 『20세기 한국문학의 탐험』이 아니던가요? 출판업을 정리하시고 나서 8년여 동안 쉬지도 않고 어마어마한 일을 해내셨는데요. 『20세기 한국문학의 탐험』이라는 제목 그대로 20세기 한국문학을 빛낸 문인들의 일화를 통해 지난 100년간의 우리문학을 나열하셨지요. 총 다섯 권으로 이루어진 책을 통해 독자들은 작가와 업적에 대해 흥미롭고도 생생한 지식을 얻을 수 있을 텐데요. 문학사적으로 한 세기를 아우르는 시각 속에서 우리 문화변천에 관한 새로운 면면들을 살펴볼 수 있는 장점을 갖추고 있기도 하고요.

장석주 『20세기 한국문학의 탐험』은 원고지 1만 5천매 분량의 책이에요. 2000년 출간했는데 제작비가 4억 원이나 들어갔지요. 심혈을 기울여서 문학 작품을 바탕으로 1900년부터 2000년까지 20세기 한국사의 큰 흐름과 한국인의 생활사, 문화사의 궤적을 함께 추적한 책이고요. 20세기를 연도별로 나눠 매년 그해에 일어난 각종 사건과 문단사, 주요 작품과 작가 이야기를 사진과 곁들여 읽기 쉽게 풀어냈어요.

1992년 말, 뜻하지 않은 필화 사건에 연루되어 두 달 남짓 영어囹圄의 몸이 되었다가 막 풀려난 저는 심신이 지친 상태에서, 다만 지리멸렬한 삶의 누추함에 대한 환멸만 되새기고 있을 때, '시공사'로부터 이 책의 기획을 제안받게 되었어요. 처음에 계획한 것과 달리 원고량이 엄청나게 늘어났고, 따라서 예정된 기일을 훨씬 넘기고도 작업은 끝나지 않은 채 많은 시간이 제 삶을 가로질러 흘러갔구요. 자료를 모으고 읽고 원고를 쓰고 고치고, 그리고 또 읽고 쓰는 적막한 나날이 이어졌습니다. 이 작업에 나설 때 30대 후반이던 제 생물학적 나이는 어느덧 40대 중반을 훌쩍 넘어버렸으니까요.

지난 백 년 동안 이룩한 한국 현대 문학의 내면에는 한국인의 정서와 집단 무의식, 한과 상처와 집단 히스테리, 역사와 기억이 고스란히 나이테로 새겨져 있을 텐데, 저는 미욱하게도 우리 현대 문학의 나이테를 더듬으며 그 속에서 의미를 길어 올리려고 했어요. 문학은 시대의 흐름과 더불어 끊임없이 변하지요. 문학의 유동성은 현실의 유동성에서 옵니다. 최남선·이광수의 개화 또는 계몽 시대로부터 일제 강점기를 거쳐 분단 시대와 산업화 시대, 세기말의 멀티미디어 시대에 이르기까지, 봉건주의의 밀실에 스며든 서구의 모더니티라는 한 줄기 빛의 추동성에 의해, 티끌처럼 떠도는 우리네 삶은 끊임없이 변해왔고, 이에 따라 문학도 변해왔거든요. 저는 그 책에서 변화의 속도와 변화의 총량, 변화의 파장을 따라가며 문학의 궤적을 있는 그대로 보여주고 싶었어요.

속도에선 사색할 수 없다

김명원 선생님, 어떻게 살아야 행복할까요? 반복적인 일상 속에서 기계화되는 도시 속의 사람들이 추구해야 하는 삶의 가치는 어디에 있다고 보시는지요?

장석주 자연의 삶이 주는 단순함과 느림 속에서 인생의 지혜를 찾을 수 있다고 봐요. 작가 에크하르트 톨레는 "밖이 소란함은 안이 소란한 것이요, 밖이 고요함은 안이 고요한 것이다"라고 말한 것처럼, 시골에서의 삶은 분주한 삶을 내려놓고 나를 바라볼 수 있는, 그리하여 내 안이 고요해질 수 있는 시간을 갖게 하거든요. 자연이 저절로 주는 깨달음, 그 시간은 자신의 깊은 내면을 조용히 돌아보는 일이고, 고요한 시간을 찾을 수 있게 해줘요. 혼자 있으면서 고독해지는 시간이 없다면 고요 또한 있을 수 없기 때문에 혼자 있는 시간을 예비하는 것이 중요하지요.

느리게 산다는 것은 가던 길을 멈추고 천천히 숨을 고르며 '자신'을 꼼꼼하게 살피는 것이에요. 혼자 있는 시간을 더 많이 갖고 자신의 내면을 고요하게 만들고 거기에 침묵과 명상의 나이테가 그려지게 해야지요. 한가로이 낮잠을 자고 걷는 일상, 나눔을 베풀고 여유를 부릴 수 있는 삶! 느림은 현대인의 조급한 욕망들을 유연하게 만들고 사유할 수 있게 만드는 장, 현실에서 결핍된 갈증을 해결하는 통로가 되는 것이니까요.

모든 것이 천천히 행해지는, 도시에서 경험할 수 없는 삶이 저의 경우에는 이곳에서 가능하지요. 여기서는 단순하며, 한가롭고, 느리며, 느슨하기까지 해요. 봄엔 연초록 새잎들이 돋는 걸 보고 자연의 기적 앞에 마음이 경건해지고, 여름밤엔 반딧불이 깜박이는 걸 들여다보는, 침묵 속에서 꿈꾸게 되는 시간의 경이로움을 경험해 가곤 해요. 제 인생의 바닥에서 맛본 실패와 좌절의 쓰디쓴, 메마른 밥, 그것을 구원한 건 고요와 느림의 삶이었어요. 시골에서의 일상은 느림 그 자체예요. 천천히 밥 먹고, 천천히 옷 입고, 천천히 개에게 먹이를 주고, 천천히 산책을 하지요. 새로 돋는 잎들 사이로 날카롭게 뻗어오는 빛들을 보는 순간 문득 저는 어떤 고립의 느낌을 강하게 느낍니다. 하지만 고립은 그것을 능동적으로 받아들인 자에겐 더 이상 고립이 아니구요. 가뭄이 계속되었어도 노란 수박꽃 밑에 엄지손톱만큼 작은 수박이 매달린 것을 보는 순간, 경이로울 따름이지요.

속도에선 사색할 수 없어요. 60킬로미터, 80킬로미터, 100킬로미터로 가속이 붙으면 붙을수록 시야가 점점 더 좁아져요. 하지만 천천히 걸으면 360도로 시야가 확보됩니다. 느린 것의 아름다운 미학이지요.

김명원 그래서 선생님께서는 노자와 장자에 그토록 집중하셨던 것인가요?

장석주 마흔다섯 살에 시골에 들어와 살면서 노자와 장자를 끼고 살았어요. 노자와 장자 둘 다 비움을 강조하는 철학자들이지요. 노자는 『도덕경』 12장에서 말합니다. "다섯 가지 색깔은 사람의 눈을 멀게 하고, 다섯 가지 음은 사람의 귀를 멀게 하고, 다섯 가지 맛은 사람의 입맛을 해친다. 말 달려서 사냥하는 일은 사람을 미치게 하고, 얻기 어려운 재화는 사람의 행동을 망친다."고요. 영롱한 색깔은 눈을 즐겁게 하고, 아름다운 소리는 귀를 즐겁게 하고, 오묘한 맛은 혀를 즐겁게 하지요. 다채로운 화려한 색깔과 매혹적인 소리, 오묘한 맛을 지닌 음식을 원하는 마음에 만족이 과연 있을까요? 욕망은 끝이 없습니다. 욕망이 뻗어가는 대로 두면 탐욕으로 변질하지요. 탐욕은 마음을 시끄럽게 하고, 불필요한 근심들을 키우거든요.

또한 노자는 『도덕경』 32장에서 "그칠 줄 알기 때문에 위태롭지 않다."라고 했어요. 저 역시 비움으로써 근심이 줄고, 삶은 조촐해졌지요. 다시 『도덕경』 16장에서 그는 말합니다. "완벽한 비움에 이르러, 고요함을 착실하게 지킨다."구요. 욕망은 마음을 요동치게 해요. 욕망이 마음에서 요동치는 한 시끄러워지고 고요하지 못하니 편안하지 못합니다. 비움이란 제 안에 욕망을 덜어내 제가 갖고 있는 것들을 더불어 나눔으로써 비로소 가능한 청정한 삶에 깃들게 하거든요. 남과 나누면 행복해지지만, 자기 안에 채우기만 하는 사람은 필경 그 채움 때문에 고통스러워져요. 분에 넘치게 추구하는 것은 몸을 고되게 하고, 만족할 줄 모르는 것은 인생을 고단하게 만드니까요. 그러므로 더 많이 비우고, 비움을 넘어 나누는 것은 고요해지기 위함이고, 이는 삶을 명예롭게 하지요.

공자가 인간이 되라고 했던 것에 반하여 장자는 짐승이 되라고 말합니다. 타고난바 본성대로 살라는 것이지요. 인간이 되는 순간 지켜야할 예의범절 등에 구속되므로 자유롭게 살려면 짐승이 되라는 것이니 노장 사상의 중요한 키워드는 '인위'의 반대인 '무위'인 것! 아무것도 하지 않음으로 함을 일삼으라 하는 것, 바로 그게 무위예요. 그러하니 비우고 버리라는 것이지요. 제가 시골로 거처를 옮긴 뒤 비우고 버리려고 제 안을 들여다보니까 그 안에 너무나 많은 것들이 쌓여져 있는 거예요. 10여 년 동안 그걸 부지런히 내다 버렸는데도 비우고 버려야 할 것들이 제 안에서 아직도 꾸역꾸역 나오네요.

김명원 비워야 한다는 강박 관념마저 비우는 지혜가 저에게도 어느 날 홀연히 찾아와줬으면 하는데요. 선생님께서 강조하신 비움의 미학의 관점에서 보자면, 문장을 비우는 필법이 선생님께서 경도하셨던 '하이쿠'와 관련이 있을까요?

장석주 한때 하이쿠를 열심히 찾아 읽은 적이 있었지요. 한 3년 동안 하이쿠를 공부했을 거예요. 하이쿠에서 시의 원형질을 느낀 까닭이에요. 하이쿠는 언어를 쓰되 무언어를 지향하거든요. 언어는 나의 뜻과 생각을 타자에게 전달하는 사회적 기호인데 늘 불완전하지요. 지시하는 대상과 언어는 어딘가 모르게 조금씩 어긋나 있으니까요. 언어라는 기호로 전달되는 세계는 모호하고 애매합니다. 언어를 다 지워버리면 아무것도 남지 않지요. 2차적 사유를 폐기하는 무언어는 이미 시가 아니구요. 그것은 해탈입니다. 그런데 시는 언어를 제 존재태로 삼으니 언어를 떠나서는 시도 없는 셈. 시는 해탈 직전에 멈춘 언어이고, 그러므로 하이쿠는 최소한의 언어만을 남깁니다. 예를 들어, 소세키의 "홍시여, 젊었을 때는 너도 무척 떫었지."라든가, 타다토모의 "이 숯도 한때는 흰 눈이 얹힌 나뭇가지였겠지."를 보세요. 이런 하이쿠를 읽을 때 텅 빈 느낌을 받는 것은 이 한 줄의 시에서 더할 것도 없고 뺄 것도 없기 때문입니다.

이렇듯 하이쿠는 찰나의 언어예요. 찰나를 드러냄으로써 역설적으로 그 뒤에 숨은 영원을 느끼게 하거든요. 하이쿠는 언어로 씌어 진 것보다 여백, 즉 심오하고 깊은 텅 빈 침묵을 읽어야 합니다. 그래야 비로소 그 맥락이 드러나게 되지요. 그런 점에서 선禪과 같아요. 하이쿠는 일본에서 발원한 시의 한 양식이지만 세계적으로 큰 인기를 얻고 있죠. 우리에게도 하이쿠에 견줄만한 문학 양식이 있는데, 바로 시조고요. 시조를 공부하면서 시조의 문학적 가능성을 새롭게 발견했어요. 제 시집에도 시조들이 꽤 들어있는데요. 굳이 시조라고 하지 않아서 사람들이 시조인 줄 모르는데 아는 사람은 금방 알더라고요. 완벽한 정형률을 가지고 있으니까요. 그러나 사람들은 제가 시조를 쓴다고 연상해서 생각하지 못하니까 그걸 그냥 시로 읽는 거예요.

시조는 율격의 구속을 자발적으로 받아들이는 거거든요. 그 정형적 율격에 순응하되 그것을 벗어나야 좋은 시조가 되요. 억지로 꿰어 맞추는 게 아니라 그걸 갖고 노는 거죠. 2005년도에 발표한 「대추 한 알」이라는 시, 아시죠? 정호승 시인과 문태준 시인 등이 좋은 시로 선작해서 신문에 소개한 적이 있었는데요. 이후 광화문의 교보빌딩에 시가 걸리니까 국민애송시처럼 많은 시민분이 좋아들 하시더라고요. 어떤 분은 그 시 앞에서 전율을 느꼈다고 해요. 사실 자신의 시가 독자들에게 애송되고 사랑받는 것만큼 행복한 일이 어디 있겠어요. 아마도 많은 분들이 「대추 한 알」이라는 시를 좋아했던 것은 단순해서일 거예요. 단순하니 뜻이 명료해지고 임팩트가 강해지죠. 군더더기가 없으니까요. 사람들은 이 시를 읽으면서 대추 한 알이 익는데도 천둥이 필요하고 벼락도 필요하구나, 라고 새삼 생각하겠지요. 사자성어 '고진감래苦盡甘來'가 떠오르겠지요. 쓴맛이 다하면 단맛이 온다는 인생의 명료한 철학이 그 안에 담겨 있는 거예요. 시를 모르는 사람도 그걸 금방 알아차리지요.

저게 저절로 붉어질 리는 없다
저 안에 태풍 몇 개
저 안에 천둥 몇 개
저 안에 벼락 몇 개

저게 저 혼자 둥글어질 리는 없다
저 안에 무서리 내리는 몇 밤
저 안에 땡볕 두어 달
저 안에 초승달 몇 날
―「대추 한 알」 전문

시의 미래, 장석주의 밀애

김명원 요즘 '힐링 포엠'이라는 말이 생소하지 않은 시대가 되었는데요. 속악한 실용주의에 휩쓸리면서 건조해진 일상을 치유받기 위한 방책으로 현대인들은 예술적 매체에 관심을 두고 있는 듯이 보입니다. 음악과 미술이 치료의 기능을 담당하는 역할을 하는 이때, 시는 치유의 기능으로 보편화가 가능할까요?

장석주 시를 읽으면 감성 세계가 풍요로워지죠. 감성 세계가 풍요해지면 삶이 윤택해지고 풍부해지고요. 시는 인간의 의식 활동 중의 정수라고 생각해요. 몸만 헬스클럽에 가서 만들 게 아니라 뇌도 만들어야 해요. 뇌 속에 내면화된 움직임이 바로 생각인데요. 수천 년 간 인류가 축적해 온 지식이 들어 있는 속뇌를 우리는 잘 써야 합니다. 그런 의미에서 우리 모두는 천재인데, 뇌도 향상을 위해서 유산소 운동과 웨이트 트레이닝을 해야 해거든요. 저는 시 읽기가 뇌의 유산소운동이라고 주장하고 싶네요. 시를 많이 읽으면 뇌가 유연해지면서도 강인해지기 때문이죠. 시는 좋은 친구와 같아요. 좋아하는 시인의 시집을 갖고 다니면서 시간이 날 때마다 읽고 사유하면 분명 도움이 될 거예요.

김명원 이번 학기 '문학작품강독'이란 수업 시간에 학생들에게 요즘 생산되는 시들에 대한 감상을 발표하라고 했더니, 시가 예전 같지 않고 난해해서 해독하기가 어렵다는 거예요. 그래서 시 읽기를 포기하게 된다고 하더라구요. 미래에 우리 시의 운명은 어떻게 될까요?

장석주 미래에는 시가 지금보다 더 대중들과 유리될 겁니다. 시는 더 전문화되고, 더 알아들을 수 없는 언어들을 펼쳐 보이겠지요. 궁극적으로 시는 예언이 될 거예요. 아주 현란한 메타포로 구사되는 예언들 말이지요. 훈련되지 않은 독자들은 읽어도 무슨 소린지 도통 알 수 없을 테고요. 그러니까 소수의 마니아들만이 남아서 시의 숭고함을 향유하게 되겠지요. 이 마니아들이 시인들을 먹여 살릴 거예요. 시인들은 시만 갖고는 밥 먹고 살 수 없으니까 다들 다른 직업을 갖고 시를 쓰게 될 거고요. 나중에는 마니아집단이 다 시인들이 되겠지요. 서로가 독자이자 창작자가 되는 거죠. 그렇게 소수집단이 되어 비밀스럽게 암호를 주고받듯이 시를 돌려 읽고 돌아가서는 각자 제 시를 쓰게 되겠지요.

김명원 선생님께서 청하출판사를 운영하실 때이지요. 1987년에 출간된 서정윤 시인의 『홀로서기』가 공전空前의 베스트셀러였는데요. 요즘은 베스트셀러 시집이 왜 나오지 않는 걸까요?

장석주 『홀로서기』가 나온 1980년대 말은 정치적으로 자유가 제약되던 시절이었죠. 사회 밑바닥에서는 민주화에 대한 요구가 용암처럼 끓어오르고, 그 당시의 시들도 민중시, 투쟁시들이 큰 흐름을 이루었습니다. 그 시들이 지향하는 정치적 정의에 반해서 별 감동이 없는 시들이 양산되었고요. 그때 『홀로서기』라는 시집이 나왔는데, 외로운 영혼을 따뜻하게 어루만져주는 맑고 투명한 언어가 독자들에게 다가갔던 거예요. 역사철학적 전망이 부재하는 『홀로서기』라는 시집이 그렇게 사랑받았던 것은 왜곡된 시대가 만든 산물이라고 생각해요. 사람들이 정신적으로 피폐해진 나머지 시에서 위로를 구했던 것이지요. 지금 사람들에게는 위로보다 더한 것이 필요해요. 시가 그걸 주지 못하니까 외면받는 거구요. 게다가 이제는 사람들이 시집을 사서 읽으려고 하지 않아요. 왜냐하면 인터넷에서 공짜로 시를 언제든지 검색할 수가 있으니까요. 그런 풍토에서 베스트셀러 시집은 나올 수가 없죠.

김명원 선생님의 책자에서 읽은 구절인데요. '침으로 서로의 몸을 적실 반려를 만나는 일'에 노모께서 염려가 많으시다고요. 긴 세월동안 혼자 사셔서 조금은 그런 삶을 원하실 듯도 하고요. 혹시 반려자를 구하실 준비는 되어 있으신 건가요?

장석주 하하하. (큰 웃음) 그러게요. 김명원 선생처럼 뛰어난 재색을 갖춘 여성들은 이미 기혼자이니 제가 허탈할 밖에요. 언감생심, 그런 행운이 저 같은 말자까지 주어질까요? 가능성을 열어두고는 있어요. 하지만 반려자는 운명처럼 만나야 하는 일인 것 같아요. 그런 운명의 순간이 저에게 오기는 할는지요.

김명원 몇 년 전부터 노모를 모시고 사신다고 들었는데요.

장석주 얼마 전까지 그랬지요. 그런데 어머니께서 몇 주 전에 큰 수술을 받으시고는 퇴원 후, 여동생 집에 가 계십니다.

김명원 그러시군요. 어머님께서 빨리 쾌차하시기를 기원 드리겠습니다. 선생님 인생에서 가장 쓰라린 날들이 있었다면요?

장석주 20대 때지요. 책은 읽고 싶은데 돈이 없어서 시립도서관에 파묻혀 있던 시절이요. 저는 그때 카프카를 읽었어요. 그 시절의 시간들은 지금보다 훨씬 더 느리게 흘러갔고, 촛불들은 더 밝았습니다. 저는 서울의 성균관이 있는 명륜동이란 동네에서 살았는데, 외풍이 지독하던 그 방은 겨울이면 윗목의 물그릇이 꽝꽝 얼곤 했지요. 그 얼음 방에 엎드려서 저는 카프카의 여러 개의 발톱을 갖고 있는 어머니라고 부른 프라하의 거리들을 상상하며 그의 단편을 필사하곤 했고요. 카프카는 음울한 기질의 사람이 아니에요. 그는 시골 의사인 외삼촌 지크프리트 뢰비의 집에 자주 놀러가 젊은 누이들과 자연 속에서 완전한 행복을 누리곤 했습니다. 그곳에서 오토바이도 타고 수영도 하고 당구도 치고 맥주도 마시고 연못가의 건초 더미에서 자기도 하고 날씨가 좋으면 숲으로 춤을 추러 가곤 했지요. 저는 회색의 날들을 춤추러 가는 카프카를 떠올리며 견딜 수 있었습니다.

> 참 한심했었지, 그땐 아무것도
> 이룬 것이 없고
> 하는 일마다 실패투성이었지
> 몸은 비쩍 말랐고
> 누구 한 사람 나를 거들떠보지 않았지
> 내 생은 불만으로 부풀어오르고
> 조급함으로 헐떡이며 견뎌야만 했던 하루하루는
> 힘겨웠지, 그때
> 구멍가게 점원자리 하나 맡지 못했으니
>
> 불안은 나를 수시로 찌르고
> 미래는 어둡기만 했지
> ―「내 스무 살 때」 부분

1.
술취한 저녁마다

몰래 春畫를 보듯 세상을 본다.
내 감각속에 킬킬거리며 뜬소문처럼
눈뜨는 이 세상,
명륜동 버스 정류장에서 집까지
도보로 십분 쯤 되는 거리의
모든 밝음과 어두움.
우체국과 문방구와 약국과
높은 육교와 古家의 지붕 위로
참외처럼 잘 익은 노란 달이 뜨고
보이다가 때로 안 보이는 이 세상.
뜨거운 머리로 부딪치는
없는 壁, 혹은 있는 고통의 形象.
깨진 머리에서 물이 흐르고
나는 괴롭고, 그것은 진실이다.

2.
날이 어둡다.
구름에 갇힌 해, 겨울비가 뿌리고
웅크려 잠든 누이여.
불빛에 비켜서 있는 어둠의 일부,
희망의 감옥 속을 빠져나오는 연기의 일부,
그 사이에 풍경으로 피어 있던
너는 어둡게 어둡게 미쳐가고
참혹해라, 어두운 날 네가 품었던 희망.
문득 녹슨 면도날로 동맥을 긋고
붉은 꽃피는 손목 들어 보였을 때, 나는

네가 키우는 괴로움은 보지 못하고

그걸 가린 환한 웃음만 보았지.
너는 아름다운 미혼이고
네 입가에서 조용히 지워지는 미소.
열리지 않는 자물쇠에서 발견하는
생의 침묵의 한 부분, 갑자기 침묵하는 이 세상
비가 뿌리고, 비 젖어 붉은 녹물
땀처럼 흘리고 서 있는 이 세상
가다가 돌아서서 바라봐도 아름답다.

3.
무너진 것은
무너지지 않은 것의 꿈인가?
어둠은 산비탈의 아파트 불빛들을
완벽하게 껴안음으로 어둠다와진다.
살아 떠도는 내 몸 어느 구석인가
몇 번의 투약에도 불구하고
아직도 살아서 꿈틀거리는
희망이라는 이름의 몇 마리 기생충,
그것이 나를 더욱 나답게 하는 것인가?
효용가치를 상실하고 구석에 팽개쳐져
녹슬고 있는 기계, 이 세상에 꿈은 있는가?
녹물 흘러내린 좁은 땅바닥에
신기하게도 돋고 있는 초록의 풀을
폐기처분된 기계의 꿈이라고 할 수 있는가?

―「폐허주의자의 꿈」 전문

김명원 그럼 선생님 인생에서 가장 빛난 시절은 언제인지요?

장석주 지금이요. 지금이 가장 편하고 좋아요.

김명원 거침없는 필력에다 힘 넘치는 필체까지 남다른 경지를 이루고 있으셔서 선생님께선 저희들에게 '공공의 적'이라 불리 우시는데요. 다재다능하신 선생님 같은 아들을 둔 아버님은 어떤 분이셨나요?

장석주 아버님께선 목수셨어요. 기술이 아주 좋으셨지요. 그런데 육체적인 노동을 싫어하셔서 사업을 벌이다가 실패하시는 바람에 가세가 심히 기울었어요. 덕분에 저는 힘든 사춘기 시절을 보내야 했고요.

김명원 선생님 책들을 읽다 보면 혼자 밥을 끓여 드시는 장면들과 만날 때가 많은데요. 요리는 잘하세요?

장석주 그럼요. 한 번 먹어 본 요리는 다 만들 수 있지요. 머리가 좋은 사람들이 요리를 잘하게 되어 있어요. 왜냐하면 요리는 상상력을 필요로 하기 때문이에요.

김명원 제일 잘하시는 요리는요?

장석주 오리야채볶음요. 오리 고기에다가 가지, 양파, 당근, 마늘 등 각종 야채를 듬뿍 넣고 볶는 요리인데요. 제가 최고의 맛을 냅니다.

김명원 인정사정없이, 감성 이성 구별 없이, 군침이 돕니다. 언제 선생님의 특별 요리를 맛 볼 날 기대해 볼게요. 선생님의 일상을 좀 소개해 주세요.

장석주 규칙적으로 생활하는 것이 제 삶의 신조인데요. 밤 9시에 취침하고 새벽 3시에 기상해서 식사 시간을 빼고는 책을 읽고 쓰곤 합니다. 주중에 강의가 있을 때는 외출하고, 서울 서교동의 집필실에 가기도 하고요. 가끔 근처에 있는 청룡사에 오르거나 읍내에 나가기도 합니다. 늘 느긋한 마음으로 여유 있게 살려고 노력하고요.

김명원 선생님께서 심혈을 기울여 만들어내신 63권의 책자 중 가장 의미

있는 책을 꼽으라면요? 오늘 그 책에게 그랑프리 시상식을 거행해야겠네요.

장석주 첫 책이에요. 첫 시집 『햇빛사냥』이요. 첫 책이라서 그런지 첫 정이 든거지요. 문학에 대한 순진한 열정만 갖고 살았던 경험이 고스란히 보존되어 있는 책이라서 가장 마음이 갑니다.

김명원 지금 집필 중이신 책자는 어떤 내용인가요?

장석주 『마흔의 서재』라고요. 사람들은 지혜를 구하지는 않고 돈을 벌어야 한다는 강박증을 가진 채 실용만 추구하지요. 그것을 극복하는 방법을 제시하고 있는 책예요. 일종의 지혜서이지요.

김명원 올해 예정하신 바가 있다면요?

장석주 지금 삼만 여권의 책들이 여기저기 분산되어 있는데요. 일목요연하게 정리해서 누구든 볼 수 있도록 열람하려고 해요.

김명원 이제 인터뷰도 결말 부분에 이르렀네요. 어떤 장석주로 기억되고 싶으세요?

장석주 리버럴리스트요. 비판자 입장에서는 이데올로기로부터 과감히 벗어나야 하니까요. 아마도 저는 계속 세상을 향해 비판의 글을 들이댈 것 같아요. 예전에도 그랬고 지금도 변함없이 제가 꿈꾸고 열망하는 것은 자유롭게 살기, 영혼의 점진적인 정화, 삶의 완전한 향유고요.

김명원 선생님에게 가장 중요한 가치는 무엇인가요?

장석주 자유의지와 존엄성이 가장 중요한 가치이지요.

김명원 제가 만난 시인분들 중 가장 가용언어가 풍부하신 선생님! 인터뷰의 지면을 맛깔스럽게 화려한 언어의 성찬으로 꾸며주셔서 고맙습니다. 독자들에게 당부하고 싶은 말씀이 있으신가요?

장석주 의문을 가지라고 부탁하고 싶어요. 무수히 질문을 해야 합니다. 저는 6살 때부터 생명의 기원과 죽음이 무엇인지, 우리는 어디서 와서 어디로 가는지가 궁금했습니다. 소멸에 대한 두려움으로 질문이 많았던 듯해요. 씨앗이 과일의 핵이듯 어떤 질문을 품느냐가 실존감이라고 말씀 드리고 싶네요.

　그리고 인터넷 정보를 신뢰하지 말라고도 당부 드리고 싶어요. 인터넷 정보는 체계화되지도 못했고 계통화된 것도 아니에요. 인터넷으로는 다만 검색이 될 뿐이지 그 정보를 통해서는 사유가 불가능하지요. 책을 통해 대화해야 합니다. 책읽기라는 것은 저자에게서 독자로 가는 일방통행식 소통이 아니고 쌍방향 소통을 이뤄내야 하는 것이고요. 저자와 서로 생각을 주고받는 대화적 책읽기를 해야 하거든요. 저자의 사유에 대해 끊임없이 질문을 던지고 반론을 제기하면서 읽는 것이죠. 그렇게 되면 책읽기가 훨씬 입체적이 됩니다. 그런데 대부분의 사람들은 독서할 때 그저 문장만 따라가요. 문장만 따라가며 읽다보니 앞부분을 잊어버리면 돌아가서 또 읽고, 그렇게 애를 쓰다가 결국 다 못 읽게 되거든요. 잊어버리거나 말거나 상관없이 끝까지 가야 해요. 잊는다는 건 자연스러운 현상이에요. 어떻게 사람이 읽은 걸 다 머릿속에 갖고 있겠어요. 기억하고자 하는 강박증이 크면 절대로 책읽기를 즐겁게 할 수 없어요.

　김명원　책읽기를 당부하셨는데, 책의 형태 변화에 따른 질문을 하나 더 드릴게요. 요즘 젊은이들 사이에는 전자책 이북이 인기인데요. 사사키 도시나오는 『전자책의 충격』에서 시대의 거대한 변화를 가져 온 전자책 시장을 날카롭게 분석하고 파악하고 있지요. 책을 읽고, 쓰고, 사고, 파는 행위에 전자책이 어떤 영향을 주는지 예상해 보고, 전자책이 가져올 문화와 비즈니스의 충격에 대해 살펴보고 있구요. 이제 비경제적인 질량비용을 감수해야 하는 종이책의 시대는 마감을 할까요?

　장석주　앞으로는 비용이 들지 않고 보관이 용이해서 전자책이 확산될 것으로 전망되긴 해요. 그럼에도 종이책이 사라지지는 않을 겁니다. 종이책이 가지고 있는 물성을 전자책으로 대체할 수는 없으니까요. 다만 종이책은 특화된 형태로 존재하겠지요. 예를 들면 아트북의 형태로요.

　김명원　선생님, 오늘은 책들이 왜 자신들의 이야기를 이렇게 푸짐하게 나눌까 의아해 하겠어요. 책방의 주인들은 계 탔다고 즐거워할 테고요. 저야말로 긴 시간 내내 수백 쪽이 넘는 '장석주 인간사' 혹은 '정석주 평전'을 통독한 느낌입니다. 오랜만의 인물 독서, 고맙습니다.

   수입의 상당 부분을 헐어 책 사는 일에 쓰는 것은 말년에 대비한 노후 보험이라고 말하는 장석주 시인. 늙어서 아무도 상대해 주지 않을 때, 늙어서 할 일이 없을 때, 수만 권의 장서가 꽂힌 서가에서 젊은 시절 바빠 미처 못 읽은 책을 찾아 읽을 것이라고, 햇빛이 어깨너머로 비쳐 드는 창가 자리에 앉아 고즈넉이 음미할 만한 책을 읽는 광경이야말로 본인이 꿈꾸는 노년이라고 말하는 시인은 충분히 행복해 보였다. 노년에도 확보된 즐거운 삶의 희망이 그에게는 예비되어 있기 때문이리라. 나는 은발의 넉넉한 휘광을 내뿜으며 편안한 의자에서 날씨 좋은 아침과 함께 독서 삼매경에 빠진 한 노인을 상상해 보았다. 가슴께가 따뜻해졌다.
   그날 저녁, 호접몽에서는 작은 음악회가 열렸다. 연주를 기꺼이 맡아주신 바이올리니스트 김미영 선생님, 기타리스트 김정열 선생님의 앙상블은 감동이었다. 피아졸라에서는 어깨춤을 추고 싶을 정도로 흥이 났고, 파가니니에서는 가슴이 먹먹해졌다. 바이올린 선율이 우리들의 영혼을 하늘 높이 고양되도록 끌어올리는 날개의 역할을 한다면, 기타는 우리의 육신을 대지 깊이 휴식으로 안내하는 발바닥의 역할을 해 주었다. 우리들은 모두 탄식과 찬탄으로 아팠고 기뻤다. 서울에서 온 많은 시인과 장시인의 학교 동문들, 대전에서 온 건축가와 백북스클럽회원들이 음악회의 주요 손님이었는데, 모두들 처음 만났지만 장석주 시인을 흠모한다는 공통집합이 형성되어서인지 음악회가 끝나고 준비된 야외 식탁에서 각자 만들어온 음식과 포도주를 나누며 우린 금세 정다운 친구들이 되었다. 반딧불이 여러 촉이 날아오르는 유월의 어둠 사이로 시원한 녹색바람이 퍼부었으며, 호접몽에서 새어나오는 불빛은 우리 모두를 장미꽃잎으로 붉게 적셨다.

모두가 아름다웠고, 모두가 시였으며, 모두가 음악이었다고, 적어야겠다. 시간이 무한정 늘어난 밤이었다고 인터뷰 말미에 적어야겠다(2012년 6월 8일).

장석주 1955년 충남 논산 출생. 1975년 『월간문학』 신인상으로 등단. 1979년 《조선일보》 신춘문예 시 당선, 같은 해 《동아일보》 신춘문예 문학평론 입선. 시집으로 『햇빛사냥』, 『완전주의자의 꿈』, 『그리운 나라』, 『새들은 황홀 속에 집을 짓는다』, 『어떤 길에 관한 기억』, 『붕붕거리는 추억이 한때』, 『크고 헐렁헐렁한 바지』, 『다시 첫사랑이 시절로 돌아갈 수 있다면』, 『간장 달이는 냄새가 진동하는 저녁』, 『물은 천 개의 눈동자를 가졌다』, 『붉디붉은 호랑이』, 『절벽』, 『몽해항로』, 『오랫동안』 등, 시선집으로 『어둠에 바친다』, 평론집으로 『한 완전주의자의 책읽기』, 『비극적 상상력』, 『문학, 인공정원』 등, 소설로 『낯선 별에서의 청춘』, 『길이 끝나자 여행은 시작되었다』, 『세도나 가는 길』 등 상재. 국악방송(FM 99.1Mhz)의 데일리 프로그램인 '장석주의 문화사랑방'을 진행. 2010년 제1회 질마재문학상 수상. 지금은 경기도 안성에서 전업 작가로 지낸다.

양애경

매콤 달콤 쌉싸래한 맛시 요리사, 양애경

　시를 맛으로 분류하고 싶을 때가 있다. 식재료 본연의 맛을 살린 담백한 이미지의 시가 있는가 하면, 특별한 소스를 듬뿍 뿌려 개성 넘치는 맛을 뽐내는 시가 있고, 바삭바삭하게 익혀서 튀긴 시어의 질감을 드러내는 맛시가 있는가 하면, 재빨리 구워내어 고슬고슬한 비유의 감각을 살린 육질 풍부한 시가 있다. 우리나라 고유의 장맛이 우러나는 발효의 시가 있기도 하고, 이국적인 감각이 흠씬 풍기는 미각 자극용 시가 있기도 하다. 대대로 전수되어 오는 전통적 비법으로 조리된 시가 있고, 아방가드르식 모험의 레시피를 이용한 퓨전의 현대시가 있기도 하다.
　다양한 시를 전시한 뷔페식 식단에서 양애경 시인의 시는 어떤 맛일까. 우선 식재료로는 봄철 갓 나온 채소나 나물을 주로 한 싱그러움에다 풍미로는 고추장 소스가 듬뿍 들어간 매콤 쌉싸래한 맛이라고 하면 미식가가 못된 나의 편협한 표현일까. 어느 날 밥맛이 없어 특이한 식단을 생각해내듯, 넘쳐나는 시들을 읽다가 갑자기 상큼한 시 맛이 그리워진다면, 바로 양애경 시인의 시를 펼쳐볼 일이다. 멀리 가서 구하지 않아도 되는 주변에 널린 재료들에서 어떻게 이런 맛을 조리해 낼 수 있을지 경이로울 정도이다. 시인의 손길에서 평범하기만 했던 각각의 이미지들은 서로에게 맛을 양보하고 덧입히며 새로운 메시지로 한층 맛깔스럽게 탄생하는 까닭이다.

  양애경 시인에게는 시정부詩政府가 수여하는 일급 시요리사 자격증이 분명 부여되었을 것이라고 나는 추측한다. 그렇다면 그 비법의 시 맛을 전수 받기 위해 얼마나 많은 시인들이 시인 옆에서 시인의 시를 시식하고 음미하며 질투하고 있을 것인가. 여성이라서 낼 수 있는 젖맛, 여성으로서만이 담론으로 승화시킬 수 있는 여성성의 문제를 슬프게도 흥겹게도 다룬 신맛, 처녀라고 노래하는 마돈나를 호스티스로 초대하여 파티를 주도하는 노련한 단맛, 암 늑대의 모성 본능을 날카롭게 드러낸 쓴맛은 양애경 시인만이 조리할 수 있는 맛의 영역일 것이다.

  시인과 만나기로 한 날은 햇살이 풍성했다. 쌀쌀하지만 입춘 지난 뒤 한층 누그러진 바람에 묻어오는 봄소식이 경쾌한 정오, 약속 장소에는 정확히 시간을 지킨 시인이 서 있었다. 단아한 모습이 밝고 환하다. 작년에는 시단 행사로 시인과 자주 만난 편이었지만 새해 들어서는 처음이다. 봄빛 탓인지, 시인의 개나리 빛 노란 머플러 탓인지, 괜스레 나는 웃음이 난다. 그리고 말이 많아진다.

에피타이저Appetizer- 활기찬 봄 준비

김명원 직장이 대학이시니 방학에는 조금 여유로우신가요? 학기 중의 분주하셨던 일상에서 놓여나실 테니까요. 이번 방학은 어떻게 보내고 계세요?

양애경 작년에 감기를 오래 앓았고 좀 다치기도 했어요. 쉬라고 몸이 보내는 표시였나 봐요. 그래서 긴 방학 동안 모임도 못가고 여행도 안 가고 푹 쉬면서 몸과 마음을 회복하는 기간으로 보냈어요. 덕분에 효과는 있었던 것 같네요. 이제 봄을 맞아 활기찬 시간을 보낼 준비가 되었으니까요.

김명원 선생님께서 강의하시는 대학이 한국영상대학이고, 몇 해 전에는 동국대에서 영상에 관련하여 박사 과정을 수료하신 것으로 알고 있는데요. 대학에서 어떤 과목들을 가르치고 있으신지요?

양애경   제가 소속되어 있는 학과는 방송영상스피치과예요. 말하기, 쓰기, 영상제작 같은 '표현'을 주로 하는 과인데요. 학생들의 진로는 아나운서나 리포터 같은 방송진행 쪽과 작가 외 PD같은 영상제작 쪽이지요. 어느 쪽이나 대본쓰기, 기사쓰기, 아이디어 기획이 필요하기 때문에 저는 미디어문장론과 구성대본을 가르쳐요. 동국대에선 시나리오 전공을 했고 원래 영화를 좋아했기 때문에 영화 기초과목과 시나리오도 강의하고, 만화창작과의 스토리 작법도 맡았어요. 시 강의가 없는 것이 좀 아쉽지만 글쓰기를 가르치는 것은 마찬가지랍니다. 사실 저는 소설과 영화를 보는 데 대부분의 여가 시간을 써요. 그러니 취미 생활이 강의와 직접 연결되는 셈이지요.

김명원   취미와 직업이 일치한다면 축복인 삶일 터인데, 그러하시다니 그저 부러울 따름입니다. 일전에 선생님의 대학 연구실을 방문하였을 때, 산중의 고요가 깃든 넓은 공간이 인상 깊었는데요. 대체로 그 연구실에서 집필을 하시나요? 아니면 창작에 영감을 주는 장소나 공간이 따로 있으신가요.

양애경   저야 시를 쓰니까 집필공간이 따로 있는 게 아니지요. 생각 떠오르는 곳이 곧 글 쓰는 곳이니까요. 전엔 혼자 버스를 타고 가거나 할 때 시상이 떠올라서 메모하곤 했는데 요즘은 1시간 거리의 학교에 자동차를 운전해서 오가니까 시상이 떠올랐을 때 바로 메모할 수 없어서 좀 아쉬워요. 오래전, 교수 공채에 응모해서 면접대기실에 있다가 시가 떠올라서 정신없이 메모했던 기억이 나네요. 주변사람들이 의아한 표정을 했지요. 시의 영감이란 제가 끌어오는 것이 아니라 시쪽에서 제게 찾아오는 것 같아요. 찾아올 때 잘 모셔야 제 것이 되니 늘 조심스럽고요.

김명원   그렇게 찾아 온 시나 글들을 대체로 언제 써서 완성하시는 편인가요?

양애경   말씀드린 것처럼 시는 영감이 제게 찾아올 때, 그리고 다른 글(산문이나 평론)은 원고청탁에 쫓겨서 더 이상 미룰 수 없을 때랍니다. 시는 억지로 쓸 수가 없기 때문에 펑크 내는 일이 많아요. 하지만 다른 글은 노력하면 되는 거니까 펑크 내는 일이 없지요. 그만큼 시가 제게 신성한 존재라고 느낍니다. 어떤 글이든 처음 시작이 어렵기 때문에, 집중력이 높아지는 밤이나 새벽에 시작하는 일이 많아요. 하지만 이미 진행 중인 원고라면 아무 때나 괜찮습니다.

메인 요리 Main Dish - 몇 가지의 중요한 순간과 맛있는 시

김명원 선생님께서는 1982년 《중앙일보》 신춘문예로 등단하셨는데요. 등단 당시의 상황을 말씀해 주셨으면 합니다.

양애경 그때가 대학 졸업하고 2년쯤 되었을 땐데요. 그때만 해도 문단에 여자 작가가 적었어요. 당선작들도 사회적인 문제를 다룬 것들이 많았고요. 여자라서 약해 보일까 봐 작품도 다소 중성적인 것을 고르고, 이름도 중성적인 필명으로 응모를 했었지요. 당선작 제목은 「불이 있는 몇 개의 풍경」이었고, 필명은 '길상'으로 냈던 것 같아요. 발표할 때는 본명으로 나갔지만요. 처음 《중앙일보》 문화부 기자가 당선통보 전화를 했을 때, 의외라고 놀라더라고요. 남자일 줄 알았다면서요. 지금은 신춘문예에 여자가 남자보다 많이 당선되지요. 그만큼 많이 바뀌었어요. 또, 나중에 알고 보니 아슬아슬했던 게 제 원고가 마감 직후에 도착했다더군요. 우편발송은 기한 내였지만요. 당시 문화부장이었던 정규웅 기자님이 제 원고를 읽어보고 추가로 넣었대요. 하마터면 심사테이블에도 못 올라갈 뻔 했던 것이지요. 아무튼, 사람이 세상을 살면서 미래의 삶이 결정되는 몇 가지의 중요한 순간이 있는데, 신춘문예 당선도 그 중의 하나였던 것 같아요.

1

立冬 지난 후 해는

산 너머로 급히 진다.

서리조각의 비늘에 덮인 거리

어둠의 粒子가 추위로 빛나는 길목에서

나는 한 개비의 성냥을 긋고

오그린 손 속에 꽃잎을 급히 피워 낸다.

불의 의상을 입으며

事物은 하나하나 살아나기 시작하지만

불은 가장 완벽하게 피었다 지는 꽃

화사한 절망.

절벽으로 떨어지듯 꺼진다.

2

기침을 한다.

탄불을 갈며.

달빛 밑에 웅크리면 아궁이 옆으로 희미하게 흩어지는 그림자.

한밤중 여자들의 팔은

生活로 배추 속처럼 싱싱하게 차오르지만

좀처럼 불은 붙지 않는다.

食口들은 구들에 언 잔등을 붙인다.

어떻게 된 것일까 옛 집의 불씨는.

영원히 꽃피우는 전설의 나무와 같이

純金으로 제련된 불씨,

화로에 잘 갈무리되어

주인을 지켜주던.

3
이제 불은 때묻고 지쳤다.
누가 불을 去來하고
누가 불에게 명령하는가.
불길한 謀反의 충동에 몸을 떨며
콘크리트 보일러실에 갇혀 웅크리고 있는 불의 꿈
밤 역시 工具들은 흩어지고

4
짧은 인사의 잔손목을 흔들다 말기.
부딛치다 와아 터지기.
안개 속에 서있는 불
문을 열고 길길이 솟구치는 불
산맥 속에 잠들어 있는 원시림의 불.

5
牧丹 마른 가지에서 올라오는
불의 빛깔은
사과나무 장작에 옮겨 붙으며 만발한다.
쓰레기 더미에서 불은 꽃핀다.
들끓으면서 平等한 불의 속
熱은 순수하여 평화롭다.

6
熱은 빛나지 않고
소리내지 않는다.

그러나 따갑게 튕겨져나와 손바닥을 쏘는
열기
우리의 입다문 眞實
바람 부는 都市의 밑둥을 떠받치는
건강한 당신
일곱 시 반에 집을 나와 아홉 시 반에 퇴근하며
휘파람을 부는 당신,
당신의 불.

7
이 속에 잠자는 불이 있다.
작은 성냥골 안에,
성냥은 불을 꿈꾸고
불은 성냥을 태운다.
순간의 불꽃은 기다림을
地上에서 가장 아름다운 빛깔로 바꾼다.
그리고 우리는 새로운 꿈을 시작한다.
―「불이 있는 몇 개의 풍경」 전문

김명원 선생님께서는 도시 서정을 낭만적인 이미지로 드러낸 첫 시집 『불이 있는 몇 개의 풍경』으로 색다른 서정시의 주제를 펼쳐 보이셨는데요. 도시 서정에 관심을 가지셨던 이유가 궁금합니다.

양애경 김명원 선생님 말씀대로, 제 초기시는 자연보다는 도시의 서정을 다뤘다는 평을 많이 들었습니다. 당시의 시인들이 대부분 전원의 서정을 썼던 시기였기 때문이었을 거예요. 대전에서 같이 활동했던 시단 선배인 김백겸 시인과 저 외에는 도시 서정을 다룬 시인이 거의 없었거든요. 우리는 시어에서는 많이 달랐지만 도시 생활과 그 속에 숨어 있는 허무에 대해서는 같은 생각을 하고 있었습니다.

김명원 첫 시집 상재 이후, 두 번째 시집 『사랑의 예감』과 세 번째 시집 『바닥이 나를 받아주네』를 통해 음습한 도시 서정과 함께 삶의 잔혹성을 고발하는 문명 비판적인 시, 그리고 몸을 위주로 한 여성적인 생의 조건 등을 다각적인 주제로 제시하셨는데요. 특히 마지막으로 출간하신 네 번째 시집 『내가 암늑대라면』에서 보여주신 독특하고 강렬한 여성성은 매콤한 맛이 일품이었다고 생각합니다. 이 시집과 시집 제목이 된 표제시의 뒷이야기를 좀 들려주시지요.

양애경 제가 이 시집을 냈을 때, 시집 제목이 『내가 암늑대라면』라고 하면 웃어버리는 분들이 많았어요. 늑대가 아주 나쁜 동물로 묘사되는 일이 많은 데다가, 엉큼한 남성을 늑대에 비유할 때가 많기 때문인 것 같아요. 저는 개과 동물을 아주 좋아하거든요. 개, 여우, 너구리, 늑대, 이리는 모두 개과 동물이지요. 그 중에서도 개의 충실함과 정직함, 그리고 다감한 애정은 감동적이기까지 하고요. 먼 옛날 인류의 선조는 첫 번째 가축으로 늑대를 선택해 길들이고 변형시켜 개로 만들었다고 해요. 지금도 개에 대한 인간의 선택과 변형은 계속되고 있고요. 그런데 개는 사랑스럽지만 존경할 만하지는 않지요. 하지만, 아직도 남아있는 순혈의 늑대라면, 존경할 만하다고 생각해요. 길들여지지 않고, 변형되지 않고, 사람에게 먹이와 주거를 의존하지 않는 진짜배기 야생동물인 늑대는 멋지잖아요.

거기다가 동물소설가가 쓴 늑대나 늑대개에 대한 이야기의 영향도 있었겠구요. 또 늑대인간 전설을 그린 「나자리노」라는 영화도 있었는데, 낮에는 사람이지만, 달이 뜨는 밤에는 늑대로 변해버리는 남자를 사랑하는 여자의 이야기지요. 소녀다운 감수성이었겠지만 참 슬프고 아름다운 사랑이야기였다고 생각해요. 그리고 늑대는 무리를 지어 노약자를 보호하며 살아가는 아주 의리 있고 사회성이 있는 동물이라는 동물학자의 증언도 고무적이었어요. 언젠가 인디언 보호구역에서 늑대와 함께 살며 늑대를 연구하는 남자에 대한 다큐를 읽은 적이 있었는데 그처럼 살고 싶었죠. 그래서 늑대와 시가 연결된 것이랍니다.

김명원 이 시에서는 인간으로 인유된 결혼 제도나 사회 제도에 대한 비판이 여성의 시각으로 표현되고 있지요? 바로 새끼를 지키고 공동체를 이끌어가는 암늑대의 표독스러운 성정으로 말이지요. 선생님께서 한 문예지의 지면에서 밝혔듯이 '여자는 약하지만 어머니는 강하다'는 메시지를 내포하고 있는 듯도 한데요.

양애경 임신하여 만삭이 된 암늑대는 먹이사냥을 하기 어렵게 될 것이에요. 새끼를 출산하고 젖 먹여 기르는 동안에는 더욱 그렇지요. 그때는, 새끼들의 아빠인 숫늑대가 먹이를 물어다가 부양해야 할 것인데, 그리고 보면, 인간의 여자가 까다롭게 남편감을 고르는 이유도 그것인 듯 해요. 임신하기 전에, 출산과 육아가 계속되는 기간 동안 자신과 아이들을 부양해 줄 능력과 책임감이 있는 남자인지를 판단해야 하니까요. 잘못하면 아이와 함께 굶어 죽을 것인지, 아이들을 버리고 혼자라도 살아남을 것인지를 선택해야 할지도 모르기 때문이에요. 간혹 새끼를 낳은 동물이 자기 새끼를 죽이거나 먹는 예를 보는데, 식욕 때문은 아닐 것 같아요. 환경이 불안해서 무사히 새끼와 함께 살아남기 어렵다고 판단한 때문이 아닐까요. 그리고 보면, 생활고를 비관해서 아이들과 동반자살하는 엄마의 심정을 조금은 이해할 수 있을 것도 같고요.

또 수컷은 되도록 많은 암컷에게 자신의 씨를 뿌리고 싶어하는 게 본능이라고 하지 않던가요. 수컷의 본능에 대해 생각하다 보니 왠지 울컥해진데다가 새끼가 어느 정도 자란 후 가족을 버리고 다른 모험을 찾아 떠나는 숫늑대를 연상하니까 솔베이지처럼 평생을 남자의 귀환만 기다리는 여자가 되기는 싫었어요.

그래서 시점이 주인공인 암늑대에게 맞추어져 시가 마무리 되었는데요. 늑대 무리의 우두머리는 나이 들고 지혜로운 암늑대죠. 사실, 원시사회에서 혈통을 대표하는 것은 남자보다는 여자였다고 해요. 당시의 집단 난혼亂婚상태에서는, 아버지를 구분하기가 어렵고, 어머니는 확실하기 때문이라는 설도 있는 이른바 모계사회였는데, 혈연의 중심에서 가족을 결집시키며 경험이 많고 지혜로워서 구성원들을 위험에서 지키고 풍부한 먹이가 있는 곳으로 인도할 수 있는 암컷이 모계사회의 족장이 아니었을까요?

  제 꿈 또한 오래 살아남아 그런 현명한 암늑대가 되는 것이에요. 그리하여 젊음과 미모로만 가치를 인정받는 꽃이 아니라, 젊은이들을 보호하는 대모代母가 되리라는 소망을 가지고 있어요. 매력적인 암컷에서 현명한 지도자가 될 수 있을 때까지, 오래도록 살아남고 싶다는 희망, 이것이 저의 꿈이고 시의 주제이지요.

    내가 만약 암늑대라면
    밤 산벚꽃나무 밑에서 네게 안길 거다
    부드러운 옆구리를 벚꽃나무 둥치에 문지르면서
    피나지 않을 만큼 한 입 가득 내 볼을 물어떼면
    너는

    만약 네가 숫늑대라면
    너는 알콜과 니코틴에 흐려지지 않은
    맑은 씨앗을
    내 안 깊숙이 터뜨릴 것이다 그러면 나는

    해처럼 뜨거운 네 씨를
    달처럼 차가운 네 씨를
    날카롭게 몸 안에 껴안을 거다

우리가 흔들어놓은 벚꽃 둥치에서
서늘한 꽃잎들이 후드득 떨어져
달아오른 뺨을 식혀줄 거다

내 안에서 그 씨들이 터져
자라고 엉기고 꽃피면
(꽃들은 식물의 섹스지)
나는 언덕 위에서
햇볕을 쬐며 풀꽃들 속에 뒹굴 거다

그러다 사냥을 할 수 없을 만큼 몸이 무거워진 내 곁을
네가 떠나 버린다면
그래서 동굴 안에서 혼자 새끼를 낳게 한다면
나는 낳자마자 우리의 새끼들을 모두 삼켜버릴 거다

하지만 너는 그러지 않겠지
움직이지 못하게 된 내 곁을 지키면서
눈시울을 가느다랗게 하면서
내 뺨을 핥을 거다

후에 네가
수컷의 모험심을 만족시키려 떠난다면
나는 물끄러미
네 뒷모습을 바라보고 있을 거다

그리고 다음 해 봄에는
다른 수컷의 뺨을 깨물 거다
평생을 같은 수컷의 씨를 품는 암늑대란
없는 거니까

가장 나이 들고 현명한 암컷이 되는 것
뜨거운 눈으로 무리를 지키면서
새끼들의 가냘픈 다리가 굵어지는 것을 바라보는 일

그리하여 나는 거기까지 가는 거다
이 밤 이 산벚꽃나무 밑둥에서 출발하여
해 지는 언덕 밑에 자기 무리를 거느린
나이 든 암컷이 되기까지
―「내가 암늑대라면」 전문

김명원 참 흥미롭게 씌어진 시로군요. 시집 제목이 되는 표제시는 사실상 그 시집의 주제가 되기도 하지요. 여성성이라든가 모성의 문제가 시집 『내가 암늑대라면』에서 절정을 이룬 후, 최근 선생님 시에는 몸을 위주로 한 여성의 삶이라든가 '사랑'을 집요하게 추적하는 여성 화자의 목소리가 인상적인데요. 선생님의 사랑관이 궁금해집니다.

양애경 사랑관이라……. 제가 제일 이상적으로 생각하는 사랑은 어렸을 때부터 우정처럼 시작해서 평생 서로에게 충실한 그런 사랑인데요. 아주 평범한 거예요. 제가 아직 못 가졌으니까 해결되지 못한 문제처럼 지금도 시에 종종 쓰게 되는 모양인데, 쑥스럽죠.

김명원 선생님의 시는 표현 방식에 있어서 많은 변화를 보이고 있습니다. 초기에는 시적 묘사가 많았다면 현재는 구체적인 서술 방식이 많거든요. 왜 이러한 변화가 있었는지요. 선생님께서 지향하시는 시론은 어떤 것인지 듣고 싶습니다.

양애경   제가 좋아하는 시는 '자연스러움, 솔직함, 진정성'을 가진 시여요. 어떤 이야기를 어떤 식으로 써야 한다는 틀에 가두는 것을 싫어하구요. 시를 수십 년 쓰다 보니 갈수록 복잡한 것이나 기교적인 것이 싫어지고 단순한 것이 좋아지네요. 저의 초기 시는 묘사적인 것이 많았다면 요즘 시는 점차 서술적이고 리얼해지고 있는 것을 느끼지요. 그리고 힘겨움을 유머로 풀어내는 여유도 생겼다고 할까요. 가끔 시의 형식이 늘어져서 초기시가 예술적이라고 말하시는 분도 있지만, 점점 더 꾸밈이 없는 것을 좋아하게 된 제 변화의 과정을 보는 것 같아요.

아주 쉽지만 쿡 찔리는 것 같은 시, 저는 그런 것이 진짜 고수高手의 시라고 생각해요. 그런 경지는 드물게 젊은 천재에게서 발견되기도 하지만 대부분 평생 시를 써온 선배시인들에게서 발견되는 것이거든요. 연세가 드시면서 점점 천진하고 단순한 시를 쓰시는 선배시인들에게서 말이에요. 저도 나이가 들어가면서 그런 경지에 접근하기를 바라고요.

요리의 꽃, 와인 한 잔Wine- 어머니와 이모와의 추억

김명원   선생님께서는 서울에서 태어나 자라셨지만 성장기 때 대전으로 이주하신 후 지금까지 거주하고 계신 것으로 알고 있습니다. 대부분의 경우 상경하는 분들은 많지만 거꾸로 하경하는 경우는 드문데요. 무슨 곡절이 있으셨던 것인가요?

양애경   아버지가 공무원이셔서 서울 내무부에 근무하다가 연고지인 충남으로 내려오신 거예요. 대전에 있는 충남도청과 시청에서 오래 근무하셨죠. 엄마는 의정부가 고향이고 서울서 오래 사셨기 때문에 내려오는 걸 서운해 하셨지만, 아버지 직장을 따라오실 수밖에 없었죠. 제가 열 살 때 대전으로 이사 왔는데, 살다 보니 대전은 공기가 좋고, 서울보다는 속도가 느린 삶이 가능해서 좋아요.

김명원 대전에서 대부분의 학창 시절을 보내셨을 텐데요. 문학과는 언제 인연을 맺게 되셨나요?

양애경 국민학교에 입학하여 처음 읽은 책이 『알프스의 소녀』였어요. 이후 만화에 빠져 맞춤법에 통달하게 되었고요. 그후 대전여중에 다닐 때는 쉬는 시간에 주로 도서관에서 살았는데, 거기에 바이런의 시집이 있었지요. 유럽 낭만주의 시인의 시를 읽으면서 시의 언어가 아름답고 화려하다고 감탄을 했고요. 그래서 저도 모르게 시 비슷한 것을 적기 시작했던 것 같아요. 대전여고를 다니던 시절에는 '머들령'이라는 고교문학서클에 들어가 문학 작품에 대한 기본기를 기르게 되었어요. 그 즈음 고교생 문예현상에서 여러 차례 수상도 하였고요. 대학에서는 동인 모임인 '화요문학'을 통해 문학에 정진할 수 있었죠. 대학 졸업 후에는 유성여중 교사로 근무하며 대학원을 다녔는데, 그 즈음 신춘문예로 등단을 했던 거예요. 이 후 '시힘' 동인이 되어 현재까지 이어지고 있고, 지역에서는 『새여울』, 『호서문학』 등의 동인지에 참여했고요.

김명원 '화요문학'에 대해서는 일전에 김백겸 선생님으로부터 자세히 이야기를 들었습니다. 대학 시절에 결성된 모임으로 지금까지 일 년에 한 번씩 『화요문학』을 출간하신다고요. 긴 세월을 이어져 오는 정리情理가 부러운데요. 거의 반평생을 함께 해오는 '화요문학'처럼 '시힘' 동인 결성 당시를 이야기해 주시겠어요? 동인분들 서로 간에 교류가 활발하셨나요?

양애경 제가 데뷔했던 당시는 지금처럼 문예지가 많지 않아서 일 년에 두 번 정도 청탁이 오면 다행이던 시절이었답니다. 그래서 발표 기회를 넓히고자 '시힘' 동인을 시작했던 거죠. 동인들은 서울, 대전, 광주 등에 흩어져 있었는데도 한 달에 한 번 만난 적도 있었으니까 대단히 열정적으로 만나는 편이었지요. 교통이 불편한 시절이기도 했던 데다가 지방으로 가야하는 경우도 많아서 한 번 만나면 일박 이일은 되어야 헤어졌답니다. 만나면 굉장히 신나 했던 기억이 새롭네요.

김명원　이제는 가족분들에 대해 궁금한 것을 여쭈어 보고 싶습니다. 선생님 시에서 보면, 선생님 옷을 지어주시는 어머니의 정성스러운 손길이 느껴지는데요. 어머니 이야기를 좀 들려주시겠어요? 또 제가 학생들에게 필독시로 권하는 「이모에게 가는 길」의 이모 분도 시인에게 어떤 존재이셨는지 궁금합니다.

양애경　「이모에게 가는 길」을 필독시로 해주신다니 감사하네요. (미소) 우선 저의 엄마부터 소개를 해야겠지요? 엄마는 숙명여대 가정과를 나와서 패션 디자이너를 꿈꾸셨어요. 하지만 대학시절 만난 아버지와 결혼하면서 가정주부가 되셨죠. 아마 꿈을 이루셨으면 우리나라 양재업계에선 선구적인 존재가 되실 수도 있었을 텐데요. 동화 신데렐라에 나오는 대모처럼 '제 몸에 꼭 맞는, 제 옷만 지어주는' 엄마를 가졌다는 건 저의 행운이죠. 또, 저는 엄마에게서 '여자에게도 직업이 필요하다'는 교육을 받고 자랐어요. 그래서 직장과 결혼을 놓고 양자택일해야 하는 상황이 있었다면 아마 직장을 선택했을 지도 몰라요.

이모는 엄마의 바로 위 언니이신데, 어렸을 때 저를 반쯤 키워주시다시피 하셨어요. 제가 14개월 때 동생이 태어나는 바람에 엄마가 아기 둘을 한꺼번에 키우기가 힘들었기 때문이었지요. 이모는 엄마와 달리 전통적인 한국 어머니상이셨어요. 무조건 받아주고 사랑해주시는 분이었죠. 그래서 어렸을 때는 엄마 입 속의 사탕을 빼앗아다가 이모 입에 넣어드린 적도 있었다고 해요. 제가 열 살 때 온가족이 대전으로 이사 오면서 이모와 헤어졌는데, 그 이후엔 아무래도 이모와 자주 만나지 못하게 되었어요. 어머니는 제가 평생 모셔오고 있지만 이모는 요양병원에 계시는데 너무 마음이 아프지요. 시 「이모에게 가는 길」은 이모께서 요양병원에 가시기 전에 쓴 것인데, 그때 이모의 모습을 뵈며 많이 슬펐어요. 아이들도 어른에게 받은 애정을 잊어버렸다가 어느 순간에 생각나는 때가 있지요. 그걸 쓴 거거든요.

아무튼 그렇게 받은 애정이 험한 세상을 살아가는데 유일한 힘이 되는 것은 아닌지 여겨져요. 서구적인 사고방식의 엄마와 순한국식 어머니인 이모, 저는 두 분에게서 다 영향을 받았던 셈인데, 제 시에 모성이 있다면 두 분 어머니들의 사랑을 듬뿍 받았기 때문일 것이라고 생각하지요.

　　어머니랑 장보러 시장에 가면,
　　친정어머니세요, 시어머니세요?
　　꼭 물어보는 아주머니들 있다
　　친정어머니예요, 라 답하면
　　아, 그럴 줄 알았어요 배시시 웃으며
　　덤이라도 꼭 하나 더 주는 사람 있다

　　친정에 자기 어머니 두고 와서
　　가끔은 남의 어머니 보고도
　　밤고구마 물 없이 먹듯 가슴이 메는
　　착한 딸들
　　―「밤고구마」부분

　　미금 농협 앞에서 버스를 내려
　　작은 육교를 건너면
　　직업병으로 시달리다가 공원도 공장주도 던져 버린 흉물 공장
　　창마다 검게 구멍이 뚫린 원진 레이온 건물이 나올 것이다
　　그 앞에서 마을 버스를 타고
　　젊은 버스 기사와 야한 차림의 10대 아가씨의
　　푹 익은 대화를 들으며
　　종점까지 시골길 골목을 가야 한다

거기서 내려 세 집을 건너가면
옛날엔 대갓집이었다는 낡은 한옥이 나오고
문간에서 팔순이 된 이모가 반겨줄 것이다
전에는 청량리역까지 마중을 나왔고
몇 달 전에는 종점까지 마중을 나왔지만
이제 이모는 다리가 아파 문간까지밖에 못 나오실 것이다
아이고 내 새끼 라고 이모는 말하고 싶겠지만
이제 푹 삭은 나이가 된 조카가 싫어할까봐
아이고 교수님 바쁜데 왠일일까 라고 하실 것이다
사실 언제나 바쁠 것 하나 없는데다가 방학인데도
이모는 바쁘다는 자손들에게 미리 기가 죽어 있기 때문에 그렇게 말하실 것이다

이모는 오후 세시이지만 텅 빈 집에서 혼자 밥을 먹기 싫었기 때문에
아직 식사를 하지 않았다고 하면서 무언가 먹이려 하실 것이다
하지만 눈 어둡고 귀 어둡고 가게도 멀은 지금동 마을에서
이모가 차린 밥상은 구미에 맞지 않을 것이다
씻은 그릇에 밥풀 알도 간혹 묻어 있을 것이다
그래서 나는 사 가지고 온 과자나 과일이나 약 따위를 늘어 놓으며
먹은지 얼마 안 되어 먹고 싶지 않다고 할 것이다
이모는 아직 하얗고 아담한 다리를 펴 보이며
다리가 이렇게 감각이 없어져서 걱정이라고 하실 것이다
그래서 텃밭에 갔다가 넘어져서 몇 달 고생도 했다고 하실 것이다

트럼펫처럼 잘 울리는 웃음 소리를 가진
아이 둘을 한꺼번에 끌어안고 젖을 먹일 만큼 좋은 젖가슴을 가졌던 이모

아이들 원하는 것은 무엇이든 하게 하던 이모
이모의 젖을 먹지 않고 큰 아이는 이 집안에 없었다
이제 이모는 귀가 잘 안 들리기 때문에
젊은 아이들에게 지청구를 먹을까 봐 이야기를 걸어도 머뭇거리신다
그냥 아이구 그래 대견도 하지라고 하실 뿐이다

지어온 한약을 내놓고 한 시간이 지나면
나는 여섯시 이십분 기차니까 지금 가야 해요라고 할 것이다
그러면 이모는 아이구 그래 차 시간 넉넉히 가야지라고 하실 것이다
텃밭에 심었던 정구지를 한 묶음 하고
내가 사 간 복숭아를 몇 알 도로 싸주실 것이다
그리고도 뭘 또 줄 게 없을까 해서
명절 날 들어온 미원이니 참치 통조림이니 비누 따위를 주섬주섬 찾으실 것이다
꼬꼬엄마 그럼 잘 있어요라고 하면서
나는 나도 모르게 이모의 뺨에 내 뺨을 부빌 것이다
그러면 이모는 감동해서 역시 내 새끼였지라고 좋아하실 것이다
마당에 이만큼 나선 나에게
마을 버스 시간에 맞추어야지 서둘러라라고 하면서도
어디 한 번 더 안아보자 하실 것이다
나는 어렸을 때처럼 두 팔로 푸짐한 이모의 가슴을 껴안고
이모의 뺨에 내 뺨을 꼬옥 대 볼 것이다
이모는 속으로 이 새끼를 이제 못 볼 지도 모른다라고 생각했을 지도 모른다
나는 속 없이 마을버스를 놓칠까 봐 뛰어 나오고
세 집을 건너 뛰어가면

마을버스가 모퉁이를 돌아 설 것이다

　　버스를 타고 가며 나는 자꾸만 눈 언저리를 닦을 것이다
　　노인네 혼자 빈 집에 남겨져
　　젊은 애들한테 방해나 되게 너무 오래 사는 것 아닌가 하면서
　　잘 펴지지 않는 다리를 조심스레 움직여 보면서
　　혼자 오래 걸려 방으로 돌아가실 것을 생각하면서
　　우는 나를 마을버스 기사가 의아하게 거울 속으로 바라볼 것이다
　　사실 여기까지 오면서 번잡한 길에서 느꼈던 짜증이 부끄럽고
　　사람이 늙는다는 게 슬프고 무서워서
　　다시는 살아 있는 이모를 만나지 못할까 무서워서
　　나는 더 운다 원진 레이온 앞에 올 때까지 십 분이 못 되는 시간을

　　그리고 눈물에 깨끗이 씻겨서
　　이모가 길러 주었던
　　일곱 살짜리 갈래머리 계집애가 되어
　　청량리역 가는 버스를 탈 것이다
　　세상에 꿈도 많고 고집도 세었던
　　제일 귀염 받던 곱슬머리 계집애가 되어서.
　─「이모에게 가는 길」 전문

김명원　돌이켜 볼 때, 선생님 생에서 가장 축복으로 여겨지는 때는요?
양애경　생에는 종종 축복으로 여겨지는 순간들이 있어요. 어느 때만 그렇다고 말하기는 어려울 것 같아요. 젊었던 부모님과 형제들과 지냈던 시절에도 행복한 순간이 있었고, 박사학위 논문을 쓰던 더운 여름날의 열중도 그랬고, 햇빛과 바람 같은 자연이 주는 쾌감도 있죠. 하지만 굳이 어느 시절을 축

복으로 여긴다면, 저는 앞으로 은퇴 후 조용하게 살아갈 세월에 대한 기대감이 있어요. 몸이 아프지 않고 너무 외롭지만 않다면, 가장 좋은 시절이 될 것이라는 희망을 갖고 기다리고 있는데, 어떨지요.

김명원 선생님을 뵈면, 정말 상처라고는 전혀 없이 살아오셨을 것만 같은 고결함이 연상되는데요. 선생님께도 시련기가 있었는지 궁금합니다.

양애경 어느 시절이라고 정해 말할 수도 없을 만큼 이런저런 어려운 날들을 건너온 것은 저도 다른 사람들과 마찬가지예요. 하지만 겉보기로는 수십 년 동안 아무 일도 없었던 것처럼 살아왔으니 상대적으로 큰 상처나 큰 시련은 없었다고도 할 수 있겠죠. 그래도 누구의 고통과 시련이 누구의 고통과 시련보다 크다 작다고 비교해서 말하기는 어려울 것 같네요. 재작년인가, 제가 「생존자들」이란 시를 썼어요. 이 나이까지 살아남은 또래의 친구들에게 우리의 생존을 의미 있게 여기자는 내용이었어요. 요즘도 하루하루가 살아남기 위한 노력으로 이루어진답니다. 질문에 잘 맞지 않는 답변인 것 같아 좀 죄송해요. (웃음)

디저트Dssert- 부드럽고 편안한 일상

김명원 요즈음 행복하다고 느껴지실 때는 언제인가요?

양애경 제 가족인 엄마와 강아지와 함께 지내는 시간이에요. 맛있는 음식도 함께 해먹고 신문을 읽으며 사회비평도 하고, 나머지 시간은 각자 자기 방에서 영화도 보고 TV도 보며 뒹굴뒹굴 지내죠. 최고로 행복하고 소중한 시간입니다.

김명원 가장 소중하게 여기시는 보물 1호는요?

양애경 저희 엄마랍니다. 연세가 80이 넘으셨지만 아주 정신력이 강하시고 유머도 있으세요.

김명원 지금도 친밀하게 교류하시는 문우분들을 소개 부탁드립니다.

양애경   대학 때부터 함께 문학 서클을 해왔던 김백겸 시인과 동인 '화요문학'의 사람들, 우진용, 권덕하, 정용기, 심상우, 김상배, 송은숙, 고증식, 황진성 등이 있고요. 80년대부터 지금까지 함께 해온 '시힘' 동인들로는 고운기, 안도현, 정일근, 최영철, 김경미, 박철, 나희덕, 김수영, 김선우, 이병률, 그리고 막내로 김성규, 김윤이 등이 있습니다.

충남의 선배시인인 나태주, 이명수, 유안진 선생님과 소설가로는 이진우, 연용흠 선생님, 새여울 동인분들, 그리고 자주 즐거운 시간을 함께하는 이은봉, 정순진, 전주호, 송계헌, 강신용, 김순선, 김명원, 이강산, 박소영, 하명환 시인 등도 있습니다. 원구식, 이지엽 같은 분들과, 그밖에도 작은 지면에 다 쓸 수 없을 만큼 제 주변에 좋은 분들이 많네요. 제가 꽤 복이 있나 봐요. 시를 쓰면서 알게 된 분들과의 좋은 인연에 감사하게 됩니다.

김명원   다시 이십 대로 돌아가신다면, 어떤 삶을 꿈꾸실 듯 하세요?

양애경   지금과 같아요. 꽤 꿈대로 해왔다고 생각해요. 단지 아쉬운 것은, 남자와 자연스럽고 편하게 사귀어 보지 못한 거예요. 부딪힐 용기도 별로 없었고, 나 좋다고 대들면 두려워서 숨어버리곤 했고요. 당시의 저는 아주 차갑고 새침해 보여서 접근하기 어려웠다고 해요. 사실 저는 냉정했다기보다는 수줍었던 거예요. 지금은 제가 철이 났다고들 하는데요. 사랑뿐 아니라 많이 서툴렀던 인간관계에서도 편안하게 느끼고 감정 표현도 전보다 잘 하니까요. 지금처럼만 사람들을 편하게 대할 수 있었으면 연애도 결혼도 잘 할 수 있었을 텐데, 그 점은 아쉽네요. (웃음)

김명원   10년 후의 선생님 모습을 예상하신다면요?

양애경   좀 더 부드러운 표정을 하고 있지 않을까요? 10년 전보다 지금의 제 표정이 편해 졌듯이요. 좀 더 편하게 늙어 있을 것 같고, 지금 만나는 문우들과 여전히 만나고 있을 것 같아요. 그 점이 제일 든든해요. 물론 글은 쓰고 있어야죠. 은퇴해서 시간이 많을 테니까 동화, 소설, 시나리오 같은 장르도 하고 싶어요. 요리도 조금 늘지 않았을까요? 할 줄 아는 음식이 많지 않은데,

기회가 오면 요리도 배우고 싶어요. 초보자에게는 인터넷 레시피도 꽤 도움이 되더라구요.

김명원 선생님께서 요리 말씀을 하시니 선생님의 시 「맛을 보다」가 제 미감을 자극하는데요. 선생님의 시들을 읽으면 왠지 그 시들이 저에게는 '맛'으로 음미되거든요. 어쩌면 몸으로 전해지는 오감 중 맛이야말로 가장 직접적이고 구체적인 감각이 아닐까요. 그 맛에 의해 수천 년 동안 사랑의 비법이 전수 되었을지도 모르겠고요.

어릴 적 아버지만 드시던 꿀단지
하얀 자기磁器 뚜껑은 끈적끈적
아버지가 찻숟갈로 꿀을 떠먹고
혀를 휘~ 돌려 숟갈을 빨고는
다시 한 숟갈 뜨는 걸 보면
'더러워라'하고 생각했지만

그래도
나중에 혼자 다락에 올라
훔쳐 먹는 꿀맛은
달콤하긴 했지

하긴 꿀은 벌들이 빨아먹는
꽃꿀과 꽃가루를 토해낸 거잖아
침투성이이잖아
아니, 침 그 자체이겠네

키스는,

상대의 침을 맛보는 일
맛을 보고서
'아, 괜찮네' 싶으면
몸을 섞기도 하고
몸을 섞는 게 괜찮다 싶으면
아이를 만들기도 하잖아

몸과 몸끼리
서로를 맛보는 일
어차피 침투성이
더러울 것 하나 없겠네
― 「맛을 보다」 전문

김명원   오랜 시간 동안 선생님과 함께여서 행복했습니다. 눈부신 봄 맞으시기를 기원 드려요.

양애경   김명원 선생님은 늘 사람을 대할 때 성심성의껏 대하고, 문학에 대한 열정도 누구보다 많은 분이어서 신망이 높지요. 같은 대전에 살고 『시와 인식』 편집일도 같이 해서 요즘 자주 뵙는 행운을 누리는데, 올해는 좋은 일로 더 자주 뵙자구요. 감사합니다.

나는 양애경 시인을 잘 안다. 시인을 만나기 시작한 것이 십 년이니, 그리고 같은 지역에서 활동하고 있으니, 빈번히 만날 수 있는 기회가 많았고, 울산이며 진주 등으로 여행을 하고 숙소에서 밤늦게까지 어둠을 켜두고서 대화를 나눈 추억이 꽤 있다. 시인은 늘 조용히 상대의 이야기를 진지하게 들어주었고, 항상 그의 입장에서 시원하게 응수해 주었고, 그러면 나는 마음 속에 비겁하게 품고 전전긍긍하였던 분노와 불만이 한 번에 해결되는 느낌이었다. 태어날 때부터 사춘기를 거쳐 모든 성장기를 찬찬히 지켜보아 준 친언니처럼 시인은 항상 관대했고, 조언했고, 무엇보다도 내 편이었다.

그럼에도 나는 양애경 시인을 잘 모른다. 가슴 벅차게 만나고 돌아서 오면 바로 코앞에서 피를 나눈 것 같은 자매애를 나만 과시하고 있었음을 깨닫기 때문이다. 시인은 내게 전화 통화를 할 때도, 나를 만나서도, 고등학교 후배인 내게 '선생님'이라는 호칭을 쓰고 있으니, 이 거리감을 어떻게 좁힐 수 있으랴. 봄이 들어서는 저 꽃향기 때문에 만나주세요,라고 칭얼댈 수 없는 이 고적감을 어찌 메우랴. 넘치도록 기대기만 하는 내게 비해 시인은 반듯하고 정갈한 각을 지니고 있어 매번 가까이 가다가도 나는 주춤했을지도 모를 일이다. 하지만 이런 격조가 시인과 나를, 시인과 독자를 오래도록 신선하게 유지시키는 비결이었을 지도 모를 일.

여성과 여성의 몸을 감각적으로 시로서 드러내고, 그리고 드러낸 만큼 이성으로 자신의 현실을 단속하고 있는 시인이 양애경 시인일 것이다. 시에서는 거침없이 담대하고 솔직하지만, 실제는 항상 옷의 첫 단추까지 잠그고 여미는 시인. 그만큼 독자로부터 과감히 숨어버리는 시인이 양애경 시인일 것이다. 보랏빛 신기루처럼 시인은 그녀의 시에 넘치도록 있고, 단호히 없다. 시인은 자유롭게 자신의 시 맛을 조리하고 나서 정작 자신은 증발해 버리는 마법을 보여 왔던 연유이리라.

나는 시인을 통해 여성 시인이 성취해야 하는 시적 결과물로서의 아름다움을 향유하였고, 넘치지도 모자라지도 않는 인간관계의 눈부신 거리를 감지하였다. 나는 그러한 시인에게 스스로 충성을 맹서하였고, 사랑을 서약하였다. 시인이 내는 감칠맛 나는 시 맛에 길들여진 나로서는 어쩔 수 없는 고백일 터이다. 오늘의 대담은 맛깔스러운 한 끼의 성찬이었다. 입맛을 돋우는 전채 요리에서부터 메인 요리와 은은한 와인 한 잔, 깔끔한 후식까지 완벽하게 구사한 맛있는 이 요리를 나는 당분간 식사 때마다 음미해야 하리라(2011년 2월 16일).

양애경   1956년 서울 출생. 충남대학교 국문학과 및 동대학원 박사과정 졸업, 동국대학교 영상대학원 시나리오 전공 박사과정 수료. 1982년《중앙일보》신춘문예에 시「불이 있는 몇 개의 풍경」이 당선되어 등단. 시집으로『불이 있는 몇 개의 풍경』,『사랑의 예감』,『바닥이 나를 받아주네』,『내가 암늑대라면』등, 저서로『한국 퇴폐적 낭만주의 시연구』등 출간. 대전시인상, 충청남도문화상, 애지문학상 등 수상. '시힘', '화요문학' 동인.『화요문학』,『시와인식』,『시를사랑하는사람들』등 편집위원. 한국영상대학 방송영상스피치과 교수로 재직 중이다.

공광규

정직한 시심을 적는 현실의 대필자, 공광규

　공광규 시인을 '시인답게' 만나게 된 것은 시집 『말똥 한 덩이』가 출간된 2008년 12월 연말이었다. '시인답게'라는 다소 어색한 표현은, 구체적으로 말하자면, 시인으로서 나눈 담소와 시에 대한 활달한 담론이 이루어진 정황을 일컫는 것일 게다. 구수하게 후감을 자극하는 '말똥 한 덩이'라는 시골스런 자연물 한 덩어리를 공시인에게서 선사받은 생태적 시집 출간기념일은 바람이 몹시 세찬 날이었고, 약속 장소인 인사동에는 저녁이 유난히 일찍 찾아왔다. 어스름 조도가 낮게 드리워지는 대기 사이로 한 두 등씩 밝혀진 가로등불은 골목 안까지 그윽했는데, 은은하게 번지는 헬륨 불빛 아래 세월의 때가 흠씬 탄 한정식 통나무집 식당으로 낯익은 시인들이 모여들기 시작하였다.
　박찬일 시인이 가장 먼저 도착했고. 이어 추위를 털어내며 들어 선 전기철 시인, 이은봉 시인과 안명옥 시인 등, 십여 명의 시인들이 빨갛게 언 얼굴들로 인사를 나누었다. 공식적인 출간기념 모임은 아니었지만 평소 공시인을 아끼고 사랑하는 시인들이 사적으로 만든 조촐한 행사였다. 우린 어둠으로 젖는 밤을 창호지 문 밖에 세워두고 따스함을 아끼며 소주를 마셨다. 순백의 우정과 진심의 축하를 나눴다. 다섯 번째 상재한 시집에 대한 평가들이 오갔고,

특히 「얼굴 반찬」이라는 시에서 제기하는 요즈음의 분산 가족화에 대해 진지하게 고민하였다. 이 세상에서 가장 맛있는 반찬이 밥상머리에서 보는 정겨운 가족의 얼굴 반찬이라는 공감대는 무척이나 강렬했다. 그 자리에 모여 있던 우리들 모두가 실은 그날처럼 시집을 낸 시인에게 시를 잘 써왔다고 한 끼 밥을 사는 밥상마냥 서로에게 서로를 보여주고 지켜줘야 하는 서로간의 얼굴 반찬들이었기 때문이리라.

우린 그 늦은 밤 내내 무슨 이야기를 더 하였던가. 술에 취하여 백석과 김수영과 네루다와 말라르메와 박인환을 오가며, 그 시절을 풍미하며, 우린 행복했고 아팠다. 함께 시인이어서 기뻤고, 각자 시인이므로 슬펐다. 시를 쓰며 살아야 하는 운명이어서 기꺼웠고, 그래서 거둘 수 없는 잔을 높이 들며 "건배!"를 외쳐대었다. 그렇게 한 해가 스러졌고 우리의 추억은 남겨졌다. 공시인을 그날 시인답게 만나기 전까지 그는 나에게 정치시에 관한 특집 원고를 청탁하게 된 계기로서만 아는 관계였다. 그는 문학과 정치 사이를 오가면서 누구보다 치열하게 현실문학을 실천해 왔고, 사실과 진실 사이의 예술에서 진심이 지은 시를 우리에게 제시하였으며, 누구라도 쉽게 얻고 깨달을 수 있는 시적 형식으로 자신만의 시의 공적을 굳건히 지켜내었다.

시인을 만나러 가는 날, 나는 다시 시인답게 인터뷰를 진행하리라고 마음먹는다. 그의 다정한 시간 속에서 인터뷰어로서의 내 본분을 잊을까 내심 저어되기 때문인데, 그만큼 그는 다감하고 정다운 시인인 연유에서이다. 대전역을 향해 아침 일찍 서둘러 나서는 포도 위로 겨울 햇빛이 쏟아진다. 이제 잠시 후면 대전역에서 기차를 탈 것이고, 그 기차는 나를 일산에 사는 시인 가까이에 위치한 경기도의 행신역으로 안내해 줄 것이다. 한 번도 여정의 종착역이 행신역이 아니었던 이 낯선 긴장감이 나를 흠뻑 설레게 한다.

겨울다워서 좋은 날들

김명원 혹한이 계속되고 있는데요. 지구 온난화로 빙하가 녹으면서 겨울 추위가 맹렬해졌습니다. 생태계의 악화가 이렇게 체감되는구나 싶으면서 여러 걱정과 염려들이 앞서는 날들이네요. 어느 해보다도 눈이 많이 내리고 매서운 추위가 만만치 않은 이 겨울을 어떻게 지내고 있으신지요?

공광규 폭설과 추위를 인정하면서 지내고 있습니다. 겨울다워서 좋고요. 눈이 오든 날이 춥든 불평 안 하고 살아요. 눈이 많이 오는 날에 이런 생각도 했어요. 이 흰눈이 가난한 나라로 가서 쌀이나 밀가루가 되었으면 하는! 하하하. 그리고 눈이 녹지 말아서 사람들이 좀 천천히 걸어 다니고 차량도 좀 적게 다니고 외출도 좀 적게 했으면 하고요. 최근에는 한국작가회의 2012년 사업 마무리와 2013년 사업계획을 하면서 지냈네요. 절차가 필요하거든요.

김명원 한국작가회의 사무총장으로서 큰살림을 맡아 고충과 보람이 공존하는 체험을 하시겠어요. 2013년 올 새해 벽두에는 제18대 대선에서 서울시선거관리위원회가 한국작가회의 소속 젊은 문인 137명을 선거법 위반으로 검찰에 고발하는 사태까지 있었고요. 한국작가회의의 젊은 문인 137명이 대통령선거 닷새 앞둔 지난 해 12월 14일 《경향신문》에 '우리는 정권교체를 원합니다'라는 제목을 단 선언문을 담은 광고를 내자 이 광고가 공직선거법 제93조, 탈법 방법에 의한 문서·도화의 배부·게시 등 금지 제1항을 위반했다고 검찰에 고발된 때문이지요. 과도한 이념 표방이 조심스러워 보이는 대한민국의 현실에서 문학의 정치 참여, 어떻게 이루어져야 할까요?

공광규 이번 대통령선거 기간에 일부 회원이 특정 정당에서 열심히 선거운동을 했고요. 또 특정후보 지지선언을 해달라는 요구가 있어서 고민을 많이 했죠. 한국작가회의는 이제 회원이 3천여 명이나 되는 큰 대중조직이고, 자유실천문인협회 때와는 달리 회원들의 정치적 입장과 지향이 다양해서 선거 때 특정후보 지지성명을 발표하지 않는 것을 원칙으로 하고 있어요. 이번에도 마찬가지였지요. 그러나 작가회의 젊은 회원 중심으로 몇몇이 광고료를 거두어 자신의 정치적 신념을 광고한 것이고, 그렇기에 광고 내용과 관련 없이, 그리고 위법성 여부와 관련 없이 의미가 있는 사건이었어요. 그러나 언론에 위법성이 거론되고, 한국작가회의가 대처하는 것을 보고 비회원으로 참석했던 젊은 문인들이 회원에 가입하는 현상이 일어났습니다. 이것도 문학공부지요. 또 이명박 대통령 집권초기부터 문화예술진흥원의 지원금을 받지 못하게 되자, 회원들이 회비를 더 잘 내고 회원 가입률이 더 높아지고, 결집을 더 잘하는 것을 보고서, 작가들의 살아있는 정신을 실감했답니다.

김명원 그렇군요. 자발적인 동참을 이끌어내는 힘이 문학과 정치의 함수관계로군요. 구호가 없이도 뜨거운 관심을 불러일으키는 실천력으로 한국작가회의가 문학과 정치 모두에서 큰 몫을 해주기를 바랍니다. 그리고 선생님, 멋진 화합력과 지도력으로 한국작가회의에서 인기 절정이신데요. 지난 번 전국 작가회의 장기자랑 대회에서 능수능란하게 기획하고 사회까지 보시는 모습을 보았거든요. 다음 번 사무총장이 주눅 들지 않도록 지나치게 출중한 모습을 좀 자세하시면 어떨까요? (웃음)

　　술집과 노래방을 거친
　　늦은 귀갓길

　　나는 불경하게도
　　이웃집 여자가 보고 싶다

　　그래도 이런 나를
　　하느님은 사랑하시는지

　　내 발자국을 따라오시며

자꾸자꾸 폭설로 지워주신다.
— 「폭설」 전문

1960년 서울 돈암동 판자촌으로부터의 기억들

김명원　자, 이제 본격적인 인터뷰를 시작해 볼까요? 선생님, 슬슬 탈의를 준비하셔야겠어요. 최근의 『창작과비평』 문예지를 보면 서울에서 출생하여 청양에서 성장하였다고 되어 있는 반면에 임헌영 평론가께서 쓰신 시집 『지독한 불륜』 해설을 보면, 선생님께서는 1960년 4월 3일에 충남 청양에서 태어나 경기도와 경상도를 떠돌던 아버지를 따라 다니다가 다시금 고향인 청양으로 귀환, 유년기를 보냈다고 되어 있는데요. 이제 베일에 쌓여있던 출생의 비밀을 털어놓으셔야겠어요. 서울인지, 청양인지 출생지도 명확히 밝히셔야 함은 물론, 여러 지방을 전전하셨던 선생님의 아버지께서는 무슨 일을 하셨던 것인지요? 그리고 그 즈음의 선생님은 어떤 소년이었는지요?

공광규　그냥 착한 소년이었어요. 어디 가서 싸움도 안 하고 양보도 잘하고 밀도 질 듣고 너무 착하니까 커서 세 밥빌이나 알시 아버지사 걱성하셨시요. 성깔도 없으니 항상 사내답지 못하다고 지청구를 하셨고요. 하하하. 운동화를 철사로 꿰매신고 다니고, 부모님에게 무얼 사달라고 졸라 본 적이 없는 소년이었어요. 아버지는 농사꾼이었죠. 그러나 농사만으로 먹고 살기 힘드니까 밖에 나가서 돈을 벌어왔어요. 이웃 광산에도 다녔는데 우리 집에서 돼지를 수시로 잡았지요. 도시에 나가 고모부와 철근장사도 하고, 나중에는 청양 우시장 거간꾼을 했고요. 그래서 다른 집에 비해 현금이 항상 있는 집이었습니다.

　저는 실제 1960년 4월 3일 서울 돈암동 판자촌에서 태어났어요. 음력 3월 8일 새벽 4시쯤이래요. 서울운동장이 내려다보이는 언덕이었다고 어머니가 여러 번 말씀하셨죠. 부모님이 청양에서 신혼 때 상경하여 돈암동에 와서 도

시의 삶을 살아보려고 했던 거여요. 땅콩과 봉지쌀 장사를 했다고 해요. 그러다가 포천 이동에 가서 살기도 하고, 경상도 상주에 가서도 잠깐 살았다는 말을 들었어요. 그때 진해 군항제를 다녀온 기억을 아버지도 여러 번 말씀하셨고요. 하여튼 서울서 마지막은 뚝섬에서 새끼공장을 했는데, 그게 실패하여 홍성군 옥암리 큰할아버지 댁으로 내려가 살면서 농사를 거들었다고 해요. 홍성에서 10살 많은 육촌형과 같은 집에서 더부살이하며 살았는데, 어렸을 때 제 이야기를 가끔 해요.

그후 보령군 청라면 광산촌에서 살기도 하고, 그러다가 고향인 청양으로 다시 간 거죠. 홍성으로 내려간 뒤에도 어머니는 저를 업고 걸리며 뚝섬에서 사업 정리하다가 남은 돈을 받으러 서울에 다녔다고 해요. 저는 청라 광산촌에서 살던 기억부터 나요. 부엌에서 여동생과 밀가루로 찐빵을 서로 들고 가겠다고 다투다가 여동생이 입을 크게 벌리고 울던 기억이 나네요. 왜간장에 밥을 비벼달라고 어머니께 졸랐던 기억도 나고요. 제 본적은 청양군 남양면 653번지인데, 지금 시골집 앞 텃밭 번지가 653번지여요. 옛날에 재당숙이 살던 집이 밭 가운데 한 채 있었지요.

큰 나무와 작은 나무가 가지를 섞고
잎과 잎을 맞댄 칠갑산
천장호에 원앙과 쇠오리에 산다

구기자나무와 맥문동 밭에
거름을 넣고 나온 당숙과 사촌이 어울려
어죽을 끓이는 느티나무 아래 평상

느티나무와 사람과 짐승의 배경이 되어주는
자귀나무꽃 노을이 아름다워서

인생의 저녁도 아름다울 것 같은

어깨선이 다정한 월산과 청태산과 구봉산이
어린 자매처럼 밤마다
초롱초롱한 별을 덮고 자는 마을.
―「청양」전문

김명원　선생님에 대한 글을 읽다가 알았는데요. 중학생 시절에 괴테의 『젊은 베르테르의 슬픔』을 읽고 문학적인 감수성이 일었다고요? 그런데 어떤 연유로 국립 부산기계공고에 진학하셨는지요?

공광규　사회 선생님이 『젊은 베르테르의 슬픔』 이야기를 여러 번 하셨어요. 이것이 중학교 도서실에서 책을 찾아 읽게 된 계기가 되었지요. 그 도서실은 철망으로 가린 폐가식이었는데, 그리고 우연히 책꽂이 아래 떨어져 있던 시집을 주워서 펼쳤는데, 이정옥의 『가시내』라는 시집이었어요. 1962년 판이었던가? 그걸 읽고 마음이 움직여서 시를 동경하게 되었죠. 그래서 쓴 첫 시의 대상이 분토골 고개를 넘어 다니다가 산소 옆에서 만난 보라색 도라지꽃이어요. 공고는 중3 때 수학 선생님이 저를 은밀히 부르시더니 3년 동안 국비 장학생이고 졸업 후에 취직을 보장하는 학교라고 추천을 해서 갔어요. 그때 부산 해운대에서 바다를 처음 봤죠. 고등학교 때는 교내 백일장에서 입선을 두어 번 했던 기억이 있는데, 얼마 전 앨범을 뒤지다가 상장 하나를 발견했네요.

김명원　중학교 시절에 문학적인 관심이 발원하여 시집도 읽고 시도 쓰게 되었지만 결국 기계공고라는 취업을 위한 생활 전선을 택하였던 거군요. 아무래도 가정환경을 염두에 두었기 때문이었을 텐데요. 이후 동국대 국어국문학과에 입학하셨지요? 본격적인 문학의 자리로 돌아오셨는데, 고등학교 졸업 후 곧바로 대학 진학이 이루어지지는 않았었나 봐요. 동국대 국어국문학과에 입학한 나이가 24살이었던 것으로 미루어 짐작하면요. 무슨 곡절이 있었는지요?

공광규 큰 곡절은 아니고, 당시에는 시골에서 대학생을 본 적이 없어서 대학은 생각도 못하였고, 3년을 국비로 학교를 다니고 졸업하면 취직이 보장되니 최고인 줄 알았지요. 더구나 군대도 면제된다는 선생님의 말씀을 듣고 전쟁 후 혹독한 군대경험을 한 아버지도 진학을 찬성하셨고요. 아무튼, 공고 졸업 후 포항제철에서 철강노동자로 일을 했었고, 그러다가 뒤늦게 대학을 입학하고 휴학했다가 다시 다니고 이렇게 저렇게 했죠. 김수영 시인의 『거대한 뿌리』에 보면 "8·15 후에 김병욱이라는 시인은 …(중략)… 일본 대학에 다니면서 사 년 동안을 제철회사에서/ 노동을 한 강자다"라는 문장이 있는데, 한참 선배인 시인의 경험과 비슷해서 놀랐습니다. 하하하.

김명원 범상치 않은 학창 시절로 인해 이미 시인으로서의 충분한 자산을 얻은 셈이네요. 이런 우여곡절의 생이 결국은 자신만의 뜨거운 시의 서사가 되니까요.

삶이 변하며 시가 변하다

김명원 이제 선생님의 삶으로부터 빠져 나와서 시 이야기를 좀 나눠볼까요? 대학 재학 중, 문학개론 시간에 접한 정지용의 시「유리창」을 읽고는 시 창작의 기법을 익혔다고 알고 있습니다. 그러한가요?

공광규 그런 셈이죠. 그 전에는 나름대로 시를 잘 써보려고 노력했지만, 시는 이렇게 써야 한다는 느낌이 안 왔어요. 그러던 중 정지용의 시「유리창」을 만나는 순간 '이렇게 시를 쓰면 되겠구나'라는 감을 잡았지요. "물 먹은 별"이라는 심상, "패혈관이 찢어진 채로"라는 표현의 강렬함에 매혹되었어요. 그 뒤에 수소문해서 정지용 전집을 구해 필사해서 읽었고요. 그분 시가 심상 중심이어서, 그걸 배운 저도 심상주의를 못 벗어나고 있네요. 그리고 1980년대 초반부터 민중문화운동을 하는 선배들을 따라다니면서 민중시들을 많이 읽었지요.

김명원 1986년 『동서문학』 신인문학상으로 등단하셨는데요. 등단 문예지로 『동서문학』을 선택하신 이유가 있었을까요?

공광규 특별한 이유는 없었고요. 1986년 신춘문예 《중앙일보》에 최종심, 《대구매일신문》에 본선으로 올라갔었고, 같은 해 희곡이 《조선일보》 본선에 올랐는데, 이제 시를 본격적으로 써도 되겠구나하는 자신감을 얻었어요. 또 신춘문예 응모에 앞서 『실천문학』에 원고를 뭉치째 보냈는데, 1985년 『민중교육』지 사건으로 잡지가 정간되는 바람에 1987년에야 현장시 특집에 5편이 발표가 됐고요. 아무튼 이러는 와중에 서점에 갔다가 우연히 창문에 붙어있는 『동서문학』이 막 창간되었다는 광고를 보고 디자인이 현대적이고 신선하다는 생각이 들어 응모하여 당선되었죠. 그때 심사위원이 홍윤숙, 박재삼 시인이었어요. 그런데 미안한 것은 심사했던 선생님들한테 인사를 제대로 못했던 거여요. 한국 정치 상황 때문에 문단이 오랫동안 민족문학작가회의와 한국문인협회로 나누어져 있었고 젊은 사람들은 서로 교류를 안 했기 때문이지요. 겨우 2년 전에 문단행사에서 홍윤숙 선생님이 편찮으시다는 소문을 듣고 찾아가 뵙고 인사드렸어요. 박재삼 선생님께는 살아서 개별적으로 찾아뵙지도 못하고 술 한 잔도 못 올렸어요. 죄송하죠.

김명원 홍윤숙 선생님께선 문안을 와준 후배 시인이 얼마나 반가우셨을까요. 늦었으나 충분한 인사가 되었을 듯합니다. 등단을 하자마자 이듬 해인 1987년에 첫 시집 『대학일기』를 상재하셨지요. 대학생 시인으로 시집을 출간했다는 사실도 놀랍지만 시집 1부가 대학생의 생활상인 「대학일기」 연작시로 구성되어 있다는 것도 신선합니다. 대학가에서 주목을 받았던 이 첫 시집을 기획하신 동기가 궁금하고요.

공광규 문학이 허구이니 다른 자료를 활용하여 과장한 것도 있어요. 그리고 제가 나이를 먹어서 대학에 입학하고, 생활인의 시각으로 대학을 바라보앉던 것이고요. 그 시집은 저와 연락이 닿지 않아 투고한 원고를 출판사에서 그대로 내는 바람에 좀 정교하지 못한 감이 있네요. 시집이 나온 후에야 언론을 보고 시집이 나온 걸 알았으니까요. 당시에 그 시집은 몇몇 대학의 신입생 오리엔테이션에서 선배들이 권하는 필독서였어요. 나중에 제 시집을 보고 학생운동을 시작한 사람을 만났는데 미안하더라고요.

김명원 그렇군요. 첫 시집에 얽힌 사연이 각별합니다. 이 년 뒤인 1989년에 출간된 두 번째 시집 『마른 잎 다시 살아나』에 실린 다소 묵직하고 강경한 시들을 읽으면서, 어쩌면 그 당시의 상황이나 지금의 상황이 이토록 유사할까, 지금이 그때에 비해 왜 조금도 나아지지 않았을까, 가슴을 쳤답니다.

공광규 두 번째 시집 『마른 잎 다시 살아나』는 사실 실패한 시집입니다. 잘못 낳은 자식처럼 보기가 싫어요. 너무 서둘러 시집을 냈어요. 이 시집 때문에 오래 고통스러웠고요. 그래서 한참 침체기를 맞았지요.

김명원 『대학일기』와 『마른 잎 다시 살아나』는 회사에서 쫓겨나 해고무효소송이라는 송사를 벌였을 때 사용자 측 변호사들이 해고의 정당성을 입증하기 위해 법정에 제출하였던 시집들입니다. 해고를 당한 이유와 사건의 배경을 좀 설명해 주시겠어요?

공광규 정부재출연기관이었는데, 재학 중 전력을 뒤늦게 조사하여 5명을 집단해고한 거였지요. 이유가 입사를 할 때 자술서를 썼는데, 거기에 재학 때 활동을 허위기재했다는 겁니다. 기억하건대 1명은 교내시위로 무기정학, 3명은 구로구청 점거사건, 저는 반사회단체 가입활동과 재학 중 낸 시집이 현실부정적이라며 조사내용과 증거물을 제출했더라고요. 2년 8개월을 지방법원, 고등법원, 대법원을 거쳤어요. 결국 회사에서는 사측 고문변호사에서 유명한 매판로펌으로 바꾸어 5명에 대한 분리작전을 쓰더니 3명은 복직을 시키고 2명은 대법원에서 최종 해고를 확정하도록 했어요. 그때 대법원 판사가 나중에 여당 대통령 후보였습니다. 하하하. 자본과 부자에게만 '대쪽판사'였던 자였죠. 그런 시절이었어요.

김명원   아이러니한 사건이군요. 이런 인터뷰 지면을 통해 살아있는 역사는 기술되고 남겨진 부분은 다시 평가되겠지요. 1996년에 출간하신 세 번째 시집 『지독한 불륜』의 제목은 꽤 강한 인상을 줍니다. 제가 지도하는 문학도인 한 학생이 인터넷에서 선생님 시집 '지독한 불륜'을 검색하려 하자 성인 인증부터 요구해서 당혹스러웠다고 하더군요. 시집 내용을 모른다면 아마도 굉장한 섹슈얼리티를 묘파하고 있는 시집이라고 오해부터 할는지 모르겠어요. (웃음) 이 시집의 제목은 실상 인간 삶의 방식에 엄청난 영향을 미치고 있는 거대 자본과 권력과의 '지독한 관계'에서 상정된 것이지요. 바로 이 시집이 출간되고 난 후 1997년 말에 우리나라는 파산해서 국제통화기금 구제금융 사태를 맞았고요. 시는 예견의 기능을 수행하고 있는데, 그런 곤혹스럽고 절망스러운 사태를 미리 알고 시집을 내신 건가요?

공광규   제가 오랫동안 법정투쟁을 하면서 인간의 속성과 대한민국의 이면을 다 봤죠. 지금 청와대에 있는 후배와 홍보대행회사를 차린 후, 일을 따러 돌아다니는데 영업을 못하겠더라고요. 덜 굶었는지 남에게 아쉬운 소리가 잘 안 나와요. 하는 수 없이 해고된 회사 노동조합 상급단체에 놀러갔다가 홍보 일을 해달라고 해서 일을 시작했어요. 거기서 보니까 노동과 자본, 국제 경제 흐름이 좀 보였어요. 국내도 개방화 세계화를 부르짖고, 국내자본과 정치권력의 결탁도 심각했고요. 사람들의 삶은 거의 투기 중심으로 치닫고요. 틀림없이 사고가 날 것 같았지요. 예견된 파국이었어요.

김명원   시인의 예견 기능이 여지없이, 그리고 유감없이 발휘된 순간들의 시작품들이 아니었을까 생각됩니다. 『지독한 불륜』 이후 8년만에 상재한 네 번째 시집 『소주병』의 시집 해설을 쓴 장영우 평론가는 젊은 시절 시인이 현실에 대한 저항과 분노를 원색에 가까운 강렬한 언어에 담아 표출했다면, 『소주병』에서는 웅숭깊은 내면적 성찰의 집중력을 보여준다고 평하고 있는데요. 이 시집을 엮을 때 핍색해진 40대에 들어선 선생님의 시적 세계가 변모한 데에서 기인한 것인가요? 아니면 시적 관심이 외부에서 내면으로 향한 탓인가요?

공광규 제 삶이 변한 거지요. 그래서 시가 변한 겁니다. 시에 대한 이해도 더 깊어졌던 거고요.

술병은 잔에다
자기를 계속 따라주면서
속을 비워간다

빈 병은 아무렇게나 버려져
길거리나
쓰레기장에서 굴러다닌다

바람이 세게 불던 밤 나는
문 밖에서
아버지가 흐느끼는 소리를 들었다

나가보니
마루 끝에 쪼그려 앉은
빈 소주병이었다.
―「소주병」 전문

아내를 들어 올리는데
마른 풀단처럼 가볍다

수컷인 내가
여기저기 사냥터로 끌고 다녔고

새끼 두 마리가 몸을 찢고 나와
꿰맨 적이 있다

먹이를 구하다가 지치고 병든
컹컹 우는 암사자를 업고
병원으로 뛰는데

누가 속을 파먹었는지
헌 가죽부대처럼 가볍다.
— 「아내」 전문

현실인식 경험을 기반으로 하는 재미있는 시

김명원 2008년에 출간된 다섯 번째 시집 『말똥 한 덩이』는 제목에서 풍기는 냄새도 그러하고 시집 표지도 구수한 말똥 색이어서 얼마나 푸근했는지요. 후삼과 색삼이 완선 '시골스타일'였어요.

공광규 가장 만족해하는 시집이어요. 손택수 시인의 편집능력 덕분이지요. 또 그렇고 그런 시들을 많이 덜어내었기 때문에 밀도가 높은 시집이 된 것 같아요.

김명원 시집 『말똥 한 덩이』의 표제시인 「말똥 한 덩이」에는 질박한 풍경이 펼쳐지는데요. 즉 "청계천 관광마차 끄는 말"이 "광교 위에 똥 한 덩이를 퍽! 싸놓았다"는 것이지요. 이는 "인도에 박아놓은 화강암 틈"으로 그 "말똥이 퍼져 멀리멀리 뻗어가"게 하고 있습니다. 자세히 살펴보니 "잘게 부순 풀잎 조각들"과 "풀잎이 살아나 퇴계로 종로로 뻗어가고", 이어 "무교동 인사동 대학로를 덮어"가니까요. 야만적인 도심에 갑자기 들이닥친 생명감 넘치는 축제 분위기라니요. 한때 세계를 휩쓸었던 싸이의 노래 '강남스타일'처럼 완전 안티-강남스타일인 '시골스타일'의 『말똥 한 덩이』가 이처럼 서울을 넘어서 온 지구를 자연 발효로 물들였으면 좋겠습니다. (웃음) 선생님의 시론을 보면, 현실 인식이 경험을 기반으로 해야 시에 무게가 실린다고 하셨지요. 『말똥 한 덩이』에도 체험적 정서가 압도적이고요. 체험적인 정서라는 것이 시적 상상력에 의한 환상성을 좇는 시인들에게는 취약한 부분이거든요. 그렇다면 경험을 토대로 한 현실의 자기 체험이 부재한 시들에 대해서는 어떤 평가를 하시는지요?

공광규 시의 제재를 현실에서 구하지 않으면 상상력의 기반이 약할 수밖에 없죠. 그래서 환상만으로 쓴 시는 설득력이 없고, 당연히 독자가 떨어져 가는 겁니다. 물론 일시적으로는 언론이나 문학매체의 상업적 띄우기를 통해서 잠시 유명해질 수는 있겠지요. 그러나 그것도 얼마 못가겠죠. 실제로 현실 체험이 부족하니 뜬금없는 환상성을 강조하는 게 아닌가 해요.

김명원 시의 창작 기법에 대한 질문을 드리려 합니다. 선생님은 삶의 상처나 그로 인한 고통 등을 농담과 희언, 풍자나 우화 등으로 에둘러서 매만지는 솜씨가 일품인데요. 시 작품에는 재미가 있어야 한다는 선생님의 재미시론과 일치하는 부분이고요. 이는 어쩌면 독자 유인책—선생님의 표현대로라면 '독자 꼬시기' 전략—으로서의 시창작방법론일 수도 있을 거 같아요. 시인들이 추구해야 하는 시의 재미는 구체적으로 어떻게 발현되어야 할까요? 재미를 드러내는 과정에서 자칫 진중한 주제나 깊이 있는 사유 등이 가벼운 웃음이나 유희로 전락하는 경우는 없을까요?

공광규 재미가 없으면 사람이든 문학이든 버리게 되죠. 재미없는 연놈과 누가 사귀겠어요. 재미가 중요하죠. 지루할 것 같은 고전도 내용을 뜯어보면 재미가 있습니다. 번역의 전달이 문제겠지요. 그러나 일차적 재미만 가지고는 작품이 오래가지 못해요. 재미와 의미를 동시에 갖추려는 노력을 해야 합니다. 아무튼 시인의 능력이 문제겠지만요.

김명원 더구나 고전과 선배에게 배우라고 강조하셨는데, 선생님께서 영향을 받은 고전은 무엇이고 선배 문인은 누구인지요?

공광규 네, 당연히 사서오경입니다. 깊이는 못 읽었지만 여러 번 읽고 수시로 들여다봅니다. 『논어』와 『삼국유사』는 여러 번역본을 모으기도 하고 가지고 있어요. 『논어』는 여러 번 학교에서 시창작 강의할 때 사용을 한 적이 있고요. 마르크스의 『자본』도 관련 책들이 나오면 구입하여 살펴봅니다. 『삼국유사』와 『자본』은 북한 번역판을 헌 책방에서 구해서 가지고 있어요. 마르크스에게는 논문이나 산문 쓰는 법을 배운 것 같아요. 그리고 서정주의 전집을 읽고 시 쓰는 방법을 가장 많이 배웠지요. 좀 더 젊었을 때 서정주 시를 읽었으면 하는 후회를 많이 했어요. 그래서 이런 걸 일찍 가르쳐 주는 선배가 중요하다고 봐요.

김명원 선생님의 공부가 공자와 마르크스를 넘나들면서 이루어졌군요. 하지만 선생님의 시론을 읽자니 시학에 있어서는 동양의 시학과 서양의 시학을 분명히 가르고 있는데요. 그래서 동양의 시학을 먼저 공부하고 서양 이론을 공부하라고 권유하셨지요. 그렇게 말씀하신 이유는요?

공광규 동서양을 가를 필요도 없고 다 중요하지만, 우리는 동양 놈이니 동양시학부터 접근해보자는 거지요. 그런 생각을 제 『이야기가 있는 시창작 수업』에 구성해놓았어요. 이 책은 디지털대학 강의 때 정리된 강의록이죠. 그래서 사람들이 잘 읽히고 쉽다고 해요. 시학 교수들이 시를 얘기할 때 항상 아리스토텔레스를 먼저 꺼내는 것이 싫었고, 그래서 제가 강의나 강연에서 스스로 실천을 했던 부분이어요.

김명원 언제부턴가 우리는 서양의 시학에 경도되어서 그들의 이론을 빌려오지 않으면 불안한 지경에 이르렀다는 생각도 들더군요. 모든 비평과 해설이 서양서의 인용문들로 즐비하게 채워져 있으니까요. 선생님 말씀을 듣고 보니 서양의 시학을 배제하고 배척하는 문제가 아니라 동양 시학과의 융화와 조화로서의 문제인 듯합니다. 문인들 모두가 유념해야할 부분이라는 생각이 드네요. 또 한 가지 궁금한 것, 선생님이 주장하는 '전인적 글쓰기'의 본질은 무엇인가요?

공광규 문학을 문학 안에만 가두지 않는 글쓰기지요. 말하자면 문무를 겸비한 글쓰기입니다. 시인도 사회과학책을 열심히 보고, 세상물정도 잘 알고, 광장과 책상을 오가며 시를 써야한다고 생각하거든요. 정치적 식견이나 경제도 알면서 시를 써야 한다는 겁니다. 그러나 저도 말만 그렇지 사실 어려운 문제여요. 하하하.

김명원 한겨레에서 출간한 두 번째 시집 『마른 잎 다시 살아나』를 제외하고는 모든 시집을 실천문학사에서 내셨는데요. 실천문학사와의 깊은 인연은 어디에서부터 이어졌을까요?

공광규 첫 인연에 대한 고집이죠. 『실천문학』이 정치적으로 정간되는 바람에 등단 잡지가 바뀌고, 투고한 원고를 제게 연락도 없이 알아서 첫 시집을 내주었고, 그런 이유여요. 또 오랫동안 소액 주주이기도 하고요. 하하하.

김명원 최근까지 문예지 『불교문예』 주간으로 활동하셨으니 많은 시인들의 시들을 자주 접하셨을 텐데요. 몇 해 전부터 유행하고 있고 우리 시의 일부 주류가 되고 있는, 분열적인 의식 과잉을 시작 형식으로 삼는 젊은 시인들의 시들을 읽으면서 어떤 시단의 기류를 느끼시는지요?

공광규 분열적 의식과잉이 문제가 아니고 그걸 시인이 적확하게 표현해내지 못하는 것이 문제라고 봐요. 주류인지는 더 두고 봐야 하고요. 나이를 먹어가면서, 시 공부를 더해가면서 독자 설득을 해가겠지요. 언론이나 문학권력에 의해 유포되는 유행은 금방 사라져요. 시간의 빗자루가 쓸어갈 겁니다.

김명원 그렇다면 선생님이 생각하는 '훌륭한 시'는 어떤 시인가요?

공광규 잘 읽히는 시, 쉬운 시, 재미있는 시라는 생각이 드네요. 이런 시 쓰기는 정말 어려워요. 힘들어요. 하하하.

김명원 지난 해 연말에 시 「담장을 허물다」로 제1회 고양행주문학상을 수상하셨지요. 축하드립니다. 문학상이라는 것이 먼 길을 지치도록 걸어왔고 또 가야 할 문인에게 건네는 두둑한 위로와 격려 같은 것이라고 여겨지는데요. 이번 상 말고도 신라문학대상, 윤동주상 문학대상, 동국문학상, 김만중문학상, 현대불교문학상 등 문단의 굵직한 상들을 많이 받으셨고요. 선생님께 문학상의 의미는 무엇일까요?

공광규 상을 만드는 정신과 어려움은 크고 작은 것 없이 똑같을 겁니다. 그래서 모든 상이 소중하고 받는 사람 입장에서는 고마운 일이지요. 어느 외국작가의 글을 봤는데, 국가가 주는 상을 받는 작가를 삼류작가라고 하더라고요. 아무튼 정치권력에 아부를 해야 국가로부터 상을 받겠지요. 당연히 문단에도 아부를 해야 상을 받겠고요. 현재 문단 선배님들 중에도 특정 문학상에 추천되거나 수상제안을 사양하는 선배를 몇 분 봤어요. 물론 문화훈장을 사양하는 어른도 있었어요. 훈장도 누가 추천을 하고, 본인에게 물어야 하거든요. 생각해보면 문학상과 문학적 성과는 상관있기도 하지만 없기도 한 것 같아요. 상과 관련 없이 오래가는 문학이 좋은 문학인 것 같고, 문학상과 상관없이 글을 쓰는 것이 중요하다고 봐요.

고향에 돌아와 오래된 담장을 허물었다
기울어진 담을 무너뜨리고 삐걱거리는 대문을 떼어냈다
담장 없는 집이 되었다
눈이 시원해졌다

우선 텃밭 육백 평이 정원으로 들어오고
텃밭 아래 사는 백 살된 느티나무가 아래둥치째 들어왔다
느티나무가 느티나무 그늘 수십 평과 까치집 세 채를 가지고 들어왔다
나뭇가지에 매달린 벌레와 새소리가 들어오고
잎사귀들이 사귀는 소리가 어머니 무릎 위 마른 귀지소리를 내며 들어왔다

하루 낮에는 노루가
이틀 저녁은 연이어 멧돼지가 마당을 가로질러갔다
겨울에는 토끼가 먹이를 구하러 내려와 방콩같은 똥을 싸고 갈 것이다
풍년초꽃이 하얗게 덮은 언덕의 과수원과 연못도 들어왔는데
연못에 담긴 연꽃과 구름과 해와 별들이 내 소유라는 생각에 뿌듯하였다

미루나무 수십 그루가 줄지어 서 있는 금강으로 흘러가는 냇물과
냇물이 좌우로 거느린 논 수십만 마지기와
들판을 가로지르는 외산면 무량사로 가는 국도와
국도를 기어 다니는 하루 수백 대의 자동차가 들어왔다
사방 푸른빛이 흘러내리는 월산과 성태산까지 나의 소유가 되었다

마루에 올라서면 보령 땅에서 솟아오른 오서산 봉우리가 가물가물 보이는데
나중에 보령의 영주와 막걸리 마시며 소유권을 다투어 볼 참이다
오서산을 내놓기 싫으면 딸이라도 내놓으라고 협박할 생각이다
그것도 안 들어주면 하늘에 울타리를 쳐서
보령쪽으로 흘러가는 구름과 해와 달과 별과 은하수를 멈추게 할 것이다

공시가격 구백만원짜리 기울어가는 시골 흙집 담장을 허물고 나서
나는 큰 고을 영주가 되었다
― 「담장을 허물다」 전문

김명원 읽기만 해도 가슴이 뻥! 뚫려서 시원해지는 수상작 「담장을 허물다」는 2013 '작가가 선정한 오늘의 시'에 가장 좋은 시로 선정되기도 했는데요. 이 시의 착상은 어디에서 얻으셨는지요?

공광규 담장을 허문다는 상상은 충청북도의 한 담장 없는 집을 보고 한 것인데, 구체적인 공간을 고향 시골집으로 옮겨가면서 생각이 풀리기 시작했어요. 시를 진술해가다가 보니까 허풍까지 친 것이지요. 생각에 생각을 거듭하면서 엄청나게 이미지를 궁리하던 끝에 얻은 허풍인 셈이어요. 하지만 이렇게, 그럴 듯하게 잘 친 허풍 때문에 시가 즐거워지는 것이겠고요. 지금 시골집에는 새마을운동 때 쌓은 시멘트 담이 있는데, 한쪽이 무너진 채로 있어요. 시에 나오는 오래된 느티나무도 텃밭 옆에 있는데, 이 느티나무가 시골집을 근사하게 만들어줘요. 어머니 돌아가신 지가 6년이 되는데, 그 이후 비어 있다가 최근에야 가난한 민중가수에게 고쳐서 들어와서 살라며 빌려준 흙집이죠.

자연친화적인 녹색 사생활 – 맨발 산행, 숲 힐링

김명원 요즘도 맨발 산행을 즐기시는지요? 맨발로 북한산을 비롯하여 관악산, 백두산, 지리산, 한라산, 금강산 등을 올랐다구요? 최근에는 어느 산을 등반하셨는지요? 혼자 이루어지는 산행인가요? 아니면 함께 산행에 참여하는 시인이나 지인 분들이 있나요?

공광규 이것만은 제 유일한 자랑거리네요. 하하하. 명산은 몇 개 일부러 의식하면서 맨발로 가봤지요. 등산모임은 없어요. 오래전 선후배 문인 몇 명이 산에 다니다가 시지부지 없어졌어요. 여건이 되면, 가능하면, 맨발로 등산을 해요. 작년 여름에 강원도 금대봉과 삼악산에 가서 들꽃을 많이 봤구요. 또 가을에 주흘산을, 그리고 겨울에 도봉산도 갔었네요. 티 나지 않게 다녀요.

김명원 맨발 산행은 어떤 면에서 유익한 건가요?

공광규 맨발로 가면 개미나 나비, 혹은 벌레나 유충들을 피해 가게 되잖아요. 징그러우니까요. 그러니 저절로 살생을 하지 않게 되지요. 또 등산화를 신고 산을 오르다보면 나무를 꺾고 풀을 밟게 되는데, 맨발이면 발을 다치지 않으려고 조심해야 하니까 결과적으로는 나무와 풀들을 보호하게 되죠. 또 하나 중요한 이유는 등산화의 과도한 산행으로 등산로가 다 패여서 산사태가 나는 겁니다. 조금 패인 데로 물이 고여 흐르면, 물이 모여드니까 계속 흙을 파게 되거든요. 그래서 결국 산사태로 이어지고요. 등산로 흙이 파여 바위가 드러나고 나무뿌리가 드러난 것이 그 이유이지요. 그런데 맨발로 오르면 흙을 파지 않게 되니까 비가 와도 흙을 유실하지 않게 되죠. 맨발 산행의 가장 좋은 점은 땅과 살이 접촉하는 감촉을 즐기는 것이고요. 땅을 밟아볼 기회가 없는 문명적인 삶에서, 맨발로 땅과 접촉하는 반문명적 친환경적 삶을 경험하는 것이어요. 게다가 신발에 따라서 사용하는 근육이 다 다르듯이 맨발로 산을 오르면 평소에 사용하지 않던 근육을 자극하여 발목이 시원해져요. 그런 매력이 있어 맨발 산행을 하게 돼요.

김명원 선생님 이야기를 들으니 생태적인 산행법이라는 생각이 듭니다. 언제 한 번 저도 도전해 봐야겠어요. 그리고 선생님, 연극에도 관심을 가지고 참여하셨지요. 시가 여러 문학매체를 통해 활성화된다는 점에서 문학 작품의 연극으로서의 공연화는 무척이나 고무적인 듯 보여 집니다. 문인 연극에 대한 성과와 미래는 어떻다고 생각하시는지요?

공광규 이십대 초반에 희곡을 써서 응모를 몇 번 해보고 작은 극단에서 차범석의「산불」조연출 한 번과 이제현의「엘리베이터」한 편을 연출한 적이 있어요. 몇 년 전에는 장충동 현대문학관에서 이순원, 하성란 소설가, 손정희 극작가, 강연홍 배우와 문인연극을 했었고요. 제 연기력이 불성실해서 욕만 먹었어요. 사실 문인연극에 대하여 많은 생각을 안 해봤어요. 지금은 시 쓰기에도 시간이 모자라거든요. 그러나 오페라나 뮤지컬, 셰익스피어의 극을 보면서 대사가 멋진 시극이 있으면 좋겠다는 생각을 해보기는 했네요. 하하하.

김명원 시간 나실 때 주로 어디에 마음을 두시는지요? 선생님 시에는 푸장나무, 말밤나무, 산벚꽃나무, 느티나무, 미루나무, 산뽕나무, 때죽나무 등 식물이 많이 나오고, 특히 서광꽃, 개복숭아꽃, 생강나무꽃, 연꽃, 나리꽃, 도라지꽃, 이팝나무꽃 등 꽃을 좋아하시는 것 같던데요.

공광규 식물 이름만 알아도 시가 풍부해져요. 오래 전부터 한동안 꽃에 관심을 갖고 혼자서 도감을 보면서 공부를 했어요. 식물도감이 몇 권 되죠. 식물도감을 들고 나가면 식물들이 자기 이름을 불러달라며 나를 쳐다보고 있으니 저는 식물출석부를 들고 다녔던 셈이어요. 식물이름을 모를 때는 그냥 풀이나 나무였는데, 이름을 알고 나니까 특별한 존재들로 다가왔어요. 『논어』 양화편에 시를 배우면 "또한 새와 짐승과 풀과 나무의 이름을 많이 알게 한다."고 했지요. 참 마음에 드는 구절입니다. 공자가 수세기 전부터 내려오는 좋은 시들만 가려 뽑아서 편집한 『시경』이라는 책은 식물백과사전이에요. 정약용의 둘째 아들 정학유가 『시경』 속의 식물을 분류하여 저술한 책 『시명다식』을 보면 326개 항목 가운데 식물관련 항목이 213개에 이르지요. 305편의 시 가운데 213종의 식물이 나온다면 장난이 아니죠. 실제로 저는 오래전 『시경』을 읽다가 팥배나무를 처음 알았는데, 알고 나니 주변에 흔한 나무가 팥배나무였어요. 이때부터 시를 쓰려면 식물의 이름을 많이 알아야겠다는 생각을 하게 되었고, 식물 이름에 관심을 갖게 되었거든요. 그러면서 시에 식물 이름이 많이 들어가게 되었지요. 좀 뜸해지다가 최근에는 시세계를 넓혀보려고 숲 힐링 과정을 공부해서 수료도 했네요. 하하하. 또 시간을 내어 『시경』에 나오는 식물을 식물도감과 같이 읽어보려고 해요. 좀 더 공부해서 기회가 되면 '식물과 함께하는 『시경』 읽기' 강의를 해보고 싶어요.

김명원 '식물과 함께하는 『시경』 읽기'라…… 특별한 강의가 되겠는데요. 저도 시간이 허락된다면 욕심내서 듣고 싶네요. 강의 개설이 이루어지면 소문을 내주시기를요. 소문은 성능 좋은 확성기를 이용해 주셨으면 합니다. (웃음) 이제 2013년 계사년 새해가 밝았습니다. 새해의 계획은 무엇인가요? 신기누설神機漏泄을 부탁드려요.

공광규 지난 3년 동안 무엇엔가 홀리고 게을러서 책을 못 냈어요. 아무튼 연초에 『이야기가 있는 시창작 수업』을 다시 낼 계획이고요. 5월쯤에 어린이 그림책 『구름은 마법사』를 낼 겁니다. 가을쯤에는 여섯 번째 시집을 낼 예정이고요. 지난 2년간 정신장애인들과 윤동주 전집을 읽어가면서 시 쓰기 공부를 했어요. 이것도 모아 어떻게 물건을 만들어보려고 하고 있어요.

김명원 새로이 할 일들이 여럿 계획되어 있어 든든하시겠어요. 모든 일들이 멋지게 이루어지기를 기원해 봅니다.

    시인과 나는 하루 온종일을 함께 있었다. 만나서 점심을 먹고 커피를 마시고 호수 주변을 산책하고 저녁을 먹고 오징어 회와 과메기 안주로 소주를 마셨다. 오전의 햇빛 속에서 만나 눈부신 정오를 지나고 겨울 저녁이 찬찬히 이울고 일산에 밤이 깃들 때까지 하루의 근로기준법에 위배되는 노동 시간만큼을 동행하고 담소를 즐겼다. 나는 인터뷰가 끝나갈 때쯤 그에게 청년 시절로 돌아가면 무얼 시도해 보겠느냐고 물었다. 아마도 현실에서의 결여나 결핍을 염두에 두었을 것이다. 하지만 그는 지금과 똑같을 거라고 대답했다. 10년 후의 모습을 물었을 때도 마찬가지였다. 지금과 다르지 않을 거라고 답변했다. 변하지 않는 시인으로서의 덕행 어린 행보로 그는 자족해 했다. 그리고 나이가 들어가면서 더욱 시 쓰기를 잘했다는 생각을 한다고 덧붙였다. 일찍이 시인으로 걸어 온 자신의 생애를 후회하지 않는다는 말일 것이었다.

    어떤 문인을 붙들고 물어보아도 사람 참 좋다고 평가되는 시인, 시는 생활의 작은 일부이며 시인이란 요리나 축구나 사진 찍기처럼 그저 자기가 좋아하는 분야를 잘하는 사람일뿐이므로 대우를 받으려고 해서는 안 된다는 지극히 겸손한 시인, 구체적인 생업을 일구면서 시를 써야 건강하다는 시인, 그래서 현실의 진흙탕을 뒹굴며 시심을 경작해야 한다는 시인! 누구한테든지 세심하게 배려를 기울여 최선을 다하고 현실감각이 재민한 공광규 시인은 오늘처럼 햇빛 가득한 밝은 날을 좋아하고, '축배의 노래'를 잘 부르고, 술자리에 거의 끝까지 남아 있는 시인으로 알려져 있다. 그러기에 그의 시에는 가감 없는 생활의 흔적들이 고스란히 들어있고, 그의 주변에는 늘 사람들이 들끓는다. 그래서 그의 시를 읽으면 뭉클해지고, 그의 동료나 친구들을 만나면 막역 지우莫逆之友가 된다.

  나는 이런 공광규 시인에게 또 다른 이름을 부여하고 싶어졌다. 그러자 자연스럽게 식물의 이미지가 연상되었고, 소담하면서도 맑고 고운 제비꽃이 떠올랐다. 봄을 맞는 무덤가에서 양지의 기운으로 곧추 서는 제비꽃, 이른 햇살과 나란한 꽃, 연한 살 속에 숨겨진 결곡한 열정으로 우리 모두의 키를 낮추어 공손히 들여다보게 하는 꽃, 어쩌면 공시인에게는 이렇듯 소박함과 은근함, 그리고 단호함이 매력이었다는 생각에서였다.

  시인과 나는 호수공원을 거닐면서 겨울의 마지막 풍경을 만끽하였다. 이미 버드나무에는 연둣빛 봄기운이 어리고 있었기 때문이었다. 호수 주변의 자작나무숲에서는 경의선이 북쪽으로 터져 북부 산악지역을 내륙 기차로 횡단할 통일의 때를 고대하였고, 부들이 잠긴 언 호수의 수면을 바라보면서는 그 기차를 타고 국경을 지나 블라디보스톡과 바이칼호수로 떠나는 먼 여행을 기원하였다. 꽉 찬 하루를 접고 일어선 후 시인은 행신역 플랫폼까지 내려 와 기차에 올라서는 순간까지 동무하여 주었고 따스하게 배웅해 주었다. 차창 밖으로 손을 흔드는 그의 어깨위로 추위에 입김을 올리는 별들이 내려와 앉았다 (2013년 2월 2일).

공광규 1960년 서울 돈암동 출생, 충남 청양 성장. 동국대 국어국문학과와 단국대 대학원 문예창작학과 졸업. 『신경림 시의 창작방법 연구』로 박사학위 취득. 1986년 월간 『동서문학』 신인문학상으로 등단. 시집으로 『대학일기』, 『마른 잎 다시 살아나』, 『지독한 불륜』, 『소주병』, 『말똥 한 덩이』 등, 평론집으로 『신경림 시의 창작방법 연구』 등, 저서로 『이야기가 있는 시 창작 수업』, 『시 쓰기와 읽기의 방법』 등, 아동 전기문학으로 『성철 스님은 내 친구』, 『마음 동자』, 『윤동주』 등이 있음. 제1회 신라문학대상, 제4회 윤동주상 문학대상, 제23회 동국문학상, 제1회 김만중 문학상, 제16회 현대불교문학상, 제1회 고양행주문학상 등을 수상하였다.

나희덕

분홍신을 신고 봄을 나르는 행복전도사, 나희덕

 시인을 만난다는 것은 그 시인이 걸어 온 수많은 격정의 발자국들을 만난다는 것이다. 시인이 온몸을 담근 가시나무숲길과 온정신을 견뎌 낸 어둠의 벼랑과 온 글로 쓰지 않으면 안 되었던 뜨거운 세월을 만난다는 것이다. 거기에는 얼마나 매서운 아픔과 마모된 슬픔의 무게가 공존할 것인가. 시를 만들어내지 않고도 살 수 있는 생이 분명히 지목되고 있었을 터인데도 끝끝내 시의 울음을 놓을 수 없었던 질긴 실존이 놓여있을 것이다. 목숨이 시키는 대로, 허기진 열망이 부리는 대로, 무겁고도 차건 시의 길을 걸을 수밖에 없었던 이유가 단단히 매어있을 것이다. 시인을 만난다는 것은 그 험준한 거리를 시인과 내가 함께 마주본다는 것이다.
 시인을 만나 시인을 들어보고 시인을 찬찬히 읽어내는 첫 지면에 '나희덕 시인'을 소개한다. 많은 문학 작품을 통해 그녀는 이미 우리 모두를 애절하게 하였던 풋풋한 시절의 첫 국어 선생님이 되어 있고, 선심 후한 누나가 되어 있고, 눈매 예쁜 언니가 되어 있고, 다순 이웃이 되어 있다. 이미 잘 알려진 시인에 대해 구구절절 말한다는 것이 진부한 사실임에도 불구하고 그녀를 만나고 싶어 했던 것은 눈부신 매혹의 힘 때문이었으리라. 그녀의 시들이 각인하여 준 사랑의 미학을 다시 이 봄에 부르고 싶었던 연유였을 것이다. 2009년 새해가 되었어도 누추하고 누더기가 된 희망의 대지를 그녀가 보듬어 주리라는 기대가 있었음이 분명하다.

약속 시간이 다가오자 나는 시인에게 드릴 자그마한 선물을 사기 위해 시내로 들어선다. 먼 길 광주로부터 오는 시인에게 전해줄 따스한 마음 한 갈피가 마련된다면……. 선물을 고르는 가슴이 가빠진다. 화장품 가게를 지나고, 장신구 가게를 지나고, 봄차림들로 명랑한 옷가게를 지난다. 그러다가 꽃집 앞에서 발걸음을 멈춘다. 노란 향기의 프리지어를 다섯 다발을 사고, 그녀를 설레며 기다리는 시간을 포장하고, 가벼운 호흡을 풍선처럼 부풀리며 걷는다. 꽃은 가슴에 있고, 봄빛은 지천이고, 잠시 후면 나희덕 시인을 만난다. 이보다 좋은, 빛나는 예감이 또 있을까.

나희덕 시인은 우윳빛 원단에 체크무늬가 선연한 얇은 트렌치코트 차림이었다. 단아하고 짧은 머리카락 사이로 언뜻 비치는 별꽃 귀걸이가 반짝일 때마다 작은 구름 조각들이 일렁였다. 그녀에게도 이미 봄은 익숙한 채였다. 우린 저녁이 피어나는 찻집에서 드디어 만났고, 그녀는 핫쵸코를, 나는 토마토 쥬스를 주문하였고, 숱한 예전의 날들을 현재로 불러들이며 경쾌하게 이야기 상자를 끄르기 시작하였다. 충남 연무 공터에서 신나게 줄넘기 하는 초등학생 나희덕 시인이, 야멸친 서울 생활에 찬 손을 적시는 열여덟 나희덕 시인이, 연세대 교정 운동주시비 앞에 순수의 자세로 서 있는 대학생 나희덕 시인이, 결혼을 하고 아이들 밥상 옆에서 쪼그려 앉아 시를 쓰는 나희덕 시인이, 땀 밴 열강을 하고 강의실을 나서는 문창과 교수 나희덕 시인이 상자 안에서 꼼꼼하게 걸어 나왔다.

좁혀지는 간격, 촘촘

김명원   오래 기다려왔습니다. 봄기운을 한가득 몰고 오신 선생님! 우선 선생님의 근황이 궁금한데요?

나희덕 여섯 번째 시집을 준비 중이에요. 시인이 시집을 내는 행위는 시를 자기에게서 내보내는, 일종의 시집보내는 것이거든요. 한편으로는 그 시들에게서 도망치는 일종의 의례와 같은 것이지요. 한 권을 묶어서 시를 털어야 또 다른 시를 쓸 수 있고 다른 방식으로 살 수 있으니까요. 지나간 시들을 정리하면서 과거와 결별하는 셈이지요. D. H. 로렌스도 문학의 지고한 목표를 "떠나기, 도주하기, 지평선을 가로지르기, 다른 삶으로 스며들기"라고 말한 바 있어요. 저 역시 시란 자기를 표현하는 것이 아니라 자기로부터 벗어나는 것이라 생각해요. 그런 생각을 담아 이번 시집 제목을 『분홍신을 신고』라고 붙일까 해요.

김명원 '분홍신을 신고'라는 제목을 들으니 괜스레 흥분이 이는데요? '분홍신'이라는 언어가 함의하는 묘한 바람기가 감지되는 걸요. 그렇다면 그간의 시집과 변별되는 무언가 새로운 기운이 이번 시집 제목에서 느껴지는데, 기존의 시집들과의 변화 추이가 있을까요?

나희덕 첫 번째 시집은 1991년에 출간된 『뿌리에게』인데요. '뿌리'는 생명의 근간이자 중심을 상징하지요. 그 시절은 중심을 생각해야 하는 때였어요. 생이라는 대지의 밑바닥에 뿌리를 내리던 이십 대였고, 사회의 변혁을 위해 문학이 무엇을 해야 하나를 고민해야 했죠. 그 이후는 땅에 굳건하게 뿌리를 내리는 구심력에서 벗어나 점점 가지 끝으로 나아가는 과정이었어요. 첫 시집에 물기를 제공해주던 대지적 생명에서부터 의도적으로든 환경적으로든 멀어지게 되었지요. 두 번째 시집 제목이 『그 말이 잎을 물들였다』(1994)가 된 것도 그런 무의식적인 지향 같은 게 있어서였지요. 세 번째 시집 『그곳이 멀지 않다』(1997)에는 언어를 통해 말할 수밖에 없는 시인의 운명 같은 걸 담고 싶었어요. 네 번째 시집 『어두워진다는 것』(2001)에서는 허공과 어둠에 대한 생각을 많이 했고, 결국 다섯 번째 시집 『사라진 손바닥』(2004)의 사라짐에 이르게 되었지요. 뿌리로부터 시작되어 잎으로, 그리고 허공을 거쳐 소멸로,

이런 궤적이 지금 와 생각해보면 하나의 서사처럼 느껴지기도 하네요.

김명원 그럼 이번 시집에서는 어떤 변화를 읽을 수 있을까요?

나희덕 그동안의 시집들이 '무엇을'에 해당하는 주제론적 탐색이었다면, 이번 시집에서는 '어떻게' 말할 것인가 하는 언어의 문제에 많이 매달려 있었어요. 삶에 대한 생각은 많이 바뀐 것 같은데, 20년 동안 서정시의 문법을 좀 더 적극적으로 넘어서려는 시도는 별로 하지 못했지요. 주체와 언어의 관계가 근본적으로 바뀌지 않는 한 내가 추구해 온 경계의 미학이라는 것은 경계의 역동성을 얻기 어려운 게 아닌가 하는 생각이 들어요. 저뿐 아니라 대부분의 작가가 생래적으로 어느 한 곳이나 존재에 귀속되는 것을 잘 견디지 못하는 편이지요. 작가는 늘 경계에 서 있어야 한다는 강박관념 때문에 조금만 무언가에 길들여진다 싶으면 다시 떠날 궁리를 하니까요. 하지만 그 경계를 시원스럽게 넘어서지 못한 채 벗어나고 싶다는 욕망과 현실적으로 불가능한 좌절 사이에서 어정쩡하게 서성거리고 있었던 것 같아요.

김명원 경계에 존재한다는 것은 항상 떠날 준비가 되어 있다는 말씀이니, 일상에 안주해 있는 저는 침 받는 턱받이를 해야겠는 걸요. 부러워서요. 떠나 있던 경험 중 가장 매력적인 경우는요?

나희덕 2007년 가을 아이오와 창작 프로그램에 참여한 적이 있었어요. 그곳에서 3개월간 다른 나라 작가들과 함께 지내면서 교류하는 기회를 가졌는데요. 아이들 기르고, 살림하고, 직장 다니면서 한 번도 제대로 쉬어 본 적이 없던 저에게는 참으로 꿈같은 시간이었지요. 시인으로서의 피로감이나 위기의식도 적잖게 느끼고 있었는데, 다행히 그 절대진공의 시간 속에서 제 자신을 들여다보고 시에 집중할 수 있었어요. 남의 시선을 의식하지 않고 반바지에 민소매 옷을 입고 거리를 활보할 수 있는 자유, 몇 끼니씩 밥을 굶거나 며칠씩 말을 안 할 수 있는 자유로움을 그때 처음 느꼈어요.

또 한 가지, 언어적·문화적 소수자로서의 경험을 할 수 있었다는 거예요. 영어 단어를 머릿속에서 조립하고 나서야 가까스로 대화가 가능한 환경 속에서 저는 한국어로 시를 쓸 때 제가 지녔던 자동화된 문법에 대해 돌아보게 되었어요. 말과 어긋나는 경험, 그 어긋난 틈 속에서 의외의 말들이 튀어나오는 경험을 모국어 안에서는 하기 어려웠는데, 시란 정리된 말보다는 그 어긋남과 낯섦에 깃들어 있다는 생각이 들었지요.

김명원 그런 경험이 시의 속성과 어떻게 연결될 수 있을까요?

나희덕 우리는 시의 비유, 리듬, 이미지 등을 너무 정형화된 틀로 바라보는 경향이 있어요. 그것들은 시의 수사적 기법이 아니라 말과 말이 서로 만나면서 역동적으로 생성되는 어떤 무늬 같은 거예요. 비유란 이질적인 사물들이 서로에게 스미는 것이고, 리듬은 하나의 음이 다른 음을 향해 몸을 던질 때 생겨나는 선율이지요. 이미지라는 것도 말로 할 수 없는 개념이나 대상을 구체적인 형상으로 보여주는 것이고요. 그런 의미에서 시인은 보이지 않는 것들과 살게 해주는 매개자이며, 새로운 이미지를 제작해내는 창조자입니다. 어떤 대상에 대해 깊이 생각하고 그것과 더불어 사는 동안 시인 역시 다른 존재가 되는 것이니까요.

시를 쓰게 된 계기, 그리고 시인 되기, 곰곰

김명원 시를 쓰시게 된 계기는요?

나희덕 어릴 때부터 글 쓰는 걸 좋아해서 선생님들이 작가가 되라고 그러셨어요. 그러나 대학에 진학할 때는 언어학자가 되고 싶어서 국문학과에 들어갔지요. 그러나 두 달 정도 언어학 스터디를 하다 보니, 아, 나는 종자가 좀 다르구나 싶더라구요. 그후 '연세문학회'에 들어가 활동했고, 정현종 선생님의 시수업을 줄곧 들었지요. 정현종 선생님 '시창작론' 첫 시간에 시를 제출하라고 해서 뒷산을 어슬렁거리는데, 때는 초봄이라 눈이 녹으면서 젖은 흙에서 김이 막 나는 거예요. 나무와 흙이 만나 피워내는 소리와 냄새에 내가 순간 정말로 흙이 된 느낌이었어요. 나무와 뿌리의 공생관계, 생명의 순환적 원리를 그려내겠다는 의도를 갖기도 전에 「뿌리에게」라는 시가 탄생되었고, 결국 그 시가 몇 해 뒤에 제 등단작이 되었지요.

김명원   등단 경위도 궁금합니다.

나희덕   저는 그저 시를 쓰는 것이 좋았을 뿐 직업적인 작가가 되고 싶다는 생각은 별로 없었어요. 그런데 대학 졸업 후 수원에서 국어교사로 있으면서 혼자 자취를 했는데 시에 대해 이야기 나눌 사람이 필요했었어요. 시를 소통할 수 있는 독자를 가지려면 등단을 해야 하나 싶어서 신문사에 투고하였던 것이, 덜컥 《중앙일보》 신춘문예에 당선이 되고 말았지요.

김명원   첫 시는 시인에게 시세계를 제공하는 중요한 단초가 되지요. 저는 선생님께 톡톡히 빚을 진 사람인데요. 제 논문에 선생님의 시 「뿌리에게」를 비롯해서 많은 시편들을 인용했으니까요. 그 중에서도 「뿌리에게」를 농경적 양식을 통한 합일과 공여의 미학으로 해석해 내었어요. 시 「뿌리에게」와 제 글을 옮겨 보겠습니다.

> 자신을 생명이 잉태되는 지반이나 기저로 삼아 대상 사물들에게 허여나 공여하는 공동체 의식의 함양이 어떠한 아름다움으로 결실되는지를 보여주는 시편이 있다.

> 깊은 곳에서 네가 나의 뿌리였을 때
> 나는 막 갈구어진 연한 흙이어서
> 너를 잘 기억할 수 있다
> 네 숨결 처음 대이던 그 자리에 더운 김이 오르고
> 밝은 피 뽑아 네게 흘려보내며 즐거움에 떨던
> 아 나의 사랑을

> 먼우물 앞에서도 목마르던 나의 뿌리여

나를 뚫고 오르렴,
눈부셔 잘 부스러지는 살이니
내 밝은 피에 즐겁게 발 적시며 뻗어가려무나

척추를 휘어잡고 더 넓게 뻗으면
그때마다 나는 착한 그릇이 되어 너를 감싸고,
불꽃같은 바람이 가슴을 두드려 세워도
네 뻗어가는 끝을 하냥 축복하는 나는
어리석고도 은밀한 기쁨을 가졌어라

네가 타고 내려올수록
단단해지는 나의 살을 보아라
이제 거무스레 늙었으니
슬픔만 한 두릅 꿰어 있는 껍데기의
마지막 잔을 마셔다오

깊은 곳에서 네가 나의 뿌리였을 때
내 가슴에 끓어오르던 벌레들,
그러나 지금은 하나의 빈 그릇,
너의 푸른 줄기 솟아 햇살에 반짝이면
나는 어느 산비탈 연한 흙으로 일구어지고 있을 테니
— 「뿌리에게」 전문

나희덕은 인용 시에서 흙과 뿌리의 관계성에 주목한다. '관계'란 둘 이상 대상들 간의 정치적인 틈에서 발생하는 욕구의 거리이므로, '관계'가 형성하는 사회적 이데올로기 하에서 누구도 자유로울 수 없으며, '관계'라는 단어는 부담과 불안을 조성한다. 리처드 라이트Richard Wright는 '관계'란 자신의 필요나 결함을 만족시키고 싶은 욕망으로부터 유발되며, 누군가 그런 욕망을 채워줄 수 있는 위치를 점유하고 있다고 믿음으로써 형성되고, 그러한 관계에 대한 대가를 상대방이 나에게 보상해 줄 것이라는 심리에 의해 유지되는 것으로 보고 있다. 그러나 시인은 일방적으로 허락된 사랑의 존재론적 양식에 대해 '나'의 추체험을 기술하고 있다. 그 사랑은 불모성의 지대에서 감연히 바라는 이상화된 개념이므로 시에서 상정되는 사랑의 발현 장소는 극히 추상적인 '깊은 곳'이다. 시의 1연은 '나'와 '너'가 지칭하는 대상과 '나'가 지향하는 사랑의 본체를 보여준다. "깊은 곳에서 네가 나의 뿌리였을 때/ 나는 막 갈구어진 연한 흙이어서/ 너를 잘 기억할 수 있다"는 서술을 통해 '나'는 '막 갈구어진 연한 흙'이고, '너'는 '나의 뿌리'임이 드러난다. '흙'은 생명을 잉태하고 보유하며 생장시키는 기본 물질이므로 흙의 다산성과 여성의 다산성 사이에서 볼 수 있는 유대는 농경사회의 현저한 특징이다.

오랫동안 그리스인과 로마인들은 흙과 자궁, 그리고 생식 행위와 농경 작업을 동일시했다. 즉, 여성과 흙의 동일시, 남근과 쟁기의 동일시, 농경작업과 생식행위의 동일시가 그것이다. 여기에서 여성과 흙을 동일시하는 것은 셈족 사이에서도 발견되며, 마누 법전에서는 여성은 밭이라고 명시하고 있고, 나라다는 여자는 밭이며 남자는 씨를 뿌리는 자라고 규정하고 있다. 여성을 밭으로 은유하고 있는 것은 남근을 쟁기와 동일시하고 경작을 생식행위와 동일시하는 것을 내포하고 있다. 이는 카시트 시대의 쟁기를 나타내는 그림에 쟁기와 생식행위의 상징이 결합되어 있는 것을 보여주고 있는 것에서도 긴밀한 연관성을 찾을 수 있는데, 오늘날에도 많은 원시인들은 대지를 풍요롭게 하기 위해 생식기를 표상하는 주술적 부적을 사용하고 있다. 오스트레일리아 원주민들은 진귀한 의례를 행하는데, 즉, 남근 모양으로 된 화살로 무장하고, 여성 생식기와 똑같은 모양으로 된 도랑 주위를 돌며 춤을 추다가 땅에 그 화살을 꽂음으로써 끝을 맺는 생식 의례인 것이다. 여기서 우리는 여성과 성, 경작과 흙의 생산력 사이에 얼마나 밀접한 관련이 있는지를 상기하지 않을 수 없다. 발가벗은 처녀가 최초로 쟁기를 가지고 고랑을 파도록 하는 풍습도 있고, 초봄에 새롭게 씨를 뿌리는 밭고랑에서 여신 데메테르와 이아손의 원형적인 결합을 상기시켜주는 풍습도 있기 때문이다. 여성이 흙이나 밭으로 비유되는 데에는 여성이 농경을 발견했다는 것에서부터 출발한다. 남성은 사냥을 하거나 양떼를 방목시켰던 반면, 여성들은 비록 한정된 구역에서나마 날카로운 관찰력으로 씨가 땅에 떨어져서 싹이 튼다는 자연 현상을 관찰할 수 있었고, 그것을 인공적으로 재현해 볼 기회를 가지고 있었다. 또 여성은 대지나 달과 같은 우주적 풍요의 중심과 결합되어 있었으므로 다산성에 영향을 미치고, 그것을 배분할 수 있는 특권을 획득하게 되었다. 농경의 초기 단계에서, 특히 농경 기술이 아직 여성들의 영역이었을 때, 여성들이 지배적인 역할을 한 이유가 바로 여기에 있는데, 어떤 문화에서는 오늘날까지도 여성들이 중요한 역할을 하고 있다. 니코바 제도에서는 임신한 여인이 씨를 뿌리면 더욱 풍성한 수확을 거둘 것이라고 생각한다. 이탈리아 남부에서는 임산부가 하는 일은 무엇이나 성공하고, 또 임산부가 씨 뿌린 것은 태아가 성장하듯이 무엇이나 잘 자랄 것이라고 믿는다. 보르네오에서는 이렇게 적고 있다.

쌀 경작에 관한 의례나 문화에서 여성은 주역을 담당한다. 남성에게 도움을 구할 때에는 땅을 치우거나, 마지막으로 일을 마무리할 때뿐이다. 씨앗을 선택하고 저장하는 것은 여성이다. 또 여성은 이와 관련된 대부분의 전설을 보관하는 자이다. 여성과 종자 사이에는 자연적인 친근성이 느껴지는 듯하며, 여성들은 종자가 임신을 한다고 말한다. 여성들은 가끔 발아기에 밭에 가서 하룻밤을 자기도 한다. 그 여성들은 아마도 그렇게 함으로써 자기 자신의 다산성 또는 경작의 다산성이 증가한다고 생각할 것이다. 다만 그 여성들은 그 점에 대해서는 전혀 말을 하지 않는다.

오리노코 인디언은 옥수수를 심고 식물의 뿌리를 심는 일은 여성에게 맡겼다. 그들은 여성이 임신하여 자식을 낳는 법을 알 수 있듯이, 여성이 심는 뿌리나 종자는 남성의 손으로 심는 것보다도 훨씬 풍부한 결실을 맺을 것이라고 말한다. 니아스에서는 여성이 심는 야자나무는 남성이 심는 것보다도 과즙이 많다고 한다. 동일한 신앙이 아프리카의 에웨족 사이에서도 보인다. 남아메리카의 지바로족은 여성은 작물의 성장에 특별한 신비적인 영향을 미친다고 믿고 있다. 여성과 비옥한 밭 사이에서의 연관성은 많은 의례에서 확인되고 있다.

이처럼 여성이 흙, 혹은 밭과 관련이 있고, 흙이나 밭으로 비유된 데에는 흙이 모든 살아있는 형태의 근원으로서, 생명의 수호자로서, 다산의 상징으로서의 원리를 함의하는 연유이고, 이러한 흙에서 식물의 뿌리가 튼실하게 박혀 생장함은 여성의 생식기와 남근의 생식기의 성애적性愛的 사랑의 모티프를 형성하면서 자연스럽게 모태로 발전하여 잉태의 근원이 되는 것이다. 그리하여 시인은 사랑이 생성하는 초발적 시점을 "네 숨결 처음 대이던 그 자리에 더운 김이 오르고"라고 여성과 남성이 합해지는 원융의 순간을 매혹적으로 노래하고 있다. 이러한 성애는 "밝은 피 뽑아 네게 흘려보내며 즐거움에 떨던/ 아 나의 사랑"임을 화자는 스스로 확인하며 전율한다. 그러기에 시의 2연에서 사랑의 찬미는 이어진다. "먼우물 앞에서도 목마르던 나의 뿌리여/ 나를 뚫고 오르렴"이라는 고혹적이며 헌신적인 구애를 하는 것이다. 이는 상대로부터 받고자 하는 자신의 사랑에 대한 기대 충족의 가치보다 상대방에게 향한 따스한 배려를 기초로 하고 있다는 점에서 단연 에코페미니즘적인 논리가 전개된다. 화자는 "내 밝은 피에 즐겁게 발 적시며 뻗어가려무나"라고 당부하는 까닭이다. 자신의 어리석고도 은밀한 기쁨이 촉발되는 원인은, 뿌리가 "척추를 휘어 접고 더 넓게 뻗으면/ 그때마다 나는 착한 그릇이 되어 너를 감싸고,/ 불꽃같은 바람이 가슴을 두드려 세워도/ 네 뻗어

가는 끝을 하냥 축복하는 나"인 까닭이다. '나'와 '너'의 관계는 이처럼 일방적이면서도 겸허한 화자의 자기 낮춤이 있었기에 가능한 것이었음이 시의 3연에서 증명되는 순간이다. 화자는 '무조건적인 베풂'이라는 사랑의 정점에서 드디어 자신을 돌아본다. 한 시절 뿌리를 처음 만나 받아들일 때 연하고 무르던 흙의 외양은 "이제 거무스레 늙었으니/ 슬픔만 한 두릅 꿰어 있는 껍데기"가 되어있음을 자각하는 것이다. 그러나 이마저도 남김없이 뿌리에게 주겠다고 호소한다. 자신의 몸이 마모된 껍데기의 '마지막 잔'마저도 마셔달라고 간구하기 때문이다. 시의 마지막 5연에서 화자는 흙과 뿌리가 살을 섞으며 사랑하던 양태의 귀결을 "깊은 곳에서 네가 나의 뿌리였을 때/ 내 가슴에 끓어오르던 벌레들"이라고 다산의 출산이 내재되어 있었음을 표현하고 있으며, 작금의 자신은 "하나의 빈 그릇"임을 인지하지만, "너의 푸른 줄기 솟아 햇살에 반짝이면/ 나는 어느 산비탈 연한 흙으로 일구어지고 있"어 다시금 사랑의 소생을 예감한다는 것이다.

　시인은 시 「뿌리에게」에서 '흙'과 '뿌리'의 관계를, '나'와 '너'라는 '여성'과 '남성'의 성애적 표출로 전개시켜 가고 있다. 뿌리가 흙에다가 자신의 온몸을 박고 힘차게 생장할 수 있는 이유는 기저에서 온몸을 다해 그 뿌리를 받아들여 주었던 흙의 존재가 있었음을 갈파하고자 하는 이 시는, 한 생명의 개화를 위해서는 보이지 않는 곳에서 조건 없이 헌신하는 자기희생적 사랑이 있었기에 가능한 것임을 증거해 보여준다. 사랑에 대한 정의가 과도한 열정과 자기 연민, 혹은 비틀어진 이기적 해석으로 남발하는 시대에 자기 헌정을 사랑이라고 내시內示하는 여성 시인의 음성은 이타적인 사랑에 대한 기대를 가지게 한다. 그러기에 이 시 전체를 관통하는 핵심 사유는 타자에 대한 배려의 에코페미니즘을 표방하고 있다는 점에서 손색이 없다.

시인으로서의 기질

김명원 시인이 될 수밖에 없었을 본인의 기질이나 특성을 말씀해 주신다면요?

나희덕 저는 예술가에게 가장 필요한 조건은 집중력이라고 생각해요. 자신의 시간과 열정을 얼마나 예술에 바치느냐가 관건일 텐데요. 전 사물을 비교적 면밀히 바라보고 귀기울여 듣는 편이에요. 관찰이라는 단어는 적당치 않아요. 관찰은 나와 사물 사이의 거리를 전제로 한 말이고, 왠지 표피적이라는 느낌이 드니까요. 관찰보다는 응시가 더 가까운 표현일 듯 한데요. 아무튼 무엇 하나에 제 시선이 꽂히면 그것을 줄곧 따라가는 습관이 있어요. 어렸을 때 소풍이나 여행을 가면 엉뚱한 데서 해찰하고 다니다가 일행의 발목이 묶인 적도 많아요.

그리고 한 번은 청량리에서 출발하는 눈꽃열차를 타고 여행을 갔는데, 중간에 '승부역'과 '추전역' 등에서 쉬게 되었어요. 내려 보니까 멀리 산 속에 화전민 마을 같은 게 보이더라구요. 누구에게 물을 것도 없이 화전민 마을을 향해서 걸음을 재촉했죠. 그런데 뒤를 돌아다보니 기차에 탔던 다른 관광객들은 일제히 장터로 가고 있는 거예요. 썰물에서 빠져나온 모래 한 알처럼 그 순간 제가 일상적인 인간은 아니라는 자각이 들더군요. 그러나 그 덕분에 시인은 사람들과는 다른 소리를 들을 수 있는 거지요.

김명원 좋아하시는 시인이나 작가는요?

나희덕 재독, 삼독해도 완전히 해독되지 않은 채 끊임없이 새롭게 읽히는 시가 좋은 시라고 생각해요. 한국의 작고시인 중엔 김수영을 좋아하고요. 대조적인 시인지만 서정주의 언어감각에는 감탄할 수밖에 없지요. 외국시인의 경우는, 릴케, 보들레르, 예이츠, 실비아 플라스, 빈센트 밀레이, 파블로 네루다 등을 좋아해요.

김명원 독서 경험은요?

나희덕 중학교와 고등학교 시절 책가방에 시나 소설책이 늘 한두 권씩 들어 있었어요. 아버지가 제가 글 쓰는 걸 싫어해 책도 못 읽게 하니까 반감에 더 그랬던 것 같아요. 그 시절 민음사에서 나오기 시작한 『시인총서』로 교과서 밖의 시인들을 만났고, 외국 시집의 경우는 세계시인선 문고판의 원문과 번역을 함께 읽으면서, 내 식대로 번역해서 비교해보곤 했지요. 시는 원문으로 읽는 게 가장 이상적이지요. 번역을 통해서 외국시를 읽으면 그 맛이나 독특한 뉘앙스가 상당히 파괴되거든요. 정현종 선생님 강의를 들으면서 네루다와 파스, 로르카, 니체 등의 책을 영역본으로 공부한 것이 많은 도움과 영감을 주었어요.

최근에 읽은 책으로는 엘렌 식수의 『메두사의 웃음/ 출구』와 질 들뢰즈의 『디알로그』가 인상 깊었어요. 마이너리티 글쓰기에 대한 많은 시사점을 얻었지요. 평론가들이 들뢰즈 얘길 많이 하고, 들뢰즈를 읽어야만 지식인 행세를 하는 풍토에 거부감이 들기도 했는데, 왜 이 시대에 들뢰즈가 공감을 주는지 알게 되었구요. 『디알로그』는 문장도 시적이고, 생성의 글쓰기를 위한 에너지를 공급해주는 입문서예요. 이전까지 저는 삶이 뭔가 변화될 수 없고, 과거가 오늘을 만들고 오늘이 내일을 만든다는 인과론적인 생각에 빠져있었어요. 그래서 어려운 문제늘이 생길 때마다 수동석으로 납삭 엎느려 있었지요. 그런 저에게 "이제 더 이상 과거가 미래를 만들도록 내버려두어서는 안 된다"는 문장이 와 부딪쳤어요. 더 이상 과거가 만드는 대로 살지 말고, 나의 글쓰기가 단순히 과거의 경험을 되새김질해서 남들 보기 좋게 빚어놓는 데 그쳐서는 안 된다는 생각이 들었거든요. 글쓰기가 나를 새롭게 생성시키는 하나의 사건이고 현장이라는 것이죠. 제가 앞에서 시라는 것은 내가 아닌 다른 존재가 되는 것이며 나를 떠나는 거라고 말씀드렸잖아요. 이미 들뢰즈가 다 말했더라구요. 여성-되기, 흑인-되기, 동물-되기 등 그가 제시하는 방식은 아주 다양해요.

창작의 산실 들여다보기

김명원   시는 대체로 어떻게 완성되나요?

나희덕   예전에는 갑자기 섬광이 스치듯 시가 떠오르면 곧 바로 옮겨 적곤 했어요. 한두 연 정도 떠오른 구절들을 어떻게든 언어로 묶어두려는 것이죠. 그러다가 시에 집중할 수 있는 시간이 날 때, 그것을 씨앗 삼아 한 편의 시로 완성하지요. 때로는 서로 다른 공간과 시간에서 얻은 시상을 결합하기도 하는데, 그러다보면 누더기처럼 이 말과 저 말이 따로 놀아요. 그래서 어느 날 부터인가 시상이 떠올라도 메모를 안 하기 시작했어요. 저는 기억력이 나빠서 메모를 안 하면 망실될 가능성이 많지만, 그래도 남을 건 남겠지 버텨 보았지요. 쉽게 언어화하지 않고 여러 번 담금질하며 긴장을 견디는 훈련이 되고 나서는 그 방법이 오히려 제 몸에 맞는다는 느낌이 들어요. 누구는 제 시가 잘 조직되어있다는 말을 하던데, 사실 그 조직은 인위적으로 구축한 것이라기보다는 시상이 자기 나름의 질서와 뼈와 살을 갖출 때까지 많이 기다리는 데서 만들어지는 것이죠.

김명원   최근에도 그런 방법으로 시를 기다리시나요?

나희덕   아무리 오래 기다렸다 쓴 시라도 일단 구조가 완결되고 나면 시적 대상이 해방된 게 아니라 다시 갇혀버린 것 같다는 느낌을 떨쳐버릴 수 없었어요. 그래서 최근에는 시를 쓸 때 의식을 최대한 억제하려고 해요. 초자아나 자아의 검열을 뚫고 무의식을 끌어들인다는 것이 저에게는 참 어렵고 오래된 숙제 같은 것이었어요. 박상륭 선생님이 작가는 자기의 무의식으로 내려갈 수 있어야 한다고 하시길래 어떻게 무의식으로 내려갈 수 있냐고 여쭈었더니, 원고지 만 장 정도 쓰면 무의식이 샘물처럼 흘러나온다는 거예요. 저는 머리 속에서 의식의 어떤 지점을 해체하면서 무의식으로 내려갈 수 있는 거라고 생각했는데, 선생님 말씀이 쓰고 또 써서 자기 무의식으로 가야 한다고 하셨어요. 자기가 모르는 자기에게로 가는 것, 또다른 자기를 이해하고 발견한다는 것, 우리가 사용하는 언어로 그 길을 표현한다는 것이 얼마나 어려운 일인지 실감하곤 해요.

    그래도 달라진 게 있다면, 예전에는 시적 순간에 사유와 의미를 증폭시키려는 노력을 했다면 지금은 시적인 순간 자체에 몸을 실으려고 한다는 점이에요. 시인인 나는 되도록 뒤에 숨고, 시적인 움직임 자체가 만들어내는 질서가 최대한 훼손되지 않도록 말이지요. 앞뒤가 안 맞거나 이 구절을 왜 썼는지 잘 모르겠다 싶으면 예전엔 잘 지웠는데 지금은 그냥 놔두기도 해요. 의식을 느슨하게 만들기 위해 술을 약간 마시고 시를 쓴다거나 꿈을 적극적으로 반영하는 것도 변화라면 변화라고 할 수 있어요. 의식을 억압하고 있는 도덕적 자아를 조금씩 무력화하면서 내 안에 있는 잡다한 것들을 끌어올리기 위해서지요.

김명원   집필할 때 원고는 어떤 도구를 사용하시는지요?

나희덕   다른 장르는 거의 컴퓨터로 작업하지만, 시는 주로 펜으로 써요. 펜이 없을 때는 연필을 사용하고요. 볼펜처럼 미끄러지는 느낌보다는 펜이 종이에 스며들거나 새겨지는 질감이 좋아서죠. 그런데 수공업적 도구의 차이보다도 컴퓨터가 도입되면서 한국시에 많은 변화가 생겼지요. 시가 길어지고 산문시형이 증가하는 현상을 비롯해 다양한 텍스트의 인용이 많아지는 것, 활자의 시각적 효과가 강조되는 것 등은 컴퓨터의 영향이라고 할 수 있어요. 도구나 매체가 그의 내용과 형식에도 적지 않은 변화를 가져온 셈이지요.

그 밖의 이야기들, 더

김명원   시로 인해 생겼던 재미있는 일화가 있다면요?

나희덕   「방을 얻다」라는 시를 보면 방 구하러 다니는 얘기가 나와요. 예전에는 식구들 밥 먹을 때 옆에 있는 앉은뱅이책상에서 시를 써야 했는데, 조선대에 임용되어 연구실이 생기니까 너무 좋더라구요. 그런데 연구실도 업무의 공간이니 사람들이 많이 찾아오고, 다시 도망갈 공간이 필요해졌어요. 우연히 담양 지실마을에 죽세공하는 청년들을 알게 되어 놀고 있는 그 집 텃밭을 빌려 농사를 짓기 시작했지요. 매실이며 은행도 줍고, 배추도 키우고 하면서 일주일에 한두 번씩 그 마을을 드나들었죠. 그러다가 그 근처에 방을 하나 얻자 싶었는데, 명옥헌 주변의 아담한 한옥이 있길래 방을 하나 빌려달라고 했어요. 안주인은 방이 비어 있지만 마음으로는 쓰고 있다며 웃으며 거절하더군요. 이 일화를 시로 썼는데, 시를 읽고 어떤 분이 지실마을에 있는 자신의 방을 내어 주신 거예요. 시 한 편이 저에게 아름다운 인연과 방을 얻게 해 주었지요.

  담양이나 창평 어디쯤 방을 얻어
  다람쥐처럼 드나들고 싶어서
  고즈넉한 마을만 보면 들어가 기웃거렸다.
  지실마을 어느 집을 지나다
  오래된 한옥 한 채와 새로 지은 별채 사이로
  수더분한 꽃들이 피어 있는 마당을 보았다.
  나도 모르게 열린 대문 안으로 들어섰는데
  아저씨는 숫돌에 낫을 갈고 있었고
  아주머니는 밭에서 막 돌아온 듯 머리수건이 촉촉했다.
  — 저어, 방을 한 칸 얻었으면 하는데요.
  일주일에 두어번 와 있을 곳이 필요해서요.
  내가 조심스럽게 한옥 쪽을 가리키자
  아주머니는 빙그레 웃으며 이렇게 대답했다.
  — 글씨, 아그들도 다 서울로 나가불고
  우리는 별채에서 지낸께로 안채가 비기는 해라우
  그라제마는 우리 집안의 내력이 짓든 데라서

맴으로는 지금도 쓰고 있단 말이오.
이 말을 듣는 순간 정갈한 마루와
마루 위에 앉아 계신 저녁 햇살이 눈에 들어왔다.
세 놓으라는 말도 못하고 돌아섰지만
그 부부는 알고 있을까.
빈방을 마음으로는 늘 쓰고 있다는 말 속에
내가 이미 세들어 살기 시작했다는 걸.
— 「방을 얻다」 전문

김명원 독자들에게 어떤 시인으로 기억되고 싶으신가요?

나희덕 '모성성', '연민', '사랑', '따뜻함', '단정함', 이런 수식어들이 제 시를 따라 다니는 게 싫었어요. 그런 면모가 제 시에 있다 해도 그것이 문학적인 장점보다는 한계라는 생각이 더 많이 들었고요. 안온한 틀 속에 순응해 있는 모습을 그렇게 표현한 게 아닌가 싶었고, 뭔가 더 강렬하게 저의 존재론적인 기반을 밀고 나가야 한다는 내적 요구에 늘 목말라 있었지요. 어느 독자의 독후감에서 '도덕적인 갑각류'라는 표현을 읽으면서, 이 말이 어떤 평론가의 지적보다도 저를 아프게 찌르더군요. 제 속의 완강한 윤리적 자아의 틀을 인식하면서 그 이후에는 조금씩 조금씩 자유로워지는 것 같아요.

김명원 그렇다면 이번 봄에 출간될 『분홍신을 신고』가 더욱 기대되는데요.

나희덕 저는 두렵고 막막해요. 광주로 이사한 지 팔 년이 지났고, 광주라는 낯선 도시에서 두 권의 시집을 완성하게 되는 셈이네요. 처음에는 객지에서 얘기 나눌 친구도 없이 뒷산에 가서 나무나 뱀에게 말을 걸며 살았죠. 복잡한 서울살이에서 벗어나서인지 그때는 스스로 침잠하면서 나만의 공간에 은둔하려는 욕구가 강했던 것 같아요. 자발적으로 고독을 즐겼던 것이지요. 그런데 최근에는 나의 자폐적이고 경화된 삶을 다시 열고 물기를 끌어들이지 않으면 살 수 없겠다는 생각이 들어요. 이번 시집에 유난히 방에 관한 시들이 많이 나오고 그 방에서 나가고 싶어하는 욕구가 곳곳에 박혀 있는 것도 그런 변화를 반영하는 것이겠죠. 「분홍신을 신고」에서는 분홍신을 신고 끝도 없이 춤을 추지요. 너무도 오래 잠자고 있던 두 발이 이제는 밖으로 나가 대지의 일부가 되고 싶어 해요.

김명원 끝으로, 독자들에게 시를 즐기는 방법을 알려 주신다면요?

나희덕 눈으로만 읽는 것보다 시는 소리 내어 읽는 게 좋아요. 직접 써보는 것도 좋죠. 자기의 몸과 마음, 모든 감각이 깊이 투여될수록 시 감상은 풍부해집니다. 에즈라 파운드는 시를 음악의 시, 의미의 시, 회화의 시로 나누기도 했지만, 실제로 한 편의 시를 세 가지 중 어느 하나로 분류하기는 어려워요. 리듬, 의미, 이미지가 어떻게 유기적으로 결합되어 있느냐가 중요하지요. 그 중 어느 한 요소가 나머지 요소보다 더 강할 수는 있겠고, 그 특장을 잘 살려서 감상하는 것이 필요하지 않을까요. 이미지가 섬세한 시라면 이미지를 되살리는 데 초점을 두어야겠고, 리듬이 강한 시는 읽으면서 말의 울림이나 소리의 질감을 느끼는 것이 중요하겠고, 어떤 시는 메시지를 잘 음미하는 것이 좋겠지요.

김명원 그렇다면 시인께서 읽어주시는 시 한 편을 감상할 수 있을까요?

나희덕 「연두에 울다」를 낭송해 보겠습니다.

　　　　떨리는 손으로 풀죽은 김밥을
　　　　입에 쑤셔넣고 있는 동안에도
　　　　기차는 여름 들판을 내 눈에 밀어넣었다.
　　　　연둣빛 벼들이 눈동자를 찔렀다.
　　　　들판은 왜 저리도 푸른가.
　　　　아니다. 푸르다는 말은 적당치 않다.
　　　　초록은 동색이라지만

연두는 내게 좀 다른 종족으로 여겨진다.
거기엔 아직 고개 숙이지 않은
출렁거림, 또는 수런거림 같은 게 남아 있다.
저 순연한 벼포기들.
그런데 내 안은 왜 이리 어두운가.
나를 빛바래게 하려고 쏟아지는 저 햇빛도
결국 어두워지면 빛바랠 거라고 중얼거리며
김밥을 네 개째 삼키는 순간
갑자기 울음이 터져 나왔다, 그것이 마치
감정이 몸에 돌기 위한 최소조건이라도 되는 듯.
눈에 즙처럼 괴는 연두.
그래. 저 빛에 나도 두고 온 게 있지.
기차는 여름 들판 사이로 오후를 달린다.
―「연두에 울다」 전문

    나는 나희덕 시인이 읽어주는 시로 들어선다. 그녀와 기차를 타고, 여름 들판을 달리고, 순연한 벼포기의 출렁거림에 몸을 맡긴다. 그녀가 발성하는 시어들이 탱글탱글하게 하나씩 질감을 얻을 때마다 내 감각의 촉수에 연둣빛 소름이 돋는다. 이렇게 시는 쓰여지고 이렇게 낭독되는 거구나, 가슴을 친다. 그날 기차 밖을 내다보며 갑자기 터진 울음처럼 끝끝내 시로 묶어 내었던 한 편의 찬탄이 이렇게 우리들을 적시는 거구나, 손을 가만히 쥔다.
    나희덕 시인은 연민을 이야기하면서 시혜적 감정이 아니라고 하였다. 연민이란 서로가 불쌍한 존재임을 공명하는 것으로 동등한 입장에서 서로 소통하고 이해하는 가운데 서로의 슬픔이 전염되는 감정이라고 하였다. 그래서 사물에 대한 연민을 유독 많이 가지는 나희덕 시인에게 존재가 갖고 있는 특별한 소리, 섬세한 빛깔, 찬연한 촉감 등이 더욱 빛나는 시로 탄생되게끔 선물로 주어지는 것이 아닌가 싶다.

어둠이 우리를 에워싼다. 밤 11시 30분 고속버스에 그녀는 오르고, 나는 모딜리아니의 목선처럼 길쭉해진 가로등 그림자 아래 남겨진다. 숱한 세월의 질곡에서 그녀가 위로해주는 시의 음성을 오늘은 생생하게 들었던 날이라고 기록한다. 시와 시인이 조금도 다르지 않은 따뜻하고 깊었던 밤이었다고 부기한다. 이제 곧 봄꽃들이 다투어 피고, 세상에는 아프도록 다시 태어나는 생명들의 울음 향기가 번질 것이다. 다시금 그녀가 어떤 행보로 새 시집 분홍신을 신고 우리를 어디쯤의 봄 끝으로 데려갈는지 벌써부터 설렌다(2009년 2월 17일).

나희덕   1966년 충남 논산 출생. 연세대학교 국문학과와 동대학원 박사과정 졸업. 1989년 《중앙일보》 신춘문예에 시 「뿌리에게」가 당선되며 등단. 시집 『뿌리에게』, 『그 말이 잎을 물들였다』, 『그곳이 멀지 않다』, 『어두워진다는 것』, 『사라진 손바닥』 등, 시론집 『보랏빛은 어디에서 오는가』, 산문집 『반통의 물』 등, 옮긴 그림책 『조가이불』 등 출간. 김수영문학상, 김달진문학상, 현대문학상 등 수상, 조선대학교 문예창작학과 교수로 재직 중이다.

3부

오래된, 그리고 영원할
시업詩業의 속살

송재학

현묘한 감각과 사유로 시를 캐내는 장인匠人, 송재학

　질투할 수 있는 시가 있고, 질투할 수 없는 시가 있다. 질투는 존경의 경계 내에 존재한다. 시를 바라보는 눈높이의 보편성 안에 내 눈길을 사로잡는 시가 들어오면 질투의 대상이 되지만, 시를 경외할 수밖에 없는 까마득한 높이에서 숭엄하게 후광을 분사하여 드리우는 시를 어찌 시샘할 수 있으랴. 높고 높은 아슬한 처소에 위치한 시에게 읍소하고 경배할 뿐, 찬탄하며 칭송의 후렴을 부를 뿐, 그리하여 존경의 자세를 갖출 뿐인 것이다.
　송재학 시인의 시들은 내게 그렇게 왔다. 그의 시들은 단단하고 여문 세월을 견지하고 있었다. 함부로 시의 댓돌에 들어서지 않은 침착과 시의 툇마루에서 금세 쉬지도 않는 경건으로 나에게 다가왔다. 말하자면 시인이 시 한 편마다 들인 공력과 인내의 시간이 지루할 만큼 느껴졌다는 뜻이다. 이는 시를 한 편 캐내기 위해 시의 터전을 둘러보고 시의 질료들을 매만지고 시를 조심하여 캐내면서 시가 완성되는 공간을 내내 고민하고 사유했다는 의미이다. 편안히 앉지 못하고 제대로 눕지 못하면서 내내 서서 이 과정들을 심오하게 작업해 냈을 거라 추측하게 하는 시들을 그는 매번 발표해 왔기 때문이다. 그리하여 그의 시집 중 어느 시편을 펼쳐놓아도 그의 시들에는 타작惰作이 없다. 어느 시에서나 한 땀 한 땀 공 들인 땀 냄새가 무성할 따름이다.

　이처럼 존경의 대상이 되었던 시인을 만난다는 것은 사실 긴장을 수반한다. 시가 아닌 시인 안에서 그의 시를 탐색하고 모색해 가야 하는 인터뷰 속에서 자칫 혼선을 빚을 우려가 감지된 이유에서인데, 일컬으면 외국 격언에, 감명을 받은 작가와는 절대 만나지 말라는 경고와 비슷한 경우일 듯하다. 내가 따라간 송재학 시인의 길과 송재학 시인 자신이 풀어내는 그의 길이 판이하게 다른 데서 올 충돌이 조금은 불안해서이었기도 했으리라. 내가 감지하고 내가 그려 낸 도표대로 시인과 시의 작업이 정리되기를 바라는 심정과도 맞닿아있는 염려였을 텐데, 아무튼 송재학 시인을 만나러 가는 차 안에서 나는 다른 때와는 다른 기우를 느끼고 있었음은 분명하였다.

　송재학 시인을 만난 날은 유달리 잿빛 바람이 차가웠다. 덕분에 만나기로 한 커피전문점의 내밀한 공간이 더욱 따스하게 느껴졌음은 퍽 다행이었다. 쉽게 대하기에 격이 있어 보일 정도로 날카로운 지성미의 시인은 환한 미소로 인사해 주었고, 우린 똑같이 카푸치노를 주문했고, 창밖으로 나부끼는 겨울 풍경을 천천히 음미했다. 뒤이어 나는 잘고 큰 여행 이야기와 겨울 추억담을 시인에게 질문했으며, 나의 어쭙잖은 물음에 성의 있게 대답해 줌으로써, 그가 진지하게 걷고 있는 시인의 길을 나는 기꺼이 동행할 수 있었다.

겨울, 그 원천적이고 순수한 질료

김명원　선생님, 늦가을과 겨울의 모호함에서 이제 벗어난 듯합니다. 지난 주 강의실 밖으로 십여 분간 퍼부었던 첫눈도 그러하고, 뼛속을 쿵쿵 울리는 듯한 매운 추위도 그러하고, 나뭇잎들을 모두 밀어내고 잔뜩 넓어져 있는 나무 사이의 허공도 겨울임을 입증해주니까요. 선생님의 시 「겨울비」, 「겨울밤」 외에도 "얼음 깎아 빚은 볼록렌즈로 불지르면 저 가파른 겨울산들"(「얼음시 5-불」)과 "겨울숲에 가면 무슨 음계라도 필요하다 어금니가 턱에 박히듯

내 혀에 맞춤한 악기가 있었으면"(「악기가 필요할 때」) 등을 보더라도 겨울에서 채집하시는 특별한 시상들이 읽혀지는데요. 겨울에서 영감을 얻으시는 이미지는 어떤 부분인가요?

송재학 아마도 제 내면의 지향점이 격렬하고 어두운 세계에 무작정 끌렸다고 할 수 있는데 겨울로 상징되는 비극적인 세계관에 대한 경사이겠지요. 어쩌면 미학적인 편애이거나 낭만적인 편애라고도 몰아붙일 수도 있을 겁니다. 겨울/ 비극/ 비관 따위의 제 성향들은 본질적인 부분과 전략적인 부분이 서로 치차처럼 맞물리고 있을 터인데 비극성의 에너지가 주는 해소할 수 없는 갈등이 시 속에서 적층을 쌓아가는 게 아닐까 싶네요. 다시 말하면 생물학적 나이를 통과하면서도 계속 시를 붙들게 하는 그 겨울/ 비극이야말로 가장 원천적 질료이면서 가장 순수한 것이기 때문에 겨울/ 비극성 근처에서 서성거리는 것이다,라고 정리하고 싶습니다. 이 겨울/ 비극성을 감각화하는 것이 제 시의 주요한 축이기도 해요. 하지만 무엇보다 겨울의 서사가 나에게 익숙한 생활이기도 했고요.

김명원 선생님 시들은 저의 좁은 식견으로는, 그리고 암담한 저의 낮은 심안으로는 사실 두렵습니다. 너무 아득하고 깊고 높아서요. 그리고 너무 아름답고 설레고 슬퍼서요. 그래서 선생님 시들과 온몸으로 부딪힌 후에 파생되는 후유증을 견뎌야 하는 동력이 요구된다고 할까요. 이유가 뭘까 곰곰 따져보고 들여다 본 적이 있었는데, 경계를 아찔하게 허물고 광포하게 내딛는 감각에서 연원하는 뜨거운 에너지 탓이었습니다. 선생님께서 벼리시는 감각은 보통의 시인들이 사용하는 도구와는 판이하게 다르다고 생각되어집니다. 감각을 곧추 세워 예민하게 만드시는 비법이 있으신가요?

송재학 색이라는 감각을 '언어의 감각'으로 치환하기 전에 우선 '감각의 언어'라는 회로를 통과하도록 의도적으로 떠밀어 버린 거 같아요. 소리 또한 색에 빗대어 말할 수 있을 겁니다. 색과 소리를 언어로 옮기는 작업이야말로 초감각적인 집중력, 다른 말로 하자면 선험적인 체험이 필요하다고 믿는데,

과연 내가 그렇게 훈련이 되어 있는가 혹은 선험적인 재능이 있는가 자문해 보지만, 내 기질적인 요소, 소위 기 자체가 그러한 감각에 길들여진 거 같습니다.

감각이란 기의에 의지한 기표

김명원 감각적인 사유를 논하면서 많은 이들이 시 「흰색과 분홍의 차이」를 거론했겠지만, 저 역시 이런 진부한 질문에 기대어 선생님 시세계를 정리해 보고픈 열망을 접을 수 없네요. 「흰색과 분홍의 차이」로부터 시작하여 '푸른빛'이나 '연보라' 등 색채에 대한 입체적인 분석과 해석으로 선생님께서는 독자들에게 소름이 돋는 황홀을 선사하셨지요. 이제 더 이상 시는 언어에 갇힌 무채색이 아님을 여실히 보여주셨는데요. 시인과 세계 사이에 존재하는 언어가 얼마나 현란한 스펙트럼을 가지는 색채 이미지로 번질 수 있는가를 증명해 보이셨으니까요. 특별히 색깔에서 천착해내고자 하시는 인식이나 상징은 무엇인가요?

송재학 소리라든가, 빛이라든가, 색깔이라든가 하는 감각의 논리를 의식하고 쓴 첫 번째 시가 바로 말씀하신 「흰색과 분홍의 차이」라는 시였어요. "흰색은 햇빛을 따라간 질서이지만 그 무채색마저 분홍과의 망설임에 속한다 분홍은 흰색을 벗어나려는 격렬함이다"라는 생각에서 출발한 그 분홍은 흰색에서 나온 하위 갈래로 본 거죠. 분홍과 흰색은 색의 감각 이전에 감각의 색에 가까운 것이었습니다. 감각이 이미지 체계로 작용했거든요. 색이라는 것은 굉장히 번지기 쉽고 섞이기 쉽다는 그런 성질이 다분한데, 기표와 기의가 서로 대립 삼투하는 과정을 거치는 겁니다. '희다'라는 기표 아래의 기의가 그것을 포함하고 있기도 하지만, '희다'라는 기표를 뛰어넘는 굉장히 많은 상징을 품도록 하는 게 제 색이라는 감각의 목적이었어요. 그래서 저의 흰색은 흰색을 뛰어넘어버린 흰색이게 된 겁니다.

색이란 것은 감각의 한 표현이거든요. 감각이란 기의에 의지한 기표입니다. 기표란 것은 사물의 현상이겠지만 기실 사물의 본질이란 사물의 현상일 터이고 사물의 외양 역시 사물의 본질과 다르지 않습니다. 감각과 본질이 일치한다는 인식은 오래전부터 가지고 있었어요. 이와 기의 이원론적 이기론이 저에게는 시적 방법론이기도 했으니까요.

말하자면 저는 본질적으로 정령주의자입니다. 단순 범박하게 이야기하면 정령주의란 것은 모든 것에 영혼이 스며들었다고 믿는 어리석은 사람이지요. 제임스 러브록이 그리이스 대지모신의 이름을 빌려 가이아 이론을 만들었을 때 그 여신의 흉중에는 이미 물활론과 만유정령설과 범신론이 뒤엉켜 있었을 터입니다. 행성과학자인 제임스 러브록에게 지구 자체를 또 하나의 생명체로 읽으라고 권유한 것은 무엇이었을까요. 지구의 환경, 예외와 우연이 많아 해석하기 힘든 자연의 오묘함, 인간의 오만과 편견 등이 뒤엉켜 한 과학자에게 제3의 눈으로 지구를 바라보게 한 것이 아닐까요. 러브록은 "생물체의 진화가 물리적, 화학적 환경과 아주 밀접하게 연관되어 있어서, 그 합쳐진 전체가 단일한 진화과정을 이루고 자체조절의 능력을 가진다"는 가이아 가설을 발표했지요.

그것은 지구 전체를 하나의 초유기체로 인정하는 것입니다. 즉 지구상의 모든 생물과 무생물을 하나의 연결고리로 만드는 셈이에요. 가이아의 신화를 인정한다면 물신숭배 또는 만유정령설이라고도 번역되는 애니미즘의 수용에 무리가 없을 것입니다. 모든 물질이 그 자체 속에 생명을 갖추고 있어서 생동한다고 하는 물활론의 질료생명론이나 모든 무생물계에도 영혼이 있다고 믿는 애니미즘의 세계관은 바로 가이아 이론의 자동조절장치와 상통하지요. 처음 제가 사물에 대하는 윤리학이란 것은 그냥 단순한 서사 속의 정령주의였어요. 되풀이하자면 그때까지 저는 학습적인 정령주의자였던 겁니다. 따라서 윤리랄 것도 없지만 가이아 이론을 접하면서 저의 윤리학은 가족, 우리나라, 황인종, 인류에서 시작하여 생물을 넘어서면서 무생물 또는 범우주까지 점차 두꺼워졌습니다.

 겨울 노루귀 안에 몇 개의 방이 준비되어 있음을 아는지 흰색은 햇빛을 따라간 질서이지만 그 무채색마저 분홍과의 망설임에 속한다 분홍은 흰색을 벗어나려는 격렬함이다 노루귀는 흰꽃잎에 무거운 추를 달았던 것, 분홍이 아니라도 무엇인가 노루귀를 건드렸다면 노루귀는 몇 세대를 거듭해서 다른 꽃을 피웠을 것이다 더욱이 분홍이라니! 분홍은 病의 깊이, 분홍은 육체가 생기기 시작한 겨울 숲이 울고있는 흔적, 분홍은 또 다른 감각에 도달하고픈 노루귀의 비밀이다
 ―「흰색과 분홍의 차이」 전문

 허공이라 생각했다 색이 없다고 믿었다 빈곳에서 온 곤줄박이 한 마리 창가에 와서 앉았다 할딱거리고 있다 비 젖어 바들바들 떨고 있다 내 손바닥에 올려놓으니 허공이라 가끔 연약하구나 회색 깃털과 더불어 뒷목과 배는 갈색이다 검은 부리와 흰 뺨의 영혼이다 공중에서 묻혀온, 공중이 묻혀준 색깔이라 생각했다 깃털의 문양이 보호색이니까 그건 허공의 입김이라 생각했다 박새는 갈필을 따라 날아다니다가 내 창가에서 허공의 날숨을 내고 있다 허공의 색을 찾아보려면 새의 숫자를 셈하면 되겠다 허공은 아마도 추상파의 쥐수염 붓을 가졌을 것이다 일몰 무렵 평사낙안의 발묵이 번진다 짐작하자면 공중의 소리 一家들은 모든 새의 울음에 나누어 서식하고 있을 게다 공중이 텅 비어 보이는 것도 색 一家들이 모든 새의 깃털로 바빴기 때문이다 희고 바래긴 했지만 낮달도 渲染法을 기다리고 있지 않은가 공중이 비워지면서 허공을 실천중이라면, 허공에는 우리가 갖추어야 할 것들이 있다 바람결 따라 허공 한 줌 움켜쥐자 내 손바닥을 칠갑하는 색깔들, 오늘 공중의 안감을 보고 만졌다 공중의 문명이라 곤줄박이의 개체수이다 새점을 배워야겠다

─「공중」 전문

김명원 직업이 치과의사이시다 보니, 육체적 노동의 양이 만만치 않으실 거라는 예감이 듭니다. 제 가족 중에 치과의사가 있어서 충분히 인지하는 부분이거든요. 그럼에도 불구하고 진료 후에 저녁 식사를 주문해 드시며 진료실에 남아 하루 서너 시간씩 창작에 열중하신다는 이야기를 접했습니다. 저는 사실 이 이야기를 듣기 전까지는 선생님께선 천재형이라고 여겼는데 노력형 시인이시구나, 라고 수정을 가했거든요. 이렇듯 시와의 접점에서 시를 기다리지 않고 시를 만들어 가시는 편이세요? 그렇다면 시를 매일 맹렬하게 쓰면서 유의하시는 점이 있을까요?

송재학 늘 그렇게 열심인 것은 전혀 아닙니다. 아마도 가장 놀라운 재능이란 열정일 겁니다. 또한 열정이 재능이 되려면 평생 꾸준하게 작업해야 할 겁니다. 일시적 열정이란 재주에 불과한 것이지요. 시에 매달리는 시기가 일년에 몇 번 예감처럼 옵니다. 그땐 다른 모든 것을 팽개치고 시에 몰입하고요.

천학비재라는 말은 저에게 맞춤한 말인데, 시를 읽고 시를 쓰고 하면서 다른 잡사들도 많이 해왔지요. 그렇게 시에만 매달리면서 작업만 해오진 않았어요. 수석도 했고, 오디오도 했지만, 시는 그런 범사를 훨씬 뛰어넘는 것입니다. 괴로움도 희열도 서로 내통하기에 매번 사물의 안쪽으로 들어간다는 느낌을 받고 있고요. 그래서 풍경과의 연대감이라고 제가 처음 그 의미론을 받아들였을 때는 논리에 가까웠지만 점차 감성으로 바뀌고 있는 중이죠.

저는 시 속에서 상투성에의 경계를 가장 의심하고 있어요. 항상 내 시를 의심하고 두려워합니다. 시 속에 잠겨 진 보석상자 같은 비밀이 있다는 건 시인이라면 누구나 알고 있는 사실일 텐데…… 의식적이건 무의식적이건, 낯설게 하기라는 명제, 시 속에서의 명쾌한 논리, 시의 비의성, 역설적 방법론 따위의 제 나름대로의 시론 속에서 작업하고 있지요. 시론이랄 것도 없지만 몸으로 익히고 따라가는 시적 방법론이 제 몸 어딘가 잠복하고 있거든요. 시의 비밀이야말로 시인이 언젠가 말해야 하는 또는 말할 수밖에 없는 운명에 가깝습니다.

고어체 우리말이 시의 출발점이자 지향점

김명원 오늘 인터뷰를 통해 선생님 시의 비밀상자를 열어 보았으면 합니다. 기꺼이 뚜껑을 열어 상자의 내부를 보여주셨으면 하고요. 우선 선생님 시의 창작 배경에 대한 궁금증을 여쭙고 싶은데요. 2009년 문예지 『작가』가 선정한 '오늘의 시'에서 시인과 문학평론가, 출판편집인 150명 중 최다 추천작으로 선정된 시 「늪의 內簡體를 얻다」는 독특한 미학을 발현하고 있지요. 물론 한자와 고어가 섞여 있어 가독성이 떨어지기는 하지만 선생님께서 기울이신 어문학에의 관심이 얼마나 정교하고 치밀한가를 여실히 드러내고 있습니다. 수면의 물거울에 담기는 새털구름과 되새 떼들 발자국, 흰 낮달 등을 항라보자기로 싸 언니에게 보내는 동생의 내밀한 심정이 얼마나 촘촘하게 내간체로 펼쳐지던 지요. 내간체는 18세기 부녀자들이 사용했던 고전문체여서 참고답적인 정서를 담고 있는데, 늪이라는 오랜 세월의 풍경 이미지가 놀라운 언어 미학으로 바뀌면서 두 자매로 환치되고, 다시 그들의 비밀한 소통 방식이 시 공간으로 구축되는 서늘한 시였습니다. 우리 시단에 시의 새로운 발화법을 제시하셨다고 보여 지고요. 매우 중요한 위치에 놓이는 이 시의 창작 동기와 배경 등이 알고 싶네요.

송재학 늪에 대한 시편이 꽤 여러 편 있어요. 「흰뺨검둥오리」가 기억에 남는 작품이고, 그 연장선에서 「늪의 內簡體를 얻다」가 나온 겁니다. 그 늪이란 바로 경남 창녕의 우포입니다. 처음 우포에 갔을 때가 20년 전 쯤인데 사진 찍는 친구를 따라 그 속에 들어갔지요. 아주 놀랍고도 두려운 풍경이었습니다. 놀라운 것은 그토록 원초적인 풍경을 처음 보았기 때문이고 두려운 것은 내가 생각한 이상으로 초월적 세계가 있다고 느꼈기 때문이에요. 그때부터 내 속에 식물과 동물의 윤리학이 싹터왔지요. 그후 수없이 그곳에 들락거렸습니다.

늪의 풍경이란 많은 시인들이 작업한 것처럼 영혼의 노래에 가깝거든요. 영혼의 노래를 양식적으로 평이하게 하고 싶지 않았어요. 뭔가 예의가 아닌 것 같았죠. 처음부터 편지 형식을 생각 했었는데, 나름대로 서사를 만들어 봤어요. 자매가 둘 다 시집을 갔는데, 동생은 늪 근처에 살고 언니는 먼 데로 시집간 거예요. 동생이 언니한테 선물을 보내줬는데 늪에 대한 풍경이 있었고, 그에 대한 답신으로 언니가 보낸 편지였다는 서사가 생겼지요. 여인네들의 속삭임이야말로 늪의 내밀함과 비슷하지 않나요. 그래서 내간체라는 개념이 왔고, 자연스럽게 18세기 근대적 자아가 눈뜰 때의 여성들이 떠올랐어요. 늪의 완전한 풍경을 위해 과거의 '늪'이 필요했지요. 여성들의 간찰 언어를 조사했고요. '향념向念'이라는 어휘도 그렇게 그 시에 자리 잡았어요. 처음에는 한자를 쓰지 않고 순 우리말의 근대 언어로 바꾸려고 했었는데요. 원래 내간체라는 장르는 한자를 쓰지 않는 장르잖아요? 그런데 내 능력 밖의 일인 거예요. 게다가 고어로만 쓰니 가독성이 현저히 떨어지더군요. 그래서 의도적으로 한자를 집어넣었어요. 반추하면서 천천히 읽히기 위해서 가독성이 떨어지는 고어를 쓴 것도 전략적인 방법이었죠. 이 시를 쓰면서 어문학에 관심을 갖게 됐고요.

너가 인편으로 붓틴 袱子에는 늪의 새녘만 챙긴 것이 아니다 새털 매듭을 풀자 믈 우에 누웠던 兀羅 하늘도 한 웅큼, 되새 떼들이 방금 밟고간 발자곡도 구석에 꼭두서니로 염색되어 잇다 수면의 믈거울을 걷어낸 袱子 솝은 흰 낟달이 아니라도 문자향이더라 바람을 떠내자 수생의 초록이 눈엽처럼 하늘거렸네 袱子와 매듭은 초록동색이라지만 초록은 순순히 결을 허락해 머구리밥 사이 너 과두체 內簡을 챙겼지 도근도근 매듭도 안감도 대되 雲紋袱라 몇 점 구름에 마음 적었구나 한 소솜에 遊禽이 적신 믈방울들 내 손등에 미끄러지길래 부르르 소름 돋았다 그만한 고요의 눈씨를 보니 너 담담한 줄 짐작하겠다 빈 褓子는 다시 보낸다 아아 겨울 늪을 褓子로 싸서 인편으로 받기엔 어름이 너무 차겠지 向念

주)
1. 언니가 여동생에게 보내는 내간체의 느낌을 위해 본문에 남광우의 『교학고어사전』(교학사, 1997)을 참고로 고어 및 순우리말과 한자말 등을 취했다.
2. 현대어 본문은 다음과 같다.
너가 인편으로 부친 보자기에는 늪의 동쪽만 챙긴 것이 아니다 새털 매듭을 풀자 물 위에 누웠던 兀羅 하늘도 한 움큼, 되새 떼들이 방금 밟고 간 발자국도 구석에 꼭두서니로 염색되어 있다 수면의 물거울을 걷어낸 보자기 속은 흰 낮달이 아니라도 문자향이더라 바람을 떠내자 수생의 초록이 새순처럼 하늘거렸네 보자기와 매듭은 초록동색이라지만 초록은 순순히 결을 허락해 개구리밥 사이 너 과두체 내간을 챙겼지 도근도근 매듭도 안감도 모두 雲紋褓라 몇 점 구름에 마음 적었구나 삽시간에 游禽이 적신 물방울들 내 손등에 미끄러지길래 부르르 소름 돋았다 그 많은 고요의 눈맵시를 보니 너 담담한 줄 짐작하겠다 빈 보자기는 다시 보낸다 아아 겨울 늪을 보자기로 싸서 인편으로 받기엔 얼음이 너무 차겠지 向念
―「늪의 內簡體를 얻다」 전문

김명원　선생님께서 만드신 '우리말 사전'이 있다고 들었습니다. 남다르게 어휘에 예민한 촉수를 가지고 계신 선생님이시기에 가능한 작업은 아니었을까 싶은데요. 선생님의 시어들은 시어들끼리 쓰다듬고 매만지며 이미지를 배가시키거나 혹은 폭력적인 결합으로 서로 할퀴고 상처 내며 섬뜩한 존재의 심연에 던져지기도 하니까요. 우리말 사전을 만드신 동기도 궁금하고, 사전의 활용도는 요즘 어떤가요? 저도 그 사전을 한 부 얻고 싶은데, 자격 요건에서 저의 미모로 승부할 수 있을까요? (웃음)

송재학 우리말 사전은 스무 살 무렵부터 조금씩 만들어오던 것인데, 지금 확인해보니까 300쪽이 훨씬 넘네요. 1984년에 애플컴퓨터란 개인용 컴퓨터가 처음 등장했지요. 그때 원시적 형태의 워드프로세서 프로그램이 있었습니다. 원래 낯선 것에 관심이 많았기에 호기심으로 구입했는데, 지우고 삽입하는 편집기능이 있는 게 아주 신기했어요. 중앙한글이라는 워드프로그램이 있었는데, 중앙한글에서 제가 한 작업들이 그때까지 모은 우리말사전을 타자로 치는 작업이었거든요. 나중에 컴퓨터가 일상화되면서 천리안이나 하이텔 등 통신동호인에서 다른 사람들이 작업한 목록도 덧붙이고 하면서 사전의 부피가 가득 부풀었습니다. 얼마 후 한강문화사라는 곳에서 우리말 사전이 나왔지요. 그러면서 저의 우리말사전은 희소성이 사라졌고요. 몇몇 시인들이 그걸 얻어갔어요. 제가 만든 우리말 사전 속에는 충청도 입말들이 꽤 많습니다. 벽초 홍명희의 임꺽정이 바로 우리말의 향연이라고 할만 하지요. 김성동의 소설들도 충청도 말들이고, 김원일의 소설은 경상도 말들의 보고입니다. 드물게 박완서의 소설에서도 개성말들이 있습니다. 백석의 우리말들도 사전 속에 삽입했는데, 그 말들을 보고 있으면 저절로 착상이 떠오르던 시기도 있었지요.

왜 그걸 만들었는가 따져보면 그게 무조건 필요하다고 생각했었던 것 같아요. 제 시의 출발이 향가인데, 엄밀히 말하면 향찰문자 향가가 아니라 고어체의 우리말이 제 시의 출발점이자 지향점입니다. 그러니 제가 우리말의 결에 얼마나 매혹당했는지 보여주는 증거이죠. 가능하면 그 사전을 활용하고 싶어서 시를 쓰고, 적당한 어휘가 없으면 사전을 뒤적거립니다. 묘하게도 그 문맥에 적당한 어휘가 톡! 튀어 오르던 시기도 있었어요. 시를 그냥 받아 적던 시절의 이야기입니다.

김명원 시인이 되겠다고 생각하신 계기가 향가를 접했던 시기라고 말씀하셨는데요. 그 시절의 이야기와 향가의 어떤 매력에 이끌린 것인지를 좀 더 구체적으로 말씀해 주셨으면 합니다.

송재학 저는 초등학교 저학년부터 시를 썼어요. 그런 노트가 초등학교 졸업할 때 이미 꽤 많이 쌓였던 걸로 보아서 시쓰기에 매달렸던 게 생래적인 데가 있었던 듯 하네요. 하지만 향가와 만난 것이 결정적이었는데, 그때 시인이 되겠다고 다짐했습니다. 나를 문학의 원형인 괴로움으로 이끈 것이 가족사라면, 문학이란 적어도 미학이라는 내 편애는 향가에 매달렸던 청소년기 탓이지요. 고등학교 1학년 여름방학 때 정음사 판 도스토옙스키 전집을 마구잡이로, 시험 공부하듯 의무적으로 읽고 있을 때였죠.『죄와 벌』,『악령』,『백치』등을 듬성듬성 읽어내면서 겨우 러시아 이름이 억지로 혀에 구를 때, 지은이도 모를『향가해제』가 손에 들어왔어요. 정음사와 향가, 고려가요의 원문과 함께 해제가 수록된 참고서에 가까운 책이었는데요. 그 당시 내 헌책방 순례는 알 수 없는 힘에 이끌린 무의식이었는데, 순례 중에 뒤표지가 낡은 그 책이 손에 잡혔던 거예요. 집에 와서도 책을 펼치지 못했어요. 만지면 부서지거나 넘기면 사라져버릴 환상의 나라에 발을 디딘다는 두려움 때문이었을까, 실제로 그 책은 푸석거리면서 귀퉁이가 슬며시 바스러지기도 했으니까. 향가와 고려가요가 참고서 해제식으로 실린 그 책을 읽으면서 고어체 우리말의 아름다움에 맹목적으로 편입되었지요. 말의 아름다움, 말의 결이라는 것을 처음으로 인식하던 때였습니다. 향가를 통해 다가온 세계, 하나는 말의 아름다움, 다른 하나는 정조情調. 이 두 세계는 꽃의 색과 향기처럼 서로를 밀착시킨 통로가 있었던 겁니다. 저는 우연하게나마 그 통로를 들락거렸던 셈이죠. 다른 식으로 말하자면 향가의 언어가 가진 주술과 서정 사이의 힘에 이끌렸던 거죠.

시집마다 새롭게 형성된 자력장

김명원 첫 시집인『얼음시집』의 해설에서 정과리 교수는 두 가지 점이 눈길을 끈다고 하면서, 타인을 향해 있다는 것과 정서를 자연 묘사로 치환시키고 있는 점을 들고 있습니다. 선생님의 초기 시집들은 떠나 있거나 이미 죽은 자들을 향한 필리아적 그리움이 자연을 매제로 충일하게 드러나지요. 하지만 이런 그리움에의 호명은 초월적 세계를 염원하기보다 현실의 재정비라는 생각이 들게 하거든요. 중후반기로 넘어오면서 선생님 시에서 이런 타인 지향성이 쇠퇴한 것을 보면요. 아마도 시로 살려내야 하는 어두운 기억 저편을 재구성해야 해서이셨는지도 모르겠고요. 그리고 세 번째 시집 『푸른빛과 싸우다』는 자연 속에서 퍼 올린 서정적 격렬함이 놀라울 뿐이었어요. 선생님께서 가지고 있으신 시 인식과 세계 인식이 선명하게 드러난 시집이었거든요. 다섯 번째 시집인 『기억들』이나 여섯 번째 시집 『진흙 얼굴』에서는 주변의 이야기들을 소소히 담아내고 계셔서 선생님의 사유가 얼마나 가까운 근경에서 이루어지기도 하는 지를 짐작하게 했습니다. 또 주목해야 할 바는 근간 시집인 『내간체를 얻다』에서 추구하셨던 새로운 시의 형식이었는데, 참으로 흥미로웠고요. 이처럼 시세계가 변모하게 된 이유는 어디에 있을까요?

송재학 첫 시집과 두 번째 시집을 읽고 누군가 제가 폭력적 언어관을 갖고 있다고 비난하기도 했습니다. 1988년 첫 시집을 내고 당시 인구에 회자되던 '시운동' 동인의 공개서평에 참가했지요. 권대웅, 김영승, 남진우, 박덕규, 성석제, 원희석, 이문재, 하재봉, 황인숙 등이 참가한 '시운동' 동인의 공개 서평은 지금 떠올려도 신선한 행사였습니다. "낯설고 특이하다"(박덕규), "어느 페이지를 열어 봐도 마치 그 속에 소리가 나는 것 같다"(이문재), "삶에 대한 견딤과 삶에 대한 불명료성이 극도의 콘트라스트를 이루고 있다"(김영승) 등 『얼음시집』에 대한 여러 가지 평가가 나왔어요. 그때 저는 젊은 날의 통과의례적인 이 시집을 "좌절된 사랑"에 대한 시편이라고 고백했습니다. 내가 말한 좌절된 사랑은 세상에 대한 좌절과 세상에 대한 사랑이 뒤엉킨 양면성이었거든요. 김양헌이 이를 두고 "'좌절'과 '사랑'의 이율배반적 이미지가 결합하면서 감춤과 드러냄, 얼음과 불, 감각과 정신, 삶과 죽음이 뒤얽혀, 오직 울음만 남은 젊은 영혼이 짐승과 드잡이질하며 낮과 밤을 핏빛으로 적"시는 격렬한 세계가 창조되었다고 평가해주었고요.

이미지의 중층구조는 두 번째 시집인 『살레시오네 집』에도 그대로 이어집니다. 『얼음시집』과 『살레시오네 집』은 마치 상하 속편처럼 보입니다. 다시 김양헌의 비평을 빌리자면 "상처 입은 짐승의 울부짖음에 가까운 언어의 회오리는 소리인 듯 빛으로 폭발하고 빛인 듯 소리를 풀어낸다. 청각과 시각의 경계가 불투명한 이 기이한 마법의 언어, 눈과 귀를 동시에 싸안으며 긴장을 극대화하는 송재학식 문체"라고 설명합니다. 그 두 권의 시집은 마치 젊은 날을 통과하는 통과의례적인 요소가 강했다고 생각되요.

그리곤 도드라지게 밝은 『푸른빛과 싸우다』의 커브길이 내 생의 모롱이에서 보이기 시작했고요. 아마도 그게 경주 인근 안강이란 곳에서 만난 흥덕왕릉 이후였던 것 같아요. 그 『푸른빛과 싸우다』 무렵부터 수석을 하면서 강이란 곳을 다니기 시작했던 시절과도 일치해요. 밀양강, 낙동강, 남한강 등을 엄청 다녔지요. 그리고 풍경이 시작되었습니다. 풍경과의 연대감 혹은 풍경과의 상호 끌림은 이후 저의 세계관이 되었어요. 그러니까 초기 저의 시들은 젊은 과거라는 격렬한 세계에 대한 헌사였고, 세 번째 시집부터 저의 특징인 풍경들이 제 시의 밑그림이 되었네요. 물론 그 풍경들은 일곱 번째 시집까지 끊임없이 변모했는데 그 동인은 다름 아닌 낯선 모든 사물에 대한 저의 자력장 같은 것이었습니다. 무엇보다 풍경을 통해서 익힌 화법을 내 몸에 그대로 적용한 시들이 『그가 내 얼굴을 만지네』라는 네 번째 시집이고요. 일상적 어법으로 볼 때 의미론적 비문들이 가득 널린 것이 바로 『그가 내 얼굴을 만지네』입니다.

김명원 선생님의 두 번째 시집 『살레시오네 집』 4부는 아나키스트나 아나키즘에 대한 시들로 채워져 있지요. 프루동, 바쿠닌, 크로포트킨 등 아나키스트들의 정신세계를 시로 끌어들여 시적 주제의 축을 마련하셨는데요. 이런 부분 때문에 하나의 이즘에 경도되어 계시지는 않나 독자들이 오해할 수도 있겠다 우려되기도 했고요. 저는 선생님이야말로 특정 종교나 이념에서 자유로우시다는 생각을 시를 통해 하거든요. 물론 정령주의자라고 앞서 밝히셨지만 특별히 종교를 가지고 있지는 않으시지요?

송재학 물론 제 시에서 드러나는 세계관은 뚜렷하지는 않지만 불교적인 색채가 분명 있습니다. 그 불교적인 색채는 하지만 원시불교에 가까운 것이어서 나로서는 말씀드린 정령주의라는 것으로 바꾸어 말하고 싶네요. 왜 정령주의가 내 속에서 필요했는가라는 것이 주요한데, 그건 풍경이 내 속에 들어오고 나서였습니다. 풍경이라는 것이 그냥 그 외피만 들어오면 내 종교의 유무는 관계가 없지만, 풍경의 해부, 풍경의 입자 등이 나와 교감하려면 풍경도 그렇지만 나 자신도 풍경을 수용 가능하게 되어야하는데 그러려면 풍경이라는 만상을 인정하고 풍경에 대한 편견이 없어야 가능한 문제이지요. 즉 당연하게 내 윤리학의 넓이와 깊이가 열어지고 풍성해진 것이에요. 시를 쓰면서 그러한 정령주의가 몸에 배었다는 것이 정확할 겁니다. 그 정령주의는 실제로는 윤리학이기도 해요. 천지불인이라는 말은 노자에 나오는 개념인데 천하의 사물들이 가진 속성의 한 단면이죠. 실크로드 여행 중에 자주 만난 이 말의 울림은 여러모로 사용할 수 있는데 나로서는 자연이라는 개념을 우리가 받아들이면서 자연을 어떻게 해석하느냐는 자연에 대한 윤리학의 한 가지 특징으로 받아들이고 있어요.

김명원 선생님 시들을 보면 세월이 느껴집니다. 탁마의 긴 세월을 거치는 동안 시가 어떻게 완성된 모습을 드러내는지가 환히 그려지거든요. 시의 퇴고 과정도 만만치 않을 작업이실 텐데요. 어떤 과정을 거치시나요?

송재학 절차탁마라는 것은 원래 재능 없는 자들의 의무이자 변명이 아니던가요. 저도 재능이 부족하니까 무조건 절차탁마의 꽁무니를 따라갑니다. 원래 이과출신이니까 자료를 모으고 자료를 분석하고 자료에 의지하는 것은 자연스러운 습관이에요. 시의 밑그림을 위해서 책을 많이 읽는 편인데, 그러면서 퇴고하는 거지요. 발표하고 나서도 계속 퇴고합니다. 그래서 문예지에 처음 발표했을 때의 원형을 유지하는 시는 드문 편이고요. 사실 퇴고 과정을 조금 즐겁게 받아들이는 편입니다. 어떤 분이 시의 전과정을 보고 싶다고 요청하신 적이 있었어요. 비평 공부를 하시는 분인데 시가 어떻게 만들어지는지 궁금하다고요. 「건탁乾拓」이라는 졸시를 처음부터 끝까지 보내드렸어요. 일 개월 동안의 공정과정에서 15단계쯤 됐어요. 메모지부터 인쇄되는 상태까지요. 마치 달이 초승달에서 보름달로 변해가는 과정 처럼요. 밤의 달을 누가 복사해서 낮의 달이 되어가는 과정을 쓴 시에요. 그 과정을 보면 내가 왜 모더니스트인지, 왜 언어주의자인지 알 수 있지요. 시집 낼 때 보면 3할은 버리는 것 같아요. 가끔은 거의 고치지 않는 시들도 있는데 거의 드문 경우에 속해요. 한 권의 시집 속에서 한두 편 정도랄까요. 아무튼 퇴고는 '나의 힘'입니다.

순례에 가까운 여행, 그리고 진지한 공부

김명원 선생님 시나 산문에서 보면, 여행을 무척 즐기시는 듯 한데요. 목적지를 찾아가는 여정에서 태어난 시들도 꽤 있지요? 여행과 시의 연관성을 여쭤보고 싶습니다.

송재학 실크로드야 말로 제 평생의 여행이자 제 화두였습니다. 단순한 여행이 아니라 전생과 후생을 찾아간다는 순례에 더 가까운 여행이었으니까요. 전생과 후생의 개념이 직선적 시간적인 개념이 아니라 순환적 시간의 개념이란 것도 실크로드 여행 이후였고요. 전생이 후생의 뒤쪽이기도 하고 그 두 개의 생이 뒤섞이는 천지불인하는 연기도 실크로드에서 느낀 감정입니다. 그러기에 실크로드 여행을 통해서 풍경은 내 몸에서 떨어져나간 일부처럼 아련하고 애틋했지요. 그건 제가 전생과 후생에 그곳에 묻어둔 편린이었기에 실크로드를 통한 제 시들은 인간의 원초적 일상에 가까웠습니다.

아주 오래 전 고등학생이었을 때 어느 일간지의 특집란에 실린 파키스탄 훈자마을의 복숭아빛 봄 풍경이 담긴 사진 한 장의 기시감을 잊지 못합니다.

훈자 지방이 어딘지 알지도 못했던 70년대부터 저는 그곳으로의 여행을 꿈꾸기 시작했어요. 제 실크로드 여행은 그러니까 오래 미루었던 숙제를 한다는 기분이 먼저였거든요. 자주 꾸는 내 꿈속에도 서쪽이 있었지요. 현실의 내 삶도 서쪽으로의 커브길 어느 중간쯤이 아닐지요. 생업을 쉬고 평생 노래처럼 갈망했던 서행을 준비하는 것은 연례행사였습니다. 저에게 서쪽이라면 당연하게 우리나라의 서쪽이자 중국의 서쪽이면서 내 존재의 서쪽입니다. 신라승 혜초가 구법을 위해 떠돌았던 곳이라고 말하면 이해하기 쉽겠죠. 돈황, 투르판, 합밀, 투르판, 쿠차, 이닝, 일리호수, 니야, 누란, 호텐, 카슈카르에서 다시 파키스탄의 훈자로 해서 간다라를 거쳐 인도의 데칸고원에 이르는 시간과 공간을 밟아보는 것은 스무 살 이전부터의 꿈이었고요. 돈황에서 투르판, 우루무치의 길은 몇 번 건성으로 밟았고 타클라마칸 사막과 천산남로를 거쳐 카슈카르도 지나쳤지만, 그 길은 폭력적인 단기 여행이어서 제 갈증을 해소시키진 못했습니다. 서안에서 우루무치까지 걸어서 일 년이라는데 저는 세 시간짜리 비행기로 날아갔으니까요.

피터 홉커크의 『실크로드의 악마들』의 배경인 바로 20세기 초엽의 타클라마칸 사막을 저는 열 시간도 걸리지 않아 주파했습니다. 십 년에 걸친 여행 동안 저는 돈황과 투르판과 우루무치에 익숙해졌고, 다시 천산산맥을 넘고 쿠차와 타클라마칸 사막을 지나 서역남로의 호탄과 엽성을 거쳐 카슈카르를 통해 타쉬쿠르칸에 가서 파미르 고원의 옆구리에 몇 차례 끼어들었습니다. 그리고 몇 해 전에는 티벳과 몽골, 이탈리아 베네치아와 로마까지 다녀왔고요. 풍경과 나 사이의 길항이 괜히 탄생한 것은 아니었는듯 합니다. 돌이켜보면 풍경과 나의 운명이라고 생각되요.

별이 잠들 만큼 많은 호수가 널린 성숙해 너머 황하의 발원지가 있다 물론 길도 짐승도 없다 냄새마저 없다 내 심장은 황무지의 일부인 양 무겁게 뛰었다 장강의 발원지도 멀리 않다 티브이 해설자는 바람만 가끔 손님인 양

들르는 그곳을 당나라 때부터 지금까지 변한 게 없다고 말한다 어찌 당나라뿐이랴 허지만 황하와 장강의 발원지라니! 소동파와 이백의 일생에서 장강 상류로의 여행이란 괴테의 이탈리아 기행처럼 반드시 거쳐야 하는 시인의 의무이다 장강의 시원에는 황무지가 오히려 맞춤한 풍광이다 바람처럼 아름다운 곳이다 바람이 세우고 바람이 허무는 사원처럼 가장 빛나는 곳은 가장 스산한 것의 속셈! 제 안에 놀라움을 숨기려면 무엇보다 몇 천년은 자신을 비워야 하지 않을까 바람만 찾아와서 머무는 곳, 귀기울이면 아무 소리도 들리지 않는다 의미 없는 아지랑이 같은 고요, 손바닥을 슬쩍 허공에 부딪쳐보는 고요의 간이역을 황무지라 부르겠다

　　—「황무지란 바람을 숨긴 이름이기도 하다」전문

김명원　선생님의 공부에 대한 질문입니다. '진지한 인문주의자'라고 불리는 이면에는 분명한 이유가 있을 터인데요. 언제부터 어떤 체계를 세워 인문학 공부를 시작하셨는지요? 그리고 선생님에게 영향을 준 서적들이 있다면 소개를 부탁드립니다.

송재학　책은 아마도 저 같은 이공계열의 사람들에게 더 소중한 목록 같습니다. 책을 통해서 저는 인문주의자로 거듭난 셈이지요. 제 많은 시적 언어들은 책을 통해 탄생했어요. 특히 삼국유사와 보르헤스 소설의 영향은 제 인생을 전환시켰던 책입니다. 전자가 제 시 속에 서정적 자아를 심어주었다면 후자는 제 시 속에 사유라는 발화자를 탄생시켰지요. 『기억들』이라는 시집 제목도 보르헤스에 대한 헌사인 셈입니다. 읽은 책의 목록을 보니까 젊은 날은 확실히 생에 대한 질문이나 사유에 관한 책들이 지배했고, 나중에는 감각에 대한 책들의 목록이 늘어나더군요. 최근 읽은 책으로 알렉상드로 다비드 넬의 『라싸 가는 길』이 있습니다. 1924년 중국 운남에서 소위 차마고도라 불리우는 티벳 라싸까지의 험준한 길을 탐험한 프랑스 여성 탐험가 다비드 넬의 책인데 아주 놀라운 책인데요. 한때 시집 외에는 읽지 않겠다고, 반 년쯤 책을 외

면한 시절이 있었는데 결국 다시 책으로 되돌아왔어요. 한서이불과 논어병풍이라는 이덕무의 고사를 떠올리지 않아도 책의 의미는 다양하다고 하겠는데, 연전에 터키에서 에페소라는 고대도서관유적 앞에서 이미 사라진 양피지 책들을 떠올리면서 시인으로서의 전율감을 맛보았답니다.

김명원 시 창작과 인문학적 공부와는 상관관계가 으밀아밀하게 있는 건가요?

송재학 제 생각으로는 그건 개인마다 다를 것 같습니다. 책이 필요 없는 시인들도 있을 겁니다. 원래 시인이었던 분들이 그렇죠. 그분들에게 책이야말로 괜한 간섭이겠죠. 하지만 저 같은 둔한 사람은 책이 있어야 합니다. 책이 아니면 아무것도 쓸 수 없죠. 그건 제가 주지주의자라는데 있습니다. 생래적인 시인이라면 과연 책이 필요할까 그런 생각도 해봅니다만 저는 책이 없으면 아무것도 아닌 사람이죠.

김명원 정서적 함양뿐만 아니라 자아 성숙에 통찰을 기하는 양서를, 그것도 고전을 잘 읽어내지 못하는 독자들이 있다면, 그들에게 주시고 싶은 조언이 있을까요?

송재학 책이란 것에도 일종의 중독성이 있습니다. 그걸 결국 알지 못하는 사람도 있고 너무 알아서 책에 매달리는 사람도 있는데 모두 스스로의 형편일 듯합니다. 그리고 책만을 통해서 고전적 감수성을 키우는 건 아니죠. 저야 책이 운명이지만 책이 아닌 것으로도 운명을 선택할 수도 있으니까요. 활자로 된 것만이 책은 아닐 겁니다.

대구 문단의 풍경들

김명원 80년대 중반부터 '오늘의 시' 동인으로 활동하셨지요? 선생님 시를 읽으면서 눈치 챘지만 장옥관, 엄원태 시인분들과의 교유가 만만치 않을 듯싶어요. 긴 세월 동안 깊은 교분을 통해 잊지 못할 추억담이나 재미있는 일화가 있으면 소개해 주셨으면 합니다.

송재학 엄원태 형과 장옥관 형 그리고 저는 대구문단에서 소위 '장엄송'이라고 불립니다. 문인수 시인이 「장엄송」이라는 시를 쓰기도 했지만, 세 사람이 모두 장남, 편모슬하, 3형제, 그리고 계간지 『세계의 문학』등단이라는 묘한 공통점을 가지고 있거든요. 1984년에서 1985년 사이에 세 사람이 교류를 시작했는데, 술을 잘 못하고 잡스럽게 잘 놀고 여행을 좋아하는 것이 얼추 동류항을 만들어서 어울리게 되었고 벌써 25년이 훌쩍 지나갔네요. 그 장엄송 전후로 문인수, 이하석, 김양헌 등등이 출몰해서 여행을 엄청 다녔지요. 흔히 '한차로'라는 모임입니다. 한 차의 인원으로 다니는 단기여행이었습니다. 문자향을 풍기며 자주 포카를 하고, 달을 보러가고, 나무를 보러가는 따위 할 수 있는 잡스런 짓은 모두 이 친구들하고 다 해본 것 같아요. 화양연화, 행복한 시절이었습니다. 언젠가 장옥관 형이 심하게 아픈 적이 있었는데 같이 다녔던 시인들과의 여행이 끝난다는 절망감이 가장 먼저 오더라고 이야기하더군요.

김명원 저희들은 시인들끼리 만나는 사석에서 '대구문단, 대구문학'이라는 말을 종종 합니다. 유달리 대구 지역에는 뜨거운 문학적 정서가 존재하거든요. 현재 활발하게 활동 중이신 선생님과 문인수, 이하석 선생님을 비롯해서 작고하신 김양헌 평론가까지 문학 담론 형성에 있어 중요한 분들이 계시니까요. 주류와 비주류의 개념은 아니지만 활발한 문학 중심 지역인 대구에서 활동하시면서 문학적 토양에 대해 어떤 생각을 가지시는지요?

송재학 아마도 대구의 문학은 시인 김춘수로부터 시작해야하겠지요. 장정일이 대구의 시학의 라인을 한 번 거론했지만 김춘수, 권국명, 자유시 동인, 그리고 제가 활동한 오늘의 시 동인, 그리고 손진은과 노태맹이라는 직선 라인에는 분명 문학적 공통점이 있습니다. 김춘수 미학은 언어미학적 요소가 굉장히 강하죠. 김춘수 선생님의 시론인 '무의미의 시' 역시 언어이거나 리듬 요소라는 것을 간과할 수 없으니까요. 김춘수 이후 언어에 가장 민감했던 시인은 이하석 시인과 박정남 시인이었습니다. 특히 두 사람 모두 초기 시들이 그런 경향이 짙었는데 바로 그들이 김춘수 학교의 학생이었기 때문에 가능했거든요. 제 또래에서 장옥관 시인의 경우에도 언어에 몰두하는 요소가 있고요. 노태맹의 작업도 광의의 범주 안에 자리매김할 수 있을 겁니다. 김춘수 시의 운율, 언어의 음악적 요소들이 그 아랫세대에게 준 영향력이겠지요. 평론가 김양헌이 살아 있었다면 일목요연하게 정리되었을 터인데, 아마도 언젠가 대구의 비평가 중 한 사람이 그걸 분석하리라 생각합니다.

김명원 선생님 시에는 진지한 지적 통찰로 무거운 중량이 얹어져 있는데요. 요즘 활발하게 활동하는 젊은 시인들 중 일부는 의도적으로 가볍고 날랜 시들을 선보이고 있습니다. 간지처럼 일회용으로 쓰여 소모되고 나면 그만인 시들이지요. 읽자마자 잊혀지는 이런 시들을 어떤 관점으로 바라보시는지요?

송재학 저는 젊은 시인들의 시에 대해 비판할 입장이 아닙니다. 오히려 이들을 옹호하고 싶습니다. 제 시가 따분해질 때, 두 번째 시집인 『살레시오네 집』의 원고를 손볼 때 너무 오래 읽어서 제 시에 구토하곤 했어요. 그럴 때 시인들, 특히 젊은 시인들의 시집을 읽습니다. 그들의 언어야말로 제가 도달할 수 없는 곳까지 달려가고 제가 생각할 수 없는 것을 생각하고 제가 말할 수 없는 것을 말하고 있거든요. 달의 뒷면까지도 보는 시인들이라고 저는 생각합니다. 얼마 전 어느 계간지에서 젊은 시인 50인 특집을 했지요. 그 부분을 따로 제본을 해서 닳도록 읽은 적이 있어요. 저도 한때 젊은 시인이었는데, 제 시의 언어에 대해 누군가 '폭력적 언어 결합'이라고 신랄하게 비판했었습니다. 하지만 그때도 그 비판이 별로 아프지 않았어요.

젊은 시인들의 시에 대한 격렬한 비판은 물론 수용되어야겠지요. 서랍을 흔들면 서랍 안이 정리되듯 젊은 시인들 역시 자기비판 내지는 외부 비판을 통해 세계관과 언어가 정리되면서 시인이 되는 겁니다. 하지만 저는 뛰어난 시인이 되기 전의 그 혼돈 상태 또한 가치가 있다고 봐요. 그 안에 우리 시의 미래가 있기도 하지만 그 또한 매력적인 상품이기 때문입니다.

김명원   문득 궁금해진 건데요. 선생님 시에는 왜 사랑시가 없나요?

송재학   그러게요. 사랑시를 써보고 싶지만, 제 현학취가 그걸 허용하지 않네요. 사랑이 얼마나 환기력이 강한 정서인가 또는 얼마나 사람을 부추기는 정서인가라는 건 익히 알고 있지만 그걸 쓰는 게 보통 힘들지 않을 거라 생각합니다. 동시를 쓰지 못하는 이유와 비슷하지 않나요. 사랑시와 동시를 쓰는 시인이야말로 제가 부러워하는 시인입니다. 하지만 아직 풍경과 사물의 긴장 속에 있고 싶은 저는 그런 작업을 할 엄두가 나지 않네요.

김명원   선생님께서 긴요하게 하시는 집필 중 '산문'이 있는데요. 선생님의 산문은 시의 연장선이라는 생각을 산문집『풍경의 비밀』을 읽다가 하게 되었구요. 선생님에게 있어서 시와 산문의 차이가 있다면 무엇일까요?

송재학   산문청탁을 받으면 거의 스트레스가 없는데 비해 시청탁은 늘 스트레스를 받고 있는 걸 보면 시에 대한 신성을 가지고 있음이 분명해요. 시인으로서의 시의 책무라는 느낌이 분명 있거든요. 오래 되었지만, 서동요를 바탕으로 하는 백제 무왕에 대한 소설을 쓰려고 자료를 모았지만 결국 파기하고 말았습니다. 시는 산문과는 또 다른 응집력이 있어야 되는 것이니까요. 시가 사물과 서사의 잘라진 단면이라면 산문은 사물과 서사의 시선이라고 말할 수 있습니다. 그 둘의 차이는 많지만 좋은 시인이라면 당연하게 그 경계가 없어져야 한다고 생각해요. 즉 산문 같은 시, 시 같은 산문 사이의 구분 말입니다. 아직 시와 산문의 경계가 구질구질한 걸 보아 저는 덜된 시인인 듯 하네요.

주변 이야기

김명원   선생님, 선생님의 집필에 대한 이야기를 많이 들었으니 선생님 주변으로 이야기를 옮겨 보겠습니다. 선생님의 가족에 대한 질문인데요. 시에서 소개되고 있지만, 부모님에게 향한 복합적인 시선이 눈길을 끌었고요. 이과와 문과 모두에 두루 능력을 갖춘 출중한 아들을 두신 선생님의 부모님이 궁금하거든요. 부모님은 어떤 분들이셨나요?

송재학 부모님은 그냥 평범하신 분들이었습니다. 제 시 속에서 현실의 아버지와 내면의 아버지가 서로 충돌하거나 간섭하여 왔지요. 현실의 아버지는 제가 13살 때 돌아가셨습니다. 아버지는 자신의 무덤을 대청마루에서 보이는 곳에 미리 지정했고. 중학 3년 내내 그 무덤을 보면서 지루하도록 장자의식을 가졌는데, 그때 제 속에 들어온 내면의 의붓아버지는 저를 무섭게 채근했어요. 내면의 아버지가 저를 문학으로 이끌었다고 볼 수 있지요. 그 의붓아버지를 다른 아버지로 바꾼 것은 역시 책과 글쓰기였습니다.『얼음시집』에 등장하는 시편「먼 길」의 아버지는 책과 글쓰기의 아버지입니다. 현실의 아버지는 『살레시오네 집』의「하구에서」란 시 속에서 끔찍한 기억으로 등장한 뒤 그후 제 시 속에서 아버지는 변모를 거듭하다 최근 시편인「죽은 사람도 늙어간다」에서 아버지는 어머니의 기억에서 아름답게 바뀝니다.

올 어머니 매년 사진관에 다녀오신다
그곳에서 아버지 늙어가시니
어머니 미간의 지층을 뜯어내면
지척지간 아버지 주름이다
굵은 연필이라면 머리카락 몇 올 아버지 살쩍에 옮겨
늙은 목탄풍으로 바꾸는게 어렵지 않다지

그때마다 깃넓은 신사복은 찡그리면서
아버지, 어머니 그림자처럼 늙으신다
하, 두 분은 인중 닮은 이복남매 같기도 하고
오누이 같기도 하고

어머니의 고민은 할미의 얼굴로

어떻게 젊은 남편을 만나느냐는 것이지만

하, 이별의 눈과 입도 한 사십 년쯤 되면

다정다감하거나

닳아버리고

걱정하면서도

설렌다,

라고 되묻는 식솔들이 생기나보다

집이 생긴 별의 식솔들도 따라오나보다

―「죽은 사람도 늙어간다」 전문

이 시의 시작노트에서 다음과 같이 사부곡을 덧붙였습니다. "내 어머니는 서른다섯에 삼형제의 홀어머니였다. 그때 나는 중학 일 학년의 속셈으로 어머니의 앞날은 사는 게 더 두려우리라 미루어 짐작했다. 사십 년의 세월이 언젠가 건너야 하는 여울물 같은 것이었다고 믿는 어머니, 늙지 않는 사내와 함께라는 어머니의 농담은 그렇다면 정강이까지 잠기는 여울의 징금다리이겠다."고요.

어머니는 경상도 전래 어휘가 놀랍도록 풍부하신 분입니다. 제 시에서 어머니의 말투가 그대로 등장하기도 하지요. 제 언어의 근대적 재능은 모두 어머니로부터 받은 것입니다. 언젠가는 어머니의 말들을 모두 채록해야겠다는 생각을 하고 있어요.

김명원 개인 편차는 있겠지만 자본적 현시대에서 부자로 지칭되는 직업이 치과의사인데요. 유물론적인 '생업을 담당하는 의사'로서 영혼의 지대에 신념을 세워야하는 '시인으로서의 본업'을 동시에 추구하시기에 어떤 고충이 있나요?

송재학　치과의사로서의 자각점은 거의 없어요. 대학시절에도 그러했지만 지금도 매일 병원으로 출근해야 하는 생업이긴 하지만 치과의사로서의 자부심은 한 번도 없었어요. 물론 시인으로서의 자부심도 별로였지만, 그래도 시인 송재학에 더 익숙합니다. 앞서도 말씀드렸지만 어릴 때부터 시를 써왔고 학창시절엔 계속 문예반 소속이었고, 이미 고교 1년 때 향가를 만나면서 제 운명은 시였습니다. 그러기에 그 사이에 별반 갈등이 없었거든요. 아마 치과의사 이후에 시인이 되었다면 모르겠지만 치과의사 이전에 이미 저는 시의 운명을 받아들였던 것이죠.

김명원　고착화된 습관이랄까요, 규칙이랄까요. 스스로에게 약조되어 있는 일상을 소개해 주실 수 있으실까요?

송재학　생활의 단순화와 양식화! 이 습관을 유지하는 것이 제 일상입니다. 단순화를 통해서 시간을 벌고, 양식화를 통해서 시에 몰두하는 겁니다. 시라는 것은 작업을 잠시라도 안 하게 되면 회복하기가 힘들어요. 시의 감각을 몸으로 마음으로 유지해야 하거든요. 한 달을 안 하면 돌아오는 데 삼 개월쯤 걸려요. 그걸 몸으로 느끼고 있어요. 가능하면 감각을 유지하려고 필사적으로 노력하고 있지요. 작업이라는 것은 기분이 안 좋다거나 몸이 아프면 쳐다보기도 싫을 때가 있거든요. 따라서 싫지 않도록 좋은 시를 읽고 퇴고를 하면서 몸을 유지하려고 노력하고 있어요. 이게 유지가 안 되면 작업이 힘들어져요. 새로운 시들이 안 되면 그 전에 쓴 것을 계속 퇴고합니다. 퇴고하는 건 그나마 쉬우니까요. 다른 시인들 시를 읽는 것도 중요하고요.

그리고 거의 사람들을 만나지 않으려고 노력합니다. 하지만 사람들을 만나지 않는 것이 저로서도 굉장히 힘들죠. 고독은 즐기면 즐길수록 시에 도움이 되는데, 심심한 것은 독약과 비슷해서 고독보다 더 진득하고 무서운 관성의 법칙을 따라갑니다. 심심한 것을 고독으로 치환하려는 노력이 필요하지요. 심심한 것과 고독의 사이에서 제가 선택하는 것은 음악이고요.

그가 내 얼굴을 만지네
홑치마 같은 풋잠에 기대였는데
치자향이 水路를 따라왔네
그는 돌아올 수 있는 사람이 아니지만
무덤가 술패랭이 분홍색처럼
저녁의 입구를 휘파람으로 받아주네
결코 눈뜨지 말라
지금 한쪽마저 봉인되어 밝음과 어둠이 뒤섞이는 이 숲은
나비떼 가득 찬 옛날이 틀림없으니
나비 날개의 무늬 따라간다네
햇빛이 세운 기둥의 숫자만큼 미리 등불이 걸리네
눈뜨면 여느 나비와 다름없이
그는 소리 내지 않고도 운다네
그가 내 얼굴 만질 때
나는 새 순과 닮아서 그에게 발돋음하네
때로 뾰루지처럼 때로 갯버들처럼
— 「그가 내 얼굴을 만지네」 전문

시란 무엇을 향해 간다는 것

김명원 이제 인터뷰도 거의 막바지로 치닫고 있는데요. 우문이지만, 송재학 시인에게 있어 시란 무엇일까요?

송재학 시란 무엇인가라는 질문은 스스로에게 끊임없이 물어봅니다. 시로써 무엇을 할 수 있는가라는 질문과 짝을 이룰 그 질문 앞에 서면 늘 오금이 저려요. 시란 무엇인가라는 질문에 대해 정답을 말할 자신은 없지만 시란 무엇을 향해 간다라고는 오래 말할 수 있을 거 같네요.

시의 의미가 저에겐 제 삶이라 할 수 있습니다. 별반 잘난 것도 없고 생도 단조로운 저에게 시를 통해서 얻은 각성은 물론 쓰잘 데 없는 사소한 것이긴 하지만 저로서는 소중한 것입니다. 시의 비유와 표현을 통해서 풍경을 읽어왔던 겁니다. 아마 시가 없었다면 저로서 저 풍경의 깊이와 넓이를 짐작조차 하지 못했을 거예요. 시를 읽고 쓰면서 인간을 이해하고 풍경을 정시했다고 할 수 있지요.

어떤 갈래이던 경지에 달한 사람이라면 비슷한 기운이 생길 겁니다. 시에서도 경지란 무엇인가라는 것에 대해 숙지해본다면 아마도 비슷하리라 생각해요. 세상에 대한 탁월한 해석일까 아니면 세상에 대하여 고요해질 수 있는 수양 같은 것일까. 그런 게 아니겠지요. 세상에 대해 오래 괴로워한다는 것, 사물을 오래 응시할 수 있다는 것, 그것이 늙고 지순한 시인의 행보라고 생각합니다. 그렇다면 그것 한 번 해 볼만 하지요.

김명원 독자들에게 어떤 시인으로 회자되고 싶으신지요? 그리고 앞으로 내실 시집은 어떤 새로움의 형식을 도모하리라 예상하시는지요?

송재학 시를 계속해서 쓰는 시인이요. 시를 계속 쓸 수 있는 것에 대하여, 스스로 행복감을 가지고 있습니다. 제가 가진 유일한 재능처럼 여겨지는 제 지속적인 글쓰기의 원동력은 몇 가지 복합적인 원인이 있다고 여겨집니다. 무엇보다 제 주위의 좋은 시인들의 자극이 촉매제였을 겁니다. 제 안을 들여다보면 재능이 부족하다는 것에 대한 열등감, 지방에 있기 때문에 문단에 휩쓸리지 않아도 되는 고요함, 그리고 아직 남아있는 사물에 대한 열정 등이 제 글쓰기에 영향을 미쳤을 거라고 생각하지요.

지금 제가 하려는 시집은 8구체나 10구체 향가의 언어로 된, 다시 말하면 9세기 이전의 고대 언어로 된 시집입니다. 쉽진 않겠지만 음운학 공부를 몇 년 해서 고대에서 중세까지의 언어적 감각을 파악해서 그때의 사유로 된 시편을 생각하고 있어요. 아마도 5년 이상 시간이 필요하지 않을까 하는데요. 그 당시의 세계는, 신과 인간이 감성이 서로 분리되기 전이에요. 신적인 존재가 인간하고 교감하는 세계이지요. 삼국유사의 세계관이 몸에 육화되어야 쓸 수 있을 것 같아요. 9, 10세기 일본의 언어에는 'ㅕ', 'ㅛ', 'ㅠ'같은 겹모음이 없었대요. 언어 자체가 분화가 덜된 거예요. 지금 관점에서 보면 미성숙한 건데, 당시 사회의 복잡성은 겹모음이 필요가 없었던 거였죠. 말들이 구어체와 문어체로 명확히 갈라지는 시기가 10세기 정도입니다. 지금 자료를 모으고 있는 중인데, 어느 단계까지 그러한 고대 언어와 세계관이 생활화가 되면 시작업을 하려합니다. 고대적인 세계관은 인간과 신이 결합하고 소통하는 세계인데 그러한 세계 속에서 인간의 정서는 훨씬 비의에 가깝다는 것이고, 그건 시적 언어의 또 다른 세계입니다. 그 세계로 나아가야지요.

시인들이 시를 통해 사물의 본질을 천착하려고 노력해 왔다면, 송재학 시인은 아마도 시의 본질에 다가가기 위해 노력을 가장 많이 기울인 시인들 중에서 으뜸일 것이다. 그는 누구보다 섬세하게 감각을 벼려서 사물의 통점을 정확하게 파악하고 있으며, 사물이 세상과의 위치에서 어긋나는 울음소리를 세심하게 듣고 있으며, 흐느끼는 불평不平의 문장을 자신만의 언어미학으로 재탄생시켜 우리들을 황홀한 아픔으로 이끌어 왔다. 낯설고 새롭고, 그러면서도 고전적인 정서를 아우르는 자신만의 문체와 수사와 인식은 송재학 시라는 표찰을 달게 하였고, 범접하기 힘든 고성을 구축하기에 이르렀다.

그의 시들은 숲을 에돌아, 청도와 밀양의 길들을 지나, 실크로드를 굽이쳐서 세상의 등고선들을 쓰다듬고 황무지에서 발원한 것! 놀라움을 숨기기 위해 몇 천년 간 자신을 비우고 나서 그 고요한 폐허에서 시를 찾아낸 것들이다. 그가 글에서, 경주의 향토사학자 윤경렬 씨가 경주 남산 부처를 두고 석수장이가 돌을 쪼아 부처를 만드는 것이 아니라 돌 속에 있는 부처님을 찾아 돌을 쪼고 있다는 시인 청마의 노래 구절이 적절하다고 한 예를 든 것처럼, 어쩌면 그는 사물에 내재된 본질을 정확히 바라보고 교묘히 캐낸 석수장이가 아닐까. 황무지에서 시를 발견해 내는 정밀한 시력을 보유한 그가 시무더기에서 시를 정교하게 쪼아 다듬어서 시를 만들어낸 것은 아닐까.

송재학 시인과 이야기를 나누는 밤, 겨울 풍경은 어둠 속에서 밀도를 더해 갔고, 시인과 나누는 농도 짙은 시간들은 아쉽게도 급히 흘러갔다. 잠시 후 시인과 나는 헤어져야만 할 것이고, 명멸하는 시간이 제한되어 있기에, 짧은 이 만남은 내 인상 속에서, 그리고 나의 글갈피에서 보존될 것이다. 그러기에 나는 오늘도 잊지 못할 순간의 날카로운 추억을 준 송재학 시인을 만나 그를 영원으로 옮겨 적는 것이 아니겠는가. 얼마 후면 우리는 극지에서 내리는 눈송이들을 경험할 것이며, 첫눈을 기다려왔던 아이들처럼 설렐 것이다. 그럴 것이다. 그러기에 나는 믿는다. 시인이 남긴 뜨거운 말의 흔적들이 2012년 새해로 하얗게 이어져서 흰 눈발로 날아오를 것임을. 그 흰 눈발이 이 인터뷰 글을 쓰고 읽는 우리 모두에게 남김없이 축복의 세례로 퍼부어 내릴 것임을. 때로 뾰루지처럼 때로 갯버들처럼 새해 새 시간들에게 우리가 그의 시로써 곧추서서 발돋움할 것을 말이다(2011년 11월 12일).

송재학　1955년 경북 영천 출생. 1982년 경북대학교 치과대학 졸업. 1986년『세계의 문학』으로 등단. 시집으로『얼음시집』,『살레시오네 집』,『푸른빛과 싸우다』,『그가 내 얼굴을 만지네』,『기억들』,『진흙 얼굴』,『내간체를 얻다』등, 산문집으로『풍경의 비밀』등 출간. 김달진문학상, 대구문학상, 대구시협상, '작가'가 뽑은 오늘의 시상, 소월시문학상, 상화시인상 등을 수상하였다.

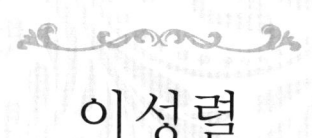

이성렬

수만 개의 낱눈과 겹눈으로 세상을 통찰하는 견자, 이성렬

 어떤 예감이 섬광처럼 내 몸을 스치는 때가 있다. 여러해 전 어느 봄날이 그러했다. 겨울을 간신히 빠져나오려는 대기는 낮고 축축했고, 먼 산의 춘설이 비듬처럼 듬성듬성 보이는 쌀쌀한 오후, 햇살이 비추는 거실에 앉아 『우이시』 과월호를 읽다가 화들짝 놀랐던 기억이 지금도 생생하다. 내 몸이 멈춘 곳은 한 시인의 시에서였다. 「식물의 사생활」이라는 제목으로 사물에 대한 탐색을 생경한 서정적 이미지로 표출한 아름다움이 눈부셨다. 나는 데이비드 애튼보로의 '식물의 사생활'이 어떻게 궁극의 또 다른 시어로 축약되는지를 알게 되었다. 그건 감격이었고, 이 시인을 반드시 만나게 될 거라는 예감이 빛났다. 나는 시인의 이름을 마음에 벅차도록 눌러 담았다.
 다음 해인 2008년 3월, 또 초봄이었다. 『정신과표현』 창간 11돌을 맞아 기념문학기행이 밀양에서 있었는데, 그곳에서 기억에 차도록 담았던 예의 그 시인을 드디어 만나게 되었다. 허름한 국밥집에서 우리는 인사를 건넸고, 마음에 담았던 시 「식물의 사생활」에 대해 이야기를 하였고, 늦게 시작하게 된 시창작의 희열과 시로서의 구원의 계기를 서로 말하였다. 더구나 약학을 전공했으면서 시인의 길로 들어선 나의 행적과 자연과학을 전공했으면서 시인이 된 그의 이력은 흡사하여 금세 동지임이 확인된 이상 우리는 더 할 나위 없이 의미 있는 시간을 나누었다.

이후 웹진 『시인광장』에서 그는 부주간을, 나는 편집 일을 수행하면서 몇 차례 더 만났다. 인연은 계속 이어져 그의 세 번째 시집 『밀회』의 해설을 쓰게 되었고, 나는 이 시집의 초입에 여기에 쓴 것과 같은 문장들을 기술하였다. 그리고 봄학기가 지날 무렵, 학교 종강을 앞두고 모처럼 시간을 내 주실 듯싶은 생각에 이성렬 시인께 전화를 드렸고, 흔쾌히 승낙을 얻어 만남을 약속하였다. 시인의 주거지가 미국 로스엔젤리스이므로 방학 출국 전에 뵈어야 해서 대담 준비를 서둘러야 했다. 연둣빛 여름비가 보슬히 내리는 오후, 우리는 고적한 찻집에서 만나 또 한 번의 진지한 즐거움을 누렸다.

봄 학기를 마무리하며

김명원 이제 봄 학기가 거의 끝나갑니다. 대학에 계시니 여타 직업의 분들과는 다른 시간 개념을 가지고 계실 텐데요. 교수라는 직업인으로서의 장단점이 궁금합니다. 학교생활에서의 보람이나 애환이랄까요.

이성렬 어느 직업이나 마찬가지겠지만 교수직에도 어려움이 있지요. 제가 올해로 24년째인가요. 교직을 시작한 것이요. 사회와 마찬가지로 대학도 거의 광속으로 변하고 있습니다. 특히 2000년대를 기점으로요. 과거에는 대개 잘 사는 집 자녀들이 명예직으로 교수직을 선택한 면이 많았죠. 당장 생활의 문제가 없는 계층의 사람들이 편하고 오래 유지하는 직업으로 생각했으니까요. 아직도 그런 면이 있지만, 이제는 공부하지 않는 교수들은 퇴출되는 분위기에요. 유럽이나 미국처럼, 진정으로 공부가 좋아서 교수직을 택하는 것이 바람직하겠지요. 점점 교수직이 힘들어지고 있는데요. 당연한 추세라고 생각합니다. 노력하지 않고는 유지하기 어려운 직업이 되고 있으니까요. 대학에서도 연구와 강의에서 우수한 업적을 낸 교수들에게 상대적으로 많은 인

김명원 말씀하신대로 1989년 3월부터 24년째 대학 교육의 현장에 계셨으니 참 많은 제자들을 육성, 지도하신 셈인데요. 잊지 못할 제자나 기억에 남는 학생과의 추억이 될 에피소드가 있을까요?

이성렬 많은 학생들을 가르치고 지도했죠. 기억에 남는 학생들도 물론 있고요. 한 남학생이 학생활동을 하느라 강의를 거의 들어가지 않아서 제명될 사정에 이르렀어요. 저의 과목만 학점을 받으면 제명을 피할 수 있다고 하기에 알아보았더니, 다른 교수들에게도 똑같은 얘기를 한 것이었어요. 집에까지 찾아 와서 통사정했지만 이 문제를 그냥 무마하는 것이 앞으로 학생의 인생에 도움이 되지 않는다고 딱 잘라 말했지요. 결국 그 학생은 제명되어 군대를 갔는데요. 몇 년 후에 다시 찾아와서 복학 추천을 해달라고 했어요. 낙제점수 받은 학점을 모두 재수강으로 보충하여 꽤 괜찮은 성적으로 졸업하고서 박사학위까지 받았고요. 아마 그때의 경험이 학생의 삶에 큰 영향을 준 듯합니다.

김명원 선생님께서는 물리화학자로 2009년에 대한화학회에서 운영하는 이태규학술상을 수상하기도 하셨지요. 전공 분야와 관련하여 최근 관심 영역이나 진행 중인 연구 과제 등이 있으신가요?

이성렬 제 전공은 화학 중에서도 가장 근본적인 문제를 다루는 이론물리화학입니다. 물리와 아주 가깝지요. 현재 한국연구재단의 프로젝트 세 건을 수행하고 있고요. 최근 화학의 경향이 재료(소재)와 생화학으로 흘러가기 때문에, 제 연구 분야도 마찬가지로 그쪽으로 바뀌고 있습니다.

도시빈민의 전형적인 삶

김명원 선생님께서는 불우한 가정환경에서 자랐다고 여러 지면에서 밝히셨지요. 체험적 자전을 기반으로 씌어졌을 것이라 예상되는 시들이 선생님의 삶과 무관하지 않음에서도 드러납니다. "인왕산, 청계천에서의 철거민들이 통반 번호도 없이 A지구 B지구 등으로 구획을 지은 신림동 산동네에서 사글세를 살았"고 "가장 괴로운 건 아침이었는데, 공동화장실 앞에 줄을 서서 오래 기다려야"(「흑백사진들」) 했다거나 "컴컴한 염천교를 건너 하교하며/쌀 한 말 사는 게 소원이던 소년", "깡마른 왕십리 아이"(「사랑해, 말순씨」)에서도 나타나거든요. 하지만 가난했으나 더할 수 없이 정답고 행복했던 유년의 생들이 시 여러 편에 '나팔꽃'(「나팔꽃」)처럼 피어 있습니다. 어린 시절 이야기를 좀 들려주셨으면 합니다.

이성렬 시인의 삶이 반드시 불우해야 할 필요는 없다고 생각하는데요. 그렇지만 삶에 대한 깊은 성찰이 없으면 좋은 시인이 되기 어려운 것이니, 청소년기의 가난이라든가 아픈 기억들이 시의 자양분이 될 수 있겠지요. 제가 초등학교 5학년 때까지는 저희 집이 넉넉하지는 않았지만 단란했어요. 중학교 입시를 앞둘 무렵, 가세가 완전히 기울어 수저 몇 벌을 안고 길바닥에 나앉았는데요. 이것이 제게는 엄청난 충격이었어요. 그후로 철거민촌에서 사글세로 살았습니다. 약수동, 신림동, 봉천동 등등…… 도시빈민의 전형적인 삶을 살았던 거죠.

부모와 떨어져 살았던 기간도 꽤 길었고요. 아마 그 당시를 가난하게 살았던 분들은 기억할 겁니다. 새끼줄로 묶은 연탄 한 장이라든가, 급수차에서 물을 길어오던 물지게, 누런 봉지에 담은 쌀 한 됫박 등등 말이에요. 작은 집을 갖게 된 게 제가 대학교 3학년 때였나요. 청소년기를 끔찍한 가난 속에서 살았고, 그래서인지 힘없는 사람들이라든지 가난한 사람들에 대한 시선이 아직도 말라 있지 않습니다. 일종의 콤플렉스이기도 하겠지만, 가진 자들의 위선과 이기심, 오만에 대한 적개심도 남아 있고요.

김명원 시 「동경초東京抄」를 보면, 왕십리 종합시장에서 십 년을 좌판식당을 하며 고달픈 생을 영위하셨던 조모가 그려지고 있습니다. 또한 시 「프리즘」을 읽으면 크리스마스 가까운 60년대 추운 겨울 날, 뜨개질 부업에서 남긴

색색 털실로 짠 총천연색 얼룩말 무늬 스웨터 바지 한 벌을 선물하신 어머니 손길과 곤궁한 살림살이가 중첩되면서 가슴이 턱하고 막히는 슬픔과 아름다움이 교직하는데요. 그 당시의 가족 분들을 소개해 주실 수 있으신가요?

이성렬 그거는 초등학교 때까지 살았던 왕십리 시절의 이야기입니다. 제 친할머니는 전쟁 중에 남편을 일찍 보내시고 많은 고생을 하셨어요. 자식에게 기댈 언덕이 마땅치 않으니 시장 한 구석에서 좌판식당을 하셨죠. 학교가 끝나면 할머니에게 쪼르르 달려가서 할머니가 지으신 떡이며 국수, 팥죽 등등을 먹던 기억이 생생합니다. 할머니는 늘 저를 "대장"이라고 부르셨어요. 제가 삼대 독자였거든요. 그 사랑은 일생동안 잊을 수가 없습니다. 저희 집이 결손가정은 아니었어요. 제 밑으로 여동생 세 명이 있습니다. 그러니까 대학을 들어간 후에는 제가 이 집안의 기둥이자 희망이었던 거죠. 여동생들도 저 때문에 시집을 잘 갔다는 거를 충분히 인정하고 있고요. 대학 이후의 제 학벌이 좀 세니까요. (웃음)

김명원 그럼요, 선생님. 아마도 가족 분들이 대기만성하신, 든든한 삼대 독자 장남의 후광 덕을 보셨겠지요. 부모님 편에서도 얼마나 대견하고 자랑스러우셨을까요. 다시 선생님의 청소년기 이야기를 좀 더 들어보고 싶은데요. 시 「이완규 선생님」에 자세히 나타나지만, 이완규 선생님께서는 70년 봉천동 달동네 전셋집으로 중학교 졸업을 앞두고 상급학교에 진학해야 할 선생님과 도통 연락이 되지 않자 전문학교 원서를 사 오신 것으로 그려지는데요. 그러나 2학년을 마친 후 자퇴하고 검정고시를 통해 서울대에 입학하셨지요. 그때의 정황이 궁금합니다.

이성렬 그것은 중학교 졸업 무렵의 일화입니다. 저의 중학교 생활도 참 어려웠는데요. 공납금을 내기가 어려웠기 때문이에요. 나중에 대학 진학할 형편이 되지 않아서 인문계 고등학교를 포기하고, 그 당시 고등학교와 전문대학이 5년제로 통합된 학제의 전문학교에 들어갔어요. 국립이라서 학비가 쌌거든요. 그런데 이 전문학교의 입시는 일반 고등학교보다 빨랐던 것을 모르고 학교에 나타나지를 않으니, 선생님이 직접 주소를 들고 달동네로 찾아오신 거죠. 이번에 중학교 졸업 40주년을 맞아서 옛 친구들도 만나고, 동창회에서 「이완규 선생님」을 낭송했어요. 모두들 감동 먹던데요. 그런데 그 공업학교가 제 적성에 맞지 않았던 겁니다. 양철판을 다루어서 연통을 만들고, 주물틀에 쇳물을 부어서 기계부품을 만드는 등, 손재주가 없는 저에게는 끔찍한 작업들이었어요. 2학년을 마치고 할 수 없이 휴학을 했지요. 친구들에게는 일 년 이내에 서울대에 못 들어가면 돌아오겠다고 하고, 대입 학원에서 재수생들과 함께 공부했어요. 그때…… 독하게 공부했습니다. 검정고시, 대입 예비고사, 본 시험을 모두 운 좋게 무사히 합격했고요.

김명원 선생님의 천재성은 이렇게 자화자찬으로 입증되는 건가요? (웃음) 농담입니다. 물론 놀라운 집중력으로 해내신 결과이겠지요. 다음번에는 다큐 방송 '인간극장' 편에 모셔야 하겠습니다.

40대 중반, 시인으로서의 첫 행보

김명원 선생님께서는 「러시아 삽화Ⅰ」 외 4편으로 2002년 『서정시학』을 통해 등단하셨는데요. 당시 심사를 맡았던 오세영, 최동호, 이숭원 선생님의 심사평을 보면, 시류나 유행과 무관하게 자신만의 존재성을 드러낸 선생님의 작품은 무엇보다 감동을 준다고 명기하고 있습니다. 재미나 엽기가 아닌 감동이라는 시의 진정성을 통해 생의 의미를 보다 높은 차원으로 끌어올려 삶을 질적으로 변화시킨다는 점에서 건강하고 가치 있다고 평가하고 있고요. 선생님께서 당시 지향하신 시세계와 일치하는 부분이었는지요?

이성렬 저는 누구에게서 시를 배운 적이 없고, 또한 어문학 계통의 공부를 한 것도 아니기에 아마 "시류나 유행과 무관하게"라는 말씀을 하셨겠지요. 사실, 저는 한국시에서 배운 것도 거의 없습니다. 제 시의 스승이라 하면 윤동주와 파블로 네루다를 들겠는데요. 윤동주 시인을 모르면 한국인이 아니겠지요. 40대 중반까지만 해도 제가 시인이 될 것이라고는 꿈에도 생각하지 않았거든요. 시인의 씨가 전혀 없었던 것은 아니지만, 시가 제 삶에서 저절로 '발화'되었다고 생각합니다. 또한 40대 중반 당시 저의 삶이 몹시 괴롭고 어두웠기 때문에, 아마 시인이 되지 않았다면 요즘 뉴스에 가끔 나오는 교수들처럼 생을 스스로 일찍 마감했을지도 모르겠어요. 그러니까…… 제 시는 대부분 '어쩔 수 없이' 생겨난 거죠. 누가 말하던데요, 제 시는 '씌어진 것'이 아니라 '토해낸 것'이라고요.

> 모든 겨울은 갈대밭을 헤맨 끝에
> 시베리아의 작은 마을, 바리키노로 돌아왔다
> 거기 야윈 뺨을 가진 언덕은
> 묘지 주위에 서 있는 죽은 나무들에게
> 새로운 고난이 도착했음을 알렸다
> 검은 숲을 지나 무너진 외딴 집에서
> 밤짐승들은 유령처럼 서성거렸다
> 쇠그릇들은 인적 끊긴 부엌에서 기다렸고
> 소용돌이치는 시간 속에 내쳐진 노래는 섬뜩했다
> 그러나 위험에 처한 목숨은 얼마나 아름다운지
> 얼음은 형상을 잃어가며 가장 투명한 소리를 냈다
> 그 밤의 마지막 어둠은 꺼진 난로의 불씨 하나를
> 새로운 별자리로 옮겨 놓았다
> —「러시아 삽화 Ⅲ」 전문

김명원 '씌어 진 것'이 아니라 '토해낸 것'이라는 표현은 그만큼의 '절실함'을 대변한 것이겠지요. 그렇게 오랜 세월을 절실하게 농축하여 쓴 선생님의 첫 발표 시들에는 형용하기 어려운 미학적 요소가 젖어들어 있습니다. 리트

머스 시험지에 시액이 서서히 배어 오르듯 축축하게 젖는 감성의 밀도가 대단하거든요. 이를 두고 그 심사평에는, 선생님의 작품은 아름답다고 표현되고 있습니다. 아름다움이야말로 모든 예술 장르에서의 본질적 명제일 텐데요. 선생님께서 생각하시는 아름다움의 정의는 무엇이며, 삶에서, 그리고 시에서 추구하신 아름다움은 어떻게 구체적인 형상화 과정으로 드러나야 한다고 생각하시는지요?

이성렬 초기 시에서는 서정성이 아주 두드러졌었죠. 이숭원 교수는 그것을 '70년대의 서정'이라고 했는데요. 맞는 말일 거예요. 그러니까 저는 대학 졸업 후 전공 공부를 하느라 제 마음 속에 죽지 않고 남은 시심을 빙하 속에 묻었던 듯해요. 그것이 냉동되었기 때문에, 40대 중반에 다시 살아났을 때에 늙지 않은 팽팽한 피부를 유지할 수 있었다…… 그렇게 말할 수 있을까요? 또 한 가지는, 저는 시에서 이미지를 굉장히 중요시합니다. 관념을 그냥 진술하면 재미없거든요. 그것이 문학과 철학의 차이이기도 하고요. 저는 사유를 철저히 형상화하죠. 그래서 아마 제 시를 '회화적'이라고 평하는지도 모르겠어요. 『문학청춘』 2013년 여름호에서 평론가이신 호병탁 선생님이 저의 시 「밀회」를 분석하는 글에서 지적했듯이, 사물들의 질감과 시인의 사유가 시에서 잘 어우러져야 한다고 생각합니다. 그것은 사물에 대한 예리한 관찰과 삶에 대한 깊은 통찰을 필요로 하는 것이니 참으로 어려운 작업이지요. 시의 아름다움은…… 세계에 대한 깊은 통찰을 기반으로 한, 선명한 형상이라고 할까요?

김명원 대학 졸업 후 한국동력자원연구소 근무, 결혼 후에 도미 유학, 박사 학위 취득 후에 귀국하셔서 대학 교수로 재직하시면서, 그 오랜 기간의 전문인으로서의 생업을 거스르며 다시금 40대 중반에 토하듯 시를 쓰기 시작하신 이유랄까요, 계기는 무엇이었을까요?

이성렬 대학에 부임한 후에 10년간은 목숨을 걸고 전공 공부에 매달렸어요. 제가 자존심이 강한 편이어서, 비록 연구여건이 되지 않는 학교에서 시작했지만 학자로서 실패하기는 싫었거든요. 대학원생 한 명도 없이 10년을 '맨땅에 헤딩'했어요. 그 과정에서 많은 상처를 입었는데요. 심신이 말이 아니었죠. 한때는 4, 5년을 전혀 아무도 만나지 않고 실험실에 틀어박혀 있었어요. 요즘 말로, 완전한 왕따가 된 겁니다. 그런데요, 많은 논문을 내고 학계가 깜짝 놀랐지만, 아무도 저를 불러주지 않았어요. 지금은 경희대학교가 참 좋아졌는데, 당시에 저는 정말로 연구 여건이 되는 학교로 옮기고 싶었거든요.

이 나라의 풍토를 몰랐던 거죠. 제가 고등학교를 나오지 않았기 때문에, 저를 끌어주는 선배가 없었기 때문이었으니까요. 저의 세대에는 일류 고등학교 출신들이 서로 끌어주고 밀어주고 그러잖습니까? 그때의 좌절감은 심각했어요. 제가 1997년에 연구년으로 외국에 나가 있을 동안에, 제 인생관을 바꾼 결정적인 사건이 일어났고, 그후에 모든 희망을 접었습니다. 그후, 정신줄을 놓지 않기 위해서 시를 쓰기 시작한 것이었습니다. 그 당시의 많은 아픈 체험들이 저로 하여금 세상을 다시 보게 만들었던 거예요. 세상의 불공정함과 냉정함, 소외감, 좌절 등등 정신을 차리고 둘러보니, 제가 천진하게 믿었던, 아름다운 세상이 전혀 아니었습니다. 저는 40대 중반에 비로소 철이 든 셈이에요.

시인은 여러 색깔의 다초점 렌즈를 갖춰야

김명원 아름답지 않은 세상을 겪으시면서, 아름답지 않은 세상을 비통해 하시면서, 비로소 아름다운 세상이 어떠해야 하는지 통찰하시게 된 것이로군요. 그 결과물이 시로 나타난 것이고요. 등단 이듬해인 2003년에 첫 시집을 상재하셨지요. 등단 후 일 년 만에 시집을 출간하신 것은 좀 이르기도 하고 이례적이랄 수도 있을 듯한데요. 짧은 시간 내에 선생님 시가 격정적으로 창작된 탓은 아닌가 싶습니다. 그 첫 시집 『여행지에서 얻은 몇 개의 단서』의 발문을 쓰신 이숭원 문학평론가께서는 본문에서 선생님과 대학생 때 문학 모임에서 만난 인연을 자세히 서술해 주고 있으시지요. 자연과학도였는데도 문학에 관심을 두셨던 선생님의 대학생활이 궁금합니다.

이성렬 원래 저의 적성은 문과입니다. 사실 중학교 시절에도 수학이나 과학 과목은 무척 싫어서 잘 공부하지 않았어요. 이완규 선생님의 영향으로 영어에만 취미를 붙였었죠. 제가 이과를 택한 이유는 일단 가정형편 때문입니다. 저처럼 배경이 없는 사람이 문과를 하게 되면 밥 굶기 좋겠다는 생각이 있었고요. 삼대 독자로서 맏이로서 집안을 일으켜야 했으니까요. 또 한편으로는, 문과는 결국 실력보다는 정치, 배경, 인간관계라는 생각을 어렸을 때부터 가지고 있었어요. 이과는 배경보다는 실력이 더 중요하니까 거기에서 승부를 보자는 심산이었죠. 그렇지만 대학에 와서도 적성이 맞지 않아서 무척 고생했습니다. 그래서 그 당시 서울대 교양학부의 문학동아리에도 기웃거렸고, 연극 동아리에도 참여했었고…… 그러다가 카이스트에 진학한 후에는 일단 문학에의 꿈을 접었지요. 그 불씨가 20년 후에 다시 살아난 것이에요.

김명원 이십 년이 흐른 후 시의 불씨가 참 환하게 타오른 셈이네요. 이숭원 문학평론가는 그 첫 시집에서, 선생님의 시가 터 잡고 있는 순정한 서정성이 현대시의 혼탁 속에 우리가 잃어버린 고향을 아련히 떠올려 주는 귀중한 회귀의 덕목이라고 말씀하셨지요. 그 긴 세월동안 묻어오신 시심을 추슬러 첫 시집을 통해 발현하고자 하셨던 시의 주제는 무엇이었나요?

이성렬 별다른 주제를 생각했던 것은 아니었고요. 그 이전의 제 삶을 모두 반추하면서 쓴 것이지요. 청소년기의 가난과 방황, 대학시절의 끔찍한 소외감, 직장에서의 어려움과 좌절 등등, 첫 시집에 실린 시들은 정말 별다른 고민 없이 술술 흘러나왔어요. 주제는, 글쎄요…… 끔찍하게 어려웠던 삶 속에 핀 꽃 정도할까요? 이숭원 교수는 '우울한 일상이 피워낸 서정의 꽃'이라고 했죠.

원하지 않는 여행을 나는 떠나 왔다
길 뒤편으로 바람이 기차 바퀴를 굴리고 있었다

건축업자들은 카페에서 내일 지을 집을 얘기했지만
내 수첩에는 아무 일정도 적혀 있지 않았다
집 기둥 사이에 몇 명의 노예들이 누워 있었다
텅 빈 공원의 자작나무를 부둥켜안고 있는 딱정벌레 한 마리
어디선가 익숙한 몸짓으로 고양이가 지나갔다
그러나 나는 幼年에 대한 시를 쓰지 못한다
길 표지판들은 자꾸 돌아서며 허튼 약속을 하지 않았다
그날, S. Beckett의 깊게 패인 얼굴도
아무런 위로가 되지 못했다
―「여행지에서 얻은 몇 개의 단서」 전문

김명원 2007년에 출간하신 두 번째 시집 『비밀요원』에서 세상과 인간의 세목들을 수만 개의 낱눈과 겹눈을 지닌 잠자리 눈과 같은 세밀함으로 포착 관찰하고 있으신데요. 그로 인하여 발생하는 존재에 대한 근원적인 물음들은 때론 모던하기도 합니다. 서정의 색채가 강했던 첫 시집과는 사뭇 다른데요. 선생님께서는 두 번째 시집을 통해 어떤 시정신을 드러내고자 하셨는지요?

이성렬 『비밀요원』에는 여러 가지 스타일의 작품들이 수록되어 있습니다. 첫 시집에서는 드러나지 않았던, 모던한 작품들이 많죠. 그런데요, 이 나라의 시인들은 대개 어느 한 스타일을 고집하고요. 또 평론가들도 시인이 한 가지에 몰두하기를 원하는 듯해요. 저는 꼭 서정시를 써야겠다, 또는 모더니즘 시를 써야겠다, 그런 생각이 별로 없습니다. 그래서 제가 서정시와 현대시 사이에서 왔다 갔다 하는 것처럼 보일 듯해요. 좀 전에 '수만 개의 낱눈과 겹눈'이라고 말씀하셨지요? 참으로 고마운 말씀입니다.

시인이 세상을 볼 때, 한 가지의 시각으로만 보아서는 안 된다는 게 제 생각이에요. 그것은 단색의 필터로 가린 안경으로 풍경을 보는 것과 마찬가지겠지요. 그렇게 보기에는 세상은 너무나 광활하고 복잡합니다. 누가 보든지, 이

작품은 아무개의 것이다, 라는 식으로 시인의 강렬한 개성이 드러나는 시를 써야 한다고 많은 선배시인들이 충고하시는데요, 맞는 말씀이지요. 그런데, 시인의 개성이 반드시 한 가지일 필요는 없다고 생각합니다. 지금은 작고하신 김기창 화백을 존경했는데, 그분은 자신의 스타일을 일생 동안 몇 번씩이나 혁신했었죠. 그렇지만, 어느 시기의 작품을 보아도 김기창의 강렬한 개성이 드러나거든요. 또한, 제가 「더빙」이라는 작품에서도 인용했지만, 포르투갈의 시인 페르난도 페소아의 일화도 무척 흥미롭지요. 저도 페소아처럼 몇 가지 필명으로 완전히 다른 스타일의 작품들을 발표하고 싶습니다. 반복은 예술가에게 죽음과 같은 것 아닐까요?

다층의 다면적인 세계를 보기 위해서 시인은 여러 색깔의 다초점 렌즈를 갖추어야 한다고 생각하거든요. 그렇게 하는 것이 또한, 시인의 오만을 불식시키는 한 방안이라고 생각하고요. 단색조의 필터로 세상을 '규정'하려는 시인은 오만한 것 아닐까요?『밀회』이후에 제가 시집을 낸다면, 아마도 극단적으로 모던한 작품들로 채워질 듯합니다.

김명원 그럼요, 선생님. 시의 형식은 시의 내용과 유기적인 관계에 놓여 있는 것이니 시를 가지고 논의해야지요. 한 시인을 함부로 서정이다, 모던이다, 로 규정해 버리면 곤란할 듯합니다. 시에 대한 이야기가 나왔으니 본원적인 질문을 드려볼까요?『비밀요원』에 실으셨던 산문「바리키노에서 열 번째 행성까지」에서 윌리엄 블레이크, 보르헤스, 빌리 콜린스와 엘리어트의 시와 시론들을 언급하며, 시는 무엇일까, 라고 자문하시는데요. 다시 우문을 드려야 하나요? 선생님에게 시는 무엇일까요?

이성렬 잘 모르겠어요. 다만, 시는 시인의 삶에서 나와야 한다는 믿음을 갖고 있습니다. 시가 꼭 심각할 필요는 없고, 시의 유희성을 강조하는 관점도 타당하지만, 시적 '놀이'에도 진정성이 있어야 한다고 생각합니다. 그냥 잘난 체하고 까불고, 재미만을 찾는 것은 안 된다, 그런 생각이에요. 그렇지만, 인생에 정답이 없는 것처럼, 시에도 모범답안은 없는 것이겠지요.

김명원 선생님께서 견지하시는 시에 대한 입장 표명이 명백한 이 산문에서 '바리키노'와 '열 번째 행성'이 함의하고 있는 공간 상징성은요?

이성렬 의도한 것은 아니지만, 아마도 현실과 종착역…… 쯤 될 듯합니다. 바리키노는 제가 중학교 시절에 보았던 영화와 소설『지바고』에 등장하는 장소지요. 지바고가 모스크바를 떠나 쫓기듯 이주한 우랄 산맥 너머의 작은 마을 바리키노, 제 시의 일부분이 거기에서 태어났습니다. 특히「러시아 삽화」연작이 말입니다. 그곳에는 매서운 현실에 쫓기는 시인의 어두운 발걸음이 남아 있겠지요. 물론 꺼지지 않는 열망도 있습니다. 그리고 '열 번째 행성'은 결국 인간이 궁극적으로 만나야 할 운명이겠고요. 죽음으로 종결되는…… 누구도 이름을 가진 채 그곳에 이르지는 않지만, 그 때문에 거기에는 기나긴 안식이 있을 듯해요.

김명원 그 산문에서 이어, 시를 써야 할 내적 필요성이 존재할 때만 시를 쓰고, 마음을 진정으로 움직인 시만을 발표하고, 생시에 인정받지 못할 각오를 하며, 사라진 후에 너덜너덜한 종이 위에 시들이 흩날릴지라도 실망하지 말 것이며, 시는 사는 만큼 쓰여 지니 열심히 살고 철저히 외로워지고, 시를 읽는 독자들의 시간 값으로 돈을 내고 시를 올릴 것! 이라고 비장한 다짐과 각오를 말미에 쓰고 있으시지요. 저 역시 이 문장들을 화인처럼 가슴에 새기면서 얼마나 울컥했는지요. 선생님께서는 교수로서 인정과 존경을 받으시는 안온한 직책을 보유하셨는데, 왜 이렇게 핍진하고 살벌한 시인으로서의 생을 겸하려 하시는지요?

이성렬 『비밀요원』을 낸 것이 2007년 가을이었는데요. 2002년 등단 후 그때까지 저는 철저한 무명시인이었습니다. 사실『비밀요원』을 내기 전에 사라지려 했어요. 누구도 눈여겨보아 주지 않았고, 지면 얻기가 끔찍하게 어려웠었거든요. 그래서 연회비를 내고 몇 년 동안『우이시』에 작품들을 투고했었던 것이에요. 어차피 안 될 것 같으니, 저라는 사람이 살아 있었다는 흔적이나 남기자, 그런 생각이었습니다. 거기에는 저의 개인 신상이 문제가 되었죠. 시단에 아는 사람이 전무했던 것이어요. 그러니 원치 않았어도 그런 비장한 각오를 할 수밖에 없었습니다. 왜 "화학교수가 시를 쓰느냐"라는 질문을 지금도 많이 받는데요. 『밀회』를 펴낸 동기 중의 하나가, 이 책을 읽어보고 그런 질문을 이제 그만 해라, 하는 의도도 있었어요.

 글쎄요…… 저는 그저 제 팔자라고 말하지만, 자연과학으로는 해결할 수 없는 문제가 너무 많다고 할까요. 과학은 영혼의 문제에는 속수무책이거든요. 김선생님이 말씀하신 "핍진하고 살벌한 시인으로서의 생", 맞습니다. 시인으로서의 삶에는 학자로서의 인생에서는 겪지 못한 또 다른 어려움이 분명히 있죠. 그것은 제가 앞에서도 언급한, 실력보다는 정치…… 운운한 것과 관련이 있습니다. 문과의 그런 면이 싫어서 이과로 간 것이었는데요. 다시 이 바닥으로 들어와 보니 예전의 그 생각이 철저히 옳았다는 걸 절감합니다. 그런데요, 교수로서 인정과 존경을 받는 안온한 직책일지는 모르겠으나, 학자로서의 삶도 쉽지는 않습니다. 여기에도 결국 자신과의 피나는 싸움이 있거든요.

  정전된 다락방에서 안경을 벗었다.

  모니터 화면은 조리개를 닫으며 사라져갔다.

  팽팽하게 감각이 살아나는 내 넓적다리에 밤은 차가운 발바닥을 대었다.

  마른 오징어가 접시 위를 기어갔다. 아가미를 벌렁거리며.

  내 눈은 점점 부풀어 올라 물고기눈의 광각으로 어두운 숲을 훑었다.

  나무들의 그림자에는 상어 등뼈를 닮은 가시가 박혀 있었다.

사슴 한 마리가 성탄 카드 밖으로 걸어 나왔다. 막막하게 눈내리는 벌판으로,

지구에서 수백 광년 떨어진, 또 다른 태양 주위를 도는 행성이 지글지글 끓는 열기를 느꼈을 때,

안개가 겨울 논바닥에 남은 앙상한 볏단 위를 헤매는 소리를 들었을 때,

내 눈동자는 감당하지 못한 채, 수만 개로 세포분열하였다.
―「겹눈」 전문

김명원 좀 전에 밝히신 바와 같이, 화학교수가 시를 쓰냐는 질문을 이제 그만 하라는 의도도 있었다는, 올해 봄, 2013년에 출간하신 세 번째 시집『밀회』는 서정적 시의 내밀화 과정이 어떤 완성본으로 거듭나는지를 펼쳐 보이신 좋은 예입니다. 평론의 관점이 전무한 제가 해설을 맡아 선생님께는 누를 끼쳐 송구스럽고, 독자들에게는 미진한 해설로 죄송한 심정이고요. 이 시집의 창작 동기랄까요…… 가난하고 연약한 사람이나 소외되고 고립된 사물에 대해 연민으로 승화되는 따듯한 정서가 유독 돋보이는데요. 그래서인지 시작詩作 배경으로 겨울이 많고, 어둡고 낯선 여행지가 많습니다. 의도된 시적 장치들인지요?

이성렬 『밀회』를 내게 된 데는 곡절이 있습니다. 사실 이 시집은 나중에, 저의 마지막 시집으로 내려 했었어요. 모더니즘 계열의 작품들을 담은 시집 원고를 완성한 후 펴낼 곳을 수소문했는데요. 제가 원하는 어느 출판사에서도 허락하지를 않은 것이에요. 큰 좌절을 겪었지요. 물론 제 역량이 모자랐겠지만, 그 이외의 다른 요인도 분명히 있다고 생각해요. 두 번째 시집을 낸지 5

년 반이 지났으니 무작정 기다릴 수도 없고, 하여 서정, 서사적 작품들을 모아 놓은 『밀회』를 낸 것이에요. 글쎄요…… 시인이나 평론가나 모두 각자 생각이 다르니, 최근에 모더니즘 쪽으로 주로 작품을 발표해 온 제가 서정시집을 낸 것이 의아할지도 모르겠어요. 서정시를 편애하는 분들은 오히려 반길 것이고요. 어느 쪽이든 『밀회』도 저의 분신입니다.

이 시집에는 세상을 보는 날카로운 겹눈보다는, 저의 삶을 반추하면서 얻어낸 많은 이야기, 생각들이 담겨져 있어요. 김명원 선생님의 눈부신 해설이 또한 부족한 시편들을 살려주셔서 진실로 감사하고요. 저는 짬이 나면 보따리 싸매고 정처 없이 돌아다닙니다. 여름과 겨울에는 더욱 그런 면도 있고요. 실상 인생이 원래 여행이지 않나요. '로드무비' 또는 '우연한 여행'처럼요. 특히 겨울 여행은 제 천성입니다. 제가 밝지를 못해요. 춥고 어둡죠. 다행인지, 저의 외면을 보는 사람들은 제가 그렇게 끔찍한 환경을 거쳤다고는 상상할 수가 없다네요. 작은 꿈이나마 늘 간직하고 있었기 때문일까요.

김명원 선생님께서는 이 시집을 통해 지식인으로서 기층민들의 삶을 적극적으로 돕고 위로하지 못한 부채 의식을 끊임없이 표출하고 있으신데요. 특별한 곡절이 있는지요? 예를 들어 시집 서두에 명기하신 "언젠가 혼선 중에 하염없이 아빠를 찾던 아이와 죽은 남편을 부르며 오래 울던 아낙에게 이 초라한 책을 뒤늦게 보냅니다"는 어떤 체험적 사실을 가리키나요?

이성렬 네…… 그것은 실화예요. 우연히 전화가 혼선이 되었는데 전화기 너머로 들려온 그 목소리들이 지금도 선명하네요. 그것은 가난과는 또 다른 아픔이겠지요. 세상은 참으로 외롭고 쓸쓸한 곳이라는 생각을 깊이 각인해 주었습니다. 제 출신이 미천하잖습니까. 그러니 기층민이라든가 어렵게 사는 사람들에게 늘 죄스러운 마음이 있어요. 저는 사실, 가난이 지겨워서 목숨 걸고 공부한 것이었고요. 제가 부유하지는 않지만 기층민들에 비하면 안락한 삶을 산다고 말할 수 있겠죠. 대개의 이과 교수들이 보수적인 반면에 저는 상당히 왼쪽입니다. 단지, 자연과학을 공부했기 때문에 저의 정치적 성향이 잘 드러나지 않았고, 그것을 펼칠 기회가 없었던 것이지요.

김명원 특기할 만한 점은 이번 시집에서 선생님 생애에 특별한 추억을 남긴 사람들의 생애가 눈물겹게 서사 구조로 표명되는데요. 조금 전에 언급한 이완규 선생님을 비롯하여 무명가수 하구만 씨, 고물수집가 정공춘 씨, 김영출 씨 등 인물들의 실화가 마치 우리 주변인의 이야기처럼 구체적으로 다가온다는 점이지요. 이런 인물시를 계속하여 쓰실 예정이신가요?

이성렬 『밀회』를 내고 난 후 보도자료에 그런 얘기를 넣었어요. 시집에 수록된 인물시가 만인보는 아니고 십인보 쯤 된다고요. 글쎄요…… 살아가면서 또 다른 많은 사람들을 만나게 될 것이고, 그 중 강렬한 인상을 남기는 분들에 대해서는 써 나가겠지요. 그렇지만, 예를 들어서 별도의 시집으로까지 축적되지는 않을 것 같습니다. 제게 그 정도의 끈기가 있지는 않거든요. 또한, 제가 싫증을 잘 내는 편이에요. 시집을 한 가지의 주제나 스타일에 따라 기획하고…… 하는 것은 저의 체질에 잘 맞지 않습니다.

김명원 그러시군요. 저도 선생님 인물시에 좀 발탁될 수 있을까 잠시 설레었는데 희망 고문을 마치겠습니다. (웃음) 선생님의 시편들은 대개가 이상적인 시공간을 염원하고 있지요. 선생님께서는 속악하고 강퍅한 현실을 넘어서서, 내재적 본질로 대우 받는 화해와 소통의 공동체적 세상을 시로 구축하려 하시는 듯 비춰지기 때문입니다. 고립된 현대의 개별적 존재자들이 모두 사랑 받는 세상은 어떻게 꿈꾸고 현재화할 수 있을까요?

이성렬 아, 그런 세상이 올까요? 제가 존경하는 목사님이 설교하신 것처럼, 그런 세상은 역사 이래 단 한 순간도 없었고 앞으로도 없을 것이에요. 단지, 이 끔찍한 세상에서 절망하지 않고 한 순간이라도 극복할 수는 있겠지요. 그런 세상을 꿈꾸는 한, 시인은 시를 쓸 것이고요. 나이 들수록, 결국 사랑 밖에는 구원이 없지 않나, 하는 생각이 드는군요. 그러나 어떻게 사랑할지, 예수도 말해 주지 않았으니, 그것이 인간의 몫이겠죠.

세상 끝에 놓인 의자에 앉아
햇살이 잔잔히 내리는 반나절을 보냅니다

시계 바늘과 로마 숫자들이
벽 안으로 스며들어
점점 더 무거워지는 시간의 집을
육중한 기둥들이 떠받고 있습니다
발소리가 낭하에 크게 울립니다

이름없는 이의 소설을 빼어듭니다
'이 작가는 사후에 그 천재성이 인정되었다'라고
표지 안쪽에 적혀 있습니다
갈릴레이도 끔찍하게 외로웠지요

색색의 책들은 모두가 아름답고
한때는 참을 수 없는 기쁨을 주었겠지요
오랫동안 지식만이 길인 줄 알았습니다
헛된 망상에서 우리를 건져낼 수 있는
그러나 지식은 갈증만을 주었습니다
사랑을 이루기 위한 방편으로 쓰이기 전에는

지금, 지혜로운 노인처럼 둘러보니
가는 빛줄기가 한 구석을 비추고
거기에는 삶과 죽음,
죄와 용서라고 적혀 있습니다
　―「도서관에서」 전문

가족, 주변, 시단의 진한 이야기들

김명원 이번 시집을 헌사하신 아내분과는 어떻게 만나 결혼하셨는지요?

이성렬 묘한 인연이었어요. 정말 긴 사연이고 사적인 이야기여서…… 이 대담에서 다 펼쳐 보이기는 힘들 듯 합니다.

김명원 두 따님 채원, 정원 씨는 미국에 거주 중이지요? 현재 학생들인가요? 따님들을 향한 사랑을 좀 표현해 주셨으면 합니다. 지면 편지처럼요. 따님들은 선생님께서 시인이신 것을 어떻게 생각하는 지요? 선생님 시에 대한 감상을 가끔 이야기하나요?

이성렬 딸이 아니고 둘 다 아들입니다. 이름들이 좀 중성적이지요? 큰아이는 미국 은행에서 일하고 있고요. 작은 아이는 아직 대학생이에요. 제가 40대에 공부하느라 이 애들을 잘 챙겨주지 못했어요. 뒤늦게나마 사랑을 베풀려 노력하고 있습니다. 아이들은 제가 시인인 것을 아주 자랑스럽게 생각하죠. 큰 아이는 저를 닮아서 문학적 소양이 약간 있는지 제 시에 대해서 이런저런 평을 하는데요. 둘째 애는 아예 모르겠다고 잡아뗍니다.

김명원 제 이름에도 '원'자가 들어있지만 채원, 정원 씨 이름에도 원자 돌림에 여성적인 이미지가 스며있어서 실수를 했습니다. 잠시나마 재원, 성원 씨! 성 변환을 제 마음대로 일으켜 드려서 죄송합니다. (웃음) 삼대 독자 집안에서 이렇게 두 아드님을 두셨으니, 부모님께서 좋아하시겠어요. 선생님, 그런데 자연과학과 문학을 병행하는데 있어 어려운 점은 없으신가요?

이성렬 어렵죠. 좌뇌와 우뇌를 번갈아 쓰는 게 쉬운 일이 아닙니다. 처음에는 그 전환이 잘 안 돼서 힘들었는데요. 15년쯤 하다 보니 지금은 많이 익숙해졌습니다. 요즘에는 아예 두 분야를 '혼종교배'하는 작품을 쓰기도 합니다. 예를 들면「식물의 사생활」연작이 그런 편이네요. 자연과학과 문학을 '통섭'하는 것이죠. 자연과학과 시는 사물에 대한 접근방법이 다를 뿐, '순수성'이라는 공통점을 가지고 있어요. 뭐…… 거기에 대한 멋진 이론은 없고요. 그런 스타일의 시가 아직 이 나라에서는 정착된 적이 없는 듯해요. 남들이 가지 않는 길을 찾는 것이 새로움을 추구하는 한 방식이기도 하겠네요.

김명원   맞습니다. 선생님께서 지향하시는 과학과 문학의 혼종교배가 틀림없이 시너지 효과를 일으켜서 새로운 변종 시가 만들어질 테고, 그 시들이 우리 시단에 신선한 충격을 주리라 여겨집니다. 그런데요, 선생님! 문학을 전공하지 않은데다가 뒤늦게 시단에 나와서 불편한 점은 없으신가요? 시단의 교우 관계 등에서 말이지요. 어쩌면 그래서 더욱 자유로우실 수도 있으실 테지만요. 선생님께서 객관적이고도 냉정하게 판단하신 현 시단의 문제점은 무엇인가요? 예를 들어, 등단 문제나 시 청탁, 시집 출간 등에 문제가 있다면, 개선 방안은 무엇일까요?

이성렬   그 점에 대해서는 할 말이 참으로 많습니다. 조심스러운 부분도 있겠지만, 눈치 보지 않고 쓴 소리를 거침없이 말할 수 있는 게 저와 같은 아웃사이더의 특권 아니겠습니까? 저는 어려서부터 이 나라의 지적 풍토, 특히 유교적인 전통을 싫어했어요. 전공을 과학으로 택한 것도 부분적으로는 그런 이유 때문인데요. 자연과학은 본질적으로 서양 학문이죠. 과학의 옛 이름이 '자연철학natural philosophy'인 것처럼, 자연과학은 철학의 한 분야였다가 독립한 것 아닙니까? 그러니까 제 시의 정신적 바탕은 철저하게 서양철학입니다. 이 점이 바로 국문학과 출신들에게 제 시가 생경하게 비치는 이유일 텐데요. 출발점이 다르기 때문이에요. 예를 들면 『밀회』의 첫 작품으로 올린 「봄날, 단풍나무와 함께」를 어떤 분들은 불교적이라고 말하시는데요. 저는 불교가 아니라 쇼펜하우다, 라고 잘라 말합니다. 또 다른 예로는, 저의 두 번째 시집 『비밀요원』에 올린 첫 작품이 「로드무비 2」인데요. 피짜 가게에서 펼쳐지는 이런저런 공상들을 형상화한 것이죠. 피짜에서 화성 표면을 보는 식인데, 누구도 이 작품에 대해 언급하지 않았습니다. 오직 김석준 평론가만이 이 작품을 눈여겨보았어요. "데카르트군요"라고 정확히 짚었죠. 그분이 학부 철학과 출신이거든요. "산은 산이요, 물은 물"식의 허세라든가 애매모호함이 아닌, 제가 직접 경험하고 진실로 공감하는 것에 대해서만 쓰려 하고 있어요. 젊은 평론가인 김나영 씨가 『미네르바』에 낸 제 소시집에 대한 평론에서 "자신이 경험한, 딱 그만큼만 이야기한다"라고 평했는데, 눈물겹도록 고마운 말이었어요. 제 의도를 정확히 짚은 것이지요.

저는 이 나라의 유교적 전통의 폐해가 참으로 깊고 넓다고 생각하는 사람입니다. 특히 사람을 나이로 평가하는 것에 절대 반대합니다. 사람의 생각과 행동이 더 중요한 것 아니겠습니까? 시인의 경우에도, 신상이나 배경이 아닌, 문학적 역량으로 평가되어야 하는 것 아닐까요? 이런 자명한 생각이 왜 이 나라에서는 잘 안 통하는지 이해하기 어렵습니다. 시단만이 아니라 이 나라 문화풍토의 전반에 대한 문제일 텐데요. 극히 정치적이에요. 그러니까 개인을 평가할 때 그 사람의 객관적인 역량을 보기보다는 그 사람이 내 편이냐, 반대편이냐, 따지는 거죠. 시단에서 누구와 친하냐고 저에게 묻는 분들이 많고요. 저는 친한 사람이 없다고 말합니다. 또 저와 혹시 친한 사람이라도 역량이 모자란다고 생각하면 공적으로는 냉정합니다. 제가 너무 딱딱한가요? 그런데요, 이런 정치적 풍토가 시단을 망치고 있다고 봅니다. 친분관계를 중요시하다 보면 공정할 수가 없거든요. 저는 누구에게 잘 보아달라고 부탁하기도 싫고요. 더도 덜도 말고, 제 실력만큼만 인정해라, 요구합니다.

시단이 그토록 보수적이고 전근대적인 이유는 물론 전통적으로 시가 사대부들의 전유물이었기 때문일 것입니다. 소설쪽은 중인이나 허균과 같은 개혁적인 인물들에 의해 전개되었지요. 그리고 조선시대에는 시와 정치, 행정이 거의 불가분의 관계로 공존했었고요. 그 풍토가 지금까지 내려온 것이에요. 시단의 구조를 자세히 들여다보면, 이것이 조선시대에서 별로 변화하지 않았음을 느끼게 됩니다.

등단 문제, 시 청탁 문제 등…… 개선되어야 할 점이 참으로 많을 텐데요. 한두 사람의 노력으로 되겠습니까? 시스템의 문제인데요? 시집 출간의 문제는 저의 개인적인 에피소드와 관련된 것이라서 언급하기가 좀 그렇습니다.

다만, 문학은 문학으로 돌아가자, 하는 게 제 생각입니다. 저의 신상을 잘 모르는 분들은 제 작품들을 읽고는 저를 30대 시인으로 알고 계시거든요. 그것이 무엇을 말하는 것이겠습니까? 시인의 나이라든가 신상, 친분관계 등의 정치적 요소들보다는 시적 역량으로 공정하게 평가되어야 하지 않겠습니까?

김명원 저는 이런 담론들이 지면에서건 실제 현장에서건 계속 활발하게 이루어져야 한다고 생각합니다. 지속적으로 고민하고 성찰하고 대안을 개진해 가는 과정에서 이미 작은 변화는 일어나고 있을 테니까요. 다소 민감한 사안인데도 진솔하게 답변해 주셔서 정말 고맙습니다. 여가 시간에는 무얼 하시는지요?

이성렬 영화나 연극을 즐기고요, 음악도 좋아합니다. 더 짬이 나면 여행도 다니고요. 술자리도 마다하지는 않지만 요즘에는 거의 혼자 틀어박혀 있죠. 좀 더 넓고 다양한 세상을 겪어야 한다는 생각을 합니다. 제 인생 경험은 아직 멀었어요.

김명원 이제 인터뷰도 끝부분에 이르렀습니다. 선생님만의 시 창작법을 공용화해 주실 수 있으실까요?

이성렬 별다른 방법이 없습니다. 저는 시론을 잘 알지 못하고요. 시론에 별 관심도 없습니다. 흔히 시론에 시를 때려 맞추는 시인들이 많던데요. 그러면 시의 생명력이 감퇴하겠죠. 시론은 시를 합리화하기 위한 장식이라는 생각을 가지고 있습니다. 시가 인도하는 길을 따라가다가 시의 여신이 가끔 시를 내려주면 그저 감사할 뿐이겠어요. 삶이 종잡을 수 없는 것처럼 저의 시창작도 마찬가지입니다. 열심히 살아가다 보면, 그러다보면 저절로 시가 찾아와 주겠죠. 네루다에게처럼요.

김명원 생에서나 시에서나 앞으로의 계획을 말씀해 주셨으면 합니다.

이성렬 학자로서 좋은 연구논문을 내는 것이고요. 시인으로서 좋은 시를 쓰면 행복하겠습니다. 지금은 양쪽에 반반씩의 자원을 소비하는데요. 나이가 더 들면 학문연구는 어려워질 것이니 시 쓰기에 좀 더 기대겠지요. 삶이 계획대로 진행되지 않는 듯합니다. 지금까지 갈팡질팡하면서 살아온 것처럼, 이후에도 여기저기에서 헤매며, 머리 위로 떨어지는 운석들을 피하며, 맞으며 살아가겠죠. 사는 건 결국 견뎌내는 것 아니겠습니까. 다만 좀 더 너그럽게 살고 싶은 욕심이 있습니다.

어둠이 조금씩 더 내리며 자라더니 빗줄기도 좀 더 두꺼워졌다. 덕분에 선생님과 만나고 있는 학교 주변의 상가들이 짙은 초록빛 명암으로 낮보다 훨씬 질감이 두터워졌다. 여름비가 종일 적신 도심의 풍경들이 눅눅하고 검었다. 나는 저녁 한 끼의 허기를 달래기 위해 낯선 여행지를 헤매는 나그네처럼 갑자기 이국적인 향수가 스며든 양 애절하고 슬퍼졌다. 아마도 곁에서 걷고 계신 이성렬 선생님께서 내비치시는 깊은 지적인 상념 탓은 아니었을까. 무수히 여행지에서 마주친 새로운 길을 감식하며 비탄해 잠기며 아팠던 시인의 시간들이 내게 흘러든 탓은 아니었을까.

선생님의 시 「너에겐 너무 쉬운 일」에서처럼, 나이 스물두 살 무렵의 미아리 뒷골목 여인숙 쪽문에 내리던 자정의 빗줄기를 말없이 듣는 것, 암마살리크, 예테보리, 비터폰테인, 테무코, 지도 속 도시 이름들을 하나하나 발음하며 나를 먼 곳으로 데려가는 것, 거기에서 조난된 자의 날숨을 먹으며 죄어오는 사방의 이글루 벽에 대해 얘기하는 것, 마을마다 종소리로 가득한 중세의 가을로 돌아가고 싶다고 고백하는 것의 외롭고 고적한 이방인의 정서로 나도 선생님처럼 애상인 듯 흔들렸던 것은 아니었을까.

이성렬 선생님은 늘 떠나있는 시인, 혼자임을 두려워하지 않는 시인, 침묵으로 봉인된 진실의 뚜껑을 여는 시인, 자신을 둘러 싼 단절의 세계를 시로 잇는 시인이다. 시인의 임무가 사제와 철학자들에 의해 빗나간 태초의 말을 재건하는 것이라면 이성렬 시인은 그 임무 수행 과정에 있어 어떤 시인보다 성실하다. 그는 함구하는 사물들의 숨겨진 이면을 눈 밝게 채집하는 발견자이며, 시간을 공간 이미지로 굳건히 결합시키는 건축가이고, 섬세한 시적 통찰과 인식을 다순 리듬으로 연주하는 주술사이자 새로운 잠재태의 서사를 구술하는 발명가이며, 반복되는 고독을 견디면서 본질에 충실한 삶을 살려고 매번 시도하는 역동적인 초인인 연유이다.

　세상의 비통을 마주하고는 시로 써서 우리 모두에게 잊거나 잃어버린 애통의 사람들과 사물들을 끊임없이 상기시켜 주는 시인이 곁에 있다는 것은 아직도 이 인경人境에 연민과 사랑이 있어 다행이라는 징표이리라. 그날 저녁, 우리는 정겹도록 낡은 식당에서 얼큰한 동태찌개를 먹었다. 순한 막걸리도 마셨다. 비스듬해진 창 너머로 빗방울 변주곡을 연주하는 유월의 빗소리도 삼켰다. 오래도록 이 은은한 인연이 이어지기를 바라는 간절한 마음도 함께 말이다(2013년 6월 12일).

이성렬　1955년 서울 출생. 서울대학교 및 KAIST 졸업. 미국 시카고대학에서 박사학위 수여. 2002년 『서정시학』으로 등단. 시집 『여행지에서 얻은 몇 개의 단서』, 『비밀요원』, 『밀회』 출간. 2009년 대한화학회 이태규학술상 수상. 경희대학교 교수로 재직하고 있다.

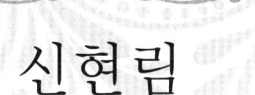

신현림

이미지를 재배하는 전방위 예술인, 신현림

색채로 분류할 수 있는 시인이 있다. 향기로 음미할 수 있는 시인이 있다. 다채로운 화성으로 노래할 수 있는 시인이 있다. 신현림 시인이 바로 그렇다. 우선 색채 분류로 치자면, 그녀는 빛의 실핏줄마저 들여다보일 정도로 투명하고 환한 '블루'일 것이다. 서늘해서 아프고, 황홀해서 슬픈 빛깔 블루! 자신에게 절대 솔직하고 세상에게 절대 순결한 자가 아니면 이해할 수도, 사랑할 수도 없는 색 블루. 그녀는 블루로 잔잔한 일상부터 담대한 예술까지를 다정하고 치열하게, 애잔하고 뜨겁게 채색해낸다.

향기로 치자면 '치자꽃'이다. 향기가 전부 다인 꽃, 치자꽃! 화라락 교성을 지르며 온몸을 다해 피어나서 지는 것도 한 순간인 꽃. 열정을 다 해 봄을 증거해 내고 열정을 다해 봄을 소멸시키는 꽃. 내년 봄이 되기까지, 다시 그 고독하고 고아한 향기를 애타게 그리워하게 하는 꽃. 내내 기다리게 하는 꽃. 기억 속에 사무쳐 쉽게 잊히지 않는 향기로 남는 꽃. 그녀는 그런 향기이다. 그리고 그 독한 향기는 음율로 전이된다.

그녀의 시를 듣고 있자면, 그녀의 사진을 읽고 있자면, 그녀의 산문의 발자국을 따라 걷고 있자면, 노래 바다에 이르게 되는 연유이다. 때로는 퇴폐적인 음조로 파도치기도 하고, 때로는 밝고 명랑한 볼레로가 물결치기도 하고, 때로는 담배 연기 자욱한 지하 연주실에서 방만하게 연주되는 재즈로 흘러들기도 한다. 광포하게, 혹은 애상스럽게 들려오는 그녀는 오묘한 선율이다.

그런 그녀를 만난다는 것은 지독한 설렘을 자아낸다. 그녀를 색채로, 향기로, 노래로, 입체적으로 감각하고 있는 나로서는 그녀를 만난다는 것이 한정된 문학이 아니라 예술전반의 포괄적 대화가 가능할 것임을 기대하게 하기 때문이다. 대전역에 마중 나간 나는 한 눈에 그녀를 알아본다. 남청색 뜨게 모자, 파란 재킷, 푸른빛 원피스를 입은 그녀가 반갑게 손을 흔든다. 색이, 향이, 음이, 한꺼번에 날아와 나를 휩싼다. 푸르다.

차에 올라타자 신현림 시인은 얼마 전 다녀왔던 동유럽 여행담을 쏟아 놓는다. 교외로 벗어나는 길 내내 벚꽃이 더미로 쏟아지고 4월을 증명이라도 하듯 산마다 야생화들이 지천이다. 우린 봄이 무르익어가는 옥천 노천 식당에서 해물 정식을 주문하고, 풍성한 이야기로 푸성귀밭을 가꾼다. 지나가던 봄 햇살들이 우리 이야기밭에 함부로 들어와 그녀를 알아보고, 그녀의 어깨에서 신나게 미끄럼을 탄다.

신현림 불러내기

김명원 '신현림'하면 워낙 대중적인 인기를 누리는 시인이자 작가, 포토그래퍼라서 그런지, 딱, 이거, 라기 보다는 여러 가지 직함부터 떠오르는데요. 본인을 직접 소개하자면요?

신현림 공적으로 소개되는 직업은 시인과 사진작가지만, 전 여전히 로댕의 "감동하고, 사랑하고, 희구하고, 전율하며 사는 것"이라는 말을 좋아하는 예술인으로 불리워지길 원해요. 상상의 들녘 저 멀리까지 날아가게 하는 만화, 영화, 재즈, 클래식, 팝송 등을 가리지 않고 누리면서 여행을 즐기지요. 젠틀하고 착하고 솔직 소탈한 사람들, 생태환경을 생각하는 이들을 좋아해요.

아름다운 우정과 사랑을 꿈꾸고, 잠을 잘 자고 났을 때 뭐든 잘해 낼 것 같은 기분을 늘 맛보며 살고 싶은 여자라고 소개할까요.

김명원   한 마디로, 자유로운 전방위작가시네요. 아르튀르 랭보가 '바람 구두를 신은 사나이'로 불리워졌던 것처럼 선생님의 소개에서도 바람 냄새가 나요. 그나저나 시인과 사진작가를 동시에 잘 수행하고 계신데요. 이미지라는 측면에서 보면 시와 사진이 서로 유사한 면이 있기도 하지만 사진은 '재현'이라는 기능이 강조되는 반면에 시는 상상이 첨가된 '표현'이 강조된 면도 없지 않거든요. 서로의 영역을 어떻게 아우르고 있으신지요. 혹은 어디에 더 방점을 찍고 있으세요?

신현림   사진은 실존적인 순간을 포착한다는 매력이 있죠. 한순간에 느끼는 필링을 낚아내는 것 말이에요. 그리고 사진이 그림이나 시에 비해 훨씬 리얼하다는 점도 빠트릴 수가 없네요. 세상과 밀착되어 있기 때문이에요. 생생한 현실을 가감없이 담아내야 하니까요. 그런 점에서 본다면, 시는 독자에게 전달되고 읽혀지는 데 시간이 소요되어야 하고, 시각적인 예술보다는 언어가 지니는 제한성 때문에 사진만큼 일체 드러나는 장점을 갖추고 있진 못하다는 생각도 드네요. 그래서 시가 막혀 괴로울 때 카메라를 들고서 길로 나서요. 사물들과 프레임 안에서 호흡하면서 쉼표를 찍지요. 거기서 또 시상을 연결해서 떠올리기도 하고요.

음…… 그리고, 시는 마음속에 그리는 그림이지요. 시를 잘 아는 사람일수록 사진을 잘 찍는다고 생각해요. 서로가 작용을 하고 있어요. 저는요, 시를 쓸 때는 사진이 그립고, 사진을 찍을 때는 시가 그리워요. 그러하니 어떤 것도 저에게 있어 더 중요한 것은 없어요. 좋은 시든 좋은 사진이든, 좋은 이미지란 언제나 제게는 곡식을 쌓아 둔 창고랍니다. 저를 깨워 그래도 세상이 살 만한 가치가 있다고 믿게 만드는 바람 부는 창고 말이에요.

김명원   그렇다면 시와 사진은 서로를 채워주고 상승시키는 상호보완 관계인가요?

신현림   시각 이미지가 탁월하다고 해도 언어가 없으면 안 되지요. 우리가 감동적인 영화를 볼 때 아무리 보여지는 빛나는 이미지들이 많다고 해도 가슴을 적셔주는 대사가 없다면 공허한 것처럼 언어가 담당하는 주요한 역할이 있으니까요. 각자의 자리에 있는 것들이 모여 서로를 쓰다듬어 줘야 하지요.

김명원   대학에서는 국문학을, 대학원에서는 사진학을 전공하셨는데, 어떤 계기로 문학과 사진을 선택하게 되셨는지요? 그리고 문학에서 사진으로 전과를 하게 된 계기는요?

신현림   우선 대학에서 국문학을 선택하게 된 것은 조금 우습지만 대학 입시에서 사수를 하게 된 결과물이었어요. 결국엔 시를 좋아해서 아주대 국문학과에 입학하게 되었답니다. 어머니께선 평북 선천군 출신인 이북분이셨는데 하루도 빠지지 않고 약국을 여셨던 여전사셨지요. 어쩌면 제가 시인이자 작가이면서 딸을 키우는 엄마로서 치열하게 살아가는 열정의 근원도 실은 어머니에게서 물려받은 유전적 요인인지도 모르겠어요.

대학 입학 후에는 미친 듯이 열심히 책을 읽었어요. 서울대를 졸업한 학생들보다 더 실력을 갖추는 길은 그것밖에는 없겠더라고요. 제가 흠모하는 러시아 시인 요셉 브론스키가 한 질문이 있지요. 저 역시 읽는 것이 힘이라는 생각이 들었어요. 세계문학전집을 탐독하는 것은 물론, 국내 소설도 두루 섭렵했지요. 탐독했던 책들 중 인상에 남는 것은 가브리엘 가르시아 마르케스의 『백년동안의 고독』과 최인훈의 『회색인』, 박상륭의 『죽음의 한 연구』 등이에요. 그 당시에는 도서관이 사서로부터 책을 받는 폐가식이었는데 얼마나 많이 빌렸으면 저는 도서관 서가까지 들어가 직접 책을 고를 수 있었다니까요.

그러던 중 미술 서적에 관심이 집중되더라고요. 아예 체계적으로 독서하자 싶어 쉬운 미술이론서 『서양미술사』부터 하나씩 공부하기 시작했지요. 특히 곰브리치의 『서양미술사』가 도움을 주었어요. 도서관에 비치되지 않은 서적을 구입하기 위해 돈만 생기면 헌책방을 전전하기도 했고요. 그 시절엔 헌 책값이 300원, 400원할 때거든요. 사 온 미술전문서적을 읽다가 어려운 부분이

나오면 그냥 넘어갔어요. 독학 수준이었으니까요. 그런데 차근차근 읽다보니 어느 순간에 득도가 되더라고요. 하나를 깨우치면 다른 것도 알게 되는 이치라고나 할까요.

집필에 목숨을 걸다

김명원   그럼 그 시기에 시든 사진이든 집필이 이루어진 것인가요?
신현림   첫 시집을 1997년에 출간했지요.『지루한 세상에 불타는 구두를 던져라』라는 제목부터가 범상치는 않네요. 전 이 시집 서문에 이렇게 썼어요. 예술이라는 불빛에 홀려 다른 그리운 것들을 손놓고 청춘을 보냈다. 그동안 쓴 시를 모아 겨우 시집 한 채를 장만한다. 삼십이년의 무게가 슬프다. 늘 다시 살게 해 준 실패와 좌절群君 그리고 하느님께 감사드린다. 상처가 깊고 추운 영혼들에게 이 시집을 바친다, 고요.

상처가 많았어요. 지독한 불면증에 시달렸거든요. 불면으로 참 많이 고통 받았는데, 전시장을 10년간 다니면서 깨닫게 된 사실 때문이었어요. 뭐냐면요, 제가 사수 끝에 아주대에 들어갔지만 학사경고를 두 번이나 받고 끝내 유급을 당한 것, 그래서 아버지-13대 통일민주당 국회의원이셨던-로부터 총으로 쏴 죽여버리고 싶다는 말을 들었던 것, 그런 모든 것들이 제가 열심히 하지 않아서였다는 걸 알게 된 것이었어요. 교만하면 교만한 것에 대가를 치르듯이 열심히 살지 않으면 그만큼의 대가를 치르게 되어 있다는 사실이었지요. 너무도 후회 되는 일이 많아서 잠이 안 오는 거예요. 그래서 그 즈음 정말 치열하게 읽고 쓰고 했거든요. 첫 시집은 그러한 도정을 보여주고 있지요.

이후 세 번째 시집『해질녘에 아픈 사랑』에서 발견된 쪽지 덕분에 제 집필은 더욱 가열되었구요. 친구에게서 받은 쪽지였는데, 거기에는 이렇게 쓰여 있었어요. "한 사람의 불행은 언젠가 잘못 보낸 시간에 대한 보복이다"라고요. 전 이 말을 아직도 가슴에 새기고 있어요. 그래서 목숨 걸고 열심히 살고 쓰고 있는 거 아닐까요? 게다가 전 이혼 후 생계를 책임지고 있으니 더욱 집필은 생존과도 직결되어 있는 치열한 현장인 셈이죠.

> 내 삶의 방식의 최선은 시 쓰기였다. 시를 쓰며 생활을 정리하고 시간을 멈춰 세워 세상을 들여다보고 나를 바라보고, 인생을 더 좋은 방면으로 바꿔가며 많은 어려움을 이겨낼 수 있었다. 헝그리 정신으로 시간을 쪼개가며 탐구하는 삶. 더없이 큰 보람을 느낀다. 조금씩 바뀌어가는 자신을 응시하며, 글 쓰는 기계가 아닌가 싶을 정도로 닥치는 대로 글을 쓰고는 살림과 일에 지쳐 쓰러지듯 잠들었다. 고단하고 다양한 체험을 시와 산문으로 승화시킬 꿈을 키우며 더 열심히 살아야겠다는 생각뿐이다.
> ─「헝그리 정신으로」부분

> 다친 손가락이 아파도 쉬지 못하고, 도서관에서 글 쓰다 왔다. 간신히 애 목욕시키고 책도 두 권 읽어줬는데도 애가 잠을 자지 않는다. 애가 잠을 자야만 급한 원고 마감을 할 수 있는데, 조금씩 초조해졌다. 자정이 넘도록 애가 뒤척였다. 내 손가락에 감은 붕대가 두툼한 것이 무섭다 하고 짜증을 낸다. (……) 부은 손을 보며 내 몸 같지 않을 정도로 피로했다. 두 사람의 인생을 꾸려가기 위해 한 사람 분의 인생은 죽을 정도로 고단하다는 각오로 살지만, 오늘은 목 놓아 울고 싶을 정도로 아프다. 아가야 너도 아프냐. 이 어미도 몹시 아프단다.
> ─「딸아, 너도 아프냐, 이 어미도 무척 아프단다」부분

김명원   영향 받은 시인이 있다면요?

신현림   2년 전에 인도에 갔다 왔는데 까비르라는 시인을 취재할 겸 간 거였어요. 물레를 돌리는 간디 모습의 모델이 까비르인데, 그는 평범한 일반인과 더불어 살며 명상과 삶에 대한 시와 산문을 즐겨 불렀지요. 특히 그의 시

는 구전되어 회자되던 시들이었고, 오래 전부터 선禪 수행자들에게는 초월적인 언어로 널리 읽혀져 왔어요. 까비르의 시는 이미 국내에 소개된 바 있는데 현대에 들어서서는 일반인들까지 많은 관심을 보이고 있지요. 앞으로 사회가 점점 복잡해질수록 사람들 마음에 명상의 공간을 들여놓는 깨달음의 메시지는 더욱 절실해질 것이고요. 때문에 수행자들의 경전으로 읽히는 까비르의 시편들은 시간이 갈수록 빛을 발하게 될 것이에요. 그의 시들은 명료하게 잘 읽히면서도 '생이란 이것'이라고 각성할 수 있게 해요. 그의 시를 읽는 동안, 우리는 지나왔던 시간과 자신을 돌아볼 수 있게 될 거예요. 나는 누구이며, 어디로부터 왔는가, 그리고 어디로 갈 것인가, 어디에 지고의 영혼이 있으며, 진정한 삶의 가치는 무엇이며 무엇을 위해 살아야 하는가, 등을 까비르는 전언하고 있지요. 진리는 자기 속에 숨겨져 있으므로 자신을 잘 살펴보지 않으면 결코 찾을 수 없다고요. 또한 그의 시들을 읽다 보면 명상과 지혜는 멀리 있는 것이 아니라 삶과 같이 하는, 우리 삶 자체라는 것을 깨닫게 되요.

김명원 시집, 사진집, 번역물, 에세이, 동화책 등 수십 권의 책을 낼 때마다 독자들의 반응도 뜨거웠던 인기 작가시라 베스트셀러도 많았을 텐데요.

신현림 치유성장에세이 『내 서른 살은 어디로 갔나』가 독자들에게 감흥을 일으킨 거 같아요. 진솔한 저의 체험담인데 독자들도 비슷한 고민과 고통을 지니고 서른 살을 관통했다는 얘기가 되네요. 서른 살에 어머니가 주신 천만 원으로 집을 탈출했어요. 밥 한 공기가 예사롭지 않았고, 돈벌이의 고달픔에 뼈가 저렸지요. 굶어 죽을지도 모른다는 공포와 불안감에 몸부림치던 잔상이 지금도 생생해요.

또 서른 무렵은 그 어느 때보다 열렬했던 독서광 시절였지요. 제가 궁금해하고 보고 싶어하는 모든 것을 책 속에서 발견한 시절이었으니까요. 먹을 때, 전철과 버스, 길에서나 그 어디에서나 시를 읽고 미친 듯이 책을 독파해 나가던 서른였어요.

그러니 서른 살은 삶에 대한 열정으로 넘쳐나면서도 죽음에 대한 성찰도 시작된 나이였죠. 서른 살, 그때의 마음이 삶을 이끌어 가는 것 같아요. 그 시절의 고독과 불안을 잘 보냈기에 지금의 내가 행복하다고 할 수 있고요. 감성 나이는 늘 서른 살로 살고 싶어요. 그 열정, 그 순수, 그 방황 속에 말이에요.

> 그대 서른 살은 아름답다.
> 가볍지도 않고, 무겁지도 않다.
> 어리지도 않고, 늙은 것도 아니다.
> 불안정 속에 안정을 찾아가는 그대는 뜨겁다.
> 서른 살을 어떻게 보내느냐가
> 남은 인생을 결정한다.
> ―『내 서른 살은 어디로 갔나』 부분

그밖에도『싱글맘 이야기』와『빵은 유쾌하다』등이 있는데 이 책자들은 제가 절판시켰어요. 저도 재혼할 개연성이 있잖아요. 신현림하면 항상 씩씩하게 싱글맘으로 아이 잘 키우면서 사는 이미지로만 보여 지는 것이 싫어서요. 저도 좋은 남자가 있고, 좋은 때가 있으면 결혼할 수도 있는 거잖아요.

김명원　그럼요, 대중의 사랑을 폭 넓게 누리고 계신데, 특별한 사랑이 없을까요. 아름다운 인연이 닿길 기원해 봅니다.

바람물결무늬 여행

김명원　시나 사진 등 작업을 하시려면 여행에서 많은 영감을 얻으시겠어요. 글에 여행 이야기가 제법 소개되고 있고요. 남다른 감회가 있었던 여행지를 소개해 주신다면요.

신현림　인도를 갔다 와서 느낀 건 그 사람들을 무시해선 안 된다는 거였어요. 도처에 순례자들이 굉장히 많은데, 정신적인 가치를 중시하는 게 한국처럼 물질적 결핍 때문에 자살하거나 하는 경우가 없어요. 시를 읽는 사회는 범죄가 없다는 말을 들은 적이 있어요. 시를 사랑하는 사람들은 절대 나쁜 짓을 못하는 그런 게 있어요. 시는 당장의 돈이 되거나 인생을 전환시키는 힘은 없지만 천천히 우리의 삶을 변화시키는 힘이 있거든요. 작금의 한국이 경제적으로 위기라고는 하지만 부디 인도 사람들처럼 정신적인 풍요와 삶의 가치를 시에서 얻어냈으면 해요.

김명원 신현림에게 있어 여행의 의미는 무엇인가요?

신현림 여행은 흘러감과 같은 것이겠지요. 인생의 절정에서 보는 많은 것들…… 더욱 농익어서 저를 성숙하게 만들고 나날은 흥미롭게 흘러가겠지요. 먼 하늘, 긴 울림을 남기며 유유히 떠가는 비행기처럼요. 그렇게 저의 인생은 흘러가리라 생각되요. 그러기에 세계 각국을 다니면서 흘러감을 찍고, 그 흘러감을 영원히 현재형으로 만들면서 여행을 즐겨요.

그리고 여행은 모험이 있고, 발견이 있고, 끊임없는 성찰과 느낌이 있는 생생한 시간과 만나는 것이라 늘 여행을 꿈꾸지요. 하지만 여기 저기 여행을 하며 깨달은 것은 자신이 머무는 곳이 곧 집이고, 고향이라는 사실이에요. 그 순간, 그곳에서 행복하면 되는 거죠. 움켜잡으려고 집착하는 그때부터 마음의 평화는 금이 가기 시작하고 내면의 기쁨은 사라지니까요. 그러니까 결국 지금 내가 사는 곳, 내가 사는 집이 여행지이자 여행의 귀착지이겠지요.

김명원 지금 사시는 곳은요?

신현림 어렸을 때부터 25년 동안 한옥에 살았어요. 그래서 한옥이 왜 좋은지 잘 알고 있지요. 몇 년전 까지는 수원 아주대 앞 아파트에서 살고 있었는데 아파트가 너무 갑갑해지는 거예요. 한옥에 다시 살아야겠다는 생각이 들었어요. 그렇지만 맘에 드는 한옥은 비싸서 엄두를 못 내던 상황이었는데, 우연히 택시 기사께서 정독도서관 근처 동네를 추천해주었어요. 그날 마침 후배 수상식이 있어서 꽃집에서 장미 화분 두 개를 사는데 천원이 부족한 거예요. 돈이 부족하다고 했더니 꽃집에서 만났던 할아버지께서 꿔주셨고요. 너무 따뜻한 동네다 싶어서 여기다! 정했지요. 그리고 정말 우연히도 제 마음에 꼭 드는 한옥을 정말 싼값에 전세로 구하게 되었어요. 행운였어요. 한옥은 한편의 자연이에요. 지붕에는 고양이가 다니고, 실잠자리나 희귀한 나비가 날아다니는 것을 보면 여기가 자연이구나 깨닫게 되었어요. 정들었던 그 집에 주인이 들어오는 바람에 2년간 살다가 지금은 통인 시장 근처 구옥에 살고 있는데, 그 한옥을 지나갈 때면 문틈으로 들여다보다 오곤 하죠.

김명원   일과가 궁금한데요.

신현림   서윤이 학교 보내고 나면 청탁 글 등 작업을 시작해요. 출판사 사람들을 만나기도 하고요. 아이가 하교하면 함께 도서관에 가든가, 아니면 서윤이 혼자 도서관 보내고 기다리면서 동네 단골 카페에서 글을 쓰고요. 집에만 있으면 집안 일만 하려고 해서 산만해져요. 밤이 되면 서윤이와 자전거 타고 경복궁으로 산책을 나가요. 환경에 해를 입히지 않고 생활에 윤활유가 되고 운동이 되기 때문에 제 교통수단은 오직 자전거예요. 자전거를 탈 때마다 삶을 이렇게 심플하고 검소하게 이끌고 싶다는 마음을 되새기지요. 군더더기 없는 생활 속에서 정신적인 삶의 가치는 더욱 빛난다고 믿고 있거든요.

김명원   워낙 바람 부는 날의 여행자 모습이어서 계획 없이 생활하시는 듯했는데 일과표가 있군요.

신현림   기본적인 원칙은 꼭 지켜요. 하루 두 끼라도 알차게 먹기, 가방부터 방안까지 쓸데없는 것을 정리하고 짐을 가뿐하게 하기, 감동과 영감을 주는 사람이 먼저 되고 그런 사람들과 사귀기, 약속 제때 지키기, 말을 적게 하고 노동을 줄이고 운동 열심히 하기, 생의 열정과 의미를 되찾기, 제 글은 써지는 글이 아니라 노력해서 쓰는 글이므로 열심히 쓰기, 하루를 계획하고 메모하고 실천하기, 서윤이와 도서관 가고 밤에 자전거 타기 등이요.

사랑과 함께, 사랑하는 사람과 더불어

김명원   서윤이가 몇 살인가요?

신현림   아홉살이에요. 제가 책에도 썼는데, 서윤이가 다섯 살 때 몹시 아팠던 적이 있었어요. 울먹이는 애의 입술엔 침이 마르고 온몸은 화롯불처럼 뜨거웠지요. 이렇게 열이 많은데 애를 끌고 다니다니⋯⋯ 마음을 가다듬고, 탈고중이라 어질러진 방을 치운 후 애를 재우느라 안아주고 뽀뽀 해주었더니 아이는, "엄마, 빨리 일해. 엄마가 일 안 하면 굶어죽잖아"라고 언젠가 제가 했던 말을 하는 거예요. "엄마, 내가 지켜줄게. 울지 마. 울면 바보야. 알았지? 예쁜이 엄마"라고 하면서요. 서윤이는 저를 '예쁜이 엄마'라고 불러요. 엄마를 지켜준다는 말, 다섯 살짜리가 얘기하는 게 맞나, 너무 감동을 받아 눈물을 글썽거렸어요. 애로 인해 고달픈 일도 많지만 인생의 경이로움과 신비로움을 만나죠.

그리고 지난 4월 초에 KBS 영상앨범 「山」을 서윤이와 함께 찍게 되었는데 두륜산 대흥사에 갔을 때 소원을 빌라고 했더니, 할머니 천국 가시는 거랑 이번 여름에 나올 엄마 시집 잘 팔리는 거래요. 어찌나 대견했는지요.

김명원   흠뻑 축하드릴 일이 있네요. 출간 예정인 네 번째 시집 이야기를 좀 해 주시겠어요?

신현림   세 번째 시집 이후 5년 만에 드디어 시집 『침대를 타고 달렸어(가제)』가 나올 예정인데요. 4부로 이루어졌는데, 1부는 여행 이야기를 담았고, 2부는 삶과 꿈을, 3부는 사랑과 열망을, 4부는 좌절 등을 펼쳐 보이고 있어요. 결국은 인생의 모든 이야기를 담은 셈이네요. 요즘 경제가 불황이다 보니 자살이 무척 흔해지는 시대에 살고 있다는 생각이 들어요. 글 쓴다는 게 시대에 대한 고뇌가 없을 수 없는데, 우리가 왜 살아있는지, 우리가 왜 공부를 하는지에 대한 성찰이 필요하거든요. 우리에겐 살아가는 이유가 분명히 있는데요. 천사가 하늘을 날 수 있는 건, 자신의 삶을 무겁게 받아들이지 않기 때문이래요. 모두가 자신의 짐과 몫이 있는 거죠. 그 중에서도 동시대의 아픔을 가장 많이 안은 사람이 시인이에요. 그러니 그런 시인의 영성 결과물인 시집을 읽으면서 더욱 자신의 생을 반성해야지요.

요즘은 시도 다들 인터넷으로 보고 시집을 안 사 읽어서, 서윤이 바람대로 시집이 많이 팔릴까 걱정예요. 제 책만이 아니라 전체적으로 시집들이 그런데, 가난하고 힘겨울 때야말로 진정으로 시집을 통해 많은 걸 얻을 수 있는 때라고 생각해요.

> 가난에 갇힌 것보다
> 힘없는 나라에 사는 일보다
> 체념에 익숙해지는 것이 더 서러워
> 슬픈 눈을 땅에 떨어뜨리며
> 늙은 아이들이 날아가고
> 새들은 땅속을 파 들어가고
> 오래된 건물을 뚫은 포도넝쿨이
> 한스럽게 뻗쳐오른다
> 가난과 설움을 넘어
> 흐느껴라, 노래하라, 타올라라
> 허기진 생활의 멜로디여
> 아슬아슬한 나날의 쌀자루여
> 낡은 육신의 그물을 던지는 나와 너여
> ―「흐느껴라, 노래하라, 타올라라」 전문

김명원   저도 서점으로 달려 가 반갑게 사 읽겠습니다. 그리고 신현림 시인 네 번째 시집 홍보 대사로 국내외 안팎으로 뛰어야겠는 걸요. 물론 무급입니다.

신현림 탱큐! 정말 고마워요.

김명원 '신사사', 즉 '신현림을 사랑하는 사람들의 모임'이 결성되어 있으시지요.

신현림 고마운 분들이세요. 책이 나올 때마다 만나곤 하는데 보통 삼사십 명 정도씩 모이지요. 전국적으로 여러 곳으로부터 찾아 와 모임을 갖는데, 제게는 활기를 주는 활력소인 셈이에요. '신사사 카페'가 있는데 놀러오세요.

지금은 우리가 헤어져야 할 시간

김명원 문단 일각에서는 신현림 시인의 평가를 두고, 영상미학을 원용하여 튀는 담론을 이끌어 낸 것에만 초점을 맞추고 있는데요. 예를 들어 자신의 누드 사진을 시집에 싣는 과감성이 시적 성과보다 더 크다는 얘기지요. 시는 시로서 발화 형식을 갖추어야 한다는 논리일 텐데요. 어떻게 생각하세요?

신현림 모든 예술에 경계가 있을까요? 시 쓰고 사진 찍고 그림 그리고 음악을 만들어내고, 그런 모든 것들은 예술가의 정서나 사상을 표출하는 행위잖아요? 매체간에 서로 금을 긋고 내 영역이라고 우기는 것이야말로 자신의 예술 세계를 좁게 만드는 것이라고 생각해요. 시로서 부족한 부분은 사진으로 채워, 사진이 더해져서 훨씬 감각적인 시가 된다면 그것이 문제가 될까요? 그리고 시집에 실은 누드 사진도 누드 자체가 아니라 자신을 진솔하게 드러내면서 사라져 가는 인간 존재의 의미를 묻고 싶었던 거예요. 육체가 담지하고 있는 미학과 쇠락과 아픔 같은 것이죠. 시와 가장 잘 부합되는 사진을 넣어 시적 효과가 극대화되면 되는 거 아닌가요? 예술 분야가 서로 소통을 해야 발전하는 것이지 닫혀 있으면 제한되지요. 시에 사진을 삽입하면 시가 사진의 시녀로 전락한다는 우려라든지 시인이 다른 분야를 함께 작업하면 외도라고 폄하해 버리는 태도는 바뀌어야 해요.

김명원 어떤 신현림으로 살고, 기억되고 싶으신가요?

신현림 제 안엔 익명의 많은 것들이 살아요. 나는 나만으로 되어 있지 않거든요. 아주 오래 전의 선인일 수 있고, 풀과 나무일 수도 있고, 바람일 수도 있어요. 그 많은 것들의 희노애락의 소리와 이미지를 제 작품에 담아내는 진정한 시인이자 작가로 살다 가고 싶어요.

김명원 신현림을 좋아하는 독자들에게 전하고 싶은 말씀이 있다면요?

신현림 제가 꼭 드리고 싶은 이야기는, 어떤 예술을 하건 어떤 삶을 살건 영감을 주는 사람이 되라는 거예요. 사랑하는 사람, 영감을 주는 사람이 감동을 줄 수 있어요. 그리고 그렇게 되기 위해선 책을 많이 읽어야 하고요. 그런 사람이 되어 달라는 부탁을 드리고 싶네요. 누구나 자기 인생의 그림을 그리는 아티스트입니다. 그 길을 잘 찾아 자신의 자화상을 잘 만들어 가시길 바래요.

> 울음 끝에서 슬픔은 무너지고 길이 보인다
> 울음은 창문이 만드는 아주 작은 창문인 것
> 창문 밖에서
> 한 여자가 삶의 극락을 꿈꾸며
> 잊을 수 없는 저녁 바다를 닦는다
> —「자화상」전문

우린 봄이 무르녹는 공간에서 분명 하나였다. 이를 악물고 살았지만 이를 악문 자국 하나 없이 다습고 명랑한 그녀. 하루 종일 붙어 있으면 밤을 새면서도 이야기보따리를 풀어 놓을 그녀. 귀엽고 예쁘고 상큼하고 향기로운 그녀. 어디 또 그녀를 찬탄할만한 형용사들이 더 없을까. 신현림 시인과 헤어지려는 시간, 내 온몸에 푸른 물이 들었음을 깨닫는다. 그건 그녀가 나에게 신비롭도록 전염성이 강했다는 반증이 된다. 지나치게 솔직하고 넘치도록 당당한, 사랑에 대해서도 삶에 대해서도 거침이 없는, 그러기에 더욱 아프고 사랑스러운 신현림 시인을 한 가지 빛깔로 단 한 가지 곡조로 쓰는 것으로는 채울수 없으리라. 두고두고 신현림 시인을 그리워하기로 한다. 오래도록 시인을 노래하기로 한다.

  전송하는 대전역 플랫폼에 봄 햇살이 부챗살로 펼쳐진다. 옥천에서부터 우리와 놀이하던 그 햇살들이다. 눈 시리게 반짝거리는 급속 열차가 들어오고, 이별을 예감하는 발걸음이 더디다. 만나야 할 사람들은 반드시 만나게 되어 있다는 영화 「접속」의 대사처럼 오늘 나는 운명처럼 그녀를 만났다. 다시 만나자는 약속이 없어도 우린 분명 다시 만나게 될 것이다. 그녀의 시집에서, 그녀의 에세이에서, 그녀의 사진에서, 아니면 문득 어느 카페에서 어제 만났던 것처럼 반갑고 가쁘게 만나 숨찬 수다를 펼칠 것이다. 차창 안으로 비치는 푸른 실루엣의 시인과 손을 흔들어 이별하고 돌아서는데, 허스키한 목소리가 매혹적인 그녀, 벌써부터 다시 보고 싶어진다(2009년 4월 29일).

신현림   1961년 경기도 의왕 출생. 아주대학교 국문학과 졸업. 상명대 디자인대학원 사진학과에서 순수사진 전공. 1990년 『현대시학』에 「초록말은 타고 문득」 외 9편을 발표하면서 등단. 한국예술종합학교와 아주대학교에서 강사 역임. 시집으로 『지루한 세상에 불타는 구두를 던져라』, 『세기말 블루스』, 『해질녘에 아픈 사람』 등, 첫 사진집과 함께한 산문집 『아我! 인생찬란, 유구무언』, 『희망 블루스』, 영상에세이집 『나의 아름다운 창』, 『희망의 누드』, 『슬픔도 오리지널이 있다』, 사진에세이집 『빵은 유쾌하다』, 『굿모닝레터』, 『천개의 바람이 되어』, 미술에세이집 『신현림의 너무 매혹적인 현대미술』, 박물관기행 산문집 『시간창고로 가는 길』, 치유성장에세이집 『내 서른살은 어디로 갔나』, 동시집 『초코파이 자전거』, 역서로 『블루데이 북』 시리즈와 『러브댓독』 등이 있다.

김요일

푸른 달빛 속의 사자 한 마리, 김요일

이번 여름에는 연일 큰 비가 내린다. 무지막지하게 퍼붓는 빗속에 갇힌 날들이다. 음습한 기운으로 몸과 마음이 온통 먹먹하다. 이런 잿빛의 공간으로 중첩되는 시름은 비로 인해 고통이 가중될 농부들과 수재민들을 향한다. 어쩌지 못하며 비에 젖는 인생이란 얼마나 무력한가. 1953년에 발표한 손창섭의 소설 「비오는 날」의 음울陰鬱도 어쩌면 이런 비오는 어두운 날의 비감을 드러낸 것이었겠다 싶다. "이렇게 비 내리는 날이면 원구元求의 마음은 감당할 수 없도록 무거워지는 것이었다. 그것은 동욱東旭 남매의 음산한 생활풍경이 그의 뇌리를 영사막처럼 흘러가기 때문이었다."로 시작되는 소설은 비에 젖어 헤어날 수 없는 피난민의 삶이 요즘의 풍경처럼 피학적으로 그려지고 있다.

축축하게 비에 젖는 8월의 오후, 조금은 자조에 가까운 어조로 스스로를 달래고 싶은 시각, 나는 이런 때에 읽고 싶은 시가 김요일 시인의 시임을 직감적으로 알아챈다. 김요일 시인은 참으로 오랜만에 우리 앞에 한 권의 시집을 들고 불쑥 나타났다. 1994년 실험 장시 「붉은 기호등」을 한 권의 책자로 묶어 선보인 후, 2011년 올해 두 번째 시집 『애초의 당신』을 상재한 것이다. 그 긴 시간의 침묵 안에는 참으로 깊은 사연들이 절절할 것이다. 언어로 드러나지 않는 세월의 장막 뒤로 얼마나 곡절한 길들이 놓여 있을 것인가. 그간 김요일 시인에 관한 소식은 주로 일간 신문을 통해 나에게 도착하였다. 1990년대 중반, 하재봉, 성귀수, 주종환 등과 함께 홍대 앞 클럽 '발전소'에서 국내 최초의 집단 시 퍼포먼스를 했다는 소식, 위암 수술로 위장 전부를 떼어낸 후 급성 담석증으로 또 다시 수술을 받았다는 소식 등 그가 지면에 소개될 때마다 나는 그를 위한 순결한 기도를, 그의 시를 아끼는 독자의 몫으로 뭉텅 할애하였다.

하지만 이제는 더 이상 지면으로만 그를 규정할 수는 없다는 데에 나는 동의한다. 이렇게 비가 내리는 날들 중 하루는 반드시 그를 만나서, 얼굴을 마주 대하고, 그의 습한 눈동자를 들여다봐야겠다고 생각한다. 그의 비에 젖는 목소리를 반드시 나의 글로 그려내야겠다고 결심한다. 그가 유랑하며 바라보고 노래해야 했던 그리움의 대상들이 누구인지 똑똑히 증언해야겠다고 말이다. 그 오랜 세월 동안 절필하며 아플 수밖에 없었던 이유들과, 떠나고 다시 돌아올 수밖에 없었던 사랑들과, 그가 불러 세우고 쓸 수밖에 없었을 시들을 낱낱이 찾아 낼 참이라고 말이다.

지인들 사이에서 '금요일'이라고도 불리는 김요일 시인을 만나기로 한 날은 하필 8월 19일 금요일이었다. 약속의 날도 변함없이 하늘은 어둡고 간간이 비가 뿌렸다. 하지만 서울 마포구 신수동에 위치한 '문학세계사'로 향하는 골목은 명랑했고, 오랜만에 시인을 만날 설렘은 가득하였다. 문득 불어오는 바람이 하도 시원하여 올 가을을 이곳에서 맞는 것은 아닐까, 걸음을 멈추고 단아한 문학세계사 건물을 한참이나 올려다보았으니 말이다. 김요일 시인이 근무하는 4층의 사무실은 정갈했고, 긴 단발의 곱슬머리를 휘날리는 시인이 환하게 맞아주었다. 빠트릴 수 없는 한 가지, 우리가 이야기를 나누는 다탁 뒤로는 그가 여행 중에 수집한 각종 재떨이들이 온갖 개성과 면모를 뽐내고 있었으니, 인터뷰 내내 그의 입술에는 말보로 담배가 휘발성 짙은 그의 내면을 증거라도 하듯이 푸른 연기로 방랑의 춤을 끊임없이 추었음은 물론이었다.

비 오는 여름의 끝, 금요일에 시인 김요일을 만나다

김명원   서울을 비롯해 여러 곳에서 수재민들이 발생한, 우울한 날들인데요. 습도 높은 여름의 절정, 어떻게 지내시는지요?

김요일   비가 온다고, 햇볕이 뜨겁게 내리 쬔다고 특별히 제 생활은 다를 바 없습니다. 출근하고, 일하고, 퇴근하고, 어울려 술 마시고, 담배 피고, TV 보고, 혼자 술 마시고, 조금 생각하고, 또 담배 피고, 충혈된 눈으로 다시 출근하고요. 제 생활이란 게 별 거 없네요. 비슷한 색과 온도를 가진 스펙트럼처럼 배열되어 펼쳐져 있을 뿐이죠.

김명원   지난 일주일 동안 어떤 일들을 했는지 주요 일정들을 회억해 주시겠어요?

김요일   서울에 기록적 폭우가 쏟아지던 밤 홍대 근처에서 고영 시인, 박후기 시인, 동생인 김요안 평론가 등과 술내기 당구를 쳤고 승리의 기쁨을 누리며 새벽까지 술을 달게 마셨습니다. 퍼붓는 비를 보며 입으로는 '그만 내려야 할 텐데, 더 피해는 없어야 할 텐데'하면서 속으로는 '세상 다 잠겨 버려라' 하는 생각을 했습니다. 금요일 밤에는 소설『반야심경』의 작가이기도 한 문막 송정암의 혜범 스님을 찾아 술 마시고 노래했고, 그 다음날에는 시인들로 구성된 '시인축구단 글발' 초청 경기에 참석하기 위해 강원도 고성엘 다녀왔고요.

김명원   축구를 좋아하세요? '시인축구단 글발'에는 언제부터 참여하셨나요?

김요일   축구, 좋아하지요. '시인축구단 글발'의 시작은 1991년대까지 거슬러 올라가야 합니다. 제가 근무하는 '문학세계사'에는 여러 문인들이 드나들었는데요. 그중에는 출판저널에 근무하던 김중식 시인도 있었습니다. 김중식 시인은 자신의 모교인 서울대 국문과 출신들과 축구를 하고 있었고요. 그 축구 동호회에는 평론가 서영채, 한기, 소설가 주인석, 영화감독 육상효

등이 있었지요. 저는 그 축구 동호회 팀과 시합을 하기로 하고 제 사무실을 드나들던 지인들에게 연락을 해서 제 모교인 서울 교대에서 시합을 몇 번 했는데 처음에는 오합지졸로 겨우 겨우 축구팀을 구성하다 보니 단연 서울대 팀이 우세했어요.

김명원 '시인축구단 글발'이라는 이름의 내력이 궁금한데요. 그리고 팀 구성원과 경기나 모임의 내용을 좀 소개해 주시지요.

김요일 서북쪽에 기거하는 시인이 많다하여 처음에는 '서북 붉은 청년단'이라 불리웠는데, 그 즈음 박정대, 이정주, 최창균, 최준, 김중식, 함기석, 조현석, 김정수, 전윤호, 함민복, 이진우, 신현철, 백인덕, 김왕노, 박형준, 함성호, 박완호 등의 시인들이 공을 차기 시작했어요. 정식 창단 이후 '시인축구단 글발'로 팀명을 정했죠. 창단 모임에서 팀 이름을 정할 때 유력했던 것은 제가 제안한 '장미촌'이었는데 좀 퇴폐적이라는 의견이 많아서 부결되었고 박정대 시인이 제안한 '시발'이 주목을 받았어요. 그런데 여성 시인들이 어감 상, 욕이 연상 된다면서 반대를 하는 바람에 타협을 본 것이 '글발'이었습니다. 하지만 '시발'이라는 이름에 대해 애정을 가지고 있는 시인들이 여럿 있어서 요즘도 시합 전에 "시(씨?)발, 글발 파이팅!"이라는 구호를 외치고 있답니다.

'시인축구단 글발'이 정식으로 만들어지고 경기가 거듭되자 그때마다 구성원을 보강해서 축구를 잘하거나 좋아하는 시인들을 영입하기 시작했고요. 서영채, 채풍묵, 이장욱, 최치언, 이준규, 박지웅, 고영, 박후기, 이시백, 서수찬, 정병근, 김요안, 이창수 등 40여 명이 참여하게 되었습니다. 김상미, 김지헌, 신수현, 최춘희 등 누나 서포터즈도 매 경기마다 응원해 주고 있구요. 매월 한 번씩 친선 경기를 갖고 있는데요. 남해로, 광주로, 고성 등지로 여행 겸 교류 겸 친목 도모를 꾀하며 활발하게 진행하고 있지요. 지리산 문학제에도 초청을 받아 놓은 상태이고요. 경기가 있을 때마다 대략 20여 명이 참가하는데, 시합이 끝나면 자연스레 이어지는 뒷풀이 술자리에는 여러 시인들이 찾아와 풍성한 밤이 되곤 합니다. 참, 제 포지션은 센터포드인데 게으르다고 욕을 많이 먹지요. 놓친 골이 더 많지만 넣은 골도 더러 있으니 제 역할을 좀 하고 있는 셈이겠죠?

김명원   선생님하면 또 한 가지 연상되는 것이 여행인데요. 어쩌면 이번 시집도 선생님의 외적이거나 내면으로 기울인 여행에 대한 여정 기록서가 아닐까 싶고요. 아프리카의 여행담에서부터 카치올리로의 초대에 이르기까지 선생님의 남다른 여행담이 시에 스미는 과정이랄까요? 듣고 싶습니다.

김요일   저는 여행을 참 좋아합니다. 그래서 최대한 많이 다니려고 하고 있고요. 하지만 저의 여행지는 유적지나 박물관 등이 아닙니다. 드러난 명소는 재미가 없거든요. 제가 재미있어 하는 곳은 여행지의 시장이거나 뒷골목이거나 술집이거나 맛집 등이에요. 그런 향취가 좋으니 그룹으로 다니는 것도 싫고, 혼자 다니는 것을 좋아합니다. 여행지에 도착하면 차를 렌트해서 이동하는데, 거의 어느 곳에서든 술을 마시는 것이 습관이라서 여행 일정의 반 정도는 취해 있고요.

작년에 '인도를 생각하는 예술인 모임'에서 인도로 여행을 갔는데 매일 새벽 3, 4시까지 술을 마셨어요. 동행했던 김태형 시인과 이재복, 김춘식 평론가가 저와 보조를 맞추느라 고생 좀 했을 겁니다. 이번 시집에 수록되어 있는 「Love Song」이 바로 그 인도 여행에서 만들어진 시인데요. 어느 새벽, 술에 반쯤 취해 풀장에 나갔다가 하늘 저 너머의 별을 바라보면서 쓴 시지요. 맥주를 마시며 풀장의 물속에서 나체로 완성한 시가 「Love Song」이니 여행과 제 시는 출생지가 같기도 하네요.

김명원   그래서 선생님 시에는 습습한 여행지의 비린내와 뒷골목이나 시장 어귀의 술 냄새가 배어 있군요. 더구나 그래서 독자가 가보지 못했던 여행지들이 선생님 시를 통해 명료하게 체험되는 것으로군요. 이제 벌써 바람이 선뜻해지는데요. 여름이 지나가는 요즘, 무슨 생각들을 하고 계시는지요?

김요일   작년 10월 시집원고를 출판사에 넘긴 이후 지금까지 시쓰기를 너무 쉬었다는 생각, 시를 과연 계속 써도 될까 하는 생각, 이번 생에서 다시 연애할 수 있을까 하는 생각, 이사로 재직 중인 출판사에 도움이 될 수 있는 잘 팔리는 책이 뭐 있을까하는 생각 등등입니다.

늘 '나는 시인'이고, 이었다.

김명원   유독 자아가 강한 청소년기를 보낸 사람들은 젊은 시절에 멋진 사고를 벌이는데요. 제가 알기로는 선생님께서는 여러 번의 가출 후 음악실 DJ로 활동하셨다고요. 그 시절의 추억담을 좀 들려주세요.

김요일   숭실고등학교와 계원예술고등학교, 두 고등학교를 전전하며 무기정학 2회, 유기정학 2회의 자랑스러운 훈장을 달고 결국엔 검정고시를 거쳐 대학에 진학한 청소년기를 말로 풀면 너무 길어질 것 같네요. 한마디로 온갖 나쁜 짓, 하고 싶은 짓 다 했습니다. 대학시절에도 학내 시위를 주동한 혐의로 구속 수감되고, 무기정학까지 받았으니, 불효자 중에 상 불효자였던 셈이죠.

김명원   대학에서 음악을 전공하셨는데요. 음악과 시는 이란성 쌍생아이지만, 음악에서 시로 건너오시게 된 계기가 있었나요?

김요일   어린 시절부터 건방지게도 늘 '나는 시인'이라 생각했기에 음악에서 시로 건너오게 되었다는 생각을 한 적은 없습니다. 중학교 시절부터 거의 하루 한 편씩 시를 써 왔었고, 시인 아버지를 둔 덕에 온갖 시집을 접할 수 있었고요. 숭실고등학교 남성합창단 활동을 하며 음악이란 친구와 깊게 만날 수 있었던 계기는 있었네요. 검정고시를 거쳐 서울교육대학교 음악교육과에서 공부하게 된 것도 음악이 내 삶을, 시를 좀 더 풍성하게 해줄 것이라는 기대를 가지고 있었기 때문이었지요. 국문과 커리큘럼은 시시하고 따분해 보였거든요.

김명원   선생님은 1990년 『세계의 문학』에 「자유 무덤」 외 4편을 발표하면서 등단하셨지요. 등단 즈음의 문학을 향한 각오랄까요, 열정이 있었다면 어떤 것이었을까요?

김요일 좀 전에 말씀 드린 대로 등단하기 전부터 '나는 시인이다.'라는 시 건방진 생각 때문에 등단 자체에 큰 관심을 두지 않았습니다. 등단도 자의반 타의반이었으니까요. 호기심 많던 스물여섯 청년이었을 때 시인들이 술 마시러 자주 들른다는 인사동의 '평화만들기'란 카페엘 갔는데, 문을 열고 들어서자마자 낯익은 얼굴의 시인들이 고성으로 싸움을 하고 있었지요. 시집으로만 보아왔던 황학주, 김명리, 그리고 박남철 시인이었습니다.

싸움의 연유야 모르겠고, 반가운 마음에 "저 혹시 박남철씨 아니세요?"라고 했더니 "뭐? 씨? 박남철씨라 했니? 넌 뭐하는 놈인데?"라며 당장이라도 주먹으로 내리칠 태세로 박남철 시인은 나를 윽박질렀고, 기고만장한 스물여섯의 나는 아무렇지도 않게 웃으며 "네, 저는 김요일이라고 합니다." 대답했죠. 그게 인연이 되어 인사동 '시인학교'에 2차를 가게 되었고 거기서 저는 '박남철 시인의 팬이다, 시 공부 하고 있다.'는 고백을 하게 됩니다. 박남철 시인의 '시 쓴 거 있으면 한 번 보자.'는 말에 주섬주섬 가방 속에 있는 10편 가량의 원고를 꺼내 주었는데, 일주일 후쯤 만난 자리에서 "너, 『세계의 문학』 가을호로 등단하게 되니 그리 알거라."라는 통보를 듣게 되고요. 얼떨결에 '진짜 시인'이 되어 버린 거죠.

나중에 안 사실이지만, 심사위원이었던 이남호 교수가 '급작스러우니 다음호로 미루자.'고 했던 걸 박남철 시인이 밀어붙여 등단하게 된 것이었더군요. 그후로 박남철 시인은 자연스럽게 단 한 명의 '스승'이 되었죠. 그전까지 누구에게도 시를 배우거나 어울려 시 공부를 해본 적이 없었으니까요. 1990년대 내내 박남철 선생과 같이 어울려 술 마시면서, 결벽에 가까울 정도로 언어를 조각하는 시인의 자세를 배웠습니다. 제자이긴 했지만 무던히 고집 부리고 말을 안 들었고요. 지금 생각해 보면 그 고집마저 박남철 선생께 배운 게 아닌가 생각됩니다.

자유무덤……중얼거려보았다……밤알만한신문활자들이후두두후두두 쏟아지는데나는우산을뒤집어그것들을주워담았다따스한것뾰족해서손을 찌르는것물컹한것신냄새가나는것닥치는대로주워담았다룰루랄라재밌었 는데……야릇한신음소리가새어나왔다그리고……

시계에밥을주었다벽엔온통시계가붙어절벽였고그중엔혁명의시계도있 었다째깍째깍냄새나는벽을지나서나는공중에떠있었다늘처럼혁명을생각 하였다혁명을중얼거렸다바로그때

……자유무덤의문이스르르열리었다방안에가득한새벽달빛처럼슬픔감 격이시작되었다……

막이오르고……여기가……어딘가……녹슨태양이여기저기……떠있 는……눈이동그란……쭈글쭈글한노인이등에업혀있었다헐헐거리며지팡 이로태양을툭툭치며……우수수비듬같은가루가쏟아지는데너무무거웠다 땅속으로자꾸발이잠긴다빠져든다……우……우……곳곳에서……나는 혼자가아니었구나나는어떤시인을생각한다독오른뱀나는혀를날름거린 다……뿌연안개속에……눈썹이하얀……쭈글쭈글한노인을업고비틀대는 사람들이보였다……자유무덤……여기는어디……녹슨차들이껌벅이며거 리를미끄러져가고수은등뒤의빌딩들백화점과관청의깃발이나부끼는것도 보였다……

……아아……여기는……자유도시……나는모르고자라왔구나겁많은꽹 이로살아왔구나

……불쑥……내앞에……내밀어지는……땀이송글송글맺힌……목장우

유한병……

신선한,
― 「자유무덤」 전문

범상치 않은, 새롭거나 뜨겁거나

김명원 1993년 EBS에서 방영된 '1990년대를 여는 시인들' 특집에 장석남, 함민복, 함성호, 김중식 시인과 함께 선정되는 등 90년대 대표 시인으로 기대를 모았던 선생님은 장시로 엮은 책자 『붉은 기호등』을 1994년에 출간하면서 화제를 불러 일으켰지요. 고착된 문법과 띄어쓰기를 무시하며 전통성에 반기를 들었기 때문이기도 하지만 신선한 실험성을 보유한 당당한 행보가 주목을 받았던 탓이었고요. 형식을 담보하는 내용 역시 현실 세계를 마음껏 조롱하며 신세대의 시인으로서 겪는 가치관의 혼란과 낯선 체험을 독특한 개성으로 표출하였는데요. 이를 두고 문단의 평가가 만만치는 않았지요. 지금의 시선으로 첫 시집을 바라보는 소회는 어떤 것일까요?

김요일 그 당시에 저는 '새롭지 않으면, 낯설지 않으면 예술이 아니다'라고 생각했어요. 그 생각은 지금도 변함이 없어요. 요즘 제가 쓰는 시들은 그런 면에서 바라 봤을 때 비겁한 거죠. 많은 사람들이 좋아하는 것과 '진짜 예술'과는 다른 거니까요. 1994년 『붉은 기호등』이 출간되었을 때 말이 많았어요. '서정의 기본도 안 되어 있다.', '예술을 치장한 쓰레기다.'라는 소리도 들었으니까요. 섭섭하진 않았고요. 예상했던 일이었으니까요. 정말 기뻤던 건 제가 좋아했던 시인들-하재봉, 장정일, 함민복, 박정대, 박상순, 성귀수 등-과 작가 정영문이 제 시를 좋아해 주었어요. 그걸로 끝이죠, 배불렀죠.

김명원 바로 올해 2011년인데요. 실로 오랜 침묵의 문을 열고, 표표히 올봄에 두 번째 시집 『애초의 당신』을 상재하셨지요. 이번 시집에는 시와 음악을 생래적으로 떠날 수 없는 절절한 운명의 목소리가 선명했습니다. 그 긴 절필 기간은 실험의 한계에 대한 인지였나요? 아니면 그리움을 견디며 철저히 준비한 의도적인 시간이었나요?

김요일 1994년부터 2002년까지 시를 한 편도 발표하지 않았는데, 의도적인 절필이라기보다는 극단의 언어 실험을 모색하다 실패한 겁니다. 쓰고 버리고 생각하고 지우고 했으니까요. 2003년 박정대, 안현미 시인 등과 정선으로 여행을 갔었는데, 빗길에 차가 반파되는 사고를 당했어요. 임시방편으로 겨우 차가 굴러갈 정도로 수리하고 술도 덜 깬 상태에서 운전하며 서울로 돌아오는 길에 갑자기 시가 찾아왔어요. 차안엔 '부에나비스타 소셜 클럽'의 음악이 흐르고 있었고 선명한 문장으로 머리 속에, 가슴 속에 시가 쓰여 졌구요. 그렇게 만들어진 시가 「아바나의 피아니스트」입니다. 그후로도 그런 식으로 가끔씩 시가 찾아왔고, 그렇게 7년쯤 모아진 시들로 책을 내게 되었습니다.

   오래 전에 나는 아바나 해변의 재즈 피아니스트였네
   부에나비스타 소셜 클럽 같은
   유명한 악단의 멤버는 아니었지만
   가끔, 취한 체게바라가 찾아와 클럽의 연주를 듣고 가기도 했었지
   바다가 보이는 작고 낡은 바에선 언제나 음악이 끊이질 않았다네

   석양을 칵테일 잔에 담아 마시던 이국 아가씨의 뺨이 발그레 물들 때
   잘 기른 콧수염을 만지작거리며 다가가
   이마에 입맞춤해 주기도 했었지
   아바나에선 그렇게 사랑을 시작한다네

   기분이 나면 맘보나 차차차를
   제국의 거리에, 살구꽃 냄새 나는 불온한

유인물을 뿌리고 돌아온 새벽에는
슬픈 살사를 두드렸다네 오래된 건반이 부서지도록

그럴 때면 샛노란 양철 지붕 위로
푸른 달빛이었는지, 굵은 빗줄기였는지
혁명이었는지, 고백이었는지
폭포처럼 방언처럼 쏟아져 내렸었고
누구랄 것도 없이 먼저 깊고 아픈 꿈을 꾸기 시작했었지

아득히 그리운 그곳
아바나에선 모두가 시인이라네
시거든 대마초든 다디단 담배를 물고 아무 곡조나 흥얼거리지
아무도 무언가를 적지 않지만
인생을 조금 아는 사람들의 눈에선
당신 닮은 수련꽃이 몇 번이나 피고 졌다네

예전의 나는 아바나 해변의 재즈 피아니스트였네
산타루치아 해변이나 이태원의 숨은 뒷골목에서였는지도 모르지만, 차차차.
— 「아바나의 피아니스트」 전문

김명원 이번 시집에서 제 눈길을 끈 시가 바로 「아바나의 피아니스트」이지요. 멕시코만에 접한 서인도 제도 최대의 항구 도시이며 쿠바의 수도인 '아바나'라는 지명은 선생님 시에서 가슴을 설레게 합니다. 예술의 변혁을 꿈꾸는 시적 화자가 그리워하는 체 게바라를 석양 짙은 노상 바에서 노래로 불러내고, 부에나비스타 소셜 클럽을 유리글라스에 담아서 살구꽃 냄새 나는 불

온한 매력을 마구 뿌리며 이 시는 종횡무진 해변을 누비고 있으니까요. 시 「아바나의 피아니스트」는 노래와 취기로 충만합니다. 이 시는 리듬과 활력으로 충일합니다. 누구랄 것도 없이 먼저 깊고 아픈 꿈을 꾸게 하면서, 혁명을 위해 운동가를 외치던 구호를 추억하게 하면서, 이 시를 읽는 저처럼 구린 독자를 황금 시인으로 만들어 버리는 연금술을 부리고 있으니까요.

아바나에서 신촌 우드스탁까지 예술의 혁명을 노래하다.

김명원 시 「아바나의 피아니스트」처럼 이번 시집 『애초의 당신』은 첫 장시책자와는 여러 면에서 많이 다르지요. 물론 시는 해독하고 감상하는 자들의 몫이겠지만, 그래도 시를 공급한 공급자로서 첫 장시책자 『붉은 기호등』과 두 번째 시집의 변별점을 설명해 주시겠어요? 제가 읽기로는 이번 시집에 상당 부분 서정적 색채가 입혀져 있는 것으로 느껴졌는데요. 이런 변화의 이유가 있을까요?

김요일 이번 시집 『애초의 당신』은 자서에서 밝힌 것처럼 '남 몰래 흐르는 눈물'을 부르고 싶을 때, 'Creep'을 부르고 싶을 때, '아득히 먼 곳'을, '비처럼 음악처럼'을 부르고 싶을 때가 있듯이 내 속에서 흥얼거려진 여러 색의 노래들을 풀어 놓은 것입니다. 박정대 시인의 표현처럼 목에 힘 빼고 진성이 아닌 가성으로 흥얼거린 것들이죠. 내가 생각하는 '예술'은 아니지만 내가 흥얼거리는 '노래 모음' 쯤은 된다고 할까요?

김명원 그래서 이번 시집은 출렁이는 '노래'들로 물들고 있군요. 누구에게나 가슴에 들어차 있는 그리움의 진원지를 선생님의 시들은 방랑적 선율로 가리키고 있지요. 특별히 좋아하는 장르의 음악은요?

김요일 특별히 좋아하는 장르의 음악은 없습니다. 그저 잘 만들어진 곡이라면 어느 장르이든 다 좋아하지요.

김명원 잘 만들어진 곡이란 어떤 곡일까요?

김요일 잘 만들어진 곡이라면 저와 정서적으로 잘 맞는 곡도 있겠지만 탄탄하게 잘 조각된 곡이 아닐까요.

김명원 선생님이 스무 살 때인가요. 작곡가인 친구 송시현을 통해서 가수 이선희에게 「겨울 애상」을 헌시했다고 들었는데요.

김요일 헌시는 아니구요. 제가 스무 살 때네요. 작곡가 송시현, 그 친구 집에 놀러갔던 적이 있었는데요. 배가 고프다고 했더니 그 친구가 라면을 끓여 줄 테니까 자신이 멜로디만 작곡해 놓고 가사가 없는 곡에 작사를 하라고 하더군요. 그래서 라면을 얻어먹으려는 양으로 친구가 라면을 끓이는 동안 작사한 곡이 바로 「겨울 애상」입니다.

김명원 선생님은 1994년, 극장예술과의 만남이라는 기치 하에 시 보급 실천운동으로 시극과 시 퍼포먼스에 참여하셨는데요. 참여 시인들과 숨겨진 재미있는 이야기를 좀 들려주시지요. 그리고 궁금한 것, 국내 최초의 집단 시 퍼포먼스를 통해 실험 대상으로서의 시에 대한 모색 결과는 어떤 것이나요?

김요일 극장예술과의 만남이라는 기치라든지 시 보급 실천운동 같은 건 잘 모르겠습니다. 그냥 재밌고 싶었던 게 다이니까요. 재밌게 놀고, 재밌게 마시고, 재밌게 희롱하고 싶었거든요. 문학 혹은 예술에 관심 있는 많은 사람들을 불러 놓고 봐라, 이게 시다. 이게 예술이다. 알겠니? 난 모르겠는데? 하는 생각이었습니다. KBS '문화가 산책'에서도 취재를 해갈 정도로 당시 많은 방송 및 언론사에서도 관심을 기울여 주었지요. 그 당시 홍대 앞에는 락카페가 하나 둘 생겨나고 있었는데, 그 중에서도 '발전소'라는 락카페가 소위 '물'도 좋고 공연하기에 무대 구조도 적당했고요. 소극장을 비롯한 다른 무대에서의 공연도 가능했지만 그 당시 홍대 대중문화의 '전위'라는 상징적 의미를 가지고 있었던 발전소에서의 공연이 더 재밌겠다 싶었죠.

하재봉 선배의 주도로 성귀수, 주종환 시인과 함께한 퍼포먼스에는 그야말로 입추의 여지가 없을 정도로 많은 일반 관객과 예술가, 기자들이 눈을 부릅뜨고 '요놈들 어떻게 하나' 보고 있었고 대낮부터 일 잔을 걸친 우리는 마치

아무렇지 않은 듯 무대 위 아래를 오가며 각자가 준비한 퍼포먼스를 이어 나갔습니다. 실제로는 눈앞이 깜깜하고 많이 떨렸죠. 저는 『붉은 기호등』의 전반부를 테마로 공연했는데, 팬티 차림에 턱시도 와이셔츠를 입고 직접 작곡한 「검은 현을 위한 아라리」라는 곡을 피아노로 연주하다 객석으로 난입하여 여성 관객 2명, 남성 관객 1명을 무대 위로 끌어냈습니다. 무대 위로 끌어내는 퍼포먼스 와중에 여성들은 상의가 찢겨 나가 브래지어만 남게 되고 바지도 거의 찢겨 너덜너덜하게 됩니다. 물론 사전에 연출된 각본이었지만, 옆에 있던 관객들이 끌어내는 내 손을 만류할 정도로 생생한 긴장이 감돌았죠. 내가 지나왔던 80년대의 광기와 폭력성, 그리고 충돌하는 자아를 무대 위에서 거칠게 보여 주고 싶었습니다. 그리곤 식칼을 들고 『붉은 기호등』을 지휘하기 시작합니다.

『붉은 기호등』은 애초에 씌여질 때부터 음악의 화성법, 대위법을 바탕으로 만들어진 장시이기 때문에 혼자 낭독할 수는 없었거든요. 때론 빠르고 때론 느리게, 때론 절규하듯 때론 속삭이듯 10여 분의 전위 음악의 한 악장 같던 낭송(연주)이 끝나고 객석에서는 우레와 같은 박수와 휘파람으로 첫 순서를 환영해 주었습니다. 긴장이 풀린 저는 캔맥주와 소주를 병째 원샷하며 기억을 잃어 갔죠.

김명원   저는 공연 소식을 일간지에서 접했답니다. 한 번 꼭 상경해서 관람해야지 마음만 다잡고 있었는데 어느 날 공연이 끝났다는 아쉬운 비보를 듣게 되었고요. 지금도 젊지만, 더 푸르던 젊은 시절의 활동 무대였던 신촌은 선생님께 어떤 상징적인 공간인가요? 이번 시집에도 신촌의 현대백화점 건너편 뒷골목에 위치한 실내 포장마차 '은경이네'와 단골 술집 '우드스탁'이 소개되고 있는데요.

김요일   술 마시고 놀기 편한 곳이죠, 뭐. 정서적으로 자유를 느낄 수 있는 공간이라고 할까요. 제가 자주 드나들었던 '우드스탁'은 1969년 '록에 대한 순수한 열정과 평화에 대한 갈구'를 기치로 미국의 Woodstock에서 열린 록 페

스티발에서 이름을 따온 것이라고 합니다.

철없던 계절의 뒷골목아, 안녕
뒤돌아보지 않으마

(3번테이블, 볼셰비키앉아맥주를마신다)

안녕, 쓸쓸한 머리 푼 가로수야 마른 잎들아
나는 너를 떠난다
색 바랜 청동의 영웅도, 자욱한 최루탄 연기 같은 추억도
이젠 게워 내련다 돌아보지 않으련다

(늦게떠나는바캉스처럼기대도낭만도담지않고이것저것아무거나배낭에구겨넣고서간다)
(에릭사티도,에곤실레도이젠없다이곳엔)

푸른 피 가득한 거리를 지나
냄새나는 추억을 밟고
폭설이 퍼붓기 전에 처마의 고드름 심장에 처박히기 전에

간다, 황급히 도망가련다

(깊게팬옷을입은클라라의하얀가슴위엔반달이뜬다)
(숨이막힌다봄꿈처럼어지러이흩날리는꽃잎꽃잎꽃이파리들⋯⋯)

세월이 조롱할지라도, 이제 난 꿈을 꾸련다

(지미 헨드릭스의 기타가 부서진다)
(거리엔 보르헤르트, 비틀대며 걷는다)

누르고 참았던 슬픈 기억처럼
울컥,
태양이 솟는다, 찬란한 비애여!

건배!
— 「우드스탁을 떠나며 –고백컨대, 신촌의 절반은 내 것이었다」 전문

처음의 줄기이자 분열의 마지막인 애초, 당신

김명원 이제는 집안 이야기며 개인사를 듣고 싶은데요. 동일 직종인 출판업에서 종사하면서 함께 시인으로서의 길을 걸어가시는 아버님 김종해 시인과는 '불편한 도반'인가요? 아니면 '진정한 공생' 관계인가요?

김요일 제게는 존경하는 선배 시인이자, 근엄하면서도 따스한 아버지일 뿐입니다. 그 이상도 이하도 아닙니다.

김명원 위암 수술과 급성 담석증 등으로 병고를 겪으셨지요. 수술 전후에 변화된 세상을 향하는 고백이 있을까요?

김요일 위와 식도에 암세포가 퍼져 있다고 통보 받던 즈음 저는 더 아픈 열병을 앓고 있었습니다. 다른 여러 사람들에게도 큰 상처와 고통을 주고 있었구요. 방만한 삶에 대한 마땅한 벌이라 받아들였습니다. 몸무게는 15kg이나 줄어들었고 식도 일부와 위 전체를 다 잘라내고 난 후에도 가학적인 방황을 멈출 수 없었습니다. 끝이 있다면 끝까지 가보고 싶었지요. 하지만 세상에 끝은 없었어요. 매일 매일 다른 시작만 놓여 있더군요.

김명원 그렇지요. 매일 다른 시작이라…… 충분히 공감합니다. 우리의 삶이란 항상 새로운 도전과 새로운 응전 속에서 새로운 고통이 만들어질 테니까요. 새로움에 대한 이야기가 나온 김에 궁금한 것이 있는데요. 선생님이 일전에 지면에서 한 말씀대로 '새로운 정서와 새로운 문화 창출을 통해 새로운 역사를 창조'해 가는 새로운 시인들이 요즈음 한바탕 우리 시단에 출현하고 있지요. 그들을 바라보는 선생님의 입장은 어떠한가요? 여기에서는 새로운 문화 창출에서는 성공하였지만 일반 독자를 소외시키는 난해성의 문제도 함께 거론되었으면 합니다.

김요일 대여섯 명 정도의 후배 시인들 시를 유심히 읽고 있습니다. 그 정도면 충분하죠. 훌륭합니다. 시대를, 동 시대 시인의 정신과 호흡을 복제하고 배열한 작품들까지 출현의 범주에 넣기에는 무리가 있죠. 시가 난해하다고 생각되는 분들껜 대중가요를 권합니다. 혹은 대중가요 같은 김요일의 시집『애초의 당신』을 권합니다. 시가 어렵지 않다면 세상에 어려운 게 뭐가 있어야 할까요.

김명원 실패를 통한 구원의 가능성을 열어 놓으며 영원한 보헤미안으로, 그리고 시와 음악으로 변주한 이상 세계의 변혁가로 복귀한 선생님의 두 번째 시집 이후의 좀 더 활발한 활동을 기대해 봅니다. 향후 계획이 있다면요?

김요일 앞으로 제 시가 어떤 방향으로 움직여질지는 지금의 저로서는 알 수 없습니다. 극단의 언어실험으로 치우치게 될지 더 처량하고 궁색한 노래를 부르게 될지 모르겠어요. 하지만 분명한 것은, 시 많이 쓰고 이름 널리 알리는 것보다 부끄럽지 않은 하루하루를 살아가고 싶습니다. 가까운 사람들과 오래도록 웃으며 잔 부딪치며 재밌게 살고 싶은 게 제일 큰 바람이라면 바람이고요.

태초의 이전부터 오신다더니
꽃과 바람

물과 불
하늘과 땅 어디에도 보이시지 않네

터진 듯 쏟아 내리는 별빛 속에도 묻어오지 않으시고
전쟁의 전생에도 보이지 않으시는

우주의 바깥에 계신 당신

모든 이즘ism의 프리즘인
처음의 줄기이자 분열의 마지막인

아, 당신은
— 「애초의 당신」 전문

    김요일 시인에게는 '애초'가 '당신'이다. 유랑의 피가 새겨진 유전 줄기와 분열의 마지막이 자신의 '애초'이자 꿈꾸는 이상향인 '당신'이다. 쿠바의 아바나 해변에서 길어 올린 석양과 아프리카의 광활한 폐허와 이방인 K로 당도했던 카치올리 마을과 오지보다 깊은 배경으로 새로움을 향해 노래를 불렀던 혁명의 전의가 '애초'이며 '당신'이다. 신촌의 우드스탁 카페에 앉아 체 게바라와 부에나비스타 소셜 클럽과 마틸다에게 사랑을 고백하는 열정적인 구애심이 '애초'이고 '당신'이다. 어디에도 귀속되지 않고 예술에서도 삶에서도 실험을 기획하며 기꺼이 실패를 거듭했기에 그는 초연해지고 아름다워졌다. '하늘과 땅 어디에도 보이시지 않고, 터진 듯 쏟아 내리는 별빛 속에도 묻어오지 않으시고, 전쟁의 전생에도 보이지 않으시는 당신을 찾는 여정'은 그래서 어쩌면 그의 예술의 궁극점이 되는 것이 아닐까.
    우주의 안에서 우주의 바깥을 바라보는 시인의 눈이 쓸쓸하지만 단호하다.

하지만 그는 영원히 집시의 노래를 시로 적을 것이다. 어디에도 없어서 어디에서도 그리움의 상징이 되는 '당신'을 찾는 목청은 늘 새로워야 할 테니까, 그리하여 노래는 멈추지 않아야 할 테니까 말이다. 사무실에서 나와 홍대 앞 노천 술집에서까지 이어진 장시간의 인터뷰를 마치고 나자 김요일 시인과의 만남은 눅눅한 습도와 질긴 여름을 필요로 했다는 생각이 든다. 그는 지미 헨드릭스의 기타의 줄이 금방 끊어질 듯 위태롭고, 에릭 사티의 고혹스러운 색채들처럼 아찔하게 감미롭다. 하지만 이상한 것은 그가 그토록 많은 것들에 뒤엉켜 있으면서도 마지막에는 홀로가 된다는 점이다. 그렇다면 그는 그의 시 「아프리카」에서처럼 푸른 달빛 속을 유영하는 사자 한 마리가 아닐까. 길들여지지 않는 정글의 위용을 포효하며 밤 푸른 달빛에 젖은 채 생애 너머까지 달려가는 야성이 아닐까. 그의 발자국 소리와 신음 소리가 음악으로 더구나 시로 끝끝내 불리워져서 '애초'를 우리에게 상기시켜야 하는 이유이리라 (2011년 8월 19일).

김요일   1965년 서울 출생. 서울교육대학교 음악교육과 졸업. 1990년 『세계의 문학』에 「자유무덤」 외 4편의 시를 발표하며 작품 활동 시작. 실험 장시책자 『붉은 기호등』, 『애초의 당신』 출간. 『문학세계사』 기획이사 겸 '아이들판' 발행인으로 재직 중이다.

김경주

휘파람을 부는 유목시인, 김경주

　10월 말, 가을의 걸음이 빠르고 깊다. 그리움의 노란 촉수를 높이는 은행잎들이 교정에 수북이 나부낀다. 바람을 타는 음유吟遊 선線 너머 깡마른 기러기들은 파란 하늘의 실핏줄들을 터뜨리며 서녘으로 날아간다. 김경주 시인은 이런 날 휘파람을 불었을 것이다. 그의 시에서처럼 말더듬이 소년이 되어 가을 지붕 위에 올라가 휘파람을 불었을 것이다. 새가 허공에 남기고 간 발자국들이 바람에 조용히 부서지는 소리를 휘파람에 담으며 제 영혼의 양떼들이 계절을 옮겨 날아간다고 노래했을 것이다.
　김경주, 그는 얼마나 내 귀에 그의 휘파람 연주를 들려주었는가. 막막한 시간에 찔려 쓸쓸하고 외롭다고 솔직하게 내 마음을 한밤중에 쏟아 놓았을 때, 비일비재하는 시대의 살인에는 태연하면서도 내 손톱 밑을 스치는 상처는 아프다고 엄살을 떨었을 때, 누군가에게 뒷덜미 잡혀 곤혹스러운 비명을 질러야 했을 때, 그는 모래바람 이는 광야를 질러 와 내 영혼의 첨탑에 앉아, 천, 천, 히, 휘파람을 불어 주었다. 그러면 거짓말처럼 부서진 슬픔의 성곽에 새 살이 돋고 내일이 두렵지 않게 되었던 것.
　김경주 시인은 우리를 대신해서 휘파람으로 우는 곡비이다. 예사롭지 않은 가족사와 더 예사롭지 않은 고교 중퇴 후 노숙생활과 분식집서빙, 신문배달, 시체 닦는 일 등으로 송두리째 젊음을 저당 잡히면서도 용기 하나로 버티어 온 전사이다. 생계를 위해 대필을 하고 야설작가로 활동하면서도 시를 올곧게 간직한 최후의 시인이다. 머물지 못하고 온 세계 풍경을 채집하는 유목민이면서 모국어로 한국의 감각을 신선하게 표현하는 일을 자랑으로 삼는 예술가이다. 나는 대학 학술제를 준비하면서 특강 초청 강사로 김경주 시인을 초대하기로 한다. 나뿐 아니라 학생들에게도 그의 비범한 삶은, 천재적인 재능은, 웅숭깊은 영혼은, 이 가을, 중대한 추억이 될 것이기 때문이다.

설레는 대전역에서 그를 기다리다

수요일인데도 역은 부산하다. 나는 김경주 시인을 기다리면서 플랫폼에도 심장이 있음을 감지한다. 두, 근, 대며 기다리는 철로도 그의 독자였음에 틀림없으리라. 이다지 격렬음을 내는 것을 보면 말이다. 대산창작기금 심사평에서 심사위원들은 그를 두고 "걱정스러울 정도로 뛰어난 시적 재능"을 가지고 있다고 찬탄하였고, 그의 첫 시집에서 권혁웅 평론가는 "이 무시무시한 신인의 등장은 한국문학의 축복이자 저주"라고 치하하였다. 신형철 평론가 역시 "이와 같은 평가가 과장이 아니냐고 힐난할 일이 아니"며, "이는 모두 그의 놀라운 재능 탓"이라고 평가하였다. 시인들에게 순위가 가당치 않다는 반발에도 불구하고 계간 『서정시학』은 2008 비평가와 작가들이 선정한 '현대시를 이끌어갈 젊은 시인 1위'로 김경주 시인을 선정 발표하였고, 계간 『시인세계』는 올해 초 '가장 주목해야 할 젊은 시인'으로 그를 꼽았다.

개찰구에서 성큼성큼 큰 걸음으로 걸어 나오는 그는 인파에 섞여 있어도 단연 돋보였다. 개성 강한 의상과 절제 있는 외모는 한층 빛나서 오히려 오만해 보일 정도이었기 때문이다. 그는 인사를 나누자마자 커피 자판기 앞에 가 선다. 오늘 하루 종일 어지간히 바쁜 탓에 커피를 굶었다고 투덜댄다. 나는 학교가 멀지 않으니 조금 참았다가 맛있는 커피를 마시자고 제안한다. 그는 오전 9시면 작업실이 있는 서울 마포구 홍익대 근처 'TOM & TOM' 커피숍에서 커피 한 잔을 하는 것으로 하루를 시작한다고 말한다. 나도 커피가 없으면 작업을 못할 정도의 커피 마니아라고 응수한다. 차를 향해 걷고 있는 우리들 사이에 이미 커피라는 공통 화제가 꽃핀다. 향기롭다.

김경주라는 종합선물세트를 열다, 대전대 맥센터

김명원 따끈한 소식이 있지요? 며칠 전, 희곡집 『숭어 마스크 레플리카』를 출간하셨는데요. 소위 잘 나가는 시인과 소설가 네 분이 희곡집을 마련했으니, 문단과 출판계에도 신선한 바람이 일고 있고요. 축하드립니다.

김경주 희곡 창작 프로젝트의 일환으로 진행된 이매진 드라마 톨로지의 첫 번째 책이에요. 하일지, 정영문, 서준환, 그리고 저까지 네 사람의 희곡작품을 담았죠. 한국사회에서 희곡은 시보다 더 멸종되고 있어요. 희곡은 시나 소설에 밀려서 문학이라는 장르피라미드에서 하위에 머무르고, 문학잡지와 신춘문예 등에서도 찬밥 신세를 면치 못하고 있으니까요. 유럽문학사에서는 희곡을 빼면 절반이 달아나 버려요. 그처럼 중요한 위상을 담당했던 희곡 쓰기의 중요성과 즐거움을 이 희곡집을 통해 담아내려고 했죠. 저는 에필로그에서 "희곡은 시대 증상을 언제나 하나의 '상황'에서 열어 주는 인간의 다양한 세계이다. 우리는 이 땅의 가려진 희곡들이 살아나 죽은 꽃을 향해 날아가고 있는 '충蟲'들의 세계에 달콤한 침을 놓을 수 있기를 바란다."고 적었어요. 그러기를 진정 바라지요.

김명원 연극을 무대에 올리면서 현장감 넘치는 희곡을 쓸 터인데요. 희곡과 시의 상관성을 설명해 주신다면요.

김경주 시 쓰기를 처음 시작하는 친구들에게 전 희곡 쓰기를 권해요. 희곡은 탄탄한 플롯과 촘촘한 서사 등 치밀한 구성이 중요하거든요. 내러티브적 글쓰기를 위해서는 희곡 공부를 하지 않고서는 안 되죠. 게다가 희곡에는 시적인 페이소스가 있거든요. 서사 구조와 시적인 페이소스를 정밀하게 배울 수 있는 장르가 희곡이라는 점에서 아주 중요한 문제입니다. 또 희곡은 구어체를 써요. 문학의 구어체, 대화법을 배울 수 있는 것이 희곡이지요.

그리고 희곡의 매력은 공간을 상상할 수 있다는 것이에요. 시간성에 대해서는 시인들이 내적 밀도를 가지는데 공간에 대한 사유 훈련은 부족한 상태예요. 시적 공간은 눈동자 알이고요. 어디서부터 이야기를 쓰면서 그 이야기를 지울 수 있는 지점 말이에요. 가장 매혹적인 시는 시를 쓰면서 시를 지울 수 있는 것이어야 하듯, 건축물이 아름다운 이유는 연장자의 손길이 안 보이기 때문이죠. 연장자의 손길이 상상력 밖으로 건너가기 때문에 경이로운 거예요. 이러한 희곡 쓰기의 공간 의식화 훈련이 아마도 제 시에 많이 들어있겠지요. 희곡을 시에 접목시키는 것도 같은 맥락이고요. 그래서 저는 시를 볼 때 공간을 가장 중시하고, 후배들의 시를 볼 때도 공간 지적을 많이 합니다.

김명원 시를 쓰기까지 만만치 않은 세월의 역경이 있었다고 들었습니다. 시는 언제부터 쓰기 시작하였나요?

김경주 시를 쓰기 시작한 것이 제대할 무렵이니까 25살 때부터였네요. 원래 저는 문학과 관련이 없는 삶을 살았어요. 망나니라고 불릴 정도로 좌충우돌하였지요. 그러다가 시에 관심을 갖게 된 것은 무인도에서의 군 생활 때문이었어요. 장병 6명이 무인도에 있다 보니 휴가 나올 기회가 없었어요. 9개월만에 한 번 휴가를 얻게 되었는데, 돌아가면 제대할 때까지 못나가겠구나 싶으니 밖의 삶에 대한 희망을 버리는 대신 군대에서 어떻게 즐기는 방법이 없을까 궁리하게 되었죠. 이런 생각을 친구들에게 말하니까 시집을 선물해주었어요. 이유인 즉, 재미있는 소설책을 주면 고참에게 뺏길 것이 분명하고, 오래 읽을 수 있는 것은 지루하고 난해한 시집이라고요. 시집은 모두 5권이었는데 조정권의 『비를 바라보는 일곱 가지 마음의 형태』, 허 연의 『불온한 검은 피』를 포함하여 이성복과 장석남 시집 등이었지요. 망망대해 수평선만 지긋

지긋하게 바라보아야 하는 군 생활에서 딱히 할 일이 없는 저는 제대할 때까지 이 시집들을 개미핥기처럼 읽었어요. 그때까지도 시를 쓸 생각이 없었고요. 단지 6년 동안 짝사랑한 친구에게 편지를 쓸 때 시어나 비유를 차용하는 정도랄까요.

그런데, 매직아이 아시죠. 눈알이 충혈되다시피 열심히 들여다보면 처음에는 안 들여다보이다가 어느 시점에서 보일 듯 말듯 해지는 거요. 저도 그랬어요. 그후 제대를 하고 막연하게나마 시를 쓰고 싶다는 생각이 매직아이처럼 나타나기 시작했어요. 당시 주변 친구들과 연극 작업을 많이 했는데 그때부터 본격적으로 시에 대해 관심을 갖고 공부했고요. 시적인 것이 무엇인지 막 느끼기 시작해서 불붙었기에 시적 자만심이 컸죠.

김명원   시에 대한 성과는 언제부터 나타났나요?

김경주   1990년, 처음엔 시적인 것을 가지고 시를 쓰다 보니 시적인 형식을 몰랐죠. 그래서 그냥 혼자 30, 40장 되는 시를 쓰기도 하면서 고시 공부하듯이 달라붙었어요. 늦게 시를 시작해서 조급함도 있었겠고요. 동료들은 서둘지 말라고 조언했지만 저는 "남들보다 간절할 뿐"이라고 변명했어요. 그래서 기술적인 기교도 익히게 되었고요. 대학교 4학년이 되자 1년 동안 대학문학상을 많이 석권하게 되었고, 내친김에 PC방에서 몇 시간 동안 쓴 시「꽃피는 공중전화」로 2003년 《대한매일》 신춘문예를 통과, 등단하게 되었지요. 자신의 첫 시집에 등단작을 넣지 않는 경우는 거의 없어요. 하지만 전 그 등단작이 시가 아니라 기술이라고 여겼기에 과감히 등단시를 첫 시집에 넣지 않았답니다. 그리고 또 한 가지 재미있는 사실은 제 당선작은 A4용지 6장짜리 시「나는 지금 태양을 채집한다」예요. 그런데 신문사에서 요청이 왔더라고요. 시가 길어서 실을 수 없다고 당선작을 바꾸자고요. 지금 같았으면 어떻게는 우겼을 텐데 후회되는 부분이죠.

1.

허공사이로 둥근 피안이 놓여지고
돋보기 알에선 오래 전 묻어있던
햇살 냄새가 난다 돋보기는 주술이다
물 속처럼 고요한 세계 속에서 햇살은
넘칠 듯 넘칠 듯 출렁거린다
어느 행성으로 가던 빛을 나는
지금 부르고 있는 것일까
한 생을 건너 온 맑은 시간들
종이 위로 차르르 쏟아진다
가만히 보면 행성의 마른 돌가루 같기도 한
이승의 찬 공기가 그 뜨거운 시간들에 닿아
치지직 탄다

2
생은 아련한 굴절이다
서랍 속이 복잡하던 유년, 채집망엔
수많은 시간들을 날아 온 곤충들이
날개에 붙은 보송보송한 햇살들을 털곤 했다
적금을 소매치기 당하고 낮술에 취해
돌아온 어머니의 속옷을 살 속에 넣어주는
아버지의 눈빛은 느티나무보다 젊었다
고통은 몇 개의 꽁트 같았다
나는 그 밤 우는 어머니에게 가장
웃기게 생긴 곤충 한 마리 보여주었던가
아침이면 차갑게 식은 곤충의 몸에서
부스스 떨어져 나오던 햇볕들, 그해 겨울

우리도 지상의 계절 위에서 잠시 떨던
몇 마리 뜨거운 시간이었을까
통장에 남은 이파리들을 세어 보고
새벽 대중 목욕탕 바닥에 나란히 누워
어머니와 나는 뽀얀 수증기 한 방울씩
이마로 뚝뚝 맞으며 오래 말.없.었.다.

3
고개를 들면 공터의 생수 같은 꽃잎들
소실점 잃고 흔들거린다 멀리
송전탑이 나르는 싱싱한 전기들이
순하게 엎드린 마을의 창문마다
불씨 한 장씩 부치고 있다
어머니 치약처럼 방안에 풀어져
타는 노을을 보고 있겠다
―「나는 지금 태양을 채집한다」 전문

김명원　시 길이가 문제였군요. 김경주 시인의 시 중에는 「비정성시非情聖市」처럼 꽤 긴 시들이 있는데요. 소설보다 긴 시를 쓰겠다고 발언한 적도 있고요. 그렇다면 소설을 쓰지 왜 시를 쓰나요?

김경주　전 경계야말로 폭력성을 가지고 있다고 봐요. 문학은 어떤 장르로도 스밀 수 있는 연계성이 있어야 하고요. 형식이란 스스로 찾아가는 지점일 뿐이죠. 길이의 문제는 문학에서 아무런 소용이 없어요. 오직 내용과 밀도의 문제예요. 시의 길이 때문에 등단작이 바뀌는 세태, 제가 겪었기에 더 민감해지는 부분이지요.

김명원　등단 후가 궁금한데요.

김경주　신춘문예 시상식 후 인도로 도망치듯이 여행을 떠났어요. 일 년 정도 예상하고 갔었지만 그 당시 유행하던 사스 때문에 동남아에 있던 한국인들에게 귀국 조치가 취해졌어요. 급하게 돌아왔는데, 말라리아에 걸렸다는 것을 그때 알았고요. 투병 중이신 어머니를 산부인과에 부축하며 다녔는데, 어느 날 보니까 어머니께서 저를 부축하고 있더라니까요. 검사를 하니 괴질로 나오고, 격리 수용된 한 달 가까이 어머니랑 산부인과에서 신생아들 이름을 지어주면서 살았지요. (웃음) 그리고 40도 가까운 고열에 떠서 지냈는데, 그때 결정적인 경험을 했어요. 바로 몸으로 깨닫게 된 거죠. 우리는 열을 그냥 온도라고 생각하지만 실제 겪어보면 열이란 시간이며 공간이라는 걸 알게 되요. 만약 40도로 4시간을 앓았다면 40도짜리 열의 시간이 있고 그것은 몸 안의 공간을 차지하고 있는 거죠. 「내 워크맨 속 갠지스」라는 시가 그 이야기예요. 분명히 존재하지만 보이지 않는 것들, 열과 바람, 휘파람에 대해 써야 한다는 걸 알게 된 시간이었어요.

　그렇게 고향에서 6개월 가까이 백수 생활을 했죠. 그곳에서 느꼈던 피해의식은 이루 말할 수 없고요. 새로운 시적 환경을 찾기 위해 인도까지 갔는데 말라리아에 걸렸고, 원고 청탁은 단 한 건도 없었고요. 그래서 다시 엄마 앞에서 무릎을 꿇고 펑펑 울며 서울로 보내달라고, 4년 후에 다시 돌아오겠다고 했는데, 10년이 되도록 못 내려가고 있네요. 그 당시 어머니께서는 오래 투병 중이셨는데 제가 떠난다는 것은 있을 수 없는 일이었죠. 하지만 문학적 갈망 때문에 상경하게 되었어요. 제 문학이 잔챙이가 되는 것은 참을 수가 없었어요.

김명원　서울에서의 생활은 어떠했나요?

김경주　신춘문예에 당선된 2003년 가을에 고향 친구 세 명과 함께 상경했는데, 서울은 제게 외국 같았어요. 말이 다르고 문화가 다르고 욕망이 다른 게 외국이잖아요? 말씨가 다른 데에서 느껴지는 이상한 열패감이 있어요. 게다가 대학에서 철학을 배워 시를 쓰겠다고 결심했던 것인데, 철학 강의는 토론 수업을 병행하잖아요. 그런데 제가 발표를 하면 5분도 못 되서 말투 때문에 다들 깔깔거리는 상황이 벌어지곤 했어요. 철학 토론이 얼마나 진지한 것인데 제 말투로 인해 희화화된다고 상상해 보세요. 한때 표준어 학원을 다녀볼까 하는 생각마저 했다니까요. 아버지께서 군인 출신 경찰이라 여러 지방을 이사 다니다 보니 제 말투가 이상하게 섞인 사투리거든요.

서울과 시골의 가장 큰 차이는 욕망이었어요. 지방에선 먹고 싶은 것들을 엄마가 대부분 해줄 수 있어요. 그런데 서울에 오니 산딸기 케이크를 비롯해 눈에 보이는 음식에 대한 욕구가 장난 아니었어요. 그런 건 엄마가 못해주거든요. 첫 시집을 내기 전까지 서울에서 지내며 제가 제일 많이 중얼거렸던 말이 "먹고 싶다"였어요.

처참하리만치 가난했고 생계를 유지하며 수업을 받아야 해서 학교 친구들과 교류도 없이 점심 도시락마저 싸가지고 다녀야 할 지경였어요. 말씨가 다르다 보니 길도 쉽게 못 물어봐서 담배 살 때만 입을 여는 실어증 환자 상태였죠. 함께 상경한 문봉섭 감독과 흑석동 달동네 교회의 기도방을 빌려서 지내던 시절이었어요. 주말이면 신도들 기도시간에 맞춰 방을 비워주고 옥상에서 시간을 보냈죠. 문 감독을 포함한 친구 셋과의 서울 상경기는 친한 소설가 형이 소설로 쓰고 싶다고 시놉시스를 200만원에 사갔고요.

> 문득 어머니의 필체가 기억나지 않을 때가 있다
> 그리고 나는 고향과 나 사이의 시간이
> 위독함을 12월의 창문으로부터 느낀다
> 낭만은 그런 것이다
> 이번 생은 내내 불편할 것
>
> 골목 끝 슈퍼마켓 냉장고에 고개를 넣고
> 냉동식품을 뒤적뒤적거리다가 문득
> 만져버린 드라이아이스 한 조각,

결빙의 시간들이 피부에 타 붙는다

저렇게 차게 살다가 뜨거운 먼지로 사라지는

삶이라는 것이 끝내 부정하고 싶은 것은 무엇이었을까

손 끝에 닿는 그 짧은 순간에

내 적막한 열망보다 순도 높은 저 시간이

내 몸에 뿌리 내렸던 시간들을 살아버렸기 때문일까

온몸의 열을 다 빼앗긴 것처럼 진저리친다

내안의 야경夜景을 다 보여줘버린 듯

수은의 눈빛으로 골목에서 나는 잠시 빛난다

나는 내가 살지 못했던 시간 속에서 순교할 것이다

달 사이로 진흙같은 바람이 지나가고

천천히 오늘도 하늘에 오르지 못한 공기들이

동상을 입은 채 집집마다 흘러가고 있다

귀신처럼
* 고대 시인 침연의 시 중 한 구절.

―「드라이 아이스 ―사실 나는 귀신이다 산 목숨으로서 이렇게 외로울 수는 없는 법이다*」 전문

김명원 지면에 공개한 대로 생계는 대필작가나 야설작가로 꾸려 가야 했고요.

김경주 서울에 올라오겠다고 결심한 이유가 첫째, 문인이 누구인지 궁금해서였어요. 이 땅에서 글을 쓰는 자들을 만나보고 싶었지요. 두 번째 이유가 철학을 배워서 시를 쓰겠다는 의지 때문이었고요. 처음 원고 청탁을 받은 것이 동네 벼룩시장에서였는데 가지고 있던 제일 좋은 시를 주었지요. 그후 거의 1년까지는 시 발표를 못했어요. 이렇게 해서는 시로서 먹고 살기 어렵겠다는 생각이 들더군요. 생계가 우선이었죠. 결국 내 시를 지키기 위해, 내 시를 쓰기 위해서는 다른 글을 써서 돈을 버는 수밖에 없었어요. 그래서 대필작가,

방송구성작가, 무협지작가, 야설작가 등을 하면서 글로 쓸 수 있는 일이면 뭐든 좋다하고 달려들었지요.

이런 일들을 하면서 어떤 글이든 주어진 시간에 써낼 각오가 생겼어요. 대필도 처음에는 남의 삶을 쓰는 일이 두려웠지만 다양한 사람들을 인터뷰하면서 프리랜서로 살 수 있는 노하우를 습득했어요. 야설은 내 글을 보고 내가 흥분하지 못하면 타인을 흥분시킬 수 없으니 먼저 자기 검토를 해야 해요. 재미있는 일화를 이야기 하자면, 인터넷 잡 코리아 홈페이지 배너에서 야설작가 채용 공고를 보고 면접을 하러 갔는데, 백지를 주고서 옆에 있는 여비서가 읽고 3분 이내에 성적 흥분을 일으킬 원고를 써보라는 것이었어요. (웃음)

야설 원고만 해도 몇 만매를 써냈으니 하루에 80매를 쓴 셈이에요. 굉장한 노동력이죠. 야설작가도 직업군의 하나인데 왜 숨겨야 할까 회의가 들어 밝혔던 것이고, 기자와의 인터뷰에서 대필 풍토에 대해 말한 적이 있어요. 저자를 밝히려는 뜻이 아니라 유령작가들이 처한 궁지를 알리고, 또 어떤 방향으로 가야 하는지 말하고 싶어서였어요. 뽑아준 매체에서도 돌보지 않는 신춘고아들은 주로 야설이나 무협지 작가를 하게 돼요. 그들이 관행적으로 겪는 불평등한 조건도 있고 더러는 최초의 순정을 잃고 지쳐 떨어져 자신의 글을 못 쓰는 예도 봤기 때문이죠. 하지만 그들에게 하고 싶은 말, 그러한 작업들이 나중에 자신의 글을 쓰기 위한 단단한 탄력이 될 것이다, 라는 충언이지요.

김명원 첫 시집 『나는 이 세상에 없는 계절이다』는 어떤 출산의 고통을 겪나요?

김경주 대필에 야설 원고에 분주해졌지만, 큰 갈증이 계속 남아있었어요. 서울로 시를 쓰기 위해 왔는데 시 한 줄을 못 쓰고 이러고 있다니, 라는 회의였지요. 오 년간 서바이벌 마스터 역할하면서 모든 장르의 글을 쓰던 것을 전폐하고서 시에만 전력했죠. 시집을 내야겠다 싶어 몇몇 출판사를 알아보았지만 분위기는 냉담했어요. 그때 마침 랜덤하우스중앙에서 젊은 시인들의 시집을 아무런 조건 없이 내준다는 연락을 받고 투고해서 선작되었던 것이고요.

김명원 첫 시집이 이례적으로 만부 이상 판매가 되어서 '대박시인'이라는 칭호를 얻지요?

김경주 저는 시집이 만부 정도는 팔려야 한다고 생각해요. 시집의 정가는 6천원, 인세는 600원이니 만부라고 해야 600만원인 셈이지요. 워낙 시집이 안 팔리다 보니까 기형적으로 '대박시인'이 된 거고요. 저도 어느 날 제가 대박시인임을 daum 메인 뉴스에 뜬 걸 보고 알았어요. 하지만 첫 시집이 나오기까지 10년 동안 쓴 A4 용지 값도 안 나온 셈인데, 그걸 대박이라고 부르면 안 되죠. 이는 저를 프로파간다 도구화하려는 기자들의 술책이라고 여겨져서 저항했어요.

김명원 첫 시집이 마그마적인 요소가 강하다면, 두 번째 시집 『기담』은 더 깊고 까다로운 상징과 차가운 형식미, 그리고 실험 정신을 갖추고 있는데요. 두 시집에서 추구하는 시적 주제와 변별성에 대해 이야기해 볼까요.

김경주 근본적으로 제가 관심 있어 하는 주제는 기형奇形과 시차時差예요. 시차는 결국 여러 가지 기형의 한 형태인 셈인데요. 첫 시집 중 「비정성시」를 보면 "사진 속으로 들어가 사진 밖의 나를 보면 어지럽다"는 구절이 나와요. 제 시의 화자는 죽은 줄 모르고 이승에도 저승에도 머물지 못하며 떠도는 자이고, 저는 그가 목소리를 가지면 어떤 말을 할까 상상한 것이죠. 또 벽에 박힌 못을 이쪽에서 보면 벽에 박혀 있지만 벽 뒤쪽의 시선으로 보면 시간 속에 떠 있어요. 기이한 형태예요. 기형은 인간으로 하여금 연민, 아름다움, 서글픔을 느끼게 하죠. 그것을 찾는 게 저의 미학이고요.

여행과 공연도 이 시차의 연장이죠. 무대에서 배우들은 페르소나 속에서 시차를 겪는 것이고요. 지휘자가 연주를 마쳤을 때, 거대한 울음을 상기시키는 공연장 안의 침묵 또한 시차죠. 제 시의 중요한 코드 중에 휘파람이 있는데요. 어린 시절 대중탕에 갔다가 돌아오는 길거리에서 아버지가 불던 휘파람 소리가 신기했어요. 어떻게 사람의 입술에서 멜로디가 나올까. 언젠가 타이의 시골로 여행을 갔는데, 화장실에서 취해 휘파람을 불다가 이런 생각이

들었고요. 이국의 골목에서 그 옛날 아버지가 분 휘파람을 만날 수 있겠구나. 휘파람은 바람이고 호흡이니 문명이 사라진 뒤에도 지상을 흘러 다닐 거잖아요. 그런데 제가 아버지의 휘파람을 만나고도 못 알아보면 너무 억울해 오열할 것 같았어요. 그것이 제가 말하는 시차이고 거기서 비롯된 연민이에요.

두 시집의 변별성을 이야기하자면요. 첫 시집 『나는 이 세상에 없는 계절이다』은 등단하기 전부터 등단 후 긴 시간동안의 정서가 뭉쳐있어서 마그마적인 요소가 강할 거예요. 게다가 다시는 시집을 내지 못하리라는 생각을 가지고 저의 뜨거움을 담아내느라 독자의 반응을 기대하지도 고려하지도 않았지요. 그런데 만 부가 팔렸으니 과연 만 명의 독자가 제 시집을 다 이해했을까 궁금하더군요.

두 번째 시집 『기담』은 물리적으로 시간대가 좁았죠. 그리고 정말 과감하게 썼어요. 내가 하고 싶은 것을 다 썼으니까요. 난해할 수도 있는 이 시집으로 결국 나의 독자가 갈리겠구나 싶었어요. 첫 시집 속의 서정이나 서사구조를 사람들이 좋아했다는 걸 알았기에 두 번째 시집은 더욱 독자들을 갈라버린 의도도 있었을 거예요. 사랑받는다는 사실의 위험에 대해 짐승 같은 본능이 있으니까요.

음, 그리고, 전 매혹적인 미에 관심이 많아요. 그중 으뜸을 숭고미라고 생각해요. 숭고미에선 우리 몸이 만들기 힘든 불가능의 이미지가 느껴지거든요. 종교적인 외경과는 맥락이 다르죠. 보이지 않는 세계와의 불화, 현기증, 울렁증, 멀미 등의 느낌이 숭고미지요. 『기담』을 꿰뚫는 단어로 '멀미'를 꼽고 싶네요. 멀미의 언어요. 세계가 온통 부조리한 언어, 불구의 언어로 가득 차 있다는 것에 주목했어요. 그런 지점들을 담았기 때문에 낯설고 당혹스럽게 받아들여질 수도 있어요.

라미가 느에게 저녁에 손을 잡아 주었다 귀머거리가 름에게 속삭였다 손이 목에 달렸다 라미가 늘의 생존을 물었고 분홍귀가 욜을 불러냈다 아슬이

나무의 우유 방울을 약속했고 동화는 저녁에 읽지 않기로 눈의 손목을 잘랐다 라미는 투명을 흔들던 기괴한 한寒이 되었고

죽은 나무의 구멍 속에 살고 있는 저녁은

하늘에서 내려온 가장 늦은 그늘이 들어가는 자리다 그 저녁으로 들어온 그늘에 빗물이 묻으면 나무는 밤보다 어두워진다 어떤 짐승도 구멍으로 아이를 낳지 못하며 어떤 아이도 구멍 안으로 낮게 엎드려 울지 못한다 어둠은 저녁이 천천히 빚어내는 꿈이기 때문이다

죽은 나무의 구멍 속에서 저녁의 거미가 나온다

목젖에 붉은 연못이 얼어붙은 가을이 있었다 인간과 놀라울 정도로 닮은 저녁에 목젖은 겨우 활동한다 이의를 제기하고 싶은 빨강에서 새들은 노래의 추종자로 예측되었고 물 묻은 모든 계단에서 나는 일부는 구부정하고 일부는 슬프고

민첩한 그러나 투명한 거미줄로만 모아진 파란 눈덩이를 뭉쳤다 오늘 내 지구의 진술을 기억하라고 인중이 짙은 초식동물이 생각하는 꽃잎의 무게가 되었다

죽은 나무의 구멍 속에서 목젖이 생긴다

겨울에 한 줄로 내려온 거미의 그림자를 밟아본 적이 없다 그것은 내가 아는 가장 고독한 문, 희귀하지만 색이 선명한 거미일수록 허기가 길다 허공의 계안에서 유일하게 풀색의 목젖으로 버티는 거미의 혈통은 인간이 완

전히 사라진 수준의 음악을 닮았다 깃털을 달고 있는 산딸기처럼 그대는 결국 한밤중에 발견할 내 눈동자 안에서 사멸할 정적, 그대가 그 기타로 심해어처럼 인간을 뒤척이며 서러운 목구멍을 빚어갈 때 나는 아무도 모르는 목젖을 가졌다 내가 지나간 적이 있는 목젖으로 그대는 노래를 부른다.
― 「죽은 나무의 구멍 속에도 저녁은 찾아온다 - 베리에게」 전문

김명원   이승하 교수는 「모국어의 운명에 대한 걱정-김경주에 대한 걱정과 함께」에서 위의 시를 인용하여 "주어와 술어의 배치가 잘못"되어 있다고 지적하면서, "이런 식의 비문과 오문은 시집 『기담』에 차고 넘친다. 앞뒤 뜻이 통하지 않는, 구문이 성립되지 않는, 한글 문법이 완전히 파괴되어버린 문장 앞에서 당혹감을 느끼는 내가 시대에 뒤떨어진 사람일까"라고 탄식하고 있는데요. 이처럼 기존의 언어체계를 부정하는 것을 두고 문학평론가 강계숙은 '프랑켄슈타인 어語'라고 평하기도 했고요. 본인은 어떻게 생각하나요?

김경주   로고스적 언어란 신화에 불과한 것이죠. 마치 세계가 부조리한 것처럼 언어 역시 불구성을 띠고 있다는 것이 제 생각예요. 완전한 언어는 인간 세계의 관습에 물들지 않은, 자궁 속에서의 언어밖엔 없으니까요. 부조리한 것을 부조리하다고 부조리하게 썼던 것이에요. 그리고 『기담』이 언어가 배역이고 지면이 무대인 언어극을 선보인 희곡 형식을 취해서 낯설어하는 분들도 많은데, 형식 자체가 필요했다기보다는 말하고자 하는 것이 형식을 스스로 만들어 갔다는 편이 맞을 겁니다.

독자들과의 소통이나 공감을 중요하게 여기지 않는 건 아니에요. 물론 억지로 소통하려고 해 본적은 없지만요. 노력한다고 될 일이 아니고, 용기의 문제도 아니거든요. 다만 내가 원하는 방식의 대화에 참여할 의지가 있는 독자라면 얼마든지 문학을 나눌 수 있어요. 시는 시인의 언어를 통해 세계를 느끼는 방식을 서로 나누는 거니까요.

김명원   결혼 전이니, 조금은 부모님 영향권 내에 있으실 듯 한데요. 『펄

프 키드』에는 가족사가 제법 등장하기도 하고요. 부모님 이야기가 듣고 싶습니다.

김경주 아버지께선 33년간 강력계 형사반장이셨죠. 아버진 집에서 거의 대화가 없으셨고, 누굴 보든 형사의 코드인 '의심'을 가지고 보셨어요. 하물며 제 친구를 만나면 조서의 형태로 질문하셨으니까요. (웃음) 아버지께서 IMF 때 명퇴를 하셨는데, 유일하게 타자기 하나를 집에 들고 오셨어요. 아버지는 죄의 기록을 평생 타자로 치셨죠. 아버지가 타자기를 잘 두드리면 그 사람은 감방 문을 열고 들어가는 것이고, 저는 타자기를 잘 치면 제가 꿈꾸는 문을 열고 들어갈 수 있을 것 같았어요. 『펄프 키드』의 「타자기」에 그 이야기가 나오죠.

제 정체성은 아버지에 대한 반항으로부터 형성됐고요. 평생 누군가를 의심하는 직업 때문에 아버지는 식구들도 의심했고, 사랑의 방법을 잘 모르는 사람들이 그렇듯 때리기도 했어요. 자연스레 저는 짐승성인 아버지로부터 멀어져 식물성인 어머니와 상대적인 대화 상대가 되었는데, 언제부터인가 어머니와 밀회를 하고 있다고 생각하기도 했으니까요.

지금까지도 어머니와는 속삭이고 있어요. 그런 어머니를 위해 「어머니는 아직도 꽃무늬 팬티를 입는다」같은 제 시는 아주 사실적으로 씌어졌어요. 모던하게 썼다면 어머니가 읽을 수 없었으니까요. 어머께 바친 시집인데 단 한 편이라도 읽을 수 있어야 할 것 아닙니까. 시집에서도 그 시는 세로쓰기 성경 형식으로 편집했는데 이유는 하나예요. 집에 불이 나면 그 페이지만 뜯어서 나가야겠는데 그때 알아보기 쉽게 하려고요. 그런데 어머니는 "날 위해 썼다는데 읽을 수 있는 시가 하나도 없다"며 던져버리시고, 아버지도 "날 위해 썼다더니 「아버지의 귀두」가 뭐냐"고 하셨어요. 평생 부모를 향해 글을 쓰는데, 단 한 편도 부모님이 해독할 수 없는 시를 쓰다니 예술가의 모순이고 비애죠.

고향에 내려와

빨래를 널어보고서야 알았다

어머니가 아직도 꽃무늬 팬티를 입는다는 사실을

눈 내리는 시장 리어카에서

어린 나를 옆에 세워두고

열심히 고르시던 가족의 팬티들,

펑퍼짐한 엉덩이처럼 풀린 하늘로

확성기소리 쨍쨍하게 날아가던, 그 속에서

하늘하늘한 팬티 한 장 꺼내들고 어머니

볼에 따뜻한 순면을 문지르고 있다

안감이 촉촉하게 붉어지도록

손끝으로 비벼보시던 꽃무늬가

어머니를 아직껏 여자로 살게 하는 한 무늬였음을

오늘은 죄 많게 그 꽃무늬가 내 볼에 어린다

어머니 몸소 세월로 증명했듯

삶은, 팬티를 다시 입고 시작하는 순간 순간

사람들이 아무리 만지작거려도

팬티들은 싱싱했던 것처럼

웬만해선 팬티 속 이 꽃들은 시들지 않았으리라

빨랫줄에 하나씩 열리는 팬티들로

뜬 눈 송이 몇 점 다가와 곱게 물든다

쪼글쪼글한 꽃 속에서 맑은 꽃물이 똑똑 떨어진다

눈덩이만한 나프탈렌과 함께

서랍 속에서 수줍어하곤 했을

어머니의 오래 된 팬티 한 장

푸르스름한 살 냄새 속으로 햇볕이 포근히 엉겨 붙는다

―「어머니는 아직도 꽃무늬 팬티를 입는다」 전문

　　동력이 아주 강한 직업이 삶에서 사라질 때 사람이 얼마나 빨리 늙어 가는지 몰라요. 나중에 전 아버지에게 연민을 갖게 됐어요. 아버지는 53세까지 100m를 구두 신고 12초에 주파했고 33년간 한 번도 조퇴나 결근을 한 적이 없어요. 술 한 잔은 아껴 마시면서도 무협지를 엄청나게 좋아하셔서 제 최초의 독서는 만화와 무협지였죠. 아버지에게 물려받은 게 하나 있다면 나중에 탐정사무실을 차리겠다는 꿈이에요. 위험한 일만 하는 것이 아니라 잃어버린 책이나 고양이를 찾아주는 일도 하는 사설탐정요. 사실, 모든 글은 추리의 형식이기도 해요. 전 매일 삶의 조서를 쓰고 있다고 생각하니까요.

김명원　식상한 질문 하나 드릴까요? 연극, 영화, 강의, 출간 등 동분서주하는 "김경주에게 시란?"입니다.

김경주　제가 행하고 있는 모든 예술 작업은 시로부터 출발하고 있어요. 시가 자장磁場인 셈이죠. 시로부터의 설렘이 있어야 다른 것이 가능해져요. 누군가로부터 당신의 직업이 무엇이냐는 질문을 받으면, 저는 "제 직업은 언어입니다"라고 답해요. 시는 다른 장르와 달리 언어를 발명해내죠. 그래서 시는 모든 언어예술의 최전방에 서 있어야 해요. 모국어가 감염되지 않도록 할 항생제 역할을 하는 것이 시니까요. 모국어가 썩지 않게끔 고유성을 찾아내야 하거든요. 시가 제도화, 평면화 되면 그 순간 끝나는 거예요. 그래서 한 나라의 문화를 평가할 때 당대의 실험성을 갖춘 시인이 얼마나 있느냐는 것은 중요한 척도가 되죠. 그러니 시를 쓰는 자는 특별한 소임이 있어야 하고요.

　　시인이란 죽을 때까지 한 편의 시를 남기는 거죠. 독자들은 많은 시인을 단 한 편의 시로 기억하잖아요. 그런 면에서 보자면, 모든 시는 아직 썩어지지 않은 한 편의 시를 향해 쓰는 거네요. 그래서 전 정말 진정성이 있고 현기증이 있어 쓴 시라도 새로운 울렁증이 생기면 다시 고치지요. 최고의 한 편은 늘 미완성이고, 저 역시 그 한 편을 위해 오늘도 고투하고 있고요.

김명원 전공 분야였던 철학은 시를 쓰는 데 도움이 되었나요?

김경주 옛날로 치자면 문사철을 익히 배운 뒤에 시 쓰기가 마지막이었잖아요. 그때는 과거제도가 결국 시 쓰기였으니까요. 저도 진정한 시를 쓰려면 사유를 공부해야 한다고 판단했어요. 모든 글은 묘사와 진술인데, 시를 움직이는 건 한 줄의 진술이라고 생각했거든요. 그때는 정말 철학이란 기름기 뺀 정신의 세계사이자 진실로만 이루어진 시다, 세계에 대한 가설에서 시작해 가설로 끝날 수밖에 없는 지점에서 철학과 시는 같다는 깜냥이 있었죠. 그런데 철학과에서 공부하면서 이런 모든 것들이 깨졌어요. 철학은 학문일 뿐이고, 시와는 상극이더라고요.

김명원 시를 쓰려는 지망생들이나 젊은 시인들에게 해주고 싶은 말씀이 있다면요.

김경주 오늘날은 시를 쓸 때 용기가 필요한 시대예요. 미디어가 점령하는 지금, 시로서 힘과 영향력을 갖출 수 있느냐에 회의가 들기도 하겠죠. 그러나 시인은 자기의 내적 희열을 발견한 자들이죠. 안양예고 퇴임 시, 한 학생이 이런 질문을 했어요. "선생님은 왜 시를 쓰세요?"라고요. 전, 시로서 성공을 한다는 것이 근본적으로 어려운 생태계에서 시를 쓰는 이유가 행복해지기 위해서,라고 대답하지 못했어요. 하지만 내가 시를 쓰고 있지 않으면 내 자신이 불행해질 것이라는 느낌이 컸어요. 그래서 시를 쓰지 않으면 불행해지므로 불행해지지 않기 위해서,라고 말했지요.

불행하지 않기 위해 치열하게 시를 쓰면서 터득한 것, 시를 잘 쓰는 방법은 누구보다도 뛰어난 채집망을 가지는 것이에요. 또, 젊은 시인들이 권력으로부터 자유로울 수는 없겠지만 권력을 경계하고 자기 문학의 밀도를 높이는데 경주해야겠지요. 마지막으로 가장 중요한 건 "지치지 말라"는 거예요. 아마도 이 말은 나 자신에게 하는 당부일 수도 있을 텐데 절대 지쳐서는 안 됩니다.

김명원 올해가 얼마 남지 않았는데 남은 일들은 무엇인가요?

김경주 엠마 트레킨의 번역서도 나올 거고요. 부지런히 책을 출판할 계획이에요.

연둣빛 휘파람 연주와 생맥주와······, 은행동 카페 스트리트

특강을 위해 김경주 시인과 나는 인터뷰하던 장소에서 계단강의실로 옮겼다. 특강 제목은 문예창작학과에서 정한 것이었는데, "우리, 시의 귀신과 만나 한판 놀아 봅시다"였다. 시인은 오후 4시부터 두 시간 동안 신들린 듯 거침없는 입담을 풀어 놓았다. 이야기가 애절한 부분에서 학생들은 한숨을 쏟아놓았고, 유쾌한 행간에서는 발을 구르며 웃었다. 정말 시의 귀신이 강림한 진한 굿판이었던 셈이다. 무엇이든지 잘 먹는다는 그와 학교 앞에서 간단한 저녁 식사를 한 후 학생들과 뒷풀이를 위해 대전역 근처 번화한 은행동 카페에 갔다. 그의 미학론은 계속되었고, 여행담도 그칠 줄 몰랐다. 자신의 시「못은 밤에 조금씩 깊어진다」음독音讀은 물론, 영화 주제곡 'Gloomy Sunday'를 휘파람으로 연주하기도 했는데, 그때의 정황을 굳이 설명하자면, 우리는 그저 "황홀했다". 노란 은행잎을 우표로 붙여 배달된 김경주라는 택배의 완결편을 모두 맛보았기 때문이었다.

밤 11시 23분 서울 행 기차표를 그의 손에 쥐어주면서 완벽한 하루가 끝이 났음을 절감한다. 꽉 차서 오히려 서늘했던 오늘의 추억을 두고두고 음미하게 되리라. 난 귀가 후 그에게 메일을 쓴다. "늦은 밤길, 선생님 공항(그의 스튜디오 이름이 '나는 공항flying airport'이다)까지 잘 안착하였는지요? 선생님께서 싸 온 종합선물세트의 성찬을 맛보았던 어젠 감히 아름다웠답니다. 이제 곧 연말이 되겠지요. 성탄절 캐럴이 울려 퍼지고, 연하장을 가득 짊어진 우편배달부의 걸음이 경쾌할 것이고, 함박눈이 푹푹 소리내며 내리는 날이 있겠지요. 그런 날 문득 뵙기라도 한다면, 저의 천박한 감수성에 선생님의 그윽한 눈매를 섞어 한 잔의 차로 타서 나누어 마시며 어둠에 귀 기울여도 좋으려니 바라봅니다. 오늘은 한참을 미루어 왔던 선생님을 드디어 만난 날이라고, 참

찬연했다고 일기에 쓰겠습니다."

다음 날 아침, 나는 답신을 받는다. "저도 따뜻하게 환대해 주셔서 너무 감사하고 느낀 게 많은 날이었습니다. 원래 속이야기를 남에게 함부로 하지 않는 성격인데 자리가 주는 넉넉함에 저 역시 소탈해지곤 했습니다. 시가 선생님 곁에서 작은 위안이나마 되어 줄 수 있기를 바랍니다. 주신 시집의 결은 잘 간직하고 소중히 읽겠습니다." 그의 글에서 연하게 휘파람 소리가 들린다. 그가 노래했듯이 연두의 시제가 풍긴다. 아프고 시린, 영원히 미완성으로 존재하는, 사이의 색인 연둣빛, 그만의 풀물 감각이 눈부신 길을 낸다(2009년 10. 월 28일)

김경주 1976년 광주 출생. 서강대학교 철학과 졸업. 2003년 《대한매일》 신춘문예에 시 「꽃 피는 공중전화」가 당선. 시집으로 『나는 이 세상에 없는 계절이다』, 『기담』 등, 산문집으로 『passport』, 『펄프 키드』, 『레인보우 동경』, 『당신도 카피라이터가 될 수 있다』 등, 희곡집으로 『숭어 마스크 레플리카』(공저), 역서로 『안녕을 말할 때』 등 출간. 동덕여자대학교 문예창작학과 초빙교수를 지냈고, 오늘의 젊은 예술가상, 김수영 문학상 등을 수상하였다.

박진성

공병共病을 통한, 시를 향한, 절박한 기투企投, 박진성

일 년 중에서 역광逆光 속으로 숨어드는 달이 있다면 2월일 것이다. 2월은 어둡고 음습하다. 그리고 잘 부숴 지는 모래 알갱이들처럼 자주 서걱거린다. 아마도 지나친 겨울의 끝에 간신히 붙어 있는 감각으로 2월이 감지되거나 도래하고 있을 화사한 봄 사이에서 익명적 존재감을 요구받기 때문일지도 모르겠다. 한 해 중에서 조도와 채도가 유독 낮은 달, 2월! 쓸쓸하다. 올해는 더욱이 웬 추위가 조금도 물러설 줄을 모르는지, 폐허의 햇볕이 내가 글을 쓰고 있는 거실 마루를 창백하게끔 병색이 들게 한다.

병색이라고, 나는 방금 말했다. 병색이라는 단어는 아찔한 결핍감을 초래한다. 아르놀트 겔렌Arnold Gehlen의 말대로 인간은 결핍된 존재이겠지만, 그래서 신체적 결핍을 극복하기 위해서 두뇌를 발달시켜 환경에 적응하고 자연을 변형시켜 생존하며 문화적인 존재로서 살기 위해 부단히 애쓰겠지만, 죽음을 담보로 하는 병이라는 결핍만큼 생물학적으로 애절하고 아프고 시린 것이 있을까. 살아야 하고 살아가야 하는 생존운동질량불변의 법칙 하에서 역행할 수밖에 없는 병이라는 것은 생명을 보유하고 있는 생물적 존재인 인간에게 어떤 고통을 부여하고 어떤 결핍감을 초래하는 것일까.

이즈음에서 자신의 병을 최고의 예술적 가치로 들어 올린 한 시인을 떠올린다. 원한다고 찾아오는 것이 아니며, 원하지 않는다고 물리칠 수 있는 것도 아닌 병이라는 대상은 절대 호락호락한 상대가 아니다. 내가 오늘 이야기하고 싶은 박진성 시인의 경우도 그러하다. 시인이 고등학교 2학년이던 1996년 2월 7일에, 시인의 표현대로라면, 아무런 이유도 없이 쓰러져 입원을 했고, 어머니가 울었다고 한다. 한창 자신의 창창한 미래와 생에 대해 푸른 꿈을 펼쳐야할 열아홉 살이라는 나이에 병이라니, 그것도 공황장애라는 정신적인 질환으로 철저히 소외되고 잠식할 수밖에 없었다니, 그리고 외면으로 표출하기 어려운 정신병을 끊임없이 뜨겁게 앓아내며 찾아 간 시인의 길이라니…… 시인의 병과 그 결핍을 채우려 마련했던 시들과 한동안 시단에서 활발하게 활동하다가 잠적했던 박진성 시인의 사연들이 궁금해지기 시작하였다.

나는 시인에게 처연한 표정의 2월을 핑계로 전화를 걸었고, 메일을 보냈고, 조만간 만나기로 약속을 잡았다. 창밖 은행나무가 가는 끈들을 부여잡고 봄을 맞기 위해 안간힘 쓰고 있다. 저 성장통을 겪으며 곧 봄이 올 것이다. 그리고 나는 박진성이라는 젊은 시인의 격투기 같은 병과 시에 대해 이야기를 들으며 이 쓸쓸한 계절 빈틈의 결핍을 도닥일 것이다.

새 봄 맞이 마음 청소, "잘 놀자"

김명원 며칠 전인 2월 4일은 입춘이었습니다. 새봄이 찾아 왔네요. 2월이면 늘 그렇듯이 마음은 신산한 겨울의 끝 무렵인데 산하는 미동도 없이 봄을 마련하고 있지요. 박진성 시인도 「나쁜 피 -동물의 왕국」에서 "2월이구요, 강박적으로 새 순 틔워내는 나무들 창문 틈으로 쳐들어오는데"로 표현하고 있는 것을 보면 봄의 군단에 대한 저항심이랄까요, 혹은 주체와 무관한 자연의 막강한 섭리를 말하고 있었던 듯이 보입니다. 저 쌀쌀한 풍경 속에서 2월의 봄이 그로테스크하게 진행되고 있을 테니까요. 요즘 어떻게 지내세요? 그리고 2012년 새해 소망이나 계획을 세우셨는지요?

박진성 2월은 제게 특별한 달이기도 합니다. 1996년 2월 7일 이후로, 삶의 모든 것이 바뀌었으니까요. 생물학적 의미에서의 생일은 3월이지만 사회학적 생일(만일 그러한 것이 가능하다면)은 2월일 겁니다. 2월의 기후를 좋아하기도 하지만 대체로 불안감과 쓸쓸함이 먼저입니다. 굳이 날짜에 의미부여하는 것을 좋아하진 않지만, 어쨌든 2월 7일에서 8일로 넘어가는 그 밤의 시간들은 매년, 제게, 어떤 근원적인 것을 물어옵니다. 대체로 당혹스러운 질문들이죠.

누군가 근황을 물어올 때가 사실 가장 당황스럽습니다. 늘 비슷하거든요. 책 읽고 시 쓰고. 그러고 살고 있습니다. 최근에는, 6월 경 출간 예정인 산문집 원고를 다듬고 있습니다. 출판사에 초고를 넘겨놓은 상태고, 편집장님과 에디터와 계속적으로 피드백을 주고받고 있습니다. 첫 산문집이기도 하고, 제가 과연 '산문집'이라는 것을 낼만큼, 어떤 문학적 역량을 갖췄나, 하는 자괴감도 들고. 또 이만하면 산문집 하나쯤 내도되겠다 싶기도 하고. 어지럽습니다. 출판사에서 열심히 응원을 해줘서 고마울 따름이지요. 독서에 열중하고 있고 닥치는 대로 읽고 닥치는 대로 쓰고 있습니다. 놀고 있다고 해야겠지요. (웃음)

또 하나. 오랜 친구인 변호사와 '법률 웹진'이라는 해괴망측(?) 사이트 하나를 기획 중입니다. 고등학교 동창인 친구인데, 대학 다닐 때부터, 나중에 우리 웹진 하나 만들자, 했던 소망이 현실이 된 거죠. 제가 알기론 우리나라에서 최초로 발행되는 법률 웹진인데, 법률 서비스 제공을 근간으로 하고 다양한 문화 컨텐츠를 아울러 선보이는 매체입니다. 이것을 조금 더 발전시켜 법률 부분과 문화 부분을 독립시켜 제대로 된 웹진을 운영해보는 것이 궁극의 소망입니다. 경제적으로, 심적으로, 친구에게 참 고마울 따름이죠. 4월 초에 일단 오픈할 예정으로 차근차근 진행 중입니다. 바쁜 듯 게으르게, 게으른 듯 바쁘게 지내고 있고요.

2012년 새해 소망은 단순합니다. "잘 놀자"입니다. 책 많이 보고, 시 열심히 쓰고, 산문집 준비 열심히 하고, 3시집 준비 열심히 하고, 웹진 잘 가꾸고. 이런 게 부디 노동이 되지 않기를, 제 자신에게 소망하고 있습니다.

김명원 산문집은 시집과는 또 다른 언어의 형식으로 다가와서 묘한 울림과 편한 소통을 선사해 주지요. 즐겁게 산문집 출간일을 기다리고 있겠습니다. 그런데 올해에 시집 출간 계획은 따로 있나요?

박진성 2월 초순에 시집 출간 결정이 났습니다. 원고가 아직 미숙하여서 올해는 힘들겠고요, 출간 시기는 출판사와 조율 중입니다. 첫 시집도 그렇고 둘째 시집도 그렇고 너무 성급하게 낸 것 같아 최대한 느린 호흡으로 가고 있습니다. 당연한 말이겠지만, 시집의 권수(양)가 중요한 건 아니니까요. 그리고, 그동안 천착해온 문제, 그러니까, '병'이라는 글자로 압축될 수 있는 세계에서 밀어지려고 필사적으로 노력중입니다.

김명원 2008년에 두 번째 시집 『아라리』를 상재하고 나서 활발하던 활동 내역이 2010년에 이르러 급격히 저조하다 싶었고, 문단에서도 박시인을 통 만날 수가 없었는데요. 저에게는 시인에 대한 궁금과 염려가 짝을 이루던 날들이었고요. 그러다가 다시금 지난 해부터 여러 잡지에서 박시인의 작품들을 많이 접하게 되어 반가운 심정 이루 말할 수 없네요. 혹시 그간 슬럼프를 겪었던 것인가요?

박진성 개인적인 아픔도 있었고 그간 써 오던 시에 대한 회의도 있었습니다. 그 둘이 결합하니 녁 다운에 녹다운이더군요. 그래서 글판을 떠날까도 생각했습니다. 그런데 막상, 할 줄 아는 일도 없더라구요. 스무 살부터 시 쓰고 시 읽고 한 일 말고는 제대로 해본 일이 없기도 했고, 시만큼, 제게, 자극을 주는 것도 없었습니다. 슬럼프란 표현이 맞겠네요. 차츰 감각을 회복한 건 작년 8월의 일입니다. 거의 무위도식으로 지내고 있었는데, 어떤 선생님께서 보내주신 시집을 읽다가 한참을 울었습니다. 이유는 잘 모르겠는데, 한참을 울고 나니까 시가 다시 쓰고 싶더라구요. 요즈음은 그 어느 때보다 왕성하게 쓰고 있는 편입니다. 제 스스로 놀랄 만큼이요. 아마도, 2년 넘게 억눌렸던 어떠한 에너지들이 한꺼번에 폭발하는 모양입니다.

김명원 독자로서 무척 반가운 일! 그동안 억눌렸던 광포한 창작 에너지로 만들어지는 박시인의 시들에 우리 독자들이 다시 열중할 수 있게끔 왕성한 작품 활동 기대할게요. 생은 두 가지 중 하나라고 하지요. 운명에 대한 '굴복'이냐, 운명을 넘어서는 '극복'이냐의 선택이 주어질 테니까요. 시인의 시 중에서 제가 좋아하는 「동백 신전」이라는 시가 떠오릅니다. 지금쯤 동백꽃들이 붉게 여물고 있겠지요. 몸 속 붉은 피로 불지르며, 다 타버리고 나서 목이 잘리며 죽어서도 제 생을, 제 사랑을 꼿꼿하게 증거하는 동백꽃은 박시인을 닮았거든요.

> 동백은 봄의 중심으로 지면서 빛을 뿜어낸다 목이 잘리고서도 꼿꼿하게 제 몸 함부로 버리지 않는 사랑이다 파르테논도 동백꽃이다 낡은 육신으로 낡은 시간 버티면서 이천 오백 년 동안 제 몸 간직하고 있는 꽃이다 꽃이 아니고서야 어떻게 그 먼 데서부터 소식 전해오겠는가 붉은 혀 같은 동백꽃잎 바닥에 떨어지면 하나쯤 주워 내 입에 넣고 싶다 내 몸 속 붉은 피에 불지르고 싶다 다 타버리고 나서도 어느 날 내가 유적遺蹟처럼 남아 이 자리에서 꽃 한 송이 밀어내면 그게 내 사랑이다 피 흘리며 목숨 꺾여도 봄볕에 달아오르는 내 전 생애다
>
> ―「동백 신전」 전문

지난 계절을 꺼내 읽듯 지난 시절과 시들을 뒤돌아보다

김명원 이제 시인의 근황을 들었으니, 지난 삶의 역정에 대한 이야기로 넘어가겠습니다. 2005년에 첫 시집 『목숨』 출간으로 세간의 주목을 받았는데요. 시단에서 활동하며 느낀 소회가 있을까요? 젊은 시인으로서 기성 시단에

대한 의견도 듣고 싶습니다.

박진성   시단이라는 것 자체가 과연 실재하는 것인지 자문해봅니다. 최근 서울에 무슨 행사에 간 일이 있었는데, 제가 등단했던 2000년대 초반과는 사뭇 다른 분위기더군요. 노인네 같은 소리지만, 그때만 해도, 시인들이 무리지어 다니는 모습을 많이 목격했고, 또 한때, 그들 무리에 속해 있었지만, 요즈음의 시단은 뭐랄까, 파편화된 것 같아요. 어느 시인의 말을 빌리면, 이제, '집단의 지향점'을 향해 시를 쓰는 시대는 지나지 않았나 하는 생각입니다. 현재에도 동인이 존재하지만, 그 동인들의 정체성은 80년대나 90년대 동인들의 정체성과는 분명히 달라 보입니다. 특히, 최근의 젊은 시인들에게서 그러한 모습의 '어떤 극단'을 볼 수가 있는데, 그들은 철저히 '혼자'이거나 '끼리끼리'인 것 같아요.

지면의 양상도 크게 다를 바 없다고 생각합니다. 잘 아시다시피, 십여 년 전까지만 해도, 어떤 잡지는 어떤 색깔을 지녔고, 어떤 잡지는 어떤 색깔을 지녔다, 이러한 말들이 분명 존재했는데, 이제 그러한 구별들이 무색해진 것 같아요. 필진들을 보면 알 수가 있죠. '시단'이라는 말이야말로 어떤 관념이 아닐까요. 있긴 있는데, 그 정체가 모호한 것. 이를테면 유령. 제게 시단은 유령들의 놀이터로 보입니다. (웃음)

김명원   시단이 일종의 관념이라는 말은 작금의 현실에서 상당히 설득력이 있어 보입니다. 이 대답으로 박시인의 시단에 대한 통찰력을 인지하게 되었구요. 어쩌면 혼자의 개인이 다수 혼효하는 양상으로 시단은 이미 기존 시단의 형태로부터 소외되어 있을지도 모른다는 생각이 듭니다. 그럼에도 박시인에게 궁금한 것 하나, 한때 시단을 들썩였던 '미래파'로 규정된 일군의 젊은 시인들이 있었지요. 이제는 그 자리에 다시금 생성된 젊은 시류가 형성되어 있고요. 분명한 자신만의 색깔과 향취를 부정하면서 그들을 하나의 소속으로 밀어 붙이는 것은 곤란하겠지만 박시인께서 바라보는 관점에서 젊은 시인들은 어느 부류까지이며, 그들의 작품 활동은 어떻게 제목을 붙일 수 있을까요?

박진성   이 질문에 대한 답은, 다른 어떤 지면에서 말씀드린 것부터 시작해야 할 것 같네요.『오늘의 문예비평』2009년 봄호의「한국 문학의 새로운 시선」이메일대담에서 다음과 같이 기술했거든요.

'젊은 시인들'에 대한 정의를 어디선가 '1970년대産, 2000년대發', 즉 1970년 전후로 태어나, 2000년 전후로 등단한 시인들로 규정하는 것을 보았는데요, 저는 대체로 이러한 세대구분에 동의합니다. 많은 젊은 시인들의 상상력이 환상적인 측면에 기대는 것도 사실이고 선생님의 말씀처럼 이들이 분열을 상상적으로 즐기고 있다,라는 말에도 어느 정도 공감합니다.

하지만 미친 사람에게는 미친 상태가 곧 현실입니다. 정신과 병동에 입원해 있는 환자에게 착란이나 분열은 현실입니다. 환상이 아니라는 말이죠. 다소 거친 말이지만, 이 시대는 전체가 정신과 병동이 아닐까요. 이러한 시대를 예민하게 감각하고 고민하는 사람들이 저는 여전히 시인들이라고 생각합니다. 젊은 시인들이 분열적 상상력에 매료되는 것은 그들이 '통각'에 예민하게 반응하기 때문이라고 생각합니다.

1970년대를 전후로 태어나 2000년대 전후로 등단한 시인들이 또 하나 지니고 있는 공통점은 바로 이들이 1990년대에 대학을 다녔다는 점이죠. 1990년대의 특징을 여러 측면에서 생각해볼 수 있지만 제가 주목해서 보는 점은 바로 1990년대에 학생운동이 괴멸되었다는 점이죠. 지금도 학생운동을 하고 있는 친구들에게는 미안한 말이지만 1990년대에 학생운동은 뚜렷이 그 퇴조양상을 보입니다. 제 개인적인 경험으로는 김대중 정권이 최루탄을 쏘지 않겠다고 공언한 것이 1998년의 일이고 제가 대학을 졸업할 무렵인 2000년을 즈음해서는 가투는 고사하고 학내집회마저도 볼 수가 없더군요.

제가 하고 싶은 얘기는 이 세대에게는 '싸울 대상'이 없어졌다는 겁니다. 차라리 싸울 대상이 숨어버렸다는 표현이 맞겠지요. 시인 진은영은 이러한 사태를 "우리는 목숨을 걸고 쓴다지만/ 우리에게/ 아무도 총을 겨누지 않는

다/ 그것이 비극이다"(「70년대産」)라는 말로 갈무리를 하고 있죠. 제가 생각해도 비극이 맞습니다. 대학 초년생이던 1990년대를 생각해보면 내가 굳이 가투에 참여하지 않고 내가 굳이 연행되지 않더라도, 싸우고 끌려가는 친구들이 같은 강의실에서 공부하는 동료들이었지요. 시대에 대한 최소한의 책무가 그들에겐 있었다는 얘깁니다. 하지만 상황이 많이 달라졌죠. 시대 자체가 싸움을 요구하질 않아요. 여전히 싸워야할 대상은 분명히 있는데, 싸워주질 않으니 미치는 거죠. 젊은 시인들에게 과도하게 보이는 분열증적 증세나 개인 내면에 대한 과잉의 집착은 이러한 시대상황을 빼놓고는 말할 수 없습니다.

모두가 미쳐있는 상태에서 모두가 맨 정신으로 버텨야 하는 상태. 이것이 지금의 젊은 시인들이 지고 있는 짐이라고 생각합니다. 이성복 선생님이 1980년에 "모두가 병들었는데 아무도 아프지 않았다"라고 썼지만 그 구절은 오히려 (시집 『뒹구는 돌은 언제 잠깨는가』가 출간되었던) 1980년의 상황보다 현재의 상황에 더욱 들어맞는다 생각합니다. 현재의 젊은 시인들이 분열적 상상력에 매료되어 시를 전개해 나가는 원인을 저는 그들의 내면보다는 시대적 상황에서 찾고 싶은 거죠.

주체의 자명성이나 분열, 복원과 같은 문제들은 젊은 시인들에게도 여전히 중요할 수밖에 없는 문제라고 생각해요. 주체의 분열과 주체의 계속적인 파편화 양상에 주목하는 시인들이 있을 테고 그 반대로 주체의 복원이나 주체의 입지를 확인하는 작업에 힘을 쓰는 시인이 있을 테지요.

—『오늘의 문예비평』 2009년 봄호. 한국 문학의 새로운 시선/ 이메일대담 중

위 대담이 불과, 3년 전의 일인데, 그 사이 또, 문학판의 지형도가 바뀌고 있는 듯합니다. 소위 '미래파'라고 호명됐던 시인들도 어느덧 중진이 되어가고, 이제 1980년대생 시인들이 부상하고 있는 모습입니다. 실제로, 1980년생이, 올해, 33세이니까, 자신들의 목소리를 갖출 나이가 되었고 또 어찌 보면 자연

스러운 현상으로 보입니다. 그런데 아직까지는 이들의 시적 경향을 하나로 묶을 만한 특징이 없다는 것이 또, 특징이겠습니다. 어떤 평론가는 '각개약진'이라고도 하고 어떤 시인은 '고군분투'라고도 했지만, 그만큼, 다양한 목소리들이 현재의 문학판에 공존한다는 얘기겠지요. 제가 바라보는 그들의 시는, 골방의 모습과 닮아있습니다. 굳이 그들을 규정한다면 '골방의 악기들'쯤 되겠네요.

여기서 우리가 짚고 넘어가야할 것은 '젊은 시인들'과 '새로움'을 등가로 은연중에 배치하는 우리의 태도가 너무 안일하지 않나, 하는 점입니다. '젊은 시인들'에 대한 논의들은 결국 '새로움'의 문제와 결부될 수밖에 없어 보이는데 한 분 평론가의 지적은 의미심장하게 곱씹어볼 필요가 있어 보입니다.

> 새로움은 누가 쓰느냐의 문제에 전적으로 기대고 있지 않음에도 불구하고 우리는 간혹 이 당연함을 잊고 기대한다. 세대적 차이에 따라 전혀 다른 새로움이 생산될 수 있다고 기대하거나, 또는 신인이면 무언가 낯선 것을 생산할 것이라고 기대한다. 그러나 그와 같은 기대는 새로움의 생산에 참여하는 노동의 수고를 회피한 채 단지 새로움을 소비하고 싶은 욕망에 사로잡힌 나머지 새로움의 생산지를 손쉽게 지목하려는 허위의식에 가깝다.
> ― 송종원, 『현대시』 2012년 3월호. 새로운 세대의 시인들/「나쁘게 말하다」 부분

2000년대 활발하게 전개되었던 소위 '젊은 시인들'에 대한 논의 속에서, 우리는 "단지 새로움을 소비하고 싶은 욕망에 사로잡힌 나머지 새로움의 생산지를" 너무 손쉽게 받아들였고 그 텍스트들에 너무 과도한 시선들이 몰리지 않았나, 조심스럽게 반성해봅니다. 송종원 선생님의 저 발언을 우리는 진지하게 받아들여야 할 것입니다. 저 발언을 우리가 반성적으로 받아들이고 경청할 때, '젊은 시인들'에 대한 온당한 가치판단과 의미부여도 가능하리라는

생각입니다.

  덧붙여서 말씀드리고 싶은 것은 우리가 새로운 시인, '젊은 시인들'에게 시선이 몰린 사이, 소외받고 호명되지 못한 시인들을 적극적으로 끌어안아야 한다고 생각합니다. 『시인광장』이 말 그대로 광장의 역할을 해주셨으면 하는 바람이지요. 우리도 모르는 사이, 우리가 잃고 있는 목소리들은 너무 많습니다.

김명원   『시인광장』에 관여하고 있는 한 사람으로서 『시인광장』에 대한 소임을 각성케 하는 주문, 잘 알아듣겠습니다. 골방의 문학을 누구나 왕래하는 아크로폴리스로 끌어 올리는 일, 칩거하는 시들을 시의 광장으로 들어서게 하는 일, 중요한 작업이겠지요. 박시인께서는 시를 습작하던 시기가 골방에서 혼자로부터 출발하였나요? 대학교 재학시인 학부 4학년 때 등단을 하였으니 타 시인들에 비해 이른 편인데요. 일찍 등단에 임하게 된 입장이랄까요, 그리고 대학 시절의 박시인은 어떤 고민과 꿈이 있었을까 등이 궁금하네요.

박진성   대학 들어가서는 혁명가가 되고 싶었습니다. 진짭니다. 서울에 친척이 있는 것도 아니고, 서울에 갈 일이 그리 많지 않았는데, 97년, 대학에 입학하던 해, 구석구석 살펴본 서울은 제게 좀 충격이었습니다. 거리에는 부랑자가 넘쳐났고 아직도 최루탄에 맞아 죽는 대학생들이 있더군요. 전공도 서양사학이다보니, 자연스럽게 마르크스니 레닌이니 그런 것을 공부하는 학회에 가입할 수 있었고, 처음엔 사회과학을 공부했습니다. 그닥 깊게 공부한 것은 아니고요, 지금 생각해보면, 피 끓는 이십대 초반의 객기겠지요. 이 세계에서의 혁명이 불가능하다는 것을 어렴풋이 알게 된 후, 시를 접했습니다.

  시를 접하게 된 건 정말 우연이었습니다. 몸이 좋질 못해, 1997년 한 학기만 마치고 휴학을 하게 되었는데, 그때, 책을 보러 동네 작은 구립도서관에 갔다가 우연히 기형도의 시집을 빌려오게 되었지요. 충격이었습니다. 두 가지 의미에서 충격이었는데, 분명히 한국어로 씌어져 있는데 그것이 이해하기 상당히 난해하다는 것이 첫 번째 이유였고, 이해가 불가능한 상태에서도 그 시집이 뿜어내는 어떤 마성 같은 것에 제가 열광하고 있다는 것이 두 번째 이유였습니다. 기형도를 몇 차례 반복해서 읽고, 그때는 문학과지성사 시인선이 뭔지도 모르고, 그 비슷하게 생긴 시집들을 읽게 되었지요. 그때 읽은 시집들이 이성복, 황지우, 송재학, 송찬호, 대략 그렇습니다. 그렇게 읽다보니, 쓰고 싶어졌고, 원래의 계획은 1년 정도 아예 쉬거나 재수를 하는 것이었는데, 정식으로 시 수업을 받아야겠다는 생각이 들더군요. 그래서 1998년 1학기에 통학을 했습니다. KTX도 없던 시절이었지요. 집에서 안암동 학교까지 딱 3시간이 걸리더군요.

그렇게 해서 최동호 선생님의 '현대시론'이라는 수업과 '시창작실습' 수업을 듣게 되었고 그 수업을 들으면서 자연스럽게 시 쓰는 친구들과 어울리게 되었습니다. 완전히 다른 세계였습니다. 합평하는 재미로 학교를 다녔으니까요.

등단에 대한 환상 같은 것은 없었습니다. 그게 좋은 것인지, 나쁜 것인지는 지금도 판단이 잘 서질 않지만, 제가 가입한 국문과 학회의 선배들 중에 시인들이 많았거든요. 처음엔 물론 설렜죠. 지금도 설레긴 마찬가지겠지만, 그 선배들과 술자리에서 자연스럽게 어울리다보니, 이를테면 시인에 대한 막연한 환상 같은 것은 없었습니다. 다른 사람들보다 조금 일찍 깨졌달까요, 선배님들이 또 지금 생각하면 고마운 것이 문인 혹은 시인으로서 저를 대해준 것이 아니라 후배로 대해주셨으니 조금 자유롭게 시에 대해 물어볼 기회도 많았고 제 시를 보여줄 기회가 많았지요.

원고를 투고하고 당선이 되었다는 전화를 받았을 때, 별다른 느낌이 없었습니다. 바로 앞에 계신 선배들의 길이 제가 갈 길이라 생각했으니까요. 또래 선배들, 동기들, 후배들과 미친 듯이 합평하고 미친 듯이 술 마시고 미친 듯이 시 얘기 하는 일이 거의 전부였으니까 다른 생각을 할 겨를이 없었습니다. 대학 시절의 고민은 그거였습니다. 왜 나는 이렇게 시를 못 쓰나. 대학 시절의 꿈은 그거였습니다. 좋은 시를 쓰고 싶다.

낮은 아케이드 불빛 아래 쭈그려 앉은 여자, 느린 자전거 한 대만 쓰러져도 모두가 다칠 것 같은 밤의 시장길 모퉁이에 이마 주름살 따라 흔들리고 있는 여자, 자기 앞의 생인 듯 또아리 틀고 있는 순대를 쭈욱 들어올린다 그때 잠깐 펴지는 이마의 주름살, 정가표도 없는 여자의 바코드가 환해진다
　　여자의 주름살은 편의점과 백화점에 길들여진 내 생활을 긁는다 시간이 낸 길을 따라 애옥한 삶을 흔들거릴 줄 아는 여자의 이마, 꼬깃꼬깃 천 원짜리 몇 장에 醉氣를 더욱 취하게 할 줄 아는 여자의 바코드가 내어준 순대국을 언저리 뭉뚝한 뚝배기 가득 먹는다, 꾸불꾸불 슬픈 바코드
　─「슬픈 바코드」 전문

병이라는 경보장치가 울린 시들

김명원　시세계에 대한 궁금증들입니다. 『목숨』에 실린 '病詩'라는 산문에서도 밝힌바 있는데요. 박시인께서 앓았던 정신과 증후들이 시에 어떠한 영향을 미쳤다고 생각하시는지요. 그리고 그 정신과 질환이 창작에 어떤 의미로 작동되었는가요?

박진성　병을 앓기 시작한 것이 1996년 19살 때이고, 시를 쓰기 시작한 것이 대략 1998년 21살 때인데, 처음부터 시에 병 얘기를 쓴 것은 아닙니다. 못 쓰겠더라구요. 지금은 상황이 많이 나아져서 그렇다지만, 그때만 해도, 정신과 약을 복용한다는 것은 "발설해서는 안 되는 금기"같은 분위기가 팽배했으니까요. (첫 시집 나왔을 때, '병'으로 범벅이 된 시집을 보고 하얗게 얼굴이 질리신 아버지의 표정이 지금도 선연합니다.) 그리고, 무엇보다도, 제가 정신이 아프다는 걸 누가 아는 게 싫었어요. 합평회에 가져간 시들을 지금도 파일로 가지고 있는데, 지금 보면 사실 얼굴이 화끈거립니다. 수사나 어떤 세계의 문제도 있겠지만, 변죽만 울리고 있는 제 자신이 너무 부끄러운 거죠. 습작기

의 어느 순간을 지나다보니, 종국엔, 내가 가장 아픈 것, 내가 가장 잘 쓸 수 있는 것을 꺼내야겠더군요. 대략 2001년부터 병에 대해서 쓰기 시작했던 것 같습니다.

김명원 시인은 자신의 병명을 '공황장애'라고 밝히고 있지요. 지금만 해도 우울증으로 자살을 하는 연예인이나 공인들이 적지 않아서 사회적인 분위기가 정신 질환을 담론의 표면 위에서 거론하는 시대가 되었지만 시인이 병을 앓고 있던 90년대 후반만 해도 자신을 정신질환자라고 드러내기가 쉽지 않았겠어요. 하지만 이렇게 병을 자신의 시적 제재로 삼았던 이유나 동기는 무엇이었나요?

박진성 제가 앓았던 병은, 말씀하신 공황장애라는 것인데, 최근에 이경규라든가 김장훈이라든가 연예인들 때문에 많이 알려진 병이죠. 그 증후와 그 양상이 참, 겪어보지 않은 사람은 상상할 수 없을 만큼 힘들어요. 공황장애라는 것은 이렇게 생각하시면 쉽습니다. 자동차 경보기는 원래, 자동차 도난 우려 시, 울리는 경보 장치지요. 그런데 이 경보 장치가 잘못 작동되는 것이 공황장애의 매커니즘과 비슷합니다. 가령, 아이들이 가지고 노는 공에 닿아, 경보기가 울린다거나 하는. 우리의 몸이란 게, 정신이 어떠한 공포 감정에 직면하면 몸에 신호를 보내죠. 그런데 그 신호체계가 교란된 것이 바로 공황장애입니다. 시시로 때때로 경보장치가 울려요. 사소한 자극에도 호흡곤란 증상이 온다거나 마비감이 오고, 비현실감이 신체와 정신을 사로잡죠. 꼼짝 못하고 당할 수밖에요. 이때의 비현실감은 끔찍하기도 하지만, 어떤 의미에서는 참 재미있기도 해요. 별 별 생각을 다 할 수 있거든요. 기차를 타고 가다가 공황발작이 오면 가령 이런 생각을 하게 됩니다. 기관사를 납치할까. 뛰어내리면 어떻게 될까. 숨을 못 쉬겠는데 내가 기차에서 죽어버리면 어떤 상황이 벌어질까. 현실이 환상이고 환상이 현실이죠.

제정신일 때, 그러한 비현실감을 소환해보면, 상상력이 그야말로 천변만화입니다. 분명히, 제 시의 어떠한 부분은 그러한 병적 증상이 주는 천변만화와 광대무변의 상상력에 빚지고 있는 것이 사실일 겁니다.

시에다 병 얘기를 쓰다 보니, 아무래도 내게 절박한 얘기이니까요, 시가 좋아졌고(제 생각입니다), 거기서 더 나아가니까, 왜, 정신과 질환을 앓는 사람들은 죄 지은 사람처럼 살아야 하나 하는 생각에까지 닿더라구요. 본격적으로 병을 시에 끌어다 쓴 계기는 그러한 생각 때문입니다. 좀 거창한 생각이었지만, 내가 나를 희생해서, 이 땅에서 정신과질환으로 고통 받는 사람을 대변하자, 하는 생각까지 이르게 된 거죠. 지금 생각해보면 참 무모한 생각입니다만, 역설적으로 어떤 구원 받은 자의 소명 같은 것이 제게는 있었습니다. 이성복 시인은 이렇게 말합니다. "상처 받은 새들은 내가 키우겠다". 그때, 제 생각이 꼭 그랬습니다. 상처 받는 사람들 대신 내가 아프겠다.

대신 아프려고 생각하다보니, 제대로 아파야겠고, 제 병에 관련된 책들도 읽게 되고, 의식적으로, 제 시들을 그쪽 방향으로 더 몰아붙였죠. 그러니까, 『목숨』의 '병'에 관한 시들은 자연적으로 터져 나온 발성이면서 동시에 철저하게 계산된 어떤 목소리입니다. 요즈음은 그 생각이 많이 바뀌었습니다. 뒤에 가서 얘기하도록 할게요.

김명원 시인이 고등학교 2학년 열아홉 살이던 1996년 2월 7일에, 시인이 기록한 대로 아픈 데도 없이 쓰러져 입원을 했고, 굳게 닫힌 철제문 아래 주저앉아 살, 고, 싶, 다, 손가락으로 먼 나라의 음악처럼 들려오는 네 글자를 그려보았고, 어머니가 나무처럼 자리를 지키며 울었다고 했는데요. 병과는 무관해야 할 그 젊은 시절의 병동체험은 시인에게 어떤 트라우마로 작용했을까요?

박진성 작가에게는 '원체험'이 있다고 들었습니다. 자아가 형성되는 어느 시점의 사건이나 기억이 너무나 강렬하게 각인되어 그러한 이미지가 그 사람 자체의 세계관을 좌우해버리는 사태 말이죠. 이것은 비단 작가에게만 해당되는 일은 아닐 겁니다. 시인 기형도는 그의 유년에 아버지가 쓰러져서 병상에 누워있었고 그가 죽을 때까지 그 상태로 있었습니다. (제 기억으로는 기형도가 1989년에 죽고, 그의 아버지가 1990년에 죽었습니다.) 기형도에게, 세계는, 애초부터 회복 불가능한 어떤 불구의 것이 아니었을까 생각해봅니다. 실제로 기형도의 시를 읽다보면, 어떤 불구의 형상들, 奇形의 모습들, 異形의 인간들이 빈번하게 등장합니다.

　기형도에게 '불구의 아버지'가 원체험이라면 저에겐 '1996년의 병동체험'이 원체험입니다. 19살은 감수성이 예민할 나이죠. 정신이 아파서 들어간 병원, 그리고 그곳에서 바라본 세상은 온통 아팠습니다. 병원에서 퇴원하고 나서도, 제게 세상은 병원처럼 보였으니까요. 트라우마라면 트라우마고 기원이라면 기원일 것입니다. 어느 순간부터, 세계를 병원으로 인식하다보니, 시선 닿는 것들이 죄다 아파보였고, 멀쩡한 사물들도 어딘가가 아픈 게 아닌가 하는 생각이 은연중에 스며들었지 않나 싶습니다. 가령 이런 식으로 세계를 해석하게 되었죠. 눈을 뒤덮고 있는 겨울나무는 가운을 입은 의사, 빗방울은 링거액, 새벽에 반짝이는 간판은 응급실 입구, 뭐 이런 식이죠. 어떤 의미에서든 '병동 체험'이 제 시의 출발점에 있는 것은 확실해 보입니다.

김명원　자신이 겪었던 증상들이 상습불면, 자살충동, 공황발작 등이라고 자세히 열거하고 있는데요. 발병 원인을 무엇이라고 짐작하는지요? 혹시 가족 중에는 이런 병력을 소지하고 있는 분이 있나요?

박진성　가족들 중에 이런 병력을 소지한 사람은 없습니다. 그리고 박수연 선생님께서『목숨』해설에서 지적해주셨듯이, 제 병의 기원 또한 모호합니다. 기원이 없으니까 참 힘들기도 한 것이 사실입니다. 굳이 기원을 추적해보자면, 고등학교 1학년 그 즈음부터 답답증 비슷한 것이 제게는 있었습니다. 자정에서 새벽으로 가는 시간이 참 힘들었는데, 방에 있는 것이 너무 힘겨워서 집을 뛰쳐나가곤 했죠. 새벽에, 천변을 따라 2시간 정도 걷다가 뛰다가 소리를 막 지르다가 다시 얌전해져서 집으로 돌아와 잠들곤 했던 기억이 제게는 있습니다. 이유는 잘 모르겠어요. 더 올라가보면 유년의 기억이 있는데, 어느 산문에서 썼던 글을 인용해 봅니다.

> 최초의 기억엔 신작로에 쪼그리고 앉아 우는 아이가 있다. 엄마가 외출 나간 밤이고 동생은 자고 아이는 운다. 아이는 번들번들 덤프트럭이 밟고 지나간 길의 검은 공기를 죄다 빨아 먹을 기세로 운다. 울기만 한다. 옆집 여자가 나온다. 엄마가 또 늦는 모양이로구나, 동생은 계속 자고 여자는 아이를 업고 동네 한 바퀴…… 싸전 버드나무는 이상한 바람을 몰아와 출렁이고 경운기는 덤프트럭만큼 커지고…… 놀란 엄마가, 아이야 엄마 왔다, 울지 마라…… 최초의 기억엔 "엄마 없다"의 불안이 있고, "엄마 왔다"의 안도가 있다. 기억이 있는 것이 아니라 언어가 있다. 언어만 있다.
> ―『오늘의 문예비평』 2009년 봄호. 한국문학의 새로운 시선/ 작가산문 부분

 실제로 저랬습니다. 어머니와 아버지가 외출 나간 밤에 혼자 우는 아이. 그 울음을 지배하던 정념은 대체로 공포감이거나 불안이었습니다. 이유는 잘 모르겠습니다. 더 이전엔? 기억이 나질 않죠. 선생님께서 약학을 전공하셨는데, 처방전을 좀 주시겠어요? (웃음)
 김명원 저도 실은 박시인과 유사한 운명을 수용하며 동질동량고통을 안고 살았던 셈이에요. 약사로서 평이하게 살고 있던 삶에 균열이 간 것은 발병 때문이었습니다. 대장암으로 판명된 후 오 년간 화학요법을 감수해야 했고요. 하지만 병은 제게 새로운 생을 선물하였죠. 암과의 동거 이후 저의 절박한 세월을 기록하고 싶어 약사에서 시인으로 탈피하게 되었으니까요. 요즘은 약과 결별해서 처방을 내릴 수 있는 것은 유일하게 '사랑의 묘약' 정도랍니다. 혹시 사랑의 묘약이 필요하시면 언제든 말씀해 주세요. (웃음)
 음, 다시 질문으로 돌아와서, 시인이 소지하고 있는 병후 증상들과 일정의 고통들이 시 「통풍」에서 절절하게 묘파되고 있는데요. 페루 시인인 세사르 바예호 César Abraham Vallejo의 시 「같은 이야기」의 마지막 연인 "나는 신이/ 아픈 날 태어났습니다./ 아주 아픈 날"을 음각하여 자신의 천형적인 시인으로서

의, 그리고 환자로서의 운명을 여실히 드러내고 있지요. 세사르 바예호 역시 천성이 병약한 체질로 거의 평생을 병마에 시달리며 살았고, 더욱이 빈한한 경제적 상황과 구금, 추방 등 지난한 삶으로 방황하다가 폐결핵으로 1938년에 46세를 일기로 파리에서 사망했구요. 병, 가난, 소외 등 이러한 결핍들이 시 창작에 추동력이 될까요. 만약 그렇다면 이런 요소들이 적은 시인들의 시는 진정성이라는 면에서 취약할까요?

박진성 최근에 와서 많이 달라진 생각인데, 한 명의 작가의 환경이 그 작가의 스타일까지 규정하지는 않는다고 생각합니다. 병, 가난, 소외 등의 결핍들이 시 창작에 추동력이 되는 것은 분명한 사실이지만 이런 요소들이 적은 시인들의 시가 진정성이 없다는 말은 적극적으로 부정하고 싶습니다. 현실에는 작가가 직접 몸담고 있는 실재로서의 현실이 있겠고, 또한, 작가의 감각이 느끼는 감각의 현실이 있을 것입니다. 실재로서의 현실과 감각의 현실, 어느 것에 방점을 찍느냐에 따라 그 작가의 스타일이 규정된다고 말한다면 너무 소박한 시선일까요.

병, 가난, 소외감은, 굳이 작가가 아니더라도, 이 시대를 호흡하는 대부분의 사람들이 느끼는 현실일 겁니다. 직접적인 병이 아니더라도 숨은 병이 있을 테고, 소외감이야 인간이라면 피할 수 없는 숙명일 테고 가난이야 상대적인 거니까, 선생님이 말씀하신 고통들은 이 시대의 어느 작가든 겪는 것이라고 해야 할 것입니다. 전쟁에 굳이 비유하자면 전면전을 선호하는 작가가 있을 테고 게릴라식 전투를 선호하는 작가가 있을 것입니다. 전면전을 하는 사람이 게릴라식 전투를 하는 사람에게, 너는 왜 그렇게 밖에 못 싸우니,라고 말한다면 그것은 다른 것이 아니라 틀린 것일 겁니다.

응전의 방식은 다양합니다. 마찬가지로 자신의 세계를 드러내는 방식도 다양하겠고요. 제가 요즘 눈 여겨 보는 시인들은 오히려, 자신의 이야기를 직접적으로 드러내지 않는 시인들입니다. 어쩔 수 없이 자신의 고통을 알레고리나 환유 같은 방식으로 풀어내는 시인들의 내면 상처가 어쩌면 더 클 수도 있다는 생각이 듭니다. 그러한 시인들을 대면할 때마다 저는 『목숨』이나 『아라리』에서 제가 냈던 목소리들이 몹시 부끄러워집니다. 삶이 어쩔 수 없이 상처라면, 다르게 말하는 방법이 있지 않을까. 요즈음 저의 화두는 가령 그런 것입니다.

김명원 시인들이 자신에게 부가된 상처를 언어의 세계화로 드러내는 방식은 다양하겠지만 시인의 개성이나 독창성이라는 면에서, 박시인께서 체험한 '병을 통해 시에 집중하기'라는 측면은 대단히 성공을 거두었습니다. 유성호 평론가는 「우리 시대 시인들의 질병의 양상」에서 박시인의 시들을 두고 "'병'이라는 상징체계가 얼마나 전일적으로 한 사람의 영혼을 관통할 수 있는가를 아름답게 보여준 실례"라고 하면서 병과 시라는 문학적 기율을 시적 진실로 연결하여 평가하였으니까요. 그렇다면 박시인이 '병시'에 담고자 했던 메시지는 무엇이었을까요?

박진성 참 세심하게 저에 관한 조사를 하셨네요. (웃음) 지금 보면 다소 민망한 산문이 첫 시집 『목숨』의 '병시'라는 산문인데, 그 당시만 해도, 앞에서 말씀드린 것처럼, "대신-앓을 수 있음" 혹은 "대신-앓을 수 있는 가능성"과 같은 구원적 소명이 제게는 있었습니다. 이를테면 제가 '병시'라고 지칭한 지점은 거칠게 말해서 첫 시집 『목숨』과 두 번째 시집 『아라리』로 가는 중간의 지점이지요. 혼자 앓다보면 그런 생각이 듭니다. 아, 누구랑 좀 같이 앓으면 덜 외로울까, 하는 생각 말이죠. '아픔의 연대' 혹은 '고통의 연대' 같은 것을 꿈꾸었던 것 같습니다. 아픈 사람들끼리 서로 보듬어주면 덜 아플 수 있질 않을까, 하는 생각. 이상주의자였던 셈이죠.

지금은 생각이 많이 바뀌었습니다. 커다란 이별을 겪고 제가 확인한 것은, 결국 사람은 혼자다, 라는 아픈 명제입니다. 혼자 앓고 있는 사람과 병원에 같이 가주는 것만큼, 혼자 앓고 있는 사람을 혼자 내버려두는 것도 그 아픔에 대한 예의가 아닐까하는 생각입니다. 어느 것이 옳다고 말할 수는 없겠지요. 그건 옳고 그름의 문제가 아니라 개인의 취향과 선호의 문제라고 생각합니다.

결국 저는, 제가 세운 '병시'라는 울타리를 제 손으로 부수는 작업을 하고 있어요. 사실, 아픈 것들은 '병시' 바깥에 더 많지 않겠습니까.

  1
  피를 뽑으라뇨 검사를 하시겠다? 엑스레이를 찍으라뇨 흉부에 이상 있을지 모르겠다? 혹시 모르니 소변을 보자구요? 나는 비등점이란 말입니다 내 안의 것들 타닥타닥
  소리내며 몸 비틀고 있단 말입니다 응급실에 한두 번 오나요?

  2
  응급실에 누워 달을 보네 어떤 검사도 病의 속까지 닿을 수는 없네 팽팽하게 당겨진 신경선 위에서 어머니 울고 있네 동서울병원 응급실에 누워 어머니 子宮 같은 보름달을 보네

  나는 나쁜 피가 터져 나오는 혈관, 자라지 말아야 할 나무 어머니 나무들은 그래서 봄이 오면 비명 소리 지르는 건가요 물관 흐르는 물은 언제쯤 가지 밖으로 나갈 수 있을까요 어떻게 나무들은 예쁜 상처를 갖게 되는 걸까요

  3
  내 몸에 묻은 어머니 지문들로 소용돌이치네 보름달은 어지러울 때도 둥글 뿐, 내 몸 하나 간신히 누일 침대에서 어머니랑 나, 오래도록 살았네 밤의 응급실이 나의 고향이었네 보름달 속이었네
  ―「나쁜 피 -응급실」 전문

아라리는 고유의 운동, 아라리의 움직임에 몸을 싣다

김명원 두 번째 시집 『아라리』에 대한 질문입니다. '아라리'는 아리랑에 나오는 한이 배인 신명어로 이를 시인은 생의 본질에 대한 주요 단서로 작동시키고 있는데요. 첫 시집보다 훨씬 더 출렁이는 기운의 흐름이랄까요, 화합의 정서랄까요. 그런 춤사위가 리듬으로 온몸에 적셔져서 좋았습니다. 더구나 첫 시집이 매몰된 개인에 대한 탐사였다면, 두 번째 시집은 주변부의 삶으로 당당히 걸어 나온 행보를 한국적인 가락에 싣고 있고요. 두 시집의 변화를 통해 전하고자 했던 의도를 설명해 준다면요?

박진성 제가 앞서 말씀드린 것과 같은 맥락으로 이어지는 것 같은데, 두 번째 시집은, 제가 생각하기에, 처절한 실패입니다. 굳이 두 번째 시집 『아라리』의 의의를 찾자면 선생님이 말씀하신 것처럼 "매몰된 개인에 대한 탐사"에서 "주변부의 삶으로"의 이행, 이라고 할 수 있을 텐데 그 세계가 너무 안일했다는 생각이에요. 결국은 '병'이라는 소재의 동어반복이 되고 말았고, '주변부'라고 해봤자, 제 가족의 울타리를 크게 벗어나지 못한 느낌이죠. 적나라하게 말씀드리면 『아라리』는 『목숨』의 부록 정도가 아닌가, 생각합니다. 『목숨』을 낸 것이 2005년 스물아홉이었고, 제 시집의 완성도나 미학적 성취에 비해 과도한 평가를 받았고, 그러한 평가들에 스스로 도취되어 있지 않았나 반성합니다. 두 번째 시집 이후의 슬럼프도 이러한 반성과 무관하지 않은데, '병'이라는 소재로 시를 써나가는 한계에 부딪쳤던 거죠. 제겐 두 가지 선택의 갈림길이 있었습니다. 스스로의 몸과 마음을 더 피폐하게 몰아가서 더 참혹한 언어를 길어내는 것이 하나의 길이었다면 다른 세계로의 이행이 다른 하나의 길이었겠죠. 결과는, 두 길 사이에서 머뭇거리다 아무 것도 하지 못한 꼴이 되어버린 셈인데요. 변화는 너무나 미미했고 목소리만 요란했다는 것이 저의 진단입니다.

봉구는 노숙자였다 정신지체장애자 봉구를 조치원역 대합실에서 데려와 소 몰 듯 외삼촌이 대평리 목장에 부린 건 벌써 20년. 어린 내게 내밀던 소똥 냄새 가득한 봉구 손마디는 알 수 없는 공포였다 밥 먹고 일만 하는 봉구, 외삼촌에게 매일 두들겨 맞는 봉구……

맑스의 자본론을 돌려 읽던 스물의 강의실에서 봉구를 생각했다 외삼촌의 밑도 끝도 없는 착취, 최루탄 터지는 혜화역에서 울며불며 쟁가爭哥 부르며 봉구 같은 사람들이 해방되는 날까지…… 강서경찰서 강형사는 외삼촌 같았고 알 수 없는 공포였고 나는 휴학계를 써야 하는 공황장애 환자였다 세상이 '恐慌'이었다

봉구가 소에게 풀을 먹인다
멀리서 보면 봉구도 소다
도련님, 도련님 머리를 득득 긁고 있는 내게 봉구는
오래된 나무 등걸 같은 손을 내민다

소떼는 봉구 손짓에 이르러서야 결 고른 숨결로 돌아간다 억세게 내 손 잡고 있는 봉구의 아라리가 낸 길 따라 한참을 걸었다 소 한 마리가 길게 어둠을 내뿜는다 봉구가 오래 되새김질한 공포가 대평리 너른 들판으로 흩어진다 알 수 없는 빛, 나는 봉구의 방으로 들어갔다 오래된 라디오가 80년대 가요를 느리게 먹고 있었다
— 「봉구 이야기 -아라리 5」 전문

퇴촌에 가기 위해서는 아라리에 대해 이야기해야 한다 경안천과 나무 사이 넓은 습지를 가진 곳, 습생하는 것들이 한껏 뿜어낸 공기로 퇴촌은 벌써부터 격렬하다

강과 나무 사이, 라고 말했던 지점이 저녁 역광逆光을 받고 몸을 뒤섞는

다, 저 뒤섞음이 내 호흡을 고르게 하는, 지금은 거룩한 저녁의 시간

   의사의 처방전도 퇴촌에서는 백지가 된다 어두워지는 생태환경공원 속 깊은 곳에서 바람 맞으며 습생 목숨들 가쁜 숨 맞으며 나 오래도록 밀린 시를 쓰는데

   저기 저 수초를 밀고 나오는 두꺼비 눈알의 굵은 힘줄! 두꺼비의 아라리가 밀고 있는 알 수 없는 힘이 팔당 물줄기를 죄다 고요로 바꾸고 있다, 아라리는 힘이 세다

   —「퇴촌에서 놀다」 전문

언어의 민주화, 인터넷 매체의 발달

김명원 시인의 시에는 현실 공간에 대한 중첩으로서의 모니터 공간이 생생하게 존재하고 있지요. 어쩌면 그 두 군데의 공간은 자연스럽게 넘나드는 실재/모호의 이중 공간으로 시의 외연을 넓히고 있습니다. 제가 생각하기에는 컴퓨터 내에 시인의 집필실과 침실을 차려 놓고 있는 듯 하고요. 모두 장단점은 있겠지만 실재와 가상 세계 중 어디가 더 편한가요?

박진성 제 시에서, '모니터 공간'으로 상징할 수 있는 가상세계에 대한 집착을 읽어낸 시인을 본 적이 있는데 매우 흥미로웠습니다. 선생님의 이 질문 또한 상당히 흥미롭습니다. 저는 가상세계의 현실이 몹시 궁금한 사람 중의 하나입니다. 이미 cyber 공간은 실재 세계와 거의 분별이 불가능할 정도로 현실에 침투한 것이 사실이고요. 시집이 하나의 기획이라면, 첫 시집을 그러한 가상 세계에 대한 탐구로 채울 생각도 있었습니다. 그런데 그 작업은 이미 이원 시인이 너무 완벽하게 해버리셔서 좌절했더랬죠.

실재와 가상 세계 중 어디가 더 편한가요, 라는 질문은 마치, 엄마가 좋니, 아빠가 좋니, 처럼 들리네요. (웃음) 때론 실재 세계가 더 편하고 때론 가상 세계가 더 편합니다. 제가 요즘 주목하는 것 중의 하나는, 소위 SNS에서 이루어

지는 어떠한 '시적 운동'의 흐름들입니다. 마찬가지로, 지난겨울에 했던 대담을 인용해보겠습니다.

지금-이곳의 시에 대해 이야기하려면 먼저, 바뀐 환경에 대해 말해야 합니다. 시는 언어의 예술인데 그 언어의 흐름이 바뀌었습니다. 범박하게 말하면, 종전의 방식이 상부에서 하부로 전달되는 어떤 수직적인 명령체계였다면 현재의 방식은 상부와 하부가 없어진 수평적인 체계에 가깝습니다. 일부 권위 있는 문예지가 독점하고 있던 언어의 헤게모니를 많은 부분, 시민들(독자들)이 쟁취한 느낌입니다. 언어의 민주화라 할까요, 이것을 가능하게 한 것이 바로 인터넷 매체의 발달이라고 생각합니다. '디지털 시대의 대중문화가 전통적인 시 독자들을 흡수하고 있다'는 진단은 그래서 수정되어야 한다고 생각합니다. 디지털 시대의 대중문화 속으로, 전통적인 시 독자들이 더 많은 독자들을 데리고 침투하고 있다고.

대중문화가 범람하여서, 다시 말해 볼 것이 너무 많아서 시를 읽는 사람이 줄어들었다는 생각은, 치열한 생존경쟁 때문에 먹고 살기 바빠서 시를 쓰는 사람들이 줄었다는 생각만큼 피상적이지요. 자본의 폭압이 거세질수록 이에 대한 저항도 거세지는 것은 어쩌면 당연한 이치입니다. 역사가 기억하는 이치입니다. 직접적으로 자본에 대한 저항으로써의 글쓰기가 가시적인 측면에서 미미해 보이는 것은 사실이지만, 비가시적인 측면에서의 '시-읽기', '시-쓰기'는 다른 형태로서, 즉, '시적인 것 공유하기'로 잠복해 있는 듯 합니다. 그들은 취향의 차이를 존중하고 그들의 공유를 진행하고 있다는 것이 저의 진단입니다.

인터넷 공간에서 심각하게 훼손되고 있는 저작권과 같은 중요한 문제는 따로 논의되어야 하겠지만, 지금-이곳의 인터넷 매체는 시의 열기로 충만하다는 것이 저의 인상입니다. 전통적인 시 독자들은 나름의 공간에서 시 읽기를 여전히 계속하고 있고 그러한 독자들의 시 읽기가 또 다른 독자들을 양산해내는 모습입니다. 제가 주목하는 것은 그러한 시 읽기의 질, 이랄까, 수준의 문제인데, 깜짝 놀랄 때가 많습니다. 인터넷 매체의 특성상 그 길이가 녹녹치 못한 것이 사실이지만 어떤 시 감상문들은 충분히 예리하고 의외로 깊습니다. 시를 읽고 비평가의 해설에만 만족하지 못해서 자신이 새롭게 비평을 하는 말괄량이 독자들이 생겨난 것이지요. 시라는 제국의 새로운 시민들입니다. 더욱 중요한 것은 그들의 글쓰기는 노동이 아니라는 것입니다. 그들의 시 읽기는 놀이입니다. 이전에는 매체의 부재탓으로 불가능했던 그들의 놀이는 어딘가에서 지금도 진행 중입니다.

시 읽기와 마찬가지로 어떠한 '시적인 것'의 '쓰기'도 왕성하다는 말을 덧붙이고 싶습니다. 블로그, 트위터, 페이스북을 하다 보면 분명히 작가도 아닌데 비평가도 아닌데 시적인 문장을 구사하는 분들이 많습니다. 제가 시인인 것이 초라해질 정도로 말이죠. '시적인 것'을 저는 어떤 머뭇거림 혹은 머뭇거리게 하는 힘, 이라고 정의내리고 싶은데, 시적인 것을 접할 때 우리는 그 앞에서 머뭇거리며 어떤 투명하고 불편한 감정을 경험하게 됩니다. 불편하다는 말을 덧붙인 것은 인터넷 공간에 침투한 그런 시적인 문장들이 반성 없는 속도로 진행되는 현재의 문명에 제동을 걸 수 있는 어떤 가능성 때문입니다. 그 미미한 가능성의 최전선은 역시 시인들이겠고 그 시인들 역시 새롭게 편성된 시의 제국의 시민들입니다. 인터넷 공간에 너무 편향되어 있다는 혐의를 감수하고서라도 저는, 지금-이곳의 시는 그 어느 때보다 왕성하게 운동하고 있다고 말하고 싶습니다. 그리고 이러한 운동이 실어 나르는 '시적인 것'은 분명, 허약한 우리 문화의 체질을 개선해주리라는 믿음입니다.

    — 『시인수첩』 2011년 겨울호. 지상대담 「지금-이곳의 시인은 누구이며 비평의 역할은 무엇인가」 부분

위의 인용문에서 밝힌 것처럼, 지금 SNS의 공간에서 '어떤' 시적인 것들의

분출은 왕성하게 진행 중이라는 것이 저의 진단입니다. 시가 일기와 다른 것은 그것이 '타자'를 설정한다는 것이겠지요. 트위터의 '리트윗'이나 페이스북의 '공유하기'는 이러한 타자와 타자가 만나는 새로운 방식이 아닌가 생각합니다. 제 개인적인 얘기를 덧붙이자면, 제가 슬럼프에서 어느 정도 헤어 나온 것이 작년 8월의 일인데, 페이스 북의 힘을 많이 얻었습니다. 그것이 아니었다면 못 보았을 그림들, 그것이 아니었다면 몰랐을 영화들, 그리고 내가 모르고 있던 작가들, 시인들. 그러한 것들을 섭취하며 시 쓰는 감각을 회복했으니까요. 이러한 가상 세계의 시적 움직임들이 어떠한 양상으로 진행될지, 상당히 흥미롭게 지켜보고 있습니다.

김명원 인터넷 매체는 예술 환경 뿐 아니라 우리의 삶을 확실하게 바꿔 놓았지요. 하지만 아날로그시계가 하루 스물 네 시간이라는 시간판 위에서의 지금을 지목하는 연계성이 가능한 것과는 다르게 디지털시계의 숫자만으로 명시된 분편적인 시간을 보고는 시간의 앞뒤를 고려해서 연계하여 생각하기 어렵듯이, 인터넷 매체는 과거-미래를 포괄하는 역사의 지평 위에 놓인 존재가 아니라 끊임없이 생산하는 현재만이 존재하는 듯해서 조금 우려되는 바도 있거든요. 시는 수천 년을 견뎌오고 지탱해 온 공간을 분명히 점거하고 있으니까요. 물론 인터넷 매체로서의 중요성은 충분히 알겠는데요. 시의 유구한 정통성을 접목하면서 인터넷 매체의 신뢰를 확보하는 방법도 모색해야 할 때가 아닌가 하는 생각이 드네요. 아무튼 시인께서는 시의 예술미학적인 위의威儀를 견고하게 유지하면서도 독자들에게 더 친근하게 다가가야 하는 당위성이나 보편성 등을 같이 고려해서 생각해 본 적이 있는지요? 그리고 요즈음 시(집)를 찾는 독자들에게 어떤 변화가 있다고 보는지요?

박진성 어려운 질문입니다. 피해가고 싶은 질문이기도 하구요. 본질적인 질문을 던져보고 싶은데 과연 '작가들'과 '독자들'은 수직적 관계일까요. 아니면 수평적 관계일까요. 제 생각에는 종래의 수직적 관계에서 수평적 관계로 이행하는 중이라고 말씀드리고 싶습니다. 인터넷 매체가 그러한 것을 가능케

했다고 생각하는데, 지금의 어떤 작가들은 어떤 독자들과 마구 뒤섞여 있습니다. 작가들과 독자들이 나눈 대화에서 "어떤 독자"의 글이 제게 더 와 닿는 경우도 많구요. 시가, 문학작품이 난해해지는 것은, 그것이 서 있는 현실 세계 자체가 난해해지기 때문에 어쩌면 자연스러운 현상이라고 생각합니다. 흥미로운 사실은 요즘의 젊은 독자들, 그러니까, 20대 초반의 독자들은 황병승의 시보다 서정주의 시를 더 어렵게 생각한다는 사실입니다. '난해함'의 기준이 바뀐 거죠. 가령, 서정주나 백석이 구사하는 토속어나 자연의 어떤 장면들이 소위 '아스팔트킨트' 세대나 '모니터킨트' 세대에겐 더 어려울 수도 있는 것이고, 오히려 황병승이나 일군의 젊은 시인들의 시들이 구사하는 언어가 오히려 그들 삶에 더 밀착되어 있다는 것이죠. 보편성은 자연스럽게 형성되는 것이지 억지로 만드는 것은 아니라는 생각입니다. 그리고 완벽한 보편성이야말로 완벽한 허위겠고요.

그리고, 요즘 시집을 읽는 독자들에 대해 물으셨는데, 서점의 시집코너가 갈수록 좁아진다거나 시집의 판매량이 줄어들었다고 해서 시를 읽는 사람이 줄어들었다고 단정할 수는 없습니다. 이러한 판단 역시, 인터넷 매체의 영향 때문인 것 같은데 인터넷 공간에서 시를 읽고 시를 공유하고 시를 쓰는 사람들은 절대로 줄어들지 않았습니다.

제가 등단한 것이 24살 때의 일인데, 요즘 젊은 시인들에 비하면 그다지 빠른 것도 아닙니다. (웃음) 1988년생인 이이체, 이혜미 시인이 최근에 시집을 냈고, 1980년대 중반 태생의, 이십대 중후반 시인, 평론가들 역시 그 어느 때보다 활동이 왕성한 것이 사실입니다. 세대론적 관점에서, 이들을 우리 문학의 미래라고 인정한다면 지금의 문학판은 그 어느 때보다 왕성한 열기로 가득하다는 것이 저의 진단입니다. 시를 쓰는 연령대가 더 넓어졌다는 얘기죠.

다만, 앞에서 말씀드린 것처럼, 그리고 송종원 선생님이 지적하셨던 것처럼 그들 젊은 시인들이 단지 '젊다'는 이유로 그들의 문학적 성과가 과장되게 포장되거나, 그들의 시에 필요 이상의 시선이 몰리는 것은 경계해야 한다고 생각합니다. 그들을 단지 소비의 대상으로 에너지를 쏟아내게 하고 소진시켜버린다면 그것이야말로 우리가 저지르는 '의도하지 않은' 죄악이 될 것입니다.

시를 읽는 사람이 줄었다는 것은 일종의 착시현상이 아닌가 생각해봅니다. 요즈음의 젊은 시인들은 잘 모이질 않아요. 모여도, 끼리끼리죠. 그들이 자라온 성장배경과도 무관하지 않다고 생각하는데, 범박하게 말해서, 1990년대 이전의 시인들이 광장의 시인들이라면, 그 이후의 시인들은 골방의 시인들이죠. 독자 역시 마찬가지라고 생각합니다. 광장의 독자. 골방의 독자. 광장은 잘 보이지만 골방은 잘 보이지 않습니다.

시는 숨이자 호흡

김명원 시인께서는 이성복, 송재학, 송찬호 시인의 시들을 즐겨 읽었다고 알고 있는데요. 이 외에도 어떤 시인 혹은 작가에게 영향을 받았나요?

박진성 요즈음은 어떤 특정 시인에 한정되지 않고 폭넓게 읽으려고 노력하는 중입니다. 앞서 말씀드린 것처럼 지금의 시단은 그 어느 때보다 스펙트럼이 넓어졌고 그 스펙트럼을 이해하려면 열심히 읽어야겠죠. 다만 제게 주문하는 것 중의 하나가, 소위 실험-서정시, 소위 중진-신인의 시들을 어떤 선입견 없이 읽으려고 노력 중입니다.

김명원 박시인과 비슷한 처지에서 광기의 예술혼을 불살랐던 반 고흐에게 경도된 바 있지요? 두 권의 시집에 실린 시들 —「발작 이후, 테오에게」,「반 고흐와 놀다」,「크리스틴을 그리며, 테오에게」,「밀밭에서, 테오에게」,「론강의 별밤, 테오에게」,「테오에게」,「압생트를 마시며, 테오에게」 등을 보더라도 고흐와 그의 동생인 테오에게 바치는 시들이 꽤 있고요. 분신처럼 느껴지는 고흐에게 받은 영감은 어떤 종류의 것들이었나요?

박진성 만만한 질문이 하나도 없군요. (웃음) 고흐를 처음 접한 것은 물론 고등학교 시절이지만, 제대로 접한 것은 대학 때의 일이었습니다. 합평회에 가져가야할 시를 써야하는데, 시는 도무지 써지질 않고, 평소 궁금해하던 고흐를, 더 정확하게 말하면, 그가 동생 테오에게 보낸 편지를 읽고 싶어 찾아갔던 이십대 초반의 도서관은 전율 그 자체였습니다. 어느 자리에선가 나는 언어를 이성복에게서 배웠고 정신을 고흐에게서 배웠다, 라고 말한 적이 있는데, 그것은 여전히 유효한 사실이에요. 고흐에게 받은 영감은 묘하게도 어떤 연민 같은 것이 아니었나 싶습니다. 고흐에 관련된 책들을 제법 많이 찾아보았는데, 그도 역시 공황장애를 앓지 않았나, 하는 것이 저의 소견이지요. 발작, 그리고 그 이후의 고요. 또 발작, 그리고 그 이후의 더 깊은 고요. 그것의 무한반복. 고흐에게서 받은 영감은 차라리 어떤 용기에 가깝습니다. 그의 작품들, 그의 편지들 모두를 사랑하지만, 제가 가장 사랑하고 존경하는 것은 그의 용기입니다.

김명원 독자들과 문학적 견해를 교류하는 자리에서 시인은 자신을 "좀 가혹하다 싶을 정도로 몰아쳐서 극단적인 상황에서 시를 쓰는 스타일"이라고 고백한 바 있지요. 예를 들어, 3일 동안 잠을 안 자거나 하루 종일 아무것도 먹지 않는 상태들이라고 열거하고 있는데요. 이런 반일상적이거나 가학적인 창작 태도를 요즘도 유지하고 있는지요?

박진성 이십 대 때, 그랬습니다. 저는 서양사학을 전공해서 당시, 국문과 학생들에게 엄청난 시기와 질투를 느끼며 대학생활을 보냈습니다. 사실, 저를 시인으로 만든 건 그러한 시기와 질투가 오할 정도는 되지 않나 싶어요. 그러한 창작 태도는 지금 와 생각해보면 객기에 가깝고, 그러한 창작 태도에서 좋은 작품이 나온다고 생각하지는 않습니다. 다만, 앞서 말씀드린 것처럼, 시기와 질투를 덮어버릴 무엇이 제게는 필요했던 것이죠. 이성복 시인의 시 제목에 기대어, 좀 심하게 말하면, "관심을 끌기 위해서"였습니다. 부끄러운 일이죠.

하지만 그 시간들을 부정하고 싶지는 않습니다. 그 밤들의 생생한 공기들을 저는 기억하고 있고, 그 시간들이야말로, 제가 깊어지는 시간들이었으니까요.

김명원 근거리에서 자주 만나는 시인들이 있나요? 주량은 어느 정도인지도 궁금하고, 지인들끼리 만나면 무슨 이야기들을 나누는지요?

박진성 최근에 자주 만나는 시인은 없습니다. 문단 행사도 작년 11월에 모지『현대시』송년회에 6년 만에 간 것이 전부입니다. 저도 '골방의 시인'인가 봅니다. (웃음) 주량은, 저도 잘 모릅니다. 잘 마십니다.

김명원 제가 다수의 시인분들과 대담을 진행하면서 자주 드리는 질문입니다. 박시인에게 있어 '시'란 무엇입니까?

박진성 시는 제게 '숨'입니다. 호흡이죠. 이것은 단연코 말씀드릴 수 있는데, 시를 쓰지 않았다면 나의 이십 대를 지나오지 못했을 겁니다. 자폭했겠죠. 그 자폭의 극단은 자살이겠죠.

김명원 문화웹진『이스끄라』와『시인광장』에 관여하셨지요. 시인으로서 문예지나 시단의 전망을 예견한다면요?

박진성 최근에 비슷한 질문으로 대담을 진행한 적이 있는데 현재 우리 시단은 비만이 문제입니다. 숫자의 비만도 문제겠지만 더 큰 문제는 시선의 비만입니다. 시인과 비평가 양 쪽의 책임이지요. 한쪽으로 시선이 쏠리고 하나의 호르몬에만 집중하다 보니 다른 호르몬들이 제대로 분비가 되질 않습니다. 이천년 대 우리 시단은 모처럼 왕성한 논쟁의 시간을 가졌는데, 논쟁의 중심에 섰던 시인들은 그들 나름대로 후폭풍에 시달리고 있고 소외되었던 시인들은 또 그들 나름대로 허탈감을 호소하고 있습니다. 과잉의 비만이고 결핍의 비만이죠.

이천년 대의 시적 성과와 비평적 성과를 폄하할 의도는 전혀 없습니다. 오히려 그 반대입니다. 우리는 이천년 대를 지나면서 시에 응축될 수 있는 에너지와 시가 뿜어낼 수 있는 에너지를 동시에 확인했습니다. 소박한 의견이지만, 이제 그 힘들을 좀 분배하자는 겁니다. 다행스럽게도 최근의 시단은 균형

점을 찾아가는 듯 보입니다. 송경동 시인의 사회 참여 의지와 조정권 시인의 예술 본연에 대한 탐구는 경중을 논하기 힘든 문제입니다. 산문화된 난해시는 그 나름의 의미론을 찾는 데 골몰하고 있고 단형서정시들 역시 우리 시단에 대한 문제의식에서 비롯된 것입니다. 대척이 공존할 수 있는 사회는 건강한 사회입니다. 긴장을 버틸 수 있는 강한 체력이 필요할 때라고 생각합니다.

자신의 시에 대한 비평이 실린 잡지도 찾아보지 않게 되더라는 김선우 시인의 글이 생각납니다. 긴장이 깨진 시단은 시인과 비평가 양쪽 모두에게 비극입니다. 어떠한 이슈가 생겨나고 그 이슈로 시선이 몰리는 건 어쩌면 자연스러운 생리이지요. 하지만 지나치면 문제입니다. 지금 우리의 시단은 그 어느 때보다도 다양한 목소리들이 공존하고 있습니다. 어느 하나 소중하지 않은 목소리는 없겠죠. 어떠한 방향에서 시적 지평을 확장해나갈 수 있을지, 지금은 확장을 고민할 때가 아니라 기왕에 쏟아져 나온 다양한 목소리들의 재정비가 필요한 시기라 생각합니다. 의미 있는 목소리들에 온당한 시선을 분배하는 것이 재정비입니다. 우리 시의 외연은 충분히 넓어졌다고 말하면 지나치게 소박한 시선일까요. 어쩌면 우리 시단은 지금 '안에 있는 바깥'들을 끄집어내야 합니다. 새로운 것에 대한, 바깥에 대한 강박으로 우리는 '안'을 소홀히 하지 않았나 조심스럽게 반성해봅니다.

김명원 마지막 질문인데요. 어떤 시인이 되고자 하시는지요?

박진성 가장 어려운 질문을, 가장 마지막에 하시네요. (웃음) 시인은 크게 두 부류가 있다고 생각합니다. 하나의 세계를 집요하게 천착하며 밀고 나가는 시인. 그리고 다른 한 부류는 끊임없이 자기갱신을 도모하는 시인. 경중을 따질 수 없는 문제고, 열우를 따질 수 없는 문제겠죠. 굳이 말씀드리면, 저는 후자의 시인이 되고 싶습니다. 세 번째 시집은, 첫 시집이라 생각하고 준비하고 있습니다. 모험이고 도전이겠지만 이제 그 '병'의 세계에서 탈출하고 싶은 마음이 간절합니다.

박진성 시인은 산문집 원고 정리와 세 번째 시집에 대한 구상으로 인해 겨울 내내 칩거하다시피 고전분투하고 있었고, 자신을 갱신하려는 혁명과도 같은 작업으로서의 출간 준비에 임하는 신산한 고통을 모르지 않아서 우리의 만남은 어렵게 이루어졌다. 오랜만에 만난 시인과 나는 봄이 오고 있다는 이야기부터 꺼내었다. 우리가 만난 날은 봄을 재촉하는 비가 내리고 있었기 때문이었다. 어느 때보다도 단비를 마시며 그악했던 대지가 부드럽게 몸을 푸는 동안, 나는 시인에게 산문집의 일정부터 물었다. 그간 틈틈이 써두었던 산문들이 책자로 엮일 거라고 시인은 설명하면서, 이십 대와 삼십 대 초반을 온전히 시에 가져다 바친 청춘의 기록이 될 것이라고 답변하였다. 그러면서 이제는 자신의 문학이 병으로부터 결별하고 싶다고 단호히 덧붙였다.

그는 『목숨』의 '자서'에서 지난 여름과 초가을, 중환자실에서 호흡하면서, 투병鬪病이라는 말을 밀어냈다,고 쓰고 있다. 어떤 것과 싸우고 있는 투병이 아니라 이제 病은, 끌어안고 동시에 거느려야 할 뿌리임을 알겠다면서 그는 그걸 공병共病이라고 명명하고 있다. 목숨은 병과 함께 나아가겠지만, 시만은 골병 들지 않았으면 좋겠다,고 끄트머리에 다짐을 세워두고 있다. 그에게 병은 자신이 살아있음을 강력하게 환기시키는 매제이자 기원이었을 것이다. 가장 민감하고 예민하고 고통스러워서 차라리 황홀한, 병이라는 깊은 수렁을 통해 세상을 바라보면서, 그는 세상을 견디고 나가게 하는 추동력을 갖추게 되었을 것이다.

또한 병과 나란히 어깨동무하며 살아내고 형식화하는 방법으로 얻게 된 시는 그에게 얼마나 큰 생존의 목적이 되었겠는가. 그의 시들을 번쩍 들어보면 알 것이다. 온통 병원으로 보였던 시선에서 시의 언어로 신명나게 미끄러져 나오기까지 그가 얼마나 힘겹게 시를 부둥켜안고 있었는지를. 그러기에 우리는 그를 믿고, 그의 아팠던 세월을 믿고, 그의 시들을 처절하게 믿는 것이 아니겠는가. 허구가 아니라 진실의 힘으로서 그의 세계를 아프게 받아 안는 것이 아니겠는가. 하지만 이제는 그 병이라는 시간과 공간으로부터 벗어나고 싶다는 시인의 소망대로 그의 최근 시들은 전혀 낯선 경지에 와 닿는다. 생경한 아름다움으로의 박진성을 도모한다. 또 다시 어떤 시적 진동으로 새로운 시의 실현을 감행할는지 박시인의 다음 시집이 자못 궁금해진다. 이야기를 나누는 찻집 밖으로 가느다란 빗발들이 봄내음을 일으키고, 커피 잔 너머로 시인의 진지함이 내내 젖었다(2012년 2월 7일).

박진성　1978년 충남 연기 출생. 고려대학교 서양사학과 졸업. 2001년 『현대시』 신인상에 「슬픈 바코드」 외 4편의 시 당선. 시집으로 『목숨』과 『아라리』 등을 출간하였다.

손 미

지구 밖 외딴 방들의 투명한 세입자, 손미

 손미 시인을 다시 만난 것은 새해가 시작된 지 얼마 안 된, 새 겨울이었다. 내가 '새'라는 단어를 강조하는 것은 지치도록 2013년을 보내고, 언제 새 날이 올까 학수고대 갈급하게도 2014년을 절절히 기다렸던 탓일 게다. 릴케가 말테를 빌어, 단지 한 걸음만 내디디면 가장 깊은 불행은 행복으로 바뀔 수 있다고 말했듯, 왠지 새 시간을 맞으면 나의 남루한 공간들이 새 것으로 보수 수선될 듯도 한 일종의 기대심리랄까, 분명히 있었다.
 손미 시인은 내게, 그 새 시간의 초대장을 우편으로 보내주었다. 제목은 "양파 공동체 구경 오세요"였고, 내용은 "안녕하세요. 시 쓰는 손미입니다. 저는 집도 없고 차도 없고 랍스타도 한 번 못 먹어봤습니다. 정리정돈 잘 못하고 남들 다 있는 토익 점수 하나 없습니다. 저는 여러분보다 내세울 게 없는 손미입니다. 그런 제가 가진 것은 공상과 몽상뿐입니다. 저는 늘 지구 밖을 상상합니다. 책을 읽고 시를 씁니다. 그런 시간이 쌓이고 뭉쳐져 첫 시집, 『양파 공동체』가 되었습니다. 저의 『양파 공동체』가 잘 익었는지 구경 오세요."
 시집 『양파 공동체』의 겉표지와 똑같이 디자인 된 초대장은 하얀색 바탕에 빨간 강조 장식을 지니고 있었다. 하얀색은 순백의 아무것도 쓰여 지지 않은 서판 '타블라 라사Tabura rasa'를 의미한다면, 빨간색은 치열한 순간에의 열정적인 시 작업을 일컫는 '카르페 디엠Carpe diem'을 상징하는 듯 했다. '양파'가 흰색이라면, '공동체'는 빨간색일 터였다. '양파'가 살이라면, '공동체'는 피일 터였다. 나는 차가움과 뜨거움이 결합하는 묘한 아름다움에 끌렸고, 집도 없고 차도 없고 랍스타도 한 번 못 먹어봤지만 책을 읽고 시를 쓴다는, 단호한 문학적 자랑에 더 끌렸다. 솔직히 이 문장은 엄살도 아니고 상황 보고도 아니고 손미 표 캐치프레이즈 같았다. 손미식으로 자발적인 변지를 고집하고 그 변지 의식을 멋지게 선포하는 선전이 후련했다. 이런 당당한 진솔함이 시인을 여기까지 결단코 밀고 오게 한 힘일 것이다.

『양파 공동체』 시집 출간기념회는, 그날은, 분주한 새해 안부들이 오가던 날, 2014년 1월 11일 토요일이었고, 신년 하례회 분위기였다. 서울에서, 대전에서, 더 지방에서 많은 시인들과 선후배와 가족이 축하객으로 참석하였고, 철도공무원이신 시인 아버님의 인사와 사돈 대학생의 가야금 연주, 축하객들의 선물 교환 등, 참 따뜻한 분위기로 이어졌다. 구태의연한 행사가 아니라 말하자면, 조촐하면서도 상큼한 파티였다. 우린 손미 시인 덕분에 모처럼 주름진 일상을 벗고 하나씩 진실을 꺼내어 이야기 나누면서 딴딴한 양파 공동체가 되어 가고 있었다. 새해에 결성된, 마치 새 신념으로 무장한 비밀결사대 처럼…….

손미표 세월, 그리고 수상 소식과 만나던 날

김명원   출간기념을 겸한 우리의 '양파 공동체' 발족 모임 이후, 오랜만이지요? 인터뷰를 하자고 문자를 보냈을 때, 저와 함께 한다는 것이 즐거운 일이라는 답신을 받고 얼마나 기뻤는지요. 하지만 곧 이어 여행을 다녀오겠다는 카톡을 받고 내내 소식을 기다리고 있었습니다. 잘 다녀오셨지요? 어디를 여행하였나요? 여행 후, 어떤 느낌들로 충만한지요?

손미 안녕하세요? 선생님. 저는 선생님과 자주 뵙지는 못해도 늘 선생님 글귀를 가까이 하고 있습니다. 말씀드렸지요? 제 화장대에 선생님께서 예전에 써 주신 편지가 붙어 있다고요. 그 글귀로 날마다 힘을 얻곤 하지요. 그래서 선생님과 자주 뵙지 않아도 늘 가까이 있는 기분입니다.

이번 여행은 여행이라기보다는 충동적인 가출이었다고 할 수 있어요. 아버지의 출퇴근 시간이 규칙적이지 않기 때문에 낮에도 집에 계시는 날이 많아요. 평일 낮에 아빠와 종일 집 안에서 마주치는 것이 민망했어요. 제가 방학이라 거의 집에만 있으니까 아마 아빠도 큰 딸이 집에 있는 것이 불편하실 거예요. 집이 너무 더워 방문을 닫을 수도 없지요. 그런 불편함에서 출발한 여행이었어요. 무작정 낯선 골목들을 걷는 시간이 많았습니다. 사람을 구경하고 강가에 누워 있기도 하고 메모도 하고 생각도 했던 시간이었습니다. 곧 다시 버스나 기차에 오를 예정이고요.

김명원 이번 여행은 충동적인 가출이었다고 하지만 여행 계획은 대체로 어떻게 이루어지나요? 혼자 다니는 편인가요, 아님 친구들과 함께 도모하나요? 그동안의 여행지 중에서 가장 인상적이었던 곳은요? 그리고 그 이유는 무엇일까요?

손미 여행은 혼자 갈 때도 있고 친구들과 함께 갈 때도 있는데 거의 혼자 가는 편이에요. 저의 여행이라는 것이 세밀하게 계획을 세우는 게 아니라 계획 없이 떠나는 편이라 엉망이지요. 볼 만한 박물관은 휴관인 적도 많고 마음먹고 찾아간 곳은 공사 중일 때도 많아요.

그동안 여행을 자주 떠난 것은 아니지만 일 년에 한두 번은 떠났던 것 같아요. 가장 좋았던 곳은 제주도예요. 5일 정도 휴가를 받아서 혼자 제주도를 돌았어요. 지도 한 장 달랑 들고 우도며 성산 일출봉이며 미로공원에 갔죠. 마라도에서는 짜장면도 사 먹고요. 그리고 돌아와서는 그동안 만나던 애인과 헤어졌어요. 짧은 여행이었지만 저를 용감하게 만들어 준 여행이었어요.

김명원 가능한 모든 경우의 세계가 실제로 실현되어서 두 세계가 나란히 존재한다는 이론이 휴 에버레트Hugh Everett가 제시한 평행 우주론이지요. 끝없이 마주 보며 늘어서 있지만 절대 만날 수 없는 평행선처럼 평행 우주도 각각의 우주에 영향을 주지 못한다지요. 아마도 선택의 분기점마다 만들어졌던 평행 우주는 가히 무한할 것이고 지금 이 순간에도 계속해서 만들어지고 있을 터인데, 다만 지금 우리는 이 우주에 갇혀 또 다른 우주 속의 나와 소통할 수 없을 뿐이겠고요. 이럴 때 생각해 보곤 해요. 여행이란 나와 다른 우주를 살아가는 또 다른 나를 만나기 위한 시도가 아닐까? 분명 나인데 완전 다른 모습으로 다른 우주에서 살아가고 있는 새로운 나를 만나는 시간이라고 말이죠. 여행들이 손미 시인에게 자신의 낯선 정체성을 선사해 주기를 바라봅니다. 손미, 이름이 명쾌합니다. 본명인가요?

손미 네, 본명입니다. 집에서 유일하게 외자 이름을 가졌는데요. 아무래도 시인이 되라는 아버지의 선견지명이었던 것 같아요.

김명원 시는 언제부터 쓰기 시작하였나요?

손미 처음 시를 쓴 건 고등학교 때였어요. 하이틴 연애시 같은 걸 끄적거리다가 무작정 원고를 묶어 출판사에 보내기도 했어요. 물론 거절의 답변을 받고 시를 접었지만요. 그 뒤로 대학에 가서 다시 시를 쓰기 시작했어요.

김명원 언제부터 시를 쓰는 것에 대한 자부심이 있었을까요?

손미 시는 늘 어렵고 두려운 대상이었어요. 문예창작학과에는 시창작 과목이 있어서 의무적으로 강의 시간마다 시를 한 편씩 써 가야 했는데 그 시간이 너무 무섭고 싫었어요. 막연한 창작법을 알고 있었지만 구체적으로 어떻게 써야 하는지 그 방법을 잘 몰랐거든요. 그러다가 젊은 시인들의 시집을 부지런히 읽기 시작했고 조금씩 방법을 깨우쳤죠. 이 세상에 다양한 시가 있는 사실도 알게 됐고요. 그때부터 서서히 선명해졌어요.

김명원 젊은 시인들의 시집을 부지런히 읽었다고 하였는데, 특히 주목해서 읽은 시인이나 시집을 소개 좀 해주세요.

손미 젊은 시인들의 시집은 거의 다 읽었던 것 같아요. 그리고 특히 외국

시인을 좋아했는데요. 스페인의 로르카를 좋아합니다. 이미지와 스토리가 있는 시집이라면서 송승환 시인께서 추천해주셨던 시집이에요. 등단 즈음엔 여러 번 읽으며 전율했어요. 지금도 좋아하는, 아끼며 좋아하는 시집입니다.

김명원 등단 즈음이 궁금한데요. 등단 동기와 매체 선택 등 말이지요.

손미 시를 그만 쓰겠다고 생각했을 때 등단 소식이 왔어요. 스물여덟 살 칠월이었는데요. 취직하려고 준비하고 있었거든요. 서른이 되고 서른다섯이 되어서도 시인 지망생으로 남아 계속 가난하게 살 순 없었어요. 부모님의 반대가 극심했고요. 시를 쓰는 것이 성공한 삶이 아니라고 생각하셨거든요. 어른들의 시선이 불편했어요. 월급 쪼개 차곡차곡 적금 들어 놓은 친구들은 하나 둘 씩 시집갈 준비를 하고 있었고요. 그 즈음 전 결정을 할 때였어요. 그래서 마지막으로 응모해보고 안 되면 시 그만 쓰자고 다짐했었죠. 그때 감사하게도 소식을 준 곳이 『문학사상』이었어요.

김명원 32회 김수영 문학상을 수상하셨는데요. 이 수상으로 첫 시집이 출간되는 축복을 누렸기도 하고요. 김수영 문학상에 도전하였던 이유는요? 그리고 얼마 정도의 준비 기간이 있었는지요? 아울러 김수영 시인이 손미 시인에게 준 영향 관계를 설명해 주신다면요.

손미 김수영 문학상은 세 번 도전했고 세 번째 수상을 하게 됐어요. 김수영 문학상은 신인들이 자유롭게 도전할 수 있는 공모전이라 원고를 보내 볼 용기를 냈어요. 김수영 시인은 시에 관해서는 철저하고 진실되고 매서웠던 시인이잖아요. 그런 시인의 이름에 누가 되지 않도록 앞으로 더욱 열심히 노력해야겠다는 다짐을 매일 하고 있어요.

김명원 심사평에서 서동욱 시인은 "양파 하나가 쪼개지는 사건 속에서 우주를 보여주는" 면면을 간파하며, "세상과 인간의 마음을 통과하는 무시무시한 동요動搖가 유리의 실금과도 같은 식물의 결 속에서 섬세하게 그려진다"고 평가했지요. 이보다 더 정치精緻하게 표현할 수 있을까요? 손미 시인의 시들은 릴케가 말했던 내면세계 공간을 우주의 넓이 이상으로 확대하는 인식이 있어서 시원했고요. 세상 밖의 천 길 단애들이 시 내부에서 무수히 쪼개지고 환히 드러나고 있더군요. 경이롭도록 아름다웠습니다. '양파 공동체'라는 시집 제목에서도 비범한 중의적 장치가 드러나고요. '양파 공동체'를 통해 드러내고자 했던 시적 욕망들이 마치 양파처럼 시의 행간을 거치면서 차곡차곡 쌓이고, 또 차곡차곡 까지고 버려지고 있더라구요. 정작 소망한 곳에 도달한다고 해도 소망해 온 대상과 만날 수 없는 슬픔의 정서를 드러내려 했다는 시인의 말처럼요.

    그러니 이제 열쇠를 다오. 조금만 견디면 그곳에 도착한다. 마중 나오는 싹을 얇게 저며 얼굴에 쌓고, 그 아래 열쇠를 숨겨 두길 바란다.
    부화하는 열쇠에게 비밀을 말하는 건 올바른가?

    이제 들여보내 다오. 나는 쪼개지고 부서지고 얇아지는 양파를 쥐고 기도했다. 도착하면 뒷문을 열어야지. 뒷문을 열면 비탈진 숲, 숲을 지나면 시냇물. 굴러떨어진 양파는 첨벙첨벙 건너갈 것이다. 그러면 나는 사라질 수 있겠다.

    나는 때때로 양파에 입을 그린 뒤 얼싸안고 울고 싶다. 흰 방들이 꽉꽉 차 있는 양파를.

    문 열면 무수한 미로들.
    오랫동안 문 앞에 앉아 양파가 익기를 기다리고 있다.

    나는 때때로 쪼개고 열어 흰 방에 내리는 조용한 비를 지켜보았다. 내 비밀을 이 속에 감추는 건 올바른가. 꽉꽉 찬 보따리를 양손에 쥐고
    조금만 참으면 도착할 수 있다.

한 번도 들어가 본 적 없는 내 집.

작아지는 양파를 발로 차며 속으로, 속으로만 가는 것은 올바른가. 입을 다문 채 이 자리에서 투명하게 변해 가는 것은 올바른가.

— 「양파 공동체」 전문

김명원 김수영 문학상은 이름과 약력 등 기본정보가 삭제된 응모작들을, 예심과 본심 구별 없이 수차례의 독회를 거쳐 작품을 추려내는 방식으로 진행되지요. 지난 32회에는 응모했던 시인들이 72명, 작품 편수는 모두 4,008편이라고 들었습니다. 이런 표현이 어울릴지는 모르겠지만, 가열하게 선정된 수상 결정 소식을 들었을 때의 느낌은요? 제일 먼저 누구에게 알렸나요?

손미 수상 소식을 들었을 때를 다시 생각하니 가슴이 벅차고 감사합니다. 처음 수상 소식을 들었을 때 회사에 있었는데 옆자리에 앉은 동료 언니가 울고 있는 저를 발견했어요. 그래서 자연스럽게 언니에게 처음으로 말하게 됐어요.

김명원 수상 소감에서 "얼마 전 두 달 동안 《대전일보》에 칼럼을 쓴 적이 있는데 지금 다니는 직장에서 그 사실을 알게 되었습니다. "네가 그렇게 잘났어?"라는 말과 "앞으로 글을 발표할 때 회사의 허락을 받아라"는 말을 듣고 사유서를 제출했지요."라는 내용을 접하고는 깜짝 놀랐습니다. 아직도 이렇게 권위적이고 경직된 직장이 있다는 사실 때문에요. 어떤 회사였는지도 궁금하고, 사유서를 제출했을 때 회사의 반응도 궁금하네요.

손미 회사라는 곳은 이익을 창출하는 곳이죠. 돈 버는 것 외에 다른 것은 의미가 없어요. 자본주의가 그런 것 같아요. 사람보다 돈이 먼저고 문학이나 예술보다는 당장 통장에 찍히는 돈이 중요하죠. 그런 냉정함을 뼈저리게 느꼈던 시간이었어요. 문학이라는 것이 누군가에게는 하찮은 신선놀음일 수도 있구나. 문학이라는 것이 누군가에게는 딴, 짓, 일 수도 있구나. 돈이 되지 않는 문학이라는 것이 누군가에게는 돈벌이로밖에 비춰지지 않는구나, 라는 생각을 했어요. 그곳은 문학의 울타리 밖이었던 거죠. 당시에는 많이 슬프고 힘들었는데 지금은 이해해요. 가치관이 다른 거니까요. 그 마음에서조차 이젠 멀어졌어요.

김명원　막상 책자로 만들어진 본인의 첫 시집을 만났을 때의 느낌은요? 시집이 배치된 것이 궁금해서, 혹은 독자의 반응이 궁금해서 서점에도 자주 가보았는지요?

손미　네, 서점에 가서 사진도 찍고 그랬어요. 하루는 서울에 있는 대형서점에 가서 멀뚱하니 제 시집을 바라보았어요. 그리고 한두 시간 정도 자리를 지켰어요. 서점 안에는 많은 사람들이 있었는데 아무도 시집을 사가지 않길래 제가 두 권 사가지고 나왔어요.

김명원　이 시집은 차가운 절제미, 그리고 간결한 실험 정신을 갖추고 있는데요. 시집에서 추구하는 시적 주제나 형식에 대해 이야기해 주시겠어요?

손미　특별한 시적 주제라고 할 것은 없어요. 다만 이번 시집에 묶인 시들은 제가 습작기 때부터 지금까지 써 왔던 작품들인데 그 속에 그동안 겪고 느끼고 지나왔던 시간들이 있을 거예요. 지나 온 시간 중에 가장 아픈 것은 잃어버린 사람들이에요. 내게서 멀어진 사람들, 그 마음, 그리고 나의 마음. 닿지 않았던 마음. 양파처럼 더 깊숙이 들여다보지 못했던 마음. 그런 시간들이 녹아 있는 것 같아요.

손미 표 삶, 간단없는 Rule들

김명원　미혼이니 부모님과 함께 지내고 있으신가요? 부모님께선 혹독하게 작업하고, 더불어 '잘 나가는 시인'인 따님에 대해 어떤 사랑을 지니고 있으신지요? 부모님과 가족 이야기가 듣고 싶습니다.

손미　엄마는 제가 시인이 되는 걸 반대하셨어요. 지금도 제 좁은 방에 꽉

차 있는 책들을 갖다 팔라고 말씀하시지요. 엄마와 가장 친한 친구 아들이 저랑 동갑인데 그 친구는 은행 직원이에요. 또 다른 친구의 아들은 철도공사에 다니고요. 그런데 저는 쨍쨍한 대낮에도 방에 쪼그리고 앉아 있지요. 이제는 청소 안 하는 것 말고는 잔소리를 안 하세요. 책 팔자는 말씀도 더 안 하시고요. 네이버에 제 이름을 쳐서 여기 저기 자랑하고 다니세요. 검색하면 시집에 관한 악플도 뜨던데, 그런 글 읽으셨을까봐 속상하죠. 동생들이 모두 출가하고 저랑 부모님이랑 셋이 지내고 있어요. 능력 없는 딸이 얹혀사는 것이지요.

김명원 대전에서 태어나 지금까지 줄곧 사는 곳도 대전이지요? 대전이라는 고향 의식은요? 대전과 연관된 특별한 추억이 있을까요? 시「진실 게임」에서 "진실이 살해된 도시의/ 유일한 목격자,(……)// 내가 찾았지/ 이상하고, 아름다운/ 고향으로 돌아가는 길"과「달력의 거리」에서 "잘못 타서, 고향에 가다가, 몸을 잘못 타서/ 검은 빨간 무늬 위를 걷고 있다네"와「도플갱어」에서는 "우리의 고향은 아주 먼 곳이지만"으로 나타나듯이 문학적 감수성의 모태라 할 수 있는 고향이 시 작업에 어떻게 투영되는지 궁금합니다.

손미 저는 1982년생인데 제가 태어난 산부인과가 아직도 있어요. 목척교 근처에 '정 산부인과'라는 곳인데 집에서 가까워요. 가끔 그곳을 지날 땐 기분이 묘해요. 저곳에서 내가 처음 세상에 나왔구나. 맨 처음 형광등을 봤겠구나. 그런 생각을 하면요. 한 번도 대전을 떠나서 살아 본 적이 없어요. 그래서 다른 도시에 가면 낯설고 불편해요. 한동안은 새롭고 재미있는데 며칠만 지나면 집으로 돌아오고 싶어 저 속에서 요동치죠. 지금 살고 있는 곳이 원도심 근처라 재미있는 곳이 많아요. 시장 구경만 해도 하루가 금방 가고 대전천만 따라 걸어도 그곳에 얽힌 이야기만 한 보따리죠.

저는 2014년의 고향을 걸으며 또 다른 고향을 그리워해요. 그 고향은 지도에는 없어요. 시집 속에만 있죠. 고향에서 고향을 그리워하는 셈이죠. 먼 과거일 수도 있고 먼 미래일 수도 있고 우주 밖일 수도 있고 고향이 어딘지는 몰라요. 다만, 대전은 저를 온순하게 만들고 솔직하게 만들어요. 저는 이곳이

준, 그 진심을 꺼내 시를 쓰고요.

김명원 대전이라는 도시는 문단활동이나 시 창작을 하기에 어떤 공간인가요?

손미 등단 직후에는 대전에서 문단활동을 하는 것에 부정적이었어요. 젊은 또래 시인들이 전부 서울에 살고 있어서 나만 도태되었다고 생각했지요. 그런데 이젠 생각이 바뀌었어요. 오히려 대전은 창작활동을 하기에 정말 좋은 공간이 되었어요. 1시간이면 서울에 갈 수 있고 조금은 떨어져서 나를 돌아볼 수도 있어요. 오히려 창작활동을 하고 자신에게 집중하기엔 좋은 공간이에요.

김명원 주로 교류하는 문인들이 있다면요?

손미 얼마 전에 '당신이 오지 않는다면 시리즈' 낭독회에서 함께 낭독을 진행했던 박은정 시인과 강지혜 시인과 자주 만나요. 낭독회를 준비하면서 많은 이야기를 나눴고 비슷한 시기에 등단해서 고민도 비슷하고요. 얘기도 잘 통해요. 특히 박은정 시인은 제가 서울에서 잘 곳이 없을 때마다 문을 활짝 열어주는 고마운 시인이에요.

김명원 고착화된 일상이랄까요. 시인의 요즈음 생활을 소개해 줄 수 있으실까요?

손미 대학원에 재학 중인데 지금은 방학이라 주로 집에 있어요. 가끔 달리기도 하고 가까운 도서관에 가서 글도 쓰고 책도 읽고요. 여전히 방 청소는 하지 않고 엄마의 잔소리를 듣고요. 읽다만 책들을 읽어보려고 책상에 주욱 쌓아놓고 손도 안 댔어요. 제 방이 천변 쪽으로 나 있어서 바람이 많이 부는데 한 번은 바람에 책들이 와르르 무너져 내렸어요. 두꺼운 양장본이 제 머리나 명치를 때렸다면 죽었을 지도 몰라요. 졸업한 초등학교에 가서 한참을 앉아 있다가 울기도 하고 불량식품을 사먹기도 해요. 천변을 따라 걷고 자전거도 타고 어떤 날은 하루 종일 드라마만 봐요. 밀린 원고 생각을 하면서 맥주를 마시고 얼마나 더 버틸 수 있을지 통장 잔고를 확인해보기도 하고요.

한 번씩 스푼을 저으면
내 피가 돌고

그런 날, 안 보이는 테두리가 된다
토요일마다 투명한 동물로

씻어 엎으면
달의 이빨이 발등에 쏟아지고

난간을 따라 걷자
깊은 곳에서
녹색 방울이 튀어 오른다
살을 파고
모양을 그리면서

백지 위 젖은 발자국은
문고리가 된다

다른 몸으로 나갈 수 있겠다
—「컵의 회화」 전문

숙주는 궁상했다

묶여 있는 개와 나는
같은 하늘을 썼다

오래 걸어도
줄은 안 끊어졌다
―「Rule」전문

손미 표 시 창작, 죽은 말은 다시 사용할 수 없다

김명원   아, 이건 시가 되겠다, 싶은 시재詩材를 발견하게 되는 계기나 동기가 궁금합니다.

손미   일상에서 발견해요. 뭔가 떠오르면 수첩에 메모해두죠. 영화나 드라마를 보다가 혹은 산책하다가 문득 하나의 현상에서 또 다른 것들을 발견하지요. 어떨 때는 난독에서 소재를 발견하기도 해요. 영화 자막이 "그녀의 집으로 와서 자고 가"였는데 이것을 "그녀의 집으로 가서 죽어"로 잘못 읽은 거예요. 그래서 그 구절을 메모해뒀어요. 이런 단상들이 꿰어지면 하나의 시가 완성되지요. 한 번에 써지는 시도 있고 몇 날 며칠 고생시키는 시도 있어요.

김명원   시 창작에 대한 궁금증입니다. 시를 축조해 갈 때 무엇에 집중하나요? 그리고 본인의 시와 다른 젊은 시인들과의 '차이'의 시학은 무엇이라고 생각하나요?

손미   등단 즈음부터 선배 시인들에게 줄기차게 들었던 말이 "너만의 목소리를 내라"였어요. 자신만의 목소리를 갖는다는 것이 가장 중요하다는 말을 많이 들었거든요. 그리고 저도 그렇게 생각해요. 아무리 잘 써도 그 시가 누군가의 목소리를 흉내 내는 것이라면 의미가 없잖아요. 그래서 생각했죠. 나만의 목소리는 어디에서 나올까. 그 목소리는 어디에 있을까. 고민해보니 내 목소리는 내 안에서 나오는 거였어요. 내 이야기, 내 진심, 내 마음. 나는 남들과 다르니까 나에게 진솔해지면 내 목소리가 생기지 않을까. 그런 기대감으로 내 속에서 내는 소리에 집중하고 있습니다.

김명원   손미 시인의 시들을 보면 세련된 미학적 고집이 느껴집니다. 겁 없이 사유하고, 오래 탁마한, 단아하고 모던한 조형물처럼요. 긴 시간을 거치는 동안 시와 시인 간의 사투가 그려지거든요. 견고하게 완성되어간 최선들이 드러나니까요. 시의 퇴고 과정도 힘겨운 작업일 텐데, 어떤 과정을 거치는지요?

손미   퇴고의 정도는 시마다 달라요. 어떤 시는 몇 개월을 퇴고하기도 하고 어떤 시는 거의 퇴고하지 않고 놔두죠. 또 어떨 때는 퇴고를 하고 나면 퇴고 전의 시 형태와 맛이 사라져버리기도 해요. 또 어떨 때는 오랫동안 살을 붙이면서 쓰는 시도 있어요. 오늘 몇 줄, 내일 몇 줄 써 내려가는 시도 있고 단 몇 시간 만에 쏟아지는 시도 있어요.

너를 태우려 만반의 준비를 끝냈고 너를 태우려 너를 찾아다녔고 마지막으로 네 얼굴을 만지려 네 손을 잡으려 너를 태우려 출구를 봉쇄하고 너는 속죄해야 하므로 너를 잃으려 너를 태워 버리려

너를 긁어모아 너를 옮기려 살코기에서 마른 생선으로 마른 생선에서 산딸기 열매로 너를 옮기려 너를 찾아다녔지 네 목에 불이 붙으면 흥취가 오르겠고 막 도착한 손님들은 네가 타는 것을 보겠다 아무도 애걸하지 않는 그 집에서 흑백처럼 너를 채우고

너를 태우려 땔감을 모았다 땔감은 계속 태어났고 너를 태울 때 너는 가장 따뜻할 것이다 태워도 태어나는 너를 태우려 나를 쪼아 먹고 매일 커지는 너를 찾으려 타지 않는 너를 태우려, 날마다 살가죽을 벗기는 너를 찾으려

―「죽은 말은 다시 사용할 수 없다」 전문

김명원 시의 세계관이 종횡무진 늘어난, 공부에 대한 질문입니다. 공부는 독학이었는지요? 그리고 자신에게 영향을 준 공부 분야나 독서가 있다면 소개를 부탁드립니다.

손미 저는 공부 잘 못해요. 재미있는 것에 흥미를 느낄 뿐이고 재미없는 것은 아예 안할 정도로 기복이 심해요. 저에게 영향을 준 공부라고 말하기엔 너무 부끄럽지만 이 세상의 밖을 상상하길 좋아해요. 굳이 학문으로 따지자면 천문학이나 신화가 아닐까요?

김명원 시인이 되고자 하는 지망생들에게 해주고 싶은 말씀이 있다면요.

손미 시를 쓰는 분들은 모두 시인이에요. 제가 습작할 때 윤임수 시인께서 해주신 말씀이거든요. 그래서 선생님이 아닌 선배님이라고 부르라고 하셨지요. 그땐 선배님의 말씀이 그저 감사해서 속뜻을 잘 몰랐었는데 이제 선배님이 하신 말씀을 알 것 같아요. 시를 쓰는 분들은 등단 여부와 상관없이 모두 시인이라는 것을요. 시를 쓰는 분들을 만나면 기분이 참 좋아요. 손을 맞잡고 싶은 심정이에요. 동지를 만난 기분이거든요. 그리고 이 말씀을 해드리고 싶어요. 외부의 시선보다 자기 자신에게 집중하세요. 거기 진심에 집중하세요. 그리고 지치지 말고 견뎌주세요.

김명원 두 번째 시집을 준비하며 새로운 변화를 도모하나요? 아니면 첫 시집의 심화를 염두에 두고 있나요?

손미 아직 두 번째 시집을 얘기하기엔 이른 시기라고 생각해요. 다만 두 번째 시집에서는 첫 번째 시집에서보다 더 좋은 작품을 선보이고 싶어요. 그래서 시를 쓰기보다 다른 것을 많이 해요. 그동안 갖고 있던 시를 벗는 중이죠. 벗겨낸 자리에 분홍 살이 올라오는 중이고 그것을 어떻게 만져줘야 하나 고민하고 있습니다.

손미 표 미래, 누구도 열 수 없는 병 속

김명원 다시 태어나면 무슨 일을 하고 싶나요?

손미 다시 태어난다면 고체가 되고 싶어요. 마음도 없고 생각도 없고 죄도 짓지 않는 고체요.

김명원 손미 시인의 비평 글 중에 고체예찬론이 있더라고요. "사람은 액체다."로 시작하는 문장들은 사람은 70%의 물로 구성되어있다는 과학적인 근거를 들어, 작은 새 소리에 기분이 좋아지고 파도가 일렁이는 바다를 보면 몸속의 물이 격렬하게 일어나는 것과 기분 좋은 칭찬 한 마디에 날아갈 듯 가벼워지기도 하고 사나운 말 한마디에 몸서리를 치기도 한다는 예를 들고 있더군요. 왜냐하면 사람은 감정을 지닌 생물이기 때문이겠지요. 손미 시인의 문장들은 "감정은 물을 틀에 붓는 것처럼 변한다. 기쁨과 슬픔, 그리고 불안과 공포까지 틀에 따라 우리는 다른 감정을 안고 산다. 이렇게 요동치는 액체가 되어 날마다 다른 결정을 보이면서 우리는 살아간다. 특히 시인은 더욱 다양한 감정의 지배 아래 그 어떤 불순물이 첨가되지 않은 가장 맑은 액체에 가까울 것이다."로 단언한 것에 기대면, 손미 시인은 고체가 되어 이 요동치고 격렬한 감정의 소유지인 시인이라는 액상 천성을 거부하겠다는 역설로 읽혀지기도 해요.

손미 그럴 수도 있어요. 전 감정의 기복이 심하거든요. 밖에서 작용하는 "틀"에 따라 달라지죠. 액상의 천성을 거부한다고 말한 것은 다음 생에는 이렇게 감정의 기복에 휘둘려 아파하지 않는 고체가 되고 싶다는 열망이에요. 혈액이 없는 고체요. 감정이라는 게 좋은 감정만 있는 것이 아니잖아요. 때때로 저는 감정에 짓눌려 너무 아파요. 보이지 않는 수압으로 머리가 허리가 지끈거리며 아파요. 악한 사람들과 세상으로 인해, 사람들의 단편적인 시선들로 인해, 마음이 자라고 줄어들지요. 그런 것들에 맞서 싸울 용기가 없어서 늘

슬금슬금 피하고 도망가는 편인데요. 엄밀히 말하자면 거부의 역설도 펼치지 못할 만큼 겁쟁이인 거죠. 거부가 아닌 회피예요.

김명원 그렇군요. 그래서 시 「짐을 싸는 방법」에서 "나는 흐물흐물 녹아 이렇게 액체로 있다. 액체는 기내 반입할 수 없으므로 너는 나를 취소할 것이다."라고 단정하고 있었군요. 이 시는 싸늘한 연시로 읽혀졌는데, 감정의 파고와 변덕이 가장 심한 연애를 기제로 하여 액체라는 성정을 예리하게 포착하여 흥미로웠습니다. 연애와 결혼은 일치하지는 않겠지만, 결혼을 예상한다면 어떤 사람과 하려고 하는지요? 그리고 꿈꾸는 결혼생활은요?

손미 결혼, 요즘 들어 참 어려운 단어라고 생각하는데요. 일주일에 하루쯤은 방안에 틀어박혀 나오지 않는 저를 다그치지 않는 사람이라면, 돈보다는 꿈을 사랑하는 사람이라면, 함께 천변에서 자전거를 타는 삶도 좋을 것 같아요.

김명원 시 쓰는 것 빼고 잘 하는 일이 있을까요?

손미 잘하지는 못하지만 그림 그리는 걸 좋아해요. 색칠공부 수준이지만 캔버스에 물감을 펴 바르고 있으면 마음이 편해져요.

김명원 지금까지 살아오면서 가장 기뻤던 일과 가장 힘겨웠던 일은 무엇인지요?

손미 가장 기뻤던 일은 등단 소식을 들었을 때와 수상 소식을 들었을 때. 가장 힘들었을 때는 자본주의 사회에서 자본밖에 모르는 상사들을 대할 때였습니다.

이제 막 아가미가 생긴 개를 만났다
물속에서 척추가 없는 자전거를 타고 있었다
우리는 *걸어 다니는 물고기*
절벽을 따라 내려가 전조등을 켰다
그래서 물 밖에선 그토록 숨이 막혔던 거지

파피루스 한 그루가 내 알을 감추고 있다
갑자기 시작된 폭설

사랑하는 운디네*
누가 우리를 여기로 불렀나
메추리 한 마리에게 살해된 연인**과
안달루시아에서 불어 온 바람이 만나는 곳
다리를 벌리면 웃음소리가 난다
영정을 받치고 있던 손바닥
등뼈 없는 것들은
눈이 되어 내린다
작고 둥근 하늘
저, 작은, 혀
어제 테트라포드에서
목을 꺾고 죽은 아이는 일곱 살
허리띠 풀고 꼬랑지 흔들며
헤엄치는 개들
냄새 따라 몰려드는 개들
일곱 살 먹은 개는 늙은 개

빛나는 껍질을 갖고 싶었지
그러나 그런 좋은 일은
우리에게 일어나지 않는다
다리를 벌리며 웃는 목소리
조등을 매단 자전거가 추락한다
물을 분지르며 달리는 발톱

허리를 껴안은 연인은 사흘간
　　가라앉고 있다
　　누가 우릴 불렀나
　　막 사육제가 시작된 이 큰 대접으로

　　뼈를 잃은 개 옆에
　　파피루스가 품던 내 알

　　사랑하는 운디네
　　누구도 용서하지 마
　　이제 곧 끝난단다
　　착한 아가야
　　* 배신당한 물의 요정
　　** 로르카

　　―「누구도 열 수 없는 병 속에서」 전문

김명원 자신이 추구해가고자 하는 문학관에 대해 시원하게 발언해 주었으면 합니다.

손미 문학은 한 시대의 손톱을 잘라내 보관하는 것이라 생각해요. 시대를 대변하고 사상을 대변한다는 거창한 말씀을 드리는 것이 아니라 문학은 세상의 한 부분을 만지고 느끼고 기록하죠. 그것은 꽤 많은 시간이 걸릴 것이고 모든 작품이 시대의 손톱으로 자라는데 실패할 수도 있겠죠. 그렇지만 제가 쓰는 문장이, 제가 잘라놓은 이 작은 손톱이 다른 세상, 다른 시간에 사는 단 한 사람의 걸음을 잠시 멈추게 할 수 있다면, 행복할 것 같아요.

김명원 본원적이고도 식상한 질문입니다. 제가 인터뷰에서 빠트리지 않는 질문이기도 하고요, "손미에게 시란?"입니다.

손미 시는 두 번째 심장이에요. 아무래도 이 세상에서 저는 이방인이니까 저를 이방으로 몰지 않는 유일한 존재라고 할 수 있어요.

김명원 앞으로 어떤 시적 탐로를 계획하고 있으신가요?

손미 저는 방향을 잃은 다리와 꼼짝도 않는 가죽을 쓰고 눈코입이 꼬매진 하나의 뭉치로 굴리기 좋은 사람입니다. 그래서 도망 다니고 있어요. 저는 세상의 불순물이니까요. 날마다 다시 돌아가는 꿈을 꿉니다. 머리통부터 빠져 나왔던 그곳으로. 머리카락이 감지하는 그곳으로. 내가 잃어버린 그곳으로. 그곳엔 시가 있을 것 같아요.

여행에서 막 돌아온 손미 시인은 내가 제안한 대담에 응하고 마감이 급박한 자신의 원고들에 몰두하며 다시 일상으로 복귀하였다. 그녀의 시「누가 있다」에서 "저기/ 흑백의 코끼리가/ 거울 속 자기 모습을 이상하게 바라볼 때/ 우리는 한 번쯤 부드러운 지구로 여행을 가자/ 그곳에 박제된 모습으로/ 나를 기다리는/ 누가 있다"라는 지구 여행에 대한 선언처럼 그녀는 지구 밖 모호한 여행지에서 그녀를 기다리는 자신을 만나고 돌아 온 길일 터였다. 그래서인지 그녀는 어느 때보다도 가벼워져 있었고 활짝 열려있었다.

손미 시인이 창출해내는 문학 공간에서 그녀의 현실은 늘 밀폐되어 있다. 그 밀폐성은 '아무도 오지 않는 찻잔 속'이거나 '초록 냉장고'이거나 '눈 뜨면 이곳은 총구 속'이거나 '덩굴같이 검은 창 속'이거나 '몸을 흔들며 재채기를 해도 열리지 않는 방'들이다. 고체가 아닌 액체 성분인 시인으로서 그 핍색한 고통의 공간을 탈출하는 방법은 실제 상황에서는 여행이지만 시적 작업에서는 죽음뿐일 것이다. 그래서 시인은 멸종을 기다리며 시 속에서 자주 죽는다. 시에서 자신을 매일 살해하고 튼튼한 귀신이 되는 꿈을 꾼다.

그래서 맨 몸으로 딱딱한 무덤을 나와 우주에 떠 있는 고아원으로 가기를 소망하고, 지구 밖까지 손톱이 자라기를 바라고, 긴 손톱을 들어 지나가는 유령을 자르며 논다. 몽상과 공상으로 호쾌한 몸살을 앓으며 시와 즐긴다. 절단면이 없이 경계선을 허물고 지구 밖으로 떠도는 꿈, 죽어서 다시 귀신으로 살아나 존재의 환원을 증명하는 꿈, 모든 실질적인 기능에서 자유롭게 해방되는 꿈, 그래서 누구도 알아채지 못하지만 끝내는 손미를 알아보는 투명한 다른 몸이 되는 꿈, 쉽게 버려진 사물들에 깨끗한 새 영혼을 부여하는 꿈, 이런 꿈들이 끊임없이 생성하고 소멸하는 곳에 양파공동체의 운명이 있다. 우리가 시도하지 못한 꿈들을 그녀가 그려가는 이 공동체에, 지금도 많은 독자들이 가입하기를 희망하는 이유가 여기에 있다(2014년 7월 27일).

손미 1982년 대전 출생. 2009년 『문학사상』으로 등단. 한남대학교 문예창작과 졸업. 시집 『양파 공동체』로 제32회 김수영 문학상을 수상하였다.

김명원

시인은 충남 천안에서 출생하였다. 이화여대 약학과를 졸업하고 성균관대 대학원 국문학과에서 박사학위를 받았다. 1996년 『詩文學』으로 등단한 후 시집으로 『슬픔이 익어, 투명한 핏줄이 보일 때까지』, 『달빛 손가락』, 『사랑을 견디다』를 출간하였다. 『애지』, 『시선』, 『시와상상』, 『시와인식』, 『시인광장』 등의 편집위원으로 활동, 노천명문학상, 성균문학상, 한국시인정신작가상, 시와시학상 젊은시인상, 대전시인협회상을 수상하였으며, 대전대학교에서 '시문학의 이해', '시와 음악' 등을 강의하고 있다.

E - mail : newkmw@dju.kr

김명원 시인 대담집 시인을 훔치다

발　　행　2014년 12월 15일
지 은 이　김명원
펴 낸 이　반송림
펴 낸 곳　도서출판 지혜
　　　　　계간시전문지 애지
기획위원　반경환 이형권 황정산
편집디자인 김지호
주　　소　300-812 대전광역시 동구 선화로 203-1 2층 (도서출판 지혜)
전　　화　042-625-1140
팩　　스　042-627-1140
전자우편　ejisarang@hanmail.net
홈페이지　cafe.daum.net/ejiliterature

ISBN 979-11-5728-017-9　03800
값 : 18,000원

이 책의 판권은 지은이와 도서출판 지혜에 있습니다.
양측의 서면 동의 없는 무단 전제 및 복제를 금합니다.

이 책은 대전문화재단 한국문화예술위원회 Arts Council Korea 에서 사업비 일부를 지원받았습니다.